21/III/72

Liebling

In der Politik
ändert sich jeden
Tag alles,
aber ein Vers, eine
Geste bleibt auch
durch den Nebel
ganzer Epochen
geworden besteht!

Hanke für D.T
Gedichte Rau f

Margarete Hannsmann

Pfauenschrei

Die Jahre mit
HAP Grieshaber

*Mit zwölf Abbildungen
aus den Malbriefen und
vier Holzschnitten*

Albrecht Knaus

© Albrecht Knaus Verlag GmbH, München und Hamburg, 1986
Einband und Schutzumschlag: Klaus Detjen unter Verwendung
eines Aquarells von HAP Grieshaber aus den an die
Autorin gerichteten Malbriefen
Gesetzt aus Korpus Janson
Satz: Utesch Satztechnik GmbH, Hamburg
Druck und Bindung: Mohndruck Graphische
Betriebe GmbH, Gütersloh
ISBN 3-8135-0744-0
Printed in Germany

Inhalt

Keinen kann ich mir vorstellen, der
leben möchte wie du, wenn er
wüßte, wie du gelebt hast.
M. H.

1. Der Schrei von Knossos

Als wir von Kreta zurückkamen, ging nichts mehr. Johannes wurde von Traurigkeit befallen, wie immer, wenn er Griechenland wieder verlassen mußte. Wieder in Stuttgart, sollen wir einfach weiterleben wie vorher? Im Haus am Hang, an unseren Schreibmaschinen, Johannes zwei Sendereihen im Rundfunk verloren, sein Verlag hat das Manuskript zurückgeschickt: «Ihre Gedichte liegen mir nicht», schrieb der neue Lektor. Irgend etwas muß geschehen.

Es gibt einen Maler, sagte Johannes. Er macht Holzschnitte. Bekäme ich die zu meinen Gedichten, wäre es leichter, einen Verlag zu finden. Für meinen zweiten Band hat er den Umschlag entworfen. Aber das ist lang her. Er wird sich nicht mehr an mich erinnern. Inzwischen ist er berühmt geworden.

Ruf ihn an, hab ich gesagt. Bald danach gab es einen Termin. Beim Maler auf der Achalm. Ich will mit, hab ich gesagt. Besser nicht, hat Johannes geantwortet. So etwas muß man allein tun.

Das Wort Achalm berührte ein Kindheitstrauma: Vater und Mutter hatten sich im Dorf am Bergfuß kennengelernt, wenige Monate, bevor ein Granatsplitter des Ersten Weltkriegs Vater zum Krüppel machte. Achalm war etwas Geheimnisvolles, das für meine Eltern mit Glück zusammenhing; ich verdrängte es, denn Glück glaubte ich bei ihnen nie entdeckt zu haben. Auch später machte ich einen Bogen um den Berg. Jetzt schrieb ich an den Maler auf der Achalm: Bitte helfen Sie Johannes Poethen. Das Leben geht nicht mehr weiter. Darf ich mitkommen, wenn er Sie besucht? Ich bin seine Frau, auch wenn ich nicht so heiße wie er. Den Brief legte ich in mein erstes Buch über die Kindheit im Dritten Reich, *Drei Tage in C.*

Die Antwort Grieshabers enthielt eine Einladung.

Dann war Donnerstag, 16. August 1967. Es dauerte lang, bis wir das Anwesen in der Flanke des Berges gefunden hatten: Bretterverschläge, Hüttenwerk, als erstes sah ich die schwarzen Schweine. Eine offenstehende Gartentür. Um die Ecke, auf einer Terrasse, hoch über der Landschaft, Orangenbäumchen, blühend, über und über, vor einer Wand, weißgekalkt, niedrig und krumm. Oleanderbüsche, rosaschäumend. Wie im Tal des Todes, dachte ich, sagte: ein kretischer Berg, als der Mann, hünenhaft, mit rötlichem Schnauzbart, vor mir stand, halb meine Hand seinem Mund entgegenhob, halb sich darüberbeugte. Sein Haar fiel bis fast auf die Schultern.

Ich kann kein Glied mehr rühren, heißt es in Kindermärchen. Nur noch die Augen offenhalten, entgeistert: ein Menschenskelett im Glyzinienbaum, halb verdeckt von den blaßblauen Dolden. Das ist vom Totentanz übriggeblieben, sagt der Maler. Rings um ihn tappt und flattert es, Tiere rascheln, scharren, knistern, zischen, hecheln, alles bewegt sich: Papageien, Katzen, Hunde, Enten, Hühner, Tauben, Fasanen, eine graue Gans, die ihren Schnabel in seine Hand schmiegt. Lorenz brachte sie mit, sagt der Maler, ganz jung, infolgedessen ist sie jetzt auf mich geprägt. Aus dem Apfelbaum starrt ein Greisengesicht, winzig, vom schlohweißen Haarschopf umweht, die Besucher an. Midas Ödipus, sagt der Maler, seine Hand macht die Geste des Vorstellens. Ein größerer Affe sitzt, RHESUS VORSICHT BEISST steht auf einem Emailleschild, in der Gartenhälfte des Käfigs, die andere ragt ins Innere des vermuteten Wohnraums.

Warum heißt er Midas Ödipus? ist das erste, was ich herausbringe. Warum haben Sie vorhin Kreta gesagt? antwortet der Schnauzbärtige. Weil wir gerade von dorther kommen, sagt Johannes. Der Maler sagt: Midas Ödipus heißt diese Affenrasse.

Obwohl mit Gärten vertraut, hatte ich nie einen solchen Garten gesehen. Pflanzen aus fernen Klimazonen umschlingen Blumen und Büsche, die hier zu Hause sind, nehmen einander den Boden, das Licht weg, Tag- und Nachtgewächse duften, blühen, verblühen, sinken darnieder, erheben sich; dunkle exotische Nadelbäume ragen wie ausgestanzt ins Blau, lianengleich hängen Rosen an ihnen herunter, vermischen sich mit den Yuccablüten, der noch hohe Sommer ist schon voller Herbstankündigungen.

Und während der Maler mich ansieht, mit hellen, gesprenkelten Augen mich ansieht, der Mann mit dem rötlichen Schnauzbart mich ansieht, während er, mit einer Handbewegung alles umreißend, sagt: Aia, die Insel der Kirke, ertönt der Schrei, der Schrei von Knossos, der mich, keine drei Wochen ist es her, in der Mittagsglut, als Johannes den Stierhörnern nachstieg, fast verrückt gemacht hat vor Grauen, allein, am ausgetrockneten Brunnen der Karawanserei, weil ich nicht wußte, ob ihn ein Mensch oder ein Tier ausstieß, ob es ein Lust-, Angst- oder Schmerzensschrei war; ich fahre mit dem Kopf herum, hinter mir steht, auf einem verwitterten gotischen Wasserspeier, ein Pfau, sein Schnabel klafft, er hüpft herunter, schlägt sein Rad, vielleicht weil auf der Schulter des Malers ein Ara sich niedergelassen hat. Er begrüßt Sie, sagt der Maler. Meine Gänsehaut mitten in der Sonne. Ich starre auf den blaugrüngoldenen, schillernden, schuppigen Hals des Pfaus, aus dessen Kehle immer neu dieser Schrei dringt, den ich noch in meiner Sterbestunde hören werde.

Griechenland hat eine Militärdiktatur, sagte der Maler. Haben Sie etwas davon bemerkt? Die Frage verletzte mich. Johannes und ich antworteten im Kanon: Die Hoheitszeichen an der griechischen Grenze waren mit Säcken verhängt. Auf der Agora sahen wir einen Panzer stehen. Alle Männer mußten ihre Gewehre abliefern. In der Osternacht tanzten sie nicht wie üblich. Später machte der neue Diktator in Kreta einen Staatsbesuch. Schulkinder und Würdenträger standen Spalier. Seit Hitler haben wir das nicht mehr gesehen. Es gab Männer, die mußten rasch durch die Hintertür hinaus in die Berge.

Kommen Sie herein, sagte der Maler. Zwei Stufen, eine Tür aus Glas. Dahinter ein Raum, niedrig, krumm, klein;

wenige Möbel, ein Tisch an der Wand, Ledersessel, ein Teewagen, nur die nötigsten Gerätschaften, Bücherregale, deren Inhalt sich überall, auf Stühlen, dem Tisch, jedem Mauervorsprung ausbreitete; alles war angeordnet auf einem Podest, fußbreit hoch, ganz bedeckt von einem großen chinesischen Teppich. Der liegt da nur, weil die Tiere so schön darauf aussehen, sagte der Maler, Kirkes Wunsch und Erfindung.

Der Ziegelsteingang davor führte rechts ins Atelier, links zu einer Tür, der Maler murmelte etwas von Küche, die inwendige Hälfte des Affenkäfigs verschmälerte den Gang, wucherndes Grün umrankte die Glaswand. Auf dem Teewagen standen Kaffee und Pflaumenkuchen bereit, steife, frischgeschlagene Sahne. Kein Mensch außer ihm.

Also, sagte der Maler, aus dem Buch für Johannes kann nichts werden. Und warum nicht? fragte ich, eine Spur zu laut. Ich will es Ihnen erklären; die Stimme des Malers war sanft, er stand auf, brachte mir einen Band mit Gedichten und Bildern: da sah ich sie zum erstenmal. Kompakt, flächig, einsam neben den Texten; blaue Teilkörper von Vögeln. Der Titel hieß *Flugballade*; der Autor Dürrson.

Die Zeiten haben sich geändert seit unserer frühen Zusammenarbeit, sagte der Maler, zu Johannes gewandt; einst wollte ich den Dichtern helfen, gedruckt zu werden, ihre Bücher sollten schön und trotzdem billig sein. Jetzt schneiden habgierige Menschen die Bilder aus den Büchern heraus und werfen die Gedichte weg. Warum, fragte ich, was für einen Sinn soll das haben? Weil man mehr Geld dafür bekommt, sagte der Maler, wenn man sie unter Passepartouts legt und verkauft. Und als er in meinem Gesicht die schiere Ahnungslosigkeit sah, sagte er: Es hängt mit meinem Namen zusammen. Erst wenn ich ihn unter das Bild schreibe, worum mich Freunde und Fremde tagaus, tagein plagen, erkläre ich es für meine Arbeit. Dann lassen Sie es doch sein, sagte ich. Ich tu es ja nicht der Eitelkeit zulieb, sagte der Maler. Jeder ist ein ungläubiger Thomas. Will die Hand in die Wunde legen. Meine Unterschrift erhebt den Druck zum Original. Viele Menschen, die Bilder lieben, wollen ein nachgewiesenes Original aufhängen. Andere sammeln sie in ihren Schubladen und warten, ob sie in ihrem Wert steigen. Ich habe damit nichts zu schaffen. Ich male und schneide, weil es mein Leben ist. So wie Sie schreiben. Nur nebenher habe ich Bücher gemacht. Es gab Zeiten, da hatte ich stets eine Maquette in der Tasche. Die Welt ging nicht unter, wenn dann das eine, das andere Buch geschlachtet wurde, weil ich signierte. «Aus Gefälligkeit», sagt man dazu. Es blieben immer noch genug übrig. Inzwischen tritt die Habgier über die Ufer; ich wollte dem Kunstmarkt, seinen limitierten Auflagen, ausweichen und drängte auf den Ladentisch des Buchhändlers, den kleinen Kreis der Kenner zu vergrößern, meinte, das dämme die Habgier ein, wenn Tausende die Bücher kaufen könnten, doch es entstand ein Teufelskreis: immer mehr Buchhändler eröffneten jetzt Kunstabteilungen, worüber die Kunsthändler in Rage gerieten, und ich bewirkte das Gegenteil; alles begann sich zu verfilzen, und ich war der Buhmann.

Johannes stieß mich an, als der Maler dem Affen ein Stück seines Kuchens brachte, und zischte mir zu: Halt endlich den Mund. Doch ich sagte zum Maler: Dann haben wir Sie lange genug aufgehalten. Langsam, junge Frau, sagte der Maler. Bisher hab ich ja nur gesagt, ich möchte nicht, daß Johannes Poethens Gedichte weggeworfen werden. Auf Aia gibt es viele Wiesen. Vielleicht ist eine davon für Sie. Wir wollten ein Buch, keine Wiese, sagte ich. Der Maler sagte: Eine Wiese heißt zum Beispiel *Engel der Geschichte*. Ich fragte, was das jetzt wieder sei. Meine Zeitschrift, sagte der Maler. Sie erscheint, wenn ich meine, es sei wieder einmal notwendig, mich an die Menschen zu wenden. Es geschieht im Dialog mit den Schriftstellern. Ein *Engel* ist nie etwas Zufälliges. Immer ist eine Aktion damit verbunden. Den ersten *Engel* machte ich nach dem Attentat auf eine Kölner Volksschule. Erinnern Sie sich? Ein Verrückter hatte einen Flammenwerfer gebaut. Zwei Lehrerinnen kamen um, als sie sich vor die Kinder warfen. Die Öffentlichkeit nahm das nicht zur Kenntnis. Es paßte nicht in die Fortschrittslandschaft unserer Bundesrepublik. Flammenwerfer – das ist doch vorbei, so etwas kann es doch jetzt nicht mehr geben. Das hat mich in Harnisch gebracht. Den beiden verbrannten Lehrerinnen war dieser erste *Engel* gewidmet. Und den Kindern, mit denen so viel Unsinn im Malunterricht getrieben wird. Es fing damit an, daß man ihnen Klee zeigte, nicht zuletzt, weil die nach Fünfundvierzig hilflosen Lehrer sich noch am ehesten an Klee orientieren konnten, und schon malten alle wie Klee. Sie taten ihm Fürchterliches damit an; was er zu seiner Zeit fand und benützte, wurde wieder zurücktransportiert in die Kinderstube.

Erst jetzt führte der Maler uns in sein Atelier: schmal wie eine Mönchszelle, Stehpult, Bett, Waschbecken, eine von zwei Böcken getragene gewaltige Arbeitsplatte vor der Fensterwand: Bubinga, sagte er, hart wie Eisen. Überm Geblüh und Tiergewusel schien der südwestliche Himmel herein, nur in der Ferne begrenzt von den Bergen der Alb. Vierzig Quadratkilometer groß ist mein Arbeitsraum, sagte der Maler. Dann breitete er die *Engel* aus, schon zurechtgelegte Mappen voller Bilder und Texte.

Während ich auf die Ungeheuer von *Engeln* starrte, war mir zumut wie damals, als ich nach Fünfundvierzig zum erstenmal Bilder von Beckmann und Dix, Heckel und Nolde sah, von Picasso, Légér, Matisse. Ich fragte Grieshaber, ob alle seine Bilder so seien. Ein Lachen: Ich mache auch Wände, in Schulen und Kirchen, Theatern und Schwimmbädern, aus Stein und Glas und Eisen und Kunststoffen, man soll dabei beten und schwimmen lernen können, wenn man die Figuren ansieht. Ich habe Plakate und Flugblätter gemacht, für Menschen, die Probleme haben, Kinder, Studenten, Gefangene, Kranke, Völker, die unterdrückt werden. Die keine Sprache haben, denen will ich helfen. Die etwas bewegen wollen, denen will ich helfen, daß es sich bewegt. Sie nennen mich engagiert. Doch engagierte Kunst ist für mich eine Tautologie. Kunst ist immer engagiert. Vorausgesetzt, daß man weiß, was Kunst ist. Ich weiß es nämlich nicht. Trotzdem war ich

Lehrer. In Karlsruhe als Nachfolger von Erich Heckel. Wenn meine Schüler später Beachtung fanden, dann vielleicht, weil ich ihnen beibrachte, was Freiheit ist.

Hilflos gegenüber den Worten des Malers fing ich an, in den *Engeln* zu blättern. Jeder hatte als Motto denselben Text von Walter Benjamin:

«Es gibt ein Bild von Klee, das Angelus Novus heißt. Ein Engel ist darauf dargestellt, der aussieht, als wäre er im Begriff, sich von etwas zu entfernen, worauf er starrt. Seine Augen sind aufgerissen, sein Mund steht offen, und seine Flügel sind ausgespannt. Der Engel der Geschichte muß so aussehen. Er hat das Antlitz der Vergangenheit zugewendet. Wo eine Kette von Begebenheiten vor uns erscheint, da sieht er eine einzige Katastrophe, die unablässig Trümmer auf Trümmer häuft und sie ihm vor die Füße schleudert. Er möchte wohl verweilen, die Toten wecken und das Zerschlagene zusammenfügen. Aber ein Sturm weht vom Paradiese her, der sich in seinen Flügeln verfangen hat und so stark ist, daß der Engel sie nicht mehr schließen kann. Der Sturm treibt ihn unaufhaltsam in die Zukunft, der er den Rücken kehrt, während der Trümmerhaufen vor ihm zum Himmel wächst. Das, was wir den Fortschritt nennen, ist dieser Sturm.»[1]

Der Maler sagte: Als im Ursprungsland der Demokratie wieder eine Diktatur ausbrach, fragte ich Walter Jens, ob wir nicht gemeinsam mit seinen Studenten etwas unternehmen sollten, das dann in einen *Engel* einmünde. Jens meinte, seine Studenten seien unterwegs, in einer Art Aufbruch begriffen, zu etwas, das sie selber betreffe. Ein unterirdisches Brodeln sei da im Gang, ein gewaltiges Rumoren, er könne sie für nichts anderes interessieren. Dann geht also Griechenland dieses Mal an mir vorüber, dachte ich, sagte der Maler. Und plötzlich stehen Sie da, als gehörten Sie zu den Orangenbäumchen, und sagen Kreta. Es wird also nicht an mir vorübergehen. Nein, ich war nicht in Arkadien wie Sie. Ich war Fischer bei Salamis. Töpfer in Piräus. Griechischer Karaghiozisspieler. Nachts schlief ich auf der Akropolis. In der Rinne für das Opferblut. Damals gab es noch keine Zäune. 1933 mußte ich aus Griechenland fliehen. Wollen wir gemeinsam einen *Engel* für die trauernden griechischen Freunde machen?

Das muß ich mir erst überlegen, sagte ich. Wieder trat Johannes gegen mein Schienbein. Der Maler sagte: Das Geleitwort soll dieses Mal Johannes schreiben. Sicher hat er Gedichte für den *Engel*. Und vielleicht haben Sie auch einen Text, sagte der Maler zu mir und öffnete die Hände. Ich habe ganz neue Gedichte geschrieben, sagte ich. Anders als alles bisher. Weil ich in Griechenland sah, wie es ist, wenn plötzlich eine Diktatur ausbricht. Weil ich anfing, anders zu denken. Anders zu empfinden.

Der Maler sagte: Wollen Sie mitkommen? Es ist Zeit, die Tiere zu füttern. Johannes lassen wir bei den *Engeln*, damit er sich eingewöhnt. Ich sah den Mann, eben noch im seidenen Anzug und weißen Schuhen, jetzt im Overall und kotigen Stiefeln zwischen die schwarzen, seltsam geformten Schweine treten, die ihre Bäuche auf dem Boden schleiften. Es sind vietnamesische Hängebauchschweine, sagte er und schüttete ihnen Futter auf. Meine Augen bestaunten, worauf die Nase seit jeher überempfindlich reagierte; was half meine Freude an Tieren, wenn ich den Gestank nicht ertrug?

Unbeirrbar erzählte der Maler:

Sonntags stehen immer Spaziergänger an unserem Gartenzaun und bewundern das Schwein. Obwohl die Leute sicher denken, die Vietnamesen würden es nicht so fühlen wie wir, wenn sie getötet werden, bei unserem Schwein fragen die Leute doch, ob es geschlachtet wird. Seltsam, nie hat einer gefragt, ob dies nun ein südvietnamesisches oder ein nordvietnamesisches Schwein sei . . . Alle lieben das Schwein, weil es etwas tut, was keiner bei uns wagt: den Bauch mit Genuß einfach hängen zu lassen. Sammlern und Publizisten, die zu Besuch kommen, wird es immer gezeigt. Sie bekommen, wie der Friedensnobelpreisträger Gabriel Honoré Marcel sagt, hier den Biß des Realen zu spüren. So drang der Ruf von meinem Schwein bis nach Dresden. Der VEB-Verlag der Kunst antwortete mit dem Holzschnitt eines Hängebauchs aus der Bucht von Tonking. Vietnamesen hatten es geschnitten und gedruckt. In Vietnam symbolisiert das Schwein

Wohlgedeihen und Überfluß. Daran hat an meinem Garten-zaun – so weit vom Schuß – noch niemand gedacht! Aber jeder ist erstaunt über den Reichtum der fremden Formen und was den vietnamesischen Göttern dabei eingefallen ist. Im Grunde erfahren alle, daß es Vietnam wirklich gibt! Wer von allen möchte, nachdem er es gesehen hat, daß auch nur eine Bombe auf mein vietnamesisches Schwein fällt?[2]

Was für eine Sprache! Inzwischen saß der Maler schon auf einem Dreifuß und molk Schafe. Dann durfte ich den Island-pferden Hafer in die Krippen schütten, während er neben mir klebriges Rübengranulat zerkrümelte. Der Pferdegeruch war angenehm. In die Tonne kam frisches Wasser. Ein Mann aus dem Dorf zog ein Schaf am Strick hinter sich her den Berg herauf. Der Maler sagte: Er will zu mir. Entschuldigen Sie mich für eine Weile. Aber ich habe den Bock. EG-prämiert. Wollen Sie zusehen, wie ich gleich fünf Mark verdiene?

Vor dem Maler wollte ich nicht als prüde gelten und tat, als wüßte ich Bescheid. Der Maler lachte mich an. Oder aus? Als es vorüber war, wollte der Bock bei dem Schaf bleiben, tobte und schlug mit den Hinterbeinen; der Maler mußte ihn abhal-ten, das Gatter zu zertrümmern, als der Bauer am Strick zog und weggehen wollte. Auf dem Weg ins Haus zurück sagte ich: Wissen Sie eigentlich, was Sie tun? Was tu ich denn? sagte der Maler. Ich weiß es auch nicht, antwortete ich.

Danach saß er wieder im rohseidenen Anzug, duftend nach Wässern, die in vielerlei Flaschen auf der Glasplatte über dem Waschbecken standen, bei uns und trank Wein mit uns. Als wir aufbrachen, lagen schon Eier und Würste und Rauch-fleisch und Kuchen und ein gewaltiger Blumenstrauß bereit; der Maler gab mir alle sieben *Engel der Geschichte* in die Arme. Johannes sagte: Das ist ja, als würde die Argo beladen. Ich konnte die Ungewißheit nicht länger aushalten. Sie leben hier doch nicht allein, sagte ich zu dem Mann mit dem Schnauz-bart. Man soll nicht alles wissen wollen, sagte der Maler. Auf Aia. Es zeigt sich nicht jedem. Zwar ist es mein Reich, und doch hat das alles mit mir nichts zu tun. Eine Zauberin hat es sich ausgedacht. Vielleicht, damit ich ihr nicht entkomme. Sie jedenfalls werden Aia wiedersehen, wenn Sie keine Angst haben. Fürchten sollen Sie sich ein bißchen. Lesen Sie nach bei Homer.

Als wir im Auto saßen, Johannes, obwohl er Wein getrunken hatte, entgegen seiner eisernen Regel am Steuer, sagte ich: Meint er Kirke? Johannes antwortete: Dich will er haben. Und zwar sofort. Und für immer. Da gab ich Johannes zum erstenmal eine Ohrfeige.

2. Kapitän

Jetzt muß ich erklären, wie es kam, daß Griechenland diese Rolle spielte, wie ein undeutlicher Hintergrund Gestalt annahm, in mein Leben hineinwuchs durch Johannes, damit man die griechischen Namen, Wörter, Symbole, Entsprechungen nicht für eine Marotte hält und versteht, warum ich die Achalm sofort als die Insel Aia annehmen und ihre verborgene Herrin Kirke nennen konnte.

Als Kind hatte ich aus Vaters Bücherschrank Homer herausgegriffen und heimlich gelesen, vermutlich in Versuchung gebracht durch die Abbildungen, in einem Alter, in dem andere Kinder Nils Holgerssons Reise mit den Wildgänsen lesen. Erst hinterher bekam ich die griechischen Heldensagen geschenkt, nachdem längst Ilias und Odyssee dunkel und unverstanden durch die Kindheit gerauscht waren. Später, als Schauspielschülerin, lernte ich die großen Rollen der griechischen Tragödie auswendig.

Griechische Weltanschauung in ihrer Bedeutung für die Gegenwart und *Griechische Studien* von Wilhelm Nestle hießen die Bücher, die mein Mann, nach 1945 von den Amerikanern mit der Lizenz für einen Buchverlag ausgestattet, herausgab. Als politischer Journalist war er im Dritten Reich mit Berufsverbot belegt worden. Warum entschied er sich für Bücher, die niemand kaufen wollte, als die große Barbarei vorüber war? Bald nach der Währungsreform mußte er den Verlag liquidieren, womit die eigene Liquidation begann: Verzweiflung, Alkohol.

Ich aber fuhr, statt Theater zu spielen, auf dem Fahrrad von Schule zu Schule, in Pfarrhäuser, Forstämter, Apotheken mit den griechischen Büchern im Rucksack; aus dem täglichen Erlös von einem oder zwei verkauften Exemplaren konnte ich Brot und Milch für die Kinder heimbringen. Winters, wenn ich keine Kohlen hatte, schob ich ein Buch durch die Ofentür. Die *Griechische Weltanschauung* wärmte acht Minuten, die *Griechischen Studien* so lang wie ein Brikett. Ich erinnere mich nicht, eines dieser Bücher je gelesen zu haben.

Als der Mann tot war, kreuzte Johannes meinen Weg: las mir seine Gedichte vor, sagte, keine Frau könne es mit ihm aushalten, und blieb. Da hatte ich schon einen Fiat 500, der uns ernährte; dreimal soviel konnte ich damit in Schulen fahren als vorher auf dem Motorrad, das Anfang der fünfziger Jahre das Fahrrad abgelöst hatte: Globen, Atlanten, Kunststoffherzen, Kehlköpfe in Spiritus, ausgestopfte Füchse, Dachse, ein Menschenskelett. Das künstliche kostete achthundert Mark, ein echtes zwei- bis dreitausend. Ich träumte, wie ich sie nachts auf den Friedhöfen ausgrub, blankkochte im Einkochkessel, auf Blumendraht fädelte. Ich kämpfte mit Prozent und Rabatt, wieviel ich erhielt, wieviel ich abgeben mußte, endlich hatte ich Rechnen gelernt; Johannes, mit derlei nie befaßt, fing an, mir zu helfen, lernte Buchführung, nahm mir das Steuer aus der Hand; manchmal packten wir auf den Parkbänken der Städte die bei den Verlagen gekauften Bücher aus, trennten sie für Volksschulen, Gymnasien, Gewerbeschulen, zählten, schichteten sie klassenweise, wie wir sie abliefern mußten, in Körbe, Kartons, schleppten die Biologiepräparate treppauf, treppab.

Jetzt saß ich abends bei dem jüngeren Mann der Flakhelfergeneration, der meinen Kindern kein Vater sein konnte, so sehr er sich auch Mühe gab, und ließ mir vom Niederrhein erzählen, von Köln, den Evakuierungen im Bombenkrieg, versuchte, als ehemalige Protestantin, mit einem Atheisten verheiratet gewesen, ohne von seinem Marxismus je das geringste begriffen zu haben, Johannes' Kindheit in katholischen Domen nachzuspüren, und wie das ist: mit siebzehn berühmt zu sein, weil die *Neue Rundschau* nach Kriegsende, noch im Stockholmer Exil, den Sonettenkranz des Schülers druckte: *Gedanken in herbstlicher Zeit* mit dem Begleitsatz, in diesem Deutschland könne noch nicht alles verloren sein. In Johannes' Kölner Schule seien danach Carepakete eingetroffen. Briefe und Einladungen von geistvollen Männern. In Tübingen hatte Johannes bei Beißner studiert, den Maßstab, das sprachliche «Reinheitsgebot» verdanke er dem unerbittlichen Hölderlinforscher.

Johannes diktierte mir seine Nachtgesichte und was er für den Tag und den Stuttgarter Rundfunk schrieb, in die Maschine. Ich lernte. Ließ mich von dem Wort Germanistik in Schrecken versetzen, sah ein, ich sei nichts als ein wilder Trieb am Baum der Dichtkunst, ließ mich beschneiden und holte versäumte Jahrzehnte nach.

In Tübingen hatte Johannes noch Walter F. Otto und Karl Kerényi gehört; was das für ihn bedeutete, merkte ich, als ich an seiner Hand alle zwei Jahre sechs Wochen lang durch Griechenland lief. Die Stelle von seinem Kinderkatholizismus nahm der griechische Kosmos ein. Seine Weisungen erhielt Johannes von Athene, die «hinter ihm aufschien», seine Schulter berührte, wie die des Achill bei Homer. Verirrten wir uns oder wurden zum Narren gehalten, war das Hermes' Angelegenheit, es half kein Aufbegehren, doch er war es dann auch, der uns allemal aus den schlimmsten Bedrängnissen wieder herausführte. Demeter, Artemis, Hera, Aphrodite besetzten ihren ursprünglichen Platz, von dem sie die Muttergottes verdrängt hatte; Vater Sohn und Heiliger Geist wirkten ihre Wunder als Zeus, Poseidon, Apollon. Johannes nahm den Mythos als Wirklichkeit, sobald wir am Ort angelangt waren. Realität und Mythos vermengten sich, wir lebten alles mit großem Ernst und aberwitziger Anstrengung; trübseliger von Mal zu Mal kehrten wir in die kalte Heimat zurück, die immer mehr zur Fremde wurde.

Seine Gedichte und Essays über das Land der Griechen schrieb Johannes in Klausur; strenge, genaue Grabungen abwärts die Schächte, quer durch Stollen, in der Nacht, tags schlief er; wenn es vorüber war, wenn er auftauchte, lief er zuerst mit mir durch die Wälder oder den Fluß entlang. Als meine Kinder aus dem Haus waren, hatte ich aufgehört mit dem Lehr- und Lernmittelhandel, meine ersten Gedichte waren gesendet, gedruckt worden, ich bekam Aufträge für Buchbesprechungen und Kulturberichte mit Tonbandgerät und Mikrophon wie Johannes. Unsere Honorare reichten für Griechenland und die Ausrüstung, wir fingen an, uns besser zu kleiden, kauften einzelne Möbelstücke; bald wurde unsere Wohnung zur Dichterherberge. Je mehr wir uns den Tagesforderungen beugten, desto heftiger waren unsere Nachtgedanken in Hellas, wir sprachen selten über anderes; der eine, der andere Freund wandte sich kopfschüttelnd ab.

Wie hätten wir die Insel im Berg, Grieshabers Aia, erkennen können, wenn wir nicht zuvor auf die griechischen Berge gestiegen wären: den Olymp, in Halbschuhen über Schneefelder rutschend, die Kyllene, wo Hermes zur Welt kam; ein Alter führte uns, manchmal blieb er zurück, das entsicherte Gewehr unterm Arm. Wir wußten, SS hatte sein Dorf zerstört und Frauen und Kinder ermordet. Wenn er schoß, flogen Vögel auf. Mir saß die Angst im Genick. Erst auf dem Gipfel, als er nach der Zeit fragte und Johannes ihm die Armbanduhr wies, wurde offenbar, daß der Alte halbblind war. Den Tomaros über Dodona gingen wir senkrecht an, verstiegen uns, dem Wahnsinn nahe vor Sonne und Durst; um sie vor den Türken zu retten, seien griechische Mädchen einst von einer Alten hinaufgeführt worden, Rauschkraut kauend, hätten sie sich tanzend in den Abgrund gestürzt. Auf den Ithome mit geschwärzter Stirn. Zum Styx im eiskalten Bachbett watend durch eine Urwaldhölle. Auf den Ida im Traum. Auf den

Helikon, von einem lallenden Hirtenjungen mit Hasenscharte in die Irre gelenkt, er floh, als die Mänaden im Mittagslicht ihre Geißeln schwangen, unsere Augen schlagend. Auf den Parnaß von Johannes' Möndin geleitet; auf Akrokorinth stieg ich nackt, ohne daß Johannes es wahrnahm; von Omalos die Xyloskalo abwärts mit einer Lungenentzündung. Um das Innerste zu erfahren, mußten wir durch die Eileithia in die diktäische Höhle kriechen. So waren wir vorbereitet worden auf den Ort des Malers, der uns auseinanderschnitt.

Draußen war lichterloh August. Betäubt von den Ereignissen des Jahres, denen der Tag auf der Achalm etwas hinzufügte, vor dem ich Angst hatte, hockte ich in der Stube, betrachtete die *Engel der Geschichte*, legte sie weg, holte sie wieder hervor, wehrte mich gegen die heftige Unruhe, die ich nicht erklären konnte, der ich nicht beikam, ich wollte nicht umgetrieben werden von Eindrücken, die womöglich imstande waren, mein Leben zu verändern, sondern sie vergessen, wie man Geschichten abtut, die nicht in Wirklichkeit passiert sind.

Der Briefträger brachte die ersten Malbriefe. Expreß. Morgens, während Johannes schlief, betrachtete ich die Briefe. Sie waren gemalt, große Formate, die Couverts selbstgemacht, aus Packpapier, per Eilboten alles, früh, mittags, nachts, so etwas gab es für mich noch nie. Wenn ich sie öffnete, schlug mir das Herz bis zum Hals. Statt wie bisher mit dem Daumen schlitzte ich jetzt die Briefe mit einem alten Öffner in Form eines schwerttragenden Ritters vorsichtig auf; die Hände zitterten: solche Farben, solche Figuren, wie sie, mit den Wörtern dazwischen, meine Augen tanzen ließen!

Anfangs hatte ich Mühe, die Buchstaben zu entziffern, aber bald sprangen mir die Sätze entgegen: Ich freue mich *sehr* auf den Sonntagabend (mit Mond und Grassi und um 18^h ist Füttern der Tiere, und morgens ein Weg nach Aia). Haben Sie Badezeug? Oder:

«Guten Morgen, Kameraden», sagt der Hauptmann, «ja was gibt es denn so früh?» (Rinaldo Rinaldini).

6^h Schön, allein auf der Achalm herumzugehen. Vorher noch einmal das Vorwort von Hofmannsthal zum Griechenlandbuch gelesen. Was für eine Sprache! Natürlich gibt es jeden Tag sehr viel: unsere gemeinsame Sache. Das weiß die Post und muß es leiden. Nur das. Freischärler sahen einmal besser aus, mit Fustanella, gestickter Weste, Waffengurt und roten Schnabelschuhen. Die Frauen hatten ein Stirnband mit Münzen am Kopftuch. Euer vieux in griechischer Nationaltracht grüßt hinter Aia hervor.

Das Telephon schellte, ich zuckte zusammen, wenn ich des Malers Stimme hörte, das waren ja Pfeile, auf mich gerichtet, und erst, wenn er lachte! Sein Verleger drucke gerade einen dicken Band Malbriefe, eine kleine Auswahl von den Tausenden, die er, Grieshaber, mit der Post seit Jahrzehnten an Freunde und Feinde und Fremde schicke. Damit das Buch finanziert werden könne, der Druck koste viel Geld, sei es nötig, für eine Vorzugsausgabe fünfzig Originale zu malen. Ich solle das einmal bedenken, fünfzig, an anonyme Empfänger, Käufer, die ihn nichts angingen; schon jetzt, nach der Hälfte, sei sein ganzer Vorrat an Güte aufgebraucht. Seit den Strafarbeiten in der Schule habe er nichts dergleichen mehr über sich ergehen lassen. Nach ein paar Flüchen auf den Verleger lachte er wieder und sagte, mit meiner und Johannes' Hilfe fließe jetzt Griechenland als breiter Strom in die Thematik der Mußbildchen, und von nun an seien sie statt einer Last fast eine Lust.

Die ersten Holzschnitte für den *Engel* kamen mit der Post: ein Stier mit dem kretischen Horn verliert Blut aus dem Maul, davon brennen die Häuser. Ein Karaghiozis als Hoffnung auf Widerstand, wie er in dieser Figur immer lebendig war. Aphrodite im Tanz mit dem Tier.

Sonntagabend auf Aia. Das Auto hatten wir am Hotel stehengelassen und waren zu Fuß zum Maler gegangen. Johannes bekam die ersten Korrekturabzüge des *Engels* vorgesetzt. Ich wurde zum Füttern eingeladen. Der Maler, seine Pferde von der Weide zum Stall treibend, stieß dabei Schreie aus, die mir durch Mark und Bein gingen. Dann wiederholte sich alles: das Haferaufschütten, Rübengranulat zerbröseln, Austausch des abgestandenen mit dem frischen Wasser, die erträglichen Gerüche und der unerträgliche Gestank; diesmal gab es auch Futter für Hühner und Enten, und die Affen bekamen einen Bananenbrei. Andere Tiere waren bereits versorgt.

Wieder die Verwandlung des wüsten Wilden im Winkel hinter Bücherregalen in einen Mann, der aussah, als könne er nur über Teppiche schreiten, umgeben von Düften, Düfte ausstreuend, Trompeten gegen die Tiergerüche; das Fest begann: Wir opfern dem Asklepios einen Hahn, sagte der Maler und führte uns zum reichgedeckten Tisch. Auch ich hatte mich vorher geschwind in eine Ecke gedrückt und mein Gewand aus Mykonos angezogen, weiß, mit einem Phönixmotiv in schwarzer Glanzstickerei und dem Mäander. Wir trinken Grassi, keiner muß heute noch Auto fahren, sagte der Maler und kippte den ersten Schluck als Opfer den Göttern auf die Erde. Der abnehmende Mond ging auf; Griechenmusik; der Maler tanzte. Die Grazie des Hünen riß uns hin. Spätsommernacht, voll von Geknister, ich dachte, nicht ohne Unbehagen, an die Unsichtbaren, die das Essen auftischten, alles im Hintergrund vorbereiteten, lenkten, beobachteten und sich nicht blicken ließen. Wandte mich endlich auch dem Korrekturabzug des *Engels* zu.

Las wieder das Geleitwort von Johannes – *Den Freunden:* ein mahnmal/ gegen die gelichterprozessionen mit dem tödlichen kastenzeichen/ gegen das konklave der mörder die dauernd tagen/ gegen die alltägliche einübung zum untergang.

Meine Gedichte begannen mit *Epidauros.* Wie gefällt euch für Frau Margaretes Abteilung der Titel *Zwischen Urne und Stier?* Es war die Zeile aus meinem Gedicht über den antiken Friedhof Athens, *Kerameikos.*

Der Maler zeigte uns ein Buch, das er mit dreiundzwanzig gemacht habe und von dem nur zwanzig Exemplare gedruckt worden seien, verschollen bis auf zwei: *Neugriechisches Tagebuch, Skizzen aus Klöstern, Tavernen und Landschaften.* Erzählte:

in Athen habe er eine Publikation *Deutsche Zeitung* herausgegeben, die freiheitliche Tendenz sei den neuen Machthabern im Reich ein Dorn im Auge gewesen. 1933 habe der deutsche Botschafter ihn zu sich bestellt: Griechenland lege größten Wert auf gute Handelsbeziehungen mit uns. Was gedenken Sie mit Ihrer Zeitschrift zu tun? Für uns gelten Sie als unerwünscht. Ein hoher deutscher Besuch steht bevor. Ich hoffe, Sie verstehen, was ich meine. Auf einen Hinweis von uns wird man Sie verschwinden lassen. Für immer. Wann wollen Sie reisen? habe der Botschafter gesagt. Morgen erwarte ich Ihre Antwort. Der Maler sagte: Am nächsten Tag bin ich auf die Botschaft gegangen. Ich fahre nach Deutschland, hab ich gesagt. Damit hatte der Botschafter nicht gerechnet. Weil ich wußte, was mich dort erwarten würde. Aber ich wollte nicht emigrieren. Der Weg nach Griechenland hatte mich über London, Paris, Ägypten geführt; lang genug lebte ich in einem Fellachendorf am Rand der Wüste, um Bescheid zu wissen: zwischen Unberechenbarkeit und Apathie kann ich nicht leben. In den Hauptstädten der Welt finde ich keine Nahrung für meine Kunst. Mir blieb keine Wahl als zuzusehen, was mit meiner Heimat passierte. Ich bekam eine Fahrkarte nach Reutlingen. Seither war ich nie wieder in Griechenland.

Irgend jemand schickte mir letzte Woche das da, sagte der Maler und las vor: Südost-Wanderausstellung des «Internationalen Zentralbüros Freude und Arbeit» in Athen vom 1. bis 15. Mai 1938; Schirmherr Seine Exzellenz Ministerpräsident Johannes Metaxas, Ehren-Präsidium: Dr. Robert Ley, Präsident des Internationalen Zentralbüros Freude und Arbeit. Der Maler hielt mir die ramponierte Zeitschrift hin, ich fing zu blättern an und sah, was ich verdrängt hatte: Männer schritten ins Morgenrot, in ihren Händen, auf ihren Schultern Balken und Steine, Spaten und Axt, gemalt und in Stein gehaun, Hünengestalten, Aufbruch der Nation, blonde Frauen, die Kinder nackt, unter einem Foto stand: Helga Goebbels; Strahlekind mit Zöpfen, Schneeglöckchen in der Hand,

dann drängte es auch mich, laut zu lesen: In der Nacht vom
10. zum 11. April 1938 meldete Gauleiter Bürckel von Wien
aus dem Führer das Abstimmungsergebnis in Deutsch-Öster-
reich in folgenden geschichtlichen Worten: «. . . Sie, mein
Führer, sind der Meldegänger des Herrgotts zum deutschen
Herzen!» Genügt, sagte der Maler und nahm mir die Zeit-
schrift rasch wieder weg. Ich fragte, was hat das mit unserem
Griechenland zu tun? Der Maler sagte: weil heute erst, dreißig
Jahre danach, die Saat jener Zeit, jener Ausstellung aufgeht.
Der Stil der neuen Machthaber in Hellas unterscheidet sich
kaum von dem, was und wie diese Zeitschrift berichtet. Der
Faschismus regiert in Griechenland.

In diesem Augenblick ahnte ich, daß es bei dem Maler keine
Schonung gab. Auch nach fünfunddreißig Jahren riß er die
Verkrustungen auf und legte die Eiterherde bloß.

Nach Mitternacht begleitete Grieshaber uns aus Aias Bann-
meile hinaus, damit wir vollends gut zum Hotel kämen. Dann
träumte ich an Johannes' Seite, ich läge auf dem Zeltplatz in
Chania, der Arzt vom Spital beuge sich über mich: jetzt sei ich
tot, an meiner Lungenentzündung gestorben, weil ich unge-
horsam gewesen und in die Samariaschlucht gestiegen sei.
Der Schreck reichte aus, mich ins Wachsein zu schnellen.
Johannes schnarchte neben mir. Ich sprang auf, es war heller
Tag, riß die Vorhänge zurück, trat ans Fenster, über die dürre
Heide kam Grieshaber den Berg herab und rief, als er mich
sah: Das Frühstück wartet auf Aia. Man kann auch vorher
noch schwimmen, wenn man nicht Angst vor dem kalten
Wasser hat.

Während wir frühstückten, erzählte uns Grieshaber von
Griechenland. Alle seine Geschichten waren anders, als was
Johannes und ich von Malern oder Schriftstellern kannten,
wenn sie von Griechenland erzählten:

«Wie oft war ich froh in den Jahren der Diktatur, wenn mir meine
griechischen Freunde wieder geholfen haben. Auch den Schergen
des Dritten Reiches konnten wir einmal eine Nase drehen. Durch

ihren Minister für Tourismus war es möglich, eine Ausstellung meiner Holzschnitte in Stuttgart in aller Öffentlichkeit zu machen: griechisch-arabische Volkskunst hieß die Tarnung, und der Minister bedankte sich allen Ernstes beim Auslandsinstitut. Ich habe das den Griechen nie vergessen. Es war das einzige Volk, das zu mir hielt in dunkler Zeit! Ich sehe mich auf den griechischen Inseln und im Schatten der Akropolis als Karaghiozis-Spieler . . .

Zu orientalischer Musik bewegten wir die dunklen Schattenbilder des Karaghiozis auf der hellen Lichtwand und erfanden das Spiel, während wir es machten. Griechische Fischer, Gepäckträger und Gaukler, wir spielten zusammen die Variationen der alten griechischen Komödie. Wir malten die Plakate, schnitten die Figuren aus Karton, Leder oder Kamelshaut, was wir gerade hatten. Wir spielten ohne Souffleur, immer waren wir gleichzeitig Dichter, Maler und Techniker und im Herzen unschuldig.

Daran erinnerte ich mich, als die Akademie wieder aufgebaut wurde. Scheinwerferartig beleuchtet sehe ich den Maler Kurt Frank durch mein Atelier in Karlsruhe streichen und etwas suchen. Plötzlich sieht er sein Handtuch über der Dampfheizung hängen. Er reißt einen Streifen ab, es ist der Turban für Ali Pascha. Es kam so: eines Morgens um 7 Uhr malte ich mit Mennige auf dem Bauzaun der Akademie. Dann kam der Maler Lothar Quinte und malte bis zur Straße vor. Es war eine wahre Pracht. Dann beschwerte sich das Regierungsbauamt beim Senat, und die Hausmeister mußten den Bauzaun überstreichen. Dies war der Augenblick für Karaghiozis, um wieder aufzutreten.

Noch in der Nacht entstand das Puppenspiel von der Geburt der Schwarzen Muse. Wir probten, besagter Turban wurde gefunden, und die Regierungsbaumeister wurden zur Premiere eingeladen. Die alten Bernsteiner spielten mit ihren deutschen Handpuppen das griechische Spiel. Kasperle war natürlich Karaghiozis, der König Ali Pascha, der Beamte Hadji Avat, die Arbeiter unsere Hände, und der Teufel el Diavolo war unser guter deutscher Teufel. In der ersten Szene sah man den Palast von Sivri Hissar, einen alten Bettvorleger mit etwas Glaskugeln aus dem Kaufhaus. Der Pascha und Hadji Avat, sein Günstling, unterhalten sich. Der Pascha hat den Wahn, viel und groß zu bauen. Man sah im zweiten Bild die Arbeiter hinter dem Bauzaun, Hadji Avat davor, auf der Suche nach Handwerkern. Plötzlich sieht man, wie Karaghiozis-Kasperle einen Zementsack klaut. Er wird geschnappt und dienstverpflichtet. Im dritten Bild schläft Karaghiozis. Hadji Avat weckt ihn, und da er nicht arbeitet, verspricht er ihm volle Pension und sogar die Hand der Tochter des Paschas. Der Termin der Hochzeit ist festgelegt. Karaghiozis, allein gelassen, beginnt nun den Bauzaun zu bemalen. Er malt einen abstrakten Quinte. Schon läuten die Kirchenglocken, aber Karaghiozis ist noch nicht fertig mit dem Bauzaun. Man rühmt ihm den Reichtum, den er durch diese Partie bekäme. Die Prinzessin bekommt Tausende und Tausende Mark zur Mitgift. Kasperle, zwischen einigen Pinselwirbeln: «Kann man nicht auch noch einige Pfennige hinzufügen?» Die Hochzeitstafel wird fürstlich sein! «Wird es auch Brot geben?» Und was für eine Aussteuer wird sie bekommen! «Kann man nicht noch ein oder zwei Hemden für mich dazufügen?» Ein Brief wird gebracht. «Ein Liebesbrief!» rufen alle. Karaghiozis kann ja nicht lesen: «Ihr seht doch, daß ich beschäftigt bin», aber die Arbeiter können, scheint's, auch nicht lesen. Natürlich kann Karaghiozis lesen! Sind die Worte nun schwarz auf weiß oder weiß auf schwarz, was ist positiv und was ist negativ? Der Teufel soll ihn lesen! Der Teufel erscheint und liest den Brief. Es ist die Beschwerde vom Bauamt an den Senat der Akademie.

Im Palast des Paschas. Karaghiozis wird dem Pascha vorgeführt, verneigt sich tief und orientalisch, dabei fällt sein Turban. Beim Versuch, ihn wieder aufzusetzen, unter vielen Allah-en-habdul-il-allah und Ay-as-salaam, fängt der Pascha zu lachen an. Karaghiozis, der keine Ahnung hat, wie er aussieht, schaut in den Spiegel und findet nichts Lächerliches an sich. «Oh, Schah in Schah ibn Parsi, so lächerlich, wie du glaubst, bin ich doch nicht. Aber ist es nicht die Sitte dieses Landes, sich lachend zu begrüßen? Sieh, o edler Pascha, wir sind zwei, ich und mein Turban.» Lachend wendet sich der Pasche an Hadji Avat: «Was machen wir nun mit diesem entarteten Handwerker?» Hadji Avat schlägt vor, ihn zum Hofbäcker zu ernennen. «Bist du wirklich in der Lage, den Beruf eines Bäckers auszuüben?» «Und ob ich es bin, ich habe die Bäckerei im Blut. Ich stamme von einer Rasse von Bäckern.» «Bei Allah, ich ernenne dich zum Hofbäckermeister, du wirst unser Brot gewinnen im Schweiße deines Angesichts.» «Sicher werde ich mein Brot gewinnen im Schweiße meines Angesichts, weil ich ja Bäcker bin. Bei Allah, laß meinen Ofen rauchen.» Der Teufel erscheint, er bringt eine Gans, um sie von Karaghiozis braten zu lassen. Baba Jorgos erscheint mit einem Lamm. Es fängt an, gut zu riechen. Karaghiozis ißt die Gans und dann das Lamm. Karaghiozis kommt vor den Kadi. Dort verteidigt er sich: «Allah oh Akbar, wenn in einem gewissen Monat eine bestimmte Gans in einen bestimmten Ofen gebracht wird, wird sie ins Leben zurückkehren und davonfliegen, sagt der Koran. Gleichermaßen wird ein Lamm unter denselben Bedingungen auferstehen und seine Herde wiederfinden, sagt der Koran. Ja, selbst ein Stück Speck, das zu fett war und übriggeblieben ist, wird wiederkehren, sagt der Koran.» Karaghiozis wird trotzdem geköpft.

Der Wohlstand des Paschas war benachbarten Fürsten zu Ohren gekommen, sie haben sein Gebiet überfallen und es geplündert. Traurig sitzt der Pascha zum Schluß mit Hadji Avat in den Ruinen. «Du hast unrecht getan, den Karaghiozis köpfen zu lassen, wenn er jetzt am Leben wäre, könnte er leicht deinen Kummer verscheuchen. Ach, kannst du mir nicht wiederholen, was der Gaukler während der Zeit seines Erdenlebens hervorgebracht hat», seufzte der Pascha. Hadji Avat nimmt eine kleine Leinwand, schneidet aus Karton die Gestalt Karaghiozis, sein Ebenbild, den Pascha, stellt Lichter auf und beginnt das Spiel.[3]

Grieshaber sagte: Im Gegensatz zu meinem Freund Böll, der den Clown vertrat, war ich immer auf seiten des Gauklers. Das ließ sich nie ganz ausräumen zwischen uns, auch wenn wir abendelang debattierend die Uferstraße hinauf- und hinabliefen. Unser Zigarettenverbrauch war beachtlich. Ich arbeitete damals in Porz am Rhein in einer Glasfabrik mit griechischen Arbeitern, um Brennverfahren kennenzulernen. Ich mußte ganz neue Methoden entwickeln. Mein Poseidonrelief aus Glasbausteinen steht jetzt in einem Fabrikhof bei Fürstenfeldbruck. In Feuerbach kann man ins Hallenbad gehen; auf den Glasfronten tummeln sich Flußgötter und Nereiden. Ich habe sie vor dem Brennen gemalt. Alla prima. Jeder Strich trocknete sofort, stückchenweise, da gab es nichts zu verbessern, und doch mußte der Schwung der großen Linie erhalten bleiben. Die Griechen nannten mich Kapitän. Darf ich Sie Steuermann nennen, Johannes?

Was wird aus mir? sagte ich.

Sie sind der Maat. Der Maler lachte.

Wieder verließen wir Aia, beladen mit Gastgeschenken. Jene Schallplatte war darunter, griechische Volksmusik, zu der Grieshaber getanzt hatte. Im Auto sagte Johannes: Hast du bemerkt, wie bei Grieshaber plötzlich das Meer eine Rolle

spielt? Fünfunddreißig Jahre verdrängt, seit seiner Auswei-
sung aus Griechenland. Wir haben es ihm zurückgebracht.
Johannes zitierte auf der Heimfahrt aus dem Gedächtnis, wie
Griechenschiffe einst von Freunden und Fremden für ihre
Weiterreise ausgestattet wurden. Die Argo. Das Phaiaken-
schiff. Ich sagte: Wie schwer ich mich tu mit dem Stil des
Malers beim Sprechen und Schreiben. Johannes lachte. Ge-
schieht dir recht. Ich hab da keine Schwierigkeiten.

Aus einem Brief: Ihr vieux . . . hat das Ohr noch am Boden,
obwohl sich der Zug immer weiter entfernt, der Zug der Zeit
aus Stuttgart. Ihr seid mir Schöne . . . ich fiel glatt vom Seil,
nachdem das Auto weg war.

Dann kam ein großer Brief, Aquarell: ein Boot mit einer
Frau und zwei Männern schwimmt auf dem Meer. Bin ich
das, die auf dem Cello spielt? Ist die zweite, rote Figur, die
Gitarre spielt, Johannes, der bei mir sitzt? Ist Grieshaber die
blaue Figur? Steigt er aus dem Wasser auf? Steigt er ins Boot?
Steht er schon am Ruder? Über den Köpfen steht: o joy, die
Engländer wollen ihren Gefangenen eine Frau dazu legen,
aber wer legt dem Gefangenen der Kunst – der zärtlich bewacht werden muß – sich hinzu? Dank für das Gedicht,
Dank! Dank! Und auf der Rückseite des Malbriefes steht:
après le coque: sind es Spiele zu dritt. Und gar nicht schön.
Was fängt einer an, der noch gar nicht weise ist und sich doch
wie Hölderlin vor der Schönen beugt? Ich weiß, «dem Schönen», aber was hilft es den Mußbildchen . . . take it easy.

Jeder Tag brachte neue Eilbriefe; schon fing ich an, sie
abzufangen, um Johannes nicht zu beunruhigen. Impulsive
und gut berechnete Anrufe von Aia hielten mich ständig in
Reichweite des Telephons. Dann traf der Entwurf zum Um-
schlag des *Engels* ein: das große Tier, alle Tiere in einem,
Sphinx, Löwe, Harpye, Adler; Hellas, verwüstet von der
Zeit, unter ihm hockt, silbern und rot, ein Mann und trinkt an
den Brüsten. Oder versucht er, das Tier zu melken wie der
Maler sein Schaf? Für mich gab es keinen Zweifel, daß die
Jünglingsfigur unter dem Fabeltier Johannes sei.

30

3. Im Netz

So ging der August zu Ende. So begann der September. Einerseits Herbst, meine Lieblingszeit, wann zuletzt war er so frisch gewesen, wie lang hab ich die Wolken, den Wind so nicht mehr erlebt, die nur jetzt so heraustretenden Konturen der Berge; immer sorgte der Maler dafür, daß es weiterging, erfand etwas, das notwendig war, Entwürfe mußten gebracht, geholt werden, ein bestimmtes Papier, eine bestimmte Farbe, Andrucke, Korrekturen, Tätigkeiten, von denen ich bis dahin nichts wußte.

Wenn das Telephon schellte, wenn ich den Hörer abnahm, wenn ich dem Klang meines Namens jene Färbung gab, die nur für ihn war, dutzendmal am Tag, und er war's nicht, fiel ich jedesmal in ein Loch. In der ersten Zeit gab ich mir noch Mühe, nichts von meiner Unruhe, meiner Zerfahrenheit merken zu lassen, daß ich nur darauf lauerte, das Gespräch so rasch wie möglich zu beenden, damit der Kapitän die Verbindung bekam, falls er sie suchte. Weil das nicht regelmäßig und zu bestimmten Zeiten geschah, wurde ich auf das Telephon fixiert. Klang seine Stimme aus der Muschel, mit einer jedesmal neuen Erfindung der Begrüßungsformel, die trotz ihrer Vielfalt rasch rituellen Charakter annahm, mußte ich zuerst das Zittern in meiner Kehle beherrschen, bevor ich antworten konnte. Der Kapitän fing an, mich morgens zu wecken; um sechs, um sieben, wenn er ungeduldig war, um fünf; seine Aperçus zur Politik, zum Weltgeschehen, zu den Figuren, die der Tag in den Vordergrund stellte oder vergessen hatte, ließen mein Aufwachen zum Lever werden. Wohin die vielerlei Fäden führten, bildende Kunst, Theater, Musik, Literatur, er wußte alles, teilte es aus, ich gewöhnte mich daran, mein Tagesgewicht von ihm zu bekommen, meine Ration von der Welt, während Johannes schlief.

In den Briefen wiederholte sich das Ritual, meine Antwortbriefe mußten dem Maler entsprechen. Ich guckte die Sätze

von ihm ab, die mehr verhüllten als offenbarten, am Rande
von Aquarellen oder mit ihnen verwoben, auch scheinbar naiv
nebeneinandergestellt in sepiafarbenen Tinten. Seine Figurenwelt, anfangs so fremd, besetzte mich wie Truppen ein
Land; jedes Blatt strahlte aus, was mich süchtig machte nach
immer neuer Post. Da gab es Briefe ohne Bilder mit überaus
verschränkten Sätzen, eine Seite lang, an Thomas Mann ge-
schult, die ich ein dutzendmal lesen mußte, bevor ich begriff.
Ich verbrachte viel Zeit mit Konzepten; prüfte, änderte,
heftig bemüht, beim Formulieren nichts von dem einzu-
büßen, womit ich den Kapitän beim Sprechen erfreute; ich
wechselte ab, schrieb von Hand, auf der Maschine, deutsch,
lateinisch, in Druckbuchstaben, legte ein Gedicht dazu, eine
Herbstzeitlose oder ein gelbes Blatt. Manchmal schloß sich
Johannes an.

Das dritte, neben dem Telephon und der Post, war die
Musik: des Malers Schallplatte, sie allein vermochte die Stun-
denlöcher zu überbrücken, die zwischen den Briefen, den
Anrufen lagen. Ich wußte genau, mein Griff nach dem Ton-
kopf des Plattenspielers, kaum aufgewacht, war der eines
Trinkers zur Flasche: nach den ersten Takten ging alles von
der Hand, was morgens von der Hand gehen sollte. Stunde
um Stunde dieselben zwei Seiten, Griechenland und Grieshaber waren eins in der Musik, ich bekam von ihr, was ich
brauchte: Antrieb, Hoffnung, Verwegenheit und Trauer,
Angst, Resignation, Verzweiflung. Bald war ich in einem
Zustand, von dem ich glaubte, ich hätte ihn endgültig hinter
mich gebracht: ein Ziehen und Zerren wie in der Pubertät,
Schulmädchensehnsucht nach etwas Kommendem, Unbe-
kanntem, gleichzeitig verhöhnte ich mich und genoß es: an
alles wollte ich denken, bloß nicht an den Kapitän; an nichts
anderes dachte ich mehr als an ihn; zu beidem sollte mir die
Musik verhelfen, von ihr ließ ich mir schmeicheln und dro-
hen, mich wiegen, streicheln, warnen, bestrafen. Aia kreiselte
durch meine Tage und Nächte, die Musik ließ mich alles
aushalten, sammelte meine vielerlei Unruhen, konzentrierte

sie in sich, und so aufgeladen wurde sie zum Hammer in meiner Blutbahn, woher denn sonst die Sensationen meines Pulses, die Atemlosigkeiten?

Der Kapitän jedoch hörte Bach; manchmal Hintergrund seiner Worte in der Telephonmuschel.

Johannes gewöhnte sich daran, nach Aia zu fahren; die Ausflüge hatten stets einen konkreten Anlaß im Vordergrund; Grieshaber, der gesagt hatte, er könne nur mit Menschen zusammensein, wenn er etwas mit ihnen mache, sorgte dafür, daß es immer etwas gab, das wir zusammen machen konnten. Er füllte die Wagschalen gleichmäßig, hielt alles in Schwebe, seine Zuneigung für mich entsprach der Freundschaft mit Johannes; wenn sie beim Wein über ihre Themen redeten, Philosophisches zwischen Mythos und Ratio, konnte ich nur glänzen, wenn ich schwieg. Sagte ich etwas, löste es meistens einverständliches Männerlachen aus. Als ich den Mechanismus heraushatte, provozierte ich ihn, so konnte ich aus der Not eine Tugend machen, die das Gleichgewicht wiederherstellte, das durch mich bedroht worden war. Jeder Pluspunkt für Johannes entlastete mich. Kapitän und Steuermann versäumten selten, das Ritual einzuhalten: den Hinweis auf Schiffe, die seltsame Liebe vieler Binnenbewohner. Auch wenn sie kaum Bescheid wußten über Luv und Lee, Spanten, Wanten, Segel, auf der Argo kannten sie sich aus und auf den Schiffen und Flößen des Odysseus; nicht anders sei es gewesen als heute, sagte Johannes, wenn sein Auto vom Kranarm hochgehoben durch die Luft schwebe, nachdem er stundenlang besorgt die unpräzise Kunst des Improvisierens bei den Griechen beobachtet habe, bis Hab und Gut endlich im Bauch des Schiffes verstaut sei, und schlampig dazu, fange der Meltemi an zu blasen und packe das Schiff und schüttle es. Und daß er wisse, was Angst sei. Seeräuberschiffe, Wikinger, Römer, Walfänger, die Handelskaravellen, Columbus, Marco Polo, die Titanic sorgten, daß es an Anspielungen nicht mangelte. Es tauchte auf, was die mythischen Wasser bevölkerte, die Luft, die Namen der Sternbilder, was alles davon in

Grieshabers Bildern Gestalt angenommen hatte. Sie sprachen von der frühen Kunst der Kykladenidole, von denen Picasso seine Violinfrauen herhabe, von den mykenischen Goldblechmasken, die so wenig dem Ideal der griechischen Heldenantlitze entsprächen, den archaischen Torsi, der Weigerung von Johannes, sich mit anderen Kulturkreisen zu befassen, um den einen sich anzueignen.

Grieshaber zeigte den neuen Freunden, wie er einst mit seinen Schülern gearbeitet hatte, als das Nazireich vorüber war. Wo die Lücke klaffte, während anderswo die Künste sich kontinuierlich hatten entwickeln können. Was von Expressionismus, Dada, Kubismus, dem Bauhaus sich einholen ließ oder liegenlassen, was man verwandeln konnte in jenen Fünfzigerjahren, die Freiheiten versprachen, ohne sie zu gewähren. Der Lehrer Grieshaber hatte mit allem zu experimentieren begonnen, was den Menschen befreien half; er war seiner Zeit voraus; später entwickelten sich Stile aus dem, was für ihn Lust am Unterrichten war. Ich sah Photos, auf denen Studenten durch straff gespannte Papierbahnen gingen, Wände ansprangen, Flure, Schränke, Bauzäune bemalten, lernte, was man Tachismus nannte, wie man sich Materie gefügig macht, sie setzten Dinge zusammen, die ich nie vorher zu Kunst vereinigt sah: Fetzen, Haare, Knochen, Verrostetes, Abfälle, Scherben. Der Kapitän machte Geheimnisse selbstverständlich und das Alltägliche wieder geheimnisvoll. Er hatte seine Studenten dem entgegengetrieben, was bevorstand, was er fühlte, wußte, nicht aufhalten konnte und deshalb sorgte, daß sie rechtzeitig einschwingen konnten. Als das Farbfernsehen kam, hatte er Spiegel in den Garten gestellt, um die unnatürlichen Farben auf der Mattscheibe zwischen den dämmernden Büschen und Dahlienblüten aufleuchten zu lassen: Woher denn POP stamme?

So bin ich in der Karlsruher Akademie an die Drähte des Staates geraten, sagte Grieshaber. Wie gewohnt. Kurzschluß. Die Prüfungsordnung stammte noch aus dem Dritten Reich. Meine Schüler sollten die Bilder «erkennbar wiederholen».

Was versteht der Staat unter erkennbar, fragte Johannes. Der Maler sagte: Den Hahn Picassos konnten sie nicht angreifen. Also tadelten sie die Hähne meiner Schüler. Es gab keine Erklärung dafür, denn sie hätte pfeilgrad zur Nazikunst geführt. Zum «gesunden Volksempfinden». Weshalb ich meinen Hut nahm und ging. Nach dem Siegeszug des Nonobjektiven, als sie Erfolge hatten mit dem, was ich ihnen gezeigt hatte, zog ich mich zur Figuration zurück. Zu meinem attischen Ungeziefer. Der Kapitän breitete seine Tier- und Pflanzenmenschen um uns aus: Daphne, Persephone, Harpyen, Kentauren, Nereiden, Tritonen und in vielerlei Variationen Pan, seine Schlüsselfigur, Briefkopf Unterschrift- und Absenderstempel. Doch dann wurde Hellas überdeckt von Holzschnitten zu Orffs CARMINA BURANA; sofort war alles um mich erfüllt von dem Brausen:

O Fortuna / velet luna / statu variabilis, doch mein Übermut kam vor dem Fall: vierzig Totentanzpaare und vierzehn Kreuzwegstationen mußte ich abschreiten. Johannes' Einklang mit seinem Kapitän, sobald es um Archaisches ging, wurde jäh überwuchert vom Mittelalter, das er nicht ausstehen konnte. Ich fühlte mich daheim bei den Namen, mußte keine katholische Kindheit verdrängen, sondern hatte mich aus dem kargen Protestantismus oft in die mittelalterliche Bilderwelt geflüchtet. Je weniger ich fassen konnte, was der Maler um uns ausbreitete, desto magischer wurde der Mann, der diesen Kosmos von der Antike bis heute mit seinen Gestalten füllte.

Ich habe immer Paare gemalt, sagte Grieshaber; jeder Tod ist ein Liebespaar: Tod und Jungfrau, Tod und Königin, Tod und Krüppel, Tod und Narr, der Tod und der Arzt und das Kind und die Mutter. Das sind keine Fluchten zurück, ins Vergangene, sagte er; im Gegenteil. Den Totentanz machte ich letztes Jahr für die DDR, so, daß er sich drüben gerade noch annehmen ließ. Auf die Friedhofsmauer von Basel war dieser Totentanz einst gemalt, vielleicht von Konrad Witz, sie haben ihn abgerissen, es gibt ihn nur noch als Überlieferung, ich schnitt ihn neu, als der VEB-Verlag der Kunst in Dresden mit mir etwas machen wollte. An ein solches Buch hatte dabei niemand gedacht. Das Thema und der neutrale Ort Basel schienen mir zu passen für eine Unternehmung, die zum erstenmal beide Deutschland künstlerisch zusammenbrachte. So ging es zwischen Dresden, Leipzig und der Achalm hin und her; ich nannte mich einen Handwerker, denn ohne Kulturverträge wollte ich als Künstler keinen Sonderstatus beanspruchen. Was die Genossen beim Grenzübergang in Hirschberg am meisten irritierte, war, daß der Mercedes nicht dem Herrn, sondern dem Arbeiter gehörte. Der Wagen war nachtblau, in dem der ehemalige Bauer aus Mecklenburg, dem ich Drucken beigebracht hatte und der jetzt sein Geld bei mir verdiente, die Holzstöcke und mich hinüber- und herüberfuhr. Nein, ich selbst bin nie an einem Steuer gesessen. Gedruckt wurde der *Totentanz* in Leipzig, an der Hochschule für Gestaltung, sie schnitten auch eine Schrift dazu, die Freund Kapr dort entwarf; mein Ehrgeiz war, daß das fertige Buch denselben Preis in beiden deutschen Staaten haben sollte. Der Kreuzweg war für eine geplante Sühnekirche in Auschwitz bestimmt. Das wollten die Polen nicht von den Deutschen, jetzt kommt dieser Kreuzweg nach London.

Alle diese Mappen und Bücher lud uns der Kapitän ins Auto, damit wir in Stuttgart ihn bei uns hätten, seine Welt der unseren einverleibten. Wir hielten's für Leihgaben, fertigten Listen an; wie konnten wir ahnen, daß er uns alles schenken wollte. Daß es die Form seines Schenkens war, weil er sich dem Dank entziehen wollte und sich im Lauf der Jahre daran gewöhnt hatte, daß ihm die wenigsten Menschen zurückbrachten, was er ihnen geliehen hatte. Fast war er verlegen, als wir nach geziemender Zeit seine Schätze wieder bei ihm ausluden. Er schenkte sie bald danach wahllos irgendwelchen Besuchern.

Rudert, rudert, rief und schrieb der Kapitän; man konnte sich also in die Riemen legen, morsen, Notsignale, Freudensignale, schwarze und weiße Segel setzen, wie Theseus, als er von Kreta heimkam und sein Vater sich von der Akropolis stürzte, weil es die falschen Segel waren; alles begann ja erst für uns, das Schiff war unterwegs, Ariadne noch nicht auf Naxos, entrückt von dem Gott, der sie für sich haben wollte.

Der Kapitän rauchte. Der Kapitän trank. Hundert Zigaretten am Tag. Eine Flasche Schnaps. Was eben da war. Sein silberner Becher, innen vergoldet, stand bereit für die Stunden, in denen er nicht malte und schnitt. Der Becher stand nicht im Atelier. Der Becher stand in der Küche. Der Becher wurde ihm aus der Küche gereicht, gefüllt. Maat, sagte er einmal, wie hätte ich den vierzigfachen Tod aushalten sollen? Gewiß, mein Herz ist ramponiert, ich hab es nie geschont. Kommen Sie mir bloß nicht mit Ärzten, die wissen genau, wie es um mich steht, fühlen den Puls und messen den Blutdruck und keine Ahnung von meiner Seele. Stellen diskret die Flasche hin, Cognac, Whisky, noch eben verteufelt, schämen sich nicht und kriegen dafür das neueste Blatt für ihre Kunstsammlung. Daß ich mir selber dafür zehn Flaschen kaufen könnte – darum geht es ja nicht. Den Osterhasen wollen sie anfassen. Solche, die keinen Priester mehr ertragen, und auch keinen Psychiater mehr, suchen im Künstler den Ersatz. Irgendwohin müssen sie ja mit ihren Emotionen.

Wenn der Kapitän getrunken hatte, war seine Stimme am Telephon anders. Alle Nuancen lernte ich kennen, und in die Angst mischte sich das Entzücken über sein Gesteigertsein: Grieshaber hoch x, mein Verstand konnte kaum so schnell zugreifen, sein Geist, sein Witz öffneten sich wie Fächer – was für Zeichnungen in den Falten, Gesichter und Landschaften, infernalische Zukunftsentwürfe; der Kapitän führte Tänze für mein Gehör auf, das sich die Figuren seines Balletts nach und nach einprägte; mit der Telephonmuschel am Ohr war ich Danae unterm Goldregen.

Der Herbst in der Stadt füllt unsere Terminkalender, hetzt uns zu Premieren, Vorträgen, Dichterlesungen, Ausstellungseröffnungen. Der Herbst auf der Alb ergreift Besitz von mir wie die Kinderherbste; einstmals waren so die Luft, der Wind, der Himmel beschaffen wie jetzt, wenn wir nach Aia fahren. Und gleichzeitig legt sich etwas, eine Bedrückung, schwerer von Mal zu Mal, auf uns. Wir wissen, daß es Kirke gibt, auch wenn sie unsichtbar ist. Keine Frage, keine Antwort, keine Verständigung, sie wohnt auf der einen Seite von Aia, der Kapitän auf der anderen Seite des Matriarchats. Ihr Treffpunkt ist die Küche. Wie stark muß er sein, wenn er ihre Geschenke genießt, den Hofstaat aus Pflanzen und Tieren, ihre üppigen Mahlzeiten, die von einem zum anderen Tag verschwunden sein können, wenn es Kirke beliebt. Er sagt: Sie weiß, daß ich es weiß und daß ich mich so und nicht anders verhalten würde, wie immer sie sich entscheidet. Es gibt kein Fait accompli, mag der Berg nach innen stürzen und alles mit sich reißen; ich werde keine Bewegung machen, die etwas aufhält, verhindert, beschleunigt. Der Kapitän registriert die winzigsten Veränderungen, Launen Kirkes, teilt sie mit, ohne zu reagieren. Nichts zeigt an, daß er nervös sein könnte. Scheinbar gelassen, gefaßt, ein Berg von Geduld, geht er seinen Tätigkeiten nach; niemand braucht zu wissen, wie bis zum Zerreißen gespannt er ist. Ich weiß es. Und Johannes nennt das Schauspiel auf Aia, in dem wir längst Akteure sind, archetypisch. Die beiden hätten einander im Bann. Kirke muß zaubern, ohne zu fragen, solang sie existiert: durch Natur. Der Maler muß verwandeln durch Kunst, solange Atem in ihm ist.

Jedesmal, wenn ich Sie sehe, ist es wie ein Stoß vor die Brust, der mich fast umschmeißt, sagt Grieshaber im Augenblick unseres Alleinseins. Natürlich ist es schwer zu leben. Das Leben ist keine Bestätigung und kein Geländer. Man ist eben ein einsamer Jäger. Solche Antworten bekommt Johannes verpaßt. Oder: wer etwas zu sagen hat, der trete vor und schweige.

Zeit, auf die Buchmesse zu fahren. Dort war es wie immer, und doch hatte alles eine andere Bedeutung: der Kapitän wartete auf Nachrichten: ob man den *Engel* gesehen habe, ob er bemerkt werde und wie es dem und jenem anderen Buch ergehe, das er gemacht habe, und die in den verschiedenen Hallen im Verborgenen lagen oder im Scheinwerferlicht. Wen man getroffen, mit wem man gesprochen, worüber, wer von den Freunden, den Feinden glücklichen Tagen entgegengehe oder unglücklichen, Kunst und Afterkunst und die blinden Lose; ich schrieb Eilbriefchen auf dem Messepostamt, telephonierte mit Aia, wann immer ich entwischen konnte; wir wohnten privat, in der Eisenbahnersiedlung, gleich beim Hintereingang zur Messe, drei Minuten zu Fuß, das arme, doch reinliche Zimmer bei der Witwe, Johannes sei es sogar gelungen, Paul Celan dorthin mitzunehmen, weil auf der ganzen Messe nirgends ein Raum, kein Winkel in einer Garderobe zu finden gewesen sei ohne Lärm: für ein Gedicht. Das habe Celan dann auch gelesen, am Schluß eines leisen Interviews. Nicht mal einen Stuhl habe man anbieten können, der Dichter sei auf der Bettkante gehockt, Johannes vor ihm auf dem Fußboden, sie hätten sich ohne viel Worte verstanden, wie Freunde eben, und was Johannes im Kästchen habe (so nannte der Kapitän das Aufnahmegerät), sei mehr wert als Dutzende von Interviews. Hinterher sei man essen gegangen, und der Schwermütige aus Paris sei recht vergnügt gewesen. Nachts hätten wir dann Thomas Bernhard getroffen, der habe gebeten, mit ihm auf den Bahnhof zu gehn, dort müsse er Thomas Bernhard abfahren sehn. Und daraus sei dann ein köstliches Spektakel geworden, denn Thomas Bernhard habe immer den Bahnsteig verwechselt und deshalb Thomas Bernhard versäumt, der ohne ihn abgefahren sei, und auch der Schaffner sei verwirrt gewesen, als Thomas Bernhard zu ihm gesagt habe: Was, Sie wissen nicht, wo Thomas Bernhard abfährt? Solche Spiele hätten wir schon in Luxemburg, wo wir gut Freund geworden seien, zu dritt gespielt, und es darin zu einiger Übung gebracht. Ja, und dann sei ich tatsächlich in die Halle von Großbritannien gegangen und hätte den Oxford-Diktionär gefunden und darin nachgeschlagen, wie der Kapitän es befahl, nach dem Wort Maat = *mate*, und seinen verschiedenerlei Bedeutungen. Ich sagte oder schrieb dem Kapitän nichts davon, daß die gesamte Buchmesse für mich in diesem einen Augenblick gipfelte, als ich las, was *mate* bedeute; in der fremden Umgebung der englischen Kojen, ihrer von wenig Publikum aufgesuchten vornehmen Stille, und wie mir schwindlig geworden war.

Mit dem Erscheinen des *Engels* war beendet, was uns mit Aia zusammengeführt hatte. Welchen Grund gab es noch, zurückgekehrt, in die gegenseitige grüne Stille Funksignale zu senden? Freundschaft? Hatte er nicht gesagt, das sei für ihn nur möglich, wenn man etwas zusammen mache? Zog Grieshaber sich zurück? Tage, an denen das Telephon schwieg. Tage, an denen kein Eilbriefträger kam. Tage, an denen Briefträger und Telephon mehrmals gleichzeitig klingelten und ich nicht wußte, wohin zuerst stürzen. Himmelhoch jauchzende, zu Tode betrübte Tage, an denen allein Theodorakis über die Runden half. Herbst hieß plötzlich Angst, der Kapitän könne krank werden, unerklärliche, würgende Angst, wie es weitergehen sollte, zeitweilige Einsicht, alles müsse zum Ende kommen, gleichzeitig ein erbittertes Sichwehren gegen etwas, das unaufhaltsam näher kam. Freundschaftsproben durch Großstadtklatsch, Kleinstadtgerede, Neid und Mißgunst von außerhalb, Wasser schwappte ins Schiff, es schwankte, der Kapitän machte kurzerhand in einem Malbrief ein Flugschiff daraus, das die Raben vertrieb.

Auf Aia fingen die Blumen zu sterben an, das Leuchten hatte die letzte Stufe erreicht, es roch nach Äpfeln, Birnen, Nüssen, Fäulnis, Moder, Tod und Verfall, die Tiere stemmten sich gegen den Wind, der vom Berg herab blies, ihnen ins Fell und unter die Federn fuhr, die Zwetschgen aufs Auto schüttelte, Brombeeren hingen ins Gesicht, Kürbisse und Tomaten prangten, die Bohnen raschelten schon an den Stangen, wir saßen beim Apfelkuchen, als Johannes von einer Frauenstimme in die Küche gerufen wurde. Er stand auf, trat vom Podest herunter, ging über die Ziegelsteine am Affen vorbei zu der dem Atelier gegenüberliegenden Tür, die schon einen Spalt breit geöffnet war. Der Kapitän sah mich mit großen Augen an. Schwieg. Sagte dann: Das ist nicht gut. Als Johannes zurückkam, fahl im Gesicht, sagte er zu mir: Du bist an der Reihe. Der Maler sagte: Sie müssen nicht. Es ist ein Fehler. Johannes sagte ruhig: Steh auf. Geh hinaus. Du wirst gewünscht. Da schloß ich schon die Küchentür hinter mir. Kirke. Vor einem Ofen stehend. Dünn, schrecklich und schön, mit pergamentener Haut, Runen darin aus Jahrhunderten. Sie wies auf einen Schemel. Ich setzte mich. Schneidende Sanftheit: Was wollen Sie? Herrin auf Aia werden? Nein, sagte ich. Niemals. Alles würde zugrunde gehn. Ich kann nichts von dem, was Sie können. Dann lassen Sie ihn frei, sagte Kirke. Ich hab ihn nicht eingefangen, sagte ich. Ich wollte nichts als ein paar Holzschnitte für Johannes. Kirke sagte: Er war ausgebrannt nach dem *Totentanz*. Sie beide kamen gerade rechtzeitig. Blutauffrischung, ein junges Paar, dachte ich und förderte, was sich anbahnte. Wie konnte ich ahnen, wohin es führt. Sie spielen mit dem Feuer. Beantworten Sie keine Briefe mehr, legen Sie den Telephonhörer auf, wenn er Sie anruft. Sonst zerstören Sie wirklich, was Sie nicht wollen. Die Tränen liefen mir übers Gesicht. Kirke sagte: Versprechen Sie es? Nein, sagte ich. Es ist zu spät. Ich kann nicht mehr zurück. Und ich will nichts mit Ihrem Reich zu schaffen haben. Nur für ihn da sein, wenn er mich ruft. Wissen Sie überhaupt, auf was Sie sich da einlassen? sagte Kirke. In Wirklichkeit braucht er niemand. Nichts. Die Wahrheit ist, er sieht Sie gar nicht. Er sieht nur sich und seine Kunst. Können Sie leiden? Haben Sie's gelernt? Ich wollte sagen, das geht Sie nichts an, aber ich sagte: Es könnte sein. Leiden Sie, sagte Kirke, und zerstören Sie Ihr Leben. Wir haben uns nichts mehr zu sagen.

Der Kapitän, jetzt so fahl wie vorher Johannes, war wohl mit ihm übereingekommen, daß er uns so nicht fortlassen würde. Oder daß wir ihn jetzt nicht verlassen könnten. Retsina stand auf dem Tisch, Gläser, schon eingeschenkt. Ich hatte meine Hände, meine Knie nicht in der Gewalt und blieb eine

Weile stehen. Dann nahm ich das Glas, das der Kapitän mir hinhielt. Trank. Er sagte: Nie mehr soll es eine Küche geben für Sie.

Alle drei brauchten wir Wochen, die Küche zu verdrängen. Das Wort Küche, kaum ausgesprochen, ließ uns zusammenzucken. Ich erfuhr nur, Kirke habe Johannes aufgetragen, besser auf mich aufzupassen. Ich erfuhr nur, Kirke habe zum Kapitän gesagt: Wer zieht das Kind auf, die oder wir? Johannes schrieb an Kirke. Kirke an Johannes. Was zerstört war, ließ sich nicht flicken. Die Küche hatte Öl in Grieshabers Feuer geschüttet.

Gründet einen Bürgerausschuß für die griechische Sache, wozu lebt ihr schließlich in der Hauptstadt! Das war ein Zuruf vom Kapitän. Also rannte ich herum, zeigte überall unseren *Engel*, horchte, probierte, schrieb Briefe, klopfte ab, was sich für Griechenland machen ließe. Abgeordnete wollten nichts hören. Auch bei den humanistischen Studienräten hatte ich kein Glück; die nannten sich unpolitisch, neutral, sie interessierten sich für die Antike, nicht für gegenwärtige Händel, standen den deutsch-griechischen Gesellschaften vor und wollten es nicht verderben mit den neuen Machthabern, die ja ihrer Meinung nach nichts taten, als mit den Gefahren des Sozialismus aufzuräumen. Eine Zumutung, seine künftigen Griechenlandreisen aufs Spiel zu setzen! Aber plötzlich war da eine Zelle, die sich vergrößerte: Arbeiter, Studenten, Angestellte, Buchhändler, Amnesty-International-Gruppen; man entschloß sich, einen Abend im großen Saal der Stuttgarter Liederhalle zu machen; Grieshaber entwarf das Plakat KUNST MUSIK TEXTE, BÜRGERAUSSCHUSS FÜR DIE GRIECHISCHE SACHE. Schwarz und rot das Tier vom Titel des *Engels*, darüber hatte er Buchstaben gesetzt: ELEFTERIA I THANATOS. Der Entwurf hing an unserer Stubentür, bald war er gedruckt und viele hundertmal in der Stadt verteilt, vom Kapitän gestiftet. Walter Jens würde die Rede halten, Schauspieler sollten die Gedichte der verfemten griechischen Dichter lesen, Johannes und ich unsere eigenen aus dem *Engel*.

Johannes wußte, es würde für ihn keine Rückkehr nach Griechenland mehr geben, bis die Militärdiktatur gestürzt war.

Mein Dasein hatte sich verändert. Was der Kapitän schrieb, sagte und tat, gab dem Leben einen neuen Sinn, einen anderen als bisher; war einerseits seltsam, von weit hergeholt wie Johannes' Mythologie, andererseits durchtränkt, überfließend von Gegenwart, Geschichte: in der Zeit leben, mit der Zeit leben, Zeuge sein von dem, was geschieht.

Oktoberzurufe. Novemberverdüsterungen . . . matt wie die letzte Fliege des Sommers sitz ich am Fenster, blicke ins Grau . . ., schrieb der Kapitän. Wenn solche Briefe kamen, spürte ich, daß jeden Tag alles zu Ende sein könne, weil ja Aia nur eine Fiktion war, weil es spätestens mit den Nachtfrösten sich in nichts würde auflösen müssen, wie es sich in den Briefen ankündigte, die voll waren von Abschied und Bedrohung. Längst gab es kein Fest mehr auf Aia, nur ein Vorbeihuschen im Auto, ein Winken, ein paar Schritte auf dem Berg, ein kurzes Gespräch.

Das Leben schien noch einmal aufzuflackern, Grieshaber schrieb, er habe zwei große Bilder in Angriff genommen; als er fertig war, ließ er mich kommen: Ich sah eine Frau, fast lebensgroß, mit meinem Hals, meinen Schultern, meiner Stirn in einem Kranz von Brüsten sitzen. Erschrak, sagte rasch: Diana von Ephesos. Nein, lachte Grieshaber, es ist eigentlich nicht die Artemis, die hat Stierhoden umgehängt, schauen Sie es nur richtig an; dann schrieb er darunter mit dickem Filzstift: «Wo faß ich dich, unendliche Natur, euch Brüste, wo?» und schenkte mir seinen ersten Abzug. Der zweite hing an der Stirnwand seines Ateliers. Das muß Kirke aushalten, sagte der Kapitän. Als er in unserer Stuttgarter Wohnung hing, sah der Holzschnitt aus wie vor dreitausend Jahren in Griechenland an die Wand gemalt. Das Gegenstück dazu hieß *Achalm:* aus zahllosen sich überschneidenden Linien türmte der Berg sich abstrakt empor, ohne Tier, ohne Pflanze, Aia nach dem Fall.

Früh, wenn Johannes schlief, breitete ich Plakate auf dem

Wohnstubenfußboden aus: Sie trugen Motive aus Griesha-bers *Totentanz* und die Namen der Städte, durch die jene vierzig Paare unterwegs waren; München, Berlin, Leipzig, Halle, Schorndorf, Magdeburg, zehnmal DDR und zehnmal die Bundesrepublik, sie sollten in einer Mappe vereinigt wer-den als Dokumentation; ich versammelte alles, was ich bisher von Grieshaber glaubte begriffen zu haben, schrieb ein Ge-dicht über die Totentanzplakate und schickte es dem Kapitän.

Bald danach lag mein Gedicht gedruckt den Totentanzpla-katen bei.

Das Phaiakenschiff, vor Scheria versteinert, wurde zur Me-tapher für den Zustand, den der Kapitän anzustreben uns beiden dringend verordnet hatte: versteinern sollten wir aller-dings nur, was wir beide füreinander empfanden auf dem Höhepunkt unserer Gefühle, die keinerlei weitere Annähe-rung ertrugen, wenn sie nicht ineinanderstürzen sollten. Doch waren die Versteinerungsmalbriefe nicht gerade das geeignete Mittel. Grieshaber schrieb:

Lieber Maat, unsere Alb fordert uns große Einfachheit ab, um den komplizierten Albtanz zu vollführen. Spröde, versteinert, Ammons-horn und Teufelsfinger so lang her und so lang Ihr G.
P. S. wir haben zu gleicher Zeit versteinert! ich versteinere weiter. Ja, es ist so recht; ich warte im Muschelkalk auf den Tag...

4. Der Sturz

Allerheiligen, Allerseelen, Toten-, Helden- und Volkstrau-ertage, was mag der November mir außerdem bescheren? Aquarelle, Alblandschaften, Blaufarben, Grünfarben, losge-lassen, nach den strengen Holzschnitt-Tagen, tälertief, hügel-hoch, himmelweit schwingend und dazu Texte, die alle Ver-suche, mit dem Versteinern voranzukommen, aufweichten:

Lieber Maat, bitte streuen Sie diese Blätter auf den Boden Ihrer Wohnung, um nur einen Tag darüberzugehen. Ein Vers von Geibel:

«. . . und Veilchen sproßten wo sie schritte . .» fällt mir vage ein. – Gehen Sie ruhig darüber hin, wir Egotisten sind nicht ohne feine Unterscheidung . . . treu.

Johannes hatte Verabredungen in Köln und Düsseldorf, besuchte die Eltern. Zum erstenmal bestand ich darauf, daß er allein fahre. Es war der erste Novembersonntag, und ich wartete vergebens auf die Zeremonie des Gewecktwerdens, Aia meldete sich nicht. Erst am späten Vormittag kam der Anruf: Maat, hallo, Maat, ich möchte mich verabschieden. Ich bin gestürzt, ganz in der Früh. Die Pferde waren ausgebrochen. Swena, trächtig im letzten Monat, und meine Stiefel weg. Die immer an der Tür stehen müssen, falls es brennt oder ein Erdbeben kommt. Ich fuhr in Weiberschuhe, die da standen, wo meine Stiefel sonst stehn, Kirkes Mädchen hatten sie weggenommen, kein Zufall, gehört zum Ritual, Entmannung, und als ich darin über den Graben sprang, passierte es. In meiner Schulter ist was kaputt. Eigentlich alles. Als wär sie zertrümmert. Rechts. Die Arbeitshand. Morgen Röntgen. Sie hören dann wieder von mir, Maat.

Damit blieb ich mir selbst überlassen. Nach qualvollen Stunden, heimgesucht von den Ausgeburten der Phantasie, klingelte der Eilbriefträger.

lieber maat, ihr, ihr kapitän, kann alles mit einer hand machen schreiben telephonieren nur 1 kann er schlecht, sich mit einer hand aus dem bett ziehen.

habe mich sogar links – war immer links – rasiert und furchtbar dabei geschnitten. schade hätte gerne mit diesem blut geschrieben, tippen geht noch nicht – unsere technik ist weit hintendrein.

jetzt wollen sie mich zu 1 spezialisten schleppen mf und die kunstsammler. raffael ohne hände, dies kennen wir doch, gut, daß die pragmata angwachsen ist, sonst hätten die damen von lesbos auch die noch mit den stiefeln weggeschleppt. nütze die situation weidlich aus, bin autark und werde auch mit 1 telefonkabel bedient – so es der gnädige herr wünscht. ich wünsche aber gar nichts, nur post.

die hypertrophie der armkugel schränkt etwas den verstand ein, bitte maat nehmen sie es wie es gemeint ist. der kapitän rächt sich, man hört ihn nicht stöhnen, sondern tippen. ihr g.

Am nächsten Morgen ein Eilbrief, gekritzelt, mit der linken Hand: Sie haben jetzt den *Hellas-Engel* statt mich. Bringen Sie ihn unter die Menschen. Man muß reden miteinander, klagen, anklagen, in die Öffentlichkeit tragen, was uns bedrückt, nicht schweigen. Sich nicht hinter der Trauer verschanzen. Keine Resignation. Leben Sie wohl.

Später ein Anruf: Maat, es wird eine komplizierte Operation nötig sein. Ich weiß noch nicht, wann und wo und ob ich es überhaupt machen lasse. Mir blieb ja kein Ausweg mehr als zu stürzen. Sie mußten mich ja stürzen lassen.

Schon beim ersten Anruf wußte ich: das war der Weg, auf die natürlichste Weise Aia verschwinden zu lassen. Weinte. Das griechische Schauspiel war aus. Die Oberirdischen, die des Malers Wohl und Wehe im Auge hatten, suchten inzwischen in den Zentren Europas nach der besten Möglichkeit, die Schulter flicken zu lassen. Ich hatte Angst, sie brächten den Kapitän nach London, Rom, Paris, doch am Ende schlugen sie Tübingen vor. Berufsgenossenschaftliche Klinik, wohin die schwierigsten Betriebsunfälle überstellt wurden, Hubschrauberlandeplatz. Der Kapitän am Telephon: Morgen werde ich operiert.

Vierundzwanzig Stunden sind häufig ein Rahmen für Romanhandlungen, Filme. Wie viele den bevorstehenden vierundzwanzig Stunden vergleichbare hatte ich in meinem Leben überstanden? In denen nichts sich ereignet, nichts abläuft als Angst, sechzig Sekunden lang jede Minute, sechzig mal sechzig, bis eine, noch eine, noch eine Stunde vergangen war. Nutzlos alles, was man denkt, was man zu tun versucht, von Augenblick zu Augenblick zerfällt es zu Asche. Die Angst würgte mich, und jedesmal, wenn das Telephon schellte, stand mein Herz fast still: vorbei, es ist aus, er ist tot, vorbei, und dann war es nur wieder irgendeiner von hundert möglichen Anrufen. Der endlose Nachmittag, endlose Abend, die nicht endende Nacht, der unendliche Morgen: jetzt, jetzt, jetzt wird er operiert. Das Telephon, das schwieg und schwieg und schellte, und ich durfte nicht aufschreien: falsch verbunden, wenn sich jemand meldete. Und dann meldete sich der Kapitän: Maat, sagte er, ich bin allhier. Sie können mich jetzt nicht operieren. Kurz bevor es losgehen sollte, kam ein Professor, der mich gut kennt, vor allem mein Herz und was ich ihm zumutete. Er sagte zu den Chirurgen, sie könnten sich die Mühe sparen. In diesem Zustand würde ich keine Operation überstehn. Das bedeutet erst einmal eine Woche lang ohne Zigaretten und ohne Alkohol. Haben Sie verstanden? Maat, so etwas ist schwer zu schaffen, wenn man keine Hilfe hat. Wollen Sie mir dabei helfen? Ich trieb das Auto durch den Schönbuch und saß vierzig Minuten später an Grieshabers Bett. Seine Schulter war provisorisch mit leichten Gipsbinden stillgelegt.

Sieben Vormittage lang, während Johannes schlief, saß ich in der Klinik in Tübingen oder ging mit dem Kapitän die Flure auf und ab zwischen Behandlungsterminen und Visiten. Wenn Johannes in Stuttgart aufstand, war ich mit dem Auto zurück. Sieben Vormittage lang redete ich mit dem Kapitän über alles, was sich zwei Menschen zu sagen haben, die sich lieben, ohne es sich gegenseitig einzugestehen. Sieben Vormittage lang suchten wir jede Gelegenheit einer Berührung. Sieben Vormittage lang mieden wir jede Berührung. Über Aia sprachen wir nicht. Nur, daß der Kapitän fast täglich sagte: Sie haben meine Stiefel vertauscht. Post und was er brauchte, wurde ihm gebracht von dem Mann, der den Mercedes fuhr und für ihn druckte. Ich brachte, was ich unterwegs fand: ein Schneckenhaus, ein rotes Ahornblatt, die letzten Gänseblümchen. Am dritten Tag das erste Kapitel des zukünftigen Buches uber meine Kindheit im Dritten Reich, wonach er nicht müde wurde zu fragen. Nachmittags, abends, wenn er mit mir telephonierte, klang er müde, verzweifelt, alt: Maat, meine Schulter zerfällt, sie fängt an zu faulen, ob ich je wieder arbeiten kann?

Am letzten Morgen, als wir uns verabschiedeten, schlang er den gesunden Arm um mich, ich küßte jede Stelle in seinem Gesicht, um dem einen Kuß zu entgehen, der dann doch kam.

Morgen um diese Zeit ist alles vorüber, sagte der Kapitän. Wenn du am Leben bleibst, sagte ich, will ich nur noch dir gehören. Du, sagte er. Du, sagte ich. Du.

Die Rückfahrt im Auto durch die Wälder. Der erste Rauhreiftag: alles beisammen, Glück, Angst, die Schönheit, die Trauer, Sonne und Himmelsblau durch Nebelfetzen, der Kapitän, Johannes, was sollte daraus werden. Wenn Grieshaber die Operation überstand, wenn sein Herz nicht zu schlagen aufhörte, dann war ich ein Stück von ihm, er eins von mir geworden. Drei Monate hatten wir uns dagegen gewehrt, ein Paar zu werden. Drei Monate hatten wir alles erfunden, was man erfinden kann, um ein Paar zu sein. Jetzt hatte ich mich ihm versprochen.

Noch einmal die Vierundzwanzigstundenpein. Dann hatte der Maler eine neue Schulter. Mosaik, aus fremden Knochen zusammengesetzt. Nachmittags fuhr ich nach Tübingen. Fünf Minuten, sagte der Arzt. Ich bleibe unter der Zimmertür stehen. Bis zu den Hüften liegt Grieshaber im Gips. Ich will nichts als ihn anlächeln. Aber er sagt: Komm. Also trete ich zwischen die Schläuche, Flaschen, küsse ihn auf die Augen, doch er hält mir seinen Mund entgegen. Wir leben, sagt er. Der Augenblick für einen Vornamen: Andreas. «Gries» nennen mich die alten Freunde, hatte er im Sommer gesagt. HAP sei ein Kürzel aus seinen drei Vornamen: Helmut Andreas Paul. Ein Jugendeinfall, den er gern loswäre, jedoch inzwischen zum Markenzeichen verfestigt. Helmut, gewiß, doch habe die eigene Mutter seinen Namen kaum über die Lippen gebracht. Das Wort Helmut war beladen. Da hing schon ein ganzes Leben dran. Er wünschte es sich und wehrte sich dagegen. Ich sagte Helmut nur in Augenblicken der Not. Wenn ihm oder mir Gefahr drohte. Hilferuf. Äußerste Beschwichtigung. Trost.

Wir leben, hat Andreas gesagt.

5. Prometheus in der Klinik

Das Ritual des Klinikmorgens rollt leiser ab in diesem als in anderen Zimmern, reduziert auf das Notwendigste in der bestmöglichen Qualität; Unterbrechungen durch das Betten, Einreiben, Kontrollen der Tropfinfusionen, Austausch der Flaschen, Tee, Entgegennahme der Wünsche fürs Mittagessen; wenn Post gebracht wird, läßt Andreas mich nicht nur die offiziellen, sondern auch die feinen, kleinen Briefchen aufschlitzen: Das da kommt von der Marschallin, das von der Klunkerfrau, hier die Cousine; Boten bringen Blumensträuße, Ikebana-Schalen, von Damen selbst gesteckt, Münzen im Nachttisch als Trinkgelder, die Blumen schenkt er den Schwestern: Weg damit in die anderen Zimmer, ich bin noch kein Gegenstand für ein Begräbnis. Doch wären keine Blumen gekommen, hätte er sie vermißt. Jeden Tag zweimal der Inhalationsapparat: die Schwester stellt den Anschluß her, prüft, regelt die Stärke des Strahls, gibt dem Maler das schwarze Mundstück in die freie Hand. Ich gehe auf dem Balkon auf und ab und tu es ihm nach, inhaliere kalte Luft gegen die Müdigkeit.

Nur wenige Tage läßt sich das Spiel aufrechterhalten, der Chefvisite zu entgehn, auch wenn der Kapitän hofft, mein Erscheinen, mein Verschwinden solang als möglich sein Geheimnis bleiben zu lassen. Längst wußte das Haus Bescheid, bevor meine Begegnung mit der weißgekleideten Hierarchie auf dem Klinikflur stattfand: Nein, Herr Professor, ich bin nicht die Frau. Auch nicht seine Sekretärin. Ich bin eine Geisha. Wer von den Weißbekittelten rot oder blaß wurde, nahm ich nicht zur Kenntnis, die jüngste Schwester unterdrückte ein Kichern. Ausgezeichnet, hatte der Professor gesagt und meine Hand gedrückt; davon hängt mehr ab, als Sie ahnen. Von da an winkte der Chef «Sitzenbleiben», wenn die Tür zur Visite aufflog und ich mich rasch verdrücken wollte.

Die jeden Morgen zunehmende Dunkelheit, der jeden Morgen zunehmende Mut, die immer anderen vierzig Kilometer zwischen mir und dem Kapitän, im Kampf mit den Müdigkeiten am Steuer. Der seit Monaten auf wenige Stunden geschrumpfte Tablettenschlaf nachts bis zum Klingeln des Telephons: Berufsgenossenschaftliche Klinik, Augenblick, ich verbinde, und Andreas' Stimme mich hochschnellen läßt: Fünf Uhr, guten Morgen – guten Morgen – Ja? – Ja? – Ja! – Ja, ich komme, ich fahre gleich weg! Manchmal, wenn der Friedhofsgärtner schon Licht hat, eine Rose; gleich hinter der Mauer liegt Hölderlins Grab. Nichts von den zehntausend Studenten in der Frühmorgenstadt, nur die zur Arbeit fahrenden Arbeiter. Wie lang hab ich das nicht mehr gesehn.

Morgen, an denen ich schon um fünf die Türklinke drücke, grad, als er mich in Stuttgart aufwecken will. Weil ich weiß, wie er wartet. Das Klinikzimmer ist auswendig gelernt. Erzähle, sagt der Maler. Die Nacht war lang. Mein Panzer drückt auf die Brust. Er atmet schwer. Gegenüber der Fensterwand liegt die Gebirgswand im Süden. Man sieht, wie ihre Stufen sich allmählich aus der Dämmerung herausschälen. Noch immer November. An der Tür hängt ein Schild *Keine Besuche.* Die Schwester bringt mir einen Tee. In Andreas' Gesicht beginnen die Zeichen der Schmerzen, gepaart mit der Ungeduld des Gefesselten. Das Schweigen lastet. Er mag das nicht. Wenn die Menschen sich schonen. Ihm aufladen, die Leere zu füllen. Sich von vornherein auf seine unerschöpflichen Sprachspeicher verlassen. Was ist, hast du schlecht geträumt, sagt er. Sein Vorwurf durchbricht meine Müdigkeit. Verhilft mir zum Einstieg: Da ist ein Traum, der immer wiederkehrt. Von meinem Vater. Er kommt den Berg vor dem Haus herab. Er geht sehr rasch. Trotz dem Krückstock, dem Bein. Er kommt auf mich zu. Er will mich töten. Ich stehe da und weiß einfach, daß er mich töten will. Ich geh auf ihn los und töte ihn. Immer ist da ein Beil, ein Knüppel zur Hand. Ich erschlage, zerhacke, zerschneide ihn. Trample sogar auf ihm herum. Meistens wache ich auf, wie ich schreie, lautlos natürlich: Aber er ist doch schon so lange tot, gestorben, ganz normal, an Krebs, ganz normal. Da ist doch sein Grab auf dem Friedhof. Der Maler hilft mir nicht. Ich sage: Ich träume diesen Traum nicht mehr so oft wie früher. Schweigen. Ich sage: Die Leute sagen, ich käme ganz auf den Vater. Mit der Mutter hätte ich wenig Ähnlichkeit. Inzwischen weiß ich, es ist nicht wahr. Weiter, sagt der Maler. Der Traum wird von einem anderen Traum verdrängt, sage ich. Es ist mein toter Mann, der den Berg herabkommt. Oder ins Zimmer tritt. Sogar durch die Wände. Mal im Elternhaus, mal in den anderen Wohnungen. Und dann geschieht dasselbe wie bei Vater. Der Maler sagt: Weiter. Ich sage: Bei Vater ist es eindeutiger. Wie Notwehr. Das Entsetzen darüber. Ich erinnere mich nicht, ob Haß dabei ist. Im Traum von meinem Mann dauert alles länger. Und ich warte nie, bis ich weiß, ob er mich töten will. Bei meinem Mann ist die Angst, die Gefahr größer. Als müßte ich auf ihn losgehen, um mein Leben zu retten. Er ist kräftiger als Vater. Manchmal lähmt mich das Grauen, wie festgenagelt bin ich, kann keinen Schritt mehr tun. Aber es kann mich auch beflügeln, ihn anzugreifen. Daran wache ich meistens auf. Mir ist, als dauerte es die ganze Nacht, bis mich dasselbe wie bei Vater endlich weckt. Andreas sagt: Woran starb dein Mann? Ich sage: an einem Gehirnschlag. Normal. Normal? sagt Andreas.

Nie liest er, wenn ich komm oder da bin. Nachts arbeitet er die Zeitungen auf, englische, französische. Hat auf dem Tisch die Herbstneuerscheinungen der Buchmesse. Auf seinem Nachttisch jedoch liegt nur ein einziges Buch: *Der gefesselte Prometheus* des Aischylos. Carl Orff hatte an den Freund geschrieben, er sei dabei, seine Vertonung des antiken Dramas abzuschließen, und vielleicht habe Grieshaber Lust, wieder Bilder dazu zu malen wie zu den *Carmina* und zu *Astutuli*. Das war im frühen Herbst. Johannes und ich waren dazwischengeraten. Und noch etwas: die Aufführung von Orffs *Ödipus* in Athen, zu Füßen der Akropolis, im Rahmen der Internationalen Festspiele. Die Stuttgarter Inszenierung war es, mit der sich das Obristenregime schmückte. Grieshaber hatte die Zeitungsausschnitte auf Briefbogen geklebt, mit bitteren Worten umrandet an uns geschickt. Erwartete er ein Zeichen des Protests? von Orff? von der Staatsoper? Diese Art von Naivität lag ihm nicht. Und doch hoffte er stets wider besseres Wissen. Wochenlang hatte er den Aischylos knurrend hervorgeholt und wieder weggelegt. Jetzt, mit der zertrümmerten Schulter, bekommt Prometheus eine neue Dimension. Doch der Maler spricht nicht darüber.

Die Rückfahrten mittags. Oft liegt der Nebel nur noch in Waldstücken. Es kommen Stücke mit Sonne und Blau. Man sieht die Beschaffenheit der Straße. Die dunklen Stellen. Wo es taut. Wo es friert. Wo Reif liegt. Ich fahre nicht gern bei Nacht. Bei Nacht seh ich kaum die Ränder. Die Straße ufert aus. Die Horizontale kippt. Es hat nichts mit meinen Augen zu tun. Die passen sich rasch an, wenn sie vom Licht in die Dunkelheit wechseln. Es muß anderswoher kommen. Vielleicht vom Verhältnis Tempo und Nacht. Nachts verharrten die Menschen jahrtausendelang. Machten kleine Bewegungen. Hielten still. Der andere Blick. Das andere Gehör. Sich mit den Gestirnen einlassen. Auch im Boot. Auch auf dem Reittier. Bei Tag fahr ich immer zu schnell. Ich fühle mich geborgen im Auto, das gleichmäßige Blasen der Heizung auf die Beine, nach dem Ausgesetztsein auf dem Klinikberg darf ich mich endlich gehenlassen: nach so vielen Stunden genauer Bewegungen, seismographisch registriert, unablässig seinen Augen, denen nichts entgeht, preisgegeben; Kälte fällt ein durch die offne Balkontür, weil Andreas frische Luft braucht. Manchmal schreck ich am Steuer zusammen, wenn ich so warm geborgen heimfahre: aufwachen, Fenster herunterkurbeln, Zugluft, der Tag mit Johannes steht erst noch bevor, ich muß Fleisch kaufen, Öl geht zu Ende, sein Tee. Was soll ich heut zu Johannes sagen? Daß ich beim Kapitän war? Hab ich gestern gesagt, ich war beim Kapitän? Oder hab ich gesagt, ich war schwimmen? Soll ich sagen, ich geh morgen schwimmen? Mit der Sauna komme ich höchstens auf vier Stunden. Eine Stunde Weg macht fünf, Einkaufen sechs, aber wenn er gehört hat, wie ich wegfuhr? Wenn er nicht einschlafen konnte in der Früh, weil er die ganze Nacht über schrieb? Schwimmen? So früh? Er wird nicht fragen. Er wird mittags allein aufstehen, frühstücken, warten, leiden. Sieben Jahre lang nicht gelogen. Das hatten wir abgemacht nach den Jahrzehnten der Lügen. Er wird nicht fragen. Soll ich ihm sagen: Genosse Lebensgefährte, es ist aus, Schluß, Ende, denn ich lebe nur für den Mann im Gipspanzer. Herrgott, bin ich müd. Es wird ja schon dämmrig. Die haben ja schon die Lichter an. Noch zwölf Kilometer. Was es kostet, das Glück, kein Wunder, daß die Träume zurückkehren aus der Zeit der Pubertät. Als Vater mich prügelte. Als mein Mann mich schlug. Abends, sobald ich mich auf die Couch lege, schlafe ich ein, Johannes hockt auf dem Rand, gegen meinen Rücken gelehnt. Meditiert. Trinkt seinen roten Wein. Erst gegen Morgen taumelt er in sein Bett. Wenn in mir alles schon wieder angespannt, sprungbereit ist, einen neuen Tag zu beginnen.

Ob Kirke dagewesen war? Auf dem Nachttisch in der Klinik standen in einer schmalen goldschimmernden Vase Pfauenfedern und Judasschillinge, unverweslich, ein Aiastrauß. An die Wand war ein Blatt gepinnt: Schulter und Arm aus einem Anatomiebuch auf russisch. Kleine Pfeile mit lateinischen Buchstaben führten zu den einzelnen Partien des Muskel- und Fasergewebes: M. deltoideus, M. trapezius, M. pectoralis major, M. biceps brachii, M. abductor pollicis longus usw.; am Rand stand: Dresden, 9. Nov. . . . mit allen Wünschen für das Schultergelenk, ihr VEB-Verlag der Kunst. Aber das war ja nicht das Aufregende, sondern daß mit diesem Rohbogen 22 etwas passiert war. Titelbuchstaben waren übereinandergedruckt, Seite 357 über Seite 433, nur kurz nahm der Maler das gefaltete Blatt von der Wand, hieß es mich öffnen und einen Blick darauf werfen: Aus einem anatomischen Schultergelenk sproßten zu beiden Seiten Flügel, große, farbige Vogelflügel, sie gehörten zu einem gottvaterähnlichen Mann, der aus dem zartrosa blaugrünen Himmel herabsah, die Faust auf Wolken gestützt, während die Hand des gestreckten Arms, immer noch anatomiegerecht bezeichnet, unten ins Meer reichte, wo eine Herde Delphine geschwommen kam, der vorderste trug eine funkelnde Krone. Inmitten ein Mensch in orientalischen Kleidern, breitbeinig auf zwei Delphinrücken gestemmt, ragte er bis zur Beuge des Arms. Durch andere Schulter- und Armabbildungen des Druckbogens galoppierte ein Pferd mit einem tartarischen Reiter durch die Lüfte über weite Landschaften hinweg, unten zog ein Elchschlitten dahin, es gab Drachen und Schlangen und Zauberwesen, und in den seltsamsten Farben schienen die Erde, die Luft und der Himmel durch Sehnen, Knochen und Muskeln der Anatomie.

Nur wenige Tage seit der Operation waren vergangen, als es passierte: die Nachtschwester, frühmorgens, machte leis ihre Runde, um zu sehen, ob alles in Ordnung sei. Fassungslos starrte sie auf Grieshaber, der, seinem Bett gegenüber, vor der Wand stand und mit dem aus dem Gipspanzer ragenden linken Arm malte. Ein Ungeheuer, halb Mensch, halb Tier, hing da, nahezu lebensgroß, farbig, auf zusammengeklebten großen und kleinen weißen Papieren. Er freue sich auf den Tee, sagte der Patient. Auch der herbeigerufene Arzt konnte nichts anderes tun, als den Puls fühlen, Blutdruck messen und den Maler wieder ins Bett befördern.

Als ich kam, schrie ich auf: Prometheus! Dann sah ich, es war auch ein Selbstporträt. Andreas lag zufrieden und matt in den Kissen und lachte: Oben, wo die Schulter beginnt, breiteten sich zwei Flügel aus; unten umklammert die Hand das Messer; ob sie es jemals wieder zum Schneiden erheben wird? Den skelettartigen Oberkörper könnte der Adler des Zeus malträtiert haben. Sein Kopf, großäugig, gegenüber den Pfauenaugen; der linke Arm, aufs Knie gestützt, hält die zum Strauß gebündelten Federn hoch. Aus dem ruhenden Unterleib in Tierform mit Klauen und Hoden ragt vorn, abgewinkelt, das schlanke Bein. Von der Figur, konzentriert aufs Schauen, geht eine Hoffnung aus: die Schulter wird fliegen, die Hand wird sich zu neuen Taten erheben, die Stirn wird auffahren, das Gewölk zu durchstoßen. Das Auge weiß, was am Felsen im Kaukasus, was im Klinikzimmer geschieht. Ist der Maler so gespalten wie dieser Körper? denke ich. Der Arm mit dem Flügel wird auch mich eines Tages umschlingen. Das griechische Drama würde weitergespielt. Mit dem Sturz war nur der erste Akt zu Ende gegangen.

Bei der Visite kamen doppelt soviel Ärzte als sonst. Alle wollten den Maler sehen, den Renommierpatienten des Chefs, der, statt an der Tropfinfusion zu hängen, mit einem Gipspanzer arbeitet.

Drei Tage später hängt neben der Figur mit dem Tierleib ein neues Bild. Fast doppelt so groß, schon auf einem Malpapierbogen, nicht mehr mit Frühstückseiweiß geklebtes, mit Stecknadeln zusammengestecktes Briefpapier, und auf dem Nachttisch liegen Pastellkreiden. Andreas sagt: Eigentlich wollte ich einen Pegasus machen. Aber die Schmerzen kamen so stark, da ist es ein Drache geworden. Prometheus reitet ihn, sage ich. Ohne Zaumzeug. Ohne Lanze. Nur mit den Füßen, mit seiner Stirn spornt er ihn. Zügelt ihn. Laß gut sein, sagt Grieshaber. Setz dich her, wir schreiben einen Brief. Und dann diktiert er mir:

Lieber Orff, Sie wollten mich zu Holzschnitten anregen und haben den Vers von Aischylos (Wir sind gekommen deine Leiden, Prometheus, und deiner Fesselung Qual anzuschauen) auf die Achalm geschickt. Sie ahnten nicht, wohin Ihr Gruß kam: die Ärzte haben gerade ein hübsches Mosaik in meiner Schulter zusammengesetzt. Vom Hals bis zur Hüfte stecke ich im Gips. Weg ist der Holzschneidearm. Um so näher rückt der Titan. Prometheus muß zu Ihrer Premiere da sein, schon wegen der lebendigen Griechen! Aus einer Klinik kann man ein wunderbares Atelier machen. Nie habe ich so große weiße Wände gehabt. Mit der linken Hand zeichne ich die Beschwörungen, die ich brauche. Ich finde genügend Widerstand. Welche Identifikation! Während der Vorbereitung zur Uraufführung ist in Griechenland die Militärdiktatur ausgebrochen!

Malgré tout!   Ihr Grieshaber   Dezember 1967

Zeit läuft seit Aia anders ab als nach dem bisher von Johannes festgefügten Schema; für jeden hat sie eine andere Substanz. Mehrmals am Tag klumpt sie sich mir zu Knäueln von Bedrängnissen, dazwischen dehnt sie sich unüberschaubar wie helle Nebellandschaften, die Andreas erfindet gegen das Klinikreglement. Es wird spät hell, früh dunkel, kurz sind die Prometheus-Viertelstunden; der Alltag, der Jedermannstag will bestanden sein, nicht jeden Morgen hat sich was ereignet, nicht jede Nacht wurde ein Bild geboren. Während er liegt, während die Stunden rinnen, während es aus der Flasche in seine Vene tropft, muß ich Grieshaber erzählen. Eintauchen in den Nebel, ohne daß ich dabei an irgendeinem Steuer sitze, Gas gebe oder rudere, wir gleiten dahin, und ich muß Ausschau halten, was für Erscheinungen auftauchen und sie sofort knapp und präzis beschreiben, daß nichts verloren geht, wenn sie rasch aufeinanderfolgen. Ich erzähle von meiner Kindheit.

Grieshaber stellt wenig Fragen. Gibt stets unerwartete Kommentare; milder, wo ich sie zynisch erwarte, gallig, wo ich auf Freundlichkeit rechne. In den Pausen, wenn ich erschöpft bin, malt er aus sparsamen Wörtern Bilder seiner eigenen Kindheit. Da gebe es ein Kloster in Oberschwaben, Mönchsrot, säkularisiert, in den Prospekten stehe ‹barockes Kleinod›. Des Malers protestantische Eltern hätten etliche Jahre in dem Flügel gewohnt, wo früher die Herrschaften abgestiegen seien, während sein Vater als Geometer die Wälder des Grafen vermessen habe. Vierspännig sei er gefahren. Dort bin ich zur Welt gekommen, sagt Grieshaber. Ein Bernhardinerhund war mein Spielgefährte. Kaum daß er habe gehen gelernt, sei er entwischt in die Klosterkirche, die noch betreut worden sei von ein paar Nonnen. Bald habe er das Kreuz wie ein Alter geschlagen, erzählten die Bauern sich. Aus der Perspektive des Kindes habe er die Altäre gesehen und die Heiligen, Märtyrergebeine in Schreinen, ihre Finger, Fußknöchelchen, Rippen seien mit Perlen umsponnen, Nonnen des nachbarlichen Frauenklosters übten diese Technik noch heute; schöner als der wirkliche Himmel habe sich der barocke hoch über den Bildern und Statuen gewölbt. Wo du der Natur überlassen warst, sah ich Kunst, sagt der Maler. Dann sei der Auftrag des Vaters beendet gewesen und das frühe Glück ebenfalls. Einmal noch sei er mit seinem geliebten Hund auf und davon. Sie hätten ihn in der großen Stube ans Tischbein gebunden, damit er nicht weglaufen solle, aber nur noch einen Schuh an der Schnur gefunden. Erst auf der nächsten Bahnstation, wohin er mit seinem Bernhardiner gefahren sei, habe der Vater ihn abholen können. Andreas will nicht weitererzählen, legt sich zurück, hat Schmerzen.

Advent, Vorweihnachtszeit in der Klinik: ich sah das Tannenreis Einzug halten, Strohsterne wurden aufgehängt. Die Festtage des Kirchenjahres waren immer in des Malers Bildern und Erzählungen gegenwärtig, auch wenn er keiner Kirche mehr angehörte. Auf dem Boden vor Andreas' Bett lag das Fell eines Schafes von Aia.

Der Morgen mit dem dritten Bild an der Wand: Einer sitzt bei seinen Schafen, dem Hund, in der Hand die Schippe. Das Auge, wie üblich groß, ist dieses Mal auf einen Stern gerichtet. Der Maler sagt in mein Schweigen hinein: Es ist der Stern, der über dem Stall von Bethlehem dereinst aufgehen wird; Prometheus war noch vor Apollon und Christus der Hirtengott. Weide meine Schafe – würde er sonst am Felsen hängen? Und das da? Ich deute auf einen viereckigen Ausschnitt in des Mannes Brust, in dem sich Schafe drängen. Grieshaber öffnet den Bademantel: aus seinem Gipsharnisch war ein Fenster herausgeschnitten. Die ersten Fäden sind gezogen, sagt Andreas. Jetzt hab ich mehr Atemluft.

Nur zwei Tage danach empfing mich ein Bild, rot wie geronnenes Blut. Nichts als Schmerz, sagte der Maler. Die Gymnastikchefin war da und hat meinen Arm bewegt. Ineinander verkrallt der Titan und der Drache. Seine vielen Köpfe züngeln ihm zu, und wieder scheint es, allein das Auge triumphiere. Ich werde sofort traurig. Wie soll das alles weitergehn? Noch umhegt uns die Klinik für Wochen. Was ich gemalt habe, läßt sich auch anders deuten, sagt Grieshaber; hast du vergessen: der Natoplan, zur Einführung der Diktatur in Griechenland mißbraucht, hieß Prometheus. In den Kerkern und Folterkellern, auf den Gefangeneninseln leben jetzt viele so wie auf diesem Bild.

Die Veranstaltung in der Liederhalle rückte näher. Grieshabers Plakat leuchtete von Wänden, Bauzäunen, Plakatsäulen: Eleftheria i thanatos, Kunst Musik Texte, Stuttgarter Bürgerausschuß für die griechische Sache, 13. 12. 67, 20 Uhr. Ich hatte Bäckerläden, Buchhandlungen, Metzgereien, Blumengeschäfte besucht mit der Bitte, das Plakat im Fenster oder an der Ladentür anbringen zu dürfen. Manchmal hatte ich Glück gehabt. Grieshaber sagte: Die Jungen sollen was zum Verkaufen haben, ich mache ein Postkärtchen. Er ließ sich von Aia eine Lederfigur bringen, übriggeblieben von Karaghiozis-Spielen; einen griechischen Hirten mit beweglichen Beinen, Armen, Schultergelenken. Er legte ihn auf ein weißes Blatt, malte einen Berg dazu, schrieb mit der linken Hand Parnassos drüber, darunter Ellas, und verlangte von mir, daß ich mit meinen kleinen unbeholfenen Druckbuchstaben daneben schrieb: O ihr Berge und Inseln in Griechenland, wo wir unsere Freunde jetzt nicht allein lassen dürfen. Das Ganze wurde photographiert, reproduziert, zweitausend Stück gedruckt und am Abend und in den Wochen danach für eine Mark verkauft. Ich lernte dabei, mit welchem Aufwand Andreas auch kleinste Dinge betrieb, damit sie gut würden.

Bis auf den letzten Platz war der Saal besetzt, zweitausend waren gekommen. *Lieder des Komponisten Mikis Theodorakis (in Haft)* – damit begann's. Johannes las das Vorwort zum *Engel der Geschichte*. Dann sprach ein Grieche von der Hamburger Universität, und als Walter Jens an der Reihe war, konnte ihm seine Frau zuflüstern, was sie in den 22-Uhr-Nachrichten des kleinen Radios gehört hatte, das sie an ihr Ohr gepreßt hielt, weshalb Jens seine Rede anfing: Der griechische König hat soeben abgedankt.

Wenn die Politiker keinen Mut hätten, sagte Jens, sei es

Sache der überzeugten Demokraten in aller Welt, sich für die Bedrängten einzusetzen. In der Pause wurden die letzten Plakate von Grieshaber versteigert, Postkarten verkauft, und dann gab's bis Mitternacht Widerstandslieder, Musik und Gedichte von Griechen und Deutschen. Ich las mein Gedicht über die Juni-Aufführung in Epidauros, wo an Stelle des abgesetzten subversiven Aischylos Philoktet gespielt worden war, alle Sitzreihen von Polizei flankiert, die neuen Machthaber in den Priestersesseln.

Am nächsten Tag fuhr Johannes mit in die Klinik, um den Kapitän zu besuchen und vom Erfolg des Abends zu berichten. Der große Reinerlös der Veranstaltung war für griechische Familien bestimmt, die durch den Militärputsch in Not geraten waren. Der Hilfsfonds sollte weitergeführt werden. Alle drei freuten wir uns, wieder einmal beieinander zu sein, was nicht ausschloß, daß wir uns alle drei sehr beherrschen mußten. Wir haben Champagner getrunken. Vom Balkon seines Klinikzimmers opferte der Kapitän das erste Glas den Göttern. Pläne wurden geschmiedet für die Weiterarbeit. Mit einem Mann zusammen könne man nur arbeiten oder trinken.

Vom Fußboden zur Decke reicht das fünfte Bild: Prometheus trägt auf den Schultern eine Figur, geschmückt mit Girlanden und Kränzen. Ist das ein Mann, eine Frau? Das Menschengeschlecht, das er begründete? So einfach mein ich es nicht, sagt der Maler. Vielleicht trägt er, was vor ihm war. Vielleicht ist er der Fortzeugende. Einer sitzt immer auf des anderen Schulter; keiner ist aus sich allein. Ich schwieg, ohne begriffen zu haben. Es kam vor, daß ich mir Spott einhandelte beim Nachfragen. Trägt Prometheus seinen Vater? Gäa, die Großmutter? trägt er die Nachkommen Michelangelo? Galilei? Einstein? Da wirft er mir solche Wörter hin: der Fortzeugende. Und vor der Tür soll ich's den Schwestern erklären. Ärzte, Besucher, Putzfrauen fragen, was die Bilder bedeuten sollen. Was bleibt mir übrig, als ihnen Geschichten zu erzählen. Noch heute wüßte ich gern, wer auf Prometheus'/ Grieshabers Schultern sitzt.

Je näher Weihnachten kam, desto mehr Päckchen türmten sich auf der Fensterbank. Manche Stunde verging mit Öffnen; da gab es mit Liebe und Phantasie verpackten Krimskrams, Väschen mit vergoldeten Rosen, in Silberfarbe erstarrte Kräuter, Selbergebacknes, Gebasteltes, Sachen zum Weiterschenken für kranke Kinder und Schwestern in Hülle und Fülle; es hatte sich herumgesprochen: der Alte von der Achalm liegt in der Klinik, das halbe Land nahm Anteil. Er hatte rasch genug von der Post. Sie ermüdete ihn. Die Antworterwartungen. Das Dankesagen. Manchmal, wenn er bei Laune war, kriegte ich morgens einen Weltüberblick aus den Zeitungen, die er nachts aufgearbeitet hatte. Andreas' Kommentar zur Lage. Er wollte reinen Tisch. Keine gestrigen Gazetten. Immer neu und offen sollte das Heute sein.

Das Heute bist du, sagte Andreas. Doch du bist nichts als die Summe deiner gelebten Tage. Ich halte ein für mich wunderbares Ergebnis im Arm, aber du willst nicht wissen, wie es zustande kam; kein Woher, kein Wohin. Das Jahr geht zu Ende, das Jahrzehnt, das Jahrtausend, unsere kleine Lebensspanne hat nicht ausgereicht, Europa zu einigen; nichts als Gärungen, keine Abklärung, kein Reifeprozeß, wir werden sterben, ohne den Wein zu kosten. Ich kann mich nicht den unablässig neuen Erscheinungen hingeben, mich in ihre Prozesse verwickeln lassen wie du, ich mußte meinen Standort bestimmen, geographisch, kulturell befestigen. Ich weiß, wohin ich gehöre. Du aber fürchtest dich vor der Literatur, ihren Beckmessern und Besserwissern. Dann sei wenigstens Chronist, unser Leben ist längst Historie, von Jahr zu Jahr werden die Zeugen weniger, du hast teilgenommen an dem, was Europa, die Welt veränderte. Daß Deutschland kaputt ist wie nie vorher, obwohl es glaubt, mit Hilfe der Sieger wunderbarer als je zuvor sich aus der Asche erhoben zu haben. Deine Kindheit ist aus dem Stoff, der bezeugt, wie es kam, wie die Menschen beschaffen waren, die es so weit kommen ließen. Wenn du schweigst über deine Kindheit, wenn du schweigst über den Krieg, wird etwas fehlen, wenn sie der-

60

einst die Geschichte deiner Zeit rekonstruieren. Häuser, Fabriken gefüllt mit allem, wodurch sich ein Wort verselbständigt hat: Konsum; das war einmal nichts als eine Genossenschaft, wo der Arbeiter billig einkaufen konnte, jetzt ist es eine Weltreligion.

Jedesmal ein anderer Andreas. Welchen werde ich heute antreffen? Andreas am Fenster stehend und mich erwartend. Ungebärdig im Zimmer umhergehend. Andreas in den Kissen liegend, sanft resigniert, einsichtsvoll seine Heilung abwartend, Andreas klagend wie Niobe, gegen die Untätigkeit polternd, protestierend. Von dem, was ich antraf, hing es ab, wie die gemeinsamen Stunden verlaufen würden.

Auf des Malers Bett breitete ich schwarze, blaue, braune, grüne Hefte und Büchlein aus; Schulaufsätze über den Ersten Mai, Erntedankfeste, Rassenkunde, Tagebücher, Kalendereintragungen, Referate im Heimabendbuch der Jungmädel: Die deutsche Frau, Wir brauchen Kolonien, Die Juden sind unser Unglück. In meinen Schubladen daheim sind tausend Briefe über jene Zeit, sage ich. Von mir an die anderen. Von den anderen an mich. Ich weiß nicht mehr, warum ich sie mitgeschleppt habe durch die wechselnden Luftschutzkeller und Dachböden. Mach was draus, sagt Andreas.

Was er für mich erfindet! O ja, die Fahrten nach Tübingen verjüngen mich: alles in Frage stellen, was ist; der belebende Umgang mit der Gefahr; im Spiegel mein Gesicht leuchten sehn, umrahmt vom täglich gewaschenen kurzen Haar; aber mehr kann ich nicht dazutun, ich werfe doch schon alles in die Waagschale . . .

Nachts vier Stunden panikartiger Schlaf, Albtraumschlaf; keine Minute mehr läßt sich von der Zeit fur Johannes abzwacken, mit der er sich, ab und zu polternd, inzwischen zufriedengibt, und dem Kapitän (untereinander sprachen wir nur vom Kapitän, das baute Bedeutungen ab oder auf, wie es unserer Sache und unsern Seelen am besten bekam), dem Kapitän konnte ich auch nichts wegnehmen.

Hat er bemerkt, daß ich überanstrengt war? Heute morgen

jedenfalls fing er zu erzählen an, und diese Kindheit der
frühen zwanziger Jahre hatte nichts zu tun mit dem historisie-
renden Pathos, das zehn Jahre später meine Jugend ausfüllte.
Grieshaber sagte: Deine Alb. Meine Alb. Auch wenn mehr
als hundert Kilometer dazwischen liegen, ist es ein und dieselbe Heimat.

«Industrialisierung, Akkumulation des Bodens, Nutzwert und
Wirtschaftlichkeit bestimmten noch nicht das Leben. Die Natur ist
frei! Ein Bub darf schwärmen, Ödland und schmale Felder, die sich
der Landschaft anschmiegen, lieben. Was gehen ihn Flurbereini-
gung an oder weitreichende Pläne, die mit Autostraßen die Schwäbi-
sche Alb in Geld umsetzen wollen. Im Grunde ist alles frei, was nicht
Schule und Aufsicht ist. Damals war ich ein schlechter Schüler,
besonders in der Zeichenstunde, aber schon sehr gut in allem, was
man heute Heimatkunde nennt. Das kleine Bestimmungsbüchlein
von Schmeil in der Jackentasche und dann am Wochenende gleich
hinauf auf den Erdbeerberg, wo es Dutzende von Kleesorten und
Pflanzen gibt, Abarten wie kaum sonstwo in Europa. Inzwischen ist
manches Pflänzlein seltener geworden, oft nur in den Felsen am
Hang zu finden. Pflanzendiebe, sogar mit Erlaubnisschein von den
Gemeinden am Fuße der Alb, haben so lange unter den Orchideen
gehaust. Die Orchideenknollen sind an Großgärtner in Stuttgart
verkauft worden. Wo gibt es noch ‹Mucken›, ‹Sammetweible›, ‹To-
tenköpfle› und ‹Waldvögele›? Vor zweihundert Jahren hat bereits
Herzog Karl, den mein Großvater gar nicht mochte, ganze Wagenla-
dungen unserer Blut- und Kugelorchis von der Uracher Alb nach
Hohenheim schaffen lassen.
    Neben dem Botanisieren war das Sammeln von Versteinerungen
die größte Leidenschaft des Schulbuben. Ich hatte immer in der
Hose ein Hämmerchen stecken, um Ammonshörner und Teufelsfinger aus dem Muschelkalk herauszuklopfen. Diese Petrefakten aus
dem Mezzozoikum waren der Stolz meiner Sammlung. Ich schlief im
Hag der Hainbuchen, zwischen Wacholderbüschen, in Haselnuß-
hecken, und fürchtete mich nicht zu sehr vor der Nacht. Tappte ein
Igel auf den Steinhaufen der Bauern herum, er tappt wie ein Mensch,
schlug ein Zweig an den Stamm, wuchsen die Wacholder wie Räu-
ber in den Nachthimmel – es schreckte mich nur kurz aus meinen
Knabenträumen auf. Unter den Weidbuchen der Albhöhen, wo nie
ein Pflug hinkommt, selten ein Schäfer, wo alles so wächst wie seit

Urgroßvaters Zeit, schläft es sich gut. In der Frühe dann, bevor der Tau fiel, schlich ich rasch ins Haus, schnappte die Schulmappe und das Vesperbrot, trank den Kaffee der Mutter schon unter der Tür und nichts wie rein in die Schule, so sehr es einen auch grauste. Wie jeden Montag bekam ich mit dem Religionslehrer Streit. Fragte er: Bist du diesmal in der Kirche gewesen? bekam er jedesmal zur Antwort: Die Natur ist meine Kirche! Mit zwölf irgendwo gehört und nachgeplappert, bedeutete die Phrase nichts, sie ärgerte nur den guten Mann. Zu der erbarmungslosen, eiszeitlichen Einsamkeit der Alb war in der Seele des Jungen noch nichts bereit. Es gab damals nicht das, was man ein modernes Lebensgefühl nennt. Niemand kannte den Bildhauer Henry Moore und seine winddurchharften Figuren. Skulpturen, die für die Alb gemacht scheinen. Nein, wir hatten eine glückliche Jugend. Von uns wollte außer Lehrern und Eltern keiner was. Der Friede war definitiv gedacht. Es war eine friedliche Alb, die da vor unserer Haustür lag. Mit Mandolinen und Gitarren zogen singend am Sonntagmorgen ganze Gruppen hinauf. Kein Auto weit und breit. Die Wanderer verloren sich schnell auf Albvereinswegen. Keine Wanderparkplätze mit Autos und Papier- körben blieben zurück. Ich erinnere mich, es waren viel mehr Men- schen unterwegs und trotzdem friedliche Stille unter einsamen Baumgruppen und über der Weide. Unauffällig die Wegmarken, Quadrate, Pfeile, Rhomben in rot, blau und grün auf Baumstämme schabloniert. Manchmal folge ich auch heute noch diesen Markie- rungen. Wie abstrakt sie doch sind! Unsere Vorfahren haben einen topographischen Sinn gehabt, der sie vor Plumpheiten geschützt haben muß. Noch gab es nicht die handgeschnitzten Wegweiser, die erst im Dritten Reich ins Land gekommen sind. Gerissene Demago- gen spiegelten dem Volk vor, blühendes Handwerk sei überall, Veit Stoß und Tilman Riemenschneider mitten unter uns. All diese grau- sigen Zwerge, Bären, Müllersburschen und Elfenköniginnen; Stammtischwitze in Lindenholz . . . Wir, das war eine kleine Clique in der Klasse, die man die Chinesen nannte. Wir lasen Li-Tai-Pe, den Tao-Te-King, und redeten klug wie Tschuang-Tse in seinen Gleich- nissen: ‹Je mehr Verbote und Beschränkungen das Reich hat, desto mehr verarmt das Volk; je mehr Waffen das Volk hat, desto mehr wird das Land beunruhigt; je mehr Künstlichkeit und List das Volk hat, desto ungeheuerliche Dinge kommen auf . . .›, – kurz, wir waren antiautoritär wie die Apo. Trotzdem waren wir anders. Wir suchten weltenferne Einsamkeiten, liebten Hermann Hesse wie die Hippies und lobten das einfache und selbstlose Leben, das uns die rauhe Alb bot. Besonders im Herbst, wenn ein Hügel gleich einem Kamelrükken mit einer Buchengruppe aus dem Nichts auftaucht und verschwindet. Ich malte meine ersten Bilder. Fleck und Aussparung auf leere Fläche verteilt, die langgezogenen Heckenzeilen auf den Steinriegeln schnell hingeschrieben, eine sturmzerzauste Buche als Zeichen hingesetzt. Der leere Raum sollte wichtiger sein als die Merkzeichen. Oder umgekehrt, wie die Chinesen in einem Kiefernzweig eine ganze Landschaft zusammenfassen, so sollte ein mächtiges Zeichen als Stempel der Alb gelten. Ich suchte vergeblich, tuschte weiter, sanfte Bergrücken mit Weidbuchen, einen Schäfer, einen blauen Hügelhorizont, eine Roßweide, Ödflächen, die sich bis zum Waldrand hinzogen. Wacholderhalden und immer wieder Schafe. Schade, ich hätte die Tuschen nicht verbrennen sollen, denn diese Landschaft gibt es kaum noch. Ohne Weidebetrieb stirbt der Wacholderwald. Die Bauern pflanzen schnellwachsende Fichten, und bald wächst überall Schwarzwald über verlassene Schafweiden. Nadelwald, der rascher dem Geld zuwächst. Wir haben auch unsere Gedichte verbrannt. Wir pflegten eine Art von Gedankenlyrik. Mein Vorbild waren die Sung-Maler: ‹Ein Gedicht ist ein Bild ohne Form, ein Bild ist ein Gedicht in Form›. Im Tuffstein und in ausgehöhlten Felsbrocken glaubte ich ein Symbol gefunden zu haben. Solche Steine bringen die Bauern vom Feld nach Haus. Die Frauen pflanzen sie in ihre Hausgärten. Das machen die Chinesen auch. Auch in China sieht man im durchbrochenen, vom Wasser ausgewaschenen Stein ein Gleichnis für die Vergänglichkeit. Allerdings vermochten die Chinesen dieses Lebensgefühl zu kultivieren, es schlug sich sogar in ihrer Kunst, in ihrer Schrift, in Ornamenten nieder. Die perforierten Felsen werden dort Taihu-Felsen genannt. Der Stil der Kunst heißt Taihu-Stil, er hat ein ganzes Zeitalter dort geprägt. Das kann man von einem Albbauern nicht erwarten. Er beließ es beim Spiel der Natur. Seine Phantasie schwang sich nicht bis zur Kunst empor. Auf seinem kargen Land war er immer allein gelassen von den Gebildeten. Welcher Städter nahm schon den Bauern geistig ernst. Sah einmal genauer die Findlinge in seinem Garten an. Erst heute, wo sich der Unterschied zwischen Stadt und Land verringert hat, sehen unsere Dörfer künstlich und phantasielos aus... Der Vater kannte als Geometer natürlich alle Gewandnamen. Ich verdankte dieser Stunde auf dem Buchenhügel meine gute Note in Deutsch. Was sind das auch für herrliche Namen! Auf Buch, bei den großen Buchen, beim Buchenstock, in den Fäulen, am Gängle, Gaulhimmel, auf der Haiden, Haselwiese, Heuweg, Hirtenmahd, Hungerbühl, im Jägerhorn, Ochsenwegle, Liebenhalde, im Bua, beim Mädle, und unaufhörlich so weiter. Es lohnte sich, dem Volk aufs Maul zu schauen, selbst die Grammatik bekam es mit; den indirekten Konjunktiv, den es nur noch auf der Alb gibt, er hat gesagt, er häb. Mit der Sehnsucht nach dem Süden durfte man allerdings den Erwachsenen nicht kommen. Von Götterbergen schon gar nicht reden. Was der Schüler im Geschichtsunterricht mitbekommen hatte, fand bei niemandem ein Echo. In Griechenland erst erfuhr ich, mit welchen kulturellen Fiktionen wir erzogen worden sind. Uns wurden Schonräume anerzogen, wir wuchsen in einer heilen, von Schulmeistern geschaffenen Welt heran und hatten nicht gelernt, an der Welt der Erwachsenen, der Albbauern, des Nachbarn, teilzunehmen. Schönheit ist kein statisches Prinzip. Es gibt keine anderen Schätze als diejenigen, welche wir in unserem Nächsten wiederfinden oder bilden können. Ich sah, allein in der Landschaft lebt die Antike weiter, in einer Landschaft, die auch nicht anders ist als diejenige, die ich mir als Bub erobert hatte. Die Museen stellen die Verbindung von der Steige am Albtrauf zum Maultierpfad in Olympia nicht her. Ich begriff, was für die Landschaft geschaffen war, gehört in die Landschaft, auch wenn es langsam zerfällt und zerbricht. Dann berühren die Wurzeln alter Olivenbäume auf Ägina die Wurzeln unserer Albbuchen. Ich sagte mir in Griechenland, was für ein merkwürdiges Land, von dem eine fabelhafte Kultur ausgegangen ist und das jetzt noch als großartige Natur weiterbesteht. Ich hätte zu Hause bleiben können, da finde ich dieselbe Natur, die gleichen melodischen Hügel und alles, was vergangen ist . . . Sah nicht der alte Mann, der mich nach einem harten Kampf mit wilden Berghunden freundlich zum Bleiben einlud, wie ein Schäfer der Alb aus? Jedes vom Wetter geprägte Gesicht, jeder der in der Natur lebt, könnte über eine griechische Vase schreiten. Rot- oder schwarzfigurig. Schwarzfigurig paßt besser zur Alb. Aber man kann mit rotfigurigen Bauern genauso sprechen . . .

Vielleicht muß man auf die gegenüberliegenden Berge, nach Griechenland fahren, um recht zu sehen? Was sich zu früh Heimat nennt, sieht falsch! Hochmut der Enge nennt es Siegfried Lenz. Von einer Landschaft zu sprechen, wird heut böse aufgenommen; immer wird einem vorgeworfen, oder man wird jedenfalls in vorwurfsvollem Ton gefragt, ob man eine heile Welt meine. Was weiß ein Künstler davon, was man so benennt! Lieber gehört er zu denen, für die das heutige Dasein doch kein Leben ist. Ob der Künstler durch seine Begabung eine Welt schafft, die eine Landschaft zu beschwören vermag, die man als Utopie begreifen kann, wer weiß?»[4]

Da saß ich an des Malers Bett und hörte zu. Und glaubte, nie dergleichen gehört zu haben. Wie er das alles vor sich hinsagte, still, selbstverständlich, wie er die Extreme herbeizwang, verknüpfte, im Sprung die Himmelsrichtungen wechselnd, scheinbar mühelos, wie er die Spannweite seines Intellekts funkeln ließ, was für eine Kindheit stampfte er da für mich aus dem Boden, eingeflochten in was für Betrachtungen, Welthaltigkeit, endlich dieses Wort begreifend, horchte ich, staunend, daß diese Heimat dieselbe sein sollte wie meine. Von der Alb über China nach Griechenland – war er deshalb zurückgekehrt, als sie ihn von Griechenland auswiesen, um seiner mythenlosen Heimat mitzubringen, was ihr fehlte? Warum interessiert sich einer, der so aufgewachsen ist, für meine Kindheit im Dritten Reich? Wie oft schon wünschte ich mir ein Tonbandgerät, unsichtbar im Ärmel versteckt, um diese Nonstopviertelstunden festzuhalten, in denen es war, als spräche er zu niemand, zu den Bäumen, zu sich selbst. Und gleichzeitig tat er's für mich. Er hat es mir später noch einmal erzählt. In die Schreibmaschine. Sonst könnte es so nicht dastehen.

Das Jahr ging zu Ende. Wir hatten Mütter. Mein Gott, alle drei hatten wir Mütter, wir waren also noch Söhne und Töchter, obwohl wir längst selber Töchter, Söhne hatten, die Söhne und Töchter machten. Die Feiertage gehörten vor allem meiner Mutter, sie war am meisten verlassen, am einsamsten.

Man muß es mit Anstand durchstehen, sagte der Kapitän, als ich zu maulen anfing; also nehmen wir uns eben zusammen und bringen es hinter uns. Gleich ist Januar. Dann ist alles vorüber. Dann wird alles gut. Die Sonne steigt. Unser Jahr wird beginnen. Wenn die Wiesen anfangen grün zu werden, kehre ich nach Aia zurück. Und wenn sie in Blüte stehn, ist meine Schulter heil. Wenn ich zu Hause bin, sehen wir, wie es weitergeht. Niemals werd ich die Achalm verlassen. Zweimal sieben Jahre hab ich darum gedient, bevor Kirke kam und sie in Aia verwandelte.

Der Eilbriefträger brachte seine Schätze nur an Tagen, an denen ich zu Hause blieb. Damit Johannes sie nicht in Empfang nehmen mußte. Damit die Haushälterin von Petrus, unserem Hausbesitzer, nicht die vielen Treppen hinabhinken mußte. Dafür trafen sie dann dreimal am Tag ein: Wiesenbriefe. Das künftige Grün. Auf vielen ragt irgendwo ein Stück Alb ins Bild, wie auf den Altarbildern der Schwäbischen Meister; ein Hügel, ein Berg. Darüber, darunter, dahinter, davor, drumherum Andreas und ich. Adam und Eva vor dem Sündenfall. Oft mit den Tieren, die es auf der Alb und auf Aia gibt. Andreas trägt mich, ich trage ihn, wir tragen einander, wir stehen, liegen, tanzen, knien, fliegen, kriechen im Gras, gehen auf Stelzen, weil die Wiese zu naß ist, telephonieren miteinander über viele Wiesen hinweg, fliehen einander, meiden uns, suchen, finden, fangen einander, beißen vom Gras ab, als wär es Brot. Wiese ist die Metapher für alles, worum unsere Liebe kreist. Hoffnung, so gewiß, wie die Natur wieder grün wird. Aber die Januarmalbriefe mahnen auch, wieviel Geduld nötig sei; auf manchen wirbeln Schneeflocken die Wiese zu, endlos dehnen sich die Wochen. Andreas wird stark mit dem wachsenden Licht. Die Schwester fühlt den Nachmittagspuls, schüttelt den Kopf, versucht es noch einmal, sagt: Das gilt nicht, das gibt es einfach nicht, ich komme später noch einmal vorbei. Sind wir rot geworden? Auf den Malbriefen steht, kreuz und quer, in Kritzelschrift, mit der linken Hand, oft meine Sütterlinschrift nachahmend: Sah ein Knab ein Wieslein stehn / Irgendwo am Wegesrand muß doch meine Wiese liegen / Wiesenflockenblume im Schnee / Seinerzeit kommt ein Wieslein geflogen / liebe Wiesenschaumbraut, was das Wieslein ernähret währet ewig / Adam und Eva ganget's Wiesetäle na / Eine neue Gewiesheit ist da / Wir lassen keinen an unsere Wiese / Die Sonne macht das Wieslein gar, bis es recht gebraten ist, jemand paßt auf, daß es sich nicht verbrennt. Wer? / Wiese zupf mich am Ohr / Tread softly you are treading on my dreams, Yeats / Gehen wir in die Berge und suchen unsere Wiese – die Orte der Menschen, ihre

Häuser sind wir leid / «Und wehrt dem Wind und wächst entgegen der einen Nacht» . . . Zeilen, wie alle Liebenden sie stammeln, aber die Aquarelle machen aus ihnen Gedichte.

Für März steht die Uraufführung des *Gefesselten Prometheus* fest, und noch weiß der Maler nicht, was aus den fünf großen Bildern in seinem Krankenzimmer werden soll. Den Besuchern verschlägt es die Sprache; man muß einen Weg finden, sagen sie. Kunstleute zerbrechen sich den Kopf. Einer, ein alter Textilfabrikant, durch Jahrzehnte dem Maler verbunden, in Notzeiten gut für ein Brot, ein Stück Fleisch, später eine Quittung vom Maler für Bargeld: Stoffentwurf fünfzig Mark, dafür lag dann auf dem Tisch der schönste Holzschnitt, und jahraus, jahrein gemalte, geschnittene Glückwünsche zu den Feiertagen, Engel, Madonnen, Hausaltärchen; – der stand jetzt am Bett: Das machen wir. Triumphierend: Sobald Sie auf der Achalm sind, bringen wir Ihnen große Metallfolien, darauf malen Sie alle Prometheusbilder noch einmal, für jede Farbe eine andere Folie, der Rest ist unsere Sache. Wir drucken. Damit es auch hält, auf Stoff. Zur Premiere wird Ihr Prometheus rechtzeitig in der Staatsoper hängen.

Am Tag nach seinem Besuch ließ der Fabrikant die großen Formate abholen. Das Krankenzimmer war kahl und leer. Sieben ist eine gute Zahl, sagte Grieshaber, als ich in der nächsten Morgenfrühe aus der Kälte hereintrat und ein neues quadratisches Bild an Stelle des Drachenreiters hängen sah: Prometheus sitzt neben Io. Schau ruhig hin, sagte der Maler, du wirst ja rot, *wir* sind es, du, du und ich. Sie erzählen sich, auch bei Aischylos, wie wir beide uns einen Winter lang erzählen.

Ich mußte zum Geburtstag der Mutter. Schrieb auf der weiten Fahrt übers Gebirge ein Gedicht: Io besucht Prometheus. Schickte es von der Alb an den Maler. Als ich zurückkam, hing das siebte Bild dem Fußende des Bettes gegenüber: Prometheus, befreit; seine Brust, sein Bauch, wo das Martyrium durch den Adler stattfand, waren ausgefüllt mit blutroten Rosen. Auf dem Nachttisch stand ein großer Strauß mit einem Kärtchen in zierlicher Damenschrift: Rosen für den Rekonvaleszenten. Jetzt ist genug Heu hunten, sagte Grieshaber. Er sagte das manchmal, wenn eine Arbeit beendet war. Im Sommer schon hatte er es mir erklärt: Es stammt aus dem Stall, wenn der Bauer die Tiere füttert, und einer wirft Heu vom Scheunenboden herab.

Grieshaber kann nicht einfach erzählen, was die frühen Jahre betrifft. Er überspringt die Jahrzehnte vorwärts, rückwärts. Vater und Mutter scheinen tabu. Die Mutter ist die Mutter, diesen Satz hat er sich zurechtgelegt; wenn man ihn danach fragt, weicht er aus. Und doch wartet er darauf, von Zeit zu Zeit gefragt zu werden. Dann brechen Sätze aus ihm, die einen Abgrund aufreißen, wie der Satz mit dem Mühlstein um den Hals. Wie paßte das zur Rechtschaffenheit des bürgerlichen Elternhauses? Eins hätten unsere Väter gemeinsam gehabt, sagt er einmal: den Protestantismus. Welche von seinen vielfältigen Schattierungen sie auch an uns ausprobierten, zerbrechen konnten sie uns beide nicht. Es scheint, sie haben unsere Widerstandskraft gestärkt und uns zur Freiheit verholfen. Beim Großvater war's schön, der sei Schulrektor gewesen, es habe Beerensträucher gegeben und Onkel und Tanten. Seine Mutter sei mehr als meine auf den gesellschaftlichen Schein bedacht gewesen. Kein Hunger mehr in den Generationen; die Bäckerstochter des Hoflieferanten in Ludwigsburg war weich und rund wie du, sagt Andreas, und wenn sie am Klavier saß und sang, dann mochte mein Vater das wohl. Mir scheint, als verstünde ich meine Mutter besser, seit ich dich kenne. Dieser Satz läßt mich jedesmal zusammenzucken.

Oder er fängt an: Mein Gott, ich will gar nicht, daß du dir klar machst, es handelt sich um zwei Weltkriege, wenn ich erzähle. Ich habe als Bub den Kaiser gesehn und den König von Württemberg und Hurra geschrien. Wenn wieder eine Schlacht geschlagen war, knieten wir auf dem Marktplatz des Städtchens und sangen: Großer Gott, wir loben dich. Ich fühle noch das Kopfsteinpflaster unter den Knien. Von der nahen Front, es war ja im Schwarzwald, hörten wir den Kanonendonner. Bevor Vater in den Krieg fuhr, herrschte Stille im Haus. Erst ganz zuletzt sagt er jedesmal: Jetzt kann fünf Minuten geweint werden. Manchmal durfte ich ein Stück mitfahren, wenn es nach dem Urlaub wieder an die Front ging, in der Eisenbahn, zweiter Klasse, die den Offizieren zustand, damals gab es ja noch drei Klassen. Vater war bis zuletzt dabei und kam gesund nach Hause. Aber ich sah auch andere, die wie dein Vater nach Hause kamen. Züge voller Verwundeter. Als Bub stand ich immer am Bahnhof, wenn sie durchfuhren, eine Kanne mit Tee vom Roten Kreuz in der Hand. Die zerfetzten, verstümmelten Gliedmaßen, die Erblindeten aus dem Gaskrieg. Ganze Waggons voll psychisch Gestörter. Was sich da in einem Kind abspielt, das später zum Pazifismus, zu den vielerlei Antis führt – wer kann das später noch wissen. In der guten Stube stand eine Staffelei mit Ölbild. Nein, keiner malte, es gehörte zum Meublement. Hat mir das Malen mit Ölfarbe verleidet. Später, als der Krieg vorbei war, hingen in der Geometerkanzlei zwei Kehrbesen und zwei Schippen nebeneinander: die eine fürs Amt, die andere, wenn Vater privat die Bleistifte spitzte. Vierspännig fahren war zu Ende im Staatsdienst. Seine Orden und Ehrenzeichen trug er nie. Kein Verein, keine Offiziersclubs, er gehörte nicht zu den besoffenen Frontsoldaten. Damals nicht. Ich hielt ihn für einen Republikaner.

Aber er wurde SA-Sturmführer, hast du gesagt, sage ich. Das sei es ja eben, was er nicht verstehe. Was er suche, sagt Grieshaber. Das Zwischenglied. Bei mir, meiner Kindheit, meinem Vater liege es offen zutage. Trotzdem habe mein Vater nie eine Uniform außer Feldgrau getragen. Als seiner das braune Hemd anzog, als er an der Spitze seines Sturms durch die Straßen marschierte, als er das bischöfliche Palais in Rottenburg ausräumte, die Möbel auf die Straße schmiß, habe Andreas das Elternhaus längst verlassen gehabt.

Ich sehe, wie der Kapitän sich das Äußerste abringt, wie er zwischendurch in Starrheit fällt, ins Schweigen. Wie sich sein

Gesicht verfinstert. Kein weiteres Wort über die Kindheit im Familienkreis, über die Brüder, die Züchtigungsrituale. Ich muß mir das schon selbst zusammenreimen: daß er neun war, als der Erste Weltkrieg zu Ende ging. Aus dem barocken Oberschwaben in die Enge des Schwarzwaldes verpflanzt; erst die Alb habe seine Seele wieder geweitet. Kleine Geschichten von der Reutlinger Oberrealschule. Im Zweiten Weltkrieg sei sein Vater noch einmal an der Front gestanden, alle drei Söhne mit ihm, wirft Andreas dazwischen. Ich lerne, mich an solche Sprünge zu gewöhnen, und daß der Augenblick, in dem ich Fragen stelle, immer der falsche ist.

In dem Alter, als du der Kleinstadt entkamst, sagt Grieshaber, hatte ich schon alles hinter mir. Auch ich weigerte mich, auf der Schule zu bleiben. In Rostock griffen sie mich auf, als ich auf einem Schiff nach Arbeit fragte, transportierten mich nach Reutlingen zurück. Der Vater sorgte dafür, daß ich in eine Schriftsetzerlehre kam.

In der halben Zeit bestand ich die Gesellenprüfung. Buchdrucker gehörten zur Arbeiterelite. Sonntags zogen wir in die Albstädtchen und spielten Theater. Friedrich Wolfs *Zyankali;* hinterher gingen wir in die Häuser. Ich saß in den Küchen der Arbeiterfrauen und diskutierte mit ihnen den Abtreibungsparagraphen. Agitprop. Wie man sich mit siebzehn das Leben vorstellt. Die bessere Zukunft. Inzwischen sind wir auf dem Mond gelandet, doch *Zyankali* hat auf dem Theater immer noch Schwierigkeiten. Aber ich wollte nicht Buchdrucker werden. Der Vater sagte: Wenn du Künstler werden willst, da ist die Tür. Die hab ich genommen. Mit siebzehn auf mich selbst gestellt – weißt du, was das heißt? Sich jeden Schnürstiefel, jede Hose zu verdienen, auf der untersten Stufe. Brot und Quartier, jeden Bleistift, jede Zeichenfeder, jedes Stück Papier. Ich wurde im Handumdrehn ein Outcast. Proletarier ist das bessere Wort. Ich verkehrte mit Arbeitern. Ging in ihre Versammlungen. Interessierte mich für ihre Rechte. Streiks. Gewerkschaften. Aber es blieb nicht viel Zeit für den Klassenkampf; ich stand unter einem anderen Gesetz. Die Kunstakademie hatte mich angenommen. Mein Professor, Ernst Schneidler, war ein berühmter Typograph, bei ihm lernte ich, was ich bin; die Moral, die der Mönch hatte, wenn er seine Bücher schrieb, mit der Hand. Die Moral, alles besser, sauberer zu machen, nach dem Vollkommenen zu streben. Mein Lehrer war ein großer Mann. Was man den letzten Mohikaner nennt. Bis ich sein Meisterschüler wurde, fiel ich etliche Male um. Aus Hunger, ich wog noch achtzig Pfund. Sicher habe ich exzessiv gelebt. Die Nächte zu Tagen gemacht, um vorwärts zu kommen in meinen Studien. Es gab keine Straßenbahn für mich, kein Kino. Geschweige denn ein Mädchen. Wovon hätte ich sie zu einer Tasse Kaffee einladen können? Armut macht stolz. Eine Mark achtzig brauchte ich, um den Tag zu überleben, das hatte ich ausgerechnet. Und wenn mir die Kunst wichtiger war, arbeitete ich weniger. Meine Sache also, wenn ich hungerte; was mich trieb, habe ich nie als gesellschaftlichen Anspruch betrachtet. Aber darum gekämpft, als Arbeiter mehr zu verdienen. Dafür war die Gesellschaft verantwortlich. Mit einem durchgebrochenen Blinddarm kam ich in eine Stuttgarter Klinik. Mein Vater, benachrichtigt, sagte, das sei nicht seine Sache.

Als ich zwanzig war, gingen die zwanziger Jahre zu Ende. Es gab keine Arbeit mehr. Weltwirtschaftskrise. Da war nun nichts mehr zu machen; mir blieb nur die Straße. Nein, ich war kein Kapitän, ich war einer von Millionen, die unterwegs waren, Arbeit zu finden. Man hatte nicht wie heute immer noch die zehn Mark im Sack, auf die es ankam. Man konnte nicht per Anhalter irgendwohin fahren, wo es warm war und blau. Im Meer zu baden, wäre uns nicht eingefallen. Da hätte man ja noch mehr Hunger gekriegt. Man ging zu Fuß mit dem Arbeitsbuch kreuz und quer durch Deutschland. In meinem gab es Stempel von Städten, wo ich um Arbeit nachsuchte, ohne heute noch zu wissen, wie ich dorthin gekommen war. Wismar. Greifswald. Kann sein, ich bin in den Domen gesessen. Kann sein, ich habe mich in den Flüssen gewaschen. Es war nicht das Abenteuer, der Hunger trieb uns; es gab noch keinen Sozialstaat wie heute. Irgendwann war ich in London gelandet. Da hatte ich eine Empfehlung, einen Anglo-German-Fellow-Club. Das entschied ein Stück Leben. Ich fand einen Mentor, einen Sir mit nobler Besuchskarte, der verhalf mir zu Arbeit, schrieb eine Empfehlung als Graphiker. Damit ging ich von Verlag zu Verlag; bis zum Pfund-Sturz reichte es zum Leben. Bis zu dem I am sorry der Engländer nach dem New Yorker Börsenkrach. Da erlebte ich in England, was ich nur in Deutschland für möglich hielt: an einem Tag warfen sie alles auf die Straße, was nicht britisch war; dänische Eier, Ölsardinen aus Portugal. Doch da sie ja Engländer waren, fragten sie auch, ob sie mir helfen könnten. Mein Sir riet mir, nach Ägypten zu gehn. Ich hatte gerade für die Untergrundbahn Werbeplakate gemacht, die wiederum hatte Anteile an der Eisenbahn in Ägypten. So bekam ich ein nobles Ding in meinen Paß, einen eingeklebten Stahlstich, wie ihn die Gesandten haben; als Deutscher hätte ich sonst an der Grenze von Ägypten dreitausend Pfund hinterlegen müssen. In Marseille bin ich auf ein Schiff, wie sie es heute auch machen. Ich war jung, hatte meinen Baudelaire gelesen, probierte alles aus, Haschisch, Opium, wollte durch den Orient bis Persien, blieb aber in Ägypten hängen. Das Arabische interessierte mich; ich lernte Teile der Sprache, der Schrift, des Koran auswendig. Allah war groß, sein Himmel dort wölbte sich flacher als der Himmel der Gotiker. Es gab ganze Fellachendörfer, die waren in Opiumapathie gesunken. Ich versuchte, in Schulen zu unterrichten, lebte in einem Oasendorf, druckte, was ich gemacht hatte, und verbreitete es. Die Naivität der Kunst kam mir zu Hilfe. Was es nicht gab, erfand ich, suchte, in diesem Maschendraht ein immer größeres Loch zu machen. Das war damals noch nicht wie heute: daß man dazugehören wollte, zu den Eingeborenen. Daß man sich ihnen anglich. Ich hatte einen Tropenhelm auf. Trug weiße Handschuhe, die wusch ich jeden Tag. Ich schrieb und übersetzte arabische Proverbs; was weiß ein Europäer von den hundert Namen der Kamele! Dem Kamel in der Wüste gleich / leidet er Durst /

und trägt doch die Last des Wassers auf dem Rücken. – Wenn keiner zuwinkt, / den Weg ich fehle...

Ich kann nur auflesen, was von Grieshabers Eruptionen vor meine Füße kollert. Und nicht immer zusammenzucken bei dem Gedanken an den Vater meiner Kinder, der noch fünf Jahre älter als Andreas war und zu den Millionen gehörte, die damals die Landstraße bevölkerten; hatte er als Journalist nicht ebenso lebhaft erzählt? Von seinem Arbeitsbuch, vom Waschen in Flüssen, von Streiks, von internationalen Lagern, von der Arbeiterpartei. Jetzt kehrte ein Stück des Toten zurück im Kapitän, doch sobald ich versuche, nachzufassen, in Einzelheiten zu gehn, ist es an ihm, zusammenzuzucken; er wird unmutig, weicht aus. Ich muß nehmen, was er erzählt: auswirft, verstreut, vor sich hinbrummt. Schon über die Frage nach den Pyramiden ärgert er sich.

Sicher habe er sie gesehen. Drumherumgegangen sei er. Hinaufgeklettert. Zum Hineinkommen habe ihm das Geld gefehlt. Er halte nichts davon, mir von der gesellschaftlichen, politischen Struktur dieses Landes zu erzählen. Von der englischen Herrschaftsschicht in den Kolonien. Wenn ich Abenteuer hören wolle, solle ich Lawrence von Arabien lesen. Jedenfalls habe er dort gelebt, als sich in den Massen eine Art Los-von-England-Bewegung anbahnte; viele waren verfolgt und in Gefängnissen. Auch die Engländer hätten schon, sehr behutsam, angefangen, Rückzüge vorzubereiten. Als er begriffen, erlebt habe, was ein Araber sei: im einen Augenblick Freund, im nächsten ein Messer im Rücken, diese Grausamkeit, die völlig unberechenbare Willkür des Orientalen, sei ihm das Land verleidet gewesen. Er habe das nächste Schiff gesucht, sich zwischen Schafen und Ziegen festgehalten und sei nach Europa gefahren: nach Griechenland. Was dort geschah, habe er uns auf Aia erzählt.

Konntest du Griechisch? sage ich, als du in Piräus an Land gingst?

Kein Wort, sagt Grieshaber. Dafür etwas Türkisch. Ging mittenhinein nach Athen. In einem Café am Omoniaplatz landete ich zuerst und hörte am Nebentisch sagen, da gebe es einen Maler in Patissia, der male nur Gitarren, nichts als Gitarren. Ich nahm mein Französisch zusammen und fragte nach dem Maler mit den Gitarren. Er solle am Rande der Stadt leben. Es war noch früh am Morgen, und ich ging sofort hin. Das Lachen vom Café noch im Ohr. In jenem Haus gab es viele Zimmer. Sie schienen bewohnt. Ich klopfte an eine Tür, und eine tiefe Stimme antwortete. Als ich eintrat, sah ich auf einem Feldbett, in eine Decke gehüllt, eine riesige Gestalt liegen. Der Weg dorthin war bis zu den Knöcheln mit Manuskriptseiten bedeckt. Die Nase, die aus der Decke schaute, war ungewöhnlich. Der Mann lud mich mit einer Handbewegung ein, auf dem Feldbett Platz zu nehmen. Er sprach nur Griechisch. Dann schenkte er mir aus einem Krug Wein ein und brach von einem großen runden Brot ein Stück für mich ab. Aus einem Papier wickelte er herrlich duftenden Ziegenkäse. Wir aßen schweigend. Dann nannte er einfach Namen: Sophokles, Euripides, Verlaine, Rimbaud und auch den Namen des Malers, der anscheinend nebenan wohnte. Wir tranken, aßen und freuten uns über die Namen der Dichter, weil wir sie alle liebten. Später stand er auf, zog sein altes Priestergewand über und ging mit mir in die Stadt, auf die Akropolis, überall hin, wo es schön und sehr griechisch war. Immer, wenn wir an einen schönen Ort kamen, stieß der Fremde einen Freudenruf aus und umarmte mich. Nachts schlief ich dann auf seinen Manuskripten, aß von seinem Käse, seinem Brot, und bis zum Einschlafen tranken wir aus dem dickbauchigen Weinkrug. Wenn wir umhergingen, hielten wir uns fest an der Hand. Auch Besuche machten wir bei seinen Freunden. Bei ihm habe ich Griechisch gelernt. Er war ein entlaufener Priester. Seinen Lebensunterhalt bezog er, während der Zeit, als ich bei ihm war, von einem Eisenbahnwaggon voll Heu, das er gestohlen hatte, um es vorbeikommenden Händlern zu verkaufen, die mit ihren Eselskarren durch die Straßen zogen.

Da hab ich's nun. Wo ich es am wenigsten erwarte, geht er

ins Detail, spricht begeistert Sätze, die zusammenhängen, eine Geschichte ergeben. Ich weiß schon nicht mehr, ob Grieshaber mir nun von Tag zu Tag fremder oder vertrauter wird.

Mein Griechisch reichte, um Karaghiozis-Spieler zu werden, und weil man die Figuren selbst malt und schneidet, wenn man hatte, aus Eselshaut, und mit festgelegten Typen spricht, kam ich wieder auf meine Rechnung: ich holte mir von der Volkskunst, was ich brauchte, um mich selbst zu verwirklichen. Man spielte unter nachtblauem Himmel in einem Innenhof; die Leute kamen aus der nahen Oper in der Pause, um zu kiebitzen, und blieben einfach sitzen. Griechische Maler und Dichter wurden meine Freunde, ebenso wie die griechischen Arbeiter, für die ich den ersten Streik organisierte: wir legten Steine auf die Schienen der Straßenbahn nach Piräus. Dort hab ich Töpfe gemacht und bin mit den Fischern hinausgefahren. Auch ein deutscher Jude wurde mein Freund. Auf der Alb mußte ich ihn Mitte der dreißiger Jahre ein paar Wochen lang vor der Gestapo verstecken; wir saßen im Wald und sangen griechische Lieder; die Bauern sagten, da säßen zwei Russen, und steckten uns in den Gemeindearrest. Vrieslander ging dann nach Athen zurück. Dort ist sein Grab. Die Gestapo soll ihn erschossen haben. Andere sagen, die Griechen waren es. Wie ich 1933 nach Deutschland zurückfuhr und warum, weißt du. Wohin sonst hätte ich denn sollen. Ich taugte nicht zum Emigranten. Ich hatte mich draußen genug umgetan, um zu merken, wo meine Wurzeln sind. Auch wollte ich sehen, wie immer ganz genau, was mit meiner Heimat passierte. Ich wußte, daß ich ins Dunkel fuhr. Vielleicht wäre manches anders gelaufen, wenn der Sprung vom Elternhaus, vom gehobenen Kleinbürgertum zum Intellektuellen nicht so abrupt gewesen wäre. Die Buddenbrooknachkömmlinge hatten nur Hände zum Cellospielen. Meine waren zum Arbeiten bestimmt. Der Vater hätte ja helfen können, das hätte ihm gar nichts ausgemacht. Aber der hat ja gemeint, er muß sich so verhalten. Wollte mich bei der SS anmelden. Hinter meinem Rücken hat er meine Bilder zusammengepackt und an die Reichskulturkammer geschickt. Ob sie mich aufnehmen würden. Er meinte, das ginge gut. Du kannst dir denken, was passierte. Jetzt erst bekam ich wirklich Berufsverbot. Sicher war es besser, die Moral des Arbeiters zu haben statt die des Kleinbürgers. Ich glaube nicht, daß unsre Arbeiterjugend die der Illustrierten und Ausgeflippten ist; die machen ihre Sache genau, fragen, was bringt mir das, sehen ihre Zahltüte an und wollen dann das Leben haben, das sie dafür kaufen können; Autos, Wohnungen, Boote, Motorräder, Skilaufen. Ich hatte mit fünfundzwanzig meinen Mist auf dem Acker. Schnitt meine Alb ins Holz. Ging in den Wald meines Vaters, pflanzte viele tausend Schößlinge. Baute hoch oben auf seiner Obstbaumwiese in einer Achalmmulde ein kleines Häuschen, morgens um fünf mit dem Leiterwägelchen voller Zement den Berg hinauf, in der Hoffnung, wenn es fertig sei, dort oben malen zu können. Wohnen. Daraus wurde nichts. Die Gestapo verbot mir, außerhalb Etters, du kennst den Ausdruck, er heißt «bebautes Ortsgebiet», das Konzentrationslager Buchenwald liegt auf dem Ettersberg, wo auch die Eiche Goethes und der Frau von Stein steht – also, ich durfte da nicht wohnen. Mußte jederzeit kontrollierbar sein. Oft kamen sie morgens um fünf. Die jüdische Wittfrau, bei der ich ein Zimmer hatte, drehte eines Morgens den Gashahn auf, nachdem ich weg war. Danach zog ich ins Hotel, ins beste, weil ich annahm, die Reputation des Hauses hindere die SS daran, frühmorgens einzudringen. So war es auch. Um die vier Mark zu verdienen, trug ich Zeitungen aus. Arbeitete in einer Klischee- und Kunstanstalt, deren Inhaber seine Hand schützend über mich hielt. Es gab da vier, fünf Menschen, die auch in einem Orden waren, heimlich, etwas Freimaurerähnliches. Druiden. Von denen bekam ich ab und zu Holz zum Schneiden, Farbe, Papier, so ein bißchen Hilfe, aber die waren ja selbst in Gefahr. Sonst hatte ich niemand, keine Familie, nichts. Der erste Schulkamerad, der auf mich zulief, sagte, würdest du einem Juden deine Hand geben. Ich lebte ja da, wo mich alle kannten. In ein Lokal konnte ich nicht gehen, da stand sofort einer auf und sagte, ich hätte was gegen den Führer gesagt. Es gab auch andere, die sagten, es ist nicht wahr, er hat kein Wort gesagt. Ich ging in ein bestimmtes Café, um mich aufzuwärmen, unter Menschen zu sein. Eine mitleidige Kellnerin brachte mir in einer Kaffeetasse heißes Wasser, denn ich hatte kein Geld für Kaffee. Als ich einmal bewußtlos wurde, rief der Inhaber des Cafés, ein Bäckermeister, nach jemand, der mich wegbringen solle. Es war aber nur der Hunger. Ich versuchte, Schuhwichse aufs Brot zu schmieren. Ich schnitt immer mehr in Holz, obwohl ich mich als Maler verstand, es war nicht nur die Strenge der Form, der Widerstand, den mir das Holz abverlangte, es war auch die Überlegung, mich zu vervielfältigen, falls meine Bilder, die einzelnen, abhanden kämen. Zerstört würden. Von Holzschnitten, die in alle Winde flattern, bleiben immer ein paar übrig. Da gab es die Marienkirche aus dem 13. Jahrhundert. Ich tröstete mich mit dem gotischen Glück; die Institution konnte mir nicht helfen. Der Pfarrer selbst predigte in dieser Kirche im SA-Hemd von der Kanzel. Du siehst, meine Stadt stand deiner in nichts nach. Sieben Jahre lebte ich so.

Hast du nie versucht, einmal wegzugehen? In der Anonymität einer großen Stadt Fuß zu fassen?

Nach Weimar ging ich, Goethes wegen. Dachte, ich würde wohl empfangen sein, wie es geschrieben steht. Aber dort war es ärger als überall. Ich hätte ebensogut direkt in die Kaserne gehen können. Eine Weile fand ich Trost bei Auguste von Bergfeld, das war ein Fräulein zur Goethezeit, es hatte überaus artig gemalt, Genrebildchen, ich fand sie im Treppenhaus einer alten Wirtschaft, vernachlässigt. Da kopierte ich sie alle. Die Bomben haben das Haus zerstört. Meine Kopien druckte ich später; keiner wollte sie haben. Es sind einzigartige Dokumente, nicht einmal Weimar interessiert sich dafür. Wenn ich gesund nach Hause komme, kriegst du sie. Ich floh nach Berlin. Dort sollten noch gewisse Freiheiten in den Winkeln nisten. Als Maler in meinen Jahren glaubte ich, mich endlich umtun zu müssen, wer sollte mich kennen, ich mußte mir ja erst einen Namen machen, wenn auch unter Verfemten, Verbotenen. Hauptsächlich die Expressionisten waren es, die nicht emigrierten; dablieben. Da gab es welche, da kam die Gestapo jede Woche und kontrollierte die Pinsel, ob sie feucht sind. Malverbot. Manche Künstler wurden sterilisiert. Sicher wäre es möglich gewesen, in einer dieser Dachwohnungen zu hausen, untergebracht in Berlin. Doch es gab da zu vieles, was mir nicht gefiel. Die Kreise, die sie so um sich herum hatten. Der Deutsche Kunstkreis etwa. Da traf man sich. Sie haben mich auch mal dahin geschleift. Da waren Nazigrößen. Zum Beispiel Bormann. Die Maler haben das genützt. Man arrangierte sich. Das war nichts für mich. Einer, mit dem ich befreundet war, entpuppte sich als Morphinist. Auf was sollte ich mich denn verlassen können? Das war mir einfach zu kompliziert, zu problematisch, neurotisch; diese Maler und sogenannten Kunstfreunde, die offensichtlich Gegner waren und helfen wollten, solchen Leuten konnte ich mich nicht ausliefern. Mir gefielen zwar die Arbeiten der Künstler und ihre Haltung, aber ihre doch etwas kleinbürgerliche Bohème, die Negativform zur Bourgeoisie, das war nichts für mich. Das fand ich verbraucht. Die Kollwitz, das war eine Freundin bis zuletzt. Die hat mich behandelt, als ich krank war. Ich verließ Berlin und ging dahin zurück, von wo ich aufgebrochen war. Schnitt die Marienkirche ins Holz. Saß wieder vor meiner Tasse mit heißem Wasser.

Natürlich hab ich's noch einmal probiert. Zürich war an der Reihe, 1938, nach dem Einmarsch in die Tschechoslowakei, Heimholung des Sudetenlandes ins Großdeutsche Reich. Aus Anlaß des antifaschistischen Schriftstellertreffens in Zürich ging ich dorthin. Machte eine Ausstellung. In einem großen Architekturbüro, nicht offiziell, der Sohn von Hermann Hesse arrangierte das und verschiedene andere, die ich nur unter Pseudonym kannte. Auch ich trat nicht offiziell auf, unsre Gestapo hatte einen guten Draht in die Schweiz. Ich hab sie alle kennengelernt, den Musil, den Thomas Mann, die

Lasker-Schüler, mit der war ich am meisten zusammen, sie hat mir noch viele Briefe geschrieben, eine Nacht lang saßen wir auf einer Parkbank am Zürichsee, sie schenkte mir ein Kettchen, das sie von Rilke gekriegt haben soll; für Prinz Jussuf war ich als Gotiker so was wie ein Wundermann. Daß ich wieder freiwillig zurückging. Wie hätte ich in der Schweiz leben sollen? Als Deutscher dort durfte ich nicht ausstellen – das haben die Schweizer Künstler erreicht. Ich sah, ganz Zürich, alles dort, war frankophil. Was ich brachte, meine Passion, die Holzschnitte, das war viel zu sehr deutsch, schon boche. Das war kein Boden für mich. Noch nicht einmal anmelden konnte ich mich, die Fremdenbüros waren besetzt mit Kontaktleuten zur SS, die hatten eine ganze Organisation dort aufgebaut.

Wie hast du denn deine Bilder herausgebracht? Ich meine zur Ausstellung?

Das war ein Hasardspiel. Ich hatte sogar abstrakte Maler, etwa Baumeister, in Holz geschnitten und mitgenommen. An der Grenze stellte ich mich schlafend, weil ich dachte, die denken, wer schläft, hat ein gutes Gewissen. Natürlich wurde ich geweckt. Und dann fragten die, ob ich Devisen dabei hätte. Und da hab ich gesagt: Natürlich, Dollar. Das gab eine Riesenaufregung; ich wurde sofort aus dem Zug geführt, bei den Deutschen noch, und legte ihnen eine Zehndollarnote hin. Alles wurde genau aufgenommen. Dann tauschten sie die Dollar um; bis alle Formulare unterschrieben waren, die Eintragung in meinem Paß und was sonst noch dazugehört, wollte kein Mensch mehr was von meinen Koffern wissen. Und da drin war die wahre Konterbande. Die Rückfahrt wurde für mich organisiert. Meine inzwischen geleerten Koffer waren trotzdem wieder voll. Ich hatte mir Texte vom Schriftstellertreffen geben lassen, Resolutionen, Samisdat, Auszüge aus Büchern und Manuskripten, alles gut heimgebracht, versteckt. Davon druckte ich auf einem kleinen Druckapparat, oft auf Zigarettenpapierchen, was mir gefiel, was ich für wichtig hielt, warf es in die Briefkästen, legte es aus, und dann kam der Wind . . . Was hat es genützt. Meine Seele jedenfalls, die war gerettet. Wie hätte ich denn sonst alles aushalten sollen, wenn ich mich nicht irgendwo abreagieren konnte. Viel Zeit blieb mir nicht. Ich wurde dienstverpflichtet. In eine Maschinenfabrik. Mußte Überstunden machen. Doch das Geld dafür holte jedesmal die ss ab. Weil ich nicht mehr verdienen durfte. Der Krieg war da. Es war endlich soweit, wofür sie vor sieben Jahren angetreten waren.

Eines Tages sagt Andreas: Es ist soweit. In drei Tagen entlassen sie mich. Ich soll jede Woche zur Gymnastik kommen. Üben im Warmwasserschwimmbecken. Haben die eine Ahnung, was dieser Arm bald für Bewegungen machen wird. Schluß mit der Klinik. Die Zeit wird schon knapp zum Erzählen, und ich schulde dir noch meinen Krieg. Wenn ich nicht mehr da bin, soll es einer wissen.

Ich wußte, er meinte: Aufschreiben. Immer die Qual, seine Sätze wiederzugeben. Keinen sprach er so aus, wie er jetzt dasteht: entschlüsselt, weil ich dazwischenfragte, aller doppelten Böden beraubt, bar aller Paradoxien. Wer Texte von Grieshaber liest, weiß, was ich meine.

Könnte Johannes doch sein Biograph sein. Wenn ich davon anfing, wurde der Kapitän ärgerlich. Er habe sich für mich entschieden. Durch mich, meinen Verstand, mein Gemüt, meine Veranlagung wolle er sein Leben filtern. Auch wenn manches eindimensional würde. Fläche, Kontur, Raumgliederung seien Eigenschaften des Holzschnitts. Seine, meine Farbigkeit stünden gut beieinander. Perspektive, Hintergründiges, Horizonte, Auslotendes solle ich anderen überlassen. Man könne sich ja jederzeit bei ihm bedienen, es sei genug da.

In den letzten Kliniktagen bricht Lena durch den Vergangenheitsnebel. Bisher hatte ich nur gewußt: sie sei ein Gespenst, das manchmal um Aia schleiche. Tiere gaben Laut, Frauenstimmen riefen sich zu, Grieshaber verbarg sich. Doch wenn es Unfrieden anzetteln wollte, trat er dem Gespenst entgegen. Im Dezember, bei einer Ausstellungseröffnung, der Kapitän bat mich, ihn zu vertreten, hatte sich eine wirre, verzottelte Alte neben mich gesetzt. Ihre Hand umklammerte meinen Arm: Seien Sie gut zu ihm. Ich war seine Frau. Sie finden mich auf den frühen Holzschnitten. Im Buch mit den Malbriefen.

Andreas würgte an seiner Geschichte von Lena: Eine blühende Schizophrenie. Kommilitonin von Adorno sei sie gewesen. Sprachen, Philosophie, Musik. Dann, über Nacht, «lebensunwertes Leben». Für Lena sei Hitler der Teufel gewesen. Sie habe es ausgesprochen. Die Schwestern Frauenschaftsführerinnen. Distanzierten sich von der Familienschande. Wollten sie los sein. Was Andreas mit Lena verbunden habe: die Aussätzigen in ihren Familien gewesen zu sein. Dann habe man ihn eingezogen zu einer Baukompanie. Eine Truppe für solche, die sich bewähren mußten. Intellektuelle darunter, Pfarrer, Richter, die man nicht gleich ins KZ schikken wollte. Gerade noch wehrwürdig, wenn Not am Mann war. Nicht für Rußland zu gebrauchen. Ab ins Protektorat. Später Frankreich. Auf einer glattgefrorenen Pfütze hätte ihn die Lust gepackt, wie als Junge zu schleifen. Komplizierter Beinbruch, von allen beneidet. Nach Wochen Feldlazarett an zwei Krücken auf Heimaturlaub gehumpelt, sei er gerade zurechtgekommen, als neue Transporte für Grafeneck zusammengestellt wurden. Du hast vermutlich nie davon gehört, sagt der Kapitän. Geisteskranke wurden dort vergast. Euthanasie. Es liegt auf der Alb. Wer von unseren Landsleuten möchte schon daran erinnert werden. Wenn ich gesund bin, fahren wir hin. Lena sei in der Nervenklinik in Tübingen festgehalten worden. Wann würde sie zum Transport eingeteilt werden? Er habe handeln müssen. In Uniform mit seinen Krücken mitten im Winter habe er sich so lang auf die Eingangsstufen zur Klinik gesetzt, bis sie Lena als Braut des Soldaten herausgaben, um öffentliches Ärgernis zu vermeiden. Ich habe sie sofort geheiratet. Eine Schizophrenie im Dritten Reich schien mir passender zu sein als erbgesund. In Bebenhausen habe er ein paar Wochen mit Lena einen Unterschlupf gefunden. Dann habe der Ortsvorsteher ihm nahegelegt, zu verschwinden. Sonst habe es Folgen für ihn und noch schlimmere für die beiden Mißliebigen. Ohnehin sei er, wieder einsatzfähig, ins Elsaß abkommandiert worden. Lena habe er kurzerhand mitgenommen. Sie in wechselnden Quartieren, in Hotels, bei Bauern untergebracht. Stell dir einen Soldaten vor, nicht mal Gefreiter, mit solchem Ballast. Als Funker habe er meistens Nachtdienst gehabt, da ließ sich tagsüber einiges machen. Es gab Verbindungen zum Widerstand. Geflohene Elsässer, die über Funk gesucht wurden, habe er warnen lassen. Dann habe es noch eine Druckerei gegeben. Lebensmittelkarten für Untergetauchte. Pässe für Juden. Illegale Drucke seien entstanden. Um Leben zu retten, habe er ein Doppelleben geführt. Gegen seine Veranlagung. Deshalb rede er ungern darüber. Kunst konnte unter solchen Bedingungen kaum entstehen, sagt Grieshaber, doch in der Presse Clandestine in Hagenau druckte ich meine Plastischen Meditationen, Aphorismen, Samisdat, Flugblätter. Manches in hoher Auflage. Für die Verbreitung hätten andere gesorgt. Auch sein elf Jahre jüngerer Bruder von der Offiziersschule habe ihn besucht und Kameraden mitgebracht; wir verstanden uns, sie gingen nicht mit leeren Händen. Es hätte den Kopf kosten können. Sie seien schon eine seltsame Familie gewesen. Der Vater Kommandeur in zwei Weltkriegen, der Älteste ein Sozialist, den die Mutter lieber ertränkt wissen wollte, statt die Schande zu ertragen, der Zweitälteste Stukaflieger, der Jüngste, der zu ihm hielt, sei vor Orel gefallen.

Die Front sei näher gerückt. Franzosen, Amerikaner. Inmitten der Absetzbewegungen, Auflösungserscheinungen, unablässiger Fliegerangriffe sei Lena plötzlich vor ihnen gestanden, mit einer Kuh am Strick. Wollte sie sich nicht wegnehmen lassen. Es sei ihm gelungen, Lena ohne Kuh in den letzten Zug nach Hause zu setzen. Jetzt habe er sie nicht mehr schützen können. Untertauchen, wie Widerstandsfreunde von mir erwarteten, mit einer Unberechenbaren, war in dieser Situation nicht möglich, sagt Andreas. Überhaupt seien jetzt Entscheidungen auf ihn zugekommen, die er nur seiner Natur gemäß habe treffen können. Als Pazifist und Patriot. Immer habe er sich auf die Seite der Schwächeren, Unterlegenen geschlagen. Als die Alliierten uns über den Rhein getrieben hatten, war ich nur noch Deutscher, sagt er. Hatte in der Leitung, was ich brauchte; wußte, was los war an allen Fronten. Das Kriegsende sei abzusehen gewesen, jetzt ging es für ihn nur noch darum, so vielen Kameraden wie möglich die Haut zu retten. In Wachenheim in der Pfalz habe ihm sein Funkgerät erzählt, daß ein Tieffliegerangriff bevorstehe; der Wehrmachtsstab, dem er jetzt zugeteilt worden war, sei dort einquartiert gewesen. Es sei ihm zwar gelungen, daß die Bauern auf ihn hörten, sie hätten ihre Häuser verlassen und seien in die Weinberge gegangen; die Herren Stabsoffiziere taten sich derweil in den Kellereien gütlich und waren taub gegen alle Warnungen. Am nächsten Tag zogen wir sie tot aus den Trümmern, sagt Andreas; mit ihren roten Streifen an den Hosen seh ich sie nebeneinander auf dem Dorfanger liegen, wie eine Strecke Hasen. Im Odenwald sollte ein großer Talviadukt gesprengt werden. Er habe es in letzter Minute per Funkspruch durch einen Gegenbefehl, den es gar nicht gab, verhindert. So sei er mit seinen Nachrichtenverbindungen eben dabeigeblieben bis zum Ende. Wer konnte, habe sich verdrückt auf dem langen Weg nach Süden. Es sei wohl nicht Ironie des Schicksals, sondern sein eigner Entschluß gewesen, daß er in der alten Tiroler Festung Reith als letzter Soldat des Wehrmachtsstabs Ziethen, eingeschlossen von zwei Armeen, am Funkgerät ausgehalten habe. Als alle getürmt waren, habe auch er sich in die Büsche geschlagen. Ab und zu wurde noch geschossen. Einmal sei er versteckt im Straßengraben gelegen, als oben ein Leutnant getroffen worden sei. Natürlich kletterte ich zu ihm hinauf, sagt Andreas, und wartete, bis ein amerikanisches Fahrzeug kam und ihn auflud. Mich haben sie auch gleich mit aufgeladen.

Eine Wiese bei Heilbronn war das Kriegsgefangenenlager. Dort machte ich zwei Holzschnitte, eine Demonstration für

mich selbst: Kunst, im befreiten Deutschland. Als Gefangener. Das Messer schliff ich aus einem Bandeisen. Das Holz ein
Kistenbrett. Die Farbe Kaminruß von der Feldküche, mit
meiner Margarineration vermischt. Ich druckte auf Zucker-
sackpapier der Amis. Die Drucke verteilte ich unter einigen
der zwanzigtausend Gefangenen. Und die Stöcke gab ich
einem Wissenschaftler von Peenemünde, er nahm sie nach
Amerika mit, alles, was mit der V 2 und der Forschung zu tun
hatte, wurde bald aus unserer Mitte herausgefischt und bekam Sonderbehandlung. Einfache Soldaten seien verkauft
worden. Wohin hätten die Amis denn mit ihnen sollen?
Schiffsladungen voll nach USA? Eine Flotte hätte nicht ausgereicht. Da lagen Belgien, Frankreich, selbst die Sowjetunion
näher. Man nannte es Reparationen. So sei er als Bergarbeiter
in eine Grube bei Mons gekommen. Ja doch, da hilft kein
Augenaufreißen, sagt der Kapitän, kein Schreien. Hunderttausende seien in jenen Tagen verschoben, verschachert, verkauft worden. In brüchigen, abgesoffenen Kohlengruben,
schikaniert von deutschen Unteroffizieren, die dafür Vergün-
stigungen bekamen, habe er mit belgischen, polnischen Hau-
ern und deutschen Gefangenen gearbeitet. Die Gefahr in den
morschen Gruben gesehn, mit den belgischen Kumpels den
ersten Streik nach dem Zweiten Weltkrieg organisiert. Ich
könne mir vorstellen, wie die Deutschen reagierten. Streik?
Nach zwölf Jahren Hitlerregime! Es war ein Fremdwort geworden. Aber die Belgier wußten Bescheid. Hätten zu ihm
gehalten. Es war ein Erfolg. Nur noch die Deutschen fuhren
ein. Bei den Vorgesetzten sei er bald der gehaßteste Mann
gewesen. Ich sehe, daß dich das fast zerreißt, sagt Andreas.
   Ich wollte nicht schlucken, daß es keinen Ausweg gegeben
haben soll: der Antifaschist, der Sozialist, der entartete
Künstler Monate nach Kriegsende im belgischen Bergwerk in
Lebensgefahr, während andere bereits Wiedergutmachung
kassierten, sage ich. Aber ich hatte ja meine Chance, sagt der
Kapitän; aus dem Elsaß hätte er in französischer Uniform als
Kommissar mit einer Gruppe Männer seines Vertrauens in

der Heimat einziehen können. Das sei das übliche gewesen, mit einer politischen Vergangenheit wie der seinen. Hunderte schafften so den Übergang in die Zeit danach. Statt dessen habe er einen Lernprozeß mitgemacht: politische, ökonomische Zusammenhänge zu begreifen, die anders liefen als die ethischen. Gerechtigkeit? Das heilige Amerika ließ seine Maske fallen. Was er erwartet habe nach dem Krieg, wurde nicht gehandelt. Stand nicht im Kurs. Jeder sah, wo er blieb. Als er mit seinen Streiks in Belgien nicht nachgab, hätten sie ihn in eine Kiste gesteckt, mit Luftlöchern, und sie zugenagelt. Was kam schon drauf an, ob ein Gefangener verschwand. Er werde niemals erfahren, was sie mit ihm vorgehabt hätten. Der Wagen, auf dem die Kiste davonrollte, sei plötzlich angehalten worden. Belgische Kameraden hätten ihn befreit; gepflegt, weitergereicht, geleitet. Bald danach sei er nach Hause gefahren: An dem Zug hing ein Güterwagen mit einer Druckerpresse und einem riesigen Ballen Papier, sagt Grieshaber. Ich hatte die Lizenz, eine Zeitung zu machen; meine Heimatstadt lag ja im französisch besetzten Sektor. *Weltpresse* nannte ich meine Zeitung. Darunter tat ich's nicht. Drei Nummern erschienen, in denen ich den Siegermächten nicht zu Diensten war. Was sie mit Deutschland trieben, habe er gedruckt, mehr oder weniger verschlüsselte Nachrichten, Karikaturen. Als Titelseite Flauberts *La tentation de saint Antoine* mit dem Schongauerschen Kupferstich. Der französische Kommandant befahl, die Zeitung einzustellen. Wieder sei er auf die schwarze Liste gekommen. Gleichzeitig habe er seinen Namen auf einer Liste mit Männern gefunden, die nach einem Sieg von den Nazis aufgehängt werden sollten. Fortan hungerte ich. Fortan fror ich. Fortan hatte ich nirgendwo ein Zuhause, auch wenn in zwei Häusern meiner Familie eine Wohnung für den heimkehrenden Antifaschisten von der Beschlagnahmung durch die Besatzungsmächte freigehalten worden war, sagt Andreas. Nur noch das Gartenhaus auf der Achalm war eine Zuflucht, nachdem er Lena, völlig verwahrlost, in Eningen gefunden habe. Mit dem Förster sei er in den

Wald gegangen. Das Holz im Winter war naß und vereist, brannte schlecht. Ich fing an zu malen, zu schneiden, zu drucken. Verkaufen ließ sich kaum etwas davon. Eine Wiedergutmachung gab's für mich nicht. Alles, was er seit seiner Rückkehr 1933 bei den Eltern untergestellt habe, sei von der Mutter zerschlagen, verbrannt worden. Sollte ich gegen die Mutter aussagen? Oder gegen den Unternehmer, der im Dritten Reich zu mir hielt, mich drucken ließ und meine Bilder versteckte? Kriegseinwirkungen hätten sie zerstört, hieß es dort. Heute sind die verlorenen Holzschnitte auf dem Markt. Es gab Schlimmeres: Pinsel, Farben, Papier wurden mir auf der Bezugscheinstelle vorenthalten, weil ich ja kein Künstler war, keinen Berufsnachweis der Reichskulturkammer vorlegen konnte. Ein Jahr nach Kriegsende. Manchmal sei er nach Stuttgart gegangen, zu Fuß. Vierzig Kilometer. Durch die Sektorengrenze. Die Stiefel mit Schnüren zusammengehalten. In einem selbstgenähten Anzug aus alten Militärdecken. Keiner, mit dem er zu tun hatte, habe seinen Zustand begriffen. Seinen Stolz. Seinen Freiheitshunger. Es gab die ersten Ausstellungen. Solche, in denen man ihn nicht wollte, weil er ein Entarteter sei. Solche, in denen man ihn nicht wollte, weil man nicht wußte, daß er ein Entarteter war. Solche, die er selbst initiierte. Mit «den Freunden», wie er das Häuflein nannte, das sich nach und nach zusammenfand. Der Wirrwarr nach dem Kriegsende war groß. Es gab auch schon abstrakte Maler, die ein Jahr zuvor noch ins Morgenrot trabende Reiter gemalt hatten. Soldaten im letzten Gefecht. Durchhaltebilder. Panzerfaust in Pimpfenhand. Jetzt wurde das alles über Nacht nonobjektiv. Gegenstandslos. Geometrisches, Linien, farbige Kringel, Kleckse, du kannst dir nicht vorstellen, wie rasch das ging.

In den USA habe die Witwe von Lion Feuchtwanger im Negro-Press-Club eine Ausstellung seiner Bilder eröffnet. Auf dem Photo hat sie einen Blumenstrauß im Arm, sagt Andreas. Nein, er sei nie drüben gewesen. So wenig wie in der Sowjetunion. Er habe auf der Achalm gehaust am Rand des Verhungerns, mit Lena, bis Kirke, die Herrin vom Bernstein, sein Leben in die Hand genommen und Aia daraus gemacht habe. Doch das sei ein anderes Kapitel. Später einmal. In der Sommersonne. Jetzt muß ich erst Tübingen zu Ende bringen, sagt der Kapitän.

Noch einmal wollten die Ärzte den Tag der Entlassung hinauszögern, doch Andreas' Geduld war am Ende, er ließ nicht mit sich handeln. In der Klinik verriesele sein Leben gleich dem Sand im Stundenglas, auch wenn er das Beste daraus gemacht habe mit den Prometheusbildern und Malbriefen. Jetzt stehe der Augenblick bevor, der über seine Zukunft entscheide: auf der Achalm die Hand um das Messer schließen; den ersten Schnitt versuchen. Mich würde er vorerst entbehren müssen. Rabiat geworden von der Vorstellung, wollte er mich am letzten Abend bei sich behalten, im Schrank verstecken, bis die Nachtschwester auf ihrer Runde vorbeigekommen sei.

Ich riß mich los: Du hast gesagt, wenn man die Raine im Vorfrühling abbrennt, tötet man Larven, Verpuppungen, was keimt, woraus Blumen, Käfer, Schmetterlinge auskriechen wollen; du hast gesagt, wenn die Schlehdornhecken weiß würden, sei es mein Hochzeitskleid; wie oft hättest du zusehen müssen, wenn die Hecken mitsamt den Vögeln in Flammen aufgingen.

Aia rüstet sich zum Empfang, sagte Andreas; in seiner Stimme, in seinem Gesicht sah, hörte ich Glück und Angst. Wie oft hatte er den Winter über gesagt: Es ist ungewiß, ob dort noch etwas ist, wie es war. Wußten wir beide nicht genau, Andreas würde Pflege brauchen? Wenn ich den Bann bräche und Aia, Kirke beim Namen nannte? Die Frau, das Kind, die dort lebten? Solange er auf der Bezeichnung Kirke beharrte, es bei der Zauberin beließ, durfte ich eingreifen, wo er nicht eingriff?

Der Kapitän hatte nie eine Hecke gepflanzt, einen Busch eingewintert, eine Blume zum Blühen gebracht; er fühlte sich zwar gefangen, gleichzeitig genoß er das Ineinander von Natur und Künstlichkeit, dessen Mittelpunkt er war, jedoch auch Mittel zum Zweck, wie er sagte; es ist die letzte Bastion, auf die Kirke sich zurückgezogen hat, dahinter kommt nichts mehr. Solange sie meine Kunst nicht störte, gab es keinen Grund zur Veränderung. Ich nahm immer, was mir das Leben bot, als Modelle, sagte der Maler. Unter Kirkes Zauberhänden wucherte mir ein Kosmos entgegen, den ich in einem Jahrzehnt ausschöpfte.

Was blieb mir, als zu verstummen gegenüber einer Zeit, in der Andreas alle Tiere auf Aia, die Pflanzen, die Jahreszeiten, die Menschen, Frauen und Männer aus den Mythen der Welt gemalt, in Holz, Stein und Glas geschnitten hatte, woraus entsprang, was man Ruhm nennt. Warum pries und schmähte er jene Zeit gleichermaßen?

Gewiß male ich, schneide ich, während die Filmkamera zusieht. Keinen Strich daneben. Immer alla prima. Wie der Gaukler übers Seil geht. Der Jongleur mit seinen Bällen. Doch das sind nur Wiederholungen. Es ist eben nicht das Geheimnis. Bevor ich zum Material greife, Farbe, Pinsel, Stift, Papier, Hammer, Meißel, dem Messer, steh ich jedesmal lang am Fenster. Das aber läßt sich nicht einfangen. Und weil es zum Prozeß des Machens gehört, kostet es mich fast den Verstand, wenn Leute jahraus, jahrein an die Tür kommen und zusehen wollen, wie ein Bild entsteht.

Die frühen Februartage brachten verzweifelte Stunden. Kam jetzt der Augenblick für den Verzicht? Meine Umkehr? Wurde ich geprüft? War es mir bestimmt, ihn zu verlassen oder bei ihm auszuhalten? Sein immer wiederkehrendes Wort vom Rad der Geschichte, das sich nicht zurückdrehen läßt; durfte ich das nicht auch auf meine kleine private Geschichte anwenden? An meinem Bett hing ein früher Holzschnitt von Andreas: «Aufs Rad geflochten». Die Figur zwischen den Speichen war ich, auch wenn er mich damals noch nicht gekannt hatte. Was den Winter über zuweilen wie das Glücksrad Fortunas aussah, war jetzt das Folterinstrument. Was wollte Andreas nicht alles verändern für mich! Obwohl wir beide wußten: nie würde er die Achalm verlassen, nie würde ich in diesen Dschungel eindringen, er war nicht der Mann, Aia zu roden. Also stillhalten. Weitermachen. Logisch, irrational wie bisher.

6. Wiesen

Acht Tage vor seinem, drei Tage vor meinem Geburtstag kehrt Grieshaber auf die Achalm zurück. Meinen Geburtstag hatte er ausgepolstert mit Malbriefen, jede Stunde brachte der Briefträger eine neue grüne Wiese, bald würde alles, was er gemalt hatte, eintreffen; Johannes, Kirke müssen es leiden, sagte er. Graue, blaue Februartage, unterirdisches Schwelen, Frost wechselten sich ab.

Das Telephon schellte, Andreas rief: Komm, komm, komm, in einer Stunde steh ich am Weg. Ich trieb das Auto über die Straßen, den Berg hinauf, stellte es hinter einem Baum ab, wollte Aia anschleichen, da stand er schon, hoch und blaß, schlank geworden, den Arm noch immer in einer leichten Gipsbinde, und zeigte auf den Gipfel der Achalm. Er war noch nie mit mir oben gewesen. Mag sein, vor dem Unfall fürchtete er, zu schwer zu sein, sein Atem hätte zum Keuchen werden können. Die Heide war dürr, wir stiegen über fahle Grasbüschel, Wintersträhnen, im Geröll sah ich seine Schwäche: bat, beschwor ihn, nach drei Monaten Klinik nichts zu erzwingen, doch er bestand auf seinem Pfad hinauf. Taumelnd, nach Luft ringend, an Felsen gelehnt, standen wir oben, der Gipsarm umschlang mich, einander haltend, sahn wir ins Land, Andreas sagte: Wir wollen es gemeinsam erobern mit Bildern und Gedichten. Grün waren einzig die Efeuranken zwischen den Steinen der geschleiften Burg. Wir schwiegen. Zu vieles wogte heran, das hinter jedem von uns lag und uns trennte; was vor uns war, hielt die graue Kälte verborgen. Beim Absteigen stützte er sich schwer auf mich. Meine würgende Angst, er könne einen falschen Tritt tun. Man stürzt nur einmal, sagte er.

Am nächsten Tag löste ich von der Efeuranke, die er mir um den Hals gehängt hatte, Blatt um Blatt und klebte daraus ein Herz um mein Gedicht über den Aufstieg zum Gipfel. Es wurde zur Geburtstagspost. Noch ein Jahr Frist, bevor eine Sechs die Stelle des Jahrzehnts besetzen würde. Ich war noch weit entfernt davon, dem Wort «Frist» einen Platz einzuräumen.

Im März war die Uraufführung von Carl Orffs *Gefesseltem Prometheus*. Am Tag vorher hatte Günter Eich Johannes und mich besucht, *In der Stunde des Huflattichs;* überall im Stuttgarter Garten blühten die kleinen gelben Sonnen, noch ohne Grün, durch Andreas hatten sie die Bedeutung aus Eichs Hörspiel für mich verloren. Ich steckte ihm einen kleinen gelben Stern ins Knopfloch des silbergrauen Jacketts, als ich ihn auf dem Bahnhof abholte. Im Foyer der Staatsoper leuchteten Alpha, Beta, Gamma, Delta, Epsilon, Zeta, Eta vielfarbig den Menschen entgegen; unsere Wintergeschichte, mein Zelt, Prometheus' Schicksal, Grieshabers Schulter, sein Überleben durch Malen. Nebeneinander saßen wir im Orchestersessel, die Hände verschränkt, aus dem Graben, von der Bühne stieg es herauf, rauschte herab, monoton, bis zum Bersten, die Urgeschichte des Menschen, Mythos. Wer ihn nicht kannte, dem kam nichts zu Hilfe; in der altgriechischen Sprache sangen sie, Zwang und Gewalt, die Prometheus herbeischleppten und an den Felsen nagelten, Vorläufer des Gekreuzigten; teilnehmend der Chor der Okeaniden, da war keine Oper mehr, der musikalische Sturmwind fegte alles weg, was seit Aischylos der Selbstidentifikation diente; ausgelöscht die kühnen Momente, in denen Prometheus Symbol in der Klinik war, alle meine Io-Vergleiche, als wir uns unsere Geschichten erzählten. Später stand ich Carl Orff gegenüber, sah die Linien in seinem Gesicht, die Spur der Vergänglich-

keit, des Menschen Leben währet siebzig Jahre, in den gold-
umrandeten Spiegeln sah ich die Jahrzehnte vergehen im
Zeitraffertempo, seit ich mit achtzehn zum erstenmal in diese
Spiegel geblickt hatte; sah plötzlich die Wahrheit über Andreas und mich, war traurig, auch noch, als man zusammen aß
und trank.

Andreas begann, die neue Schulter auszuprobieren, die
Muskeln seines dünn gewordenen Armes ans Messer zu erinnern; erste Erschütterungen durch Hammer und Meißel. Ich
lernte das Wort Abduktion, Bewegung von der Mittellinie des
Körpers nach außen. Am Telephon erzählte er wenig von
Schmerzen. Machen muß man es, sagte er. Sagte es oft; il faut
le faire. Die Hand gehörte dazu. Zum Machen. Kommende
Macher der Macht, die sich damals einübten, brauchten
nichts als ihren Kopf. Andreas suchte große Hölzer; als erstes
schnitt er ein Sühnebild für Kirkes Verletzungen: mein Körper, nackt, rund, im Kranz von Brüsten, orangefarben, hing
drei Monate lang über dem leeren Bett auf Aia; jetzt empfin-
gen Johannes und mich beim ersten gemeinsamen Besuch drei
hohe dünne Figuren, schwarz, lebensgroß, an die Tür genagelt, dreimal Kirkes Gestalt, als schritte Antigone in ihr Grab.
Stelen, sagte Andreas.

Am 4. April wurde Martin Luther King ermordet. Noch
am selben Tag schnitt Andreas einen Epitaph ins Holz. Sagte,
es wird ein neuer *Engel der Geschichte* werden. Schmerzen habe
ich so oder so. Es geht überhaupt nur, wenn ich die Schulter
unablässig herausfordere. Der alte Zweikampf bleibt mir
nicht erspart.

Die Post brachte einen Brief, mit rotem Stift geschrieben:
«Was immer passieren mag, hat jetzt keine Bedeutung mehr.
Ich habe auf dem Gipfel des Berges gestanden.» Martin Lu-
ther King.

Die Wiese ließ sich nicht aufhalten; es wurde warm und grün
im April, alles war voller Schlüsselblumen, blauer Frühlings-
enzian auf der Heide, schon streuten die Obstbäume hier und

da ihr weißes Strahlen in die Landschaft, auf der Koppel lagen die ersten Lämmer, vielerlei Vögel ließen sich hören; als die Knospen der Waldbäume am Aufbrechen waren, als der Abend kam, führte Andreas mich über die Kuppe seines Bergs, die er Kamelrücken nannte, in die buschige Flanke, und als die Nacht da war, legte er mich in der sanftesten Mulde ins Gras. Ein Gewitterguß gegen Morgen trieb uns auf die Beine.

Das Jugendhaus Stuttgart sammelte für die Angehörigen von Opfern der griechischen Militärdiktatur; sie wollten eine Veranstaltung machen, Johannes und ich sollten Gedichte lesen, von Grieshaber wollten sie ein Plakat, das sie verkaufen konnten. Er suchte einen alten Holzstock heraus: Odysseus und seine Gefährten; im Schiff, hoch am Mast, ragte der irrende Held, darüber druckte er KATO I DIKTATORIA, dann ließ er sich von mir in die griechischen Tavernen der kleinen Städte fahren, schob den Retsina, die Oliven beiseite, legte die Plakate auf den Tisch und fing an zu signieren; seinen Namen mit griechischen Buchstaben. Einige Male mußten wir rasch verschwinden, die Wirte waren dagegen oder hatten Angst. Griechen reckten die Hälse; nur selten nahm einer, mit einem verstohlenen Blick über die Schulter, rasch ein einzelnes Blatt. Erst im Cannstatter Griechenlokal «Zur Stadt Athen» konnten wir Fuß fassen; Grieshaber signierte ein paar hundert Plakate, die griechischen Männer standen um ihn herum, setzten sich dazu, streckten die Hände aus, verschwanden dann rasch mit ihrer Trophäe. Es blieb genug übrig für die Veranstaltung im Jugendhaus. Dort diskutierten wir in der Nacht mit den Besuchern über den Boykott von Griechenlandreisen. Johannes wandte sich dagegen, er forderte alle auf, hinzufahren, um dem griechischen Volk das Gefühl der Isolierung zu nehmen. Er wußte schon, ihn selbst würde man an der griechischen Grenze zurückweisen, denn seine Aktivitäten im Funk und in den Zeitungen waren nicht unbemerkt geblieben.

Im Mai hatte ich nur noch Wiesen im Kopf, Heidegras

voller blühender Kräuter, Obstbaumwiesen, wann der Salbei das Schaumkraut, die Traubenhyazinthen ablösen würde, taumelnde Schmetterlinge, Kuckucksrufe, während Andreas mich mitten hindurch führte, von den Studenten sprach, vom Feuer, das in Paris ausgebrochen war, übergesprungen auf Rom, Kopenhagen, Warschau, Tokio, Belgrad, die USA und die Bundesrepublik. Es ist kein Rabatz, sagte er, es ist Rebellion, ob sie zur Revolution wird, hängt von den Arbeitern ab und von den Gewerkschaften. Seit er jung war, habe er sich danach gesehnt, für mehr Demokratie zu streiten; er verfolgte die Entwicklung in seinen englischen, französischen, deutschen Zeitungen, im Funk und im Fernsehen, die Post brachte Flugblätter, Drucksachen, Briefe von ehemaligen Schülern und heutigen Studenten, die wußten, wie und wo er sich gegen den Vietnamkrieg eingesetzt hatte, und daß er, nicht zuletzt als Professor, ein Vorläufer der Rebellen war, die autoritäre Prinzipien über Bord werfen wollten. Andreas zwang mich, mitzudenken, durch seine unablässigen Berichte über die Krise in den Fakultäten, den Fabriken und Ministerien. Ich mußte nachholen, was nie vorher Gegenstand von Gesprächen zwischen mir und Johannes gewesen war; das versäumte In-Frage-Stellen des Erreichten. Unsere resignierte Generation wollte die Ereignisse nicht begreifen; war sie nicht dankbar gewesen, nach dem verlorenen Krieg überhaupt studieren zu können? Grieshabers Erfahrungen reichten weiter hinab; er zitierte Saint-Just: «Die Frage nach dem Glück ist in Europa gestellt». Man muß lernen, auf die Quantität als fundamentales Kriterium des Lebens zu verzichten. Andreas jubelte, als in Paris der Generalstreik ausgerufen wurde: Die Arbeiter solidarisieren sich, die Gewerkschaften ziehen mit, Theater, Rundfunk, Künstler, die Intellektuellen; es scheint, als stamme das Aufbegehren aus ein und derselben Wurzel.

Schwierig für mich war, daß Andreas sich gleichzeitig auf die Spielregeln der parlamentarischen Demokratie berief; ich bin ein Bürger dieses Staates, sagte er jedem, der ihn aufforderte, sich zu außerparlamentarischen Aktionen zu bekennen; ich bin lang genug ein Paria gewesen unter der Diktatur. An seiner Seite mußte ich lernen, mit Widersprüchen zu leben; wenn ich verlangte: entweder – oder, konnte er antworten: sowohl als auch. Die Demonstrationen gegen das Vorgehen der USA im Vietnamkrieg breiteten sich überall aus; Andreas hatte schon vor fünf Jahren damit begonnen. Ich erfuhr, warum die Studenten sich für Che Guevara und Ho-Tschi-Minh begeisterten. In Berlin am Kurfürstendamm wurde auf Rudi Dutschke geschossen.

Der Kulturpreis des Deutschen Gewerkschaftsbundes, im Jahr vorher von Charlie Chaplin entgegengenommen, sollte Grieshaber verliehen werden. Er gab nicht auf, bis ich einsehen lernte, was diese Auszeichnung für ihn, der sich ehemals Arbeiter nannte, bedeutete; wieder mußte ich ein Stück Geschichte nachholen: Rückschläge, Verbote, Entwicklungen der Arbeiterbewegung, die niemals stattgefunden hätten ohne funktionierende Gewerkschaften. Doch während Andreas hoffte, die Söhne würden es bis zur Revolution bringen, die 1945 von den Vätern nicht begonnen worden war, fand in Bonn mit verfassungsändernder Mehrheit die zweite Lesung und Verabschiedung der Notstandsgesetze zum Schutz der Demokratie statt, wurden in Frankreich die Studenten von den Gewerkschaften alleingelassen. In der Bundesrepublik wäre für die Studenten ohnehin nichts von dieser Seite zu hoffen gewesen; gewerkschaftliches Verhalten war längst erstarrt in vorgegebenen Schemata. Die Studenten erwarteten von Grieshaber, daß er den Kulturpreis des DGB ablehnen würde. Andreas dachte nicht daran, machte den nächsten *Engel der Geschichte* und schrieb als Geleitwort:

Solange I HAVE A DREAM des ermordeten Martin Luther King der Jugend ein Protest, solange sein Präsens sich nicht ins Präteritum verflüchtigt, ist Hoffnung. Hoffnung, mit dem Elan und Lebensgefühl einer neuen Generation unsere Welt zu gestalten, neue Formen des Lehrens und Studierens zu finden. Formen, die der heutigen Welt angemessen sind, sie verändern können . . .[5]

Gleichzeitig druckte Grieshaber im selben *Engel* die Glückwünsche zu seinem Preis und den Brief seiner ehemaligen
Schülerin:

Die mächtigste Organisation in Westdeutschland ist gegenwärtig in
einer kritischen Situation. Noch vor kurzem waren sie die einzige
organisierte, außerparlamentarische Opposition... Ohne wachsen-
de geistige und materielle Mobilität der Arbeitnehmer kann in Zukunft kein Industriestaat konkurrenzfähig bleiben. Juristisches Be-
sitzstanddenken, das sich nur an einer statischen Definition der
Sicherheit ausrichtet, ist aber rückwärtsgewandt. Die Mai-Parole:
«Gewerkschaft, Deine Sicherheit» drückt zudem ein Stellvertreter-
denken aus, das die Willensbildung der Mitglieder geringschätzt. Im
gestrigen „Frühschoppen" stellte ausgerechnet ein marxistischer
Journalist aus Prag fest, daß in aller Welt dieselben Erscheinungen zu
beobachten seien: In den unterentwickelten Ländern finden sich die
progressiven Kräfte in der Arbeiterschaft, in hochindustrialisierten
Ländern geht der Antrieb von der Intelligenz aus. Die große, sich
anbahnende Solidarisierungsbewegung zwischen gewerkschaftli-
cher und akademischer Jugend wird nur in offiziellen Verlautbarun-
gen begrüßt, in der Praxis aber kaum gefördert. Die gewerkschaftli-
che Jugend weist man mit Nachdruck in ihre Schranken. Auf diese
Weise kann folgende Situation entstehen: Für den 15. Mai – während
in Bonn in zweiter Lesung die Notstandsgesetze verabschiedet werden (vorbehaltl. der Abstimmung in 3. Lesung am 19. Juni) – hat der
Verband Deutscher Studentenschaften (VDS) den Vorlesungsstreik
an allen Hochschulen angekündigt – hat sich der Deutsche Richter-
bund einige Tage lang ernsthaft mit dem Plan zu einem Warnstreik
am 15. Mai auseinandergesetzt. Gerade die Gewerkschaften aber
erklärten von vornherein, daß sie auf einen Streik im Zusammenhang
mit der Verabschiedung der Notstandsgesetze verzichten werden.
Dabei beschränken diese Gesetze u. a. das Streikrecht und die Frei-
zügigkeit der Arbeitnehmer. Ich bin Ihre Schülerin!
    Eine junge und in meinen Augen zur Freiheit fantastisch begabte
Generation hat inzwischen ihre Leidenschaft für die Politik entdeckt. Sie beginnt, ihren Elan, ihre Potenz einem matten und herun-
tergekommenen Metier einzubringen. Sie tritt radikaler auf, als mir
dies zur Zeit meines eigenen Studiums möglich schien; ich bin
glücklich darüber! ... Ihre A. S. C.[5]

Den *Engel* für Martin Luther King widmete Grieshaber «Dem Partisan Josip Broc Tito», weil er den Aufstand der Belgrader Studenten nicht niederknüppeln ließ. Auch hält er sein Land für eine Kunst offen, die aus dem Westen kommt, sagte er in mein fragendes Gesicht hinein. Als Umschlag für den *Engel* druckte er den Epitaph für Martin Luther King auf Japanpapier, falzte das kostbare Blatt und gab es allen Verletzungen preis, die unvermeidlich waren auf seinem Weg zu den Abnehmern, beim Zugriff von jedermann. Seine Demonstration gegen das Elitäre kehrte sich wie so oft ins Gegenteil: der Umschlagholzschnitt war in kürzester Zeit verschwunden, Martin Luther King ein gesuchtes Marktobjekt.

Andreas wußte: den Gewerkschaftspreis annehmen hieß anderer Ehrungen verlustig zu gehn. Für bürgerliche Institutionen würde er sich mit einem Makel beladen, Kulturkoryphäen rümpften die Nase. Die Studentenschelte beschäftigte ihn.

Zunächst ließ er sich neu einkleiden, weil alle Anzüge an ihm schlotterten. Ich sollte seine Dankesrede ins Reine tippen, damit ich bei ihm sein würde; er ließ mich teilnehmen an der Auswahl von Text und Bild für Einladung und Katalog. Die in der Klinik entstandene Figur «Tschi lai oder der lange Marsch» benannte er um in Prometheus, damit konnte er auf die Diktatur in Griechenland eingehen. Ende Mai fuhr er nach Recklinghausen zur Entgegennahme des Preises. Die Freude gedämpft vom Widerstreit, den Widerstreit niedergehalten vom Stolz.

Immer wieder konnte Andreas sagen: Was haben unsere Achalmwiesen mit Aia zu tun. Immer wieder konnte Andreas sagen: Es ist meine Achalm. Auch wenn ich Kirke ihr Reich einrichten ließ. Immer wieder sagte Andreas: Aia und Achalm ist dasselbe. Aia war wieder ganz da im Frühling: was Gärten irgend hervorbringen können, blühte, schlug aus, die Tiere vereinigten sich, ich sah die Küken, die Lämmer, die Ferkel, die jungen Katzen, und wie die Vögel auf ihren Eiern saßen.

Doch ich sah auch die einsamen Affen, die alten, halbblinden Bulldoggen mit tropfenden Lefzen auf den Tod warten. Auch im Pferdestall gab es keinen Nachwuchs; die Islandstute, der Andreas nachjagte, als sie ausgebrochen war, wobei er sich die Schulter zertrümmerte, hatte verfohlt. Immer noch war da anderes im Spiel. Zwischen seine Ratio, die gepriesene französische clarté, schob sich der Respekt vor Kirkes Zaubereien. Ich wollte so wenig wie möglich eindringen in das unheimliche Reich von Abhängigkeiten eines Freiheitstrunkenen, doch kamen Nachmittage, an denen Andreas mich einfach zu sich ins Atelier bestellte. Manchmal rumorte es in der Küche, eine von Kirkes wechselnden Mägden trug Essen auf; nie sollte es Andreas und seinen Gästen an etwas fehlen. Die Dreizehnjährige huschte vorbei; er sagte: Kümmere dich nicht darum. Das ist meine Angelegenheit. Ich aß, was vor mich hingestellt wurde, wie Andreas wünschte, auch wenn ich es nicht essen wollte; auch wenn er gleichzeitig sagte: Wir würden nie wissen, ob es vergiftet sei. Nichts kann mich von hier vertreiben, sagte Andreas. Bleib nicht weg. Ich brauche dich. Es gibt niemand, mit dem ich reden kann wie mit dir. Einmal sagte er: Kirkes Stolz darf man nicht unterschätzen. Sie hatte in diesem Frühjahr schon einmal alles gepackt, um zu gehen; die Betten als runde Bündel wie auf der Flucht. Er habe es ihr ausreden können.

Mein Leben lang war da der Wunsch gewesen: den Frauen nicht weh tun. Wir sind Schwestern. Einander helfen sollten wir. Doch der trennende Mann dazwischen war der Stärkere. Ich ging keinen Schritt allein, von ihm weg, so oft er auch sagte: Bewege dich frei. Sei offen, sei da, hör auf, dich zu fürchten.

Liebe machten wir nicht im Areal der Hütten, der Tiere. Wir wußten, daß unsere Zeit kurz war; und spät.

Auf der Achalm und den gegenüberliegenden Bergen fanden wir hundert Verstecke, auch wenn es kalt war, wenn es regnete.

Die Alb war unsere Hochzeitslandschaft. An stillen Werktagen glitten wir mit dem Auto über die schwingenden Hügel, stiegen aus, wo die Knabenkräuter wuchsen. Am Gründonnerstag waren wir ins Moos gefahren, Andreas zeigte mir in den katholischen Dörfern die alten Bräuche des Palmenstekkens, wie sie ihre Häuser, Scheunen, Kirchen schmückten mit Ostersymbolen; was von der Volkskunst übriggeblieben sei an Lämmern und Hasen in Teig geschnitten, und wie sie ihre Eier färbten. An Himmelfahrt suchten wir an den feuchten, dunklen Waldhängen Maiblumen wie als Kinder. Jetzt stand Pfingsten bevor.

Die Alb ist nicht nur ein Honiglecken, sagte Andreas. Megatonnen von Munition seien dort eingebunkert; ein unterirdisches Waffenarsenal, von dessen Zerstörungskraft wir keine Vorstellung hätten. Eins ihrer schönsten Stücke sei Manövergebiet; mittendrin liege ein verlassenes Dorf. Es diene nur noch Schießübungen. Aber so lang ist es gar nicht her, daß Menschen darin lebten. Hitler ordnete an, das Dorf zu räumen; die Bauern wurden nicht gefragt. Man siedelte sie um, fand sie ab, zerstreute sie über ganz Deutschland. Warum sollten sich da die Franzosen, denen heute der Truppenübungsplatz gehört, eines Besseren besinnen. Die Toten habe man nicht umgebettet. Einmal im Jahr dürften die ehemaligen Bewohner und deren Nachkommen den Friedhof besuchen. In der Zeitung sei was von Pfingsten gestanden. Es sollten seltsame Begegnungen sein.

Am Pfingstmontag schellte das Telephon: Die Sonne scheint, laß uns nach Gruorn fahren. Andreas stand schon am Wasserwerk, als ich den Berg herauf kam. Die Wagenkolonnen der Ausflügler verzweigten sich; bald waren wir allein. Was für ein Name, Gruorn. Aus den Karten getilgt. Das ganze Gebiet war wie die weißen Flecken auf alten Landkarten; unerforschtes Land. Dörfler aus dem Randgebiet winkten ab: da kann man nicht hin. Einzelne wenige Spaziergänger wußten nichts oder zeigten vage in die Landschaft. Mit dem Auto ist kein Weiterkommen; gesperrte Straßen und Wege. Wir lassen es stehen. Die Wiesen schäumen über von Margeri-

ten und Salbei. Allmählich hört das bebaute Land auf. Wir
schlagen uns querfeldein auf der Hochfläche, wo längst keine
Felder mehr sind. Bis die letzten Bäume, die letzten Schlehdornhecken zurückbleiben. Noch eine Weile federndes Gehen auf grauem, silbrigem Steppengrün, mit mageren Heide-
blumen durchstickt, eine Wacholderstatue im Mittagslicht,
dann beginnen die Spuren der Zerstörung, die rasch in die
Breite, die Tiefe wachsen; gelbe, graue, aufgerissene und
wieder plattgewalzte Erde, verschobenes, gequetschtes Gestein, Ausgehöhltes von den Einschlägen der Übungsgranaten, blanker Fels an den Wendestellen der Panzer. Und vor
uns breitet sich aus, was wir suchen; ein Hang steil hinab, ein
schmales Hochtal, jenseits ebenso steil bergauf, und oben, am
Trauf, fatamorganahaft, schwebend, liegt es da, ein Dorf, wie
jedes Dorf überragt vom Kirchturm. Ob es Gruorn heißt?
Hinüber bedeutet, die Wüste durchqueren, ohne Weg und
Steg, doch das, was wie ein Dorf aussieht, immerhin vor
Augen.

Wir erreichen es. Alles ist totenstill. Nirgends Menschen.
Was für Dächer! Mit blauem Himmel durchsetztes Gebälk,
Reste von Ziegeln, darunter Häuser, groß, stattlich, Stein,
Mauerwerk, Verputz, Dorfhäuser, keine Attrappen, es
springt uns an, die Bilder des Krieges stürzen in uns hinein:
Zerstörung, vom Keller zum First, nur noch Wände, außen,
innen, durchlöchert, zerfetzt, Türschlünde, Fensterhöhlen,
Haut, Fleisch, Knochen, Muskeln, Sehnen, Bindegewebe
von Häuserkörpern, und in den Kadavern trifft sich das Blau
von oben mit dem unteren Grün: Mühlgasse, weiß auf
schwarzem Grund, nichts vom Emailleschild abgesplittert.
Militärische Hinweistafeln: Zahlen, Buchstaben, Symbole,
Codes, Markierungszeichen, kaum ausgewittert, von heute,
für morgen, ein Totenkopf mit gekreuzten Knochen, wie
Kinder malen auf Scheunentore.

Was geht's uns an, es ist nicht unser Dorf, wir sind hier
nicht zur Schule gegangen, wir wurden hier nicht getauft,
getraut, nicht unsere Leute liegen in diesen Gräbern, was

haben wir hier verloren? Wollen wir Gruorn adoptieren, stellvertretend für alle Dörfer, denen es so ergeht? sagt Andreas.

Stimmen? Der Wind? Was für Laute? Schafe, ein einzelnes, zehn, hundert, sie blöken, da, dort, Kopf an Kopf in Türrahmen mit Balken vernagelt, und plötzlich der Schrei eines Esels. Auch kommt ein Hirt mit Kittel und Schippe, treibt seine Herde mittendurch: Stuben, Küchen, Kammern, die Lämmer hüpfen, rupfen, schneeweiße Freude, der Hirt sagt: «So isch des do». Mehr sagt er nicht. Treibt seine Herde durch Häusergespenster, in denen das Grün üppig wuchert. «Notstandsunterstand» steht an einem brusthoch zusammengeschossenen Haus; die Farbe ist frisch (die dritte Lesung der Notstandsgesetze steht noch bevor), darunter mit Kreide gemalt: «Understatement». An einem anderen Haus steht «Ätherbunker». «Euphorion im Lemurenbett». Wettstreit in Witzen. Auf dem höchsten Punkt, aus vulkanischen Steinen erbaut, das einzige mit einem heilen Dach: Schulhaus? «Depot». Was wurde hier deponiert? Man möchte die Fensterläden aufstoßen: Sonne, Wind, eine Glocke, Kinder und eine große Schiefertafel mit weißer Kreide beschreiben: NIE WIEDER KRIEG PLUS JAMAIS DE GUERRE NO MORE WAR NOOIT MEER ORLOG, doch steht dieses Denkmal schon in Flandern seit vierzig Jahren vergeblich. Gegenüber ein Gewirr aus Balken und Steinen, zusammengestürzt, noch nicht vom Gras erobert, als hätte sich das Zerstörende hier mit besonderer Lust ausgetobt: das Rathaus? Kirchturm ohne Glocke, die Uhr hängt herab, kein Zeiger mehr, der nächste Sturm spielt mit der Zwölf, die schon auf dem Kopf steht, bis sie fällt, um Fensterhöhlen bröckelt Verputz, salpetrig, das Turmdach, Hahn, Wetterfahne in allen Nuancen des Kupferzerfalls. Zwei Tannen, man sieht, sie sind frisch geschlagen, die hellgrünen Spitzen noch straff; Friedhofseingang: SOLDATEN ACHTET DIE TOTEN.

So trat man in anderer Herren Länder Kirchen: der Schauder, Verfall, daheim nie so, man duckt sich, als könne man getrof-

fen werden; Dachziegel, loses Mauerwerk, ausgeschält die
Konstruktion der eichenen Balken, der Wind im Langhaus
singt, weil Pfingsten ist, winters möcht ich sein Gejaule nicht
hören, Schwalben huschen durchs Kreuzgewölbe, Nester
voller Kinder in Pfeilerbündeln, ein romanischer Fensterbo-
gen, Reste von alter Wandmalerei, darüber, darauf:
M. H. A. P. G. J. Marseille, Dünkirchen, Alabama, Paris, gemalt, gemeißelt, geschnitten, geritzt, wie in die Säulen von
Kap Sunion. Ich lege meinen Strauß aus Salbei und Margeri-
ten auf den leeren Altar. Hinaus zu den Gräbern; eingesun-
ken, ein schiefer Stein, ein geborstenes Kreuz, Buchstaben,
ausgewittert, verblaßt, Scherben von runden Porzellantäfel-
chen, zusammengetragen, aneinandergelegt... fermeister,
Barbara... Witw..., und hier und dort ein frischer Strauß,
gestern gepflanztes Immergrün, Stiefmütterchen und auf
dem Lehrergrab im schmalen Olivenglas eine Kuckucksnelke,
hellrosa, und eine unzerstörte Schrift: Die Lehrer aber werden leuchten wie des Himmels Glanz, und die, so viele zur
Gerechtigkeit weisen, wie die Sterne immer und ewiglich,
Daniel 12, 3.

Wir sind jung genug, um uns hier zu küssen. Wenn man
dabei die Augen öffnet, sieht man die mächtige Buche im Saft,
sie hat die Kirche überholt, auf dem glatten Stamm, in den
seidigen Blättern tanzen die Sonnenfunken. Abseits ein Altar,
ein Kreuz, eine Kanzel: Brettergerüst mit Rupfen verkleidet,
tarnfarbene Wirklichkeit, Gegenwart der große, kreisrunde,
ausgefranste Einschuß mittendurch: Predigt hier der Garni-
sonsgeistliche *Du sollst nicht töten?* Dann beugen wir uns über
die Kirchhofsmauer. Der zerschossene Apfelbaum dort wird
trotzdem rosa, hier oben blühen sie spät; die Stille, das Grün
wächst über alle Reste.

Plötzlich Dröhnen: wo, woher, das können keine Flugzeuge
sein, es ist anders, langsamer wachsend, anschwellend, näher-
kommend, saugt einen an, zieht einen von der Mauer weg, aus
dem Kirchhof, die Mühlgasse abwärts, alles vibriert, die Luft,
die Pflastersteine unter den Füßen, die Häuserkadaver dröh-

nen es wider, die Erde, der Boden zittert, bebt, rollt, und es wächst, es steigert sich noch, stülpt sich als betäubende Haube über den Hinterkopf, macht die Haut graupelig, geht durch Mark und Bein, der Magen verkrampft sich, das Herz schlägt zu schnell, die Beine fangen von selbst an zu laufen, während man sich an den kälter werdenden, feucht werdenden Händen hält, läuft, dem Dröhnen entgegenläuft, anstatt zu fliehen, bis man sieht, was man weiß, bis man dem Dröhnen gegenübersteht auf Armeslänge: den Panzern. Dem Grauen, der Lust der Väter, Großväter, Söhne, Enkel, dem Grauen, der Lust zweier Weltkriege, dem Grauen der Lust aus den Kinosälen, vor den Fernsehschirmen: Vaterländer sind dazu da, geschützt zu werden.

Sie rollen den Berg herab auf das Dorf zu, zehn, zwanzig, mehr, es nimmt kein Ende, in ihren Türmen stehen die Jungen und winken, winken uns zu, umsonst, was wir lebten: besser, stärker, rascher sind diese Panzer als je zuvor, schneiden sich, kreuzen sich, immer gerade, breite, dunkle Erdbänder hinterlassend, auch wo der Hang sich ihnen verweigern will, wo er eine Felsenfaust reckt, eine Mulde einatmet, sich verkantet: über alles hinweg führen die Panzerwege ins Nichts. Warum stehen wir wie angewurzelt? Schauen, schauen in die schwarzen, weißen, braunen Gesichter: Wir sind nicht versteinert, wir stehen und winken, schreien nicht nein, ballen nicht die Faust in der Tasche, wir antworten ihnen, wir winken dem Tod und begreifen nicht, warum wir winkten, was in uns winkte. Die Panzer kriechen flink bergauf, schlagen einen Bogen ums Dorf, das Dröhnen verebbt. Wir bücken uns, die feuchte Hand schließt sich um Metall, glattes, kühles; Patronenhülse, scharfkantig, rauh, Granatsplitter.

Wir gehen mechanisch dorthin zurück, wo Schafe rufen, wo Esel schreien. Haben die Hand längst losgelassen, die einen tröstet. Und während der Magen sich langsam entkrampft, hören wir Musik: ein griechischer Tanz, vermischt mit leisem Maschinengesumm. Was gibt es im Juni zu schneiden, zu dreschen? Und hier? Gleichzeitig riechen, sehen, hören wir schon: die offene Scheune, den Balken davor, dahinter drei Männer, Schafe zwischen die Schenkel gepreßt, aufrecht auf den Hinterhufen, und vom Motor am Deckenbalken hängen Schermesser herab. Und die Leiber der Männer glänzen vom Schweiß, und ihre Gesichter sind purpurn und glänzen, und vor ihre Beine fällt schwer die Wolle, und manchmal färbt sie sich rot. Und die Tiere klagen, während sie nackter werden, und zwischen den Beinen der Schafe ist Blut und Kot. Und es riecht nach fünftausend Jahren. Aber der Sirtaki aus dem Kassettenrekorder täuscht, sie reden Deutsch. Unseren Dialekt. Wir müssen antworten, uns gegen die Balken lehnen, damit wir endlich auch danach riechen: nach dem Leben aus Fett, Schweiß, Wolle, Blut, Kot, damit wir lernen: Das war so, das ist so, das wird so bleiben: sie hüten, sie melken, sie scheren, sie treiben ihre Tiere aus, ein, schlafen, essen, lachen, machen vielleicht eine Faust, wenn der Tag lang wird, während die Übungsgranaten sie umheulen, während die Panzer über Schafweiden fahren, die einmal Äcker waren, und seien sie noch so steinig gewesen, auf der Schwäbischen Alb, in der Eifel, in der Lüneburger Heide und wo immer Soldaten üben müssen. Und das Gras triumphiert jeden Tag neu, zart, hart, grausilbern, wo es gestern unterlag.

Der Abend fällt ein. Die Schafscherer waschen sich. Steigen in ihre Autos. Neue Mittelklassewagen. Fahren auf der Landstraße davon. Lassen den Hirten zurück, der das Brot, das Fleisch, den Krug aus der Tasche vom Rücken des Esels nimmt, sich auf einen Stein setzt und ißt. Wer zu Fuß gekommen ist, muß sich zu Fuß auf den Rückweg machen. Kann man auf dieser Straße gehn? fragen wir den Hirten beim Pferch und zeigen dahin, woher wir gekommen sind. Der sagt: Ich tät's euch nicht raten. Gleich wird geschossen. Wie kommt ihr überhaupt da herein? Bloß ein Glück, daß es Franzosen sind. Die Deutschen hätten euch längst geschnappt. – Wir dachten, weil Pfingsten ist, antworten wir. – Das war gestern, sagt der Hirt; tausend Autos. Gesangverein.

Gottesdienst. Wurstbuden. Bier. Gruorner und Neugierige. Beeilt euch, wenn ihr hier rauskommen wollt. Wir zögern: Wo führen die Wege hin? Wo steht unser Auto? Wir gehen wieder querfeldein. Und dann, als wir schon lächeln über den Hirten, der die Fremden erschrecken will, als ich mich schon wieder bücke, Kuckucksnelken zu pflücken, während die Wälder blau werden und der Himmel grün und orange, heult es heran, jault über den Köpfen, zischt, und schon das nächste, das nächste Sausen in immer kürzeren Intervallen direkt über uns. Wir sehen einander rasch in die Augen, ducken uns, fassen uns an den Händen, es soll uns zusammen treffen, gehen, laufen ein Stückchen, gehen, laufen. Das Schießen kommt von dort, woher wir selbst gekommen waren vor wieviel Stunden? Tagen? Endlich die Schranke, quer über der Straße, in der Mitte ein Schild von der Rückseite. Rasch untendurch. Im weißen Feld mit dem roten Kreis steht: WENN GESCHLOSSEN WIRD GESCHOSSEN. Wir verlassen das Territorium des Kriegs. Frieden der Abendfelder, spät blühender Apfelbäume straßenentlang. Münsingen. Ein Jeep voll Franzosen: wo ist «Goldener Hirsch»? Wir suchen ein Taxi, versuchen, mit ihm das Auto zu finden. Es wird eine teure Irrfahrt. Dann kehren wir, in unserem Auto, ins Garnisonsstädtchen zurück, wollen essen, trinken. Musik und Lachen: Tanzcafé, Andreas sieht mich aufmunternd an, ich nicke, irritiert, er sagt: Es gehört dazu. Eine Spur verlegen steigen wir die Treppen hinauf: Theke, Resopaltische, kunststoffbezogene Sesselchen, Spielautomaten, die Plattenbox, keiner beachtet uns, Blues, Dixieland, Auf der Heide blüht ein kleines Blümelein und Mireille Matthieu, die Beatles. Wir sitzen unter den Soldaten. Andreas sagt: Das ist nicht mehr Heimat. So wie hier sieht es in Lüttich, Zagreb, Birmingham, Uppsala aus, klingt es in Nancy, Haifa, Philadelphia.

An der Decke kreisen langsam Scheinwerfer, rot, grün, gelb, blau, psychedelisch, und die Soldaten tanzen. Wenige haben ein Mädchen dazu. Einer und einer und einer erhebt sich, tanzt allein wie auf Kreta und anderswo: solche Bewegungen und was dabei in den Gesichtern geschieht, löschen das Dröhnen in der Luft, auf der Erde, zwischen den Gräbern aus; lang schon tanzen die Kinder anders als ihre Eltern, doch diese Kinder sind schwarz, weiß, braun, gelb; Andreas sagt: So hat man hier nie getanzt; so selbstverständlich allein, wie im Schlaf, sie tanzen sich, zertanzen, was trennt, Länder, Erdteile, Hautfarben, Uniformen; vielleicht wird ein Tag kommen, an dem Pfingsten nichts sein wird als ein solcher Tanz.

Grab den Tag in dein Gedächtnis ein, sagte Andreas auf der Heimfahrt; es kommt eine Zeit, in der wir ihn brauchen.

7. Unter den Pflastersteinen liegt der Strand

Die belgische Akademie der Künste hat mich eingeladen, sagte Grieshaber; Semesterabschluß, Entlassung der Ausgebildeten, eine Preisverleihung sei damit verbunden, was eine Jury voraussetze. Dazu holten sie Maler aus Japan, Frankreich, Österreich; er habe schon einige Male abgesagt; dieses Jahr könne man es zum Anlaß nehmen, ein Reislein mit der Eisenbahn zu machen, wenn ich Lust hätte. Johannes mußte zum gleichen Termin nach Köln, seiner Eltern wegen. Wie die gemeinsame Fahrt zustande kam, ich weiß es nicht mehr, seh mich nur auf dem Rücksitz im Auto, Johannes am Steuer, neben ihm Andreas, es geht neckarabwärts nach Heidelberg, der Fluß glänzt in der Sonne, alle Juniblumen blühen, die Burgen stehen auf ihren Bergen, und zwischen Johannes und Andreas fliegen die Funken; sie spielen sehr hoch mit Freundschaft und Scherzen, ich fühle mich unbehaglich und glücklich, zum Zerreißen gespannt. In Köln bringt Johannes uns vors Hotel und fährt zu den Eltern. Am nächsten Morgen mietet Andreas einen großen Leihwagen für mich. Mir schlottern die Knie. Seit wann durfte ich nicht mehr am Steuer

sitzen? Wie lange ist es her, daß ich das entbehrte: selber das
Tempo zu bestimmen, bei dem sich Lust einstellte, Glück der
Geschwindigkeit, der Konzentration, all das, was ich an Johannes hatte abtreten müssen. Ich fahre Andreas nach Brüssel. Er ist ungewöhnlich still. Als wir durchs Kohlenrevier
kommen, zuckt sein Gesicht. Er spricht Namen aus, ich kann
nicht unterscheiden, meint er Orte, sind es Menschen. Vage
Handbewegungen zur Windschutzscheibe hin: da hat sich
wenig verändert. Ich sehe die Industrielandschaft, anders als
das Ruhrgebiet, abgenutzter, wenig dazugewachsen in den
Städten, kaum etwas mit neuen Farben gestrichen. Ich frage
nicht viel, begreife plötzlich, warum er bisher alle Einladungen ausschlug; hierher hatten ihn die Amerikaner verkauft,
näher war er dem Tod in der Grube als im Krieg, näher dem
Tod durch Kameradenhand im ersten Arbeitskampf nach
1945.

In Brüssel kaum eine Erinnerung; verdrängt, was ich im
Zweiten Weltkrieg hier erlebte. Alles ist neu; weil ich mit den
Augen des Mannes neben mir sehe? Zwei Tage Jury in den
weißen Akademieräumen; ich laufe inzwischen durch den
Park, das Licht ist anders als zu Hause, heller, flutender,
meernäher, warte auf Andreas; wann immer er sich freimachen kann, versucht er, allein mit mir zu sein: Nie bin ich mit
einer Frau Hand in Hand durch Städte gegangen, sagt er auf
dem Platz, wo Egmonts Blutgerüst stand. Ich kann nicht
widerstehen, die eine, die andere Stelle von Klärchens nächt-
lichem Monolog an die Bürger von Brüssel zu flüstern: Wenn
der Ruf ihn ankündigte, wenn es hieß: «Egmont kommt! Er
kommt von Gent!» da hielten die Bewohner der Straßen sich
glücklich, durch die er reiten mußte ... Da hobt ihr eure
Kinder auf der Türschwelle in die Höhe und deutetet ihnen:
«Sieh, das ist Egmont, der Größte da! Er ist's! Er ist's, von
dem ihr bessere Zeiten, als eure armen Väter lebten, einst zu
erwarten habt!» ... Laßt eure Kinder nicht dereinst euch
fragen: «Wo ist er hin? Wo sind die Zeiten hin, die ihr
verspracht?»

Andreas zeigt auf die wachsenden Hochhäuser, denen damals noch Hoffnungen galten: hinter diesen Fensterfassaden soll Europa entstehen, doch da stehen nur Schreibtische. Voll klimatisiert. Da entsteht nichts, sagt er.

Wann war ich so unterwegs gewesen? Weiß-Gold das Hotelappartement, alte Möbel und Fassaden, Spiegel, Teppiche, Bad, Balkone, Sommernächte im Doppelbett; wie viele Leben mußte ich leben, um diesem gewachsen zu sein.

Am dritten Nachmittag gehen wir an einem großen Gebäude vorbei: UNIVERSITÉ LIBRE BELGE, es wimmelt von Jugendlichen, die Haupteingangstür ist mit Balken verrammelt. Das sieht gut aus, sagt Andreas, da rührt sich was, laß uns versuchen, hintenherum hineinzukommen. Schon im Hof stoßen wir auf den ersten Posten, er mochte vierzehn Jahre alt sein. Die Universität ist besetzt, sagt er, haben Sie ein Papier? Nein, sagt Grieshaber, wir sind aus Deutschland. Der Junge starrt ihn an wie eine Erscheinung, die weißen Locken, den wilden Schnauzbart, einem Tartarenfürsten ähnlicher als einem Germanen; Deutsche, ruft der Junge nach hinten, im Hof füllen Studenten Sandsäcke, hämmern, nageln, von einem Wagen werden Bretter und Balken abgeladen. Deutsche kommen, sagt ein Achtzehnjähriger, strahlt, drückt uns einen Stempel in die Handinnenflächen und reißt die Hintertür auf. Als wir die Stufen hinaufsteigen, sagt Andreas: In Paris ist alles vorbei; la Sorbonne désinfectée. Hier scheinen sie erst anzufangen. Neben uns laufen sie treppauf, treppab, wir gehen ihnen nach, kommen ins Audimax: Da steht der bronzene Gott aus Athen, sein Abguß: Poseidon, den Dreizack, oder Zeus, den Donnerkeil schleudernd. Ich gehöre zur Poseidon-Partei. Hoch oben auf seinem Sockel steht er, um den linken ausgestreckten Arm, das Gleichgewicht zum Schleuderarm herstellend, trägt er eine Armbinde aus weißem Stoff: 13. MAI steht darauf, das Datum der Sorbonne-Besetzung, des Generalstreiks, des Marsches von einer Million Arbeitern, Studenten, Schülern. Wir setzen uns eine Weile auf eine

Bank, um zuzusehn; Andreas spricht mit Studenten aus Spanien, Griechenland, Japan, aus der Türkei, Indern, Persern, Afrikanern; sie pinseln Parolen an die Wände, auf Transparente, zum Trocknen ausgelegt zwischen den marmornen Säulen des Audimax, schwarze, rote Tücher werden entrollt, an Stangen genagelt, Schwarz ist die Farbe der Anarchie, sagt Andreas, manche halten große belegte Weißbrote in Händen, kauen, andere sitzen an langen Tischen, diskutieren, beschließen Resolutionen, verwerfen sie wieder, und zwischendurch gehen Mädchen, anmutig, stolz, in Jeans, in wehenden Kleidern, mit Töpfen, Gemüse in Einkaufsnetzen, verschwinden in Räumen, zu Küchen ernannt, zu Schlafzimmern umfunktioniert; ein Studentenkindchen, steifes Röckchen, Rembrandts Nachtwachenkind, sagt Andreas, es wirft den Kopf zurück, als er es fragt, sagt non, keine Angst vor dem Wolf, und wir sehen, der bronzene Arm über uns hält plötzlich in seiner ausgestreckten, der balancierenden Hand eine rote Rose. Wie sie dort hinaufkam, haben wir nicht bemerkt. Der Abend bricht an. Eine Schulwandtafel verdeckt zwei Fenster des Audimax: Die Zeichnung darauf wird fortwährend mit Kreide ergänzt nach den geheimnisvoll geflüsterten Meldungen über die wechselnden Standorte der Polizei, ihre Schwerpunkte. Man ist belagert. Man richtet sich ein. Für die Nacht. Durch die hohen versperrten Fenster sieht man: Polizeiautos, uniformierte Hundertschaften: Poseidon-Zeus hält in der rechten, der anderen, erhobenen, drohenden Hand, die sich um den Dreizack, den Blitzstrahl schloß, einen Schlagstock. Der belgische König eröffnete an diesem Morgen eine Gendarmerie-Ausstellung in Brüssel. Grieshaber sagt plötzlich: Es wird Zeit, sonst kommen wir hier nicht mehr weg. Ich weiß nicht, ob wir dazugehören. Vielleicht sind wir doch zu alt. Es hängt von uns ab; ich darf nicht mehr zögern, sonst stelle ich mich an die Spitze des Zuges, der morgen früh den Polizeikordon durchbrechen will. Er zieht mich am Handgelenk aus der Universität. Am nächsten Morgen fahren wir weiter: Antwerpen, Gent, Brügge, Ostende, wiederhergestellt das von Johannes gestohlene Selbstvertrauen am Steuer auf unbekannten, längeren Strecken.

Ist das die Hochzeitsreise? Durch Flandern fahren im gro-ßen Auto, die Dörfer, die Städtchen zu Fuß und in Pferdekut-schen durchqueren, die Kühe in den Wiesen stehn sehn, Gras weht, Bäume und Büsche wehn im Wind, der vom Meer kommt; und dann ins Museum gehn, an der Hand eines Mannes, wie es keinen besseren gibt, einem beizubringen: das Bild! Er zieht mich an Wänden vorbei, durch Säle: Nicht alles, nicht zuviel, das da. Und das. Und dieses. Er spricht wenig. Wir dämpfen die Schritte. Mir ist fromm zumut. Ich wünschte, es gäbe einen Katalog mit den Bildern der Kirchen und Museen, in denen ich mit Grieshaber war zwischen Ost-ende, Hamburg und Dresden, Zürich, Wien, Paris. Er weist mit der Hand, mit ein paar Worten auf eine Farbe, ein Licht, einen Schatten hin, Tierhaare, Federn, Menschenhaar, eine Spitzenmanschette, wie sie übers Handgelenk fällt, auf einen Madonnenhals, ein Ohr, einen Finger mit Ring, die Funktion einer Blume, eines Käfers im Bild; umreißt, wo sich ein An-spruch auf Form erfüllt, wie man Raum herstellt, Tiefe an einem Möbelstück, einer Stube, an Straßen, Plätzen, Städten, leer oder mit Menschen gefüllt, ein Stück Landschaft mit allem, was Ort und Zeit ausmacht. Er zeigt mir seine Lieblin-ge. Manchmal verschlägt es mir den Atem; wie Frauen von Männern ein Armband, Perlen, einen Pelz entgegennehmen, so waren diese Augenblicke für mich. In Antwerpen stehen wir lang vor James Ensors «Der Einzug Christi in Brüssel». Hoch über den Köpfen des Menschengedränges, über den Tribünen und Fahnen hängt ein Transparent: VIVE LA SOCIALE. Das ist es, sagt Grieshaber. Nicht sein bestes, aber das Bild, das ich den Studenten bringen möchte. Vor ihm würde ich zu ihnen sprechen können. Über sie selbst; ihr Aufbruch, ihr Scheitern sind Teil dieses Bildes. Andreas kauft alle Postkarten auf, die es noch davon gibt.

In Ostende erklärt er mir die moderne Plastik. Später Ma-gritte im Casino. Dann finden wir in der Rue de Flandre das

Haus, in dem Ensor lebte und starb. Das Schild mit seinem Namen. Die Fenster sind mit Brettern vernagelt. Im Briefkasten steckt die heutige Zeitung. Das reißt Andreas hin. Er nimmt sie mit. Besorgt weitere dazu, eine große Schere, Klebstoff, nirgendwo gibt es festes Papier in der Größe eines Plakats. Da kauft er eine aufrollbare Schullehrtafel: Zoologie, die niedere Meeresfauna; Schnecken, Würmer, Weichtiere. Auf die leere Rückseite kommt es ihm an. Als Hotelzimmer kriegen wir dieses Mal nur eine kleine Kammer. Dort macht Andreas sich an die Arbeit; es soll eine Collage zur Erinnerung an die Studenten werden. Für mich. La fantaisie prend le pouvoir! Er klebt Zeitungsausschnitte auf, die von den letzten Zuckungen der Pariser Studentenrevolte berichten. Das große Reinemachen in der Sorbonne; als er mir das Photo zeigt, sieht es aus, als unterdrücke er Tränen. Jean Louis Barrault, reglementiert, weil er sein Theater zur Verfügung gestellt hatte. Flugblätter der Studenten von Brüssel. Andreas malt Pfeile und Zeichen dazwischen, Hände, Köpfe, Füße; klebt die farbige Postkarte des Ensor-Bilds auf, den Titel der Zeitung aus dem Briefkasten. Einen Platz läßt er frei; erst in Köln, wo wir das Auto zurückgeben, gelingt es, den Zeus-Poseidon aus dem Athener Nationalmuseum als Postkarte zu finden. Andreas schneidet eine winzige Armbinde, klebt sie so auf den Postkartenarm, wie sie in Brüssel an dem Bronzearm hing, sucht in Kaufhäusern lang nach den Bögen aneinanderhängender Poesiealbumblumen, wie kleine Mädchen sie noch immer seit Urgroßmutters Zeiten sich schenken; als er einen gefunden hat, löst er ein Röschen heraus und klebt es Poseidon-Zeus auf die ausgestreckte Hand. Er konnte nicht ahnen, wozu das alles noch gebraucht werden würde, wenige Wochen später.

Nach Aia zurückgekehrt, war in seinem Atelier nichts mehr, wie es gewesen war. Kirke hatte, um ihn zu erfreuen, umgebaut; die morschen Wände herausklopfen lassen, bröckelnden Gips, alte Preßspanplatten, die Andreas ihrer Struktur wegen mochte, das Kind hatte Sauerkrautplatten dazu gesagt; statt dessen waren jetzt Decke und Wände mit Hölzern verkleidet, auf dem Fußboden lag glattes PVC; Andreas tobte, nannte das neue Gehäuse eine Zigarrenkiste, er sei kein Maikäfer. Die Wand über dem Stehpult, in Jahren zur Ikonostase gewachsen durch das, was er ihr anvertraute an Text- und Bildausschnitten, Briefen, Photos, mit denen tagaus, tagein konfrontiert zu werden, zu ihm gehörte, war jetzt verloren, auch wenn alles in einer Mappe bereitlag; er wollte sie nicht rekonstruieren. Es ist tot, sagte er. Im Garten über dem Schwimmbecken, das Andreas einst selbst für die Sommerspiele der Kinder ausgeschachtet hatte, war ein Dach errichtet und Wände aus Plexiglas, eine Tür, ein Heizungsraum, eine Umwälz- und Reinigungsanlage. Klares Wasser empfing ihn mit 37 Grad; seinem Arm, seiner Schulter, die keinen Tag ohne Schmerzen war, würden Bewegungen im warmen Wasser guttun. Er gewöhnte sich rascher daran als an das neue Atelier.

Wieder die Sommerorgie von Garten und Tieren; ich war wie erlöst, daß Aia nicht meinetwegen zerstört worden war. Doch Andreas' Verhalten bei der Rückkehr hatte Kirke tief verletzt. Noch war ich zu ahnungslos, Andreas' Beharrungsvermögen zu sehen, wie er an seiner alten, primitiven Behausung hing; was immer Kirke veränderte, sie mußte zur Schuldigen werden. Andreas sagte, die Preßspanplatten hätten im Winter gewärmt, im Sommer gekühlt; die Sperrholzplatten ohne Unterfutter seien Pfusch, das könne der alte Bauer aus Mecklenburg nicht, der im Garten half und nach und nach reparierte und richtete, was verfiel. Der Bauer war ein Mann, der Kirkes Pläne ausführte, bis Andreas ihm Drucken beibrachte. Ein Bauer müsse alles können, was ihm in die Quere komme, sagte er zu mir; also habe er ihn in einem jahrelangen Prozeß so viele Feinheiten gelehrt, wie er aufnehmen könne; daß anderes grob gerate, sei ihm nicht unlieb. Er wolle es so. Inzwischen hatte der Drucker unten im Tal eine eigene Werkstatt, für die Andreas aufkam; Haus, Garage, Auto entsprachen der bürgerlichen Umgebung und hoben sich solide ab vom improvisierten Aia.

Lang genug hatte Grieshaber, als er allein druckte, mit dem Holz experimentiert; wußte, wo er es ablehnte, mit der Maserung zu arbeiten, Holzstrukturen herauszuholen, die nur ästhetisierend wirkten. Nach differenziertesten Farbholzschnitten wandte er sich lapidaren Figuren und Farben zu. Wie Stempel sollen sie sich einprägen, sagte er; deshalb sind sie geschnitten, sonst hätte ich sie ja malen können, wenn ich auf andere Reize Wert legte. Mich irritierten die Widersprüche, wenn ich sah, welch ausgeklügeltes Raffinement nicht wenige seiner Arbeiten ausstrahlten; fragte ich ihn deshalb, lachte er: Ich laß mich nicht festlegen. Paradoxon – das ist etwas, was du noch lernen mußt. Bei den Wörtern «spontan», «Spontaneität» zum Beispiel verzog er das Gesicht. Auch Intensität, Mentalität konnte er nicht ertragen. Wenn er um etwas bete, sagte er, dann um die tägliche Naivität, ohne die er nichts machen könne. Ich sei ihm zu Hilfe gekommen. Nach und nach lernte ich, was die Notwendigkeit täglicher Herausforderung für Andreas bedeutete; schaffen müssen, nicht schaffen wollen; ich bin bereit, in Ohnmacht zu fallen, sagte er, wenn ich an Kollegen denke, die fröhlich ihr Atelier betreten, das den Hut lüftet und sagt: Guten Morgen, Herr Professor, was darf's denn heute sein?

Monatelang stand ich im Bann dieses Feuerwerks, das Oeuvre zu nennen ich mir mühsam angewöhnte, wofür er mich wiederum auslachte; ich brauchte lang, die Bilder und ihre Titel auseinanderzuhalten, Namen von Pflanzen und Tieren, Frauen, Männern, da gab es welche, die er sein «attisches Gesindel» nannte, andere traten in Zyklen auf: Commedia dell'arte, Feuervogel, Macchu Picchu, Baumblüte, Carmina Burana, Osterritt, Herrenhauser Gärten. Immer die Schlüsselwörter Figur, Figuration; was er damit meinte, war unverwechselbar Grieshabers Markenzeichen geworden. Und immer die Frömmigkeit wider den Strich: kaum erwachsen, trat er aus der Kirche aus, begleitete Christus nach Golgatha; sein Widerstand im Dritten Reich mündete in Kruzifixe und Pietas; er schnitt die mittelalterliche Kirche seiner Heimatstadt und druckte Bücher, von denen er nicht ein einziges Exemplar verkaufen konnte. Es gab Augenblicke, in denen Grieshaber mir ebenso nah beim Mönch, beim Priester zu stehen schien wie beim Weltkind und Atheisten. Warum mußte er nach dem Totentanz, seiner vierzigfachen Zwiesprache, seiner Identifikation Paar um Paar, die ihn fast das Leben gekostet habe, zweimal vierzehn Kreuzwegstationen auf sich nehmen? Damit er sich hinterher mit mir in den überschäumenden Sommer stürzen konnte? In das Engagement für Griechenland, für die Studenten, für alles, was uns beschieden sein würde, solang wir zusammenblieben?

Fast täglich gab es Nachrichten von den rumorenden Studenten; die Flamme, in Paris ausgetreten, fing anderswo erst an aufzuflackern. Ein Telegramm traf auf der Achalm ein. Grieshaber drückte es mir in die Hand.

SIND IN NOT   SIND IHREM KARLSRUHER BEISPIEL GE-
FOLGT HABEN KAHLE IRRENHAUSWÄNDE UNSERER MENSA
GEGEN WILLEN DER OBRIGKEIT BEMALT   AKADEMIELEI-
TUNG ZWINGT UNS WÄNDE WIEDER WEISS ZU TÜNCHEN
ODER KOSTEN FÜR «REPARATUR DER BESCHÄDIGUNG» ZU
TRAGEN   ERBITTEN   DRINGEND   SOLIDARITÄTSERKLÄ-
RUNG
                    ASTA KUNSTAKADEMIE NÜRNBERG

Ich las es zweimal und sah Andreas abwartend an. Er sagte: Wir fahren nach Nürnberg. Es sind Kunststudenten, ich werde kein Fremder sein wie in der Universität Brüssel. Ich werde mich einmischen. Wenn es mir nicht gelingt, das Ensor-Bild aus Antwerpen nach Nürnberg zu holen, lade ich die Studenten in einen Omnibus und fahre mit ihnen zu dem Bild. Zuerst schicken wir ein Antworttelegramm, schreib auf, du sollst es auf den Weg bringen:

MACHT EIN HEARING MIT DER OBRIGKEIT IN DER MENSA
VOR DER BEMALTEN WAND   BIN DABEI   GRIESHABER

Wieder gab es einen Leihwagen; seine Größe machte mir schon keine Angst mehr: Wir fuhren ostwärts durch die Wälder und tranken zwischendurch Tee in den schwäbischen, fränkischen Städtchen mit ihrem vom Krieg verschont gebliebenen Fachwerk, den Giebeln, Türmen, Toren, Mauern, Wehren, noch kaum verbaut oder zersiedelt vom überall wuchernden Wettstreit. Im Antworttelegramm der Studenten stand, Joseph Beuys und Hundertwasser seien ebenfalls zum Hearing geladen. Immer wieder gab mir Andreas zu verstehen, er könne sich nicht vorstellen, wie das gehen würde, Beuys und Hundertwasser und er; das Ziel der Studentenführer liege anderswo, die hätten sich längst vorgenommen, die Kunst in ihren Dienst zu pressen, sie umzufunktionieren. Was Beuys betreffe, den er noch nicht kenne, agiere der vermutlich im Sinne seiner angemaßten Botschaft, Hundertwasser gehöre zur großen Familie der Gaukler, darin finde Andreas sich zurecht, auch wenn er nicht bereit sei, sich vor den Studenten nackt auszuziehen. Er wolle sich an nichts als an die bemalte Wand in der Mensa halten. Von ihr allein hänge alles ab; es seien künftige Maler. Gnade ihnen und mir, wenn auf die Wand nichts als Sprüche und Parolen gepinselt sind. Dann fahren wir sofort wieder, sagte Andreas. Er träume von dieser Wand, er hoffe auf sie, er sehe sie vor sich in seiner Phantasie.

Vor der Nürnberger Kunstakademie strömten sie von überall her zusammen. Grieshaber wollte zuerst die Mensawand sehen. Der ASTA-Vertreter versuchte Ausflüchte, zeigte das Telegramm von Hundertwasser, der komme nicht, sie sollten jedoch weitermalen, stand da, malen malen malen malen malen malen malen. Joseph Beuys sei schon da. Die Mensawand war leer. Gegnerische Studenten hätten sie in der vergangenen Nacht übertüncht. Grieshaber wußte in diesem Augenblick, daß er verloren hatte. Das Indiz, die Hoffnung wider alle Erfahrung, daß die Studenten recht behielten durch Kunst, wofür Andreas bereit war, sie vor dem Senat zu verteidigen, fehlte. Er wolle kein abstraktes Hearing, er kenne die

Thesen und Antithesen der neuen Götter, der Kunstinterpreten, ihrethalben habe er sich nicht auf den weiten Weg gemacht. Warum sie die Wand nicht bewacht hätten, mit ihrer Zerstörung sei doch zu rechnen gewesen. Von Erlangen, Gießen, Marburg waren sie gekommen, Abordnungen, Revolutionsprofis, geeicht auf die Technik von Diskussionsabläufen. Grieshaber sprach mit einzelnen Kunststudenten, sie müßten die Wand, jetzt, während des Hearings, neu bemalen, sah nichts als Hilflosigkeit, Angst. Im Mensasaal standen Stuhlreihen, Presse, Professoren, Beobachter saßen dort in einem sich füllenden, brodelnden Kessel, Kabelgewirr und Fernsehlampen, ohnehin drückende Julihitze. Ich merkte nicht, wann das Hearing begonnen hatte, der Lärmpegel war immer gleich hoch; Grieshaber stand auf, versuchte zu sprechen, nach fünf Sätzen wurde er niedergeschrien von den Revolutionsideologen, den Soziologen, die das Hearing längst zu ihrem gemacht hatten, etwas von einer Rangordnung der Werte brüllten, denn um Kunst gehe es doch wohl an letzter Stelle, heute, hier, jetzt sei anderes gefragt. Um was es ging, war nicht auseinanderzuhalten, jeder schrie gegen jeden, die Zwischenrufe waren ausführlicher, lauter, länger als die Beiträge der Befragten; dann entstand eine Gasse in dem Gedränge: fünf Käfige mit je einem weißen Huhn wurden hereingetragen und vor der übertünchten Wand aufgestellt: Joseph Beuys versuchte jetzt, in Aktion zu treten, ging unter im Johlen.

Später zog Andreas mich ins Freie, rauchte, versuchte, seine Erregung zu dämpfen, eine Studentin sprach ihn an: sie gehöre zu den Übeltätern, die gemalt hätten. Grieshaber redete, rauchte mit ihr, ich ging abseits. Professor Moritz, der das Hearing verlassen hatte, kam auf Andreas zu, lud ihn zum Tee in sein Atelier ein: Kunsthandwerk, Schmuck, Kannen, Schalen, Tabernakel, Bischofskreuze; Andreas nahm die Studentin mit, die Schülerin bei Professor Moritz gewesen war und zur Malklasse gewechselt hatte; ich ging umher zwischen den Tischen, Regalen voller Edel- und Halbedelsteine, auf einem Pult lag das Testament von Rodin aufgeschlagen, Professor Moritz sprach mit Grieshaber über den Sinn und Unsinn seines Kommens, die Studentin protestierte, ich wurde ermuntert, die Steine getrost in die Hand zu nehmen, ab und zu nannte Professor Moritz Namen, die wie Gedichte in mich hineinfielen, einfach ihr Wortklang, ohne daß ich mich je mit Steinen befaßt hätte: Chrysopras, Heliotrop, Obsidian, Tigerauge, Aquamarin, Lapislazuli, Rauchquarz aus Madagaskar, Meerschaum, Jaspis, Jadeit, Turmalin, Nephrit, Labrador, Spodumen, Spinell, Mondstein aus dem Ural, Almandin, Serpentin, schlangenartig gemustert, Euklas, Anatas, Uwarowit, Opal aus der CSSR.

Andreas zog mich zu einem Mosaik in griechischen Buchstaben, übersetzte: «Einer gilt mir mehr als alle, wenn er der Beste ist»; lachte, sagte: In diesem Atelier befinden sich alle Ketzereien gegen das, was die Studenten verändern wollen. Ich muß in den Saal zurück, sagte er; irgendwann wird es sich totgelaufen haben, vielleicht kommt dann unsere Stunde.

Die Stunde kam gegen Abend. Längst hatte die Prominenz den Saal verlassen, das Fernsehen baute gerade ab, nachdem es zum Schluß einen verworrenen Disput mit Joseph Beuys und den weißen Hühnern gedreht hatte; die Auswärtigen fuhren mit ihren Autos zum Bier und zu den Bratwürsten. Übrig blieben kaum zwei Dutzend frustrierte Studenten, die das Ganze in die Wege geleitet hatten und nicht mehr wußten, wozu. Sie umringten Grieshaber. Geht an die Wand, sagte er. Identifiziert euch endlich mit ihr. Macht sie neu. Habt ihr keine Farben mehr, keine Pinsel? Wollt ihr die Niederlage hinnehmen? Die Obrigkeit verurteilt euch, und ihr debattiert fünf Stunden lang vor der leeren Wand. Ihr laßt die anderen triumphieren, die Kunstbanausen, die Soziologen, alle haben gesiegt, nur ihr nicht.

Sie wollten uns helfen, so helfen Sie uns doch, bat die Studentin, den halben Tag war sie nicht von seiner Seite gewichen; antworten Sie für uns, an der Wand, malen Sie selbst! Begreift ihr denn nichts, schrie Grieshaber, es ist *eure*

Wand! Ihr verratet sie, wenn ihr mich malen laßt! Glaubt mir, es juckt mich, an die Wand zu gehen, ich kann euch nicht sagen, wie sehr, aber dann habt ihr die Wand ja bereits versichert, keiner mehr wird sie euch streitig machen. Dann ist sie endgültig tot, eure Wand! Ich will euch nicht zur Kunst hinführen, ich weiß nicht einmal, was Kunst ist, und doch weiß ich, daß ihr nur durch sie, durch Kunst, nicht durch weiße Hühner in Käfigen, eure Macht oder Ohnmacht erfahrt. Was ihr je von Kunst gesehen habt, vernichtet es auf eurer Wand, auch mich. Diese Wand ist Entscheidung, seid endlich entschieden! Seid die besseren Revolutionäre, eure Kumpane von heute mittag waren nichts als Schwätzer. Macht es wie jener russische Komponist bei der Oktoberrevolution, er stellte seinen Flügel auf einen Lastwagen und fuhr zwei Tage, zwei Nächte durch Moskau, während er nichts als spielte, spielte. Diese Wand ist euer Glück, ihr werdet nie ein anderes haben, wenn ihr Maler werden wollt. Heraus mit den Farben, den Pinseln, dem Glück, verbittet euch, meine Hand auf eurer Schulter zu fühlen, nicht mein Erscheinen, ihr selbst seid das Ereignis! Keine Kunstregel hilft hier heraus! Hoffentlich finden wir keine! Haltet der Unendlichkeit in den Erscheinungen der Natur stand, schafft euch Freunde und Feinde durch Kunst; solang es Schulen gibt in Deutschland, gibt es Begabte. Mögen Staat und Schule sich in Gefahr bringen durch eine Trennung von Kunst und Leben, dann wird eben die Begabung, die zum Lernen und Lehren führt, neue Modifikationen finden. Erst wenn der Wunsch zu malen versiegt, sind wir verloren. Malt, Leute, malt! Jeder Strich löscht, was man weiß, aus.

Während Grieshaber noch redete, schleppten andere schon Farbtöpfe und Pinsel herbei, zwei, drei Studenten fingen an, Sprüche auf die Wand zu schreiben: Gedanken die stillstehn, verfaulen! / Kunst gibt es nicht. Kunst seid Ihr! / Studium ist Selbstbestimmung / Die Revolution muß sich im Menschen vollziehen, bevor sie die Verhältnisse ergreift – Sprüche, o Gott, sie malen Sprüche, wie überall, rief die Studentin

Grieshaber zu. Er sagte: Ich seh's, und ich liebe die Buchstaben, aber eure Revolution hat es fertiggebracht, daß sie mir zum Hals heraushängen. Was ist mit dem Telegramm von Hundertwasser? Nennt ihr das Malen!?

Da packt die Studentin einen Pinsel, taucht ihn in eine Büchse mit Rot, geht an die Wand, malt über die schwarzen Sprüche weg, zieht eine Linie, noch eine, füllt sie, läßt neue sich wölben, biegen, krümmen, aus dem Dreieck wird ein Auge, ein Fisch, eine Pflanze, ein Stierkopf, ein Embryo, längst hat sie Grün, Blau dazugenommen, arbeitet still, hat ein Gesicht wie im Schlaf, läßt sich nicht stören, ist ganz allein auf der Welt. Bis ein Kerl aufsteht, am anderen Ende der Wand zu malen anfängt, das ist gut, die Sprüche gehen weg, sie werden eingemauert wie bei der Grundsteinlegung Papiere in einer Kassette, noch schimmern einzelne Buchstaben durch, Grieshaber ist glücklich, fängt leise an, den anderen Studenten die Geschichte von Brüssel zu erzählen und von Ensors Bild in Antwerpen, zu dem er mit ihnen hinfahren möchte – da betritt Joseph Beuys den Mensaraum. Überblickt, was geschehen ist, während er weg war. Schwingt sich, wie schon am Nachmittag, auf das giftgrün angestrichne Klavier. Mit dem Hut auf dem Kopf, mit der Fliegerweste. Zieht die Beine hoch, hockt im Schneidersitz. Wirft seine Sätze in die Aktion: Aufhören / Quatsch / Ideologie / Pragmatismus / Schluß damit / setzt eure Ideen um / den Kunstbegriff sprengen / die Pinsel zerbrechen / die Farbtöpfe ausleeren / Aktion ist allein die kahle Wand / wann begreift ihr / alles ist fragwürdig / zufällig / nichts mehr bewegt sich auf der Leinwand / nichts mehr spielt sich auf der Leinwand ab / in den Mülleimer damit, was ihr für Kunst haltet / laßt es verrotten mitsamt seinen Abgründen, Höhepunkten / einzig das Individuum zählt, das den Sachen die Macht einräumt / ablehnen was war / ablehnen was ist / ablehnen was sein soll / werft die Akademie auf den Misthaufen / her zu mir / ich mach euch zu Meistern, bevor ihr Schüler gewesen seid

Nur einmal rief Grieshaber dazwischen: Die revolutionäre

Möglichkeit der Kunst liegt nicht in der Nachahmung der Politik mit impotenten Mitteln.

Beuys konterte: Sondern in einem direkten Schritt von der Idee zur Praxis! An die Wand pissen kann Kunst sein / mit dem Motorrad dagegen fahren / jede menschliche Betätigung / beten ficken kartoffelschälen / auf die Bewußtseinsveränderung kommt es an

Grieshaber rief: Wißt ihr, daß Beckmann sagte: Ich würde durch Kanalrohre kriechen, um Kunst zu machen.

Beckmann, Beckmann, höhnte Beuys, spießerhafte Bedürfnisse, Wände zu dekorieren! Intensiviert das Spannungsfeld, dann habt ihr, was euch fehlt, was ihr sucht!

Ein Student klappt den Klavierdeckel hoch, intoniert ein paar Takte Jazz, eine Gitarre fällt ein, die Atmosphäre wird aufgeheizt, Putzfrauen holen den Hausmeister, der hat schon zweimal die Räumung verlangt, stellt ein Ultimatum von fünfzehn Minuten, wenn die Mensa dann nicht leer sei, rufe er die Polizei. Noch verhandelt Grieshaber mit ihm, während Studenten weitermalen, während ein Bild entsteht, wie im Traum, im Traum von Andreas, während er dem Hausmeister einen Geldschein in die Hand drückt und ihm versichert, er übernehme die Verantwortung, neigt sich die Waagschale zu Joseph Beuys: Einer zieht das Hemd aus, läßt die Hose fallen, steigt aus den Schuhen, steckt seine Hände in Farbentöpfe, klatscht, klatscht eine Hand an die Wand, jetzt die andere, jetzt den Fuß, noch einmal, schneller, immer schneller, rot, schwarz, die Farben der Revolution, der Anarchie, zwei, drei, vier Männer, Mädchen reißen sich die Kleider vom Leib, spritzen, schleudern sich Farben zu, auf nackte Körper, werfen sich gegen die Wand, pressen die Brüste, die Hintern dagegen, immer im Rhythmus der Musik, überrollen den Einzelgänger, den Maler, den Stillen, das mögliche Genie, jetzt wird die Studentin weggefegt, mitten hinein in ihre Komposition, in das So-und-nicht-anders unter ihren Händen patschen die Hände, die Brüste, die Hintern des Kollektivs. Ein goldener Würfel fliegt unter die Meute: Beuys hat ihn von seinem Klavierthron geworfen, ein Student fängt ihn auf, schleudert ihn gegen die Wand, Margarine! Immer mehr Würfel fliegen vom grünen Klavier herab in Studentenhände und von dort gegen die Wand, die Wand . . .

Polizeisirenen ertönen. Zwei, drei Mannschaftswagen fahren auf, Uniformierte springen ab, versuchen, sich Eintritt in den Saal zu verschaffen. Studenten sperren, drängen dagegen, bilden eine Mauer aus Leibern, zwei Dutzend gegen hundert. Grieshaber bahnt sich eine Gasse, er will hinaus, mit den Polizisten reden. Es dauert lang, bis er wiederkommt; doch dann, während das Verwüstungswerk in der Mensa weitergeht, hört man die Polizeiautos abfahren. Andreas bittet um Ruhe. Die Orgie hat ohnehin ihren Höhepunkt überschritten, Ratlosigkeit breitet sich aus, die Musik bricht ab, alle sind still: Ich habe denen gesagt, wer ich bin. Daß ich mich für euch verbürge. Daß wir alles in Ordnung brächten. Aufräumen, für die Putzfrauen Geld sammeln, und ich habe ihnen gesagt, ihr da draußen seid so alt wie die dort drinnen. Es ist nur die Uniform, die euch trennt. Grieshaber nimmt seine Mütze, legt einen Hundertmarkschein hinein und geht von Student zu Student: für die Putzfrauen. Es sind Menschen wie ihr. Wir haben kein Recht, ihnen das Leben noch schwerer zu machen.

Lange Zeit, während das alles passierte, blieb ich im Halbdunkel auf dem Boden gegen die Wand gelehnt sitzen, und Tränen liefen mir übers Gesicht, während in meinem Kopf die Namen der Farben absurrten, ohne daß ich wußte, was für ein Abschied das war.

Dann war alles notdürftig aufgeräumt. Dann fuhren wir mit den Studenten zum Bahnhof. Dort diskutierten wir im Restaurant bis lang nach Mitternacht. Beuys war dabei. Die Studenten, die gemalt hatten, sagten, gegen sie liefen Verfahren. Sie wollten nicht warten, bis sie exmatrikuliert würden. Was Grieshaber ihnen rate. Geht zu Joseph Beuys nach Düsseldorf, sagte Andreas. Als letztes erinnere ich mich an das totenblasse Gesicht der Studentin mit weit aufgerissenen Augen.

Wir wohnten im «Grandhotel», doch diese Nacht nahmen wir nichts von seinen Annehmlichkeiten wahr; Andreas redete bis gegen Morgen. Der ersten Herzattacke, die ich miterlebte, maß ich nicht die Bedeutung bei, die ich bald danach fürchten lernte. Auch ahnte ich erst später, daß in dieser Nacht Grieshaber, der große Lehrer, das Handtuch geworfen hatte. Die Ereignisse des Tages hätten ihm gezeigt, den Malstudenten könne er nichts mehr vermitteln. Daß er auf verlorenem Posten stehe. Daß künftige Gefechte nichts als den Rückzug deckten. Die Kunst habe andere Wege eingeschlagen, als er nach Fünfundvierzig gemeint habe: voranzugehen, den Jungen zeigen, was nachzuholen sei von zwölf verlorenen Jahren und den geächteten Zwanziger Jahren, als die «Entartung der Kunst» begann. Den Jungen dienten Vaterfiguren nur noch zum Gestürztwerden. Sie wollten ohne viel Umstände und Einsatz ihr Ziel erreichen, und einer war da, der es ihnen versprach. Ein Rattenfänger, ihm würden die Kinder hinterherlaufen. Warum hatte Grieshaber auf Beuys gedeutet; sah er wirklich keinen anderen Weg, der aus der verkrusteten Institution herausführte? War es Resignation, Zynismus, zwei Todsünden für ihn? Die Akademie habe versagt, und die Revolutionspolitologen seien kunstfeindlich. Was solle er einer Jugend, die mit dem Slogan «Trau keinem über Dreißig» die Welt verändern wolle, noch zu sagen haben? Der auf dem Klavier gesessen hatte, im Schneidersitz, mit Hut und Bombenfliegerweste und Stiefeln, war auch über Dreißig. Ich holte beim Nachtportier Tee für Andreas. Sah zum erstenmal, daß er starke Notfallmedikamente hatte. Irgendwann war ich eingeschlafen. Wurde wachgerüttelt: Wir müssen aufstehen, Maat. Nach München fahren. Im Haus der Kunst ist eine Beuys-Ausstellung. Ich will es wissen. Was er macht. Woher die Magie stammt. Wie das Publikum reagiert. Ich brauch dich dazu. Du sollst es mir sagen. Unvoreingenommen. Naiv. Andreas fieberte München entgegen.

Mit Mühe fanden wir ein Hotel. Es war Sommersaison. Der Englische Garten, die Isarauen, Brunnen, Denkmale,

Kirchen, Schwabing – ein andermal, sagte Andreas. Erst als wir vor dem Haus der Kunst standen, erzählte er. Vom Brand des Münchener Glaspalastes, und daß es nicht gelungen sei, die Tradition jener Maler wieder zu beleben. Er habe das Seine getan, Hitlers Schandbau zu boykottieren. Als man 1950 daranging, so, als wäre nichts geschehen, die neue Kunst darin auszustellen, habe ihn das fast umgebracht. Es änderte nichts. Zur zehnten Ausstellung des Deutschen Künstlerbundes habe er ein Plakat gemacht. Über Stücke aus dem Zweifarbenandruck einer Wurst- und Fleischreklame Buchstaben in Futura gedruckt: «vermietet die kolonnaden dem viktualienmarkt; hinein mit den händlern in diesen tempel!» Quer über dem unteren Rand sei unmißverständlich die Säulenreihe des Hauses der Kunst erschienen, typographisch dargestellt mit Regletten. Mit diesen Plakaten sei er nach München gefahren und habe, keineswegs in einer Nacht- und Nebelaktion, sondern mittags vor aller Augen, die Säulen des Nazikunsttempels damit beklebt. Da er zugleich Mitglied der Jury war, seien die Kollegen erschrocken herbeigeeilt und hätten ihn beschworen, mit diesem Unsinn aufzuhören. Einige hätten ihm sogar Stellwände aus dem Museum herausgetragen, damit er die Säulen des Tempels nicht beflecke. Er habe weitergeklebt, bis die Polizei ihn festnahm und ins Gefängnis steckte. Lang habe das nicht gedauert; am Abend beim Festessen mit dem OB habe er gefehlt, und deshalb sei veranlaßt worden, ihn aus dem Gefängnis an den gedeckten Tisch zu holen.

Die Beuys-Ausstellung war im Obergeschoß. Ich weiß nicht, ob Andreas und ich dasselbe sahen. Er jedenfalls wollte sehn, wie ich sah. Und ich starrte entgeistert, betroffen auf die Exponate, denn ich war unvorbereitet. Was ich berichte, sind die Notizen von damals, nicht das Ergebnis einer jahrelangen, wenn auch sporadischen Beschäftigung mit Beuys: Schuld Strafe Sühne / Reinigung / ich sehe Häuser, in denen wir wohnten / Zimmer, wo wir uns liebten / den Tisch, an dem wir aßen / unsere Orte zum Träumen, besudelt für immer / ich seh ihn Mensch und Tier gleich behandeln / allem was sich

wärmt, nimmt er die Federn, das Fell, die Kleider ab / ich seh
ihn die Flügel herausreißen allem was fliegen kann / ich seh
wie er versiegelte was wir geschrieben haben / ich seh wie er
die Bilder gegen die Wand kehrte / ich seh die Werkzeug-
schränke des Todes gefüllt mit allem was Leben war / ich sehe
er verwandelt seine Gäste ohne daß sie es merken / in eine
Vitrine voll Eierschalen bemalt zertrümmert vom Osterfest /
in Filzprojektile / tausend tote Bienen / in geschmolzene Schokolade / in schwarze Wurst / in Filter / in Dosen / Kommu-
nionsteller / in elektrisches Zubehör zum Foltern / das Thermometer heißt Auschwitz / nie sah ich Christus gekreuzigter
als durch ihn / er verwandelt das Brot in Stein / das Fleisch in
Aas / in Jauche den Wein / er spielte als Knabe mit Menschen-
haut / ich seh die zusammengeschweißten Spaten / niemand
mehr kann Erde ausheben / er stellt das Labor des Todes zur
Schau / auf sein Geheiß löst sich die Haut vom Fleisch / das
Fleisch fällt auf sein Geheiß von den Knochen / auf sein
Geheiß trieft das Fett aus dem Fleisch und gerinnt in verpack-
te Würfel / von diesem Fett ernährt sich keiner mehr / mit
dieser Seife wird sich niemand mehr waschen / er macht die
Erde zu einem Skelett / ich seh ihren Abfall triumphieren / ich
höre sein lautloses Gelächter / ich schmecke den süßen Aasge-
ruch auf der Zunge / ich fühle mich immer leichter werden / er
schert mir die Haare vom Kopf / dörrt meine Ohren / holt die
Augen aus ihren Höhlen / er bricht meine Zähne heraus / er
siedet meine Zunge / verrenkt meine Glieder bis sie aus ihren
Gelenken springen / dann nimmt er mir das letzte ab / er baut
mich neu aus geschmolzenem Fett / er überzieht mich mit der
präparierten Haut / gibt mir eine wächserne Zunge / setzt
Augen aus Glas ein / verfilzte Ohren / den Abguß der Zähne /
und Plastikgelenke / dann stellt er mich in eine Vitrine /
schalldicht für alle Trompeten irgendeines Gerichts

Grieshaber hatte genug gesehen. Wie ich durch die Ausstellung taumelte. Nur ein einziges Mal sagte er etwas: Ich habe
einen Essay geschrieben, Entlastung und Belastung durch
Kunst. Beuys lädt alles auf den Beschauer ab, so befreit er sich

selbst. Wir gingen Kaffee trinken. Saßen auf weißlackierten Stühlchen im Freien. Hörten dem Rauschen von Wildwasser zu. Sahen die Sonnenfunken im Flackern der Pappelblätter. Weißwolkiges Blau.

Ich weiß, wo Filz und Fett herstammen, sagte Andreas. Der Bombenflieger stürzte ab über der Sowjetunion. Wurde von Bauern gepflegt. Hat jetzt eine künstliche Schädelplatte. Was du gesehen hast, war Biographie. Ich habe mich mit der Kunst von Geisteskranken beschäftigt. Grenzgebiete. Das alles gehöre in ein Institut. Nicht unter Menschen, die der modernen Kunst ohnehin ratlos gegenüberstünden. Wie die Besucher sich verhielten, hätte ich in meiner Faszination ignoriert. Ihn habe der Wärter erkannt. Der sei dem Weinen nahe gewesen, als er ihn um Rat gefragt habe. Um Grieshabers Meinung. Die Verwirrung sei maßlos. Hier dürfte keiner ohne psychologische Führung hereingelassen werden. Das Gegenteil dessen, was ein moderner Künstler erreichen wolle, geschehe tagtäglich: die Besucher riefen nach Hitler, der den Augiasstall schon ausmisten würde. Redeten von den goldenen Zeiten des Dritten Reiches. Als es noch Kunst im Haus der Kunst gegeben habe. Andreas sagte, es ist ein Verbrechen, die Menschen unvorbereitet auf Beuys loszulassen. Meine Erschütterung komme anderswoher. Sie sei richtig, und er verstehe sie. Andere aber spuckten aus, spuckten sogar die Kunst an. Wo ziehen sie die Grenze zwischen Beuys und Picasso? Viele, die Picasso zujubelten, taten es, weil es «in» war. In Wahrheit sei ihnen der Kubismus fremd geblieben. Tachismus weitgehend unverbindlich. Da fehle mehr als ein Bindeglied zwischen 1945 und jetzt. Wie sie einst Dada sagten und meinten, das Wort läute ein neues Zeitalter ein, so sagten sie heute Happening. Pop. Er könne nicht sagen, ob Beuys provozieren wolle. Ob es ihn freue, wenn sie seine Kunst anspieen. Ob er es überhaupt begreife.

Die Nacht in München war nicht viel besser als die Nürnberger Nacht. Im höchsten Stock des Bahnhofhotels war es, als schwanke der Turm über den Dächern der Stadt. Mond und Sterne wurden von Beuys verdrängt, über den Andreas noch immer sprach. Als ringe er mit einem Gegner, den zu besiegen es keine Hoffnung gab. Ich sehnte mich danach, mit Andreas über die Alb zu fahren und durch Wiesen zu gehn. Das würde ihn wieder gesund machen. So schien es auch, als wir nach Aia zurückkehrten, wo Andreas wie üblich bat, aussteigen zu dürfen, bevor wir das Grundstück erreicht hatten. Für Kirke und das Kind ist das Leben leichter, wenn wir auf Reisen sind, sagte Andreas zum Abschied; auf bald.

8. Falscher Sommer und Jugoslavisches Tagebuch

Unser Leben reicht nicht aus, über eine Wiese zu gehen, sagt Grieshaber. Warum muß man nach Griechenland, in die Provence, um Landschaft zu erleben. Was ist vielfältiger als die Alb. Zeig mir die deine, im Osten, ich kenne sie kaum

Solche Aufbrüche geschahen wochentags, plötzlich, wenn Andreas nicht gerade an einer Arbeit war. Ich hatte mir angewöhnt, im Kofferraum immer das Nötigste dabeizuhaben. In den Morgen hinauszufahren, Andreas neben mir, gehörte zu den glücklichsten Augenblicken des Lebens; zwölf Jahre lang ließ die Spannung nicht nach. Wenn wir ausstiegen, kam es vor, daß wir uns umarmten vor Freude; einander an den Händen haltend, liefen wir dem entgegen, was wir sehen wollten, hörten den Kuckuck rufen, überließen uns der Gewalt des Schauens, mit der wir alles gleichzeitig in uns einsogen, jede Blume am Wegrand und hoch in den Felsen, Käfer und Vögel, wie die Stunde beschaffen war, die Luft, alles Feuchte und Trockene, Himmel, Wolken, die Laute, die aus den von Arbeit erfüllten Tälern und Straßen herdrangen in unseren Ausnahmezustand. Wir bestiegen die Kaiserberge. Füllten uns mit dem Blick der Staufer gen Süden: hinterm

Berg der Berg, die Burg hinter der Burg, die Stadt hinter Städten, begriffen, daß die Lust am Reiten, am Erobern bis nach Apulien, nach Akkon reichte; begnügten uns mit dem Asenrück, auf dem schon die Götter lustwandelten; wunderbar verbindet hier die Natur den Hohenstaufen mit dem zweigipfligen Rechberg; wir durchstreiften die Burg, sahen ins Remstal hinab, sprachen vom Bauernkrieg, stiegen den steilen Wallfahrtsweg zum Kapellengipfel hinauf, blickten auf meinen Lieblingsberg, den schwarzbewaldeten Stuifen, auf dem nie etwas gestanden hatte als Druidenaltäre.

Ich will dein Elternhaus sehen, sagte Andreas; im nächsten Dorf rufst du die Nachbarin an, sie soll der Mutter bestellen, du kämst sie besuchen und brächtest jemand mit, der ihr seine Aufwartung machen wolle. Zu meiner engeren Heimat kann man den Hornberg zählen, ich stellte das Auto bei den Segelfliegern ab, wir liefen aufs Kalte Feld, und dort fing Andreas plötzlich an, sich zu bücken, Blumen und Kräuter und Gräser und Stengel mit Blättern zu pflücken, die ich nie wahrgenommen hatte, ein gewaltiger Albstrauß entstand für die Mutter, so flink, daß es mir kaum gelang, ein paar Skabiosen, etliche Habichtskräuter beizutragen. Den Strauß wickelte Andreas in Blätter und band zähe Grashalme darum. Wir fuhren nach Heidenheim. Anstatt mit uns zum Essen zu gehen, hatte die Mutter Maultaschensuppe gemacht. Eine Schüssel Salat aus dem Garten. Wir saßen in der Stube, von Sonne durchflutet. Die Mutter, sonst leicht in Verlegenheit zu bringen, empfing den berühmten Mann mit einer Sicherheit, die ich kaum je an ihr entdeckt hatte, drückte ihr Entzücken aus über den Strauß, führte Andreas durch ihr Gartenreich, das einer, wenn auch sehr domestizierten, Vorstufe von Aia entsprach, während er von seinen Pflanzen und Tieren erzählte, worüber die Mutter ein leises Grausen nicht unterdrücken konnte und meinte, ein solcher Aufwand bedürfe gewiß vieler Personen, um gepflegt zu werden. Andreas, um mich mit der Mutter allein zu lassen, legte sich eine Stunde aufs altertümliche Sofa der Großeltern und stellte sich schlafend, wenn ich durch die

Tüllvorhänge der Glasscheibentür spickte. Der Abschied von der Mutter riß, wie immer, in meinen Eingeweiden. Als wir wieder im Auto saßen, sagte Andreas: Ich habe alles gesehen, auch die Einsamkeit der alten Frau, die in dem überstilisierten Haus an der Leere zugrunde geht. Keinen Mann, keine Kinder, keine Enkel um sich, allein müsse sie die Bürde tragen, den Lebenspreis zahlen, aufs grausamste im Stich gelassen von mir, der einzigen, was aber nicht zu ändern sei, ohne daß ich mein Leben opfere.

Wir fuhren ins Wental und quartierten uns im Gasthof ein; dort beim Wein erzählte ich von Mutters Kindheit, wie das Kind ausgewanderter Schwaben die frühen, prägenden Jahre in Schlesien verbrachte, wo ihr Vater auf einem Rittergut Gärtner war; Reichtum und grenzenlose Armut dicht beieinander und die Gesetzgebung in den Hütten und Dorfhäusern ausgeübt vom Schloßherrn wie zu Zeiten des Ius primae noctis.

Am anderen Morgen durchwanderten wir das geologisch seltsamste Gebiet der Schwäbischen Alb, inzwischen vermutet man, ein Meteor habe den riesigen flachen Krater in grauen Vorzeiten geschlagen, weil die Reihenfolge der Gesteinsschichten durcheinandergeraten ist. An den Rändern und Felsen findet man Spuren des einstmals warmen Meeres, ich zeigte Andreas die Schneckensandbänke mit Millionen winziger Gehäuse von Wasserschnecken, die Sprudelkalkfelsen, wo sie die versteinerten Seelilien fanden und die Knöchelchen des winzigen Muntjakhirschs. Noch gab es heimliche Stellen im Wald, uralte Pflanzen voller Gifte und Heilwirkungen in Feuchtgebieten auf lehmigen Schichten, die wechselten mit porösem Kalkgestein, wo jeder Tropfen Wasser sofort versikkert und nur trockener Heide zu leben erlaubt; noch war nicht alles von den Abertausenden der Wochenendbesucher niedergetrampelt, obwohl man gerade begonnen hatte, den Tourismus in solche unberührten Gebiete zu lenken; schon sah man, es würde nicht lange dauern, dann war alles unwiederbringlich dahin. Andreas sagte auf der Rückfahrt, bald führe ich dich zu ähnlichen Kostbarkeiten, bevor sie ausgerottet sind, hundert Kilometer westlich auf meine Alb.

Nachdem ich auf Aia aus- und einging und wir am Leben geblieben waren, wollte Andreas nicht mehr Kirke sagen. Ich sollte nicht mehr Kirke sagen. Die Bezeichnung «die Frau», die Andreas Dritten gegenüber immer gebrauchte, kam ihm bei mir nicht über die Lippen. Er zeigte mir ein Bild von Tuaregfrauen. Wie sie durch die Wüste schreiten. Sie sind stolz und herrschen über den Mann, sagte Andreas; wenn er eine zweite Frau heimbringt, kommt es vor, daß sie versuchen, sie umzubringen. Das gilt bis nach der ersten Nacht. Hat er mit der Neuen geschlafen, und sie erlebt das Tageslicht, ist sie tabu. Wird in den Kreis der Frauen aufgenommen. Laß uns Kirke künftig Tuareg nennen.

Die Ferien rückten heran. Ich fürchtete mich. Johannes wollte weg. Allein wollte er nicht fahren, das war für ihn so wenig vorstellbar, wie ich mir vorstellen konnte, Andreas allein zu lassen. Er nahm an, Andreas, sein Kapitän, würde mich ziehen lassen. Weil wir nicht nach Griechenland konnten, hatte er Jugoslawien gewählt. Seine Tochter wollte mitkommen, vorausgesetzt, ich sei dabei. Ich fand keinen Ausweg. Aber wie sollte ich Andreas klarmachen, daß es bei Johannes nicht um Erholung und Urlaub, Freizeit ging, sondern um etwas Existentielles? Andreas' Antwortbriefe waren wie Pfeile. Die Tochter von Johannes war für ihn auch kein stichhaltiges Argument: schließlich hätte ich selbst eine Tochter. Ich lud Claudia, meine Tochter, ein, mit ihren Kindern in der Stuttgarter Wohnung Ferien zu machen, während wir fort waren. Andreas erklärte, ich gehörte zu ihm, die Alb sei besser als das Meer, und ob ich im Auto schliefe und die Tochter beim Vater im Zelt, sei ihm einerlei; Gelegenheit pflege Diebe zu machen.

Johannes beschäftigte sich mit Autokarten, Campingplätzen und ließ nicht mit sich reden. Vor unserer Abfahrt packte Grieshaber fünf *Engel der Geschichte* ein, mit dem Farbholzschnitt «Martin Luther King» und der Widmung an Tito: Bringt es für mich ins Museum nach Ljubljana. Es könnte ein Fall eintreten, in dem euch die fünf Engel zu Hilfe kommen. Während wir fort seien, wolle er einen neuen *Engel der Geschichte* machen, für die Studenten, mit Ensors Bild und mit meinen Gedichten über das, was ich in Brüssel und Nürnberg erlebt hatte. Die Studentin vor der Wand in der Nürnberger Akademie hatte ich zur Antigone gemacht. Grieshaber war Kreon. Ich werde mich einschließen mit den Gedichten, sagte Andreas beim Abschied. Ob er daran zweifelte, daß ich wiederkam?

Wie sehr ich ihn mit dieser Reise quälte, fand ich erst nach meiner Rückkehr heraus, als er mir sein *Jugoslavisches Tagebuch* gab. Er hat es selbst so genannt. Es sei ein Dokument. Zu treuen Händen. Er sagte: Vergiß es nie. Du mußt es veröffentlichen, wenn sie mich zu einem falschen Helden stilisieren. Es ist jetzt an der Zeit, ihm diesen Wunsch zu erfüllen, wobei ich mich auf das beschränke, was in dieses Buch gehört.

Aus weißem Glanzpapier sind die Tagebuchseiten. Er nahm stets, was eben zur Hand war; Ungeduld und Relikt aus den Tagen des Mangels. Als er anfing, wußte er nicht, in was er sich einließ. Das Papier stieß alle Farbe ab. Als er begann, darunter zu leiden, gehörte es schon zur Situation. Nie gab er eine Sache auf, weil sie sich sträubte. Er machte sich das weiße Glanzpapier, das sich allen Tuschen und Kreiden verweigerte und selbst dem geliebten Bleistift nur matt entgegenkam, mit rotem und blauem Kugelschreiber gefügig; mit dem, was er haßte. Ab und zu fand er einen Filzstift, den das Papier annahm. Und jede Seite trägt auf der Vorder- oder Rückseite ein Bild, wie es in den Skizzenheften der Meister gehütet wird. Grieshaber hat nie ein Skizzenheft geführt. Seine Skizzenhefte waren Malbriefe und Tagebücher.

Do 18 July

[. . .]

M: Abschied

Fr. 19 July

früh kein Telef.

Claudia angerufen eingeladen

Holzschnitt (Farbplatte) Kreuzweg um zu sehen, ob getuscht besser
ist. Ist nicht, was mir Angst vor den Schmerzen im Arm [macht.]

Abends *Herzkollaps*. Anruf M von der Grenze. Schwere Spritze z.
Schlafen, hilft aber nicht. Magen lehnt Medikamente ab. Magen
leergepumpt. Angst vor tierischer Angst und vor den Krämpfen,
sonst einverstanden mit dem Tod!

Wäre Yannis* an der Achalm vorbeigefahren, hätte ich ihn auf den
Mund geküsst. Claudia sagte: «Mutter ist traurig!»

[. . .]

Sa. 20 July

5^h Dr. bringt Zäpfchen und Kompensan f. d. Magen. Schmerzen
bleiben. Prof. Seitz kommt von K'rhe. Trotz Fieber gehe mit ihm
den Achalmweg. Will nicht, wenn die Ärzte an der Tür schon eine
Diagnose bekommen. M** kommt, bringt Andruck vom (60 × 85 cm
Gouache Affen Andruck) Piperdruck, Kataloge etc. Ich reagiere
nicht mehr. Hole wieder Hausarzt der ‹Kanonenspritze› gibt. Schlaf
bis 2^h früh. Häussler*** verständigt Schettler Hdlbg.

So. 21 July

Schmerzen. Auch Magen. Kardiazol muss 10 Min. drin bleiben.
Bleibt nicht! Herr Häussler meint Beuys sei 1 Sauhund. Das tut mir
leid. Erinnere Vorträge Uni. Zeigte Dias von Brauner u. a. Talis-
mann Wax auf Holz (1943), Beuys ist nicht der Erfinder der Fettpla-
stik! Nachts Brief an Heissenbüttel: «Haben Sie Dank, den Vater
aus der Diskussion herauszuhalten. Der Hass der Söhne ist grundlos
(besiegte Väter sind halt wenig wert). Jeder Hass ist grundlos +
furchtbar. Kreon bleiben, Antigone lieben, Böll der auch die Antwort in der Südd. Ztg. kennt, glaubt, den Jungen gegenüber vor
einer Wand zu stehen. Adorno, der ihn in Ffm. umarmte, kann nicht

---

* Johannes Poethen
** Margot Fürst
*** Textilfabrikant und Kunstmäzen

131

verstehen, wieso seine Doktoranden plötzlich so geworden sind. Sie wissen, der letzte Engel der Geschichte hat eine Prothese zu viel. Was B. mir dazu gab, war leider nicht zu gebrauchen, was soll Notstand + Demokratie aus der Feder von Böll, in meinem von jeher sperrigen Kästchen?!

Weisse Federn schickten die Mädchen im 1. Weltkrieg ihren Liebhabern, wenn diese nicht als Kriegsfreiwillige sich melden wollten. Wolf Schön vom Rh. M., der sich noch zu den Jungen zählt (einer der Jungen, die Form nicht als Establishment denunzieren), er meint (schwarz-weiss wie alle Jungen): Warnach sei konformistisch (was Bense auch meint). W. Schöns Antithese: «Dieser verdammte Wirtschaftswunderstaat ist einer der humansten, die wir je hatten.»

(Der Doktor kommt. Muss verstecken! Keiner glaubt mir in diesem Zustand solche Präsenz.)

Aber das hat Ihr vieux schon von der Deutschen Republik gesagt! Ich will nie darauf zurückkommen. Mein neuer Engel hat den Arbeitstitel «Antigone» mit viel Originalgraphik natürlich für den Händlerverleger. War der letzte für die Studenten nicht *für* die Studenten, so soll dieser es sein. Können Sie mitmachen?

Bislang habe ich für Nr. 10 einen alten Brief (1955) von meiner Tochter und ein Gedicht von Margarete Hannsmann. Frau H., die jetzt in Jugoslavien ist, will noch Prosa schreiben. Antigone mit diversen Kreons. on verra.

Ende Heissenb. Brief

Studenten, die am Freitagnachmittag da waren (das Holz hatte mich bereits fertig gemacht) waren hell begeistert über Antigone III, las das Gedicht laut vor. 3 Wochen sind lang muss aufpassen mit dem Herz.

So. 21 July

Claudia + Kinderchen über Fuerstin* wieder ausgeladen (harmlos), gestern morgen schon. [...] Bin zu elend, kann nicht stehen. Vielleicht nächstes Wochenende. [...] Muss wieder auf den Weg. Bin eingesperrt...

Anruf Schettler Hdbg. kommt nächsten Sonntag und bringt sein Handwerkszeug mit. Soll bis dahin Adalbert Stifter und Conrad Ferdinand Meyer lesen... Mon Dieu! Ich kann nicht lesen.

---

* Margot Fürst

Anruf Warnach, soll nach Nürnberg kommen zu einer Diskussion mit Beuys. Diese Diskussion war schon vor 20 Jahren: Es war einmal ein Gaukler, der zog in seinem Reich, das gerade unter einem Kirschbäumchen Platz gefunden hatte, umher. Meist ging er an die Universitäten, wo jetzt wieder Studenten divisionsweise studierten. Sie trugen ihre alten Wehrmachtsröcke (ohne Abzeichen), die Offiziersstiefel und die Kleppermäntel der Kradmelder. Ihren Vätern hatten diese nichts anzukreiden, nicht, dass diese den Krieg verloren haben. Der Gaukler sprach von «Entlastung und Belastung durch Kunst»* und zeigte viel Kunst auf der Lichtwand dazu.

Der Kanonenschuß vom Hausarzt

[...]

Valium genommen. Schaue durch den Regenvorhang nach einem Zelt im Irgendwo. Schlafen   schlafen

Atu combin®

Sedapersantin®

Spasmo-Cibalgin®

Cardiazol®

16$^\text{h}$

[...]

Dr. K. verreist, darum heute keine Spritze. Werde später, wenn es nicht mehr so weh tut, einige Schritte ums Haus machen.

Heute 21.7.68 zum erstenmale nicht rasiert.

Maschine caput, nix Kraft

L'esprit travaille toujours

Doch bis zur Bank der Schillerhöhe gekommen, Nussblätter geschnüffelt und Skabiosen gegrüsst, allein. [...]

Jugoslavien ist unerreichbar.

Zigarette 2, 3 Züge

Mo 22. July

Psychopath? Ich hätte nicht in Tränen ausbrechen sollen, als der Arzt endlich kam (er hatte noch eine Operation), geheult, aus Wut auf die kreatürliche Angst, vor Schmerzen und je nun – auch Trauer. Lenin ist es ebenso ergangen. Er wollte unbedingt einen Arzt mit Bart haben bei dem man sich ausweinen kann. Karl Kraus sagt, es sei nicht wahr, dass Goethe friedlich starb. «Er schrie 3 Tage und Nächte lang in Todesangst.»

---

* Essay von Grieshaber, 1946/47

133

Hurrah, ich habe Zahnweh, das ist ein Lebenszeichen! Der Hausarzt meinte ich dürfe ihm fluchen und ihn beschimpfen, so gross sei der Kater nach den Injektionen. Keine Rede davon! Sie haben mich einfach heruntergespielt auf das Normalmass der Überunempfindlichen, der Dummheit

Hänssel* hat angerufen. Ich denke wir können wieder sind: nun voneinander geschnitten

                     geschnitten

eine Nacht wieder in C
3 Tage in C** gewesen...
Wie lange sind 3 Wochen?

                            22
                           VII
                           68

rasiert, Fischlein geschwommen, für Manus Nr. 1–75 signiert, Friedrichshafen (Der Künstler ist anwesend) und Club Voltaire: Diskussion, abgesagt. *M* ist beindruckt von Antigone III.
    Heissenbüttel sandte «Antigone war» für den Engel. [...]
    Hochschulgruppe sozialistischer Kunststudenten, München [...], «nimmt sich das Recht heraus, die Alten zu missbrauchen wie Sie es sehr schön in Nürnberg empfohlen haben!»
    Bekommt Solidaritätserklärung!

Jetzt Post von der Eduard-Pichl-Hütte***. Muss die Luft anhalten. [...]
    Jetzt Adumbran® (neues Mittel) [...]
    Vetter Reinhold**** schreibt: «Mnchn. nicht überbewerten! Tschi Lai hätte in Nürnberg bestanden, sogar dominiert.» Nett von ihm
    Hat gar nicht lange gewirkt, jetzt meint er auch, für einen Doppelochsen müsse eine vierfache Spritze her. Wenn wenigstens jemand die Besucher hier abhalten würde! Gerade kommt Danzer*****, dem die Wälder in Afrika gehören

                      ich kann nicht mehr

---

     * Verleger der manus presse
    ** *Drei Tage in C.*: Roman von Margarete Hannsmann
   *** Station auf der Fahrt nach Jugoslawien
  **** Reinhold Wurster, Vetter von Margarete Hannsmann
 ***** Holzhandlung in Reutlingen

Kopfweh, etwas mehr Fieber, breite Nudeln (nackt) wollen nicht beim vieux bleiben. Es regnet durch die Decke herein. Schlafen, schlafen.

Anna Kyriadu von Nürnberg hat unseren Griechenlandengel: «Es ist die schönste Begleitung für eine Reise nach Griechenland»

Ob alles auf der langen Reise verloren geht, nur registriert wird? Durch Kapitäns rosa Brille gesehen? Wo ist die grössere Einsamkeit? Auf dem Markt! Porträt Victor Brauner (1946/47 gezeigt) gemalt 1931 vor seinem Unfall. Das Bild zeigt von einer Stange durchstossenes Auge (der Anfangsbuchstabe dessen, der später den Unfall verursacht hatte – Dali). B. hat in seiner Jugend in Rumänien von einem Skandal gehört. Sie [er] löste den zähen Spuk bei ihm aus. (Einer Dame der Aristokratie wurde im Liebesakt vom Liebhaber ein Auge ausgedrückt). B. hat seine Empfindung in Kunst übersetzt, vielleicht um in Paris Aufsehen zu erregen? [...] Das Leistungsmässige des modernen Ich beschränkt sich meist auf die Projektion ins Visuelle. Es ist eine geistige Verarbeitung, etwa wie eine geistige Verknotung an der Kunst sich festsetzt. Eine Kunst in der Ängste nicht aufgehoben werden zu etwas Neuem. Darum ist auch kein Umschwung gegeben, der B. hinweg hätte führen können von dem Unglück, das ihn erreichen musste. Wo das Band der Gemeinschaft noch einen umschlang, da konnten nicht solche Geschichten herauskommen, unkontrolliert von der Persönlichkeit ausbrechen.

Heidenheim 8. 4. 48

Die Prähistoriken begegnen sich, die der Nacht geben ihren Raum an die des Tages ab. Anatole Jakovsky

In Heidenheim 8. 4. 48: Die intellektuellen Begriffe und gesellschaftlichen Vorurteile mit denen wir uns gegen unsere eigene Kindheit abschirmen . . . . .

Martin Buber sagt einmal: «Der Held des Dichters darf sagen was er fühlt, aber *nicht wie es zugeht*, dass er fühlt, denn sonst ist der wirkliche Mensch ins Fiktive hinabgesunken. Der Held des Dichters darf prahlen, darf lügen, aber er darf nicht jene selbstanalysierte Wahrheit reden, welche die Zersetzung der Wirklichkeit ist.»

oh Ulrike*!!

---

* Ulrike heißt Margarete Hannsmann in ihrem autobiographischen Roman *Der helle Tag bricht an*, dessen erste Kapitel Grieshaber kannte.

Alter Arbeiter von Nürtingen gekommen (10 Jahre KZ), kein Magen und keine Milz mehr. Er hat die 1. Revolutionsplakate der Sowjets immer noch und alle AJZ. Schreibt jetzt, geht damit zu Brustgi* nach E. Seine Frau die nicht in der Partei war hat mir einmal alle seine Schätze (im III. Reich) gezeigt. Es war ein schwäbisches Mädele, das sich lieber schlachten hätte lassen, als etwas von ihrem Mann der Gestapo auszuliefern. Konnte nicht viel nach ihr fragen. Sie ist tot. Die neue ist irgendwie auch gut zu dem sterbenden Mann. Er ist einer jener, die hier wie drüben verfehmt sind.

Das braucht wieder Adumbran

Wohl dem der nichts weiß von fremdem Geschick!!

Samstag 20. July 68 23⁰⁵h   2. Akt Tristan + Isolde
                                                     Nationaltheater Mhm

Duett: «So stürben wir / nun ungetrennt / ewig einig / ohne End' / ohn Erwachen...» sang Tristan. In diesem Augenblick hörte man ein krachendes Geräusch. Keilberth (Generalmusikdirektor, 60 Jahre) stürzte vornüber nach links. Er schlug mit dem Kopf auf die Eisenbrüstung des Podiums. Er atmete nur noch wenige Sekunden.

Prof. Seitz K'rhe war aufgehalten an der alten Stelle der Fernstrasse nach Rtlg. zu uns, machte Mund zu Mund Beatmung. 2 Unfalltote

Bulldoggen:

Marylin wird blind

Mr. Butsch muss operiert werden, aber wer schläft ihn ein? Wird auch blind

1 Türkenkücken ertrunken. Mit Ateliertüre das Wasser abgedeckt

                                         20
                                     VII 11ʰ
                                     68

Nürnberg Eröffnung Künstlerbund

Beuys: «Ob man sich nicht vielmehr auf die Position des Individuums in allen Bereichen neu besinnen müsse, etwa in Bezug auf die Liebe?»

Mahlow: «Lieber töten und verbieten!»

Student: «wie vorläufig doch alles sei, was man zu tun habe; dass man es aber tun müsse, auch wenn es ins Wasser geschrieben sei...»

---

* Franz Georg Brustgi, Schriftsteller und Herausgeber, der damals in Eningen lebte.

Piene: «Künstler wollen keine Almosen, seien auch keine Bohemiens, sie wollten ihre Arbeit in die Gesellschaft tragen...»

Carlo Schmid: «Goya habe seine Schreckensbilder ohne ‹Intention› gemacht, weil es in ihm überfloss, weil sein Abscheu einen Ausdruck suchte.»

22. VII. 68 16^h

Ein Litho 2 fbg. Perlhuhn zum Engel gemacht. Probe bei Emil Matthieu Zürich wenn Manus will? Lithotusche mit destilliertem Wasser aus dem Bügeleisen angerührt.

Zwischennotiz: Heinz Schoof (10 Jahre Zuchthaus) stach nach einer Aufführung des «Action Theater» in Mchn. der Antigone seine Freundin nieder

Der Rizinus ist erblüht, viele weiße Glockenröcke eine ganze Kinderparty. Für Claudia + Kinder morgen (10^h) [...]

80 Martin Luther King signiert für Manus. Porträt M Titel! Engel 10 genehmigt. Gedicht Antigone III und Text Heissenbüttel wird abgesetzt. Lithos gehen nach Zürich. Prosa M steht weiterhin an. Schnell schlafen Genosse! Morgen früh 3^h Abfahrt der Familie nach Montana. Ob ich doch ein wenig vorher esse? Jahresgabe für Stadt Singen ist abgezogen und liegt für M morgen bereit. 2 Objets aus Eisen sind zwischen den Papageien draussen montiert. Hänssel meinte Galerie Maeght. Ist aber nur ein Spass.

Aus MS*. 1947: «offenbar produziert Picasso bald ihn entlastende Dinge die dann erlösend wirken durch die Form. Wo Belastung sich zu schwach äussert (Surrealismus der Form bei Baumeister) ist es ein relativ geringer Einbruch der Belastung (Klee, Miro)

Viel Medikamente
!Fieber!

23
VII 7^h
68

Mein Kopf, mein Kopf! Adumbran ist ein schlimmeres Pharmakon wie Valium. Man gibt es bei Verhaltensstörungen im höheren Lebensalter + bei Sexualneurosen. Ein Medikament der Psychotherapie. Das muss mit den andern Mitteln zusammen mich so betäubt haben. Werde alle Arzneien in den Papierkorb werfen! Schon verschlafen – trotz Wecker am Arm, der mich um 2^{30h} wecken sollte. Nun sind sie fort nach Montana. [...]

---

* Grieshabers Essay *Entlastung und Belastung durch Kunst*

Das Spiegelbild etwas blass. Sollte für Claudia rouge auflegen, sonst ängstigt sie noch durch die Post: Jugoslavien. Nobody knows... Überhaupt eine Zumutung dieses Gekritzel, kommt es auch hinterher wie die alt Fasnet. Ich freue mich auf das richtige Leben das bald kommt. In 1 Stunde? [...]

Ob Claudia wirklich diese Nasenflügel, feinen Nüstern wie auf der Zeichnung in Heidenheim noch hat? [...] Die Papageien müssen heraus (jetzt regnet es sich ein) [...]

Die Papageien und die 12 Kücken des Türkenerpels sind draussen zum Empfang bereit...

12³⁰ Denke es ist gelungen. Claudia hat nichts bemerkt. Signierte für Friedrichshafen mit *M* im Atelier. Scheck usw. Bei Claudia passt die Beschreibung der Gene aber viel mehr als bei Cornelius*. Jene Beschreibung damals. Ist blumenhaft lieb und ein wenig böse auf Jugoslavien. *Ihr* Jugoslavien!

Mama würde kein Gedicht schreiben davon, dafür sorge sie, meinte sie ganz energisch. [...] Das mit den feinen Nüstern stimmt.

[...] Immer Libelle beim ersten Anflug, wo die Flügel noch feucht schimmern. Der Mann muss wohl viel ersetzen...

M brachte neue Dokumente über Hilda Monte, ihre Schwester. Sie hat also Peenemünde (Raketenstützpunkt) entdeckt und die Bombardierung gelenkt. Das wusste bisher niemand.

Zum Glück gab es Kinderbücher (ich mache gerade eines** im Parabel Verlag Mchn.) *M* hat Proben des Verlages mitgebracht. Damit stimmte alles, war kindlich für Claudia.

Ein Sturm zieht auf. Papageien hereingeflogen. Die Hunde geholt. 12 Kücken gesammelt und versteckt und keine Adresse in Jugoslavien. Ein Dutzend Orte und Inseln von Claudia gehört, Namen die man nicht behalten kann, das war alles. Vale, valium! Halt, Tierärztin ist da. *Ich* sollte den Arzt haben... nasser Lappen aufs Herz tuts auch

irgendwann nachmittags...
schwerer Schlaf im Traum ein Gespräch und jedesmal unterbrochen durch das Telefon, das doch gestört ist: «Mein Telefon ist gestört, ich verstehe Sie nicht, bitte legen Sie auf, es ist eine Ableitung. Ende. [...]

---

* Margarete Hannsmanns Sohn
** HAP Grieshaber, herzauge. Parabel Verlag, München 1969

Yannis in den Oliven? 20 Jahre jünger, könnte mein Sohn sein. M. allerdings nicht meine Tochter!!*

Dies fängt an ein Bordbuch zu werden. Irgendwo im Dunkel segle ich mit einer defekten Pumpe. Wasser ist im Boot. Ich bin allein. Wie Hemingway in Fiesta: «Der Junge war 14 Jahre alt, allein bis auf seinen Degenträger und die drei Anhänger und der Stierkampf sollte in 20 Minuten losgehen, er stand da, gerade und gut aussehend und ganz für sich allein, allein in dem Zimmer mit seinen Anhängern, als wir die Tür schlossen.»

16^h Jetzt müssen sie die Leitung gekappt haben, mein Ruf nach dem Arzt geht nicht ab, 6373 . . . 6373 . . . 6373 . . . 63 aufgestanden, im Zimmer nachgesehen, [. . .] ich habe nur diesen Brief [. . .] Aber er ist auch nicht ein Sudeldiarium in dem es nur heisst ich, ich . . .

Außerdem soll man ja so viel «ich» wie möglich in einen Liebesbrief tun. Doch dies ist keiner, es schreit, brüllt, und doch: ein Herz, das daran brechen will, ist nicht alt, ein Herz wie eine Fahne in der Schlacht. Sie muss nicht verloren sein . . . Es wird wieder eine gefährliche Nacht

Midas kommt ans Fenster

Sita hat eine Maus auf die Zibetkatze gelegt

Die Albberge!!!!!!

«Der Künstler», sagt Goethe, «muss eine Herkunft haben, muss wissen woher er stammt»

Oh Ulrike! Unsere Alb!

[. . .]

Eine Kiste Vogelfutter kommt. Scheck

Aber ja doch gibt man den Möwen sein letztes Brot. Sie kommen vom Land! Diese nahm einen Zettel für die Störungsstelle mit. Das Zoohaus heißt «Lichtenstein» [. . .] Zierfische, Futter, Angelgeräte, Zubehör. Zubehör ist der Herr Professor. DM 40.20

Sein Geld fliegen sehen!

Studentenpfarrer mit vielen Flaschen «Trittenheimer Altärchen» Von der Laurentiuskapelle (Weingut). Einladung ‹Moderne Graphik› Kunstausstllg zum 16. Kath. Studententag in Tübingen mit Originalholzschnitt gedruckt Schwarz (Lesender) auf grauem Papier

Die Studentenpfarrer brachten 100.– DM für den Ensorfilm, aber vor allem die Nachricht, dass bereits 3 Studentenpfarrer hätten gehen müssen (von den Studenten aus). Was ist ein Priester dann

---

* Anmerkungen zu einer farbigen Filzstiftzeichnung

noch wert? Letzte Öhlung vom SDS! Mon Dieu! Bin wieder munter. Ensor! Ensor! Ausserdem wird es Abend, leichtes Fieber, viel Sanftmut fast Feierabend. Das Schwarz auf Grau ist schön! Und dunkelblau die Berge wie in Jugoslavien. Was ist Wahrheit?

> Wenn wir Kunst
> nicht haben und
> wollen das Wahre
> finden
>
> Dante

Verflucht und zugenäht, wenn man mich mit Medikamenten herunterbringen will, dann macht man mich doch fertig. Der Teufel hole das Beruhigungszeug. Was Hebammen mit Ärzten auf Korridoren sprechen. Ich kenne mich. Ich brauche das Gegenteil! Mich kann man nicht normalisieren! Oder auf eine Normalwaage stellen. Hat man nicht vor der Operation intravenös aufgebaut bis zum Euphorischen hin? Jetzt tut es weh. Da muss was hin sonst sinkt mein Boot. Bis Sonntag, wenn Schettler komme kann es zu spät sein. [...] Ich muss SOS geben. [...] Cardiazol hat nicht geholfen! [...] Wenn mir Heizkissen (Wärme) gut tut, dann nehme ich sie eben! Auch wenn das nicht der Brauch ist. Ich muss gleich anrufen. Die Nacht ist noch lang. Vielleicht hat das Telefon ein Herz?

Endlich den Hausarzt. Er nimmt es mir nicht ab. [...] Ich soll mich zurückhalten mit dem Alkohol. Ich werde gleich verrückt. Seit Fürstenfeldbruck nichts getrunken. Also nicht den Haus-, sondern den Hautarzt anrufen. [...] Der Hautarzt war aufmerksam. [...] Alle Mittel bis zum Somnupan sind Dämpfungsmittel (er hat manches gesehen). Rät zu starkem Café. Ich mache einen starken Café und trinke 1 Glas Cognac. An der Dummheit sterben das wäre das Schlimmste. Schweig stille mein Herz [...]

11^h Telegramm OB Friedrichshafen Herzlichen Dank für Eröffnung meiner Ausstellung. Der Künstler ist anwesend. Sie sehen ihn überall in Ihrem Museum. Grieshaber [...]

> Mi. 24
> VII
> 68

«möcht mich unter Blumen schlafen legen und kein Soldat mehr sein».

Telefon ist wieder gestört [...]

Schwerer Anfall, seit Stunden. Will ich gelesen werden. Oft, oft.
Jetzt nicht. Warum trotzdem? [. . .]
Präsenz   (präsent sein)
und
Aktion   (unmittelbar)
sind *nicht* alt. Wer auf die Hinfälligkeit des Menschen zeigt, den
lieben die Götter nicht! Es gibt auch eine Hinfälligkeit der Seele.
Claudia an unserem Kaffeetisch wäre für sie bestimmt zu viel gewesen. Sie hätte keine Heimat jetzt zur Schillereiche.
    mag sein die Zeichnung von Claudia in Heidenheim ist beein-
flusst. Was für eine kühne Ulrike steht hier wieder auf! Und nach 8
Jahren so ein Hascherl. Ich zeigte wohl mit Erfolg ihr einen gesunden, sehr beschäftigten und leicht abwesenden Hausherrn, der sich
aufs Wiederkommen freut. [. . .]
    Mein Bett ist kräftig gewürzt, es riecht nicht säuerlich nach altem
Mann
    Denke mit Wehmut an die trunkene Stunde in Fürstenfeldbruck
[. . .]

                                                            25. 7.
Wär von mir im Augenblick noch irgend etwas da, diese Post machte
mich wahnsinnig. Wozu das Ganze? Immerzu fahren Züge, starten
Flugzeuge, gibt es ein Zuhause mit Kind + Enkelkindern, eine
Achalm.
    Alles falsch. Die ganze Reisescheiße. Aber da das Letztere gerade
nicht sehr frisch ist, mag es hingehen.
    Ob ich das Rezept, das nun vom Arzt in Stgt. gekommen ist,
einlöse? Eine Hormonbehandlung, ob es sich überhaupt noch lohnt?
    Jedenfalls so viel ist mir klar: wer alles liegen und stehen lässt nur
für den Augenblick lebt, da man gebraucht wird, das *ist die Frau* eines
Mannes und das stand auch im 1. Brief.
[. . .]

[Zeitungsausschnitt]:

Auch Elefanten haben Herzbeschwerden

                                                    London (UPI)
Zivilisationsschäden sind keineswegs nur für den Menschen kenn-
zeichnend. Auch Tiere leiden darunter, vor allem Elefanten. Auch
sie beginnen, wenn sie in Massen im Zoo leben, zunehmend an

Arterienverkalkung und an Herzbeschwerden zu leiden. Die britische *Heart Foundation* hat kürzlich eine Studie über die Gesundheit der Elefanten in Kenia und Uganda finanziert. Die Leiterin der Studiengruppe, Dr. Sylvia Sykes, stellt in ihrem Bericht fest, daß mehr und mehr Elefanten an Herzattacken und Arteriosklerose sterben. Am häufigsten treten die beiden Todesursachen in den Tierparks auf.

Frau Sykes stellte bei allen Elefanten, die in Zoos großgezogen wurden, fest, daß sie physisch älter waren, als sie es der Zahl ihrer Jahre nach hätten sein dürfen. Eine Kontrollstudie bei frei umherstreifenden Elefanten dagegen zeigte, daß diese keine Spur dieses Zustandes aufwiesen. Die Bergelefanten, deren Umwelt ideal ist, hatten starke Herzen, die Zooelefanten schwache. Verblüfft war die Ärztin über die große Ähnlichkeit der zunehmenden Verhärtung der Arterien bei Zooelefanten und bei Stadtmenschen. Worin die eigentliche Ursache der zunehmenden Verkalkung liegt, wußte sie nicht zu sagen. Die in der Natur lebenden Bergelefanten hätten hingegen überhaupt keine Arterienverhärtung aufzuweisen.

Häussler ruft an (das Telefon ist endlich wieder gut, Blitzschlag in der Empfangsdose) Bock Klinik Tbg. bietet ein Bett. Ausgemacht Sonntag mit Schettler zwischen Nussbaum und Skabiose klären, ob der vieux Öl oder Wasser ist. *Er ist* Öl! [. . .] Sch.* ist ein guter Knecht, der weiss, sein Herr braucht blanke Hufe, blanke Augen und eine blanke Geliebte

Efeu und Olivenblätter zu Füssen des Tages. Wie schön! Dabei ist dieser Tag besonders trüb

Zu angenehm, immer wieder weg zu sein –

[. . .]

Fr. 26/VII/68

Post, 2 blaue Himmel. 1 von Ricca Montana (alt 1500) Lac Monbra. 1 von Rabac von Joannis. Viel, arg viel Blau. *M* schreibt: «von Friedrichshafen bleibe eine helle Luftigkeit.» Es bleibt also nur was vom blau, *hell*blaue Aquamarine bei Moritz** in Nbg.

Viele Stunden später. Claudia hat keine Post. Nichts zu sagen.

---

* Grieshabers Drucker
** Professor Andreas Moritz, Nürnberg

Dämmern. Bitte, bitte, keinen blauen Postkartenhimmel mehr von irgend woher – – –

Der gute Vetter Reinhold [...] ist hochanständig. Einen Beuys von ihm zu verlangen, das wäre fast unanständig. [...]

Die Götter werden wütend, sie rasen, wo große Liebende getrennt werden. In ihrem Rasen fallen schreckliche Tabus, wie dieses Heft zeigt, auch der Vorhang vor dem Tod. Offensichtlich gibt es nicht viele (sieben heißt es) Leichen. Nur wer im Feuer der Götter steht, *nicht* der Unbeteiligte, *Benachteiligte* wird vom großen Blitz getroffen, der Liebling der Schönheit wird es ALLEIN *allein*

Sa. 27
VII
68

Die Götter mögen kein Frühstück.

Weder ans Bett gebracht noch im Korridor hinuntergeschlungen. Die Götter mögen Korridore überhaupt nicht. Keine Topflappen, Einkaufsnetze nicht, Terminkalender nicht, keine Orte wo man hingehen muss die man gesehen haben muss WO ES SCHÖN IST. Puh sagen die Götter so eine Scheisse. Haben die Götter mit uns heute etwas vor? Nein! Wollen sie, dass wir...? Nein! Gibt es überhaupt die Götter? Gibt es denn uns?

[...]

Munzig hat 2 Tage telef. + telegr. um endlich (von Beuys) die Genehmigung zum Fotographieren in Mchn. zu bekommen. Er wird Montag anfangen, Mittwoch Abzüge haben. So könnte 1 Foto noch in den Engel der Antigone hinein. Hänssel bringt heute die Proben der Lithos, des Totenvogel. Weiss nun, welchen Affen Warnach an Beuys gefressen hat, Das, was auch der Presse in Nürnberg imponierte. Es ist der Gallimathias, mit dem Beuys herum wedelt, seine *Grundidee*: «Dann würde Kunst auch alle anderen menschlichen Betätigungen wie Wissenschaft, Religion, Politik usw. umfassen.» Ich bin bereit in Ohnmacht zu fallen. Schon das «usw.» langt mir. Wenn so ein Grossaffe von «menschlichen Betätigungen» spricht, fällt der stärkste Neger um! Habe wieder Lust zu leben! Muss anfangen, das was in Nürnberg vor Bewunderung der Schönheit liegen geblieben ist, wieder aufzunehmen, wie eine heruntergefallene Masche. Die Kaiser! (Sie scheinen es in Nürnberg nötig zu haben, ein Glückwunschtelgr. des KB* nach Friedrichshafen beweist es) [...]

---

* Künstlerbund

VII

68

Conzept Text ist anders

Gen. Dir. Dr. Erich Steingräber Germanisches Nationalmuseum Nürnberg

Auch mir tut es leid, Sie verehrter Herr Direktor während der turbulenten Tage in Nürnberg nicht angetroffen zu haben. Ich verstehe aber gut, was Sie und im speziellen mit mir vorhaben. So ungefähr das Gegenteil was bei dem Hearing in der Kunstakademie herausgekommen ist: Keine Meisterschüler mehr. Vielleicht wirkt meine Kraft bei Ihnen mit, diesen Unsinn zu corrigieren. Vor der Meistersingerpartitur, Dürers Kaisern als Handwerker zu bestehen. Die Moderne als Ablasszettel gegenüber der Geschichte wäre uns zu wenig. Sicher eine «Inkunabel» von den 30er Jahren und dazu «Persephone» mit den «Noces». Vielleicht noch die «unendliche Natur» oder die grosse Achalm wie Dr. Schadendorf findet. [...]

Hänssel bringt Litho Totenvogel. Soll an Beuys schreiben für ein Litho zu Antigone. Inzwischen sind 3 Wochen Ferien bei der Lithographiewerkstatt. Totenvogel erscheint nicht im Engel, trotzdem er gut ist. Werde neue Lithos machen. Claudia sagt schon Ende der Woche. Ob das Leben wieder beginnt?

Claudia meint Mama wird immer schön braun.

Während ich mich behutsam vom Hades zurückziehe, wechselt die Szene in eine noch trostlosere Landschaft. Don Quichotterie? Das ‹Jetzt› welches über mein Werk herrscht bestimmt die Zeit – bis zum Samstag – als mein Schicksal. Wie fasse ich das[s] jetzt, wenn es mir besser geht, drohende Bilder auftauchen? Auf des Messers Schneide. Es ist nicht gut was im Zeitlichen geschieht! Es ist ein Verbrechen an allem was bislang darüber hinausgetragen hat. Ach die Schönheit!! Wer rechnet hier? Das Altern der heidnischen Zeit hat auch immer den Jüngling erfasst. Die Griechen standen anders in der Zeit!

[...]

Man hat festgestellt (ich bin böse), dass eine Frau im Laufe ihres Lebens ca 20 Pfund Lippenstift verschluckt. Über die Liebhaber gibt es keine Werte, dafür sind glücklicherweise mehrere ... Ich verliere die Contenance, Pardon!!

Sterben wollen war doch edler?

[...]

In der Hölle wieder gesund? . ? .

!!?? zu sein, grosse Entscheidung: 18^h

hab allen Gedanken hier Halt geboten. Hier wird nicht weitermar-
schiert. Ob weitergeschrieben, diese Entscheidung will noch gewählt, getroffen, ergriffen sein!

Man sollte, rät Gustav Schwab den Staufen zum Sonnen-Untergang benutzen, den Sonnen-Aufgang des anderen Morgens aber für
den Rechberg sparen. War nach Nussgeschnupper bei den Salbeien
oben zum Sonnen-Untergang also beim Staufen. Die Achalm enthält
alles was ich brauche. Ich sah unbehindert durch Wolken über der
rauhen Alb etwas heraufkommen, *einen* Himmel über *einem* Land

Gustav Schwab hat recht, es ist der Rechberg heute Morgen gewesen. Alles gibt die Achalm. Ludwig Finck nannte sie den Nabel der
Welt, sie ist Griechenland, Jugoslavien, alle Länder. Es ist das
Wunder der Schönheit. Ihre Intensität. Ich weiss jetzt wie die Lithos
zu Antigone sein müssen. Ob ich es kann? Ein Wunder kann man
nicht in die Schublade legen; auch das bemalte Ei vom letzten
Osterfest, wird aufgehoben, halt faul.

Die Achalm gehalten, ein Leben lang und fast einen Tod lang,
gehalten zu haben, ist vielleicht so wie der Körper für eine Frau,
bereit ist, schön zu sein?

Die Griechin (Frau des Sohnes von Barbarossa) wird den *freien*
Ausblick nach *allen* Seiten vom Staufen herab ebenso geliebt haben
wie ich den hier. Was am Albrand zu ruhen kommt lässt die Sehnsucht nicht ganz ausufern, auslaufen, es sind die Stufen des Parthenon.

Nach schwerer Krankheit hängt man eigentlich der *schönen* Maria
vom Rechberg ein Opfer auf. Die Chronik meldet, die schöne Maria
habe dieserhalb viel Sachen um den Hals, bisweilen lächerliche und
ungereimte Dinge, «welche zu nennen die Schamhaftigkeit verbeut»
ja ja

Während die Künstler immer weniger Geduld aufbringen
(«Fluch, vor allem der Geduld» sagte schon Goethe – aber der meinte
es anders) alle heute nur darauf aus sind, etwas zu machen was noch

nie jemand vor ihnen gemacht hat, also etwas ganz Neues (was bestimmt nicht schlecht ist), muss ich fortführen was begonnen ist. [Ist die] Alb einfach zu klein? Ihr Raum ist ein anderer, nie die Wüste von Nevada.

Da gibt es eine reiche Witwe, Mme de Maria die in einem Dorf der Provence lebt. Ein Schloss, Kirche, Dorf, verfallen und fast unbehaust. Mme die alles gehabt hat, was man für Geld im Leben haben kann, fand den Ort hübsch als Altenteil, um «zu lesen, mit dem Schäfer zu plaudern und bei Sonnenuntergang hartgekochte Eier aufzuklopfen». Mit dem Bürgermeister kam Mme zurecht, so nach und nach (seit 1960) das Schloss, die Kirche, die Tore und die Dorfstrasse zu erneuern. Viermal soll Mme das Dach der Kirche probiert haben mit den Maurern die sie extra dazu angelernt hatte. So weit, so gut.

Irgendwann kamen natürlich auch Touristen aus Paris und Mme bat Minister Malraux das Schloss und sein Dorf unter seinen Schutz zu stellen; damit nicht das Dorf zum modernen Campingplatz wird. Malraux tat auch das Rechte, hatte aber nicht mit der Habgier der paar Bauern gerechnet. Sie fingen aus Wut an, Pop zu machen. Drohten jedes einzelne Haus rot, blau und grün zu malen. Mme ist heute nicht mehr im Dorf, sie rettete gerade noch das Leben. «Wenn ich tot bin», sagte sie, «will ich einen Grabstein haben, auf dem nur ein einziges Wort stehen soll: Uff!»

Nie von Ideen ausgehen, immer bei dem bleiben, was man liebt, dem man verhaftet ist. *Das* machen!

Ein Volk das keine Träume mehr hat ist verloren!

(Von den Achalmwegen)

Montag 29
VII/68

«Er baute frisch auf diesen Höhn
Und hiess Achalm den Ort»
Kamelhöcker, Schafsrücken, Pferdekoppel, Ziegenbauch, springende Katze als Albrand. Feldhasen mit grossen Ohren (Wind von hinten) alles gegrüsst in den Bäuchen, Brüsten der Achalm. Unten jetzt auch ganz leer. Schön alles, eine Vorbereitung, Ausbreitung meines Jetzt.

1948
Wenn es schon fraglich ist, ob die Impressionisten als Gattung genussfrohe Bürger waren, so ist sicher, dass Cezanne litt, sonst

hätte er nicht seinen hohen Ernst erwerben können. Demgegenüber sind Monet und Renoir lebensfroh wie Boucher und Fragonard während Manet (gleichzeitig lebend) sehr ernst ist. Er verhält sich zu Monet und Renoir wie Watteau zu Boucher und Fragonard.

1968

Häussler möchte nächste Woche den Fahrer schicken zur Picasso-Ausstellung nach Baden-Baden. Bin aber ab nächsten Montag wieder allein auf der Achalm und muss die Tiere/Türe hüten

Bei den Skabiosen:

Toleranz ist die letzte, oder mindestens eines der letzten Weisheiten.

[...]

Die Fahne Ulrikes steckte lange im Futteral, nun weht sie über der Achalm.

Zu Sch. auf seine Frage, wie wird das nun hier? Die Achalm ist die Achalm. Wir sind Bauern, schauen auf dem Hof herum, lassen die Leute dableiben und haben immer Rücklagen für Neues. Nichts ändert sich ausser dem Wetter.

29./VII./68

I like Tito.

Montag 9³⁰ Drei Briefe! Drei Titos! Di. Mi. Do. Dank! *Jetzt* 3× rot jetzt 3× blau *jetzt* gewesen   Dank

Endlich Dienstag der 30. 7. 68 gestern 3 × Post von M, Antwort wieder herausgerissen, hier, (2 Seiten). Antwort??

Antwort schon gegeben!

Wenn 20 Jahre wie ein Tag sind, dann auch sind es 10 Tage: *Gleichzeitigkeit*

Schauen / Glanz / werdender Turm   Jetzt verstehe ich die Chinesen, jetzt!

[...]

Claudia hat eine Karte, mit dem Bericht von der Schwierigkeit auf eine Insel zu kommen (Fähre). Aber diese Karte ist, sie hat nichts gemein mit meinen Karten, die «stechen». Claudias Zeit ist woanders orientiert. In der Zukunft. D. h. sie fragt sich, wann muss ich die Schillereiche verlassen. Wie relativ ist Zeit! Zeit ist für Claudia gar nichts. Meist etwas, das vertrieben werden muss, das nicht vergehen will, etwas, das man gar nicht fühlt, sie weiss nicht, was Zeit ist, vor morgen. Was in diesem Diarium «Zeit» ist, das ist wahrscheinlich gar nicht existent. Ist mir aufgezwungen worden! Ich hoffe dieser Zwang rächt sich wie alle Zwänge. Es sind die Zwänge, der Schwachen und Hilflosen, der Ängstlichen! Massive Zwänge, wie ich weiss. En face sieht man gut, was für Kinnbacken oft in weichen Gesichtern stecken. Aber man kann auch nachrechnen, was einem aufgerechnet wird. Es stimmt dann nicht mehr so. Die Daten stimmen nicht und ihre Repression erst recht nicht. 20 Jahre können viel oder nur die Hälfte sein!

.·

Mittwoch, den 31. July 68

Die Achalm ist immer gut zu mir. Der weite Blick stärkt die Sehnsucht und lindert sie gleichzeitig. Die Wege trösten immer. Ich war ihr nie zu jung und nie zu alt. [. . .]

Aus ihren verborgene[n] Buchten und Schatten kamen nie vergiftete Pfeile mit Widerhaken in mein Denken. [. . .] Hasen hüpften heraus! Wenn auch, wie gestern Abend, der altbekannte Feldhase tot auf dem Weg lag (vom Auto totgefahren, ist begraben), so schenkte sie mir heute Morgen ein ganzes Pärchen, das dort hinten in der Bucht tanzte, wo ein Merkzeichen der Liebe für mich ist. Die Silberdisteln schlafen noch unter grünen Stacheldecken. Hoffnungsvoll wendet sich die Jahreszeit. Die Achalm hüllte wie ihre Silberdisteln den Wahnsinn ein und verbarg ihn der Neugier. [. . .] Denn die Achalm ist ein Weib, ihre Formen sind weiblich und sanfte Brüste. Ihre Verwandten (männlich) haben Tannenwälder, «der» Staufen, Stuifen, Rechberg.

[. . .]

Es ist für mich Glück, dass M so offen und unbarmherzig wie die Natur ist. Ganz der Schönen! würdig! Auch die Achalm ist der Schönen wert. Die griechischen Götterstatuen waren nie gnädig und barmherzig. Ihre Augen waren blind, nur nach der herrschenden Mode schön bemalt. «Sind meine Augen auch richtig nach der herrschenden Mode bemalt», frägt die Chinesin bei der Hochzeit ihren Gatten. Die eisenharte Backsteinmauer des Kantschen Gesetzes will ich mir in Zukunft und zum Schluss gewiss schenken. (Was für eine Eskalation! Mon Dieu!) Ach – Achalm stöhnte der Ritter . . .

[. . .]

Nach diesen Ferien (ich habe nie Urlaub gemacht, nötig gehabt) wird es nie mehr sein, wie zuvor. Das Buch der Trauer für Y mache ich gern und schön. Nun ist die ‹Stunde des Wolfes› gekommen. Der Preis war zu hoch. Vielleicht ist damit alles zu ende, ich weiss nicht, mein Gefühl *bleibt* ein dankbares Gefühl, dankbar für Schönheit. Ein

Glanz des Wahren (sagt der Aquinat) der immer plötzlich und unmittelbar da ist, wenn ich die Augen schliesse. Von *keinem* vermittelt und von *niemand* behindert . . .

[. . .]

Kein Ps. mehr! Fest wie Natur ist meine *Hand* die schneidet

[. . .]

Donnerstag den 1. August 1968

Zur Schillereiche kehren die Gedanken wieder zurück. Dort hat sich wohl inzwischen alles eingespielt. Ob es mit Ulrike jetzt weiter geht? Oder dort wo es am Donnerstag vor 14 Tagen aufgehört hat: M? oder mit Maat und Kapitän usw. . . .? Claudia hat schon vor Tagen den vieux wie eine lästige Fliege abgewehrt am Telefon. *Mädchen mach die grünen Schürzenbänder auf!* Es wird sonst dort alles sein wie es immer gewesen ist: War es schön im Urlaub? Dias? Nein, wie die Zeit vergeht

1948–1968

Ende der zwanzig Jahre. Man kann sich nicht dauernd in verschiedene Altersstufen zerlegen. Richtig ist im vorne herein nichts zu respektieren. Alter, Bildung und was alles von Jetzt hinwegführt. Es scheint wir haben keine Erkennungszeichen mehr. Und ⌐ ⌐?!

Der griechische Gastgeber zerbrach ein Tontäfelchen und gab dem Gastfreund eine Hälfte, die andere behielt er (⌐) so dass der Gastfreund oder dessen Freunde und Verwandte am Besitz der passenden Hälfte als Freunde erkannt werden konnten.

Können wir einander durch Zeichen verständigen ⌐ ⌐??

Der KZ-Arzt Clauberg stand jeden Morgen um 4^h, bevor er die Frauen sterilisierte auf und ging eine Stunde in den Wald, die Nachtigall schlagen zu hören.

Helfen wir uns auch morgen, diese Welt zu ertragen?

⌐ ⌐?

[. . .]

Wie man in der Nebelkammer (physik. Gerät um die Bahnen von Atomen sichtbar zu machen) nicht sagen kann: da *ist* ein Atom,

---

⌐, das griechische G, war das Symbol für Grieshaber;
⌐ das Symbol für Margarete Hannsmann

sondern nur da *war* ein Atom, so geht es mir mit diesem Heft, je länger es dauert bis Antwort kommt, umso weniger kann ich glauben, dass es überhaupt noch eine gibt. Bei der Nebelkammer arbeitet man mit Trockeneis. Auch das stimmt gut ins Bild, die Achalm wird ohnehin mächtig unterkühlt.

Bin wieder zu den Ulmer- und Uracherdrucken aus dem XV. Jahrdt. zurückgekehrt. Zum Bidpai, dem Buch der Weisheit, das über Indien, Siam, Java, Persien, Russland und zuletzt über die Araber nach Spanien und von dort aus auf die Alb gekommen ist. Wie 1933 ist der mittelalterliche Holzschnitt, wieder das, was mein Herz tröstet. D. h. ich finde also nicht für mein subjektives Lebensgefühl eine aufregende Form – Wurzel, Knochen, ein perforiertes oder zerstörtes Gebilde, nach dem ich dann das Bild baue und somit der Vision hinterher renne, sondern ich versuche wie ein Chinese ganz voll von Regen zu sein (es regnet jetzt), von Salbeien, Hahnenfüssen, Albhügeln . . . um erst dann zu beginnen. Das ist der umgekehrte Weg, wie ihn die moderne Kunst eingeschlagen hat. Er wird längst nicht mehr als künstlerischer Weg angesehen. Mich tröstet er aber!

Fast unmöglich sich trösten und anderen mehr Glück schenken, als man erfahren hat. Ich denke an Chagall. Wer denkt noch an ihn? Die Juden, die Israelis? Die letzten Mystiker des XX. Jhrdts.? Die Chassidim in polnischen + sowjetischen Gefängnissen? Ach, war die Straße gut in Witebsk, (so lange der Ernst noch nicht possal gewesen ist), sie führte geradewegs nach Ostende zu Ensor!

I
VIII
68
Ein Mensch ist in seinem Leben
wie Gras, er blühet wie
eine Blume auf dem Felde; 3 Titos
Psalm 103/15
aber der
Satz ist
nicht zu ende
Psalm 16:
. . . Untersatz:
Wenn der Wind darüber
geht, so ist
sie nimmer

150

da, und ihre Stätte
kennet sie nie mehr.
Allem + niemand verdankt ein
Künstler sein Sach,
es gibt *keine*
Dankbarkeit in
der Kunst.
Gedichte sind!
sie leben, gut oder schlecht
aber sie leben!
1, Petrus 24/25 Parallelstellen: Jes. 40,6
Psalm 103/05/102/12/90/5+6/Hiob 14/2

Die Achalm ist immer gut. Schon der Name ist es! Hab auch fast
zwei mal sieben Jahre (als sie mir verboten war) um sie gedient. Der
Herr tue mir dies und das, der Tod muss mich und dich scheiden! So
war es und ist es geblieben. Wäre es 2 × 7 Jahre nicht so gewesen,
dann hätten mich die Abortdeckel* erschlagen. Wären die 20 Jahre
darnach, nur das gewesen, was sie z. Teil (in diesem Bericht sicher)
heute noch sind: Man schlägt von aussen auf mich ein und ich wehre
mich dümmlich. (Zu Vieles ist wie nie gewesen d. h. man hat in Stgt.
keine Notiz davon genommen. Wer?) Trotzdem steht die Achalm,
glüht die Alb in diesem Sommer wie nie und es wird auch eine Ulrike
geben! Wie es bereits eine Ricca gibt. Jeder Brief aus Montana ist eine
Hymne auf die Achalm.

Freitag, den 2. Aug. 68
Drehe mich im Kreise. Sind es Hexenkreise, die weissen Ränder der
Sonnenbrille? Warum muss ich mich stets (nach Post) von meiner
Wahrheit hinwegverzwirbeln lassen, weg vom Sein, von der
Achalm? Vielleicht um sie zu finden? Um sie aussprechbar zu ma-
chen? Für ⌐? Vielleicht werde ich nur deshalb mit absurden Situa-
tionen konfrontiert um am Gegensatz sagen zu können, was *wirklich*
ist. Archäologen, Kunsthistoriker, Geologen, Tiefseetaucher, etc.,
Matrosen, Arbeiter, Beamte, das alles kann ich verstehen, aber
Touristen nicht. Selbstverständlich freue ich mich darüber, wenn
jemand, den der Brotverdienst in etwas zwingt, wenn dieser aus-
spannt (wo auch die Sonne scheint, ein Urlaubstag der vorgeplant ist)

---

* Grieshaber hatte nach 1945 keine Erlaubnis, auf der Achalm eine Abortgru-
be zu graben.

wenn ein Kranker oder ein Kind aus Gesundheitsgründen ans Meer oder ins Gebirge geschickt wird. Aber so krank war ich sogar vor 14 Tagen nicht. [...]

Einmal kamen die Pferde aus dem Osten. Sie waren klein und zottig wie die heutigen Islandponies, die ihre Nachkommen sind. Wieder sind die Pferde auf der Achalm aus dem Osten (Ostpreussen) gekommen. Ich staune immer wieder, was für einen dicken Klumpen Heimat die Grossmutter in Heidenheim und Dr. Zluhan* auf der Schillereiche in ihrem Leben angesammelt haben...

Eine Heimat, welche sich nahtlos an meine Utopie fügt. Ich weiss jetzt wozu dieses Heft gut war [...] *für mich* gut war. Und es ist zur rechten Zeit zu ende. Wir sind wieder angelangt, beim Staufen, auf dem Kahlen Feld, bei der Grossmutter, auf der Schillereiche, bei Ulrike.

Ich werde wieder zum Schreiben wecken
wie immer

3
VIII
68

9. Alb

Als Andreas mir sein Tagebuch gab, war alles vorüber; wir hatten uns umarmt, ohne Vorwürfe, ohne Veränderung in dem immer dichter sich zwischen uns knüpfenden Gewebe; ein verbaler Hieb ab und zu auf die für Andreas unverständliche Lust nach Sonne und Meer und Süden und Nichtstun, mit der Johannes mich angesteckt habe, mehr ließ er sich nicht anmerken. Der hohe Sommer trieb uns auf die Alb, zu den ihrem zweiten Schnitt entgegenwachsenden Wiesen, ins Laubwälderdickicht, wo Fingerhut und Tollkirschen gediehen, oder in den schattenlosen Glast zwischen Wacholderbüschen, wo die Luft von Gesumm erfüllt war und Eidechsen raschelten, eine Ringelnatter; in überwachsenen Steinbrüchen aßen wir wilde Erdbeeren, Himbeeren.

---

* «Petrus», der Hausbesitzer

«Die Alb hat ihren Meister noch nicht gefunden», immer wieder erwähnte Grieshaber diesen Satz eines toten Schulkameraden; es ließ ihn nicht los, so viele Male er der Alb auch schon mit dem Messer, Hammer und Meißel, Pinsel, Bleistift und Kreiden zu Leibe gerückt war. Wir fuhren in die Seitentäler der Seitentäler, stiegen durch Schluchten, Felswände, hinauf zu den Burgen, Einödhöfen, abwärts ins hohle Berginnere, wo die Tropfsteine hängen; wir lagen auf Flecken, saßen an Stellen, kauerten an Rändern, wo man weithin sehen konnte und die einen doch verbargen; Segelflieger zogen ihre Kreise, eine Formation Düsenjäger donnerte im Tiefflug vorüber, in den Dörfern klapperten Milchkannen, manchmal hatten wir Lust, in ihre kühlen Kirchen zu gehn, auf die Friedhöfe, sprachen uns Verse von Uhland vor, gedachten des früh gestorbenen Hauff, legten unseren wilden Blumenstrauß auf die Treppe vor Mörikes Vikariatshaus.

Die Alb soll ihren Meister bekommen, sagte Andreas, auch wenn es noch mancher Jahre bedarf. Er begann auf der Achalm zu zeichnen, mit Fettkreide auf Litho-Papier; auf Steine zu warten, hatte er keine Geduld, während die Bilder in ihm schwelten. Und bis sie dann erst bei Matthieu in Zürich zum Drucken angekommen sein würden – nein, jetzt, gleich, im Herbst muß das Albbuch fertig sein; wenn es schneit, soll unser Sommer auf den Tischen liegen.

Manchmal durfte ich, wenn Grieshaber arbeitete, auf seinem Bettrand sitzen; ich rührte mich nicht, wagte kaum zuzusehen und sah doch hin, als bestünde mein ganzer Körper aus nichts als den Augen: sah sein gesammeltes Gesicht, sah und hörte die Hand übers Papier gleiten und mit dem schwarzen Kreidestück Linie neben Linie setzen, ohne zu zögern, jede sofort unwiderruflich, absolut, aus deren Schnittpunkten, ihrem Geflecht sich erhob und wölbte und ausdehnte und schwebte und vorüberzog, was wir das Jahr über aufgesogen hatten: Hügel, Berge, Äcker, Weiden, Bäume, Wacholderstauden, Wolken, Morgen- und Mittag- und Abend- und Nachtzeiten, doch überall, in jeder Landschaft, waren wir beide ein Stück davon: eingebettet in der Erde, hochragend gegen den Horizont, Teil der Vegetation oder auch als Kontur des Gebirgs, ein gemeinsamer Körper, einander umschlingend, oder einzeln: der Mann mit der Panflöte, die Frau mit dem Schaf. Oft erschrak ich, bis ich begriff, alles ist Inbild, nie Abbild. Ein Besucher sagte: Wie oft war ich auf der Alb, aber so was ist mir dort nie begegnet.

Die zwanzig Zeichnungen kamen in eine Stuttgarter Lithographie-Anstalt. Grieshaber verließ sich auf die Drucker, auf das Metier seines Zutrauens und die Neigung, die sie ihm entgegenbrachten, er wollte sie weder überwachen noch bevormunden, doch als Ergebnis mußte er schwarze, fette, zerquetschte Linien hinnehmen, wo seine Kreide noch im dichtesten Gewirr transparent geblieben war. Er klagte um die plumpen Kinder, doch die Lithos sollten trotzdem am Leben bleiben, selbst wenn ihre Vervielfältigung im Buch die Schwächen summieren würde. Jedes Bild war der unwiederholbare Augenblick, Teil von Andreas' «early dew of morning», «Flaum der ersten Frühe»; es war ihm unmöglich, sich selbst zu kopieren. Nach den Zeichnungen griff er zum Messer, dem Buch noch ein weiteres Gewicht mitzugeben; im Gegensatz zu den frühen Albholzschnitten, die oft aus wenigen Strichen bestanden oder deren Linienspiel filigranhaft an Feininger erinnerte, füllte er jetzt das ganze Blatt mit massigen Flächen, druckte Braun in Braun, die das Mythologische streifende Thematik der Lithographien noch einmal aufnehmend: Vor dem Gott der Alb knien wir im Gras. Stier und Kuh, große Vögel, Hintergrundkörper und zugleich Landschaft für das Menschenpaar, jahrtausendealt. Das Buch heißt *Die rauhe Alb*. Ein großes, schweres Querformat; frühe Beispiele, «Gesellenarbeiten» aus seiner Herzlandschaft, wie Andreas es nannte, hatte er darin aufgenommen und meine Kurzprosa-Lehrlingsarbeit über Gruorn, das Manöverdorf.

Sein Leistenbruch müsse operiert werden, sagte Andreas, er könne es nicht mehr länger hinausschieben; schon lang schleppe er das mit sich herum. Es war Oktober, ich saß am

Lenkrad, Tränen liefen mir übers Gesicht. Spätherbst, Klinikzeit, und seine Bronchien, sein Herz! Die zahllosen Zigarettenschachteln, die täglich in den Papierkorb flogen und blau zwischen allem hervorleuchteten. Hör auf mit Heulen, sagte Andreas. Es wird nicht dramatisch. Ich war längst beim Arzt. Eine Narkose könne seinem Herzen derzeit nicht zugemutet werden. In Bad Cannstatt operierten sie das mit lokaler Betäubung. Er bleibe also da und dabei und könne seinem Herzen befehlen, weiterzuschlagen. Und da ich gleich um die Ecke wohne, solle ich mich darauf freuen, daß wir unbegrenzt Zeit füreinander hätten. Er warf die angebrochene Schachtel Zigaretten weg und goß den Cognac in den Kies.

Der zehnte *Engel der Geschichte*, der zweite für die Studenten, lag rechtzeitig zur Buchmesse am Stand; mein kantigrunder Schädel, schwarzweiß, mein Gesicht, Antigone genannt, hatte das Mißfallen des Verlegers erregt; als lose Beigabe gab es eine gefaltete, ebenso schwarze, traurige Stele vom lebensgroßen, dreifachen Kirke-Porträt. Eingeleitet wurde der Engel mit einem Photo: «Schaf im Schnee», aus weißem Verbandsmull gewickeltes Objekt von Joseph Beuys. Mir kam es vor wie eine Wunde in Andreas' Gemüt. Auf der Rückseite des «Engels» stand Grieshabers Text:

Im Jahr 1888 hat Jesus in Brüssel Einzug gehalten. So lesen wir auf dem großen Tafelbild James Ensors im Antwerpener Königlichen Kunstmuseum. Heute, achtzig Jahre später, reitet Jesus immer noch auf der Eselin durch unsere Städte: Die Transparente haben ihre Slogans gewechselt, die Fahnen ihre Symbole, die Masken aber sind geblieben wie die Mächte, die sie tarnen. Immer noch geleitet die etablierte Macht das erlesene Opfer im Triumph zur Schädelstätte. – Hieronymus Bosch, Goya, James Ensor: in ihren Visionen beschwören sie die Wirklichkeit und schaffen, sie antizipierend, eine Distanz, die gnädig immer wieder einen neuen Anfang möglich macht.
    Ein Farbfilm soll Ensors Bild lesen helfen. [. . .] Die Herstellungskosten belaufen sich auf DM 10 000.[6]

Es folgten die Namen von Hersteller und Studenten, die sich für das Projekt einsetzten.

Die Operation ging vorüber. Es heilte schnell. Dieses Mal wusch ich die Nachtanzüge, brachte Zeitungen, ergänzte die Batterie der Duftwässer und erzählte von der Buchmesse, die im Zeichen der Studenten gestanden hatte. Demonstrationen, Straßen- und Messeschlachten, Polizeieinsätze mehrmals am Tag; das schwelende Feuer der gescheiterten Revolution flackerte auf, wo die größte Buchkonzentration der Welt jedermann offenstand; in Gängen und Kojen herrschte eine fiebernde Stimmung, Bücherklauen gehörte zum Gesinnungsnachweis, Go-in, Sit-in, Hearing hießen die Zusammenrottungen, wer das Leben wild und chaotischen liebte, kam auf seine Kosten. Für Johannes, der sich täglich rasierte, regelmäßig die Haare schneiden ließ, niemals im Leben Jeans getragen hatte, den mit dieser Generation nichts verband, war die von ihnen okkupierte Messe eine Tortur. Andreas lachte. Er wäre gern dabeigewesen. Hätte sich unter Hippies und Freaks gemischt, die ihre Stände aus Obstkisten und Brettern im Freien aufgeschlagen hatten und ihre Schriften feilboten.

In den beiden Klinikwochen war die Nürnberger Wand unser Thema. Ich notierte Andreas' Reflexionen, was er auf meine Fragen antwortete, ich auf die seinen. Am Ende war das Hörspiel fertig. Der geplante Film hätte sich daraus entwickeln sollen. Regisseur und Kameramann waren gefunden. Studentengemeinden hatten Geld gestiftet. Der Direktor der Kunsthalle in Baden-Baden wollte das Ensor-Bild holen und Andreas mit Studenten davor diskutieren lassen. Es kam nicht dazu. Antwerpen rückte das Bild nicht heraus, und die Studenten, mit denen Andreas daraufhin im Bus nach Belgien fahren wollte, hatten sich längst verlaufen. Einige zu Joseph Beuys nach Düsseldorf, wie Andreas nachts auf dem Nürnberger Hauptbahnhof ihnen geraten hatte.

Grieshaber hatte in der Klinik von seinen gewonnenen und verlorenen Schlachten auf dem Felde der Kunst erzählt; ich begriff, welchen Aufwand an Phantasie, Toleranz und Genauigkeit er entfesselte, bis Schüler und Schulen durch ihn geprägt waren. Katarakte sind ins Nichts gestürzt – er konnte

es so beiläufig sagen, daß man erst bei einer späteren Wiederholung darüber nachdachte, und er konnte es so sagen, daß
sich mir vor Traurigkeit alles zusammenkrampfte.

Im Hörspiel war aus Joseph Beuys Professor Tod geworden, der die Studentin Antigone abwarb, nachdem der Maler
(Kreon I), der Kunsthandwerker mit seinen Steinen (Kreon II)
und der Politologe (Kreon III) keine Chancen mehr hatten. Zu
spezifisch, zu kompliziert für einen Fernsehfilm; wann waren
Studenten weiter entfernt von den bildenden Künsten als
gegenwärtig; Heißenbüttel deklarierte mein Hörspiel zum
Radio-Essay und ließ es im Studio für Neue Literatur in
großer Besetzung aufnehmen. Grieshaber verwandelte seinen
Traum vom Film über das Ensor-Bild in einen neuen *Engel der
Geschichte*, schnitt vier Wasserspeier, gab ihnen Namen, die
der Volksmund den Wasserspeiern gotischer Kathedralen zu-
legte und redete mit ihnen die Studenten an:

Zimmtrotzer, Pfefferhuster, Luftköter, Halunkenjünger! Ihr denkt,
wenn Ihr eine Nacht im Sumpf geschlafen habt, Ihr seid schon
Seerosen und Frösche. Verantwortlich ist überhaupt keiner, solange
Ihr gleich zu zweit, dritt und im Dutzend als Generation Euch
verantwortlich wähnt! . . . Was Ihr da treibt, sind ganz alte und
verwichene Dinge, «die da lauten und doch nicht leben». Mondbläk-
ker, Blitzangler, Moresbeller seid Ihr! Dada ist gewesen, der Surrealismus ist gewesen, Ihr späten Morgenrötenzünder seid alle längst
gewesen! . . . Ewigkeitsdackel, Nebelröster, Dunkelmänner und Sal-
benhexen, Zwerge, die auf den Schultern der Riesen balancieren, als
wär's Euer Verdienst! Von unseren Ahnen seht Ihr gerade noch die
Fußnägel, seht kaum den riesigen Schatten, der sich vor Eure Füße
wirft. Da gibt es ein Bild, es ist bald hundert Jahre her, das alles hat,
was Euch heute bedrängt. Aber Ihr Sündenfresser wollt es nicht
kennen. Das ist vorbei, sagt Ihr! Verdammte Schneedämpfer, ich
werde Euch dieses Bild so lange vor die Nase halten, bis es Euch in
die Augen dringt wie ein starker Schmerz. Ein Bild, das so groß ist
wie Eure Wand, obwohl der Maler keine Wand dafür hatte. Er
mußte seine Atelierwand und den Fußboden dazu nehmen. Trotzdem ist nichts verschmiert und ungenau geworden, kein Pinselstrich
verpatzt. Jeder Strich sitzt, jeder Farbfleck ist rein und nobel aufgetragen. Viel schneller gemalt als Ihr überhaupt denken könnt! Jeden-

falls sieht es so aus. Das ist die Posaune, welche die Mauern zum Einsturz bringt, die Ihr so vergeblich berennt. Hier ist der Trümmerhaufen Kunst geworden; nicht auf das Ausgedrückte noch einmal gedrückt wie bei Euch, die Ihr dem ersten Schwung mißtraut, wobei es Euch Sackzwickern fantastisch gelingt, aus Apfelkuchen Holzkohle herzustellen. Ihr seid ganz gewöhnliche Biedermeier und Naturalisten. Glaubt ja nicht, daß Ihr das, was Ihr macht, nicht woher nehmt! Ihr holt es nicht aus Sichterlebnissen, nicht aus der Natur, das ist unfein, sagt Ihr. Dabei kopiert Ihr den Abfall haargenau, strengt Euch an abzuschreiben, nachzumachen wie die Leute, die Ihr so verachtet. Ihr seid ungebildete Madonnenbeißer. Was wißt Ihr von dem, was im Museum hängt? Nichts! Ihr wißt gar nicht, daß es Euch gehört, Ihr die Erben seid. Ihr elenden Planetentrommler wißt gar nicht, was ein Museum ist. Es ist die schlimmste Abdeckerei, das grausigste Schlachtfeld, das es auf Erden gibt. Hier wird jeder gestellt, allen Generationen gegenübergestellt und besonders der heutigen. Hier wird nichts vergeben. Dieser neutrale Raum ist ein ungeheuer moderner Raum, selbst ein Ungeheuer. Nichts ist dort so alt wie das Neue, und nichts ist dort so neu wie das Alte. Und es ist überall präsent. Der Einzug Jesu in Brüssel von James Ensor ist dadurch hier in Nürnberg und weit Eurer schwachen Wand voraus. ... Aber Euer Haß ist nicht unschuldig ... Ensors Haß ist immer unschuldig. Er litt genau wie Ihr Schwabenbrüller unter der Anonymität. Jede seiner tausend Masken um Christus herum, jeder Trommler, alle Vereinsmeier, Generäle, Richter, die ganze absurde Welt, die er sieht und lächerlich und boshaft zeichnet, er malt sie hingegeben, er sagt selbst: «nur um ihre Häßlichkeit und Bösartigkeit zu schmücken». Seinen Haß auf die Menge, die ihm die Luft abschnürt und kaum Hoffnung läßt, macht er, denn er ist ein Künstler, auf geheimnisvolle Weise kostbar. Er füllt und segnet diese furchtbare Welt, in der wir leben müssen, durch seine Kunst! Wie Jesu steht unter allen Greueln er allein, darum bildet er sich wohl auch zart im Antlitz des Herrn selbst ab. Ich rede um mein Leben für dieses Bild ...[7]

Anfang November eröffnete ein sehr blasser, schlanker, noch schwacher Grieshaber in Ulm seine Ausstellung *Die Rauhe Alb* mit Bildern aus fast vierzig Jahren und den Lithos unserer Liebe. Wir konnten uns nicht mehr in Wiesen legen. Herbstlaub wirbelte das Auto zu, in Schwaden kam es die Berge herunter, unser Atem ließ alle Scheiben anlaufen, Waschküche nannte Andreas es, freute sich über diese Erfindung; Waldwege gab es allenthalben, im Handumdrehn waren wir eingenebelt. Als es an die Scheiben klopfte, rieb ich ein Guckloch. Der Förster stand draußen. Zum Glück kannte er Andreas nicht und ließ eine Standpauke auf uns los, die sich gewaschen hatte. Wir sollten uns schämen in unserem Alter. Von der Gesetzesübertretung abgesehen. Dann ließ er sich meine Papiere zeigen, zückte seinen Notizblock, schrieb alles auf, ließ mich das Protokoll gegenzeichnen und drohte mit einer gewaltigen Geldbuße und Eintrag in die Verkehrssünderkartei. Andreas' Erscheinung verunsicherte ihn zusehends, und er fragte ihn nicht nach dem Namen. Wir brauchten einen Rechtsanwalt, um aus der Sache herauszukommen.

Auf Aia wurde der Garten kahl. Ein gläsernes Haus mit einem Gewirr elektrischer Spiralen, einst eine Art Omnibus, jetzt ohne Räder und Sitze, nahm Pflanzen und Tiere auf, die im Frost zugrund gehen würden; andere rückten in Schuppen und Hütten eng zusammen. Hin und wieder ein Tag, an dem ich mit Andreas durch frischgefallenen Schnee zum Füttern stapfte, über holpriges oder spiegelglattes Eis balancierend, Asche, Laub, Heu- und Strohfetzen, Tannenzweige daraufstreuend. Atelier, Küche, das Zimmer dazwischen wurden mit Kohlen geheizt; es gab Tage, da half nichts mehr gegen die klamme Kälte, Mäuse und Siebenschläfer raschelten; Marder und Fuchs schleichen jetzt um die Ecken, sagte Andreas. Das Schwimmbad dampfte, manchmal ringsum mit Eiszapfen behangen; wenn Andreas vergessen hatte, die Aufheizungsstufen zurückzuschalten, zeigte das Thermometer im glasklaren Wasser bis zu vierzig Grad. Ich heize den Berg, sagte Andreas und lachte. Gegen die Absurditäten und Widersprüche half kein «ja aber». Wenn wir allein sind, empfängt mich Andreas: Schnell, zieh dich aus; wir rennen barfuß durch den Schnee, tauchen ins heiße Wasser, komm, Seehund! Andreas sagt: Außer dir geht hier kein Mensch rein. Nachts im warmen Stuttgarter Bett oder im geheizten Hotelzimmer dachte ich an den klirrenden Frost, der die Hütten bedrohte.

Vor Weihnachten hatte Grieshaber zu tun: in alle Welt flatterten seine Grüße, gemalt, geschnitten, geschrieben, gefalzt; ich kaufte Couverts, Rollen, Briefmarken, Papier; es gab Tage, da kam kein Postwagen übers Eis, dann brachte er später Körbe voller Päckchen und Briefe, die Andreas zu neuen Anstrengungen bewegten, begleitet von Klagegesängen über seine Aufgabe als jährlicher Weihnachtsmann. Manches Fest mußte vergehen, bis ich begriff: Dieses sich überschlagende Beschenken von Würdigen und Unwürdigen war sein Dank an das Jahr, an das Leben; sein Amen. Die Festtage auf Aia waren institutionalisiert; alles war vor meiner Zeit eingerichtet worden, und ich weiß nicht, wie sie sich aus den Jahren des Hungers, der Not entwickelt hatten zum heutigen Glanz: Krüge und Schalen gefüllt mit getriebenen weißblühenden Fliederzweigen, darunter die Büsche rotblühender Weihnachtssterne; aus der Küche erlesene Köstlichkeiten ostpreußischer Tradition, vermischt mit den Backwerken anderer Küchen, die aus allen Himmelsrichtungen eintrafen; Andreas erzählte mir vom Ritual der Bescherung von Mensch und Tier, wie es wohl auf Gutshöfen einst üblich gewesen war.

Die hohe Weißtanne, mit Vogelfutter behängt, stand seit Advent auf der Plattform im Freien, ihre Kerzen leuchteten viele Kilometer ins Land; man soll sie von den entferntesten Bergen sehen, sagte Andreas; er knipste täglich um fünf in der Früh ihre Lichter an, als Gruß für die Arbeiter, wenn sie von der Alb herab in die Fabriken fuhren, und sobald es nachmittags zu dämmern anfing. Einst war ich einer von ihnen, sagte er.

10. Till Eulenspiegel

Wir werden in die Städte fahren, sagte Andreas, als wir Ende Januar im Zug nach Braunschweig saßen, wo der Geburtstagsreigen zum Sechzigsten beginnen sollte, weil Grieshaber

15. Dearest da Du
XII Deinen Brief brauchst
bekommst Du auch Post
Advents-
Post

ich
wünsche
Kein Kopfweh Keine Spritze und
überhaupt wünsche die
weil man sich was wünschen
darf auf Weihnachten, daß
es Dir besser geht love
Dein T

seit Jahren gute Beziehungen zur Stadt Heinrichs des Löwen unterhielt, wohl kaum zufällig, denn sie war ja auch eine Hochburg des Dritten Reiches gewesen, und an solchen Orten sah Andreas ein Aufgabenfeld für das Neue.

Salve hospes, stand über dem klassizistischen Portal, dahinter hingen die Bilder. Der Vorstand des Kunstvereins ist ein Bankdirektor, sagte Andreas im Zug. Er sagte noch einmal etwas über dessen Persönlichkeit, was unüblich war bei Andreas. Am Abend nach der Ausstellungseröffnung gab es im Hause des Vorstands ein Essen, Grieshaber zu Ehren, ich weiß nicht mehr, war es Wild oder Geflügel, jedenfalls sah ich gebannt auf die Hände des Hausherrn, der, leicht gebeugt, von seinem Platz aus, die inmitten der Tafel stehenden Platten bediente: so spielerisch hatte ich nie vorher jemand tranchieren sehen; er legte Andreas und mir die Leckerbissen vor. Kurz nach neun, beim Wein, bat der Hausherr, wir möchten uns nicht stören lassen, mit seiner jungen Frau vorliebnehmen und ihn entschuldigen, er müsse morgen früh eine internationale Krebsberatungswoche mit verschiedenen Symposien und einer Reihe ausländischer Kapazitäten in seiner Klinik eröffnen. Ein seltsamer Bankdirektor, dachte ich. Ich fragte unseren Freund, den Galeristen, welche Klinik das denn sei? Er lachte: Ja, wußten Sie das nicht? Winnetou ist Chef der Städtischen Frauenklinik. Ich hatte keinen Anlaß, Andreas gegenüber mißtrauisch zu sein. Bankdirektoren und Frauenärzte durcheinanderzubringen, war sein Recht. Beim Abschiedshandkuß bat mich der Hausherr, ihn ein paar Schritte zu begleiten. Im Flur, die private Bildersammlung entlanggehend, fragte er mich, ob ich nicht Probleme hätte, im Hinblick auf die bevorstehende Woche, die er für mich lösen könne. Ich lachte und dankte und sagte, seit einem Jahrzehnt hätte ich ein harmloses Myom, von dem mein alter Stuttgarter Arzt behaupte, daß Hunderttausende von Frauen damit herumliefen. Der Hausherr, Dr. Evelbauer, den der Galerist Winnetou genannt hatte, zog die Augenbrauen hoch und sagte, an dem Wort harmlos nehme er Anstand. Die Wissenschaftler, die sich bei ihm versammelten, würden die Harmlosigkeit einer Geschwulst von Stecknadelkopfgröße in Zweifel ziehen. Das traf. Ich wußte Bescheid über das Ausmaß dessen, was in mir wucherte, und willigte ein, mich am nächsten Morgen, gleichsam als Auftakt, von ihm untersuchen zu lassen.

Andreas, nachts, im Hotelzimmer, sagte: Als hättest du mir deinen Zustand verheimlichen können! Seit bald einem Jahr zerbreche ich mir den Kopf nach einer Möglichkeit des Handelns, ohne dir zu nahezutreten. Der «Bankdirektor» war die erste Gelegenheit. Ich biete sie dir. Du ganz allein entscheidest.

Am nächsten Morgen sagte der Direktor der Frauenklinik, nachdem seine Hände kaum eine Minute die äußere Landschaft meines Bauchs erforscht hatten: Ihr Myom hat Kindskopfgröße. Ich weiß, antwortete ich. Und ich will auch tun, was Sie für richtig halten. Der Arzt sagte: Nicht mehr nach Hause fahren. Keine Zeit verstreichen lassen. Stuttgart ist weit. Übermorgen spricht Grieshaber im Hamburger Museum über seine ‹Vaterhäuser›. Begleiten Sie ihn, schauen Sie Hamburg an, gehn Sie ins Theater, machen Sie eine Hafenrundfahrt, kaufen Sie Wäsche und was Sie sonst brauchen, in fünf Tagen operiere ich Sie. Mehr ist darüber nicht zu sagen. Es muß sich herausstellen. Ich war entlassen.

Andreas tat, was er konnte, die Tage zu überbrücken. Vergaß keine Nacht zu wiederholen, alles hänge allein von mir ab, ich könne Braunschweig vergessen, er werde auch so mit mir zurückkehren. Ich begriff, er mußte sich so verhalten. Nicht schuldig sein, wenn ich sterbe. So oder so. Jede Minute in diesen Tagen war voller Tod für mich, den ich überspielen mußte. Unter dem Kronleuchtergefunkel des Museumssaals, gefüllt mit noblen Damen und Herren, bei den Diners, im Theater, im Zoo, auf der Großen Freiheit, in den kleinen Trödelläden mit Kugelfischen und Stachelrochen, Schwertfischen, die ihre Zähne zeigten, präparierten Tiefseemonstern, den Arabesken der Schneckenhäuser und Muschelschalen voller Gewinde und Wölbungen, diesen mit unvorstellbarer Vielfalt an Farben und Zeichnungen ausgestatteten köstlichen Behältnissen für Schleim und Gallert und Mißbildung, alles waren Anspielungen, widerwärtig und faszinierend, wir konnten uns kaum losreißen, und ich sah zusätzlich in Andreas' Gesicht, daß seine Gedanken die meinen waren. Evelyn Hagenbeck photographierte Andreas und mich bei der Hafenrundfahrt im eisigen Wind des Elbschiffhecks. Außer Pelzmützen und Felljacken ist nichts bemerkenswertes auf dem Photo zu sehen. Obwohl ich doch Abschied vom Leben nahm, stand nichts davon in meinem Gesicht. Ich schrieb an die Mutter. Im Gegensatz zu früheren Operationen war es plötzlich gleichgültig geworden, was ich zurückließ. Schon hatte ich heimlich die Fahrkarte nach Braunschweig gekauft, meinen Koffer gepackt, den Abschiedsbrief an Andreas geschrieben, er wurde dringend daheim erwartet, landauf, landab bei den Vorbereitungen zu seinem Geburtstag, und als ich mich früh am vierten Tag davonschleichen wollte, in der Meinung, er schlafe, sagte er aus den Kissen heraus: Wir haben dieselben Fahrkarten und noch eine Stunde Zeit. Wie ich dich kenne, werd ich vermutlich Erster Klasse für dich nachlösen müssen.

In Braunschweig brachte Andreas mich in die Klinik. Die Schwester führte uns ins ‹Fürstenzimmer›; der Chef nannte Andreas nur den Fürsten; nicht weit vom Bett entfernt stand eine Couch. Die ist für mich, sagte Andreas, solange ich bei dir Wache halte. Dann ging er, Winnetou zu begrüßen. Die Schwester tröstete mich: Der Chef hat das viele hundertmal schon gemacht. Daran zu sterben, ist nicht Sinn der Sache. Aber mitmachen muß man beim Weiterleben. Vom Wiederaufwachen an. Nur für den, der nicht mittun will, ist es gefährlich. Vorgestern starb eine junge Frau, einfach weil sie nicht mehr leben wollte. Denken Sie, was das für den Chef bedeutet, zwei Tage nach einer gelungenen Operation!

Am nächsten Mittag war alles vorbei. Als ich die Augen aufmachte, sah ich Andreas neben mir; in mein Gesicht fielen sanfte Schläge, Andreas von der einen, die Schwester von der anderen Seite des Bettes bemühten sich, mich wach zu bekommen. Sie erlaubten mir nicht, die Augen wieder zu schließen. Leise, eindringlich, unablässig sprach Andreas an meinem Ohr. Alles sei gut.

Um glücklich zu sein, war ich zu schwach, in großen Wogen brandete Gleichgültigkeit über mich, Andreas kämpfte gegen sie an, er wußte oder sah, daß nichts von Bedeutung für mich war, was vorher wichtig erschien, und erzählte: Als Till Eulenspiegel wieder einmal nach Braunschweig kam, hatte er eine Liebste bei sich. Sie war einen Sommer lang mit ihm herumgezogen. Jetzt war Winter, und sie wurde krank. Vielleicht weiß der Löwe einen Rat, sagte Till Eulenspiegel. Welcher Löwe, fragte die Liebste. Ei, der auf dem Burgplatz steht, sagte Till Eulenspiegel und machte sich auf den Weg. Doch der Löwe knurrte: Was willst du von mir? Ich bin etabliert. Du gehörst zur Apo. Meine Liebste ist krank, sagte Till Eulenspiegel. Da mußt du schon den Bäcker fragen, knurrte der Löwe. Till Eulenspiegel suchte den Bäcker auf, und weil der grad einen Gehilfen brauchte, verdingte sich Till Eulenspiegel bei ihm. Nachdem er fleißig gearbeitet hatte, fragte er den Bäcker nach einem Arzt, der seiner Liebsten helfen könne. Ei, sagte der Bäcker, der steht vor dem Dom auf einem hohen Sockel. Es ist ein Löwe. Dacht ich mir's doch, er sah gleich so aus, ging es Till Eulenspiegel durch den Kopf, und als sich der Bäcker ins Bett gelegt hatte, schlich sich Till Eulenspiegel in die Backstube, machte Teig an und formte und buk bis Mitternacht. Es wurden Eulen und Meerkatzen. Er legte sie rasch in einen Korb und beeilte sich, zum Löwen zu kommen, denn es war gerade Geisterstunde. Da stieg der Löwe von seinem Sockel herab und ging mit Till Eulenspiegel zu der Liebsten. Er sagte ihr: Du hast einen Fluch im Bauch. Du weißt es, aber du wolltest noch einmal vorm Verhängnis blühn. Das gibt es nicht mehr. Ich habe Krebsberatungswoche. Der Löwe zog seinen blauen Mantel an. Dann hob er die Pranke, die er vor ziemlich genau achthundert Jahren am

Domportal wetzte, um seine Krallen zu schärfen, und holte den Stachelfisch aus dem Bauch der Liebsten. Als sie zu sich kam, lag sie in einem Bett. Wo bin ich, fragte sie. Im Sockel des Löwen, antwortete die Krankenschwester.

Ich will jetzt schlafen, sagte ich. Dann mußt du dir vorher von Till Eulenspiegel noch etwas wünschen, sagte Andreas. Er will dich morgen wieder besuchen und dir eine Freude machen. Eine Uhr für den Nachttisch, murmelte ich, mit großen Ziffern. Dann schlief ich schon.

Am nächsten Morgen brachte Andreas einen Wecker mit. Er war rot. Seine Ziffern waren arabisch und leuchteten. Die Schwester hatte mich schon gewaschen, frisiert, mit Blue gras eingesprüht, an die Tropfinfusion gehängt. Frühlingsblumen füllten den Tisch und die Fensterbank. Andreas sagte, die Tabakgeschäfte an der Straße zwischen Klinik und Hotel legen sich Vorräte mit Nil-Zigaretten an. Jedesmal, wenn Andreas das Zimmer verließ, um eine Zigarette zu rauchen, dämmerte ich weg. Wenn er mich weckte, sagte ich: Braunschweig. Ich habe mit allen telephoniert und ihnen gesagt, daß du gesund wirst, sagte Andreas. Mit Stuttgart und München. Und Heidenheim und Reutlingen. Es war mir egal. Und es waren auch zu viele Personen. Aber ich konnte lächeln. Andreas ansehen, wenn er dampfend aus der Kälte in seiner schwarzweißen Felljacke vor mir stand. Wenn er im Sessel neben dem Bett saß und meine linke Hand streichelte, während sein rötlicher Bart zuckte, weil ihn die aufgezwungene Untätigkeit große Anstrengung kostete. Wie heißt die Farbe der Vorhänge? fragte ich. Weinrot? Caput mortuum? Ich mochte diese Bezeichnung, weil sie so traurig klang. Pompejanisch, sagte Andreas. Die weißen Narzissen davor sind dein Leben. Wieder ein Anlaß zu lächeln, ich wußte, daß sie im alten Griechenland auch als Totenblumen galten.

Die Chefvisite glich einem Trommelwirbel. Wunderbar, wunderbar, sagte Winnetou. Immer so weitermachen. Aber ich bitte Sie, bleiben Sie, Fürst. Wann immer er sich freimachen konnte, setzte der Chef sich eine Weile dazu, dick und

behende mit dem roten Gesicht, ein wandelndes Denkmal der
Lust am Essen und Trinken; aus alten Romanen drängt sich
das Wort schlagflußverdächtig in die Erinnerung. Meister,
wollen Sie Farbe, Papier? Eine Staffelei? Ich lasse alles für Sie
herbeischaffen, lockte Winnetou. Andreas unterdrückte Entsetzen: Nein, kein Atelier, es geht nicht auf Wunsch. Der
Weg vom Kopf bis zur Hand ist lang und voller Geheimnisse.
Auch bin ich zu unruhig. Gegen Mittag wollten sie auf Befehl
des Chefs Andreas Essen servieren. Andreas floh. Ich solle
schlafen, er laufe einstweilen durch die Stadt. Mir blieb es
nicht erspart, essen zu müssen, sonst hätte mich die Schwester gefüttert. Kaum Nachmittag und schon wieder dunkel.
Wie war es draußen? Kalt und grau, sagte Andreas. Aber
Mathilde, Clementia und Richenza hatten auf Burg Dankwarderode für mich gekocht. Er legte mir einen Granatapfel auf
die Bettdecke. Heinrich brachte ihn aus Jerusalem mit. Fast
wäre sein Schiff im Sturm gekentert zwischen Konstantinopel
und Akkon. Während Andreas erzählte, wie Heinrich der
Löwe aus dem Morgenland heimgekehrt sei, wo seine Frau
gerade die Hochzeit rüstete mit dem neuen Bräutigam, glitt
alles an mir vorüber wie ferne Inseln, ich selber lag auf Heinrichs Schiff, und die See ging schwer.

Wie spät ist es?

1180, sagte Andreas. Die Bischöfe rotten sich schon zusammen. Gleich wird der Welf in die Acht getan.

Am nächsten Morgen brachte Andreas ein kleines Radio
mit, doch es war noch zu früh, ich weinte sofort bei dem
Versuch, mich mit Musik zu beleben. Nachmittags, um ihm
eine Freude zu machen, fragte ich Andreas, ob er wieder auf
Dankwarderode bei den Damen zu Mittag gegessen habe.
Nein, sagte er, ich mußte Herzog August helfen, seine Bücher
zu beschriften, die er selbst in weißes Pergament einbindet. Er
ist der größte Sammler von Büchern, den die Buchgeschichte
kennt. Seine Bibliothek ist weltberühmt. Auf Schloß Hitzak-
ker überdauerte sie eben den Dreißigjährigen Krieg. Der Herzog hat eine seltsame Marotte: er ordnet seine Bücher der

Größe nach. In einundzwanzig Wissenschaftsgebiete hat er sie eingeteilt, die er Divisionen nennt. Innerhalb dieser Gruppen stellt er sie nach dem Format auf. Es gelang mir nicht, den Herzog zu überreden, für seine Bücher eine eigene Bibliothek zu bauen.

Wie spät ist es? fragte ich.

1664, du hast doch ein Ührchen, sagte Andreas, siehst du es nicht? Und wie ich gestern noch auf meinen Wellen an den Geschichten von Heinrich dem Löwen vorübergetragen wurde, so geschah es mir heute, ein wenig sanfter, als Andreas von Leibniz erzählte, der des Herzogs Bücher endlich in Wolfenbüttel eingeräumt, und von Lessing, der sie fünfzig Jahre später übernommen habe. Von dem Begräbnis des eben geborenen Söhnleins komme er, sagte Andreas, als er eine Zigarette rauchen gegangen war und mich aufweckte. Bei der nächsten Zigarette mußte er schon zur Beerdigung von Lessings Frau. Am Abend verabschiedete sich Andreas: er gehe jetzt zur Faust-Uraufführung. Und hinterher, wenn alles schlafe, wolle er noch Flugblätter austragen an die Männer der Kreise Braunschweig und Blankenburg; es sei dann schon 1867. Ein neuer Geist gehe um.

Am dritten Tag sagte der Chefarzt: Heute sind wir kräftig genug, daß wir etwas vertragen können. Ich will Ihnen nachher zeigen, was wir aus Ihrem Bauch herausgeholt haben. Zur Mahnung, zur Abschreckung, zur Information, sollten Sie in die Lage kommen, andere Frauen überzeugen zu müssen. Ich schüttelte heftig den Kopf. Winnetou sagte: Der Fürst hat es auch angesehn. Gleich am ersten Tag. Inzwischen ist es Demonstrationsobjekt für meine Krebsberatungswoche. Eine neue Woge von Schmerz überfiel mich, ich durfte mir nichts anmerken lassen. Winnetou sagte: Gewebsproben sind in Hamburg und London. Ich kann Ihnen noch keine Absolution erteilen.

Lange sah ich zum Fenster hinaus, das Andreas geöffnet hatte. Zum erstenmal war der Himmel blaßblau, wie Seide. Pappeln, senkrecht, schwarz, froststarr, Gerüste von Ästen für künftige Blätter, die ich nicht sehen müßte. So oder so. Hinter den Pappeln gab es nichts als die Bunkerwand aus dem Zweiten Weltkrieg; Bündel von rostigen Drähten, Eisenklammern, unregelmäßig verteilt auf der riesigen Fläche. In der Dämmerung wurde sie prähistorisch, Felswand in irgendeiner Wüste, Höhlenwand, Katakombenwand, die auf den Atem drückte. Der Bunker dient nur noch als Verbindungsgang, die Schwestern kommen und gehen durch ihn. Ich werde den Bunker für Sie heute nacht sprengen lassen, hatte der Chefarzt gesagt. Was wird er morgen erfinden? Morgen war Februar.

Andreas sagte am vierten Tag, mir stehe eine Überraschung bevor. Studenten der Technischen Hochschule wollten von ihm, da er nun schon einmal hier sei, eine Vorlesung. Natürlich Kunst, vielleicht am Bau, sie wollten großenteils Ingenieure, Architekten werden; aber auch über die gescheiterte Revolution, die hier verspätet noch rumore, möchten sie etwas hören, und was Grieshaber im allgemeinen und besonderen darüber denke. Was habe ihm Besseres einfallen können als Nürnberg, die Wand, mein Hörspiel darüber? Er sei nicht untätig gewesen die letzten Tage. Heißenbüttel sei in Stuttgart mit der Produktion fertig, er habe mehrmals mit ihm telephoniert, erzählt, wo er sei und warum und von mir, was die Studenten von ihm wollten, und ob Heißenbüttel es nicht möglich machen könne. Er macht es möglich: eine Aufführung, hier, an der T. H., bevor die Ursendung im Rundfunk läuft. Es habe noch allerlei Trouble gegeben, eine Bandkopie zum Beispiel, er übernehme die Unkosten, doch wie das Band, es seien zwei schwere Rollen, über Nacht nach Braunschweig komme, was ich wohl meine? Welchen Kurier er gefunden habe? Wer sitzt um diese Stunde im Zug und trifft heute abend mit den Bändern ein? Ich wurde abwechselnd blaß und rot. Johannes, sagte Andreas. Winnetou möchte auch mit ihm sprechen. Du brauchst Pflege daheim. Ich scheide aus. In anderthalb Wochen ist der Geburtstag, sie spielen verrückt, es geht drunter und drüber, sagte Andreas;

er müsse bald fahren, um zu retten, was noch zu retten sei. Johannes kriege als Belohnung sein Funkinterview mit dem Festochsen. Eine Stunde lang, heute abend noch. Er bringe das Kästchen mit. Mir liefen schon wieder die Tränen übers Gesicht. Zu viel auf einmal. Andreas, Johannes, mein Hörspiel. Und morgen früh schon die Aufführung. Andreas die Nacht über mit Johannes. Im selben Hotel. Beim Wein. Jugoslawien, dachte ich.

Johannes kam, forsch und verlegen; ich erschrak über die Verstörung in seinem Gesicht. Die beiden Männer verließen mich bald. Die Zeit war knapp, Johannes' Geburtstagsinterview mit Grieshaber auf dem Hotelzimmer: sein Leben; seine Kunst; sechzig Jahre. Johannes blieb nur kurz. Am nächsten Morgen stellte er sich dem Chefarzt vor. Erhielt Anweisungen, meine Pflege betreffend, wenn ich erst entlassen sein würde. Noch während Grieshaber *Die Wand* vorführte, stieg Johannes schon wieder in den Zug.

Andreas kam am Nachmittag: Dein Hörspiel ist gut. Auch gut produziert. Also keine Skrupel deswegen. Trotzdem sei es ein wahnwitziges Unternehmen gewesen. Stell dir ein Audimax vor. Auf dem leeren Podium nichts als ein Hocker, darauf ein Tonwiedergabegerät. Anderthalb Stunden vor dem angesetzten Beginn verzweifelte Versuche, das Ding dahin zu kriegen, einen Laut von sich zu geben. Immer neue Fachleute dazugeholt, von denen keiner Bescheid wußte. Seine Angst, wenn es nicht funktioniere; unvorbereitet ein paar hundert Studenten ausgeliefert. Dann sei es gelaufen. Er habe sich auf einen Stuhl daneben gesetzt. Noch nie sei er so auf einem Stuhl gesessen. Nie wieder wolle er so auf einem Stuhl sitzen. Als Ausstellungsstück. Lieber nackt in der Wüste. Nichts als mein Text, ohne Verstärkeranlage, ohne Lautsprecherboxen. Der Versuchung, sechzig Minuten lang aufzuspringen, zu erzählen, zu erklären, Kommentare zu geben. Statt dessen einen ganzen Saal mit den Augen in Schach zu halten. Der kalte Schweiß sei ihm übers Gesicht gelaufen. Gewiß, ich hätte die Nürnberger Wand lebendig gemacht.

Doch es erreichte das Auditorium nicht. Zu leis, auch wenn es lauter gekommen wäre, es sei ein Stück Literatur über einen absurden Vorgang bei Kunststudenten im Revolutionssommer. Keiner habe etwas begriffen. Trotzdem hätten die Studenten sich nobel verhalten. Nicht gepfiffen, nicht gebuht, seien nicht weggelaufen. Hätten Grieshaber als Happening genommen. Eine Beckett-Figur mit dem *Letzten Band*. Oder Till Eulenspiegel. Am Schluß sei es ihm doch noch gelungen, ein paar Worte zu sagen. Eine matte Diskussion zu wecken. Etliche wollten ihm die Hand drücken. Sie hätten seine Bilder gesehen.

Ich wartete auf Andreas' Spruch, der meistens in solchen Situationen fällig war. Er kam: Auch untergegangene Kapitäne sind Kapitäne. Es war der fünfte Tag, und in der Nacht reiste Grieshaber ab.

Ich war allein. Mit dem blauseidenen Himmel vor den Fenstern. Den Pappeln, der Bunkerwand. Endlose Tage. Chefvisiten. Die Katzen miauen die halbe Nacht. Im Lampenschein sah ich sie um Eimer schleichen, dort hinten, wo keiner spazierengehen will, wo die Pathologie steht; einmal sagte ein Mann, der seine Frau auf- und abführte im Garten: Was wühlen die Katzen dort hinten im Abfall?

Eines Abends flog die Tür auf, ins Zimmer trat Winnetou, ohne seinen Stab, die Schwester balancierte ein großes Tablett, ich sah eine Flasche Sekt, zwei Gläser, geschliffen, eine silberne Schüssel, eisüberhaucht, schwitzend, der Balzac der Ärzte ließ den Korken springen: Ich gratuliere, der Befund ist da: Sie sind gesund, knapp eine Minute vor zwölf. Und morgen ist Ihr Geburtstag; der zweite! Er stieß mit mir an, hob den silbernen Deckel, da lagen im Kristalleinsatz auf dem Eisbett Austern. Meinem entgeisterten Gesicht sah er an, daß ich nicht mit ihnen umzugehn wußte, da hatte er schon eine aufgebrochen, ich schlürfte. Lächelte. Umarmte ihn, küßte ihn auf die Backe, als er sich von mir verabschiedete: Zum Geburtstag des Fürsten dürfen Sie heimfahren.

Endlich war ich allein, konnte weinen; ich würde leben,

nicht mehr hier liegen, wenn die Pappeln vor der Bunkerwand zu stäuben anfingen. Drei Tage noch, hatte die Schwester gesagt.

Die Heimfahrt im D-Zug ging fast über meine Kräfte. Ich fürchtete mich vor dem Aufstehn, dem Aussteigen, dem Heimweg in Stuttgart. Johannes stand nachts auf dem Bahnsteig, nahm den Koffer, drückte mir fünf Rosen in die Hand. Dann kamen leere Tage, blieb das Telephon stumm. Kein Gruß, kein Willkommen von Aia. Warum war ich nur so früh heimgefahren, wo es kein Zuhause mehr gab.

11. Kreuzwege

Der runde Geburtstag war vorüber, die neuen Orden und Ehrenurkunden zu den alten in die Schublade geschoben, Andreas lag mit Grippe im Bett, längst unterhielten wir uns wieder von Telephon zu Telephon. Als ich auf die Achalm kam, saß Grieshaber übers Holz gebückt: er schnitt den Kreuzweg der Versöhnung. Vierzehn Stationen, zu jedem Bild mehrere Farbplatten. Überm Bett hingen die fertigen Abzüge der beiden ersten Stationen: ‹Die Verurteilung› mit einem Pilatus, das Liniengeflecht wie aus feinen Fäden, und ‹Jesus nimmt das Kreuz auf sich›: seine Gestalt am Rand zu Beginn eines weithin über die Hügel führenden Weges.

Grieshaber versuchte geduldig, mir den Sinn des Kreuzwegabschreitens, seiner Gebete, seiner Tradition zu erklären. Der Rationalist, der sich nicht wehrte, wenn man ihn einen Marxisten, Atheisten nannte, der protestantisch, nicht ohne pietistischen Einschlag, aufgewachsen war und in jeder katholischen Kirche das Knie vor dem Hochaltar beugte? Anfangs war ich irritiert gewesen, ging beiseite, gewöhnte mich daran, mitunter an seiner beiläufig gemurmelten Erklärung zweifelnd: Es ist die Perspektive. Wenn ich das Knie beuge, bin ich so groß wie das Kind, als es in der Klosterkirche die Bilder betrachtete. Seine frühesten Landschaften seien nicht in der Natur gelegen, sie hätten Gethsemane, Golgatha geheißen, seien Mariengärtchen gewesen und solche, in denen die Heiligen gemartert wurden.

Karwochenzeit; doch Andreas mußte den Entschluß zum zweiten Kreuzweg früher gefaßt haben, wußte ich doch, wie lang seine Wege des Vordenkens waren, bevor er zum Messer griff. Wie begann das, wovon wurde es ausgelöst, warum ging er kaum zwei Jahre nach dem Polnischen Kreuzweg ein zweites Mal in niemandes Auftrag an dieses Thema, obwohl die Sühnekirche in Auschwitz von den Deutschen nie gebaut werden würde und die vierzehn Stationen inzwischen ein Buch geworden waren? Die Kreuzweggebete des Kardinals Wyszyński ließen sich nicht übersetzen in das, was Andreas unser heutiges Deutsch nannte; hatte er wirklich nur deshalb den Text polnisch drucken lassen? Nur wenigen Menschen zeigte er den Gruß des Kardinals: «Die Schwarze Madonna von Tschenstochau, Mutter Gottes und Königin von Polen, möge Ihnen beistehen.»

Grieshaber war nie in Polen gewesen, er kannte keinen dort; war dieses Land wegen Auschwitz in seinen Gedanken? Und weil es im Lauf seiner Geschichte so viele Ungerechtigkeiten, Verfolgungen, Teilungen seines Gebietes zu ertragen hatte? Mit Paul Wilhelm Wenger korrespondierte Andreas jahrelang, bis es nicht mehr ging, politischer Differenzen wegen. Und stammte Kirke nicht aus jener Gegend, die Deutschland, nein, die DDR an Polen, nein, an die Sowjetunion hatte abtreten müssen? Sühne, Versöhnung: Polen jedenfalls lag gebündelt in diesem Mann, der manchmal selber aussah wie ein polnischer Bauer oder Bojar, weshalb die Menschen ihn angafften.

Wollte Grieshaber mit seinen Kreuzwegen eigene formale Probleme lösen, dem Geschehen vor zweitausend Jahren den Stempel der Gegenwart, in der er lebte, aufprägen, wie es die Künstler seit je tun? Der erste kleinere Kreuzweg war expressiv, in heftigen Farben, der große war stiller.

Oft hatte Grieshaber von der Biblia pauperum gesprochen und daß wir einer neuen Art des Analphabetentums entgegengingen. Es war das Volk, die Volksfrömmigkeit, die ihn anzog; der Kreuzweg sei nie Teil der offiziellen Liturgie der Kirche geworden, doch seine Beter verteilten sich über den Erdkreis. In der Urkirche sei er am Ort des Geschehens lebendig gewesen. Verdrängt, während Byzanz den Ton angab, durch die Herrschergestalt Christi als Pantokrator. Erst vor fünfhundert Jahren begründeten Franziskaner in Jerusalem die Tradition. Warum vermehrte er die Zahl der in die Legion gehenden Kreuzwegbilder?

Rätselhaft war mir der ernste Mann, wenn er dasaß in großer Stille, inmitten der seltsamen Werkzeuge wie Hieronymus im Gehäus, doch ebensooft war das Atelier erfüllt von den Klängen Bachscher Fugen oder Gregorianischer Gesänge, manchmal von einer elektrischen Fräse übertönt. Dieses Werkzeug benützte er nicht, um seine Schulter zu schonen, die wurde von den Erschütterungen schwerer elektrischer Geräte ebenso in Mitleidenschaft gezogen wie durch das beharrliche Schneiden. Er wolle nicht an dem vorübergehn, was die Technik zu bieten habe, sondern sie der Kunst unterwerfen, sagte er.

Das Angesicht Christi ist fast immer verhüllt oder ragt aus dem Bildformat hinaus: beim dreimaligen Fall unterm Kreuz, bei der Nagelung, in der Sterbestunde und hinterher. Man kann Gott heute nicht mehr abbilden, sagt Grieshaber. Das Schweißtuch der Veronika, volkstümlichstes Motiv des Kreuzwegs, deutlich ausgebreitet, zeigt nur die Umrisse der Dornenkrone.

Ich sah ihn schneiden, die Farben wählen, mit den nassen Andrucken aus der Werkstatt kommen; Grieshaber rieb seinen ersten Druck immer noch häufig mit dem Löffel nach. Die Formate der Holzstöcke waren zu groß für seine Presse, es gelang ihm, eine passende aufzutreiben, er ließ sie von weither in die Garage seines Druckers transportieren, der von da an unten im Tal druckte und die Blätter zur Korrektur auf den

Berg brachte. Die Übergangszeit war kurz, in der Andreas neben ihm an der Presse eingriff. Papier und Farben, Presse und Drucker wollten bezahlt sein; die Londoner Galerie Marlborough, die zwanzig Kreuzwege hatte übernehmen wollen für die Kirchen in England, sagte ab. So kam es, daß der Kreuzweg jetzt in deutschen Kirchen beider Konfessionen hängt, weit weg in den großen Städten und auch auf der Alb. Die Kathedrale von Coventry, die Grieshaber 1980 ausstellte, kam zu spät.

Am Gründonnerstag wollte Andreas mit mir, wie im vergangenen Jahr, auf die Alb fahren, Veilchen auf den Wiesen suchen, Moos im Wald und in den Dörfern mir die Unterschiede zeigen, wo die früheren Herrschaftsbereiche säuberlich Katholiken und Protestanten schieden. In den einen fanden wir flache Hasen aus Hefeteig mit Rosinenaugen, in den anderen Osterlämmer, plastisch, aus Biskuitteig, zuckerbepudert, schillernde Kirchenfähnchen in den Rücken gesteckt. Seit der Umsiedlung und dem Flüchtlingsstrom hatten sich etliche Unterschiede verschliffen, anderes war geblieben. Wieder hingen an Haus-, Hof- und Scheunentoren der Katholischen, was sie Palmen nannten, Gebilde aus Buchsbaum und anderen immergrünen Sträuchern gebunden, behängt mit ausgeblasenen, bemalten Eiern, palmsonntags in den Kirchen geweiht. Auch Kreuzwege zeigte Andreas mir, volkstümliche Darstellungen ohne Anspruch auf Kunst. In einem der Dörfer tranken wir Tee bei Ernst Jünger. Das Gespräch war ein Balancekunststück auf dem hohen Seil. Ich durfte die präparierten Käfer sehen und kriegte eine Gänsehaut. Beim Abschied schenkte Jüngers Frau Grieshaber ein Ei, das mit Gräsern umwickelt gefärbt worden war; weiß hoben sich die Pflanzenkonturen ab vom dunklen Rot. Auch kamen an Weihnachten alljährlich aus alten Modeln gebackene Springerle, sorgsam in vielerlei Seidenpapier gehüllt, mit Jüngerschen Grüßen durch die Post. Diese zweite Fahrt mit mir ins Ostermoos wurde der Anfang einer Tradition.

Der Kuppelsaal des Stuttgarter Kunstgebäudes, das die Geburtstagsausstellung beherbergte, war schon lang ein Schreckgespenst für die Maler, weil die Rundung zusammen mit künstlichem und natürlichem Licht die Perspektive veränderte und den Bildern nicht bekam; Grieshaber hatte ihn deshalb für seine Plakate vorgesehen. Als sie im Kreis auf dem Fußboden standen, sagte er: Sie sind der Schnee von gestern. Seit Nürnberg warte ich auf die Herausforderung, eine Wand zu machen: hier wird sie stattfinden. ‹Schlachtet den Vater›, soll die Aktion heißen. Seit Urzeiten sind die Väter im Weg.

Wie so oft enthielt sein Plan alle Elemente des Scheiterns; die Kunstbeamten erschraken darüber und noch mehr, als er ihnen sagte, nicht er selbst sei der Aktionist, der die Leute anlocke, das habe es zur Genüge gegeben, er wolle im Schatten bleiben, man werde schon sehen. Grieshaber ließ seinen begabtesten, wildesten und gefährdetsten Schüler, der mit Drogen experimentierte und zeitweilig verschollen war, suchen, schickte ihm ein Flugticket nach Berlin und malte vor seiner Ankunft allein auf der Achalm zwei Nächte lang schwarze Figuren auf fünfundzwanzig Meter mannshohes, weißes, fortlaufendes Papier. Nannte sie Wandzeitung. Ließ sie im Kuppelsaal rundum annageln. Dann fuhr ich Andreas zum Flughafen, bis zuletzt zersprang er fast vor Nervosität: er wird auf dem Trip sein. Ins falsche Flugzeug steigen. Was dann ankam, brachte mich aus der Fassung; Kairos müßte so aussehen, der Gott des Augenblicks, jung, zart, flackernd, so high, so vollgepumpt mit Drogen, umarmt den Lehrer: Wo ist die Wand? Fliegen Sie mir nicht davon, sagt Andreas. Es könne schon sein, seit Tagen habe er keinen Bissen gegessen, sagt der Angekommene. Ich fahre beide zum Kunstgebäude und will als erstes belegte Brote und Tee besorgen. So bin ich nie ausgelacht worden. Die Wand! Her mit der Wand! Nichts als Malen. In diesem Zustand? sage ich. Natürlich, wie sonst als in dem Zustand! Grieshaber sagt ihm, was er von ihm erwarte: keine Rücksicht nehmen, übermalen, auslöschen solle er ihn, er sei gespannt, was vom schwarzen Untergrund bestehen bliebe. Kairos verlangt Leitern, Farben, Pinsel; es kann nicht schnell genug gehen. Andreas, der vorgesorgt hat, ist glücklich über das erhoffte Tempo; die Wärter schreien entsetzt nach Packpapier, wir helfen Parkett und Marmorverkleidungen abdecken, kleben alles fest, der Maler Stöhrer, als hätte er Flügel, tanzt schon auf den Leitersprossen rundum, Andreas sieht, wie seine Figuration angegangen wird, und erklärt es mir: Zuerst muß er versexen, bespucken, verrückt machen, bevor er mich schlachten kann, auch das ist uralt. Obszöne Wörter und Symbole ringeln sich aus Mündern, über Figuren hingweg, dann kommt die Farbe in gewalttätigen Bächen und feinsten Rinnsalen. Grieshaber sagt: Er stellt den Beeinflussungszusammenhang her. Wir halten den Atem an: ein, zwei Minuten lang leuchten die Figuren noch einmal auf wie nie zuvor, im Feuer, im Rot, im Gelb des Kairos, wir möchten schreien: Nicht weiter, laß sie so brennen! Dann legt sich ein schwarzer Rauch darüber, der Junge streicht aus und erwürgt und verschlingt, und was er tut, und wie er es tut, und wie er aussieht dabei, Kleidung, Hände, Haar, das ist es; davon reden die Jungen und fordern und schreien und diskutieren und suchen es in ihrer Musik.

Aber kein Fernsehen kam, keine Kamera nahm auf, ein gewaltiges Happening ging unbemerkt von der Öffentlichkeit, verschwiegen, unterdrückt, hinweggelogen, über die Bühne der Kunst. Grieshaber war traurig; da verfüge man inzwischen über alle Mittel der Technik, um festzuhalten, was während der zwanziger Jahre allein den Chronisten überlassen blieb, doch nicht einmal sie waren benachrichtigt worden. Es paßte den Zuständigen nicht ins Konzept. Ein paar Studenten kamen in den Kuppelsaal, schauten dumpf, liefen weg; Andreas ging mit mir ins Freie, rauchte und war sehr ruhig geworden; auf der Bank in der Sonne saßen die Bärtigen, Langmähnigen mit den Blumenhemden und glitzernden Jacken, und keiner begriff, keinen interessierte es, daß einer tat, wovon sie träumten: den Vater schlachten. Fünf Stunden dauerte der Augenblick. Andreas sagte: Es stimmt nicht zu-

sammen, ihr Geschrei und ihre Gleichgültigkeit; sie sind unfähig, ohne Programmhinweis, ohne Regie zu reagieren. Sie
verdienen keine Revolution.

Später sagte Grieshaber: Stöhrer ist wie die aufplatzenden
Knospen dort draußen. Das junge Grün. Er hatte den Mut. Er
ist heftig. Bei der Oase Kufra gibt es eine Felswand. Die
frühesten Schichten sind prähistorisch. Jahrtausendelang
malten sie übereinander. Und die Wand wurde immer heißer.

Lang schon hatte Andreas Wände gesammelt und mir seine
Funde gezeigt: seit sich eine Hand um einen Stein, einen
Knochensplitter, ein Stück Holzkohle schloß, um an der
Wand den Tod zu proben. Jagdmagie. Kollektiv und einzeln.
Revolution und Widerstand. Werbung. Haß, Liebe, Hunger,
Omo, Hoffnung, Angst, Unterdrückung, Stuyvesant, Recht,
Freiheit, Puschkin, Einsamkeit. Für naive Volkskünstler und
für besessene Maler sei die Wand der Dialog; Grieshabers
Wände waren Photos von überallher, aus USA und Europa,
auf Bauernhäuser und Schlachthöfe gemalt, auf Gaskessel,
Lagerhallen, Schornsteine, Garagen. Keine waren so aufre-
gend wie die Wände der Dritten Welt.

Zu seinem Geburtstag hatten Kollegen, ehemalige Schüler,
Freunde einen *Engel der Geschichte* für Grieshaber gemacht.
Seine Freude darüber wurde verdrängt durch Argwohn, Miß-
trauen: der *Engel* solle auf Wunsch des Verlegers künftig
außerhalb seiner Regie erscheinen. Von einem Kollektiv bestimmt. Er wartete eine Gelegenheit ab, sich zu wehren. Sie
kam. *Urnenengel* nannte er Nummer dreizehn, brachte Bilder
des Malers Stöhrer, noch einmal die Geschichte der Wände,
seine Holzschnitte «Dank» und «Vergötzung» und erklärte,
die Zeit sei gekommen, in der man nicht mehr im Kütschlein
der elitären Kleinauflage fahre, sondern er steige jetzt um in
den Omnibus. In einen Verlag, der eine größere Auflage
garantiere, der Handdruck sei nicht mehr wichtig, das Original, der Holzstock, könne auch in die Maschine genommen
werden, Heilige gegen Feuersbrunst oder Wasserfluten seien
im Mittelalter zehntausendweis vom Stock abgezogen wor-

den, ihm komme es jetzt darauf an, daß ein Student und ein Arbeiter einen *Engel der Geschichte* zum Preis einer Langspielplatte kaufen könne.

An den wenigen Tagen, die ich in Stuttgart verbrachte, saß ich abends mit Johannes beim Wein. Einmal schreckte ich in der Früh auf durch einen dumpfen Schlag. Hatte die Erde gebebt? Das kam hier vor. Dann hörte ich die Wirtschafterin des Hausbesitzers nach Johannes schreien. Er rannte die Treppen hinauf. Petrus lag zwischen Tür und Bett auf dem Fußboden. Johannes sagte, er habe das kleine, zarte Körperchen mit den weißen Locken und dem weißen Vollbart auf seinen Armen gehalten. Das werde er sein Lebtag nicht mehr los. Petrus lehnte eine Intensivbehandlung ab: er sei jetzt müde. Also starb er an einer Lungenentzündung.

Damit begann der Kampf um das Haus. Was sollte aus uns werden? Wie lang würde uns die Erbengemeinschaft auf Abruf, Abbruch weiterleben lassen? Eine vergleichbare Wohnung in Stuttgart wäre zu teuer gewesen. Sollten wir den Garten verlieren, ein der Achalm ähnliches Refugium am Hang über der Großstadt?

Am Tag nach der Beerdigung fuhr ich die Haushälterin in ihren Heimatort. Hinterher wurde ich auf der Achalm erwartet. Der Maimorgen verhieß einen schönen Tag, gleich würden wir durch die Wiesen laufen. Nur noch die zu enge Brücke, die sich in steiler Kurve über die Eisenbahnschienen hochwand. Auf dem höchsten Punkt, über der nicht markierten Mitte, rutschend im Sand von Ausbesserungsarbeiten, stieß ich mit einem Lastwagen zusammen, der mir entgegenkam. Ich stieg unversehrt aus. Das Auto war aufgeschlitzt und zusammengedrückt. Johannes' Auto, an dem mir längst nichts mehr gehörte, seit er der Mehrverdienende war. Mechanisch machte ich dem LKW-Fahrer die nötigen Angaben, dann ließ ich das Wrack stehen und ging mit weichen Knien zurück in die Stadt, wo ich Andreas anrufen konnte. Fünfzehn Minuten später war er mit einem Taxi da. Brachte mich auf die

Achalm, legte mich auf sein Bett und veranlaßte alles, was an der Unfallstelle zu geschehen hatte. Er rief auch Johannes an, fast heiter: Ihr Auto ist kaputt. Nein, passiert ist ihr nichts.

Ich weinte. Am Nachmittag weckte mich Andreas: Ein Leihwagen steht vor der Tür. Als ich mich wehrte, sagte er: Da wird nicht gefackelt. Psychologisch richtig ist, auch danach hab ich mich inzwischen erkundigt, sofort ins nächste Auto zu steigen und weiterzufahren.

Auch Johannes bekam einen Leihwagen; zwei neue Autos wurden bestellt, zwei alte fuhren im Dienste der Achalm. Andreas sagte dazu nur: Es ist schon etwas viel, plötzlich sechs Autos um die Ohren zu haben und einen unverkauften Kreuzweg.

Johannes wollte mit dem neuen Auto nach Zypern und mich mitnehmen. In Erinnerung an Jugoslawien fiel es mir nicht schwer, ein klares Nein auszusprechen. Jetzt tat Grieshaber, worum Johannes ihn vor zwei Jahren gebeten hatte: er machte Holzschnitte für seinen immer noch nicht gedruckten Gedichtband *Im Namen der Trauer*, Silber auf Schwarz, und sofort griff der Verlag zu. Für die Schwarzplatten des Untergrunds zerbrach Andreas Korkstreifen in Stücke, Johannes bekam mit der Post den Druck eines schwarzen zerbröckelnden Zeushaupts und andere geborstene Götter. Später, im Buch, standen Orpheus, Pan, Pegasus, Greife, Harpyen silberflächig und fest umrissen.

Johannes reiste nach Zypern ab. Das Haus in Stuttgart stand leer, ich mußte mich an die Einsamkeit inmitten der Großstadt gewöhnen, in den Nächten rumorte es ums Haus, die Angst kroch heran; mein Radius reichte nicht weiter als die Telephonklingel. Andreas quartierte mich immer häufiger im Hotel ein, bald konnte ich die eine, die andere Nacht auf der Achalm bleiben, an den Rand von Andreas' schmalem Bett gedrängt. Er hatte eine Checkliste daliegen, was zu gießen, wann wer zu füttern sei; ab und zu tauchte das Mädchen auf, kochte, füllte Tiefkühltruhen und den Eisschrank und verschwand, ohne zu tun, was hätte getan werden müssen;

eines Tages rief Andreas mich zu der großen Volière, abseits, wohin ich bisher nie allein gegangen war. Ich sah viele kleine grüne Vögel, Papageien und Fasanen am Rand des Verhungerns, Verdurstens. Andreas schleppte Wasser und Körner herbei. Das wuchernde Pflanzengrün am Maschendraht, die schattenlose Mittagssonne, Andreas' hilflose Bemühungen, alle Tiere zu retten, hatten etwas von Irrsinn. Jahrelang verfolgte mich der Anblick der Volière. Kirke kam übers Wochenende, pflegte die Vögel, und bald danach war die Volière leer. Wieder wollte ich Aia meiden. Andreas sagte: Es ändert nichts mehr. So kam es, daß ich allmählich den Besen in die Hand nahm, mich in der Küche umtat, lernte, die Aras hinein- und herauszutragen, wenn Gewitter aufkamen und sich verzogen, bis die Tiere mich kannten, von ihren Stangen auf meine Schultern hüpften; den Affen rührte ich Bananenbrei an, unterschied die vielerlei seltsamen Hühner, trieb die Graugans am Abend ein, die Türkenente mit ihren Jungen, während Andreas die Pferde, den Bock, die vietnamesischen Schweine, den Esel versorgte. Es gab Sommertage, an denen der Pfau sich abends nicht einsperren ließ; bis es dämmerte auf dem Lochofant stehenblieb, einer steinernen Plastik, seinem Lieblingsaufenthalt, um von dort mit rauschendem Gefieder hochzufliegen in eine Tanne, wo er aufbaumte und im Traum seine Schreie ausstieß. Wenn er, Ende August, seine Schwanzfedern zu verlieren anfing, wirkte er traurig und krank. Andreas spielte mit, bedauerte ihn, streichelte öfters als sonst den Kopf mit dem Krönchen, wenn er sich in seine Hand schmiegte, während wir auf den Liegestühlen unter Sonnenschirmen Siesta hielten. Am liebsten naschte der Pfau Kuchen und Eis.

Kirkes Reich wurde immer kleiner. Als erstes waren die Schweine verschwunden, die Bulldoggen starben an Altersschwäche, nachdem ein Professor der Augenheilkunde sie noch auf dem Küchentisch operiert hatte, weil ihre Tränendrüsen nicht funktionierten; Andreas grub die Gräber auf

Aia, es muß immer rasch gehen, sagte er; von Kirke in kostbare Stoffe gewickelt, werden die Körper in die Erde gelegt. Mag sein, die Archäologen wundern sich dereinst.

12. Grob, fein & göttlich

Vergebens hoffte ich auf ein Bändchen Griechenlandgedichte mit Bildern von Grieshaber, wie Johannes eines erhielt; Andreas wollte nicht. Mit der Heimat solle ich zuerst meinen Frieden machen, mit dem Grab des völkischen Vaters, statt Agamemnons Grab zu besingen, mit der Asche Ludwig Finckhs, unter dem Fels am Wanderweg, ein paar Schritte entfernt, bestattet. Ich hätte ihm nicht umsonst erzählt, daß manches Kapitel von Finckhs Romanen, manches Gedicht in meinem Elternhaus entstanden sei, während die Mutter Spinatpudding zubereitete oder böhmische Knödel. Ich sei alt genug, verzeihen zu können. Auch wenn Ludwig Finckh die Ahnenpässe der Nazigrößen mit meinem Vater zusammengetragen habe, sei ich doch unbeschadet davongekommen. Hätten sich die beiden Freunde nicht, als sie merkten, was beim Aufspüren der Vorfahren herauskam, statt einer dehnbaren Wahrheit wieder der Heimat zugewandt? Ihrer Zerstörung durch Straßen und Steinbrüche? Allein die Erfindung des Fürsten von Frißdenberg sei eine Silberdistel wert, die wir morgen zusammen schneiden würden, fürs Grab.

Ob Grieshaber nur gewartet hatte, bis die ersten Albgedichte auf seinem Pult lagen? Wann ich mich endlich statt mit Göttern, Bergen, Meer und Olivenhainen mit der Einsamkeit heimatlicher Eiszeiten einließ? Über Knochen und Scherben von Mammutjägern, Hirten, Schafe, Seminaristen schrieb und dem Hunger nach Gerechtigkeit, der Parole des Kirchentags in Urach? Dem Mitspracherecht der Landstände in Münsingen, Panzern, Raketen, Radarstationen, einer Madonna in Schwäbisch Gmünd, Stauferzeiten und Bauernkriegszustände, Pflanzen, Tiere, Gewandnamen der Alb? Wie der Mond sich im Blautopf spiegelt, während ich zugleich auf dem Fernsehschirm sah, wie der erste Menschenfuß den Mondboden betrat? Jedenfalls sagte Grieshaber, nachdem er die neuen Gedichte gelesen hatte, wir machen zusammen ein Buch über die Alb. Von unseren Wiesen. Ein Jedermannsbuch. Für den Ladentisch. Keins für die Kunsthändler. Er suchte und fand in einer alten Textilfabrik vergessene Stoffdruckmodel, schnitt zwanzigmal ein Liebespaar und komponierte jedes mit einem anderen grüngedruckten Motiv.

Ich sah unser erstes gemeinsames Buch entstehen, Text zu Bild, Bild zu Text, wie es sich fügte, mit Illustration hatte es nichts zu tun. Wenn Johannes' schwarzsilbernes Buch *Im Namen der Trauer* hieß, hätte das unsere *Im Namen der Lust* heißen müssen, so blau, so rot leuchteten die Liebespaare aus dem Grün. Im Herbst eröffnete Andreas mir neue Blickwinkel auf die verdrängte Heimat; er ließ einen Aschenregen auf die Freuden fallen.

Schwärzer und dichter als anderswo standen die Wacholderbüsche im Nebel vor Buttenhausen hoch hinauf, doch nicht sie wollte Grieshaber mir zeigen, sondern das Dorf Buttenhausen selbst. Zunächst war ihm nichts anzusehen. Auf der einen Straßenseite hätten die Christen, auf der anderen die Juden gewohnt. Vor fast zweihundert Jahren habe ein Freiherr der Reichsritterschaft sie in das arme Albdorf gerufen, in dem ein paar Dutzend Bauernfamilien dahinkümmerten; die Juden sollten für wirtschaftliche Belebung sorgen, damit für die Herrschaft mehr herausspringe, dafür erhielten sie Privilegien. Eine Synagoge, ein Gasthaus ‹Zum König David›, einen eigenen Friedhof; hundertfünfzig Jahre lang hätten die Buttenhausener Juden hier ihre Toten begraben. Bald hätte sich die Einwohnerzahl mehr als verdoppelt.

Inmitten des Dorfes stehen drei Steine. Der mittlere trägt einen Davidstern. Das Auge fährt die Linien nach. Ich lese die in den linken Stein, die in den rechten Stein eingemeißelten, schwarzgefärbten Buchstaben und bilde Wörter daraus: Ber-

linger, Rosenberg, Loewenthal, Hirsch, Landauer, Roth-
schild, Marx, Dreifuß, Tannhäuser. Was für Namen auf den
zwei Steinen; Schulfibelheimat und Weltgeschichte; kam sie
aus diesem abgelegenen Dorf? Ihre Vornamen machen Brüder, Schwestern aus ihnen: Lotte und Selma und Hugo und
Max, Thekla, Emanuel, Judith, Sophie und Siegfried und
Salomon und Johanna. Auf dem mittleren Stein steht die
Jahreszahl ihrer Vertreibung. Von Buttenhausen ins Konzentrationslager Theresienstadt, wo es keinen Friedhof mehr
gab. Nur ein Grab in den Lüften. Man entziffert die Worte
Opfer . . . Verfolgung . . . nationalsozial . . . War ich zu jung
damals? Wann ist man alt genug dafür? Im Weiterfahren zeigt
mir Grieshaber die gelbe Klinkerfassade: ‹Bernheimersche
Realschule› steht darauf. Das Dorf hat jetzt keine Realschule
mehr für die Bauernkinder. Flankiert von roten Sandstein-
säulchen, hängt überm Portal das Schild ‹Rathaus›. Das Dorf
ist lang. Sie haben viel Holz vor den Häusern. Rauch steigt
aus den Kaminen. Es sind keine Juden mehr hierher zurückgekehrt.

Zwiespältig kommt man in Zwiefalten an. Schal erscheint
das berühmte Barock, Gottes Rokokodiva, die einen nach
Buttenhausen empfängt. Andreas hat noch mehr mit mir vor.
Fordert mich auf zu tanken. Begrüßt den Tankwart. Sagt zu
ihm: Erzählen Sie mal der jungen Frau, was hier los war. Als
ich Lehrling war, sagt der Tankwart, mußte ich manchmal
morgens die Omnibusse flottmachen. Sie transportierten un-
wertes Leben. So hieß man das damals. Heut nennen sie's
Psychiatrisches Landeskrankenhaus. Der Tankwart weist mit
dem Kopf auf die andere Straßenseite, wo der Gebäudekom-
plex überm Torbogen diese Bezeichnung trägt. Sagt: Die
Busse kamen immer leer zurück. Mein Schulfreund, von der
Gegend da droben, wieder weist er mit dem Kopf in eine
Richtung, aus der Wälder ins Städtchen herabdunkeln, fuhr
mit dem Rad ins Geschäft. Der hat oft erzählt: Heut hent
wieder d'Flamma rausgschlage. Ond graucht hots. Aber
s'Maul müaßt'r halta.

Grieshaber erspart mir nichts. ‹Mariaberg› steht auf dem Wegweiser. Eine kurze, steile Steige hinauf. Heil- und Pflegeanstalt. Rohbauten und neue Häuser. Sie hatten Fisch zum Mittagessen. Sie flechten Körbe für Wäsche, Papier, für Blumen, für Babies, für Brot, Früchte, Flaschen, für Salz und Essig und Öl und Teegläser und Hunde und Katzen und Spiegelumrandungen.

Antwort des angeklagten Pflegers im Grafeneck-Prozeß: Der Staatsanwalt in Münsingen muß es doch auch gerochen haben, Herr Richter. Grafeneck hieß die Vernichtungsanstalt für lebensunwertes Leben.

Ich begriff, warum Grieshaber in unserem Liebesbuch über die Alb Buttenhausen, Zwiefalten, Mariaberg nicht ausgespart haben wollte. Schon hatte er zur Pfingstgeschichte das Manöverdorf Gruorn in Flammen aufgehen lassen, stellvertretend für Kriegs- und Friedensgreuel durch die Jahrhunderte. ‹Buchen, Felder und Täler› nannte er, was er sonst noch dem Buch beimischte; schwarz- und wacholdergrünflächige Formen, seinen durchlöcherten chinesischen Taihufelsen verwandt, wechselten mit dem zartesten Liniengeflecht kahler Hainbuchen, Moosen und Wurzeln oder abgeräumter Herbstäcker mit den leeren Gestellen der Heuschober.

Wie soll unser Buch heißen? fragte Andreas. Ich antwortete, das liege doch längst im Verborgenen fest, seit man ihm in die Tübinger Klinik ein Buch über Tantra-Kunst geschickt und er bei dem Vers

> Du bist Bindu und der Halbmond.
> Dein Wesen ist Hrn und Phat.
> Du bist mantra und die Zuflucht aller.
> Dreifältig ist deine Gestalt –
> GROB, FEIN UND GÖTTLICH.

auf die ganze Ausdehnung des Gebirges vor seinem Fenster gedeutet habe: Gilt das nicht auch für unsere Heimat? Schauen, Wissen, Entdecken, Genießen, diese Fähigkeiten oder Kräfte müßten, laut Tantra, in die Wirklichkeit umgesetzt werden, damit sie nicht unwirksam bleiben. Andreas lachte: Was du dir so fein merktest, vergaß ich längst, aber GROB, FEIN & GÖTTLICH mag gelten. So kam es zu dem seltsamen Titel.

Noch wußte ich nicht, daß die erste Entstehungsphase die glücklichste Zeit bei einem Buch ist; erst übers Jahr hatte ich erfahren, was es bedeutet, mit Verlagen zu streiten, Verträge auszuhandeln, als bildender Künstler in den Prozeß der Herstellung einzugreifen, wogegen jeder sich wehrt, der sich zuständig dünkt: wenn ein Grün nicht dem Grün entspricht, das man haben will, eine Orange zu plakathaft leuchtet, ein Ultramarin ins Zyanblau spielt. Es kam dann vor, daß ich Andreas durch die halbe Bundesrepublik fahren mußte, wenn die Druckerei etwa im Norden lag und die Andrucke, die der Briefträger brachte, immer schlechter statt besser wurden.

Es soll nicht mehr kosten als vierzig Mark, hatte Andreas den Verlagsleuten gesagt; jeder Holzschnitt eine Mark, die Gedichte und Geschichten sind meine Sache. Der Verleger, nach Luft schnappend, bevor er zu einer längeren Rede anheben konnte, wurde sanft, als Andreas fragte: Wieviel brauchen Sie? Wenigstens vierzigtausend, sagte der Verleger, bei dem von Ihnen geforderten Verkaufspreis; bedenken Sie die Kostensteigerungen; was ich bei meiner Kalkulation einbeziehen muß. Ich weiß, sagte Grieshaber, den Teppich im Büro, den Läufer im Treppenhaus, den Gummibaum, die Putzfrau, den Wach- und Schließdienst. Aber es gibt diesesmal keine Vorzugsausgabe. Ich will ein Volksbuch haben. Also werde ich fünf Exemplare für je achttausend durchsignieren, meinetwegen bei einer öffentlichen Gala, die mögen sich die Bankleute unter den Nagel reißen oder die Kunsthändler und damit tun, was ich bekämpfe: ausschlachten. Mit Passepartout und Rahmen kriegen sie in ein paar Jahren das Doppelte, und keiner muß Pleite machen.

Maler und Modell hieß eine Ausstellung, in Baden-Baden zusammengestellt, zu der sie Grieshaber nicht eingeladen hatten, weil sie ihm das Attribut Maler nicht zugestehen wollten. Sein Farbholzschnitt *Akte*, auf dem ich neben Kirke stehe, war eben fertig geworden. Die Kunstbeamten und Kollegen wachen eifersüchtig darüber, daß kein Bild, sobald sie es mit dem Etikett Druckgraphik behängen können, eine Jury passiert, bei der es um Malerei geht, sagte Andreas, auch wenn die Übergänge fließend sind. Immer häufiger gerate er zwischen die Stühle. Mit seinen Formaten habe er die Einengung gesprengt, die den Holzschnitt vom Tafelbild trenne, unterstützt durch die Farbigkeit der Druckplatten. Die großen Alten erkannten das, Heckel, Purrmann, Schmidt-Rottluff; als sie noch den Jurys vorstanden, ließen sie meine Holzschnitte mitten unter die Bilder hängen. Erst seit sie weg sind, dominieren Unverständnis und Neid. Sie sperren mich in ihre Schemata, ohne zu sehen, daß ein Pferd nicht in einen Hasenstall paßt. Grieshaber mit seiner Fülle von Modellen, zu denen auch die Tiere gehörten, reagierte unerwartet wie stets in solchen Situationen: der Kunstverein Baden-Baden hatte ihn um eine Jahresgabe gebeten. Statt abzusagen, wie er es im ersten Moment des Grolls vorhatte, schnitt er mich, halb lebensgroß, ins Holz und nannte das Bild: Mein Modell. Keinen Augenblick hatte ich jemals für ihn posieren müssen; er wisse doch im Schlaf, wie ich aussehe, sagte er. Im Handumdrehn war das Blatt vergriffen.

Andreas sagte, er müsse etwas für die Tochter tun. Nachdem wir beide uns so entfalteten. Daß ihr Verhältnis zum Vater überaus schwierig sei. Auf einem Tiefpunkt angekommen durch mich. Sie photographiere, doch nie richte sie ihre Kamera auf ihn; ein Zeichen ihrer Verachtung. Daß der Vater wiederum die Photographie verachtete und das gelegentlich zum Besten gab, bezog Andreas nicht in seine Überlegungen ein, auch wenn er sagen konnte: Sie photographiert mir zum Trotz. So kann sie den Vater provozieren. Seine Tätigkeit mit einem Klick übertrumpfen. Die Kamera wolle die Kunst überflüssig machen. Als die Tochter mit Photographieren anfing, habe sie sicherlich nicht gewußt, daß es sich gegen den Vater richte. Es habe zwangsläufig so kommen müssen. Inzwischen sei es ihre Waffe geworden. Doch eine stumpfere gebe es nicht.

186

Ich verhielt mich hilflos, wenn Andreas das Vater-Tochter-Gewölle auswürgte: seine Verletzungen, sein Mitleid, die unkorrigierbaren Mutter-Einflüsse; seine Verständnislosigkeit dafür, in welche Situationen er die Tochter gebracht hatte, seit sie ein Kind war. Ich hab's gefunden, sagte Andreas; ihre Jungmädchenphotos sollen ein Ziel bekommen. Die Hütten der Reutlinger. Bevor sie verschwänden und von getarnten Wochenendhäuschen ‹abseits der Legalität› ersetzt würden. Er führte mich durch Obstbaumwiesen und zeigte mir, was er meinte: da standen sie, windschief, angelehnt, oft nur noch von Bäumen und Büschen gehalten. Kennst du die Stühlchen auf der Wilhelmstraße? Ich schüttelte den Kopf. Die hängen zusammen mit den Obstbaumgütle. Bevor ich sie dir zeige, werd ich sie schneiden. Andreas schickte mich zum Schreiner mit einem Dutzend alter Stuhlbeine verschiedener Stilarten eines Jahrhunderts, die er, wurmstichig und halb verrottet, aus einer feuchten Ecke zog. Der Schreiner sollte sie längs in der Mitte auseinandersägen, damit Andreas davon drucken konnte. Dieses Mal legte er Wert auf die subtile Druckwiedergabe der Wurmfraßgänge. Dann malte und schnitt er, was auf den Stühlchen stand: Obst und Gemüse aus dem Gütle. (Das Wort Schrebergarten sei nie im Süden heimisch gewesen. Erst die Flüchtlinge hätten es mitgebracht.) Andreas sagte, es sei schwierig, die Tochter zu bewegen, einfache Schwarzweißphotos von den Hütten zu machen. Nicht wie er mit den Farben paradieren zu wollen. Aber er lasse ihr keine Wahl, als sich ein einziges Mal zu fügen. Nichts könne dem ersten zaghaften Schritt in der Richtung ihres zukünftigen Wunschberufs dienlicher sein als die reiche Skala dieser armselig daherkommenden Hütten. Andreas machte mit den Photos der Tochter und seinen vier Stühlchen eine Kunstmappe. Dann diktierte er mir den Text. Die Reutlinger meckerten an den Stühlchen herum. Sie haben die Liebeserklärung nicht begriffen, sagte Grieshaber traurig. Dann führte er mich in die Wilhelmstraße, wo die Stühlchen ganz wirklich hier und dort vor den glitzernden Läden standen.

13. Veränderungen

Die Entscheidung über das Stuttgarter Haus war gefallen. Eine notarielle Auflage verpflichtete mich, Wohnung und Grundstück zwei Nachmittage pro Woche für Interessenten zugänglich zu machen. Schrotthändler, Datenverarbeiter, Bauunternehmer, der Chefarzt unterschieden sich in ihrem Auftreten kaum voneinander: die einen wollten ein Renditeobjekt in Terrassenbauweise dem Hang einverleiben, der andere ein Bungalowhaus oder die kleine stille Privatklinik; alle wischten mit einer Handbewegung, wie man Fliegen verscheucht, meinen Einwand weg, daß wir seit zehn Jahren in diesem Haus lebten und Anspruch auf Mieterschutz hätten. Irgendwo wird sich was finden lassen für Sie! Einig waren sich alle in einem Punkt: das Häuschen würde beim ersten Stoß mit der Abbruchbirne, beim ersten Schlag mit dem Rammbär in sich zusammensinken. Allein der Lage des Grundstücks entspreche die Dreiviertelmillion, die sie bereit auszugeben seien. Zentral und doch abseits im Grünen. Ich sagte, der einzige Zufahrtsweg sei zu schmal und zu steil für die heutigen Baumaschinen, Gasleitungen gebe es nicht, für Öltankwagen bestehe ein feuerpolizeiliches Verbot, man könne nur mit Strom oder Kohle heizen.

Die Quälereien erstreckten sich über Monate. Johannes war verschwunden, sobald Leute kamen.

Im Angesicht des Verlustes begann ich mich an den Boden zu klammern. Ich glaubte nicht leben zu können ohne ein Stück Erde, die Zeit hatte keinen Großstadtmenschen aus mir gemacht, eine Atelierwohnung im fünften oder zehnten Stock irgendeines modernen Hochhauses, mehrmals angeboten, wäre mein Ende gewesen. Die Achalm bot rasches Glück, täglich neu, kurz, wild und unberechenbar; kein Zuhause. Es waren nur noch zehn Tage. Wenn es gelinge, Aug in Auge mit dem OB einen bestimmten Nerv zu treffen, könne man Glück haben, behauptete die Fama. Also schrieb ich an den OB: ob es noch möglich sei, mit einer Petition wie zu Zeiten der Luise Millerin an den Fürsten sich zu wenden, ohne von den Ämtern abgefangen zu werden. Diesen Brief gab ich im Vorzimmer des OB auf dem Rathaus ab.

Am nächsten Morgen kam ein Anruf vom Kulturreferenten: der Herr Oberbürgermeister wünsche, daß er an seiner Stelle sich mit mir unterhalte. Ob das Zeit habe. Nein, sagte ich, umständehalber müsse es sofort sein. Den Kulturreferenten kannte ich. Ihm durfte ich nur mit Fakten kommen. Entwarf einen Brief mit sieben Punkten. Malte Skizzen dazu. Schrieb, daß es in Darmstadt, Eßlingen, Bochum und anderswo moderne Künstlersiedlungen gebe, worin auch Schriftsteller zu erschwinglichen Mieten untergebracht seien. Diesen Brief nahm ich am nächsten Morgen aufs Rathaus mit. Der Kulturreferent saß hinterm Schreibtisch. Er sah mir grimmig entgegen. Ich sagte, noch im Näherkommen: Verzeihen Sie, daß ich den Instanzenweg nicht einhielt. Aber ich brauche eine Dreiviertelmillion. Und in zehn Tagen ist alles zu spät. Er fing den Brief zu lesen an, während ich stand. Dann sah ich ihn nicken. Jetzt bot er mir Platz an. Sagte: Der Herr Oberbürgermeister, ohne den Sachverhalt zu kennen, wünscht, daß Ihnen nach Möglichkeit unbürokratisch geholfen wird. Sie haben ordentliche Vorarbeit geleistet. Jetzt brauche ich sofort das Liegenschaftsamt, Hochbauamt, Tiefbauamt, Gartenbauamt. Und morgen ist geschlossen wegen Buß- und Bettag. Also gehen Sie jetzt heim, beten Sie, so bald als möglich laß ich von mir hören.

Drei Tage vor der Versteigerung rief der Kulturreferent an: Wir haben da ein altes Vorkaufsrecht gefunden. Damit ist das Schlimmste abgewendet. Die Stadt wird das Grundstück erwerben, falls die Summe nicht ins Irrationale steigt. Am Freitagnachmittag kam der erlösende Anruf: Ich gratuliere. Sie können wohnen bleiben. Johannes und ich begriffen erst nach und nach, daß wir Herr über Haus und Garten waren, wie man ein Lehen erhält. Alles war schriftlich abgesegnet. Die Miete erhöhte sich nicht, die Stadt ließ uns in Ruh, der

Winter stand vor der Tür. Wieder Silvesterglocken. Die Nacht auf Aia war der Tochter gewidmet. Sie sollte ihr Mitternachtsfeuerwerk haben. Bleigießen. Wieder ist alles mit weißem Flieder und roten Rosen geschmückt, sagte der Vater am Telephon. Johannes und ich waren zu Freunden gefahren. Er hatte mehr als sonst getrunken und schlief sofort im Auto ein. Es gelang mir nicht, ihn huckepack, wie die Weiber von Weinsberg ihre Männer, auf den Rücken zu laden. So schleppte ich ihn, über meinen Schultern hängend, während seine Füße durch den Schnee schleiften, das halsbrecherisch steile Stück bergab. Im Nachbarhaus blickte eine einsame Frau durchs offene Fenster in die Nacht hinaus. Eine verspätete Rakete zischte hoch. «Soll ich Ihnen helfen», rief die Stimme, die zu dem Schatten im Fenster gehörte. Aber gern, rief ich zurück. Um jeden Hals einen Arm geschlungen, schleppten wir Johannes die vereisten Gartentreppen hinauf.

Vier Wochen später hatte Johannes seine Pallas Athene gefunden. Nüchtern, energisch und fein säuberlich schnitt sie Johannes von mir ab. Teilte unsere Haushalte. Andreas ließ mir keine Zeit zum Sinnieren. Er schickte einen Malbrief an die Ärztin, «die die Künstler liebt». Uns allen hatte sie Glück gebracht.

14. Erste DDR-Reisen

Einer, der immer wieder von sich sagt: «Das Mittelstück vom Fisch ist weg, das hat die Katz gefressen», und damit fast fünfzehn verlorene Jahre meint, die er jetzt nachholen möchte, der würde kaum mit mir ans Meer oder ins Gebirge fahren; auch die Kunstschätze Italiens oder die Museen der Welt lockten ihn nicht. Ich hab sie im Kopf, sagt er. In seinen Kunstbüchern, die er grimmig Wochenbetten für Mäuse und Siebenschläfer nannte, fand er, was er ansehen oder nachprüfen wollte. Grieshaber reiste nur, wenn es Pläne zu spinnen oder durchzuführen galt. Nie sah ich ihn Skizzen oder Notizen machen, wenn wir unterwegs waren. Mein Skizzenbuch ist der Kopf, sagte er.

Im März 1970 fuhr ich Grieshaber zum erstenmal in die DDR. Für den Drucker begann damit die herbste Enttäuschung; nun konnte der ehemalige Bauer aus Mecklenburg mit seinem nachtblauen Mercedes nicht mehr so einfach die Grenze überqueren, Verwandte und Landsleute in Staunen versetzen, und sein berühmter Chef begnügte sich mit einem unteren Mittelklassewagen, von einem Weibsbild gelenkt. Für Andreas waren die Fahrten mit dem nickenden Kunststoffhund und den gestickten Sofakissen im Heckfenster quälend geworden, doch nie hätte er eingegriffen in des Druckers Seelenhaushalt, wie er die Autoutensilien nannte. Jetzt gab es jemand, der ihm auf diesen Reisen voller Verwunderung beistand, zuhörte, schwieg und zu begreifen versuchte, wohin Andreas' endlose Reflexionen über den Drang, nach Nordosten zu fahren, zielten.

Warum fuhr Grieshaber in die DDR? Keine Verwandten, keinen Freund hatte er drüben, drei, vier Bekannte, als er Mitte der sechziger Jahre anfing, mit ihnen den Totentanz zu verwirklichen. Nach ein paar Jahren waren es viele Hundert geworden, die seine Holzschnitte liebten, und als wir wohl zwanzigmal das Land durchkreuzt und durchquert hatten, als es Bücher von ihm zu kaufen gab und seine Bilder ausgestellt wurden, kannten ihn Tausende.

War es der Patriot, der nicht aufhörte, das zerschnittene Vaterland als Wunde, die nicht heilen konnte, zu empfinden? War Andreas der Deutsche, den die Geschichte nicht losließ, der mir erklärte, der Eiserne Vorhang, die Mauer in Berlin sei etwas Unumstößliches zwischen zwei Machtblöcken und nicht allein dazu erfunden, daß Ostmenschen nicht mehr nach Westen liefen, wo Geld, Erfolg, angenehmes Leben winkten. Und wie wir uns daran gewöhnt hätten, die DDR zu verdrängen, und lieber in alle Welt flögen, als Unbequemlichkeiten auf uns zu nehmen, die eine Reise dorthin mit sich bringe, angefangen mit dem Warten auf die Papiere, dem sorgfältigen Packen des Autos mit dem, was erlaubt war, und dem, was eigentlich schon darüber hinausging. Unsicherheit kam dazu und schiere Angst, je mehr wir uns der Grenze näherten. Namen, Orte, geschichtliche Ereignisse ließ Grieshaber um meine Ohren schwirren, kaum daß wir Nürnberg hinter uns hatten.

War es der Künstler? Dem es weh tat, daß im anderen Deutschland so ausschließlich der Sozialistische Realismus galt? Fünfzig Jahre, nachdem die Oktoberrevolution einige der modernsten Maler, Dichter, Musiker Rußlands zu großen Leistungen begeistert hatte. Jetzt wurden in der DDR kaum Chagall, Picasso gezeigt, deshalb streute Andreas seinen Samen, seine Figurenwelt dort aus, wo Hunger nach Neuem, anderem herrschte. Glaubte er daran, einen Anfang zu setzen? Weit entfernt von Kulturverträgen, die einem Künstler erlauben könnten, als Repräsentant provozierender Stilrichtungen aufzutreten, gehe er über die Grenze, sagte Grieshaber, als Drucker, als Handwerker, wie Zigeuner einst barfuß nachts durch die Dörfer gingen, um die Hunde nicht zu wecken. Beargwöhnt von westdeutschen Malern des Sozialistischen Realismus, die in der DDR ihre Domäne sahen und versuchten, Andreas Knüppel zwischen die Beine zu werfen. Auch gefiel es ihnen nicht, daß der leise Grenzgänger sich laut einen Bürger der Bundesrepublik Deutschland nannte, wo überall es ihm notwendig schien.

Hinterher sagte Andreas zu mir: Verlaß dich auf mich, es war richtig. Nur so kann ich tun, was ich tu. Unvorstellbar damals, daß eine Zeit kommen würde, in der man Pop-Art oder Joseph Beuys in der DDR ausstellen könnte wie heute, oder daß Maler und Bildhauer von drüben die Documenta in Kassel besuchten.

War es der Mensch, der die Menschen liebte? Ich sah, wie seine Hände zitterten, wie er die Zähne zusammenbiß bei der Mühsal des Grenzübertritts, den Einschränkungen der Bewegungsfreiheit. Abseits der Interhotels, in denen wir wohnten, begannen die Schwierigkeiten, die zu überwinden er uns anspornte. ‹An die Drähte des Staates kommen›, nannte er es. Wie ich den Fuß vom Gaspedal nahm, meine schwitzenden Hände das Lenkrad umklammerten, als das Schwarz-Rot-Gold hinter uns blieb und wir uns dem Rot mit Hammer- und Zirkel-Emblem näherten. Wir sahen die Minenfelder, die Spanischen Reiter, die Verhaue aus Stacheldraht, Soldaten mit Schäferhunden und wußten nicht, tat uns das Herz weh aus Elend oder aus Angst.

Mit wenigen Ausnahmen blieben wir unserem Übergang Hirschberg treu. Es war die Zeit, als die eigenen Leute im Westen einen noch durchwinkten und nicht ausfragten nach dem Woher und Wohin und Warum wie heute. Es war die Zeit, bevor das Westfernsehen, unsere Versandhauskataloge das DDR-Volk umgedreht hatten. Die Zeit, als das Auto voller *Engel der Geschichte*, Kunstkataloge und Zeitschriften für Museen, Galerien, Menschen, die uns über den Weg liefen, bestimmt und zwischen Holzstöcken verborgen wichtiger waren als Armaturen, Badezimmerkacheln, Ersatzteile für alles und jedes. Scherereien am Zoll gab es immer, Verzögerungen, Telephonate wegen unserer Fracht; anfangs wurde sie um und um gedreht, auf den Tischen ausgebreitet; kein Formular genügte, uns ohne weiteres passieren zu lassen. Andreas machte den Mund kaum auf. Ich lernte, Sinn und Zweck unserer Reise so darzulegen, daß es verstanden werden konnte; schließlich hatten wir Briefe von Verantwortlichen, die unsere Druckerzeugnisse erwarteten, freilich kaum einmal offizielle Begleitpapiere. Der schlimmste Augenblick für Grieshaber kam lang vor dem Zoll, wenn sein Paß weg war: Reaktion auf Situationen im Hitlerreich, als er ohne Paß verloren gewesen wäre. Fließbänder, auf denen die Pässe mit den Einreisepapieren ins Dunkel rollten, wurden gerade gebaut. Im Lauf der Jahre jedoch prägte sich ihnen Grieshabers Kopf ein; es kam vor, daß sie bereits informiert waren oder sich an eine Zeitung erinnerten, in der sie ein Bild oder seinen Namen wahrgenommen hatten. Dann fertigten sie uns rascher ab, oft unter Herbeirufung der höchsten Grenzinstanz; manchmal wollten sie einen Holzschnitt sehen und ihn erklärt bekommen, was ich übernahm, weil ich Andreas ansah, wie ihm die Erregung über die ganze Prozedur zusetzte. Verblüfft war er jedesmal über die zuletzt geäußerten freundlichen Wünsche für ‹einen guten Aufenthalt›.

Kaum lag der letzte Wacht- und Kontrollturm hinter uns, war Grieshaber schon voller Ungeduld und Lust, die Autobahn zu verlassen. Ohne Hecken, Besitzmarkierungen zog sich das Land weit über die Hügel hin, weglos, bereinigt für Traktoren. Der Anblick der Dörfer war wie in der Kindheit, nirgendwo Neubauten, zersiedeltes Land; geschlossen, geduckt, um den Kirchturm geschart, hockten die Häuser in ihrer Dorfmulde. Grau wie ihre Schieferdächer. Wenn wir Menschen begegneten, die uns winkten, winkten wir zurück. Andreas sagte Wörter, die zusammengesetzt waren: Fausthandschuhe, Filzstiefel, Leiterwagen, Pelzmützenmänner, Fahnentuchrot. Die Schlaglöcherstraßen kommen vom Braunkohlenteer, unser Steinkohlenteer hält die Frostaufbrüche in Grenzen. Überall sahen wir Parolen hängen und herumstehen, auf Stoff oder Holz geschrieben; an den Rat- und Clubhäusern, auf Plätzen, Bahnhöfen, an Fabriken, Kasernen. Wir begegneten den Transportfahrzeugen der Arbeiter- und Bauernmacht. Weniger komfortabel als unsere Lastwagen, waren sie doch gewalttätiger, was den Anspruch auf die Straße betraf. Meistens nahmen sie die Vorfahrt. Ich drückte mich an den Rand und blieb stehn, bis die Gefahr vorüber war. Bäume standen da, weiß abgeschält der Stamm, radikal, auch Teile von Ästen, noch eh wir uns fragten, sahn wir sie schon: Rehe, in Rudeln, ganz dicht an der Straße, sich durch nichts stören lassend beim Schälen der Rinden. Wenn das Vogtland hinter uns lag, folgten die Städte dichter aufeinander: Blindes, Verblichnes, was bröckelt, zerfällt, abblätternde Karyatidenzeit, neben neuen, schüchternen, kühnen Häusergesichtern aus Beton, Schächten, Schornsteinen, Fördertürmen, Kränen, Brücken, Gittern, Gerüsten, Rost und Ruß und Dreck und über allem die roten Fahnen, schwer, naß, tief herabhängend oder flatternd im Schneeregenwind, huschendes Wimpelrot an den Fassaden: vor hundert Jahren ist Lenin geboren. Andreas erzählt vom Panzerzug 14–69, vom Blutrot, vom Oktoberrot und von Iskra, der Flamme. Manchmal kommt der Scheibenwischer nicht mehr nach, und unser Ausschnitt wird immer kleiner. Einmal begegneten wir dem Grün: frischgestrichen, die Tür, der Zaun, da eine Dachrinne, dort das Geländer. Es hat wohl Grünzuteilung gegeben, sagte Andreas.

Erst bei späteren Fahrten wagten wir, Dichter zu besuchen, auf Burgen zu steigen, uns die Kirchen aufschließen zu lassen, Hand in Hand durch Straßen zu gehen, Gotik, Renaissance, Barock aufzuspüren, meistens wie sie die Jahrhundertwende hinterlassen hatte; auch die Gründerzeitfabriken waren in ihrem ursprünglichen Zustand, schon zu Denkmälern geworden, Buchstabenreste auf Fassaden, wie man sie heute nicht mehr schreibt, und die Schilder über den kleinen Lädchen voller Krimskrams, alles verschlang Andreas mit den Augen und schenkte es mir, indem er es aussprach. Oft waren moderne Arbeiterwohnsiedlungen an den Rändern entstanden, auch das rühmte Andreas, gleichzeitig trauerte er um den Verfall der nicht zerbombten Stadtkerne, etwa von Gera; klagte, daß es nicht möglich sei, in westdeutschen Städten Patenschaften für alte Straßenzüge in DDR-Städtchen anzuregen, wie es Kirchen für Kirchen im stillen tun konnten.

Erst nach dem dritten Mal wurden uns Leipzig, Dresden vertraut; leuchtete das Übriggebliebene aus den Zerstörungen. Nebel, Dreck, Kälte, schmutzigen Schnee, Smog aus den vieltausend Kaminen, mit Braunkohle geheizt, und den Gestank von Leuna herüber mußten wir winters in Kauf nehmen; sommers gab es unüberschaubare Kornfelder, Wiesen voller Rinder, wüstenartig ausgeschabte Gebiete vom Braunkohlentagebau, porzellanblaue Himmel, seidige Wölkchen, wenn wir die Elbe entlangfuhren. Über alle Jahreszeiten erhaben, kühlend, wärmend, in den Museen die Herrlichkeiten der Malerei, tagelang an der Hand Grieshabers. Wir durchquerten Dresden, liefen stumm zwischen den Verstümmelungen herum, brandschwarzen Wänden, Häusergerippen, Fensterhöhlen, stellten uns vor, wie der Zwinger, die Kirchen im Planquadrat des Bombenfliegers aufschienen, bis nichts mehr übrig war als diese Halde aus Sandsteinquadern, bemoost, eine Gewandfalte, ein Stück Architrav, Markierungen, Einsturzgefahr, Betreten verboten, auf dem lila Band eines primelvollgepflanzten Schüsselchens «In stillem Gedenken», Palmkätzchen, die ein Vierteljahrhundert lang Zeit hatten, Wurzeln zu schlagen, Palmarumpassion in den übriggebliebenen Kirchen, und der Fürstenzug, monumental, 19. Jahrhundert, war verschont geblieben, Andreas sagte: Weil er Diego Rivera gefiel, dem lateinamerikanischen Wändemaler, freu ich mich drüber. Auf den Bänken der Jungfernbastei, der Sekundogenitur sitzend, einst Europas Balkon genannt, sahen wir hinter Geländerstäben und Putten die weiße Flotte dümpeln, wie der Strom dahinzog, das Leben weiterging, nirgendwo spielten so viele Kinder, durch die Orangerien am Weißen Hirsch fegte der Ostwind, in den Gärten stand Rosenkohl, wir liefen durch die Wälder im Elbsandsteingebirge oder die Flußauen entlang. In keiner Stadt versäumte Andreas, die Buchhandlungen aufzusuchen. Dort gab er sein in der DDR verdientes Geld aus, nicht wie andere Westdeutsche auf der Jagd nach Antiquitäten.

Die Verlags- und Museumsleute fuhren mit uns nach Pillnitz, Schloß Moritzburg, in die alte Bergwerkstadt Freiberg, zeigten uns Dom und Pforte und Orgel, doch wenn wir konnten, entwischten wir ihnen, selbst wenn wir in Meißen dann nicht ins Porzellanmuseum oder in die Manufaktur kamen, woraus Andreas sich ohnehin nichts machte. Auf der Burg die Begräbnisstätte der Staufer berührte ihn mehr.

Andreas beobachtete die Menschen in ihrer Vielgesichtigkeit. Wenn sie vor Museen aus Bussen kletterten, geduldig warteten, um sich dann an den Bildern vorbeizuschieben; Männer, Frauen aus allen Teilen der DDR und angrenzenden

Ländern, meistens in Gruppen aus den Betrieben, auf Aus-
flugs-, Bildungs- und Urlaubsfahrten, aus den entferntesten
Sowjetrepubliken. Blonde Funktionärinnen in Miniröckchen
schlängelten sich zwischen weichen, runden Mamutschkas in
dunkelblauen Kostümen, großblumigen Kleidern und alten
Trachten; es gab Bauern, Arbeiter, Hirten, dunkel verhornte
Hände, was für Gesichter, aus welchen Ebenen, welchen
Gebirgen, von Wettern gegerbt, auf mageren Schädeln
schwarze weißbestickte Käppchen, sommers barfuß in Filz-
pantoffeln wie ihre Frauen, winters in Schaftstiefeln, Watte-
jacken, Pelzmützen. Dann wieder Gruppen von Sowjetsolda-
ten. Ein wenig länger verweilten sie vor den Bildern, an denen
Täfelchen russisch und deutsch erklärten: *Restauriert und zurückgegeben von der UdSSR*. Diese Gemälde hatten einen dik-
ken gelblichen Schimmer; Hurensalbe nannte es Andreas.
Eine inzwischen überholte Technik zu firnissen. Mehr noch
als die Alten und Neuen Meister der Dresdener Galerie bestaunten die Menschen die Schätze des Grünen Gewölbes,
standen in dichten Trauben um die Kabinettstücke, Geräte,
Schmuck- und Waffengarnituren der sächsischen Fürsten
und Könige.

Morgens und abends begegneten wir den sozialistischen
Völkerscharen wieder auf den Fluren, in den Fahrstühlen,
Hallen, Speiseräumen der Interhotels: Was muß die DDR
aufbieten, diese Massen zu betten, zu speisen, sagte Andreas.
Manchmal summten wilde Gestalten, die aussahen wie Nachfahren von Dschingis Khan, vor sich hin, manchmal sangen
sie, waren traurig, betrunken, lustig, wenn sie zu zweit oder
dritt neben uns die Dresdener Motelzimmerchen bewohnten.
Anfangs wohnten wir gern im Motel an der Peripherie, doch
nach zwei Jahren schon war es zusammengeschunden, und
wir bevorzugten die Neubauten im Zentrum. Tausende von
Betten; Zimmer mit Dusche, Bad, Fernseher, Blattpflanze.
Auf jedem Flur ein Kühlschrank mit kostenlosen Mineralwas-
serflaschen. Bis man auch dort die Spuren der ununterbroche-
nen Überbelastung nicht mehr beseitigen konnte. Speise- und

Gesellschaftsräume präsentierten sich prächtig. Weißgedeckt, Blumen, Kristallüster, Plüsch. Mosaikwände, Silber, Gold, Wandgemälde mit Motiven von Arbeit und Freizeit. Nirgends der bei uns beliebte Kitsch röhrender Hirsche und Alpenpanoramen. In jedem Zimmer gute Reproduktionen eines Klassikers. Die DDR hielt auf sich, die Interhotels waren Schaufenster. In der Messestadt Leipzig gab es dann bald schon Drinks am späteren Vormittag, die Zeremonie des Abendessens, wenn man, am besten durch einen Funktionär, reservierte Tische hatte. Der Versuch, auf eigene Faust an Essen zu kommen, endete meistens damit, daß man hungrig zu Bett ging oder die Reste des eingepackten Frühstücks aß. Intershops gab es noch nicht, und als sie es gab, war das Schlangestehen entnervender, als einen knurrenden Magen zu haben. Das Frühstücksbuffet, lang bevor es sich auch in westlichen Hotels eingebürgert hatte, wohl von Rußland herkommend, stellte alles in den Schatten, was wir an Frühstück kannten. Andreas, der zu Hause nichts aß als ein weiches Ei ohne Brot zum Kaffee, nannte die Tische mit Aufbauten aus Schemeln und Hockern, auch Kisten, überdeckt mit fast bodenlangen weißen Tüchern, den Altar. Morgens aß man sich für den Tag satt an köstlichen Würsten, Braten, Fischen, Eiern, frischen Gemüsesalaten, Kaviar, süßen und salzigen Milch- und Quarkspeisen, Früchten, Säften, kräftigem Brot und Brötchen. Nur der Kaffee bedurfte jedesmal einer Verstärkung aus der Nescafédose, die ich in der Handtasche hatte. Man bezahlte die einzelnen Posten und konnte dadurch die Tagesverpflegung beliebig üppig zusammenstellen. So kamen wir auch ohne Betreuungsprogramm über die Runden.

Auf dem Rückweg der ersten Reise wollte Andreas mir Buchenwald zeigen. Es war schon Nachmittag, als wir uns Weimar näherten, zweimal von Polizeistreifen angehalten, überprüft und darauf aufmerksam gemacht, daß Andreas' Visum, falsch gestempelt, im Gegensatz zu meinem noch am selben Tag ablaufe. Die Dienststellen hatten alle geschlossen. Die Bekannten in der Goethegesellschaft waren krank. Der

Museumsdirektor verreist. Blieb nur die Volkspolizei. Ein
junger Leutnant prüfte ‹den Sachverhalt› und lehnte ab. Da
bäumte sich etwas in mir auf. Vor der fast brusthohen Barrie-
re mit einer schmalen Platte stehend, sprach ich in ein uner-
bittliches Gesicht, wer Grieshaber sei, daß er mir Buchenwald zeigen wolle und ich in der Bundesrepublik darüber
schreiben würde; er möge uns wenigstens bis morgen früh
Aufschub gewähren. Nannte Adressen. Der Offizier sagte
schneidend: «Sie haben das Hoheitsgebiet der DDR unverzüg-
lich zu verlassen.»

Ich wußte, wie weit es noch war bis zur Grenze, sagte: Und
wenn ich nicht mehr fahren kann? Es wird Nacht. Unser
Zustand ist nicht der beste. «Das interessiert uns nicht», sagte
der Leutnant. Er ging ins Nebenzimmer, kam von außen an
die Tür, riß sie auf und brachte uns die Treppen hinab. Ich
stieg mit Andreas, der taumelte, ins Auto und fuhr, als säße
mir der Teufel im Genick, ohne links und rechts zu blicken,
davon. Grieshaber sagte: Wir kommen wieder, den Dienst-
mützen zum Trotz, dann wird Weimar uns eben offiziell
empfangen. Ich machte den Mund erst wieder auf, als wir die
Grenze hinter uns hatten. Im Westen ankamen. Zeitungen.
Das Hotel. Ein Bad. Ein warmes Abendessen. Andreas sagte:
Es ist gut, daß die in Weimar uns ausgetrieben haben, traurig
zu sein. Was du jetzt als Wohltat empfindest, die Rückkehr,
kann viele Gesichter haben. Dein Zorn jedenfalls war gewaltig und schön.

15. Selbstporträt und Weltgericht

Das Bruchsaler Schloß, in den letzten Wochen des Zweiten
Weltkriegs zerstört, sollte wieder im alten Glanz aus der
Asche erstehen. Bei der Kirche wagte man sich an einen
Neubau, der sich zwar einfügen, aber nicht an einer Rekon-
struktion orientieren mußte. Wotrubas Kruzifix und Taber-

nakel setzten den Akzent der Innenausstattung, also aufs äußerste reduziert; Altäre, Heiligenbilder und Statuen wurden
verbannt, Grieshaber, gebeten, sich etwas einfallen zu lassen,
fuhr mit mir nach Bruchsal. Sagte, mir tun die Gläubigen
leid, die man sich selbst überläßt in der kahlen Kirche.
Schließlich sind es Katholiken. Er werde die Holzstöcke seines großen Polnischen Kreuzwegs vorschlagen, dessen farbige
Drucke in den Kirchen verteilt hingen, sie weiß wie die Wände einwalzen und die Linien mit Blattgold auslegen lassen. Im
Schloß wurde gerade das gewaltige Kuppelfresko über Balthasar Neumanns Treppenhaus nach alten Vorlagen neu geschaffen; der Stuck war schon fertig, schwindelerregende
Leitern führten auf das Gerüst, einer der letzten deutschen
Spezialisten saß in der luftigen Höhe und malte. Andreas
sagte, das wirst du nur einmal im Leben zu sehen bekommen,
hieß mich voransteigen, Sprosse um Sprosse bildeten seine
Arme einen Fallschutz um mich, während er mir gut zurede-
te, wenn ich zauderte, und daß ich nur emporschauen dürfe,
dann komme mir schon der Mut. Oben, auf einer ausladenden
Plattform aus Brettern, empfing uns der Meister, nicht alt,
nicht jung, geprägt von seiner Tätigkeit, die ihn Jahre in der
Kuppel festhielt, Güte und Geduld strahlten von ihm aus,
gepaart mit einem manchmal sarkastischen Wortwitz. Wir
blieben lang in der ungewohnten, wohltuenden Atmosphäre
sitzen, eingebunden in den vorgegebenen Farbenkanon der
barocken Formen- und Figurenwelt, und sahen zu, wie der
Meister die Pinsel handhabe, Fragen und Antworten mit
Grieshaber tauschend, der mit ihm über das Handwerk seiner
Vorfahren sprach, jene auf ihn überkommene Tradition, vor
der er nicht davongelaufen sei wie so viele. Der Alpenländer
freute sich, wann passierte es schon, daß einer zu ihm aufs
Gerüst stieg, der seine Arbeit beurteilen konnte.
     Der Finanzminister des Landes Baden-Württemberg und
der Erzbischof von Freiburg geben sich die Ehre zur Konse-
kration der wiederaufgebauten Hofkirche St. Damian und
Hugo zu Bruchsal und des Hochaltars am Sonntag, dem

8. März 1970, 8.30 Uhr, pünktlich, einzuladen. Die Paarung verblüffte mich. Bundesbaudirektion, Landesbaudirektion waren also nur ausführende Institutionen; der Fürst und Mäzen von früher hieß jetzt Finanzministerium. Von ihm hing jeder Stein, jede Kelle Zement ab, bevor die Künstler das Ihre beitragen konnten. Und die Kirche übernahm, was geliefert wurde. Grieshaber bestand auf der Bezeichnung ‹Kreuzweg der Versöhnung› für Bruchsal. Während die Gemeinde kniete, blieb ich in der Kirchenbank hocken und versuchte zu begreifen, was in dem Partisan von der Achalm vorging, als er mit dem Erzbischof und anderen geistlichen und weltlichen Würdenträgern alle Kreuzwegstationen abschritt. Vierzehnmal wurden Gebete gesprochen, beugte Andreas das Knie. War es die Tradition, daß Tempel und Kirchen seit jeher dem Werk eines Künstlers Heimstatt boten, was ihn bewog, das Ritual mitzumachen? Oder weil der Erzbischof in seiner Einführung nicht unterdrückt hatte, daß dieser Kreuzweg ursprünglich für eine deutsch-polnische Versöhnung entstanden sei? Der Maler vom Gerüst ging hinter Grieshaber her. Ich freute mich auf das im Pfarrhaus angekündigte Festessen.

Der aus Rußland stammende Photograph war in Grieshaber vernarrt. Bei Porträtaufnahmen für eine Sammlung ‹Köpfe› hatte er die Fähigkeit des Holzschneiders entdeckt, sich zu verwandeln; Interieurs und Exterieurs auf der Achalm versprachen Ausgefallenes. Das hat noch gefehlt, sagte Andreas, mit Hilfe der Kamera mich bei der Arbeit belauschen zu wollen. Wenn ich schon das Wort belauschen höre! Trotzdem ließ er sich von Swiridoff überreden, für ein ganzes Buch ‹Modell zu stehen›.
    Wieder war ich Publikum bei dem Einerseits-Andererseits in Andreas' Gedanken, die sich durch das Räsonieren mitteilten und in seinem Gesicht, dessen Ausdruck wechselte wie eine Landschaft unter extremen Witterungen: Verachtung der Kamera, Ablehnung des Objektivs – er billigte der Photographie niemals den Rang einer Rivalin zu, höchstens den

einer Hochstaplerin. Als Lehrer hatte er sich kurzfristig mit Photographie und Film beschäftigt, weil er alles ausprobierte, worüber er seinen Schülern Rede und Antwort stand; das war lang vor der Videokamera, mit der inzwischen alle Zuckungen eines Künstlers manifestiert werden, Performance von jedermann für jedermann. Kopien von Filmen über Andreas lagen in einer Hütte herum, lang bevor er sie mir zeigte, brachte er eine vergilbte Zeitungsseite aus der *Zeit, Der Mann des Jahrhunderts* hieß der Artikel, und als Prototyp dieses Mannes stand Grieshabers Photo inmitten, ohne Namen, mit dem Schnauzbart, langen Beinen, schlenkriger Hose, die Hand in der Tasche, dem karierten Hemd, in seiner ganzen selbstbewußten, schwarzweißen Lässigkeit, die ich liebte; von alledem würde nichts in dem kunterbunten Photobuch zu finden sein, sagte er.

Der Maler war zornig auf den Mann, der das Objektiv handhabe, um seine Subjektivität aufzuspießen: Er meint, er sei's, der große Macher, ich aber muß mehr als meine Haut zu Markte tragen, Tage des Lebens vergeuden, und er braucht nur auf den Auslöser zu drücken, den Rest macht der Apparat, die Technik. Doch in dem flinken, geistreichen Sohn des weißrussischen Offiziers hatte Andreas einen Partner gefunden, der ihm alle Bälle zurückwarf, von Ilja Prokoff bis Rosa Luxemburg.

Grieshaber war zornig auf sich selbst, weil er gleichzeitig verhüllt bleiben wollte, im Geheimnis seiner unablässig anderen Subjektivität, und sich doch preisgab: so mach ich's, schaut alle her, da ist kein Trick. Auf jedem Photo sollte ein Stück seiner Hand, aus seiner Hand zu sehen sein. Nicht sich selbst wolle er dokumentieren, sondern die Entstehung des Bildes. Anfangs jammerte mich sein Stöhnen, dann gewöhnte ich mich daran; Stunden, bevor der Photograph eintraf, zog er ein Dutzendmal Hemden und Hosen an, aus, suchte neue Plätze im Garten, im Atelier, in den Werkstätten, auf der Heide, dem Berg, erfand Situationen: ich muß es doch machen, ich will nicht der Gegenstand sein, ich bin der Herr des

Objektivs. Zwischen Schwäbisch Hall und der Achalm liegen mehr als hundert Kilometer, oft kam der Photograph zu spät oder ein andermal, dann war der am Morgen heitere, unverkrampfte Grieshaber welk und verzerrt, und ich erlebte, wie das, was zuerst wie ein Tanz aussah, zu Ringkämpfen ausartete, bis der Besitzer des Objektivs endlich auf den Auslöser drückte, meistens, wenn Andreas aufgegeben hatte. Da er sich niemals wiederholte, zog sich die Quälerei stundenlang hin; in der Mittagsglut rannten beide auf den Berg, wo der Baum, der Busch, das Stück Holz stand, das der eine wollte und der andre nicht oder umgekehrt; so trieben sie es bis zum Kreislaufkollaps, was die Arbeit wieder für Wochen unterbrach. Manchmal waren die Stille, der Ernst des Gesichts, das ich kannte und liebte, eingefangen in seiner Unabhängigkeit von Verkleidungen. Wozu die Mimikry? Die Menschen wollen was sehen, sagte er, was sollen sie mit meinem Gesicht. Lang genug hat hier die Armut regiert, haben Damen und Herren die Nasen gerümpft, statt sich der Kunst zuzuwenden, jetzt kriegen sie das Ambiente.

Als das Buch fertig und viel zu teuer wurde, mußte ein zweites Mal bezahlt werden: Originale sollten es sein, die eine Vorzugsausgabe rechtfertigten. Andreas weigerte sich, er habe es satt, immer dieselbe Leier. Der Photograph ließ das Stichwort vom Selbstporträt fallen, Grieshaber brauste auf: das sei vorbei. Da irrten sich schon Beckmann und Dix. Es gebe kein Selbstporträt mehr. So begann ein tagelanger Monolog, von dem ich nichts verstand, als daß es mit der Moderne zusammenhing; Rembrandt mit dem Handtuch um den Kopf, oder Dürer, da habe ein Zeitalter aus dem Spiegel geschaut; das Ich hatte eine Beziehung zum Ort, wo es wirkte, es wußte um seine Stellung zur Welt und seine Vorstellung von Welt. Es sei eine lange Entwicklung von den Meistern der verborgenen Selbstporträts, der Ratgeb und Riemenschneider auf den Altären, im Chorgestühl, an Kirchenfassaden, leuchtende Namen und namenlose Gesichter, die bezeugten, welcher Zeit Kinder sie waren. Selbstporträt bedeute Tradition, es reiche noch bis van Gogh oder Corinth, Andreas stöberte in seinen Büchern, zerstörte alle gemeinsamen Ordnungsversuche und breitete rings um sich und mich Selbstporträts aus von der Renaissance bis heute. Es treffe ihn wie Hohn, sagte er; eben die Kamera habe ja das Ende dieser Entwicklung bedeutet. Er könne sich ja selbst im Spiegel ablichten im Augenblick, in dem er sich mit seinem Gesicht in Übereinstimmung zu befinden einbilde. Vielleicht sei da ein Weg, sagte Grieshaber und zeigte auf Bacon, auf den er so oft schon vergeblich gezeigt habe: eine neue Identität.

Auf den Spiegel werd ich mich malen, sagte Grieshaber, stieg zu mir ins Auto und ließ sich nach Stuttgart fahren, wo er eloxierte Metallfolie suchte und Farben, die haftenblieben. Er malte sich als Herausforderung der Kamera: splittrig, zertrümmert, ein Auge, ein Ohr, ein Stück Nase, einen Schopf, von hinten, seitlich, ein Scherbengesicht. Dann schmiß er alles in den Papierkorb: Verlust, Ironie seien kein Weg. Nicht ich, der Betrachter soll der Gegenstand sein, ihm werde ich den Spiegel vorhalten, sagte er, malte sich zwölfmal, in Händen ein Stück Metallfolie, in dem der Beschauer sein eigenes Selbstporträt findet, korrespondierend mit dem Grieshaber-Gesicht und je nach der Biegung des Metalls noch einmal verzerrt und gebrochen. «Eulenspiegeleien» nannte er die Serie und erinnerte an das Klinikbett in Braunschweig.

Photograph und Verleger murrten, das tauge höchstens für eine Vernissage, werde sich nicht verkaufen lassen; da griff Grieshaber zur Lithokreide und malte einen Affen, der sein Hinterteil im Spiegel betrachtet. Auch das habt ihr aus mir gemacht, sagte er und nannte das Bild: Pornoaffe. Ich werd's euch signieren als Vorzugsausgabe.

Als er genug gegen sich selbst und das klotzige Photobuch gewütet hatte, lithographierte er ein traditionelles Selbstporträt: Sollen sie ihren Rembrandt haben, dann ist Ruh. Ich mochte dieses Litho nie. Es machte Furore. Es zeigt einen stillen, alten Mann mit einer angedeuteten Jakobinermütze. Grieshabers Bedingung war, das Selbstporträt im Buch neben dem Photo des Rhesusaffengesichts mit den leeren Augen zu plazieren.

Nachdem er sich abgebildet, gehorsam die Linien des deutschen Gesichts zusammengesetzt hatte, damit man dereinst glauben könne, er habe so ausgesehen, nahm er ein Stück Holz und schnitt hinein, was er in sich trug: das mediterrane Gesicht, vom Leben dünn gehämmert wie eine alte Goldblechmaske, machte drei Augenpaare untereinander, denen nichts in der Kunst verborgen geblieben war, Poträt, Hommage à Picasso. Zum neunzigsten Geburtstag.

Auf der Achalm lag eine Einladung, sich an der Ausgestaltung mit Kunst im künftigen Abgeordnetenhochhaus in Bonn zu beteiligen. Die Bezeichnung «Wettbewerb» war eine Formsache; man hatte ausgewählt, keiner der Geladenen würde hinterher abgelehnt werden. Die Baustelle war groß, der Anteil für Kunst berechenbar in Prozent, man konnte davon ausgehen, daß im Spektrum des Dutzends alle Techniken und Temperamente vertreten sein würden. Professor Eiermann war der Architekt. Schon zweimal habe er ihm einen Korb geben müssen, sagte Grieshaber. Besonders schwer sei ihm das für den Anbau der Berliner Gedächtniskirche gefallen. Bedingung: Nonobjektiv. Er habe gesagt, nur, wenn er irgendwo eine Hand, einen Fuß hinterlassen dürfe wie Le Corbusier in Ronchamps: bénie entre toutes les femmes. Sie hätten sich nicht einigen können. Dieses Mal mache er mit. Zum einen seien genug Nonobjektive dabei. Nägel- und Rohre- und Licht- und Gitterkünstler. Zum anderen stehe im Bonner Theater seine Holzstockwand «Der Rhein». Warum soll mir nicht ein Äquivalent gelingen? Er habe die Geschichte des Flusses mit Deutschlands Geschichte verknüpft; zwischen Nibelungengold und den ins Wasser geworfenen Hakenkreuzen, die man zu Tausenden gefunden hat, ist es ein langes Fließen. Inzwischen wüßten die Architekten, daß er einem Trend zuliebe seine Figuration nicht aufgebe. Andreas sah flüchtig die Pläne an, räumte sie aus den Augen, sagte:

Man muß es vor Ort sehen. Wir fuhren nach Bonn. Er habe nie ein Verhältnis zu Berlin gehabt, aber die zerschlagene Metropole konnte es in unserem Jahrhundert mit Paris oder London aufnehmen. In Bonn haben sie Adenauers Schlauheit oder Bequemlichkeit zementiert, ohne zu merken, wie die Provinzstadt Regierung und Volksvertreter ins Abseits der Realität geführt hat.

Am nächsten Morgen wurden die Maler und Bildhauer durch den Rohbau geleitet von den Herren der Bundesbaudirektion. Eiermann, leutselig, munter, vertraulich bei den Begrüßungen, erklärte, was er sich gedacht habe, Treppenhäuser, Wandelgänge, Säle betreffend. Wie da und da eins mit dem anderen korrespondieren müsse. Dialoge führen. Einander nicht ausschließend. In den Sälen der Fraktionen und Ausschüsse hinwiederum sei durchaus das Individuum möglich. Grieshaber, von Uecker, von Mack angesprochen, warum er so unverrückbar am Holz festhalte, ob er nicht glaube, daß dieser Werkstoff in heutiger Zeit ein Atavismus sei, antwortete nur: Das wird sich herausstellen. Die Stunden dehnten sich zäh, im künftigen Sitzungssaal standen Tische und Stühle bereit für immer neue Erörterungen, Resümees: Wem, wo, was anzuempfehlen sei; doch nichts konkretisierte sich. Ob man sich zu einem späteren Zeitpunkt noch einmal treffe? Grieshaber zerschlug den gordischen Knoten: Ich bitte darum, den Verteidigungsausschuß machen zu dürfen. Etwas anderes interessiert mich nicht. Plötzlich kam Leben in die Künstler. Jeder beeilte sich, Wünsche anzubringen, schon mußte Eiermann schlichtend eingreifen, die ersten Rivalitäten ausräumen. Grieshabers Wunsch, das Supraportenfeld zu füllen, wurde akzeptiert.

Auf der Rückfahrt sagte Andreas: Ich weiß, daß ich im Verteidigungsausschuß der Öffentlichkeit entzogen bin. Meistermann hat das sofort kapiert und sich den großen Anhörungssaal gesichert. Trotzdem entschied ich mich, den Raum, in dem unsere Volksvertreter über den Fortbestand der Menschheit beraten, nicht der Unverbindlichkeit preiszugeben. Ich sehe mich in der Tradition derer, die wohl wußten, wie wenig Kunst bewirkt, und dennoch nicht aufgaben durch die Jahrhunderte. Ich werde nicht auf den Gekreuzigten zeigen wie Grünewald. Das Zeichen meines Zeitalters ist die Atombombe, damit muß ich mich auseinandersetzen. Bald danach schickte Grieshaber seinen Entwurf, eine kleine Skizze, nach Bonn. Sie wurde dort zum Schwarzen Peter, jedoch fanden die Zuständigen kein Argument, etwas abzulehnen, womit sie hatten rechnen müssen. Also besorgte Andreas das Holz und schnitt einen dreiflügligen Altar. Das Mittelstück die explodierende Bombe. Weltgericht nannte Grieshaber sein Bild. Um den Engel mit ausgereckten Armen wirbeln Menschen-, Tier-, Pflanzentrümmer. In das helle Holz mit den schwarzen Figuren legte er wie Intarsien rote Kunststoffsplitter ein, Reste von Blut und Feuer. Knurrte: Da haben die Herrn ihren modernen Werkstoff. Ein Adam links, eine Eva rechts, statuarisch, schon jenseits von Mahnung, eher Erinnerung an die Schöpfungsgeschichte und an das erste Menschenpaar Albrecht Dürers, dessen fünfhundertster Geburtstag bevorstand.

Eiermann legte Wert darauf, daß die Scharniere zwischen den drei Teilen funktionierten, damit der Altar, wie Grieshaber vorgeschlagen hatte, jederzeit mit einer langen Stange geschlossen werden konnte, falls er den Volksvertretern auf die Nerven ging. Grieshaber sagte: Der Herrgottsaltar Tilman Riemenschneiders im Taubertal war mehr als vierhundert Jahre geschlossen; im Bauernkrieg, um ihn zu schützen, Riemenschneider war einer der ihren, schlugen die Bauern die Seitenflügel zu, hängten Totenkränze darüber und vergaßen ihn, deshalb blieb er so gut erhalten. An Stelle der Totenkränze muß ich mir selbst etwas einfallen lassen. Die Post brachte ein Buch: Geschichte der Tarnung von Mensch und Natur. Sein Einband war aus dem bekannten fleckigen Tarnstoff. Bundeswehr, sagte Grieshaber, das ist es. Wir fahren in den Taunus, dort ist die Fabrik, die Bundeswehrtarnstoffe herstellt. Damit verkleide ich die Rückseiten von Adam und Eva;

zugeschlagen wird der Altar dann ein Objekt, das es mit jedem Pop-Kunstwerk aufnimmt. Ich werde mich nicht auslernen lassen. Als alles fertig war, fuhr ich Andreas zur Montage nach Bonn. Der fast drei Meter hohe Altar war mit Spezialtransport gereist. Die Einweihung des Abgeordnetenhauses, im Volksmund Langer Eugen genannt, fand ohne Grieshaber statt.

16. Nun sprechen die Kamele

Morgens um elf in Düsseldorf hockten sie an der Straße, auf Treppen, gegen Häuserwände gelehnt, hielten die Gesichter in die Frühlingssonne, ließen die Zigaretten kreisen. Manche waren höchstens fünfzehn. Andreas hatte das bisher in Deutschland noch nicht gesehen. Wir stiegen die Stufen zum Museum hinauf, unter einer Schlafsackdecke lagen ein Mädchen, ein Junge. Andreas betrachtete die Gesichter, ihre wunschlose Glückseligkeit, sagte, das kenne er aus Fellachendörfern, als er vergeblich versucht habe, bei den Jugendlichen auch nur die geringste Art von Bewegung, Kreativität zu wecken gegen die Apathie durch das Opium. Doch das hier seien hiesige Gesichter. Da kam der Hausmeister, fing zu schreien an und ging mit der Faust auf sie los: Eingesperrt gehören die, ausgepeitscht, vergast! Andreas versuchte, ihn abzuhalten: Haben Sie keine Kinder? Während sich ein heftiger Disput zwischen Andreas und dem Hausmeister entwickelte, trotteten die Angegriffenen davon, ihren Schlafsack hinter sich herschleifend. *Hippieblume* nannte Grieshaber das Blatt, das er eine Woche danach schnitt und druckte, auf dem die Faust zwischen zwei Köpfe fährt. Alles andere ist verborgen unter der Decke einer großflächigen Blüte in üppigen Farben. Ein Pop-Art-Bild, von dem sich Verehrer der Grieshaberschen Tradition abwandten. Noch nach Jahren sprach Andreas von den Kinderchen in Düsseldorf und ihrem Bett.

10
II
72

Von Herzen alles Gute
zum Geburtstag
d. cu doch Jahre Freunde
me Dir

Grieshabers Einfälle sprudelten, und seine Kraft, sie auszuführen, spannte sich in einem hohen Bogen über den Anfang
des neuen Jahrzehnts. Vergessen die Schrecken der Kranken-
häuser, gelegentlich auftauchende Schwäche und Schmerzen
waren dazu da, überwunden zu werden; jeden Tag nahm
Andreas als Herausforderung und übertrug seine Dynamik
auf mich. In meinen Stuttgarter Schubladen lag aufgegeben
der halbe Roman über die Zeit des Zweiten Weltkriegs, den
ich während der Tübinger Klinikmonate vorgelesen und erzählt hatte. Jetzt wurde ich auf der Achalm gefordert. Wer mit
Grieshaber lebte, konnte nicht gleichzeitig schreiben. Wenn
er am Tisch saß und Holz schnitt, wenn die Späne flogen,
wartete ich angespannt auf den Augenblick, in dem er das
Messer weglegte, aufstand, hin- und herlief, sich mitteilen
wollte. Halbe Stunden gehörten mir; vor seinem Fenster sitzend, wenn er arbeitete; es reichte, einem Gedicht auf die
Spur zu kommen oder auf seiner Fährte zu bleiben, zu mehr
nicht. Bei schlechtem Wetter kauerte ich auf dem Charles-
Eames-Chair, machte Notizen, wobei mich die beiden Affen
ablenkten; meistens versuchte ich dann, die Bibliothek zu
ordnen. Ich ahnte, der Garten, die Tiere, die gewaltigen
Kochorgien waren ebenfalls Fluchtpunkte gewesen; auch Kirke hatte gemalt und geschrieben, doch nur noch, wenn Andreas schlief.

Carl Orff wurde fünfundsiebzig, Ernst Bloch fünfundachtzig.
Grieshaber wollte beiden eine Geburtstags-Hommage machen. Bat um Texte für zwei Büchlein. Böll schrieb für Bloch
seine Moskauer Schuhputzerinnen und Schuhputzer, ich hatte gerade drei Gedichte fertig über die Märzfahrt zwischen
Schleiz, Zwickau, Karl-Marx-Stadt, Leipzig; die «Grünzuteilung», das Weiß des Schnees, das Rot der Fahnen widmete ich
Ernst Bloch. Andreas machte zwei kleine Maquetten mit
Gemaltem, Getipptem, wollte sie irgendwo drucken lassen,
da kam der Verleger auf Besuch, die großen Namen reizten
ihn, er werde sie in großer Auflage herausbringen. Die Bänd-

chen sind zu klein, sagte Andreas, außerdem müssen sie in vier Wochen fertig sein. Wir schaffen's, sagte der Verleger. Und erlebte wieder einen von Grieshabers spontanen Einfällen: Dann nennen wir die Geburtstagsheftchen *Engel der Geschichte* Nr. 14 und 15.

Mit immer neuen Blättern reagierte Grieshaber auf die Herausforderung der Pop-art. Ein Architekt aus dem Ruhrgebiet bat ihn zur Hochzeit der Tochter auf die Alb, eine Dorfhochzeit sollte es werden, das junge Paar würde in einem umgebauten Bauernhaus sein Nest einrichten. Andreas sagte: Das sehen wir uns an. Wollte ein Bild für das Brautpaar machen. Fuhr mit mir nach Stuttgart, kaufte Myrthe, Tüll, künstliche Blumen und allerlei Krimskrams, malte die Umrisse von Braut und Bräutigam auf einen Karton und schmückte sie mit den Utensilien, die er festklebte. Tagelang stand die Collage im Atelier, er konnte sich nicht entschließen, sie zu schneiden, weil sie als Objekt bereits ein Eigenleben führte. Übrig blieb ein Stück Streifenpapier, um ein Käsebrett geschlagen aus dem Einrichtungshaus in Stuttgart, Andreas hatte es an seine Wand gepinnt. Sagte: Das Design der Einwickelpapiere, Tapeten, Schaufensterdekorationen hat längst die Bemühungen der Maler und Graphiker überholt. Besser als dieses Papier ist keiner, der Streifen malt und damit Erfolg hat. Dann schnitt Andreas diese Streifen ins Holz und druckte sie in denselben Farben: Damit hätt ich den Anschluß geschafft in den Augen der Kunstbeschreiber, sagte er, ließ das nonobjektive Tapetenbild trocknen, griff zur Kohle und zerstörte es malend: Einem Mädchen, nackt, sitzend, Löckchen und Brüstchen, steckt zwischen den Beinen das Streifenstück. Aus dieser Komposition machte er einen neuen Farbholzschnitt. Nannte ihn *Miniröckchen*. Sagte: Das ist vom Hochzeitsbild übriggeblieben. Später hieß das Bild *Partygirl*.

Ausstellungen zum bevorstehenden Dürer-Jahr wurden geplant. Dresden und Nürnberg luden Grieshaber ein. Lang stand er am Fenster und sah übers Land. Spannte im Freien zwei große Papierbogen auf. Umriß seine Huldigung an die Gotik, schon an den Rand gedrängt von der hereinbrechenden Renaissance. Zeichnete die Rückseite einer Leinwand mit dem Keilrahmen, der Querverstrebung. Sagte: Weißt du noch, wie Beuys die Bilder gegen die Wand gekehrt ausstellte? Ekel, Überdruß, damit kann der Mensch nicht leben. Dann gab er seinem Dürer die geliebten gotischen Hände und Füße, die Palette, den Zirkel, das Zubehör einer vergangenen Zeit. Es sah aus, als meinte Andreas sich selbst. Schnitt und druckte die beiden Dürer, den Dresdener anders als den für Nürnberg, in alten Farben auf seiner Kniehebelpresse.

Es war jedesmal ein großer Augenblick, wenn er behutsam das erste Blatt abhob vom Druckstock, prüfend, ob er nicht hier und dort nachreiben müsse, wo das Papier die Farbe nicht so annahm, wie er es verlangte. Grieshaber hat ausführlich darüber geschrieben und den Vorgang im Zyklus *Lob des Holzschneiders* auch im Bild festgehalten. Für mich waren diese Augenblicke neu, jung, Schöpfungsminuten, es freute ihn, wie ich den Atem anhielt, glaubte, dem Drucken gehöre die Zukunft. Noch war Andreas ahnungslos, was sich vorbereitete in den Laboratorien der Elektronik, meinte, allen Unkereien zum Trotz, mit der Zeit Schritt zu halten, fühlte sich auf dem Höhepunkt der Möglichkeiten; in jeder Druckerei des Landes konnte er sich der modernsten Maschinen bedienen. Nichts kündigte an, daß eine technische Revolution von bisher unvorstellbarem Ausmaß Gutenberg hinwegfegen würde und Grieshaber mit der von ihm gewählten Kunstform das Zeitalter des Holzschnitts beendete, statt es neu zu beleben.

Ein Tunesier stand an der Tür, sagte Andreas am Telephon. Wollte mein Schüler werden. Wir sprachen französisch miteinander. Das Beste, was Brahim Dahak dabei gehabt habe, seien Kamele gewesen. In Linoleum geschnitten, weil es in Tunesien keine Wälder gebe. Hast du ihn angenommen? fragte ich. Was ich dächte, diese Zeit sei vorbei. Er habe zu ihm gesagt, ich lade Sie ein, mit mir zusammen ein Buch zu machen. Kamele. Nichts als Kamele. Brahim Dahak solle arabische schneiden, er selbst versuche es mit israelischen Kamelen. Vielleicht gelinge es den Tieren, was Menschen nicht zustande brächten: den Dialog. Der Tunesier war einverstanden. Jetzt warte ich also auf Kamele, sagte Andreas. Durch solche Anrufe wurde die Achalm für mich immer wieder zu Aia. Menschen aller Hautfarben kamen, angemeldet, unangemeldet, oder durch Inter Nationes, die fragten, ob Grieshaber nicht den und jenen Künstler, Wissenschaftler, Politiker aus entferntesten Teilen der Welt empfangen wolle, die sich einen Besuch bei ihm gewünscht hatten.

Andreas sagte: Ich werde auch Linoleum nehmen, machte die ersten Schneideversuche. Als Schuljunge habe er seinen letzten Linolschnitt gemacht. Holz wäre unfair, der Linoldruck ist flach, ich will dem Tunesier gegenüber nicht der Stärkere sein. Er ist mein Bruder. Kamele kamen als Malbriefe nach Stuttgart. Dann wurden sie geschnitten, gedruckt. Keins glich dem anderen. Hatte Andreas, als er im Orient lebte, die Kamele studiert? Kamele allein, Kamele mit Menschen, Kamele bei Zelten, Kamele in einem Boot, Brahim Dahaks Kamele trafen ein und gesellten sich denen von Andreas; stillstehende, galoppierende, lagernde, Lasten tragende, abwartende, witternde, äsende, trinkende, geschmückte, sich liebende, lachende, melancholische, niederkniende, aufstehende, tanzende, davonlaufende, revoltierende Kamele, Kamele als Idol, als Symbolfigur auf dem Flugzeugrumpf über der Wüste. Andreas schrieb in arabischer Schrift Sprichwörter dazu:

Überschau die Höcker liegender Kamele
ihre Form,
wellengleich,
ist die Wiege poetischen Denkens.

Dem Kamel in der Wüste gleich
leidet er Durst
und trägt doch die Last des Wassers auf dem Rücken.

Sie hat mich geliebt,
ich habe sie geliebt,
und unsere Kamele haben sich gepaart.[8]

Am Schluß suchte Grieshaber nach einem Akzent, der seinem Kamelauftrieb eine Wirklichkeit gegenüberstellt: als wüßte er nicht, daß die Israelis längst das Kamel durch einen landwirtschaftlichen Fahrzeugpark ersetzt hätten, gerade darin liege ja die Schwierigkeit des Dialogs. Dafür müsse er Symbole finden. Was hat mein Tunesier mit Israel zu schaffen? Nichts, aber ich gab ihm die Aufgabe, Arabien zu vertreten. In der Spielwarenabteilung kaufte Andreas alles, was es gab an Jeeps, Baggern, Traktoren, Gabelstaplern, Erntefahrzeugen mit vielerlei Greifern, stellte sie auf den Arbeitstisch, schnitt sie, ließ sie die Kamele vertreiben, dann durfte ich sie den Kindern schenken.

Die Kamele wurden ein dreifacher *Engel der Geschichte* im großen Querformat, es gab einen neuen Vertrag mit künftigem Standardpreis, jedes Kamel ein Original. Grieshaber schrieb seinen Text für den *Engel:*

Lieber Freund, so weit Allah und Jahwe reichen, gibt es Palmen und Kamele. Dort ist der Himmel flach, er spannt sich weit über die Erde. Kein Himmel für einen steilen Start. Er wölbt sich barmherzig über Juden und Araber. Wird je ein Gotiker solchen Himmel verstehen? Vergebens haben meine Ahnen aus dem Buch der Bücher vorgelesen! Haben wir diesen Himmel bei Marx wiedergefunden? Aber was weiß ein Europäer von den hundert Namen der Kamele. Hundert Namen, die Leben, Liebe, Freundschaft bedeuten. Hier ein Schimpf und dort zur Ehr. Nun sprechen die Kamele.[8]

Den Menschen gefielen die Kamele. Ein seltsames Bilderbuch für Kinder nannte ein Kritiker es. Der Verlag verkaufte es gut. Doch Grieshaber wartete vergeblich auf ein Echo von außerhalb. Wie hätten Israelis und Araber auf Kunst reagieren sollen? Auf Politik ohne Worte? Auch Bonn wollte den *Engel* nicht als Diplomatengeschenk.

Eins der Kamele nannte Andreas Idol; er hatte es einer flachen Steinskulptur nachgeschnitten, die lang schon auf seinem Stehpult lehnte: grau, mit dem Dromedarhöcker, aufs knappste reduziert die Kontur, in den Leib waren Linien geritzt, ich habe ihre Herkunft vergessen, wie weit sie zurückreicht. Fünf Jahre danach schickte Grieshaber das Idol, das in zwei Händen Platz hatte, dem blinden Philosophen zum 90. Geburtstag. Ernst Bloch saß da und fuhr den Stein, seine Wölbungen und Vertiefungen, mit den Fingern nach.

17. Achalmsommer

Immer öfter sagte Andreas: Du kannst heute nacht hier schlafen, es ist keiner da. Ich fragte nicht, zu deutlich hatte er gesagt: Das ist meine Sache; mir stand zu, mich zu freuen, sonst nichts. Außer seinem Bett gab es keine Lagerstatt, wohin ich mich hätte verkriechen können. Jeder Winkel war ritualisiert, tabuisiert, überall wohnten irgendwelche Tiere, Pflanzen, Bücher. Dazu kam mein Spinnentrauma, gegen das anzukämpfen mir keine Stunde erspart blieb. Als wäre die Achalm die Zuflucht aller Arten von Spinnen, hingen scheußliche Exemplare zwischen den Ranken wuchernder Blattpflanzen in ihren Erdebehältern, liefen die Wände hinauf und herab, rannten über die Fußböden. Andreas erschlug sie, sobald er mich schreien hörte, obwohl er stets friedlich neben ihnen gelebt hatte. Suchte die Umgebung seines Bettes ab, doch es gab zu viele Verstecke für sie. Der Tisch für Spinnen war reich gedeckt; wo Tiere leben, gibt es Fliegen. Wo Exkremente von Tieren herumliegen, wird man sommers von tausend Fliegen gepeinigt; Stubenfliegen, Bremsen und große grünschillernde Schmeißfliegen setzen sich auf alles, lassen sich hinterher auf unseren Körpern, Kleidern, den Speisen nieder. Sie zu bekämpfen war sinnlos, der Kreislauf wurde unablässig neu hergestellt. Ich verbot mir, an Fliegeneier zu denken. Es genügte, wenn ich die Maden kriechen sah. Es war die Zeit, in der im Film, auf dem Theater der Ekel ritualisiert wurde, Fäkalienkunst im Museum; nun war ich einer Wirklichkeit ausgesetzt, die kein Jota Faszination enthielt. Aber ich kann diese bedrängende Kehrseite des Schönen, unter der auch Grieshaber litt, nicht weglügen. Gans, Enten, Hühner liefen zur Küche herein oder zwischen uns auf der Terrasse im Freien herum und gaben von sich, was sie gefressen hatten. Vermischt mit Papageienscheiße trug man es an den Schuhsohlen überallhin. Der Pfau hinterließ seine Ausscheidungen, wenn er auf den Teppich gehüpft kam, auf die Lehne des Sessels flatterte, um sich oder den vermeintlichen Partner im Spiegel zu erblicken. Immer wieder bückte Andreas sich, um die ätzenden Fäkalien aus dem Teppichflor, von den Ledersesseln, dem Bretterboden zu entfernen, als er merkte, wie ich bei dem Versuch, es selbst zu tun, würgte. Der Affe, teils außen, teils innen im Käfig, ließ alles unter sich; wo sein Kot hinfiel, blieb er liegen, Schichten übereinander, nie wurde der Käfig gereinigt. Außer Kirke biß er jeden, der ihm zu nahe kam, selbst Andreas vermied Berührungen. Das war nicht immer so. Peggy ist das einzige Tier, das auf mein Konto kommt, sagte Andreas; ein Kommunist, der plötzlich untertauchen mußte, brachte den Affen an einem Strick, als ich noch allein hier lebte. Den Namen hat er von Gustav Reglers zweiter Frau Peggy, einer Amerikanerin. Das Zimmer, in das die Hälfte des Käfigs hineinragte, war der Raum, in dem man die Mahlzeiten zu sich nahm. Serviert wurde auf dem Mahagonitisch mit den Ledersesseln, direkt an die weißgekalkte Rückwand geschoben, so daß man, statt über die Bergwogen der Alb zu blicken, mit dem Gesicht zur Mauer saß. Als wäre das eine Art Buße, sagte Andreas. Den schönsten Platz vor der Glasfront nahm der Affenkäfig ein. Manchmal reichte Andreas einen Leckerbissen durch die Stäbe. Der Affe griff danach, aß ohne Gier. Andreas hatte stets Sprayflaschen zur Hand. Giftige gegen die Fliegen und duftende gegen den Gestank, der jedoch alles durchdrang. Mehrmals am Tag vernebelte er die Räume. Ich dachte an unsere Lungen, daß wir das Zeug einatmeten, meine Warnungen gingen ins Leere; die Sprayflaschen waren die einzige Waffe, sich gegen Fliegen und Gestank wenigstens minutenlang zu wehren. Immer stand eine Batterie Nachschub da. Midas Ödipus, frei herum-

kletternd, verteilte seinen Kot überall. Ich wurde hin- und
hergerissen zwischen der Faszination, die Affen anzustarren,
das Gesicht der Kreatur mit dem Ausdruck des Unerlösten,
und einem quälenden Ekel, der sich bis zum Haß steigern
konnte. Wenn ich glaubte zu erliegen, dachte ich an die Kindheitsmärchen mit ihren Proben und Prüfungen und an die
Zauberflöte. Manchmal half der ständige Anblick des Skeletts
im Busch vor dem Atelierfenster: Mach nicht so viel Aufhebens von alledem, was ist schon der Mensch. Nur die Spin-
nenangst hatte mir niemand austreiben können; selbst Grzi-
mek und Thomas Bernhard gaben es auf. Erst wenn ich bei
Andreas lag, verdrängte ich das Bedrohliche. Sein Atelier,
sein Körper rochen nach den englischen, französischen Par-
fums. Das Mönchsbett war zu schmal für zwei, der mächtige
Mann konnte sich nicht mehr ausstrecken; auch wenn ich
mich noch so sehr an die Wand preßte, war ich zu rund, um
mich dünn zu machen, und beide wachten wir morgens auf
wie gerädert. Bis ich die Luftmatratze mitbrachte, abends
aufpumpte, vor Andreas' Bett legte. Als könnten mich
schneeweiße Leintücher vor den Spinnen schützen, hüllte ich
mich in die Laken der Großmutter unter der Schafwolldecke.
Andreas war vergnügt; noch nie hatte eine Frau in seinem
Atelier geschlafen, er konnte sprechen mit mir, wenn er wach
lag, auch wenn ich fast immer einschlief, während er über mir
Weltgebäude errichtete. Umständlich war es, wenn er bei
Nacht aufstehen und über mich wegsteigen mußte; nach ein
paar Monaten legte ich die Luftmatratze auf seinen Arbeitstisch. Durch die Fenster schienen Mond und Sterne, die
gewaltige nächtliche Gebirgskulisse, die Lichter der Täler in
meinen Schlaf. Früh weckte mich die Sonne, der Schrei des
Pfaus, die Tiere wollten herausgelassen werden aus ihren
Ställen und Verschlägen, meistens war Andreas schon auf
den Beinen und konnte nicht an seinen Arbeitstisch; auch war
er gewöhnt, sich gegen fünf im Atelier eine Tasse Tee zu
machen, bevor das Leben auf der Achalm begann. Endlich
fand ich den richtigen Platz: unterm Tisch; jetzt war die dicke

Holzplatte über mir mein Firmament, statt mit Sternen mit Farben bestückt, denn sie wurde manchmal gewendet, um die jeweils besser erhaltene Seite oben zu haben; ich preßte die Luftmatratze zwischen die beiden Böcke, eine Querstrebe war mein Nachttisch, breit genug für die Armbanduhr; wenn ich meinen Himmel naß abwischte oder Teewasser verschüttete, roch er lang und wunderbar nach dem Holz des afrikanischen Baumes. Man kann mit Panzern darüberfahren, ohne die Platte zu zerdrücken, hatte Andreas gesagt.

Sobald die übriggebliebenen Tiere krähten und schrien und scharrten und pickten, sahen wir zu, wie die Blumen aufwachten, schimmernd vom Tau, nächtlichen Regenperlen, Käfer und Hummeln und Bienen und Schmetterlinge regten die Flügel, taumelten durch den Morgen, wir rochen den Duft des Gartens, machten, von blühenden Büschen ringsum geschützt gegen Zuschauer, einen Rundgang. Andreas freute sich über die Vielfalt, ohne Arten zu kennen, ich sah mehr, fand den Garten anbetungswürdig, litt, denn die Herrlichkeit stand mir nicht zu, die Schöpferin war weit weg und entbehrte sie. Ich mußte an meine Mutter denken, an ihren Garten und die Gärtnerei ihres Vaters in Sachsen. Sagte ich etwas, knurrte Andreas den alten Spruch: Mir hätte die Heide genügt, ein paar Skabiosen, die Ringelnatter, ich brauche das Zauberzeug nicht zum Leben. Dann stiegen wir, selten nach sechs in der Früh, die Leiter zum Schwimmbad hinab.

Manchmal hebt mich Andreas hoch und trägt mich zum Wasser und wirft mich hinein. Man sieht durch das Plastikzelt hinaus, wird aber selbst nicht gesehen. Das Wasser ist klar, grün, wird mit Kochsalz reingehalten. Andreas kontrolliert den Behälter, mißt den Säuregehalt, regelt die Aufheizung. Es ist ein Grad wärmer als wir selbst, als unser Blut. Tage, an denen nichts als ein ungeheures Blau durchs Dach und die Wände dringt, während ich auf dem Rücken liege. Die Haare gehören schon zum Wasser. Seelilie im warmen Jurameer, zartestes Fächeln, Gottfried Benns Schleimklümpchen in einem warmen Moor – Andreas kommt und zerstört das Nirwana, tanzt, das kleine japanische Transistorradio macht Musik, ich tauche zwischen seine Beine, werf ihn um, heb ihn hoch, ich trage ihn, das Wasser hilft mir, sein Gewicht auf Fingerspitzen zu balancieren, oder ich knicke ihn, in der Mitte, bis er auf meine Arme paßt, vergeblich strampelnd.

Andreas schlägt die Zeltwand zurück: Tage, an denen die weiße Fackel der Apfelblüte überm schwarzen Stamm lodert; wir hören Getrappel, Geblök, Geplärr: Der Schäfer treibt seine Schafe vorüber, oder sie stehen tagelang auf der Koppel, wir hören das Klagen der Gebärenden und der Neugeborenen, Andreas wirft zwischen meine Brüste eine eben aufgegangene Passiflorablüte, ich sehe Kreuznägel und Dornenkrone, während die Siamkatze vorüberschleicht, wahnsinnig vom Alter, der Ara hustet, die Glaskugel spiegelt Midas Ödipus, wie er im Birnbaum sein schneeweißes Haar rauft, Tauben verspotten ihn, der große Affe rüttelt am Maschendraht, jetzt will die Graugans zu mir ins Wasser, schreit lustvoll, Andreas versucht sie zu fangen, sie reißt sich los, mit den Flügeln schlagend, schwimmt schon, kaum erschrocken, daß es so heiß ist, nein, sagt Andreas, springt hinterher, setzt die Gans auf den Beckenrand und schließt den Vorhang: Diese Leda gehört mir allein.

Der Ansturm des Alltags beginnt nach dem Wasser; das unablässige Sowohl-als-auch; Andreas sieht den Zwiespalt, sagt: Als ginge es mir anders als dir! Die Tiere, von Kirke ausgedacht, geliebt und gehegt vor meiner Zeit, hatten Andreas zu einer Fülle von Bildern verholfen; wenn sie auf den Holzplatten sitzen, preist er sie, als sei es ein gutes Omen, selbst «wenn die Schnecken ihre silberne Spur übers Holz ziehen», freut er sich noch. Pfau, Graugans, Aras, Affen eignen sich als Schmuckstücke für Photos und Fernsehfilme, andererseits stehle die lebendige Kreatur seinen Bildern die Schau. Farben und Formen der Pflanzenwelt speisten sein Werk – doch Erde und Papier vertragen sich nicht, die Erde dringt ein in alles und jedes, als Staub, als Krume zerstört sie das reine, glatte, unberührte Weiß, sagt Andreas. Seine Papiere muß er unablässig vor Aias Erde behüten.

18. Josephswand

Der Pfarrer einer alten Weingärtnergemeinde, inzwischen Daimler-Benz-Heimat und von Stuttgart vereinnahmt, schrieb an Grieshaber, seine Kirche St. Germanus, auf einem Bückele über dem Neckar gelegen, werde renoviert, und sie hätten gern Holzstöcke dafür. Der Kirchengemeinderat wünsche sich Abrahamsengel; ihm hingegen wäre ein Joseph willkommen. Ich fuhr Grieshaber nach Untertürkheim. Die Gemeinde hatte ein ansehnliches Sümmlein gesammelt. Grieshaber sagte: Vom lieben Gott nehme ich kein Geld. Wo soll das Bild hängen? Der Pfarrer sagte: An einer Wand, die es noch gar nicht gibt. Die Jungen seien fortgezogen aus dem alten Ortskern, und die Kirchengemeinde habe über tausend Seelen verloren. In den winkligen Gassen tummelten sich jetzt griechische und italienische Kinder. Die ehemalige Dorfkirche sie zu groß geworden. Sie zögen eine Schiebewand ein, die nach Bedarf den Chorraum von der Halle abtrenne, dahinter könne man dann unter der Woche Konfirmandenunterricht, Altennachmittage, Chorproben abhalten, und was die Gemeinde sonst zusammenführe. Grieshaber sagte: Ich mache die Geschichte von Joseph und fülle damit die ganze Altarwand. Sie ist sieben Meter hoch und neun breit, sagten die Männer vom Kirchengemeinderat. Das ist mir recht, antwortete Grieshaber. Man trank etliche Flaschen Wein, besiegelte den Bund und verabredete sich mit dem Architekten. Holz ist zu schwer zum Hin- und Herschieben, sagte Grieshaber. Ich möchte Linoleum nehmen. Auf der Achalm las er Thomas Mann. Martin Buber. Nahm einen Bogen Papier, machte fünf Längs- und fünf Querstriche, es kamen sechsunddreißig Tafeln heraus. Berechnete die Maße von einer. Bestellte vierzig Linoleumplatten. Malte, schnitt ein Blatt nach dem anderen. Nahm nicht nur das Messer dazu, sondern ließ manchmal die Steinschneidemaschine tanzen, verkantet, federleicht drüberhin, als wöge sie nicht einen halben Zent-

ner. Er überließ sich dem Fluß der Geschichte. Ich brachte die
ersten Tafeln in die Kirche. Grieshaber sagte, auch Linoleum
ist noch zu schwer. Eure Faltwand ist nichts als ein Riesenpa-
ravent. Die Japaner können damit umgehen. Er wolle versuchen, das kräftigste Papier aufzutreiben, das in Japan zum
Bauen verwendet werde. Als es da war, druckte Grieshaber
von Linolplatten. Schön standen die hellen Linien in dem
Schwarz. Doch Andreas war unruhig. Als warte er auf ir-
gendwas. Sprach von den Menschen, die in der Kirchenbank
von der düsteren Wand bedroht würden. Druckte noch einmal hellgrau. Darin war das Liniengeflecht zu zart. Sagte, die
griechischen Arbeiter würden in ihren Kirchen daheim von
einer Ikonostas getröstet. Die Fähigkeit des Menschen, sich
dem Gottesdienst hinzugeben, sei beschränkt, die Augen
wanderten. Wie auch uns es ergangen sei, wenn wir als Kinder mit den farbigen Kirchenfenstern uns unterhielten, während die Predigt über die Köpfe hinrauschte. Das Gewimmel
seiner Figuration komme dem Kirchenvolk nicht entgegen, er
halte noch immer an der Idee einer Biblia pauperum fest,
wenn er so seine Mitmenschen betrachte. Eines Tages fand
Andreas kleine Reste von farbigen Wandtafelkreiden, Kinder
auf Besuch hatten sie übriggelassen. Er fing an, die Figuren
eines Linoldrucks mit Rot, Gelb, Grün zu füllen. Zögerte.
Malte. Prüfte, beobachtete meine Reaktion. Es war die eines
Kindes, wenn es anstatt Schwarz-Weiß plötzlich Farben
sieht. Da hieß er mich Kreiden kaufen. Jetzt leuchteten die
Träume Josephs, die ihn in sein Verderben führten, in naiver
Farbigkeit, und danach die Träume des Bäckers, des Mund-
schenks, die Joseph vor den Pharao brachten, damit er auch
ihm die Träume deute. Ich erkannte mich als Potiphars Weib
in einem irrsinnigen Lila. Nur wenig begriff ich davon, wie
Grieshaber sich von dem Hin und Her zwischen Ägypten und
Israel inspirieren ließ, die Kriegszüge, das Versöhnungsthe-
ma, die Gegenwart einbezog. Und wie sein *Engel der Geschichte: Nun sprechen die Kamele*, kaum fertig, sich als Wegbereiter
herausstellte; die zweimalige Wahl von Linoleum.

Manches erklärte Andreas mir. Die fetten Jahre. Die mageren Jahre. Wie schwierig es gewesen sei, sieben gewaltige Kühe auf nur einem Blatt unterzubringen. Oder Jakobs Reisewagen mit Mensch und Getier. Und daß die Bilderfolge der Wand von rechts nach links «gelesen» werden müsse, wie die hebräische Schrift. Den Hintergrund, einen clematisfarbenen Himmel, durfte ich ausmalen. Brauchte die meisten Kreiden dazu. Im Mittelpunkt der Folge entstand wie von selbst die Vorausschau auf Christi Abendmahl, wie Joseph mit seinen Brüdern zu Tisch sitzt.

Die Wandtafelkreiden verwischten sich. Andreas rief einen befreundeten Maler an, welches das beste Fixativ sei. Haarspray, war die Auskunft. Er beharrte darauf gegen alle Zweifel. Also wurde ich fortgeschickt, Haarspraydosen zu kaufen. Es funktionierte nicht nur, es geschahen Wunder, je nach der Witterung: In der Sonne trocknete das Spray sofort, bei bedecktem Himmel dauerte es Stunden, wenn es regnete, tagelang. Man konnte die Blätter nicht hochstellen zum Sprühen, weil die Kreiden abbröselten; es bildeten sich kleine Pfützen; manchmal gab mir Andreas den Fön in die Hand, doch am liebsten überließ er das Trocknen sich selbst, nachdem er gesehen hatte, was vorging. Das Rot und das Grün und das Braun veränderten sich, die Felle von Stieren, Kamelen, Eseln, Schafen, Ziegen glänzten verschieden auf jeder Tafel, Menschenleiber und Gewänder fingen zu schimmern an, man erkannte, ob sie im Regen gereift oder von Trockenheit rasch geglättet worden waren; auf der Achalm zog ich mit den Josephsbrüdern hin und her zwischen Israel und Ägypten, teilte ihre Überschüttungen mit Leiden und Wohltaten. Der Himmel, mein Himmel, war unvergleichlich; sechsunddreißigmal wechselte er über Palästen, Wüsten, Weideland, als wolle er alle Nuancen des Tags und der Nacht darbieten, opalisierend, im Museum von Heraklion sah ich dieses Blau auf uralten Steinen, Metallen, es war das feuerfarbene Blau von Emaille und Fayencen oder das ausgewitterte Lila auf einem Stück Verputz in Pompeji.

Die Kirche konnte wählen: einen Streifen schwarzweiß, einen Streifen farbig hatte Grieshaber anbringen lassen; seine Hoffnung trog nicht, man entschied sich für die farbige Wand. Am letzten Adventssonntag war die Wand fertig. Weihnachten hing sie. Winters fuhren wir manchmal hin, um sie leuchten zu sehn. Grieshaber hatte zur Bedingung der Schenkung gemacht, daß die Kirchentür nicht geschlossen wurde, damit jedermann zur Ikonostas könne, was in protestantischen Kirchen unüblich ist. Mit Bussen von überallher kamen Menschen und besuchten die Josephsgeschichte, wie Grieshaber es sich erträumt hatte: Biblia pauperum. An Ostern schon löste sich das Japanpapier von seinem hin- und hergeschobenen Untergrund; die Mesnerin, beim Ansehn Frau Potiphars sich entrüstend, mußte bröselnde Farbpartikel zusammenkehren. Grieshaber gab einem Fachmann den Auftrag, die Tafeln auf Aluplatten zu befestigen, mit der Schiebewand zu verbinden und das Ganze mit dem geeignetsten Fixativ zu behandeln. Als wir wiederkamen und durch die Kirchentür traten, heulte ich los. Die Wand war gleichmäßig nachtblau geworden; Rot, Grün, Gelb, Braun waren still, nichts mehr glänzte und schimmerte nach den Sonnen- und Regentagen auf der Achalm. Andreas sagte: Es ist gut. Das hier ist eine Kirche. Die Wand ordnet sich ein. Drängt sich nicht mehr auf. Als sei sie schon immer hier gewesen. Jetzt störe sie auch die barocken Fresken nicht mehr. Ein türkischer Arbeiter hatte sie beim Renovieren auf dem Gerüst unter der Tünche entdeckt. Da war die Wand schon fertig; wer weiß, ob sie sonst überhaupt entstanden wäre. Zwischen allegorischen Gestalten mit allerlei Gerätschaften ein alttestamentarisches Motiv: Jakob träumt in Bethel die Himmelsleiter.

Grieshabers letztes Jakobsbild ist sein einbalsamierter Leichnam, zwei Engel tragen ihn nach Kanaan. Der Landesbischof mit seinem Stab besuchte die Kirche. Josephs Mumie als Abschluß der Wand irritierte etliche Herren vom Oberkirchenrat. Wie denn sonst hätten spätere Generationen ihn in die Heimat transportieren sollen? sagte Grieshaber. Der Ortspfarrer hingegen sagte: Betrachten Sie bitte, *wer* Joseph transportiert! ein Engel, sonst ist nichts zu sehen. Und weil der Engel kräftig sein muß, hat er drei Flügel – den dritten dort, wo Vögel ihren Schwanz haben.

Wenn ich Grieshabers Gäste nach Untertürkheim fahre, erzähle ich ihnen meine Geschichte, denn sie ist eine andere als die der geistigen und geistlichen Herren. Nie mehr würde ein Mensch meine Himmel erblicken. Die Wand hat ihr Eigenleben entfaltet; der Pfarrer interpretiert sie gewaltig, so, daß Grieshaber verlegen wird: Was der Meister der Wand der Genesis abgerungen habe; wie er die Urthemen in die Gegenwart leite; «Joseph als der vicarius Christi, Traum und Wirklichkeit, das Thema Selbstwerdung und Individuation eines Menschen, Lebensreise, Pilgerschaft, Wüstenwanderung, der Hunger in seiner doppelten Bedeutung, Schuld und Vergebung, Kommunion, Brüderlichkeit, das Thema von der Nation zur Welt, Sterben und Transzendenz und der Mammon; Versöhnung und Frieden, Christus heute» – hat Grieshaber die Wand so gemeint? Wenn man ihn fragt, lächelt er: Ich hab's gemacht. Was daraus wird, liegt beim Betrachter.

19. Unterwegs

Im Herbst, zur Buchmessenzeit, begann eine Art neuer Lebensabschnitt für mich. Bisher war das eine, das andere meiner Gedichtbändchen einen Augenblick lang zur Kenntnis genommen worden und sofort wieder versunken in der Bücherflut. Ich hatte mich damit abgefunden, mein Dasein als Schriftstellerin in Zeitschriften und Anthologien zu fristen. Grieshaber, die Jahrzehnte erwähnend, in denen mich Männer und Kinder davon abhielten, das zu tun, was allein mir sinnvoll erschien, sagte, daß die kargen Versuche bisher das

Oeuvre einer Fünfundzwanzigjährigen umfaßten, was er zu ändern gedenke. Er sagte, es gebe keine Wunder, und niemand werde das alternde Dornröschen plötzlich entdecken, weil ein Prinz die Hecken niederhieb. Er machte für mich ein Plakat ‹Holzschnitt im Buch›: Zwei Hippies, für deren Gewänder er Muster erfand, von dem jede Frau gern ein Stück Stoff gehabt hätte, hielten *Grob, fein & göttlich* und den *Engel der Geschichte* hoch über die Köpfe. Die Menschen blieben stehen, wo immer sie es sahen. Darunter stand, wann ich in wechselnden Städten aus dem Buch lesen würde und Grieshaber signieren. Immer neue bunte Prospekte, Flugblätter und Einladungskarten entwarf er dazu, die anders aussahen als die hunderttausend in den Briefkästen gefundenen oder auf Theken herumliegenden, weshalb sie im Handumdrehn verschwanden und an den häuslichen Wänden seriöser Konservativer wie an den Türen und in den Spinden junger Revoluzzer hingen. Eine große Buchhandlung im Ruhrgebiet hob *Grob, fein & göttlich* aus der Taufe. Andreas bereitete es planmäßig vor, bemüht, mich darüber hinwegzutäuschen, daß alles seinen Preis hat: ein Vortrag Grieshabers im Folkwangmuseum, eine Verkaufsausstellung an den Wänden der Essener Buchhandlung, die eine Kunstabteilung etablieren wollte, am übernächsten Tag in Bonn die vormittägliche Signierstunde mit Prominenz im Haus Baden-Württemberg; ich begriff, was Multiplikatoren sind; dann lösten Buchhandlungen, Bibliotheken, Galerien einander ab: Köln, Dortmund, Duisburg, Münster, bis Hamburg, Bremen und wieder zurück nach München, Nürnberg und in die Städte der heimatlichen Provinz. Spät lernte ich, was Kollegen früh geübt hatten: Gedichte vorzulesen. Einem Grieshaber liebenden Publikum ging ich anfangs mit drei, vier Gedichten auf die Nerven, doch weil ich gut vortrug, wurden bald halbe und ganze Stunden daraus. Niemals wäre Andreas kreuz und quer durch die Bundesrepublik gereist, oft unter unbequemsten Bedingungen, wenn er mir nicht hätte Starthilfe geben wollen. Er wußte, was seit achtundsechzig gefordert wurde: dem Publi-

kum nicht nur während des Lesens die Stirn zu bieten, sondern ihm hinterher zum Fraß vorgeworfen sein; kein Autor konnte sich der allen Lesungen folgenden Diskutierwut entziehen. Verweigerungen machten Einladungen rückgängig. Andreas griff nur in Notfällen ein. Die Fragen der einfältigen Gemüter lernte ich ebenso zu fürchten, wie die von Studenten, Professoren. Da half mir nur die offene, kräftig dargebotene Unwissenheit, und daß ein Poet auch ohne Germanistikstudium seine Sache richtig machen und verteidigen kann. Unter Andreas' souveräner Führung dauerte es etliche Eingewöhnungsmonate in jenem Winterhalbjahr, bis ich meine Sporen verdient hatte.

Vor den Veranstaltungen wollten die Gastgeber dem vergeblich sich wehrenden Grieshaber ihren Besitz vorführen, Koch- und Backkünste, ihre Meinungen über Gott und die Welt zum Besten geben, die seinen erforschen, ihr Gästebuch schmücken und möglichst viel erhaschen von dem, was sie unter «der Künstler privat» verstanden. Andreas gelang es selten, einen «Imbiß» hinunterzuwürgen, er stieg hinterher mit leerem Magen für die nächsten sechs Stunden in den Ring. Nach seinem Vortrag, meiner Lesung und der darauffolgenden offiziellen Diskussion waren die Abende noch lang nicht zu Ende; es folgte im vorbestellten Lokal die Konversation, das Geplauder derer, die vorher geschwiegen hatten; vom Smalltalk über geistreiche Anreden bis zu den indiskretesten Fragen mußte ich standhalten, lernen, auf schwere Säbel mit dem Florett zu parieren; je rascher ich Fortschritte machte, desto häufiger sollte ich den Meister erklären, seine Bilder, seine Worte, die er von Podien herab über die Menschen losgelassen hatte, denn er selbst war zwar noch anwesend, aber in dem für ihn allein den Zustand erträglich machenden Panzer aus Alkohol. Wenn ich nicht mehr aus und ein wußte, weil Andreas die Gesellschaft mir überließ und mich der Gesellschaft, wenn seine Wortequilibristik unter dem Einfluß harter Getränke für niemand mehr nachzuvollziehen war (nur ich selbst war hingerissen und hätte am liebsten mit angehaltenem Atem zugehört, anstatt selbst zu reden), spielte ich den Clown. Das schwierigste auf jenen Tourneen war, ihn jedesmal heil ins Hotelbett zu bringen und dann auf der Lauer zu liegen, bis die vielgestaltigen Wirkungen des Alkohols nachließen und der Augenblick für Tee und Medikamente herankam, weil sein Herz stolperte und ihn in Angstzustände versetzte. Morgens stand er meist frischrasiert schon am Fenster und rumorte, bis ich endlich wach wurde. Kirchen, Museen, Burgen, Marktplätze wollte er ansehen mit mir, endlich allein, bevor wir uns wieder ins Auto setzten, um zum nächsten Veranstaltungsort zu fahren.

Das Publikum hätte lieber ein edles, schlankes Geschöpf an Grieshabers Seite gesehen, keinen kurzbeinigen Rundkopf; ich mußte also einsetzen, was ich hatte, mein lebhaftes, drastisches Gesicht mit der langen geraden Nase, die blauen Augen, die geschulte Stimme. Photos entstanden, auf denen ich aussah wie ein fünfundzwanzigjähriges Mädchen, auf anderen wie die sprichwörtliche Mutti mit fünfzig. Also galt es, Kleider zu finden, die zu mir paßten, nur paßte ich meistens nicht hinein. Ein Glück, daß die Zeit der Hosen und weiten Kittel aufkam, auch wenn es noch kaum Boutiquen gab. Manchmal fanden wir ein Hemd, einen Blazer in den Herrenabteilungen für mich. Andreas kaufte sich neue Mützen, von denen keine alt wurde, weil er sie überall vergaß, den sechsunddreißigsten Shawl anstelle von Krawatten und gelbe und lila Seidenkniestrümpfe in den Damenabteilungen, weil er rutschende Socken verabscheute. Gern hätte er andere Kleidung getragen, er beschrieb sie mir, hatte Spaß an den Einfällen, doch für einen Schneider fehlte ihm die Geduld; also hinein in die nächste Hose, die paßte und aus dem besten Stoff war, damit die Prozedur nicht so bald wiederholt werden müsse. Sich für ein Jackett zu entscheiden, war eine Qual, Pullover konnte er nicht ertragen, und beim Anprobieren des dritten Paars Schuhe brach ihm der Schweiß aus, und er stürzte aus dem Laden.

Wenn der Schnee auf der Achalm zu hoch lag, der Frost zu

grimmig war, die Nacht nicht weichen wollte, das Auto nicht mittat, fuhren wir mit dem Zug zu den Veranstaltungsorten. Andreas kam an den Stuttgarter Hauptbahnhof, nicht ohne abenteuerliche Anmarschwege, Stunden zu früh oder in letzter Sekunde mit einem Taxi. Nie war er müde, mürrisch, verdrossen, immer überwältigte mich die Frische, mit der er mich empfing: Wir machen ein Reislein!

Wir hatten Griechenland nicht vergessen. Wenn Johannes und Andreas miteinander sprachen, ging es um die Militärdiktatur; Jaros, Makronissos, Sankt Efstratios, die Verbannungsinseln. Leg mir alle deine Gedichte über Griechenland auf den Tisch, sagte Grieshaber zu mir. Es waren mehr als sechzig. Eine frühe Kalypso, bevor ich Johannes kannte, danach die Verse aus meiner Lehrzeit bei ihm, die Prometheusserie aus der Tübinger Klinik, Kreon und Antigone aus Nürnberg, das eben entstandene über griechische Gastarbeiter auf Bahnhöfen, deren trostloses Beisammenstehn auf unseren Reisen Andreas bewegte. Es werde ein kleines Bändchen, sagte Grieshaber, jetzt, gleich, sofort, weil man das Eisen schmieden müsse, solang es heiß sei. Wir seien ohnehin unterwegs und könnten bei den Veranstaltungen überall von der Militärdiktatur sprechen; meine ersten politischen Gedichte seien beisammen, das kleine Buch dürfe nicht halb so viel kosten wie das große. Ich fiel Andreas um den Hals. Er sagte, er habe es mir doch versprochen, sobald ich meinen Frieden mit der Alb und den Gräbern der Väter gemacht hätte, sei Griechenland an der Reihe. Welchen Titel es haben solle. *Zwischen Urne und Stier*, wie im *Engel der Geschichte*, sagte ich. Andreas hatte das Bändchen mit Vignetten ausgestattet, die teilweise Repros seiner großen mythologischen Bilder waren. Und weil der Verleger sein Original haben wollte, suchte Grieshaber unter den alten Holzstöcken einen kleinen flötenspielenden Pan, nahm das Messer, schnitt ihm eine Mädchenlocke, ein Kränzchen ins Haar, sagte, das bist jetzt du, wir nennen es Sappho. Noch vor Ostern war das Buch fertig.

Sein erstes Griechenlandplakat *Elefteria I Thanatos* mit dem

Tier als Mythos, das inzwischen als Original weit verbreitet war in Jugendhäusern, Kneipen, Universitäten, Amnesty-International-Gruppen, das gerade in Hamburg zu einer großen Veranstaltung einlud: «Politische Justiz in Griechenland», dessen verwitterte Reste noch an Bauzäunen und Straßenlaternen hingen, ließ Grieshaber noch einmal vom Holzstock drucken, «Zwischen Urne und Stier» stand darunter, mein Name und unsere jeweiligen Veranstaltungstermine. Es wurde auch zum Schutzumschlag des kleinen Leinenbändchens; Geschichte komprimiert, sagte Andreas, und meine Gedichte mußten sich anstrengen.

20. 500 Jahre Albrecht Dürer

Das Dürer-Jahr hatte begonnen. Nichts deutete darauf hin, daß Andreas sich noch einmal mit Dürer beschäftigen würde. Anfang Januar rief mich eine Verwandte aus der DDR an; in den Nachrichten brächten sie eben, Grieshaber bekomme den Dürer-Preis. Kriegt er ihn nun von uns oder von euch? Andreas war ahnungslos, als ich ihn fragte. Dann hörte auch er es im Radio: Die Stadt Nürnberg verlieh ihm den aus Anlaß des 500. Geburtstags gestifteten Preis.

Natürlich freute er sich. Stöhnte natürlich: Es geht nicht an mir vorüber. Er wußte sofort, er würde sich aufladen, was er Dürer schuldig zu sein glaubte, auf den er sich nie berufen, um den er eher einen Bogen gemacht hatte. Jetzt mußte er sich stellen, wie er es immer tat: ein Zeichen setzen, ein Beispiel geben. Er sagte: Ich muß das Niveau errichten, auf dem der Preis in den künftigen Jahrzehnten basieren kann. Es wird ein anderes Nürnberg sein als das der Studenten, keine übertünchte Wand in der Kunstakademie, keine Hearings, Sit-ins und sanfte Drogen; der Preis sei hoch in jeder Hinsicht. Stadt, Land und Bund hatten sich einigen müssen. Er sei nicht von vornherein der strahlende Held gewesen. Laien, Fachleute,

Politiker hatten ihre Hand im Spiel; man dürfe sich vor dem Ausland keine Blöße geben; die DDR habe ihre Dürer-Rezeption, die es möglichst zu überflügeln gelte. Honoratioren und Kunstmarktstrategen setzten auf ihre Favoriten, etwa einen in Nürnberg geborenen, nach USA emigrierten Pop-art-Maler, den er zwar ganz gut finde, der aber als Repräsentant für 500 Jahre A D nicht geeignet sei. Dagegen brächten die Tümelnden (so nannte Andreas die Deutschtümelnden, Brauchtümelnden, Heimattümelnden und Sektierer jeglicher Couleur) ihre Gartenzwerge ins Rennen. Den einen sei er zu modern, den anderen nicht modisch genug, sagte Grieshaber. Schlimmer als Ablehnung seien Neid und Mißgunst, doch die Glückwünsche kämen jetzt von allen Seiten, auch von den Falschen. Als in die Milch gefallener Frosch werde er sie zu Butter treten, dabei müsse er selbst erst den eigenen Weg zu Albrecht Dürer finden, bevor er den anderen zeigen könne, wo's langgehe. Irrwege gebe es genug, wo die Gotik in die Renaissance münde. Lukas Cranach wäre ihm lieber gewesen, einer, der noch ganz bei sich selbst war. Ein Glück, daß sein Dresden-Nürnberger Dürer schon an den Orten der Ausstellung sei, er hätte die Unschuld jetzt nicht mehr, ihn zu machen. Trotz offizieller Zustimmung werde er wie immer als Partisan seine Konzeption durchsetzen müssen. Weil sie es nicht sähen, müsse er es ihnen sagen, daß ihr Dürer-Bild nicht das seine sei, auch wenn er im voraus ihre Reaktion kenne: Bilde Künstler, rede nicht.

Andreas bestellte ein Zimmer im «Grandhotel». Sagte keinem in Nürnberg Bescheid. Ließ sich von mir ostwärts durch verschneite Wälder fahren. Am Dreikönigstag standen wir morgens auf dem Nürnberger Johannisfriedhof. «In Größe und Form genau festgelegt», Abstände «weitgehend einheitlich» liegen die alten Gräber da, ein halbes Jahrtausend lang, der Schnee wie frischaufgeschüttelte Kissen. Wir tappen durch die schmalen Reihen, ohne Zeichen und Buchstaben, hier und dort ragen Kränze und Schleifen aus dem Flaum; wisch ich den Schnee weg, finde ich die Nachfahren unter

Geschlechtersteinplatten: Pirckheimer, Veit Stoß, Anselm
Feuerbach, da bückt Andreas sich, steckt die Hand ins Kissen, wo der Kopf liegt, tastet, scharrt und legt frei, weshalb er
gekommen war: A D. Knickt einen wilden Hagebuttenzweig
am Zaun, legt ihn daneben.

Wir gingen zurück zum Dürer-Haus. Wegen Renovierung
geschlossen. Wenn es geöffnet wird, hängen Grieshabers Bilder an den Wänden. Auf dem Platz davor steht das Denkmal.
Rund um den Sockel, lamettaverfilzt, abgenadelte Christ-
baumrümpfe. Sein Haar war wirklich rot, sagt Andreas. Er
bekam kein Privileg für den Pelzbesatz auf dem Kragen oder
das Goldbortenhemd. Wie gestanzt in das Himmelsblau die
Gestalt aus Erz, ein Bund Narzissen zu Füßen, jetzt liegt auf
dem Kragen ein wenig Schnee, Hermelin, auf der Schulter
die Taube trinkt aus den triefenden Locken.

Ein Hektar Platz für den Hauptmarkt des Heiligen Römischen Reiches Deutscher Nation. Dafür haben sie vor sechs-
hundert Jahren die Häuser der Juden verbrannt, sagt Andreas. Mitten im Winter. Auch die Synagoge war im Weg.
Für uns, die wir schon eine Weile leben, ist es kein Schulbuch-
wort. Wir sahen zu, wie sie das Feuer legten, das dann ihre
eigenen Häuser verschlang. Den giebelseligen Nabel Europas. Wir haben die Asche gerochen. Jetzt hat die Stadt ein
Lebkuchenherz. Bratwurstumkränzt. Auf dem Aufkleber
steht: ‹O Jahrhundert o Wissenschaft›, Maximilian im Krö-
nungsornat. Meistersinger und Beckmesserei. Pfeffer, Karda-
mom, Bleistifte, Uhren. Folter und Kindleinsmarkt durch die
Jahrhunderte, Fahnen, Fanfaren, Marschkolonnen, übrig
blieb das da, für Hunde; Andreas zeigt auf ein kleines Stück
Mauer mit Stacheldraht, zum Gedächtnis Berlins errichtet:
das verkehrte Mahnmal. Schon wieder Ursach und Wirkung
vergessen. Ausgerechnet an diesem Ort. Wir gehn zwischen
Buden vom Christkindlmarkt, die meisten schon auseinan-
dergenommen, gestapelt, Kreidezahlen zum Abtransport, im
alten Schnee bückt sich eine Frau nach den Resten. Das wird
wieder zusammengesetzt, sagt Andreas, unausrottbar, golde-

nes Zeitalter deutschen Wesens ‹zeigt man zu Nürenberg alle Jar›. Mit der Plastik-MP vor dem Bauch jagen sich Buben im Regenwind durch die kahlen Gänge. Der Brunnen gegenüber macht uns stumm. In der Kirche neben dem Altar steht noch die Krippe, Tannennadeln rieseln aufs Kind, am Weihnachtsbaum hängt eine Supermarkttüte, kein Licht ist ewig, auch Steine brennen, über einem kupfernen Becken die Tafel: Dreikönigswasser.

Während wir auf die Burg steigen, gehn in der Stadt schon die Lichter an. Fels mit Strähnen vom Frost, von der Sonne, vom Wind des Jahrtausends, Fackeln, Pferde, Spieße und Schwerter, Aufbrüche, Heimkehr, Elend und Pracht, mein Finger fährt über Sandsteinrillen, Ausgewaschnes, Körniges, Überreste der Burg sind gering, sagt Andreas, ringsherum leben hundertzwanzigtausend Erwerbstätige. Der Markt bietet ihnen das Beste an, und sie haben gelernt, zuzugreifen. Autos, Lederkoffer und Pelze, Perlen und Artischocken, nur in der Kunst nicht. Deshalb ging es mir immer darum, sie zu erreichen mit meinen Holzschnitten. Nur für sie hab ich die großen Auflagen gedruckt.

Bevor wir abfuhren, ging Grieshaber zur Redaktion der *Nürnberger Nachrichten*, allein, schickte mich derweil um den Block: Ich bitte um eine feste Kolumne. Bis zum Geburtstag möchte ich zweimal im Monat über Albrecht Dürer schreiben, was ich zu sagen habe. Die Welt hat Dürer eingeordnet. Die Deutschen haben ihn um- und uminterpretiert. Die Fäden zur Vergangenheit müssen aufgenommen und neu geknüpft werden, damit sie nicht abreißen. Wie Nürnberg damit fertig wird, gehört auch zur Aufgabe des Dürer-Preisträgers. Südländische Arbeiter, die auf dem Nürnberger Hauptbahnhof ankommen, bekreuzigen sich, wenn sie das Selbstbildnis von A D sehen, riesengroß reproduziert an der Stirnwand hängend; sie halten ihn für Christus Pantokrator; die junge deutsche Künstlergeneration hingegen überbiete sich schon jetzt in der Parodie der bekanntesten Dürer-Bilder. Ich stelle mich allem, was auf uns zukommt. Das heißt, ich gebe meinen gesellschaftlichen Standort preis; so hab ich denen auf der Redaktion gesagt, sagte Andreas. Er bekam eine Zusage. Die *Nürnberger Nachrichten* war eine der wenigen unabhängigen Zeitungen der Bundesrepublik und ihr Herausgeber, Dr. Drexel, ein alter Antifaschist.

Auf der Achalm begann ein Sechzehnstundentag. Der Postbote hatte wieder einmal zu schleppen, Körbe füllten sich mit Glückwünschen und Beschimpfungen, Reaktionen, Kommentaren, Zuspruch von Männern, Institutionen, Billettchen von Verehrerinnen, Bittbriefen von Malern. Um Andreas' Bett stapelten sich Dürer-Publikationen, Bücher, Zeitschriften, Zeitungsausschnitte in vielen Sprachen. In den Nächten las er, schnitt aus, kreuzte an, unterstrich, gab es mir zu lesen, beim Hahnenschrei schon stand er am Schreibpult und machte Notizen für seine Essays. Für seine Ausstellung im Dürerhaus entwarf Andreas einen großen Katalog mit Originalen; als Plakat wollte er eine Reproduktion von Adam und Eva aus dem Verteidigungsausschuß in Bonn; ich weiß, was ich tu, sagte er, als ich ein Gesicht zog, weil ich meinte, er müsse gerade aus diesem Anlaß eins seiner berühmten Originalplakate vom Holzstock drucken lassen. Adam und Eva für den Bonner Weltuntergang seien ja schon eine Hommage an Albrecht Dürers erstes Menschenpaar gewesen. Alles, was Grieshaber jetzt plante, geschah ohne Rücksicht auf Kosten; dafür würde die Preissumme herhalten. Ein kontroverser Briefwechsel mit dem Dekan der St. Egidienkirche in Nürnberg über den praktizierenden Katholiken Dürer in Lutherscher Sicht führte zur Einladung, vierzig der in vielen Jahren entstandenen Grieshaber-Engel im Ostchor der Kirche auszustellen, gleichzeitig mit der Dürerhauspräsentation. Doch Andreas hatte noch einen dritten Ort ins Visier genommen. Im Ausstellungsanbau zum Dürer-Haus, den wir im Rohbau noch gesehen hatten, gab es niedrige Wände, die nur eine reduzierte Auswahl seiner Formate zuließ. Grieshaber bat um den großen leerstehenden Saal im alten Wolffschen Rathaus, einem von den Bomben zerstörten und wieder restaurierten

Renaissancebau im Stil italienischer Stadtpaläste; dort wollte
er auf eigene Kosten den Deutsch-Polnischen Kreuzweg, die
schwarzweiß gedruckte Josephsgeschichte der Untertürkhei-
mer Wand, das Bauernkriegs-Diptychon aus dem Museum in
Rotterdam und die Plakate zum Totentanz in Ost- und Westdeutschland zeigen.

Man war in Nürnberg irritiert. Fing an, Grieshabers Aktivitäten befremdlich zu finden. Warum bescheidet, begnügt er
sich nicht mit der Überreichung des Preises? Was für eine
ungewohnte Sprache in seinen Artikeln, die jeden zweiten
Samstag auf den Kaffeetisch flattern! Andreas lachte. Das
könnte ihnen passen. Der Kaisersaal steht leer, seine Propor-
tionen sind wie geschaffen für Kunstausstellungen; sie sehen
es nicht, sie trauen sich nicht, ich will es ihnen vormachen,
künftigen Malern zum Nutzen. Andreas versprach, die Wände nicht zu beschädigen (über diese Besorgnis mokierte er sich
seit Jahrzehnten), auch keine Stellwände nötig zu haben. Auf
die Stadt kämen keinerlei Kosten mehr zu, außer den einge-
planten. Er lud einen jungen Architekten, Eiermann-Schüler,
aus München auf die Achalm: Da gebe es doch Leichtmetall-
gerüste für Innenausbauten, an so etwas denke er, daran
könne man vielleicht die großen Bilder hängen. Der Plan
nahm Gestalt an, Grieshaber hatte längst eine Hilfstruppe
mobilisiert, die drei Ausstellungen in Nürnberg in die Wege
zu leiten.

Im Frühling rissen die Funk- und Zeitungsinterviews nicht
mehr ab, das Fernsehen kam, ich machte Augen und Ohren
auf, um zu lernen, und sah, wie sie es trieben, die Kabel kreuz
und quer durchs Privateste zogen, vor nichts zurückscheuten,
wenn es galt, ihre Blickwinkel durchzusetzen. Andreas war
wieder der große Gaukler. Er ließ sie gewähren, machte alles
mit, lenkte sie gleichzeitig, ohne daß sie es merkten, war in
den entscheidenden Momenten Herr der Situation.

Eine Schweizer Zeitschrift für Graphik und Literatur bat
Grieshaber um Holzschnitte zum Dürer-Jahr. Wenn er wolle,
möge er ruhig eine ganze Nummer herausgeben, auch den

Text, wie damals zu Vietnam, was für *Spektrum* ja ein großer Erfolg gewesen sei. Hast du Gedichte geschrieben? fragte Andreas. Ich sagte, sie seien aber noch warm. Her damit, keine Zeit zum Abkühlen, später ist der Augenblick vorbei, sagte Andreas, las den «Johannisfriedhof», das «Denkmal», den «Hauptmarkt», «Kirche» und «Burg», setzte sich hin und schnitt Reminiszenzen zu Dürer-Bildern ins Holz. Erzählte, daß Dürer nie selbst geschnitten habe. Das sei Werkstattarbeit gewesen von bezahlten Holzschneidern. Für den *Spektrum*-Titel stand Dürers Hieronymus im Gehäus Pate. Daß der Löwe, fünfzehn davon zählte und zeigte Andreas mir, im Dürer-Jahr wichtiger sein möge als der Hase, wünsche er sich. Meine Gedichte standen zwischen Baumstrünken, schwarzzottigem Wälderdickicht, der Silhouette der zerstörten Stadt Nürnberg mit einem Golgatha im Vordergrund. Wir beide allein, das müssen die Schweizer schon schlucken, wenn sie verkaufen wollen, sagte Andreas. Nürnberg ist für tausend Stück gut. Achtzehn Mark, sieben Originale, und beim Fest signiere ich. Der Kunsthandel wird keine Freude haben. Aber der Tisch in den Buchhandlungen soll reich gedeckt sein, und du bist dabei.

Aus Oregon kam ein Flugblatt; junge Beatniks luden zum Tanz in Lake Oswego mit einem Blatt aus Dürers Apokalypse: der Hure von Babylon, reitend auf dem zehnköpfigen Ungeheuer. Das riß Andreas hin, und er stellte das Bild samt dem Einladungstext an den Schluß der *Spektrum*-Nummer: THERE WILL BE A DANCE mitten im Untergang, die nahmen das einfach, weil es ihnen gefiel, ich glaube nicht, daß sie Metaphysisches damit verbanden. Gottes Zorn aus gekräuselten Wolken tanzt mit, sagte Andreas. Wahrscheinlich wüßten sie gar nicht, wer Dürer sei. Aber daß er über fünfhundert Jahre hinweg ihrem heutigen Lebensgefühl Ausdruck verleihen könne, stärke ihn. Daraus ziehe ich meinen Honig, die Parodien unserer jungen Gecken öden mich an. Schon lang hab ich Dürer nicht mehr so frisch gesehn.

Die Medien überschlugen sich in Huldigung und Hohn, je

näher der Geburtstagstermin rückte. Maler und Graphiker hatten ihre Hommage abgegeben, Collage, Montage, Demontage, vier Apostel mit Stadtratgesichtern lassen sich im Männerbad aufspielen, blechgestanzte, gegossne, geschnitzte, auf Sofakissen gestickte Hände und zusammengeschraubt; das in Souvenirläden und Buden unfreiwillig vom Volksgeschmack Parodierte kann man nicht noch einmal parodieren, sagte Grieshaber, als er die Dürer-Ausstellung zeitgenössischer Maler mit Breitwandvergrößerung, Reihung und Schock ein Schreckenskabinett nannte; Gott als Rhinozeros, in der Hand eine Ölsardinenbüchse, in der die betenden Hände schwimmen, Dürers Selbstbildnis auf Aschenbechern, Biergläsern straßenentlang und im Museum Albertus Durerus Noricus mit einem Hundegesicht als Siebdruck. Daneben ein ausgestopfter Hase zum Anfassen und das Plakat von Klaus Staeck: Würden Sie dieser Frau ein Zimmer vermieten, unter einer Reproduktion von Dürers Mutter. Weil jeder Dürers Mutter kennt, ist diese Frage blödsinnig, sagte Grieshaber. Vieles erinnere ihn an das Niveau von Schülerzeitungen, Bierwitzen, Studentenulk. Wenn schon die Künstlergilde außer Rand und Band geriet, wie sollte sich da die Wirtschaft zurückhalten? Am Dürer-Jahr zu partizipieren, war das Recht eines jeden: Dürer-Lufthansaflug, Orgelwoche, Multi-Media bei Kerzenschein mit modernsten Ausdrucksmitteln, Sightseeing, Fest der fünf Sinne, Disneyland zwischen Bratwurst und Lebkuchen, acht Millionen Mark Dürer-Etat, das ist die Überraschung des Hauses A. W. Faber-Castell für Freunde meisterlicher Kunst und großer Tradition: Der berühmte «Silberstift», Präsent und Souvenir zum Dürer-Jahr, Nachschöpfung originalgetreu, schon für DM 28.50 und in einer vornehmen Kassette, Empf. Verk.-Preis mit MwSt., jeder sein eigener Dürer. Nürnberg hat vorgesorgt und schlägt die Technik mit der Technik: Verkehrssteuerungstechnik von Siemens, hundert Detektoren melden die Verkehrsdichte, Siemens-Verkehrsrechner speichern die Daten, werten sie aus, steuern viertausend Ampeln an zweihundertdreißig

Kreuzungen, über vierhundert km Kabel, Zehntausende werden kommen, sie wollen vom Dürer-Haus zur Meistersingerhalle, von der Noris-Halle zur Burg, in Tausenden von Autos, diese Leistung muß Nürnberg zusätzlich verkraften, fragen Sie unsere Zweigniederlassung, auch im Dürer-Jahr immer grüne Welle. Wo Albrecht Dürer Unvergängliches schuf, AEG Elektrogeräte in aller Welt, Symbol höchster Leistung, technisch, wirtschaftlich perfekt ausgestattet, wie man es von jeher zuverlässig erwartet, Idee, Geist, Gestalt sind einmalig, nicht wiederholbar, unersetzlich, Leben, Mensch, Dasein sind wie ein Kunstwerk, unersetzlich, nicht wiederholbar, einmalig, müssen Sie deshalb kapitulieren? Marktwert erfaßbar in einem Tarif, Risiko, Prämie sind relativ, absolute Wertminderung, ersetzbar durch Geld, im Zeichen der Burg, Nürnberger Versicherungen, warum erst morgen?

So war ich hin- und hergezerrt zwischen dem, was Grieshaber erzählte, schrieb, in Funk- und Fernsehmikrophone sprach über das Bild des auslaufenden Mittelalters, den Humanismus der italienischen Renaissance, Erasmus, Reuchlin, Hutten, wie viel, wie wenig Dürers Alltag davon betroffen wurde, seine Umwelt, sein Wollen und Können, von Reisen gefördert oder beeinträchtigt, Triumphe, Niederlagen und dem, was das heutige Nürnberg daraus machte. Dann waren die Vorbereitungen beendet. Wo Andreas gewünscht hatte, hingen seine Bilder; der Katalog, allein unter seiner Regie entstanden, kostbar, empfindlich in Material und Farbe, reiste in Kisten nach Nürnberg und von dort in die anderen Städte.

Am Abend vorher kamen wir an. Gingen noch einmal Hand in Hand durch diese Stadt, konzentrierten uns auf das, was sie ausmachte, und übersahen Schund, Tand und Geschäftemacherei. Andreas war ganz bei seiner Sache, er hatte realisiert, was er träumte, sich selbst; ich gab mir Mühe, einzuschwingen, mir entging das Raunen und Rumoren nicht, während die Ausstellungen aufgebaut wurden, in Buch- und Kunsthandlungen, an Wirtshaustischen, wo die

einheimischen Maler sich trafen, in Amtsstuben, Vorzimmern und bei Hausmeistern. Andreas würde für seinen Erfolg
Nasenstüber ernten, er hatte gelernt, sie einzustecken, aber
ich wußte, wie sie seine Seele trafen, wie wenig ihm seine
Weisheiten in Wahrheit halfen.

Bei der Preisverleihung am nächsten Vormittag saß ich an
Dürers Grab auf dem Johannisfriedhof. Die Gesellschaft war
noch nicht so weit, eine Geliebte offiziell zu tolerieren. Ich
war zufrieden bei den Grabsteinen, das hob die Jahrhunderte
auf und glich sie einander an.

Die Sonne schien heiß, Andreas und ich zogen im Hotel
leichtere Kleider an, dann gingen wir den Burgberg hinauf.
Von weither waren Freunde gekommen, jetzt gab Grieshaber
sein eigenes Fest: auf tausend kleinen roten Kärtchen mit
seinem Signum, dem flötenden Pan, lud er jeden, der sein
Gast sein wollte, in die Kaiserstallung zu einer Brotzeit auf
den hölzernen Bänken und Tischen der Jugendherberge. Es
gab guten Wein für jedermann, Hunderte kamen, Studenten
und Landfahrer räumten mit allen Vorräten auf, machten
Musik, sangen und tanzten im Hof unter den Lindenbäumen.
Feuerwerk und Lightshowfarben zuckten über die nächtliche
Burg. Irgendwann schaffte ich es, Andreas ins Bett zu bringen; mit den Ernüchterungen des nächsten Tages wurde er
selbst fertig: Gewirktes besteht. Grieshaber ahnte damals
nicht, daß er der erste und letzte, der einzige Dürer-Preisträ-
ger bleiben würde.

Sein Resümee mündete schon wenige Wochen später in
eine Sondernummer des *Engels der Geschichte:* FÜR A.D.

21. Manches Herrliche der Welt

Wieder fuhren wir in die DDR. Was hatte sich seit der letzten
Reise geändert? Wirkten sich die Ratifizierung des Atomwaf-
fensperrvertrags, die SALT-Gespräche zwischen USA und

UdSSR in Wien und Helsinki aus? Merkten wir etwas von einer Klimaverbesserung durch das erste innerdeutsche Gipfelgespräch in Erfurt, das möglich geworden war, weil Bundeskanzler Willy Brandt der DDR eine Gewaltverzichtserklärung angeboten hatte? Weil er in seinem Bericht zur Lage der Nation von zwei Staaten auf deutschem Boden sprach? Führte der Gegenbesuch in Kassel, weniger harmonisch ablaufend als die Erfurter Begegnung, nicht eher zu einer Denkpause im gesamtdeutschen Dialog? War Brandts Vorschlag einer 20-Punkte-Regelung «zwecks gleichberechtigter Beziehungen» nicht genügend abgesichert? Heftiger als je zuvor stritt man sich im Bundestag. Die Politikerklischees wirbelten uns um die Ohren. Andreas setzte sich tagtäglich damit auseinander, der Patriot Grieshaber reagierte wie ein Seismograph, nahm die kleinsten Bewegungen wahr, die für die Deutschen hüben und drüben Erleichterungen bedeuten konnten, doch fast immer durch Gegenbewegungen hier wie dort abgefangen wurden.

Im großen und ganzen änderten sich die Mechanismen des Grenzübertritts während der vielen Reisen kaum; es mußte durchgestanden werden, die Gabe des Vergessens war die beste Hilfe. Diesmal werden wir in Weimar willkommen geheißen und wohl empfangen sein, sagte Grieshaber. Im «Elephanten» wird schon die Badewanne für uns geschrubbt. Ich weiß nur noch, daß die Linden blühten, als wir die Dichter besuchten. Zuerst die lebenden: runter von der Autobahn, sagte Andreas, und wie beim erstenmal kamen wir über Schleiz, Greiz. Erst, als er das Ortsschild las, fiel der Entschluß zu dem Besuch bei Reiner Kunze. Wir waren nicht angemeldet, es hatte vorher keinerlei Kontakt bestanden, die Lust an Entscheidungen des Augenblicks teilte ich mit Andreas. Wir kannten Kunzes erste Gedichte, wußten um seine Herkunft, daß er die Entwicklung über einen fanatischen FDJler und Jugendfunktionär durchlaufen hatte; erst der Einmarsch der Warschauer-Pakt-Staaten in die ČSSR, wo seine Freundin und jetzige Frau Zahnärztin gewesen war, hatte zum Bruch mit der Macht geführt und einen kranken Mann aus ihm gemacht. Wir fragten uns durch zu dem Bergarbeiterviertel, in dem Kunze wohnte. Andreas blieb im Auto sitzen. Es war heiß; er schickte mich ins Haus, nachsehen, ob der Dichter da sei, ihn anmelden. Ich klingelte. War es wirklich ein Fensterchen in der Glastür, mit weißen Ornamenten bemalt, das einen Mädchenkopf einrahmte? Ich sagte, wer ich sei und woher ich käme. Sie machte die Tür auf; der Vater sei mit dem Fahrrad weg, ich solle hereinkommen und warten. Das geht nicht, sagte ich, unten im Auto sitzt Grieshaber. Was? schrie sie auf, wer? Der HAP? Er selber? Holen Sie ihn sofort herauf, den Vater kann ich anrufen. Noch war der Kofferraum gefüllt, wir konnten auswählen, stellten im Schatten eines Gebüschs Geschenke zusammen und stiegen zu Kunzes Wohnung hinauf. Die Tochter bat uns, Platz zu nehmen, Papa komme sofort. In Kunzes Zimmer standen wenig Möbel. Eine Liege ragte quer in den Raum. Ich erinnere mich dunkel an Gegenstände, Bilder, für Meditationsübungen geeignet. Da passe ich nicht hin, sagte Andreas. Als Kunze hereinkam, belebte eine jähe Röte das gelbliche Gesicht, als ob er sich freue. Das Gespräch kam mühsam in Gang, voller Verschlüsselungen, Andreas schlug seine berüchtigten Haken, um zu verhindern, daß es sofort dahin lief, wo er es nicht haben wollte. Kunzes braune Augen waren ungewöhnlich, flackerten auf und erloschen, es war, als brenne der Mann und falle dann wieder zu Asche zusammen. Er erzählte von jungen Leuten, die sich einstellten, Rat zu suchen. Beim nächsten Besuch übers Jahr waren schon Jünger aus ihnen geworden, die ihre Schlafsäcke mitbrachten, sie nachts irgendwo in den Fluren ausrollten, um in der Aura des Heilsverkünders zu schlafen. Kunze war der erste Guru, dem ich begegnete. Ein dritter Besuch erübrigte sich; das Resümee nach dem zweiten, im Auto, während ich mich diesesmal wieder auf Schneematsch und Windböen konzentrieren mußte, lautete: Was er von mir will, kann ich ihm nicht bieten, ich bin kein Samisdattransporteur, das steht klar zwischen uns, sagte Grieshaber; nicht weil ich meine eigene Arbeit nicht gefährden möchte, sondern weil Kunze merkt, daß ich nicht an ihn glaube. Selten habe er einen Schwachen so stark gesehen.

In Leipzig traf Grieshaber sich mit dem Verleger Hans Marquardt, der ihn zur Mitarbeit eingeladen hatte; er wolle durch Kunstbücher und Mappen sein Sortiment ausweiten und hätte den DDR-Malern Sitte, Tübke, Heisig, Mattheuer gern einen adäquaten BRD-Mann gesellt. Der Reclam-Verlag in Leipzig wurde im Westen nicht zur Kenntnis genommen, weil sich das Stammhaus nach dem Krieg in Stuttgart niedergelassen und von vorn angefangen hatte. Der Leipziger VEB-Verlag, zur Frankfurter Buchmesse nicht zugelassen, hatte einen tatkräftigen Leiter, der es verstand, seine Pläne durchzusetzen. Grieshaber witterte Pionierarbeit, und der Partisan, ohne Rücksicht auf Repressalien zu Hause, entwarf mit dem Verleger Pläne, die sich über Jahre erstrecken würden, wenn man die Schwierigkeiten der Beschaffung von Papier, Farbe, Druckkapazitäten in Betracht zog. Die Tage verstrichen zwischen Interhotel, Verlag, Privatwohnungen, außen vergammelt, innen kostbar ausgestattet mit alten Möbeln, Kunst, etwa einer reichhaltigen Expressionistensammlung, und der Datscha im Waldgrundstück. Sie leben wie reiche Unternehmer, sagte Andreas. Dafür treiben sie die Räder im Sozialismus an, die sich nicht von allein drehen wollen. Es sei falsch, von ihnen die Tradition des Arbeiter- oder Kleinbürgertums zu erwarten; sie beerbten das Großbürgertum und den Adel. Andreas brachte alles, so rasch es ging, hinter sich, damit er in die Freiheit entwischen, das hieß, auf seinen geliebten Umwegen zur nächsten Verabredung fahren konnte. Auch Halle lag nicht gerade am Weg. An den Rändern die neuen Siedlungen, Fabriken, Institute, Hochschulen, aus Fertigbauteilen wie bei uns. Für die Renovierung der jahrhundertealten Häuser, von den Bomben verschont, hatten sie weder Geld noch Arbeitskräfte; doch wo hätten wir nicht darüber geklagt: Fäulnis, Verfall, Salpeter, Schimmel, das zog sich durch ganz Europa hin. Andreas zeigte mir die Würde der vergehenden Häuser und Straßenzüge; das Wirtschaftswunder der Bundesrepublik sei eben dabei, seine Städte zu Tode zu sanieren; unser Zwiespalt vertiefte sich von Reise zu Reise.

In Halle sagte Andreas plötzlich: Hier ist, was nicht im Programm steht, die Marktstraße. Nummer sieben wohnt deine bewunderte Sarah. Wenn du ihr guten Tag sagen willst, mußt du jetzt sofort bremsen. Und für dieses Mal auf die Moritzburg und die Burg Giebichenstein verzichten. Er stieg mit mir aus. Wir fanden den Eingang durch den Innenhof einer Getränkehandlung. Tausende von leeren Flaschen standen da; ich erinnere mich an einen geschnitzten Rundumbalkon im Loggiastil. Andreas blieb in der Flaschenwildnis stehen, die ihm gefiel; Farben, Formen, der Geruch. Ich stieg knarrende Holztreppen hinauf. Läutete bei Kirsch. Ein etwa fünfjähriges Mädchen öffnete die Tür. Ich möchte zu deiner Mama, sagte ich; da kam schon ein schmaler, sehr jung wirkender Mann durch den Flur, knurrend: Zu wem sollen Sie? Sarah Kirsch besuchen, ich komme aus Stuttgart. Das war meine Frau, sagte der Mann mit den neugierigsten Nasenlöchern, die ich seit meinem Besuch bei Erich Maria Remarque sah. Sie können trotzdem hereinkommen. Ich bin auch Schriftsteller und habe eine neue Frau, sagte Kirsch. Das geht nicht, sagte ich, es steht jemand unten. Im Hof. Bei den Flaschen. Dann holen Sie Ihren Freund herauf, sagte Kirsch. Es ist Grieshaber, sagte ich. Kirsch schubste mich zur Seite, rannte drei Stufen auf einmal die Treppen hinab und geleitete Andreas im Triumph herauf. Kirsch zeigte die Wohnung, die Bibliothek. Dann saßen wir lang in der Stube voll schöner Möbel, Bücher, Geschirr und versuchten, uns kennenzulernen. In einer Schale lagen Bananen. Es gibt hier, was wir brauchen, sagte Kirsch und bot an. Stolz und verletzlich. Für Grieshaber Whisky, vom Besten. Sarah habe ihn verlassen und lebe jetzt allein in Berlin. Aus Wladiwostok, wohin man ihn geschickt habe, Gedichte zu übersetzen, habe er sich eine neue Frau mitgebracht. Das kleine Mädchen sei ihr Kind.

241

Halle ein Einkaufsparadies für jemand, der aus Wladiwostok komme. Lilja trat ins Zimmer, weißblond, blauäugig, begrüßte uns deutsch; Prinzessin Schneeflocke, sagte Andreas und küßte ihr die Hand. Später wurde ich zum Auto geschickt, um im Kofferraum für das kleine Schneeflöckchen Schokolade und für Kirsch und die neue Frau diesen und jenen Holzschnitt zu finden. Vom Maler Ebert sahen wir, wie schon in Leipzig, kleine Bildchen an den Wänden; wenn Sie wiederkommen und er noch lebt, sagte Kirsch, werden wir ihn besuchen. Nächstes Jahr, sagte Grieshaber, und Kirsch dürfe sich etwas wünschen, was wir mitbringen sollten. Es könne ruhig ein herzhafter Wunsch sein. *Zettels Traum*, sagte K. Von Arno Schmidt. Ich erschrak, weil ich wußte, das Monstrum von Buch würde fünfhundert Mark kosten. Sie kriegen ihn, sagte Andreas. Im Auto sagte ich: Der hat keine Ahnung. Das ist es ja gerade, sagte Andreas. Deshalb wird er ihn auch bekommen.

Wir fuhren ins grüne Herz von Thüringen. Zu viel Mais, zu viele Rinder; als müßten sie Sowjetarmeen ernähren, sagte Andreas. Früher seien hier Feld an Feld die edelsten Gemüsesorten gestanden. Treibhäuser. Auch die Landwirtschaft wird dirigiert vom großen Bruder, wie bei uns; Mais sei nun mal die Wurst am Stil, laut Chruschtschow, also wird er angebaut. Erst wenn das letzte sibirische Dorf die Güte des Blumenkohls entdeckt habe, werde es hier wieder Blumenkohlfelder geben. Wir sahen die Burgen, liebliche Flüsse, unbegradigt, Bäche, fuhren auf Nebenstraßen bergauf, bergab, legten uns an die Waldränder, aßen auf, was wir vom Frühstücksaltar eingepackt hatten, und kamen nach Weimar. Fuhren, nach etlichen Umrundungen des Marktplatzes, bis wir den richtigen Einschlupf fanden, im «Elephanten» vor. Ich habe nie Tagebuch geführt. Wie soll ich die Juni-, die Novemberbesuche in Weimar auseinanderhalten? In der Erinnerung ist alles gleichzeitig: eine Stadt aus Grün, Weiß, Gold, Sonnengeflimmer, historischen Bauten, Denkmalen auf Plätzen, Marmorbildwerken, Bäumen, Brunnen, Brücken in Gärten und Parks; eine Stadt in Dreck und Kälte, Regen, Schnee, Gestank von Braunkohlenrauch aus tausend Kaminen. Andreas ließ alles stehen und liegen, nahm mich an der Hand und führte mich zum Haus am Frauenplan, die fünf Stufen hinauf, bis wir den Türgriff in der Hand fühlten. Wo verschnauften wir nach dem pompösen Treppenhausaufgang? Beim Blick zwischen Foliantenregalen hindurch auf den Sessel in der Bibliothek? Beim Blick auf Tische und Pulte und Stühle und Gerät in seinem Arbeitszimmer? Vor den Pendülen und Plastiken winkte Andreas ab, doch der blühende Blumenstock auf Christianes Nähtisch rührte ihn, oder die immergleichen grünen Blattpflanzen auf den Fensterbänken in ihren Flechtübertöpfen aus Plaste. Blieb ich zum erstenmal stehn, als er sagte, wie die VEB-genähten Vorhänge mit den Pompons im Sommerwind wehten? Holten wir Atem vor dem Raum «Theorie und Praxis des klassischen Realismus»? Die alte Tapete in Goethes Schlafzimmer war wie ein Schmerz. An einem Tag gehörten wir einfach zu den Dreiviertelmillionen, die da jahraus, jahrein durchgeschleust werden zwischen den Kordeln, glücklich und anonym; die umwundene Klingelschnur überm Bett betrachtend, die gesteppte Decke, den Armsessel daneben, in dem er gestorben war, mit einem Blumenkranz darauf, den gestickten Fußschemel, den primitiven Bretterfußboden. An einem anderen Tag wurde die Absperrung im Wittumspalais nur für uns beide gelöst, und wir durchpilgerten es eher gehemmt, am Leitseil von Erklärungen über die Hofhaltung der Herzogin; nickend, dankend für den Vortrag über Anna Amalias und der Göchhausen gelehrte, unterhaltende Tafelrunden, Gesprächszirkel, Freitagsgesellschaften mit Musik und Rezitationen.

Der Jasminduft des Friedhofs, vermischt mit dem Modergeruch aus der Fürstengruft. Die Irrfahrten von Schillers Schädel, bevor er hier für immer gebettet wurde. Goethes Gartenhaus, überwölbt von schönen Bäumen, wildes Weinlaub am Spalier bis unter das steile Dach des Giebels, und die rührenden Blumenrabatten mit allen vergessenen Lilien,

Gelbveigel, Moosrosen, Jungfer im Grünen. Wir setzten uns in die Felsnischen auf Bänke, entzifferten die Steintafel mit ihren alten Inschriften; und innen, wie funktional das sei, einfach dastehe, daliege, dahänge, zum Gebrauch bestimmt, und was es doch für Gefühle auslöse. Ich hatte vorher kaum etwas über Weimar gelesen, hörte jetzt nur aus Andreas' Mund, wie alles gewesen sein solle, sah es mit seinen Augen, weshalb es etlicher Reisen bedurfte, bis Wieland Wieland wurde, Herder Herder und alles sich anders offenbarte als von Kanzeln und Denkmalssockeln.

Auf dem Weg vom Zwiebelmarkt zum Vulpiushaus fragten wir in Antiquariaten nach Mühsam, Toller; Freunde zu Haus hatten uns darum gebeten; die alten Buchhändler rissen die Augen auf, runzelten die Stirn, legten den Finger auf den Mund, schoben uns zum Laden hinaus; so etwas würden wir in der ganzen DDR nicht finden. Heute wird Mühsam dort neu verlegt. Es war damals noch nicht die Zeit, als die Tintenfässer im Wittumspalais verschwanden nebst kleinen Väschen aus Meißner Porzellan und Tabaksdöschen von den Konsolen und Pulten, Schreib-, Tee- und Spieltischen; keineswegs, wie uns die Eingeweihten erzählten, von den BRD-Touristen geklaut, sondern von Thüringer Bauernjungen, die es allerdings bei den Westlern in klingende Währung verwandelten. Bei späteren Reisen hatten wir Spaß damit, wenn Grieshaber in Brüsseler, Züricher, Düsseldorfer Antiquitätenläden nach Tintenfässern, Väschen und Döschen fragte, um sie still, heimlich und leise im Wittumspalais der Anna Amalia wieder auf die noch immer verwaisten Plätze zu schmuggeln.

Im Schillerhaus wärmten wir uns von den Schneeregengüssen auf. Mit brummenden Köpfen traten wir aus den Rokokosälen der Zentralbibliothek deutscher Klassik in den Lindenduft hinaus, ins Belvedere, in das Palmenfächeln der Orangerie. Wir lagen versteckt in den Gehölzen an der Ilm, wanderten die Talaue entlang, saßen im Tiefurter Park unter gewaltigen Nadelbäumen, auf der Gartenmauer in Oßmannstedt, Wielands Freuden und Leiden gedenkend. In den noch halbwegs klaren Bächen tummelten sich Fische, heute verschollene Blumen blühten noch, Andreas erfüllte meine Welt mit seinen Geschichten: was Weimar ein Jahrhundert lang als Mittelpunkt Deutschlands weithin ausstrahlte, von der Emanzipation seines Bürgertums als Bestandteil der europäischen Aufklärung, wer willkommen war und bleiben durfte und eingeführt wurde und wiederkam, und daß dort, wo die Gewaltigen lebten, kein Raum gewesen sei für Kleist oder Hölderlin, und wen der Bannstrahl getroffen habe, der trug meistens lebenslang eine sieche Stelle an sich.

Nicht weil Weimar Weimar gewesen war, sondern seiner Bürgerlichkeit, seines fehlenden Proletariats wegen habe die Regierung Ebert/Scheidemann das Landstädtchen noch einmal zum Mittelpunkt deutscher Geschichte erwählt, um 1919 in seinen Mauern die Nationalversammlung einzuberufen, die Deutschland eine neue Verfassung gab. Die Weimarer Republik, von kurzer Dauer, habe begonnen, wie sie endete, unrühmlich. Kein Funken des alten Geistes war übrig, sagte Andreas, sonst hätte das Bauhaus nicht schon nach kurzer Zeit scheitern müssen. Was für ein Erbe hätten die bildenden Künste in dieser Stadt übernehmen können! Anfang der zwanziger Jahre habe Gropius Van de Veldes Schule für Kunst und Gewerbe zum Bauhaus vereinigt mit dem Ziel, eine neue Einheit von Kunst und Handwerk, Theorie und Praxis unter Einbeziehung der Architektur zu schaffen; es sei ihm gelungen, die bedeutenden Maler und Bildhauer der Epoche in Weimar zu Lehrern zu gewinnen, bis die Stadtväter und Honoratioren vertrieben, was sie für Ungeist hielten. Gropius habe sich in Dessau einen neuen Wirkungsort suchen müssen. Grieshabers Respekt vor dem Bauhaus und sein Groll darauf hielten sich die Waage.

Andreas hieß mich auf den Ettersberg fahren, ohne dort anzuhalten. Wir sahen die deutsche Schande daliegen, aber er sagte: ein andermal. Weimar wird nie mehr Grün, Gold für dich sein, wenn du Buchenwald betreten hast. Vielleicht wirst du dann keine Gedichte schreiben über Christiane,

245

Oßmannstedt, Goethes Gartenhaus. Wußte Andreas nicht, daß diese Bemerkung schon alles blockierte? Ich schrieb nie ein Gedicht über Weimar. Nur über Buchenwald, als es an der Reihe war und endlich die Sperre zersplitterte.

Andreas suchte auf dem Friedhof das von den Nazis zerstörte und später ungenau wieder aufgebaute Denkmal von Gropius für die Märzgefallenen. Kunst ist empfindlich, sagte Andreas. Ein paar Zentimeter mehr oder weniger, und schon stimmt es nicht mehr. Dann sprach er darüber, was die Stadt leisten müsse, um mit der Vergangenheit fertigzuwerden, gleichzeitig alles in Stand zu halten, Gebäude und Parks zu pflegen, in denen realistische Literatur, Kunstauffassung und Philosophie die Wurzeln für Marx und Engels sähen.

Weimar verdichtete sich in dem Faksimile-Postkärtchen, das mir Andreas im Goethehaus kaufte, ohne zu ahnen, wie lange Jahre ich, was ich längst auswendig konnte, immer neu entzifferte: Goethes Schrift mit der seltsamen Vignette, Hand überm aufgeschlagenen Buch, unter dem Pinsel und Palette lagen, was mir, halbwach und träumend und weinend, in den Nächten erschien, mich tags nicht mehr losließ, wogegen ich mich jahrelang wehrte, und wieviel Zeit verstreichen würde, bis ich dem Kärtchen, an meinem Bücherregal hängend, demütig begegnen konnte und anfing, nach immer neuen vergeblichen Anläufen es in die Wirklichkeit umzusetzen:

> Manches Herrliche der Welt
> Ist in Krieg und Streit zerronnen
> Wer beschützt und erhält
> Hat das schönste Los gewonnen
> 10. Nov. 1820

Zum Schluß besuchten wir in Weimar unseren dritten Dichter. Wiederum mußte ich Treppen hinaufsteigen; Andreas blieb auf dem Rand des Gänsemännchenbrunnens sitzen. Dieses Mal hatte ich nur die Adresse eines DDR-Verlags und begriff Jahre später erst, warum Wulf Kirsten erbleichte, als ich, unangemeldet und ohne offizielle Begleitung, in sein Büro stürmte und sagte, woher ich käme und wer ich sei. Erst die Mitteilung, Grieshaber sitze unten, ließ wieder Röte in Kirstens Wangen steigen, und er ging mit, Andreas heraufzuholen. Die dunkle Kühle im alten Haus tat nach der gleißenden Mittagssonne gut und förderte das Verharren bei einem überaus vorsichtigen Gespräch. Warum waren die drei Lyriker, deren Namen mit K anfingen, so von Melancholie überschattet? Kam es von der Poesie oder der Isolation, dem Abseits in der sächsisch-thüringischen Provinz? Auch für Kirsten konnten wir aus dem Kofferraum noch etwas ausgraben, längst zugedeckt von den in der DDR erhaltenen Geschenken; dieser Austausch erinnerte an uralte Bräuche, das wenigstens war geblieben zwischen den Menschen, und so bekamen wir für die letzten Grieshaberbilder die Gedichte Wulf Kirstens.

Wir hofften, die Heimfahrt möge problemlos verlaufen; ohne von schwarzen, blauen, grünen Schildmützen angehalten zu werden, pendelten wir, stets im vorgeschriebenen Tempo, kreuz und quer durch Thüringen westwärts, in der Absicht, die Transitstraße irgendwo vor Eisenach zu erreichen. Je näher wir der Grenze kamen, desto dichter hingen in Dörfern und Städtchen die Fahnen und Transparente; Parolen, Parteitagsbeschlüsse, Sollerfüllungen, Auszeichnungsmitteilungen für Betriebe und Einzelpersonen. Auf einem Platz gab es Thüringer Würste vom Rost, die Fabriksirenen verkündeten Mittag. Ich hielt inmitten einer Reihe parkender und von ihren Fahrern verlassener Autos an der Straße. Andreas stieg aus, um die Würstchen zu kaufen; kaum stand er in der Schlange, kam die Polizei, stellte mich zur Rede in eisiger Höflichkeit, ich stünde im Parkverbot, zerschnitt meinen Hinweis auf die anderen Autos mit einer Handbewegung in der Luft und verlangte einen ansehnlichen DM-Betrag als Strafe. Als das Verhör, die Papierekontrolle, das Ausfüllen der Formulare beendet war, die DM in der Tasche der Volkspolizei, unter den Augen genüßlich grinsender Wurstgenießer, fuhren wir aus dem Ort unserer Schande, um mehrere Kilometer danach in einem verlassenen Steinbruch gedemütigt die

kaltgewordenen Würstchen hinunterzuwürgen. Andreas sagte, die Stunde kommt, in der wir über die Brücke in Torgau
gehen, wo alles seinen Ausgangspunkt hat. Wir dürfen ihnen
nichts nachtragen, sie sind so unschuldig schuldig wie wir.

Später erhob sich eine mächtige Burg am gegenüberliegenden Hang. Wir glaubten die Straße zu sehen, die sich hinauf-
wand, suchten sie und bogen ab. Bald schon hörte der Asphalt
stellenweise auf. War zerschunden, vermischt mit Erde und
Gras. Seltsame Spuren führten durch Wiesen, Obstbäume,
wir folgten dem jetzt gepflasterten oder kiesbeworfenen Untergrund; die Burg blieb unsichtbar auf dem bewachsenen
Gipfel. Es war nicht die erste Russenkaserne, die plötzlich am
Weg stand, aber bisher lagen sie an den großen Verkehrsstra-
ßen, wir kannten die riesigen Mauern, die sie gegen die Umwelt abschirmten, ähnlich unseren Amikasernen. Diesmal
kam sie unerwartet, mitten im Grünen, auf einem Nebenweg,
die Mauern nicht ganz so hoch wie üblich, der traurig singende Soldat fehlte nicht, und es klang hier oben noch eine Spur
schwermütiger. Umkehren war nicht möglich. Wir beeilten
uns, nicht zu schnell, nicht zu langsam, das Bedrohliche
hinter uns zu bringen und wendeten die Köpfe weder rechts
noch links. Mir ahnte nichts Gutes, das Herz schlug heftig,
doch nach weiteren fünfhundert Metern kam ein Bauernhaus.
Ein alter Mann stand im Hof. Ich hielt und stieg aus. Er
starrte uns an, als seien wir Gespenster. Ich erzählte ihm die
Geschichte von der Burg, die wir suchten; ob er mir glaubte,
war nicht zu erkennen, jedenfalls seien wir hier falsch und
riskierten Kopf und Kragen mit unserem Nummernschild
und dem Westwagen, auf diesem Weg. Vor ein paar Monaten
hätten sie seinen Sohn verhaftet, der im Westen lebe und ihn
besuchen gekommen sei und dessen Auto auf derselben Stelle
wie jetzt das unsere gestanden habe. Das alles kam langsam,
stockend aus ihm heraus, wir konzentrierten uns, ihn zu
verstehen. Gleich hinterm Haus stieg der Weg steil an und
verlor sich in dichtem Hochwald, es würde uns also wohl
nichts übrigbleiben, als im Hof zu wenden, um zurückzufah-

ren. Doch es war keine Zeit mehr zum Überlegen. Ein dröh-
nendes, mahlendes, knirschendes Geräusch näherte sich vom
Wald her, der alte Bauer verdrückte sich, Grieshaber blieb
wie eine Statue sitzen, ich kauerte mich hinters Steuer, zu spät
für alles: was sich da den Waldweg herabschlängelte, war
etwas, das wir um keinen Preis wahrnehmen durften. Auf
mehrere Lafetten geladen, unglaublich lang, einer Rakete
ähnlich, mit spitzem Kopf; ich hielt unser letztes Stündlein
für gekommen, das Ding fetzte Zweige und Blätter beiseite,
walzte Büsche nieder, brach Äste ab, und wo ihm in den
Kehren ein junger Baum in die Quere kam, wurde er wie ein
Streichholz geknickt. Als alles vorüber war und wir immer
noch mucksmäuschenstill und unverändert an Ort und Stelle
standen, kam der Bauer und sagte, wir sollten so schnell wie
möglich verschwinden, waldeinwärts, bergauf, woher das
Ding gekommen sei, und möglichst nicht im Morast stecken-
bleiben, dort träfen wir dann auf die richtige Straße, die uns
bald dahin brächte, wohin wir gehörten. Wir hatten keine
Wahl, als dem Mann zu vertrauen. Der Hochwald ver-
schluckte uns, ich war beschäftigt, mit allen Hindernissen
fertigzuwerden und das Auto am Fahren zu halten; wieder
verließen wir die DDR wie auf der Flucht, diesmal die eigene
Torheit verwünschend. Nach der Wartburg war uns nicht
mehr zumute. Und Grieshaber wollte lange Zeit keine Thüringer Wurst mehr essen.

22. Alle Tage

Im siebten Jahr des Vietnamkriegs schickte Rudolf Hagelstange ein langes Gedicht über den Entlaubungskrieg an
Grieshaber, wie Herbizide, Orange und Purpur auf die Mangroven am Mekong fielen und sie anregten, ein Vielfaches zu
wachsen, bis sie daran erstickten und ihr Tod alle tötete,
denen sie geholfen hatten zu leben, Pflanze, Tier, Mensch.

Ein Gespräch über Bäume war der Titel, Brecht aufnehmend, dessen Gleichnis multiplizierend, ohne zu ahnen, wie bald danach das Gespräch über Mangroven noch einmal multipliziert werden würde mit den sterbenden Bäumen, die uns umgeben. Zugleich ein exakter Bericht, noch bevor das Napalm fiel und Fotos von verätzten Kindern und brennenden Frauen über den Abendbrottisch flimmerten und auf den Zeitungsseiten erschienen unter vermischten Nachrichten oder Neues aus aller Welt. Die Jungen, die sich für Vietnam einsetzten, mit ihren skandierenden Ho-Tschi-Minh-Rufen und ihren Posters in den Buden, nahmen Hagelstange nicht an, weil er eine Vergangenheit hatte; ihre Vietnam-Dichter waren Erich Fried und die Agitprop-Mannschaft. Keiner wollte das Gedicht drucken. Grieshaber, den Vergangenheit, auch eine gegensätzliche zur eigenen, wenn sie nur aufgearbeitet worden war, brüderlich stimmte, sagte, er mache noch einmal Holzschnitte für Vietnam wie vor sieben Jahren die Hängebauchschweine, anderes könne ein Künstler nicht tun; Tropfen ins Faß mit allen Protesten, bis es überlaufe und dem Pentagon vor die Haustür schwappe. Doch so weit käme es erst, wenn die Menschen in den USA das Ihre dazutäten. Also schnitt und druckte er Bäume, Tiere, Menschen beim Sterben, erd- und holzbraun die Kreatur, schwarz, was den Tod bringt: Panzer und Flugzeuge, reduziert auf ein Piktogramm, bevor die Bildzeichen die Welt überschwemmten und er sie verdammte, weil sie, mit wenigen Ausnahmen, kunstlos seien.

Jetzt war der Verlag rasch bei der Hand; kostbar das Papier für die Kunstmappe; gleichzeitig erschien ein teures Buch; die unverhohlene Kommerzialisierung brachte Grieshaber wieder einmal fast um, mehrere tausend Unterschriften im Sitzungssaal des noblen Verlagshauses in München führten zur Herzattacke. Dreistufenrakete nannte Grieshaber das Unternehmen, bis er an sein Ziel gelangte: ein Büchlein, das jedermann bezahlen konnte. Die Jungen beschimpften ihn, immer komme das Geld zu den Falschen und der Sinn des Unternehmens sei auf den Kopf gestellt. Ich laß mich nicht auslernen, sagte Grieshaber bei einer der vielen Vietnamveranstaltungen, für die er seine Belegexemplare gestiftet hatte; der Kurzschluß liegt bei euch, ihr seid ohnehin gegen diesen Krieg, euch brauche ich doch nicht zu überzeugen, und eure Dichter brauchen mich nicht; doch unter jenen, die einen Tausender hinblätterten, um seine Holzschnitte zu besitzen, lese wohl der oder jener den Text, sehe das Bild ein zweitesmal an und werde vielleicht nachdenklich. Also was wollt ihr? Diese Art Kundschaft gewinnt ihr nicht, und was er verdiene, gehe sowieso dorthin, wo es Hilfe bringe. Nur weil er dreimal bezahle, könnten sie's jetzt für zwölf Mark kaufen, das habe er ausgehandelt. Dem kleinen Buch lag ein gefaltetes Originalblatt bei, das Grieshaber jahrein, jahraus jedem signierte, der es, noch im Buch eingeklebt, brachte; bald hing das Blatt an Reißzwecken überall, und immer noch wird es weiterverkauft, doch von der hundertfachen Wertsteigerung kriegt kein Hungernder mehr einen Teller Reis.

Grieshabers Verhältnis zu seinen Kollegen war aus vielfältigen Gründen gespalten. Von ihm wurde erwartet, daß er sich um ihre sozialen Belange kümmere. Er sah zwar die Notwendigkeit von Interessengemeinschaft ein, erklärte aber immer wieder, das habe mit Kunst nichts zu tun.

In Bonn lag eine Künstler-Enquete; die Schriftsteller verkündeten das «Ende der Bescheidenheit», und die «Einigkeit der Einzelgänger» und kämpften für bessere Arbeitsbedingungen.

Die Bildenden Künstler wollten nicht zurückstehen und begannen ihrerseits, Modelle zu entwickeln. Grieshaber eignete sich, wie sein Freund Böll bei den Schriftstellern, zur Galionsfigur für die «Gemeinschaft der Einzelgänger».

Ein tiefgreifendes, sich bis heute weiter verzweigendes Dilemma begann, das bei den Malern sofort sichtbar wurde, bei den Schriftstellern erst zehn Jahre danach. Grieshaber sah sich bald einem Abgrund von Mißverständnissen, Böswillig-

keiten, Enttäuschungen, Verleumdungen, hilflosem Nicht-
begreifen auf beiden Seiten, den Gegnern und Wortrednern
der Berufsorganisationen, gegenüber. In den Solidaritätser-
wartungen lag gleichzeitig Zuneigung, Stolz, Grieshaber in
den Reihen der Zurückgesetzten zu haben. Anders als bei den
Schriftstellern zogen sich die bekannten Maler, falls sie überhaupt eingetreten waren, fast sofort wieder zurück aus den
Berufsverbänden und der Verwertungsgesellschaft «Bild-
Kunst», die von jedem weiterverkauften Bild einen kleinen
Prozentsatz beanspruchte, aufzuteilen unter den Künstlern,
eine Rentenkasse für die Alternden. Die Kunsthändler und
Galeristen protestierten lauthals in den Medien, verschickten
Briefe mit Klagen und Drohungen, die das letzte Stündlein
des deutschen Kunsthandels ankündigten, wenn die Verhandlungen und Entwürfe zu einem Gesetz führen sollten,
und daß sie Konsequenzen ziehen würden, falls Maler oder
Bildhauer Ansprüche stellten durch eine Organisation. Bald
war Grieshaber allein noch übrig von den prominenten Namen. Eine Folge davon war, daß er es nicht ablehnen konnte,
in den Vorstand der «Bild-Kunst» gewählt zu werden; er
meinte, kraft seiner Persönlichkeit sei es vielleicht möglich,
bei der Entwicklung der Statuten das Schlimmste zu verhindern; auch erspare ihm diese Tätigkeit eine Mitgliedschaft im
neugegründeten Berufsverband. Ich sah die Papierflut auf der
Achalm wachsen, Grieshabers Groll; die vollen Ordner kippte er in Körbe, die Körbe stapelten sich in ein paar Jahren bis
zur Werkstattdecke. Ab und zu diktierte er mir einen seiner
widerborstigen Briefe; ihre Argumentation paßte nie in die
Verwaltungsterminologie und stiftete nichts als Verwirrung.
Manchmal fuhr ich mit ihm nach Frankfurt, wo die Sitzungen
stattfanden. Dort redete er statt über die Einigkeit über die
Freiheit der Einzelgänger, die sich nicht organisieren ließen
und sich lieber unter Brücken schlafen legten; trotzdem müsse
man ihnen zu einer Altersrente verhelfen. Daß einer von
ihnen bei ihm angeklopft habe, ein alter, vergessener Bildhauer, der ein großer Künstler war. Einem solchen Mann

252

müsse man helfen, nicht aber zehntausend Unbegabte fördern. Doch einer Jurierung dessen, was Kunst sei, verweigerte sich Grieshaber. Für einen Bundeskongreß wurde den
Künstlern die Paulskirche zur Verfügung gestellt. Grieshaber
wurde gebeten, dort zu sprechen. Er schrieb den Kollegen, er
habe seine eigene Meinung, die ihnen nicht behagen werde,
müsse sie aber sagen, erst recht, wenn es sich um die Paulskirche handle. Sie sollten einen anderen wählen. Sie wollten ihn
trotzdem. Gleichzeitig trafen Drohbriefe ein. Von Malern,
denen Grieshaber elitär erschien, und von Galeristen, die mit
Boykott drohten.

In Frankfurt gingen wir zuerst ins Karmeliterkloster, wo
mir Grieshaber hinter den Einrüstungen die Reste der Rat-
gebfresken zeigte. Er nannte sie eins der größten Trauerspiele
deutscher Kunstpflege.

Die Paulskirche war mit Blumen geschmückt. Kaum Prominenz. An Ordnern und Polizei vorbei drangen viele in die
Paulskirche ein, die sich darauf beriefen, es sei ihre Veranstaltung. Aus Seitengängen und von der Empore herab dröhnten
skandierende Sprechchöre. Transparente forderten von allem
das Gegenteil. Ich sah Grieshabers Einsamkeit, als er zu
sprechen anfing.

Ausstellungen, Fernsehen, das Photobuch, was in den Zeitungen stand oder abgebildet war, Grieshabers Aktionen,
seine Reden, seine Bücher, seine Kunst machten immer mehr
Menschen neugierig; sie unternahmen Spaziergänge, Ausflüge, benützten Urlaubsreisen, um den Geschichtenumwobe-
nen, allmählich zur Legende Werdenden zu besuchen, einen
Blick auf ihn zu erhaschen, ein Bild, ein Autogramm zu
erbitten oder die Kamera auf ihn richten zu dürfen. Andreas
hatte stets griffbereit in einer Schublade kleine Holzschnitte,
erklärte geduldig den Unterschied zwischen Autogramm und
Signatur, und weil er keine Autogramme gebe, sollten sie halt
das signierte Bild von ihm nehmen. Kaum einer ging fort ohne
einen Holzschnitt, ein Plakat, ein Büchlein; brachte er es

schon mit, signierte Andreas, nur wenn das Blatt aus einem Buch herausgeschnitten war, weigerte er sich. Oft erhielt der Besucher dafür zum Trost den Abzug eines eben fertiggewordenen Holzschnitts. Das sprach sich herum. Es kümmerte Andreas nicht, daß manches Geschenk schon Stunden später in Kunsthandlungen verschachert wurde. Ich sitze nicht in den Herzen der Menschen, sagte er, wenn es ihm vorwurfsvoll oder hämisch zugetragen wurde; wer Ermunterung, Zuspruch suche, Rat oder Hilfe, für den seien immer die Türen offen, er habe keinen weggeschickt. Selbst die Anekdote von Hermann Hesse mußte herhalten, an dessen Gartentor das Schild «Bitte keine Besuche» hing, und im Briefkasten soll die Visitenkarte von Thomas Mann gelegen sein mit einem handschriftlichen «Schade».

Es kamen Tage, da gaben sie sich den Türgriff in die Hand, Menschentrauben hingen am Gartenzaun; sie drängten in die Küche, in den Garten, während Andreas arbeitete, schlief, allein oder mit mir, ich konnte nur noch mit dem Kopf unter die Decke kriechen, wenn Hochwürden unangemeldet ans Fenster klopfte; Gruppen protestantischer Vikare, Ärzte, Museumsfachleute mit und ohne Gemahlinnen, alte Arbeiter aus den gemeinsam verbrachten schweren Jahren, denen Andreas das Recht zugestand, sich nicht telefonisch anmelden zu müssen; Junge, die sich mit Drogen vollgepumpt hatten, Haschich mit ihm rauchen, ihm etwas vortanzen wollten, Flöte spielten oder aggressiv wurden. Da gab es ja nirgendwo Schutz, keinen Türschlüssel; die Vorhänge, die Rouleaus an der Fensterfront gegen die Sonne wurden nie benützt, Andreas ertrug nicht, daß etwas seinen Blick über die Landschaft einengte, seine Freiheit beschnitt; die Neugier der Besucher gehörte zum Preis, den zu zahlen er vorgab. Trotzdem klagte er wortgewaltig, daß sich die Menschen nicht anmeldeten; zu ihrem Arzt oder Steuerberater gehen sie doch auch nicht einfach durch die Tür. Wenn sich jemand anmeldete, schrieb er es auf. Vergaß er es, war wenigstens der halbe Tag gerettet; nichts war zermürbender für ihn als Warten. Tage mit Besucherterminen waren von vornherein verlorene Tage. Er konnte nicht arbeiten, nicht lesen, kaum atmen. Die Leute hatten gemerkt, daß sie am Telephon oft vertröstet, das hieß, abgewiesen wurden, also kamen sie einfach und sagten, ihr Weg hätte sie zufällig vorbeigeführt. Das Wort «Leute» mochte Andreas nicht. Ein Mensch ist kein Leut. Er empfand wohl den Ursprung des Wortes aus der Zeit des Absolutismus, Leute waren Gesinde, und dieses wurde unter der Hand zum Gesindel.

Ebenso tadelte er stets das Wort Herr, wenn es abschätzig gebraucht wurde für öffentliche Personen: Herr Brandt, Herr Schmidt, auch nicht Herr Strauß ließ er gelten; statt Herr setzte er den Vornamen dazu.

Schlimm war es auch, wenn ihm die Maler Mappen voller Bilder brachten, manche schleppten sie zu Fuß den Berg herauf, hatten Tagesreisen hinter sich gebracht unter mühseligen Umständen, wollten jetzt sein Urteil hören, hofften auf Anerkennung, auf ein Wunder, stellten aggressiv oder sanft ihre Forderungen, ob er sich nicht wenigstens für sie verwenden könne, an Schulen, Akademien, in Firmen, bei Jurys, Stipendien. Immer wieder baten welche darum, seine Schüler werden zu dürfen. Dilettanten und Sonntagsmaler drängte es, ihm ihre Arbeiten zu zeigen, ihre Kunst- und Lebensprobleme zu offenbaren; vielleicht fiele auf ihre Versuche ein Stück Glanz, vielleicht spränge etwas über von Grieshabers Erfolg. Als ich es nicht mehr aushielt, wie Andreas aus dem Mittagsschlaf aufschreckte, schrie, um sich schlug, taumelte und das ramponierte Herz sich bemerkbar machte, kaufte ich eine Fahrradkette, schlang sie um Zaun und Gartentor und schloß zu. Es hielt die meisten zwar ab, einzudringen, dafür riefen, rüttelten, klopften sie, auch kam es vor, daß ein Stein flog. Die Jungen fanden nach wie vor Schlupflöcher in den Hecken. So gewöhnte ich mir an, Wache zu halten; statt wie bisher im Schwimmbecken brachte ich die Stunde, in der Andreas schlief, auf der Gartentreppe zu, sprach leise mit den Menschen, schickte sie weg, sagte, er schlafe, oder er sei krank, nicht ohne daß er ab und zu ärgerlich oder lachend den Kopf aus der Küchentür streckte, auch die Zunge, wobei er aussah wie Einstein. Da ist der Sterbende, worum geht's? Er akzeptierte die Fahrradkette erst, als die Mahnungen seines Körpers zur Selbsterhaltung nicht mehr zu überspielen waren. Jetzt wurde ich Zeuge von Herzattacken, wenn das Telephon ihn aus dem Schlaf schreckte; also legte ich heimlich den Hörer des zweiten Apparates neben die Gabel, wählte eine Eins, und Andreas freute sich über die friedlichen Stunden am Nachmittag.

Doch im Sommer überstrahlten die Morgen alle Beschwerden, wenn im betauten Garten die Blüten ihre Kelche und Kronen öffneten und ein Wohlgeruch in der blauen Luft war und die Sonne hinter den Bäumen hochstieg und ich begrüßte, was ich kannte aus Mutters Garten oder die fremden Blumen und Büsche, deren Reiz im anscheinend Mühelosen lag, im scheinbaren von selbst. Es dauerte lang, bis ich die Wahrheit sah: nachlassende Kräfte einer alten Frau, ihr Wille, noch ein Jahr, noch ein Jahr zu erhalten, was sie allein geschaffen hatte. Andreas deutete auf Stühle, die schon halb in die Erde gesunken waren; Kirke habe sie einst für ihn aufgestellt, nah bei den Tiergräbern, nie habe er sich darauf gesetzt, um ihr bei der Arbeit zuzuschauen. Manche Pflanzen bedachte er mit lateinischen Namen, wie er es von Kirke gehört hatte, zeigte mir seine Lieblinge, seit Jahrtausenden Modelle für Farben und Formen auf Bildern und Plastiken, dann war er im Atelier verschwunden, malte, und bald danach flogen die Holzspäne. In diesen Wochen entstanden sieben Figurensträuße, dem Garten entsprungene Blüten und Stengel, Metamorphosen aus Pflanze, Tier, Mensch, gleichermaßen kompakt und schwebend, ich konnte mich nicht sattsehen an den zarten und wilden Farben der spontanen Gouache wie des entgültigen Holzschnittes, wenn sie nebeneinanderhingen und im Lauf der Wochen die Stirnwand füllten.

Abends überließen wir uns den wechselnden Schauspielen des Sonnenuntergangs, wenn Nachtpflanzen und Nachtge-

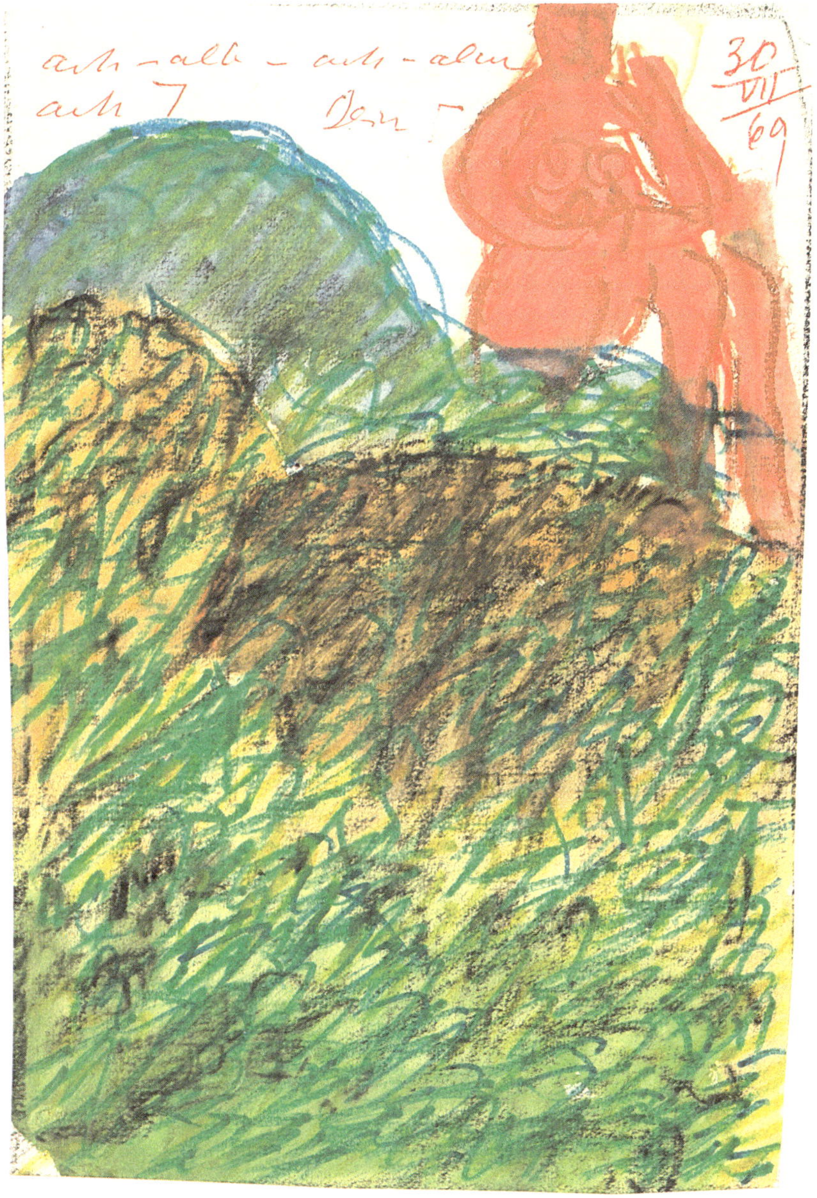
30
VII
69

tier sich unmerklich austauschten mit den Tageserscheinun-
gen, die Geräusche, Gerüche sich änderten. Es kam vor, daß
wir bis Mitternacht auf den Stühlen unter den Sternen lagen
unterm zunehmenden, abnehmenden Mond, oder wenn er
voll über der Landschaft hing, Nahes und Fernes herausmo-
dellierend. Glück war dann nichts anderes als die Gemein-
samkeit der Wahrnehmungen.

In diesem Sommer gab es Wochen, in denen ich allein mit
Andreas auf der Achalm war, mir die Küche aneignete, Tiere
versorgte, Pflanzen goß, im Garten mit Schläuchen hantierte,
Salat und Beeren erntete. Die Unmengen von gebratenem,
gesottenem Fleisch, die Würste und Kuchen ließen wir in den
Tiefkühltruhen, und ich brachte kleine leichte Mahlzeiten auf
den Tisch. Eines Frühmorgens, wir wollten wie üblich als
erstes Tier beim Gang zum Schwimmbad die Graugans her-
auslassen, hing sie quer im Käfig, am gebrochenen Flügel, ins
Gitter verkrallt, tot, mit dem Kopf nach unten. Der Fuchs?
Ein Nachtvogel? Ein Mensch? Was hatte sie erschreckt? Getötet? Andreas wischte eine Träne weg. Das Tier hatte den
Kopf in seine Hand geschmiegt, während es neben ihm lag,
wenn er auf der Terrasse schlief. Es war kaum von seiner Seite
gewichen, sobald es ihn sah. Grieshaber suchte ein urwüchsi-
ges Stück Holz, fand einen knorrigen Stammquerschnitt, und
ohne zu frühstücken, schnitt er die tote Graugans hinein.
Druckte den Holzschnitt, hängte ihn, noch naß, über sein
Bett, dann erst grub er im Garten ein Grab. «Hommage à
Konrad Lorenz» nannte er das Blatt. Es wurde Plakat und
Edition für die große Ausstellung im Wiener Künstlerhaus,
danach für Bregenz, und zuletzt warb es für Tschaikowskys
Schwanensee in der Stuttgarter Cranko-Fassung, jedesmal in
einer anderen Farbzusammenstellung.

Andreas hatte einen Horror davor, an Photo-Bildbänden mit-
zuarbeiten, die, oft durch Industrie finanziert, in schönen
Aufnahmen Städte und Landschaften feiern sollten; doch
gelegentlich machte er eine Ausnahme: Wenn du Gedichte

schreibst über den Ort, kriegen sie Holzschnitte. Immer fand Grieshaber Gelegenheiten, die mich veranlassen sollten, mich Deutschland zuzuwenden. Dieses Mal war es Schwäbisch Gmünd, wo die Staufer getauft, Parler, Ratgeb und Hans Baldung Grien geboren wurden. Am Fuß der drei Kaiserberge, Fahrradziel meiner Kindersehnsucht, die karge, kunstlose Heimatstadt hinter den sieben Bergen für Stunden mit der Nachbarstadt zu vertauschen, wo der Geiger von Gmünd in Kerners Gedicht sein Wunder erlebte. Grieshaber brummte vom Armen Konrad und schnitt für das erbetene Buch das Seine dazu. In der Stadt hatten mehr als anderswo sich Heimatvertriebene angesiedelt und Griechen Arbeit gesucht. Das unterschwellig restaurative Klima zog den widerborstigen Künstler an, Signale zu setzen, die über Jahre wirkten.

Die romanische Madonna mit ihrem Kind saß noch überm Portal der Johanniskirche, wo sie siebeneinhalbhundert Jahre lang unversehrt thronte; jetzt sahen wir Spuren in ihrem Gesicht, die nicht wiedergutzumachen waren. Man wird sie wegnehmen, sagte Andreas.

> Man wird sie wegnehmen
> eh Kohlenmonoxyd
> Schwefel Blei
> sie zur Gorgo verwandelt

schrieb ich in meinem Gedicht. Es war der Anfang jahrelang folgender Klagegesänge, Bittrufe, Schreie; bisher hatte ich nur einmal geschrieben: Erinnere dich die Düsenklipper/lokkern die Steine des Parthenon. Das war lang her. Jetzt sagte Andreas: Dieser Zustand wird nicht mehr abreißen für uns. Was die Fliegerbomben des Zweiten Weltkrieges verschonten, müssen wir künftig dahinsiechen sehn. Keine zehn Jahre wird es dauern, bis die Kunstwerke des Jahrtausends überall in Europa zerbröckeln. Eben seien mir in der engsten Heimat die Augen geöffnet worden. Er zeigte auf die eingerüstete Fassade der Johanniskirche: schau es dir noch einmal an. Bald ist es vergangen. Die Steinmetze hauen alles neu. Und so leblos, wie sie ihre Grabsteine meißeln. Köln, Freiburg, Ulm, Worms, Regensburg, überall sind sie am Werk. Doch die Münsterbauhütten des Mittelalters lassen sich nicht mehr wiederbeleben, auch wenn sie diese Bezeichnung für ihre Reparaturwerkstätten einführten. Wer denn heute die Meister seien, bei denen sie lernten? Da stehe kein Herrgott mehr dahinter, keine Kunstfertigkeit, die andere Quellen habe als unsere Gegenwart. Was keiner mehr weiß oder wissen will: bei den Kopien fällt alles weg: die Asymmetrien, Unebenheiten, kleinste Verschiebungen; das Auge, eine Wange, die höher, tiefer, flacher, gewölbter als ihr Gegenstück sei; Arme und Beine, Hände und Füße, Finger, Zehen, Gewandfalten, Flügel lebten nicht wie beim Original; Kreuzblumen, Krabben, Akanthusblätter seien tot, keine Rosette, kaum eine Kerbe, wie sie vorher war; plump ist der neue Stein, tonlos, schau die unrestaurierte Fassade an, sagte Grieshaber, hör, wie sie noch klingt.

Sollen sie es vollends kaputtgehen lassen? fragte ich. Da ist nichts aufzuhalten, sagte Andreas. Obwohl heut so vieles möglich sei. Er würde alle Plastiken abgießen, und wenn es nicht anders ginge, in Zement; nur der Abguß enthält ein Stück vom Geheimnis. Lieber die Heiligen nasenlos, lippenlos, lieber die Kronen zerborsten, die Hand mit drei Fingern; was die Zeit weggefressen hat, ist auch eine Würde, sie soll man den Figuren lassen. Der fast zerstörte Wasserspeier vom Schuttplatz der Reutlinger Marienkirche im Garten der Achalm sei schöner, richtiger, wichtiger als alle neuen zusammen. Die seien eben Bäckernudeln. Und wie schrecklich Andreas die restaurierten Städte fand, das Design von Kunstexperten, Denkmalspflegern, Architekten, Farbgebungsprofessoren, die geschmackvoll gebrochenen Töne, mit Weiß vermischten Grüns, Blaus, Rosas, die nachempfundenen Wirtshausschilder, die Beschläge, Beleuchtungskörper, alles falsch. Danebengeraten. Die vergangene Wirklichkeit sei anders gewesen. So anders, wie das Bauhaus zur Zeit seiner Gründung. Was hat es inzwischen angerichtet, was hat es aus unseren

Städten gemacht! Bei solchen Ausbrüchen erlebte ich, wie Grieshaber sich seine Feinde schuf.

Gegenüber der Zwiefaltener Barockabtei war eine Bankfiliale gebaut worden. Andreas sollte die Wände füllen. Das kann keiner, sagte er, bei einem solchen Vis à vis, und führte mich noch einmal in die Kirche, bevor sie renoviert und deshalb geschlossen wurde. Die besten Bauleute, Stukkatoren, Maler hätten zusammengewirkt bei diesem Inbegriff des Rokoko. Der ewigen Seligkeit, wie sie sie sich vorstellten, Ausdruck verliehen. Höhepunkt des Schwerelosen. Endpunkt, überreif, schon im Begriff umzukippen. Verzückung der Märtyrer. Putten, die Purzelbäume schlügen um den Gekreuzigten. Details, schon fast surreal. Wie immer war ich zuerst nur betäubt von dem Ansturm: Töricht blinzelte ich in die Orgie aus Licht, Farbe, Form, bis er mich an der Hand nahm und zu den aberwitzigen Erfindungen zog, in Stuck, Eisen, Marmor, Holz, Illusionen, Täuschungen, die körperlich, greifbar, herausfordernd schienen; er zeigte mir die vom Standort des Beschauers abhängigen Perspektiven der Malerei auf Decken und Gewölben, wie sicher sie damals die Verkürzungen des Figurengewimmels berechnen konnten.

Dann ging Andreas mit mir zum Filialleiter der Bank: es gebe keine höhere Ehre für einen modernen Künstler, als dieser Kirche gegenüber bestehen zu wollen. Deshalb sage er ja. Ihr braucht die Bilder nur bei mir abzuholen. Sie sind schon da, ich muß nichts Neues machen. Als der Pfarrer zu Picasso kam, um ihn zu bitten, eine Madonna mit Kind für die Kapelle zu malen, bei der sich die bedeutenden Künstler Frankreichs beteiligten, sei er aufgestanden, habe aus einem Bilderstapel eine Leinwand gezogen und sie dem Pfarrer gegeben. Der zuckte zurück; er habe um eine Madonna gebeten. Das ist sie, sagte Picasso. Es war eine seiner Frauen mit Kind. Der Pfarrer lehnte das Geschenk ab. Und so kam es, daß die Kirche ohne Picasso blieb. Der Leiter der Bankfiliale war überfordert. Was sollte er darauf antworten. Es sind meine Bilder aus der Klinik, sagte Grieshaber, Prometheus Alpha

bis Epsilon. Die Stoffdrucke würden den Schalterraum ausfüllen. Und auch dem Rokoko nicht weh tun. Außerdem sei
da noch das Ulmer Tuch. Er habe es seinem Heimatdorf Rot
an der Rot aus Anlaß der Ehrenbürgerschaft überlassen. Es
gebe nur zwei Exemplare davon. Das eine hänge in Ulm, das
andere liege zusammengerollt auf dem Rathaus in Rot. Das sei
schade, und deshalb sollten sie es entführen oder sich sonst-
was einfallen lassen; hierher jedenfalls würde es gut passen.
Und wer beim Umgang mit Geld dann dabei trotzdem noch
etwas aufnehmen könne und hinüber in die Kirche trete oder
umgekehrt und sich nicht fremd vorkomme, der gebe ihm
damit recht.

Bei der Zwiefaltener Bankeinweihung signierte Grieshaber
stundenlang den Umschlagholzschnitt einer Broschur mit den
Bildreproduktionen, meinen Gedichten und einem Text von
ihm über den Stoffdruck. Das Heft kostete fünf Mark. Sie
kamen aus dem ganzen Land und kauften die Auflage weg.
Schon am nächsten Tag konnten wir es im Tübinger Schaufenster für fünfzig Mark liegen sehen. Heute kostet es fünfhundert. Grieshaber wollte nie begreifen, daß sich ein Teil
der Menschen über seine Großzügigkeit ärgerte, statt sich zu
freuen.

Danach fuhren wir zur Buchmesse, anschließend wieder in
die norddeutschen Städte zu Ausstellungen, Lese- und Si-
gnierabenden. Der Tisch in den Buchhandlungen war reich
gedeckt, noch war das Dürerjahr nicht zu Ende, noch gab es
täglich neuen Anlaß, öffentlich über Vietnam und Griechenland zu sprechen wie in den vergangenen Jahren. Keine Mahl-
zeit allein, bis Mitternacht mit Honoratioren zusammen, die
nicht verstanden, was man meinte, gemacht hatte oder anders
darüber dachten, schlechter Schlaf, Herzsensationen, in der
Früh schon durch die Städte laufen, damit man wußte, wo
man war. In vierzehn Tagen Tausenden von Menschen sich
zu stellen mit Kunst und Botschaft über Terror, Folter, Ver-
bannung, Mord, Krieg? Der Holzschneider und die Lyrikerin
sind wieder unterwegs, hieß es, wir waren zufrieden, daß

niemand vom Paar sprach außer den Eingeweihten, die sich um Hotelzimmer kümmern mußten. Trotz aller Anstrengung gab es die glücklichen Stunden, wenn wir nachts beieinander im Doppelbett lagen und Andreas sprach, um den Tagesrumor loszuwerden.

Wien markierte das Ende des Jahres: Andreas freute sich über die große Ausstellung im Künstlerhaus und fürchtete sich gleichzeitig. Als er zum erstenmal mit mir fliegen wollte, hieß es, der Flughafen sei vereist, keine Starts und Landungen möglich. Also Schlafwagenzug. Fürs Auto waren wir zu erschöpft nach der Norddeutschlandtournee. Jedenfalls ist meine Ausstellung dort, solang die Dürer-Ausstellung noch in der Albertina hängt, sagte er. Mehr kann ich nicht erwarten. Wir gingen auch zuerst dorthin. Das Museum hatte seine Schätze nicht nach Nürnberg ausgeliehen, sondern zeigte sie gleichzeitig in einer unaufdringlichen Präsentation ohne Gags. Sie sind freier als die Nürnberger, sagte Andreas, sie brauchen nichts zuzudecken.

In Wien war es kalt, unfreundlich, wir sahen an, was man anzusehen hatte, zwischendurch kleine Konditoreien, Schloß Schönbrunn ein Schneewittchensarg, rauhreifüberzogen, die Gloriette der Deckel, Andreas liebte das warme Gelb der Fassaden und den beschnittenen Park mit den froststarren Ästen, den Spuren der Vogelfüße im Schnee. Es ist eine Schrift, sagte er, ich kann sie lesen: Hofmannsthal, Schnitzler, Freud, Friedell.

Wir besuchten die Kutschen in den Remisen. Am schönsten war es bei den Lipizzanern, dort saßen wir stundenlang im warmen Geruch und sahen zu. Andreas erklärte mir das Ergebnis einer Dressur gegen die Natur. Das Zusammengehen des hochgradigsten Fluchtinstinkts mit dem geforderten Gegenteil. Es riß mich hin, Notizen zu machen. In einem alten eiskalten Schloßhotel waren wir die einzigen Gäste; vier Kellner bedienten uns, servierten Rebhühner, die winzig, zusammengehutzelt, steinhart, wer weiß wie lange in der Tiefkühltruhe auf den Verzehr gewartet hatten.

Mit Honoratioren und Kollegen gab es aufs knappste reduzierte Begegnungen: Grieshaber schwieg. Meinte, sie lassen den Fremden nicht aufkommen, der ihnen den Rang ablaufen könne. Ihm liege ihre Ironie nicht, das Geraunze, der Schmäh, er verabscheute die Graf-Bobby-Manier wie die Heurigenduselei, und das Kaffeehausliteratentum blieb ihm fremd. Ein Haufen begabter Epigonen, sagte er. Auch wenn ich vor Karl Kraus ins Knie geh und dem Qualtinger zuhöre. Die phantastischen Realisten neuer Wiener Provenienz und der aufgemotzte verfremdete Jugendstil der Hundertwasser und Fuchs seien nichts für ihn. Trotzdem war die Ausstellung ein Erfolg.

23. Geschichtsunterricht

Der Europäische Gerichtshof in Luxemburg lud Grieshaber ein, für den Neubau etwas zu schaffen, das eine Wand füllen könne. Wieder knurrte Andreas, daß dieser Kelch an ihm vorübergehen möge, es sei jetzt genug mit Kunst am Bau, er habe doch überdeutlich gesagt und geschrieben, was er von dieser Alibifunktion halte: Schulen, Kirchen und Schwimmbäder hätten ihm abverlangt, was er leisten könne, es gebe den Rhein und das Weltgericht in Bonn und die Kinder Israel unterwegs, was sich zwischen Krippe und Kreuz bewege und kreucht und fleucht, seit die Erde sich dreht; man solle ihn in Ruhe lassen.

Trotzdem ließ er die Einladung auf der Schräge des Stehpults liegen. Ich dachte an seine gelegentliche Klage, die Holzstöcke des Männerwalds, den er, kurz bevor ich ihn kennenlernte, für die Weltausstellung in Montreal geschnitten hatte, führten auf dem Campus einer kalifornischen Universität ein Wandelhallendasein, niemand habe für den Rücktransport der zweimal sieben lebensgroßen Figuren geradestehn wollen; ein Assistent, der inzwischen Professor sei, habe sich zwar um die Aufstellung verdient gemacht, aber bezahlt worden sei bisher nicht einmal der Holzpreis, und das Schicksal der Wand bleibe ungewiß. Hol den Männerwald zurück für Luxemburg, sagte ich. Andreas wehrte den Gedanken heftig ab und war gleichzeitig angezogen von ihm: nebeneinander stehen Männer- und Frauenfiguren aus der griechischen Mythologie mit einem jeweils dazugehörigen Epheben, der die Flöte bläst. Ich sagte, schließlich stammt der Areopag aus Athen.

Der Professor in Amerika antwortete, er könne den Männerwald mit dem Schiff nach Rotterdam schicken. Dort hängt mein Bauernkrieg im Museum, sagte Andreas. Bald danach lag auf dem Ateliertisch eine zerschnittene Abbildung des Männerwaldes: sieben Figuren links, sieben rechts, überragt von einer mittleren, neu skizziert: Justitia. Darunter hatte Grieshaber AREOPAG geschrieben. Die Ämter beim Europäischen Gerichtshof gingen reihum an die westlichen Staaten. Diesesmal war ein Deutscher der oberste Richter, dem schrieb Andreas sein Vorhaben. Die Antwort des Richters war, er wünsche sich eine Justitia ohne Augenbinde. Die blinde Gerechtigkeit habe ihm stets Unbehagen bereitet. Ob sich das machen lasse.

Grieshaber sagte, der Mann muß warten. Er könne sich nicht entschließen, eine solche Auffassung in die Geschichte einzuführen. Im Dresdener Kupferstichkabinett werde er suchen, ob es Vorbilder gebe. Ich dachte an die Museen der Welt, und warum Andreas sich ausgerechnet auf Dresden berief, wenn es darum ging, eine Justitia für Europa zu finden. Er würde es wissen. Ohnehin war im Februar eine DDR-Reise fällig, Andreas hatte etliches zusammenkommen lassen, damit Lust und Last einander entsprächen und weil man auf einem Bein schlecht zu stehen pflege. Also fuhr ich ihn durch Schnee und Eis wieder einmal ostwärts. Der Leipziger Reclam-Verlag plante Pablo Nerudas Gedichtzyklus *Aufenthalt auf Erden* in Übersetzungen von Erich Arendt und Stephan Hermlin prächtig als Volksausgabe gedruckt zum 70. Geburtstag herauszugeben; Grieshaber sollte Holzschnitte dazu machen. Man würde früh beginnen müssen; Papierzuteilungen, Druckkapazitäten, Buchbinderraten waren neben unbekannten Interna die stets vorhandenen Probleme, wogegen im Westen ein solches Projekt von vornherein an der Kalkulation und Rentabilitätsrechnung gescheitert wäre. Grieshaber freute sich, daß er ein Buch machen konnte, das nicht als «bibliophile Kostbarkeit» etikettiert, sondern zwanzigtausendmal von seinen Holzstöcken gedruckt werden sollte, jedes Blatt ein Original. Kein westdeutscher Verleger hätte eine solche Auflage mit Gedichten eines damals nur wenig bekannten lateinamerikanischen Autors riskiert zu einem volkstümlichen Preis. Chile stand noch nicht im Blickpunkt des Interesses, wer sollte das Buch also kaufen, lesen? Diese Sorge hatte man nicht im anderen Deutschland.

Vieles, worüber Andreas sinnierte und was er aussprach, wenn wir allein waren, nannte er Samen, in den Wind gestreut; man müsse abwarten, was davon aufgehe wie bei den großen Bäumen mit ihren Zapfen, Bucheckern, Eicheln. Hätte ich mich mit seinen Ideen anders als erst im Augenblick der Realisierung eingelassen, wäre ich verrückt geworden, statt ein guter Chauffeur und Epimetheus zu sein, den vielfältigen Unbilden zu trotzen und sie Andreas möglichst vom Leib zu halten in naiver Unbekümmertheit. Aus schlimmen Erfahrungen hatte ich gelernt, aufzupassen, was den Körper betraf. So versteckte ich in meinem Koffer die jeweils zusätzlichen Kleidungsstücke für Andreas, um sie ihm anzubieten, wenn es zu warm oder zu kalt geworden war, auch verschiedene Schuhe, denn er ließ sich nie beim Packen helfen, das galt als Eingriff in seine Selbständigkeit. Ebenso heimlich mußte ich mich mit Proviant ausstatten; er hätte nie zugegeben, daß er durch sein von der Regel abweichendes Verhalten in der DDR Situationen verursachte, in denen wir nichts zu essen bekamen. Also sorgte ich dafür, ihn an den Tagen, wenn er auf eigene Faust landeinwärts wollte, zu ernähren und jederzeit, vor allem in den Hustennächten, heißen Tee zubereiten zu können, unter oft abenteuerlicher Steckdosensuche für Tauchsieder mit verschiedenen Spannungen und Umgehung strengster Verbote. Andreas' Sache war der geistige Teil des Kofferrauminhalts. Wie stets platzte das Auto fast aus den Nähten, vollgepackt mit Büchern und Bildern. Wunscherfüllungen. Etwa *Zettels Traum* in der großen Ausgabe für den Dichter Kirsch in Halle, mit bemalten, bekritzelten Spanplatten, als Holzstock kaschiert. Grieshabers jung gebliebene Freude, Grieshabers altgewordener Schmerz, von Deutschland nach Deutschland zu fahren. Die Erwartung der ganz anderen Erlebnisse als in den kapitalistischen Ländern Europas. Der Reiz, die unzähligen Fragen nach westlicher Lebensweise auf seine Art beantworten zu können, andere Fäden in das Informationsgewebe zu flechten, das entstanden war durch Verwandtenbesuche, Westradio und der sich von Jahr zu Jahr ausbreitenden Fernsehseuche. Besonders im elektronischen Loch Dresden, wo das Westfernsehen nicht hinreichte, blieben die Menschen länger als anderswo diskret, ohne Gier, bereit für behutsame Gespräche und Unternehmungen, die nicht nur dem persönlichen Vorteil dienten. Sie hatten ein Gespür für Grieshabers Ausdrucksweise der doppelten Böden, genossen es, wenn Unterhaltungen surreal und dadurch künstlerisch und erfinderisch wurden. Die Phantasie freisetzten. Wir kamen näher an die Wurzeln gemeinsamer Geschichte als mit den Menschen daheim, deren Denken immer mehr ahistorisch wurde und, vom American way of life durchsetzt, in einer verschluderten Sprache sich den vordergründigsten Tageserfolgen zuwandte. Es waren die letzten Reisen vor der Einrichtung der Intershopläden, den Ungerechtigkeiten, die sie mit sich brachten und die der Staat in Kauf nahm, weil er Devisen brauchte. Wir waren Zeuge der rasch sich verändernden Lebens- und Denkgewohnheiten, Interessen und Umgangsformen. Statt unserer Bücher, Bilder wurde unsere DM erwartet.

In Dresden feierten die Freunde zuerst Grieshabers Geburtstag in einer Waldschenke mit Wodka und Krimsekt, danach hatten sie einen Termin bei einem Spezialisten vorbereitet. Andreas' Bronchien, angegriffen vom Kettenrauchen, Holzstaub und anderen Substanzen, die beim Fräsen, Stein- und Metallschneiden durch die Luft wirbelten, sollten Gegenstand der Untersuchung sein. Die Attacken von Erkältungen und Atemnot folgten einander in immer kürzeren Abständen, doch wenn er Tränen in meinen Augen sah, wurde er zornig. Zu Hause war er nicht zu bewegen gewesen, einen Arzt aufzusuchen. Da sei ihm Dresden gerade willkommen, diese Angelegenheit zu verfremden. Ich sah darin meine einzige Chance: Der Verlagslektor, der alles arrangiert hatte, war eingeweiht, und so gelang es, in den wenigen Minuten, während Andreas nebenan Bilder betrachtete, mit dem Professor verbunden zu werden und ihm durchs Telephon die Wahrheit zu sagen. Die Wahrheit, die Andreas nie zugab. Die Wahrheit über sein Quantum an Zigaretten, Schlafmitteln und Alkohol.

Andreas will nicht in die Klinik begleitet werden. Vorher mit mir spazierengehn, tief durchatmen, als könne das den Befund verbessern. Eine der Situationen, in denen es zu umständlich ist, ein Lokal zum Essen zu finden; selbst wenn es gelänge, müßte man endlos warten, und auch Cafés pflegt Andreas fluchtartig zu verlassen, seine Geduld ist rasch verbraucht. Ich habe Nescafé in der Thermoskanne und unterm Autositz Gläschen mit Babykost, über die Andreas in ein großes Gelächter ausgebrochen war, als er sie entdeckte. Jetzt löffelt er im dämmrigen Klinikflur etliche leer, um dem Professor möglichst fit gegenüberzutreten, was ihm nur unter grimmigen Scherzen möglich ist; er reißt mich mit in eine Albernheit, die sein Unbehagen überspielt, und macht sich einen Spaß daraus, westliche Spinat- und Möhrentöpfchen auf Fenstersimsen im Treppenhaus zu verteilen. Dann schlägt seine Stunde. Ich sitze sehr lang im Vorzimmer des Ordinationsraumes bei der Schwester und erzähle auf ihre unablässigen Fragen, wie wir leben und arbeiten, eingedenk Andreas' Ausspruch: Jeder gewonnene Mensch ist ein Anwalt für unsere Sache. Dann fliegt die Tür auf, der Professor tritt heraus, mit Grieshaber scherzend, drückt mir die Hand, kneift ein Auge zu, und weg sind wir.

Andreas schweigt. Sein Gesicht läßt keinerlei Rückschlüsse zu. Also habe auch ich zu schweigen. Wir kratzen das Auto vom Schneeregen frei. Fahren zur Elbe. Parken. Laufen durch eiskalten Wind. Erst am Ende der Brühlschen Terrasse sagt Andreas: Fällt dir nichts auf? Ich seh ihn an. Von Kopf bis Fuß. Durchforsche sein Gesicht. Schüttle den Kopf: Man kann nichts sehn. Haben sie was mit dir gemacht? Nein, sagt Andreas, Spott um die Mundwinkel und in den Augen. Geht auf und ab. Beugt sich übers Geländer. Seit sechzig Minuten habe ich keine Zigarette geraucht. Nimmt eine Schachtel Nil aus der Jackentasche und schleudert das blaue Viereck in den Fluß: für Poseidon. Jetzt mich richtig verhalten. Ihm nicht um den Hals fallen. Keine Freudenskundgebung. Nicht denken, er hätte die Zigaretten doch einem Dresdener schenken können. Es war ja eine rituelle Handlung. Das Opfer. Andreas sagt: Er hat es mir nicht verboten. Und weil ich mir hier nichts verbieten lassen würde, höre ich freiwillig auf. Meine Bronchien waren übrigens nur sehr bedingt, obwohl es sein Fachgebiet ist, der Gegenstand seines Interesses. Er hat gesagt, was soll ich Ihnen dazu erzählen, das meine Kollegen im Westen nicht längst gesagt haben. Sie wissen selbst genau Bescheid. Barlach schleppte sich mit einem Lungenemphysem durch die Jahre. Beim Raucherkarzinom können Sie wenigstens bis kurz vor dem Ende malen. Aber da – und er drückte auf meiner Leber herum – wird es Zeit aufzuhören. Noch haben Sie es in der Hand. Dieser Tod ist nicht sehr angenehm. Während des Endstadiums, das sich zwei Jahre hinziehen kann, werden Sie nichts mehr tun können. Jetzt weißt du es, sagt Andreas. Und ab sofort seien Zigaretten und Akohol kein Gegenstand mehr für Gespräche zwischen uns beiden. Er ganz allein müsse es machen.

Am nächsten Tag geht Andreas mit mir ins Dresdener Kupferstichkabinett, um alte Darstellungen der Justitia zu suchen. Man läßt uns lang allein mit den Schätzen. Und Grieshaber findet und skizziert die hohe Dame mit Schwert und Waage ohne Augenbinde; wer weiß, ob er sie sonst für Luxemburg jemals ins Holz geschnitten hätte ohne Legitimation durch die Kunstgeschichte.

Die Bomben des Zweiten Weltkriegs haben das Leipziger Völkerschlachtdenkmal verschont. In mir rumort eine diffuse Erinnerung an sehr frühe Erschütterungen durch Patriotisches. Andreas, auf mich befremdende Weise angezogen von dem Ort, wo so vieles seinen Ausgang nahm, lenkt mich auf unseren Streifzügen durch die Stadt mehr als einmal in die Richtung, wo der Koloß im Nebel auftaucht, das Vätergespenst, kein Jahrhundert, drei Frieden alt. Er will hören, wie ich als Kind im weißen Kleid die granitenen Stufen auf- und abhüpfte, um mich im Wasserbecken zu spiegeln, das mir, kaum knöcheltief, bodenlos erschien. Wie ich an der Hand der Mutter und Großmutter neben dem mühsam sich emporschleppenden Vater die Plattformen erklomm und überrieselt von feierlichen Schaudern zu den monumentalen Figuren aufsah: Barbarossa und St. Michael, Hüter der Wiedergeburt des deutschen Volkes, und die barbarischen Sinnbilder im Inneren: deutsche Opferwilligkeit, deutscher Heldenmut, deutsche Volkskraft. Ich wußte zwar nicht, was ein Symbol war, aber alles, was ich sah, schien mir zusammenzuhängen mit Vaters schwerer Weltkriegsverwundung. Ob ich schon damals die Tafel entziffern konnte, auf die Andreas jetzt zeigt?

Hierher, in diesen Ruhmestempel deutscher Art führe dein Kind, du deutscher Vater, du deutsche Mutter, daß es erfahre und fühle, wie teuer wir erkauft sind, daß es mit Bescheidenheit und hohem Streben hineinwachse in den deutschen Volksdom!
Weiheschrift des Deutschen Patriotenbundes 1913

Kein Jahrzehnt seither ohne Chöre, einander ablösende Dirigenten, um das Gedächtnis wachzuhalten für die wechselnden Interpretationen des Monstrums. «Für uns ist die Bedeutung des Denkmals größer . . .» steht im VEB-Brockhaus Leipzig 1971. Jetzt laufen Kinder auf der rauhen buckligen Eisfläche Schlittschuh, nirgends ein Zugang, aber niemand auch, der sie hindert, Schnellauf zu üben, Spiralen zu drehn, Riemen um Eisen und Schuh wie einst. Andreas sieht ihnen zu und sagt: Das geht alles ohne weiße und schwarze Stiefel, wie sie's im Westfernsehen sehn, keine Prinzen und Prinzessinnen wie beim Holiday on Ice, aber in ihren Gesichtern liegt etwas, als dächten sie an Wettkampf, Medaillen, Olympia, gleich nach der UdSSR. Diese Kinder werden einst unseren Enkeln gegenüberstehen, kämpfen, in welchem Sport, welchem Krieg? Ihre Emotionen jedenfalls holen sie da, wo du die deinen her hast.

Auch den Ausstellungspavillon am Völkerschlachtdenkmal erspart uns Grieshaber nicht: Keiner behaupte, sie wollten sich wärmen, die hereinkommen, einzeln, freiwillig, an diesem trüben Februartag. Drinnen ist es so kalt wie draußen. Nirgendwo eine Sitzbank. 300 000 Besucher jährlich. Klio das Zeitalter/Frankreich schuf sich frei/Freude schöner Götterfunken Sinfonia Eroica Wegbereiter einer deutschen Nationalkultur/lies die Schildchen, schreib es auf, sagt Andreas. Sonst vergißt du es. Fichte fordert von den Fürsten Europas Denkfreiheit zurück, die sie bisher unterdrückten. Schon das vierte Kind, am Riemen über der Schulter hängen Schlittschuhe. Andreas Hofer und Schill starben im selben Jahr, der Berg Isel scheint näher bei Leipzig zu liegen als bei uns, und mit Napoleon haben sie auch andere Probleme. Kleist und Rückert und Uhland und Jean Paul und Theodor Körner und Eleonore Prohaska als Jäger Renz im Lützowschen Freikorps, frag mal danach in einer westdeutschen Stadt. Vor der Totenkopfuniform mit den gekreuzten Knochen steht ein Liebespaar, der Volksarmist liest seinem Mädchen vor: Wie man Gold für Eisen gab, Finger- und Ohrringe, Armbänder, Halsketten. Unsere Schlittschuhkinder sind schon weit nach Rußland gefahren, stolpern über Pferdekadaver, freuen sich über die brennenden Fahnen ihrer erfrierenden Bleisoldatenväter

1812/1941/Sachsen, Württemberger, Westfalen, Hessen/ Wolga Wolga Beresina, auch die Maler konnten sich nicht entscheiden, wie ein Mond ist die russische Sonne auf dem Tableau; diese Enkel wissen, wer Blücher war. Ich schreibe: Scharnhorst, Gneisenau, Kürassier und Dragoner, Murat, Marmont, MacDonald, Marschall Ney, warum Poniatowski ertrank. Wittgenstein war ein Armeeführer. Schwarzenberg Reaktionär. «Die aktuellste Lehre aus den Befreiungskriegen: Wenn ... die Volksmassen ihr Schicksal in die eigenen Hände nehmen.» Nach der Haarnadelkurve im Pavillon Hakenkreuze. Dann das Erbe: Trümmer, Holzschuhe, Bodenreform. Arbeiter- und Bauernmacht, drei Uniformen, 1 Sowjetsoldat, 2× die nationale Volksarmee hinter Glas, Schulunterricht 1947; Erdkunde, Geschichte: kein Nebenfach, ausschlaggebend für die Versetzung.

Schreib, sagt Andreas, weil da, wo wir leben, niemand mit Schlittschuhen und in der Kälte, auch nicht in einem warmen Museum bei full air condition sich dafür interessiert, woher die SS ihre Uniformen entlehnte, wann ein Offizier Bauern niederritt, wie man Revolution macht. Wer liest schon Sätze zu Ende wie diesen: Die Befreiung des Deutschen Volkes durch die Sowjetarmee und ihre Verbündeten schuf die Voraussetzung für eine grundlegende Wende in der deutschen Geschichte. Jetzt weiß ich, warum Andreas mich hierhergeführt hat. Warum er mit mir in die Museen der Städte geht, in denen nicht Kunst, sondern Geschichte ausgestellt wird. Geschichte, wie die DDR sie versteht. Deutsche Geschichte, immer noch besser als die Geschichtslosigkeit in unserem Staat.

Die beiden Mädchen waren jung, ein halbes Semester in Magdeburg, zum erstenmal Anhalter und dann der Nebel. Aber da sie nach Liebertwolkwitz wollten und ich mich sowieso ständig in Leipzig verfuhr, kamen wir zum wievielten Mal auf die Kreuzung vor dem Völkerschlachtdenkmal. Sie stiegen aus, ich aß ihren Apfel, sie meine Banane, der Sowjetsoldat pfiff nicht hinter ihnen her, er ging zur Russischen

Kirche, las, zur Rechten, während ich links vom Eingang deutsch buchstabierte: DEM GEDENKEN DER 22 000 RUSSISCHEN KRIEGER GEFALLEN FÜR DIE BEFREIUNG DEUTSCHLANDS 1813 BEI LEIPZIG. Wer hat Lust, sich zu erinnern, daß für diesen blutgedüngten Boden unter der Asphaltdecke seine Großväter meine erschlugen, aus dem Schwarzwald, vom Bodensee.

In Halle werden wir erwartet. Der Nebel kann einem Angst machen; am Straßenrand brennen sie Autoreifen ab, die langsam verschmorend mit kleinen Flämmchen, schwarz qualmend, die Fahrbahn markieren sollen. Wieder sehen wir nichts von Halle als in der Rathausgasse den Innenhof: Johannes Grün, Weinhandlung, Kontor, alte Buchstaben auf der Tür und die Holztreppen hinauf, wo unser Prinz mit der Schneeflocke und ihrem Kind lebte. Andreas überreicht ihm das verfremdete Buchungetüm *Zettels Traum*, Rainer Kirsch sagt, er werde ein Stehpult dafür bauen lassen, und alle Freunde dürften es bei ihm lesen, so wachse die Arno-Schmidt-Gemeinde. Kirsch sagt: Lilja steht in der Küche und kocht seit Stunden ein Nationalgericht ihrer Heimat: Pelmeni. Wir sitzen in der warmen Stube, Andreas verlangt Tee statt Schnaps, und Kirsch erzählt, wie dünn man den Teig auswellt, kleine Röschen heraussticht, füllt, und daß sie gezählt worden seien; Grieshaber könne mit dreiundzwanzig Stück rechnen, ich mit sechzehn, und für das kleine Schneeflöckchen blieben immerhin noch sieben. Wann wäre Andreas um eine Gegengeschichte verlegen gewesen: Tolstoi habe in Berlin zu einem Fest geladen, den Teig für etliche hundert Pelmeni geknetet, und, assistiert von Gräfinnen, sie ausgeschnitten, gefüllt und gekocht. Bald wird zwischen Tolstois Pelmeni und denen in Halle der Zeitunterschied aufgehoben sein.

Grieshabers Namen sickerte durch mancherlei Kanäle. Er wurde nach Dessau, nach Magdeburg eingeladen, sollte dort im Graphischen Klub sprechen, diskutieren, und ich durfte sogar etliche Gedichte vorlesen. Hinterher gab es Einladungen in Privathäuser zu Menschen, die nie vorher Kontakte mit

Westdeutschen gehabt hatten. Wir saßen an Tischen beim Apfelkuchen, als brächen wir das Brot des Abendmahls. Des Heiligen Römischen Reiches Deutscher Nation Arschloch, hatte ein Erzbischof einst seine Residenz genannt; nicht viel davon hatten die Fliegerbomben übriggelassen. Einen schwer verwundeten, schwarz klaffenden Dom, den wir lang in der Kälte durchwanderten, durch den Kreuzgang eingelassen: Synagoge, Ecclesia, Ottonen, Albrechte, Mauritius, Benediktinergehorsam, Zisterziensernorm. Sonntag Kindergottesdienst, fand Andreas angeschlagen, sagte: Das Jahrtausend gibt noch nicht auf.

Abends im Interhotel sahen wir, wie schwer sich dieser Staat mit dem Aufbau tat; Kacheln, Armaturen, Fenstergriffe, Beschläge, Lampen, alles war grob, massiv, umständlich, wie eben erfunden, in kleinen Betrieben gefertigt, nicht vom Fließband kommend. Doch hatte das Zimmer ein Fernsehgerät. Die Stadt, die wir im Fernsehen vorgeführt bekamen, hielten wir für Magdeburg. Rechtecke, Quadrate, zwischen Straßen, Plätzen, Block um Block, wo man wohnt, lernt, arbeitet; doch als kein Till Eulenspiegel kam, der fliegen will, und keine Pferde, um die zwei Halbkugeln Guerickes auseinanderzuziehen, kein Reiter und keine lachenden, keine weinenden Jungfrauen, merkten wir, diese Stadt, die wir vom Interhotelbett aus sahen, hieß Nowosibirsk. Wie unsere Städte inzwischen denen in Alabama oder Connecticut ähneln.

Eisleben, sagt Andreas plötzlich auf der Rückfahrt, rechts abbiegen. Im Nebel hatte ich nicht einmal das Schild an der Straße gesehn. Auch daheim auf der Alb gibt es solche Strecken um diese Jahreszeit, scheinbar nichts als Kurven und verkrüppelte kahle Bäume; doch daheim sind die Straßen besser. Spurrinnen und tiefe Wasserlöcher, der Asphalt bis auf den Kiesgrund abgefahren, erinnern an frühe Jahre in Griechenland, wo ein blauer Himmel alles ertragen ließ, hier aber schnappt von oben der Nebel nach uns, nach dem Auto, und immer wieder einmal meine ich, unser letztes Stündlein habe geschlagen, wenn uns die fast straßenbreiten Fahrzeuge der Arbeiter- und Bauernmacht in Science-fiction-Manier aus dem Nebel entgegenkommen und ich mich so weit ich kann an den Straßenrand drücke. Martin Luther hat nicht auf dem Programm gestanden. «Montags geschlossen», sagt der alte Mann, den wir nach dem Weg fragen, aber er verwaltet den Schlüsselbund und läßt uns trotzdem in die Häuser. Daß Luthers Vater ein Arbeiter war wie er, und die Mutter Holz auf dem Rücken trug, ist plötzlich so einfach wie das Nicht-einschmelzen eines Lenin-Denkmals, das die Stadt Puschkin Eisleben geschenkt hatte und dessen ofengerechte Zerkleinerung der alte Arbeiter, als er jung war, im Hüttenwerk verhindert hatte, indem er Lenin im Stollen versteckte. Luther und Lenin gehen ihm gleichzeitig über die Zunge wie seine Großväter. «Lesen Sie das da», sagte er, und Andreas beugt sich über die Vitrine, während ich schreibe: Friedrich Engels: «Luther fegte nicht nur den Augiasstall der Kirche, sondern auch den der deutschen Sprache aus, schuf die moderne deutsche Prosa und dichtete Text und Melodie jenes siegesgewissen Chorals, der die Marseillaise des 16. Jahrhunderts wurde.»

Martin Luther: «Niemand kann den Vergil in seinen Hirtengedichten verstehen, es sei denn, daß er fünf Jahre Hirt war. Niemand kann Gedichte vom Landbau verstehen, es sei denn, daß er fünf Jahre Landmann war. Den Cicero in seinen Briefen kann niemand völlig verstehen, er habe denn zwanzig Jahre in einem hervorragenden Staatswesen sich umgetan. Die Heilige Schrift meine niemand genug geschmeckt zu haben, er hab denn Humanis...» hier ist mein Kugelschreiber zu Ende.

Wie klein die Betten sind, in denen die Mütter sie zur Welt brachten. In denen sie starben. Wie viele Große dieser Welt. Wie wenig man den Geburtshäusern ansieht von dem, wohin es geführt hat. Viel blieb hier nicht übrig: ein hölzerner Schwan, ein gerettetes Fenster, Ablaßbriefe; im Obergeschoß Schautafeln: Reformationsgeschichte. Gegenreformation. An der Verteilung der Farbflächen nach fünfundvierzig, Rosa und Grün, ist zu erkennen, was Adenauer wollte, sagt Andreas. Protestantische Reservate, Inseln. Neues katholisches Stammland, entstanden durch Flüchtlingsansiedlungen. Die protestantische DDR abgeschrieben.

Auf dem Marktplatz, vom Nebel umwabert, reißt es Andreas zu einer Ansprache hin, bei der ich sein einziger Zuhörer bin: Liebe Brüder in Christo, hört auf, euch nicht damit abzufinden: Auf seinem Sockel steht D. Martin Luther und dieser Lenin nicht weit weg auf seinem anderen Sockel. Beide haben Kappen auf. Und daß sie sich so erzen vertragen, ist anders, als Protestanten sich in der Welt draußen träumen lassen. Die hier sind ihrem Landsmann Luther immer noch näher als ihr, auch wenn oder weil sie Lenin aus Puschkin vor der Zerkleinerung in Eisleben bewahrten.

24. Wacholderengel

Wir waren kaum aus der DDR zurück, als Grieshaber auf ein Jahresprogramm drängte, daß mir schwindelig wurde. Ein *Engel der Geschichte* gehe ihm durch den Kopf, eine Wand für das Zoologische Institut der Universität Heidelberg und ein neuer Band Gedichte von mir, damit die Öffentlichkeit sich an mich gewöhne. Schwerpunkt: DDR-Gedichte. Der Titel? Im vergangenen Herbst hatten wir Martin Walser am Bodensee besucht, Birnen und Nüsse waren reif, der Ort hieß Nußdorf, und weil es ein guter Tag und eine gute Nacht geworden war, schrieb ich «Wo Walser wohnt». Das Gedicht begann: «Immer das andere Ufer vor Augen.» Was hältst du davon als Titel, sagte Andreas. Mir gefiel er. Ich suchte Altes und Neues zusammen, änderte, feilte, schrieb um, schrieb neu, Andreas machte in Braun und Gold kleine Holzschnitte dazu, zur Messe würde das Buch am Stand sein. Ich wußte, ohne Holzschnitte hätte es Jahre gedauert. *Das andere Ufer vor Augen* bezog keiner auf Walsers Bodensee, sondern es wurde zum Synonym für mein Verhältnis zur DDR.

Ich habe mir etwas ausgedacht, sagte Andreas, was die Menschen diesesmal davon abhalten wird, das Buch zu zerschneiden und die Bilder zu verhökern; er malte mein Gesicht und die Titelbuchstaben rot, schwarz, braun, der Stoffabrikant nahm Honanseide, druckte es als Siebdruck und stiftete ihn als Original-Buchumschlag für die ganze Auflage. Wieder gab es die dichtesten Stunden während der Entstehungsstadien des Buches, auch wenn man es immer erst hinterher weiß. Zwar hinderte der kostbare Einband die Kunsthyänen später nicht, einen Teil der Auflage zu plündern und die Holzschnitte einzeln auf den Markt zu bringen, doch es hielt sich in Grenzen, weil Andreas sich mit dem Signieren zurückhielt und meistens nur vorn unterm Titel mit mir zusammen unterschrieb.

Vom *Engel der Geschichte* forderte Grieshaber dieses Mal alles: Seine Kamele waren nicht begriffen worden, der Sonderengel für Albrecht Dürer auch nicht, die wechselnden Größen störten Buchhändler und Kunden, jetzt sollte der *Engel* im ursprünglichen Format neu ins Bewußtsein dringen. Und weil jedem *Engel* Aktionen vorausgingen, weil jeder eine Aufgabe hatte und niemals Selbstzweck sein durfte, hier die Geschichte.

Während unserer Fahrten in den zurückliegenden Jahren hatte Grieshaber auf die anfangs kaum wahrnehmbaren Veränderungen hingewiesen, dann immer drängender, dringender gezeigt, wie in Jahrhunderten geformte Landschaften begannen, zugrunde zu gehn. Längst bezeichnete er kleine Schäden und Eingriffe als weiterwirkendes Unglück; überall sah er die hingestreckten kleinen Finger, eine Kiesgrube, eine Mülldeponie, eine Lagerhalle, ein Stück Straße querfeldein asphaltiert, als Basis, von der aus man dann die ganze Hand packt, was man «Sachzwang» zu nennen anfing. Das Wort, von seiner Häßlichkeit abgesehen, hatte zuerst etwas Bestechendes; bis man es in seiner Tragweite erkannte, war schon alles zu spät. Andreas interessierte sich für Flurbereinigungs-, Flächennutzungs- und Ortsbebauungspläne, Kreis- und Gebietsreformen; wo die gewachsenen Strukturen zerstört wurden, griff die Zersiedelung wie ein Flächenbrand um sich, die Stadtränder uferten aus in die Dörfer hinein, die Dörfer dehnten sich den Städten entgegen; er zeigte mir, wie das Netz des Straßenbaus, der großen Verkehrsverteiler zum Würgegriff für Pflanze und Tier sich dichter und dichter über der Landschaft zusammenzog, wie Industriezonen, Gewerbegebiete, Wohnsiedlungen, Zweithausgeldanlagen gleich Krebsgeschwüren den Straßen folgten, Wiesen und Wälder fraßen, zurückdrängten, die begradigten, kanalisierten Flüsse, die erschlossenen betonierten Seeufer, trockengelegte Feuchtgebiete, wie Planquadrate und Raster auch über Heide und Moore gezogen wurden unter dem Deckmantel des populären Worts Naherholung; Natur- und Landschaftsschutzgebiete wurden ausgewiesen durch Wanderparkplätze, Lehrpfade, Trimmwege, der Wald hieß nicht mehr länger Wald, sondern Naturpark, möbliert mit Spiel- und Sportgeräten, Häuschen und Hüttchen zum Wochenendgrill, Täler und Schluchten beherbergten phantasielose Disneyland-Areale, Märchengärten, Wildwestfarmen.

Weil die Gleichzeitigkeit der Zerstörung und Verarmung überall sich ausbreitete und für den einzelnen anonym bleiben mußte, konzentrierte Grieshaber sich auf das, was vor seiner Tür lag: die Albheimat. Beobachtete, wo Hasen und Rehe wegblieben, Eulen und Fledermäuse verschwanden, Frösche, Eidechsen, Schlangen ausstarben, die Singvögel weniger wurden, entdeckte den Rückgang der Artenvielfalt bei Käfern, Schmetterlingen und daß nicht nur in den überdüngten Wiesen und Äckern die Blumen und Kräuter nicht wiederkamen, sondern auch an den Rändern; wo vor ihrer Einebnung Steinriegel und Hecken die Landschaft markierten, verschwanden mit ihnen die Orchideen und Küchenschellen, Enziane und Akelei. Die Wacholderalb, darauf angewiesen, daß Schafherden sie abweideten, siechte dahin, Grieshabers dunkelgrüne stachlige Lieblinge wurden braun, überwuchert vom Gestrüpp, zugleich mit den kleinen Heideblühern, die immer dem Verbiß der Schafe standgehalten hatten. Statt der Wachholder wurden Fichtenmonokulturen angelegt, die rasch dem Geld zuwuchsen. Andreas fürchtete, die Alb werde eines Tages wie der Schwarzwald aussehen. Noch gehörten Ökologie, Biotope nicht zum Sprachgebrauch, da überlegte Grieshaber schon, wie viele Quadratmeter ein Fasan, ein Rebhuhn, ein Igel zum Überleben brauche. Er führte mich zu den verwahrlosten offiziellen Mülldeponien und zu den illegalen abseits. Wir wußten nicht, daß in achthundert Meter Höhe die Bäume schon krank waren. Keiner ahnte, daß die Wälder Europas in abermals fünf Jahren zu sterben anfangen würden und daß noch einmal fünf Jahren vergehen müßten, bis die Menschen Alarm schrien, ohne daß etwas Entscheidendes sich änderte. Natur, Anfang der siebziger Jahre, erschien noch heilbar, nicht verloren wie jetzt.

Engel der Wacholderalb schrieb Grieshaber mit Kreide an die Werkstattür und machte den ersten Holzschnitt. Wann immer wir konnten, fuhren wir an den Tatort; Andreas unterhielt sich mit Forstleuten, Gemeinderäten, Bürgermeistern, Pfarrern, machte Ausstellungen in den kleinen Städten, sprach zu den Besuchern in Rathäusern, Schulen, Büchereien, Kirchensälen. Der *Engel* nahm Gestalt an: Silberdistel und Müllkippe, Wacholderstrukturen, Karges, Üppiges, Panzer und Autos, Heideflächen zerstörend, Menschen auch, die sich an den letzten Oasen freuten wie wir. Im alten Griechenland wohnte jedem Baum, jedem Busch ein Wesen inne, eine Schutzgottheit, Dryade, Nymphe, so sah der Wacholderengel des Titelblattes aus. Grieshaber bat die Dichter in der DDR um Beiträge aus ihrer eigenen Heimat, falls sie an ihr ähnliche Symptome entdeckten; ich fragte herum bei den hiesigen Lyrikern. Stellvertretend für alle deformierten, sterbenden Landschaften sollte der *Engel* werden; am Beispiel Griechenland hatten wir gelernt, die Öffentlichkeit aufzurütteln. Journalisten kamen, Radio, Fernsehen, wir fuhren mit ihnen auf die Wacholderheiden, zu den Müllkippen, zu den zerstörten Bächen und Tümpeln. Immer wieder fragten sie

Grieshaber, warum er Kunst mache, anstatt zu handeln. Weil ich nicht besser handeln kann als durch Kunst, sagte er. Warum wären Sie sonst gekommen? Seit fünf Jahren bin ich unterwegs, damit Sie jetzt da sind und Fragen stellen. Die Künstler sind immer der Zeit voraus; wir sind der Zeigefinger des Johannes in Grünewalds Kreuzigung; die Zeichen sind reif, die Warnungen dürfen nicht verhallen, es ist jetzt die höchste Zeit einzugreifen. Damit die Fachleute es endlich tun, müssen wir zusammen helfen, jeder von uns, schreibt also und schreit, tretet euren Volksvertretern auf die Zehen, bis sie die Initiative übernehmen.

Mein Gedicht für den *Engel* hieß: *Landschaft*. Keines wurde so oft nachgedruckt, in Tageszeitungen, Untergrund- und Büttenpapierzeitschriften, Vereinsblättchen, auf Flugblättern, Postkarten, ich wollte kein Geld dafür, sondern daß es verbreitet würde; ich las es in Funkstudios, fürs Fernsehen, versteckt hinterm Wacholderbusch, auf den die Kamera gerichtet war, Schulklassen schrieben Aufsätze darüber, wenn sie couragierte Lehrer hatten; im Lesebuch allerdings konnte es nicht Fuß fassen, denn es richtete sich ja gegen das Wirtschaftswachstum. *Landschaft* stand am Anfang einer neuen Entwicklung: was in unserem Liebesbuch *Grob, fein & göttlich* angedeutet war, ergriff jetzt die meisten meiner Gedichte: Klage, Anklage, Trauer, Zorn; Grieshaber hatte mich dazu gebracht, etwas in Gang bringen zu wollen, Menschen zum Handeln zu bewegen, den Ausverkauf der Heimat nicht einfach hinzunehmen. Und von überallher kam das Echo; Briefe aus der Eifel, der Lüneburger Heide, dem Taunus: Sie meinen doch uns damit, genauso geht es bei uns zu. Es stimmte also nicht, daß Poesie nichts bewirke. Daß es sinnlos sei, Gedichte zu schreiben, um etwas ändern zu wollen. Auch wenn mir alte Freunde und Kollegen ankreideten, Engagement habe in einem guten Gedicht nichts verloren. Es schade der Lyrik. Sie müsse rein davon bleiben.

Auch Andreas schrieb zwei Gedichte für den neuen *Engel:*

WACHOLDERALB
schieß ins Kraut
Misere
Behaustes
verfällt
Verbuschtes
verroht
Schnitter im Tal
geh
ich
hinab
Gevatter Tod[9]

RA ZWO
wir
durchqueren
einen
riesigen
stinkenden
Ölgürtel
Schweröl
es scheint
als gäbe es
kein Wasser mehr[9]

Doch der *Wacholderengel* enthielt nicht nur Poetisches; in Grieshabers Vorwort steht: Ich möchte mich bei dem, aus was ich meine Formen hole . . . nicht auf ein genuines künstlerisches Erlebnis nachher herausreden. Nachher, wenn es diese meine Welt, die Rauhe Alb, nicht mehr gibt . . . Umweltplanung auf lange Sicht ist das Gegenteil, was diese Landschaft braucht . . . in zehn Jahren gibt es niemand mehr, der eine Wiese mäht. Aber welcher gesellschaftliche Machtapparat kümmert sich nicht lieber um die Steigerung der Wachstumsrate der Industrie als um das, was den Menschen dient.

Er regte an, der Staat solle für die Höfe einen monatlichen Pflegesatz auswerfen, damit es sich für den Bauern rentiere, Landschaft zu erhalten.

Als der *Wacholderengel* im nächsten Jahr auf dem Ladentisch lag, begann die zweite Hälfte seines Wegs. Buch- und Kunsthändler, die ihn verkaufen wollten, baten um Vorstellungs- und Signierstunden. Es gab Kunden, die Anstoß an den Texten nahmen. Andere Sammler lasen sie gar nicht, ihnen ging es allein um die Signatur unter dem Holzschnitt. Andere konnten, andere wollten weder Text noch Bilder verstehen. Die Wirkung zog sich über Jahre hin, keinem *Engel* war das bisher beschieden gewesen. Grieshaber erhielt zustimmende, traurige, hilflose Briefe, Briefe voller Elan und Bereitschaft, seine Gedanken und Vorschläge in die Tat umzusetzen, kommunale Schelte und Unternehmerbeschimpfungen. In Urach etwa hatten sie heiße Quellen entdeckt; sofort begann ein Bauboom, der den Ort zubetonierte, wo man das Herz der Alb schlagen sehen konnte; das ganze Tal war vorher schon mit Industrie vollgeklotzt worden und bot immer weniger Anreiz, sich ihm zuzuwenden. Es gab heftige Auseinandersetzungen unter der Bürgerschaft, man hatte Grieshaber und mich eingeladen, nebeneinander saßen wir auf dem Podium und hatten noch lange nicht genug Erfahrungen, wie es zugeht, wenn Emotionen hochbranden. Wir stritten in Münsingen, Sigmaringen, Freiburg und fürchteten, in Fellbach Prügel zu beziehen, weil Baumeister und Architekten unter den Honoratioren sich persönlich angegriffen fühlten. Doch der wackre Schwabe forcht sich nit/ging seines Weges Schritt vor Schritt/ließ sich den Schild mit Pfeilen spicken . . .

Und als ein paar Jahre vergangen waren, gab es den Club of Rome, der aufdeckte, was geschehen würde, wenn die Ressourcen der Erde im bisherigen Tempo ausgebeutet würden, wenn Urwälder zerstört und Wärme- und Feuchtigkeitshaushalt der Natur durch vielfältige Eingriffe umkippten; Green Peace kämpfte auf ölverschmutzten Meeren für die Erhaltung der letzten Wale und Robben, und aus einer kleinen Gruppe geschmähter, verspotteter Alternativer war eine Partei geworden: die Grünen. Grieshaber sagte: Wir beide sind grün auf die Welt gekommen. Daß wir mithalfen, den Humus entstehen zu lassen, auf dem sie gedeihen, ist genug. Noch hatten sich die verheerenden Auswirkungen der chemischen Industrie nicht in der Öffentlichkeit bemerkbar gemacht, noch gab es keinen Widerstand gegen Kernkraftwerke, Talsperren, Flugplatzerweiterungen, den Ausverkauf der Alpen oder des Wattenmeeres.

Aber wir sahen, was aus dem Erlös des *Engels* und anderer Spenden von Naturschutz-Institutionen geleistet worden war: aus kommunaler und privater Hand aufgekauftes Land, das sich wieder dem ursprünglichen Zustand annäherte. Förster zeigten uns zurückgekehrte geschützte Pflanzen und Tiere und von den Bauern gegen Bezahlung wieder geöffnete Flußschlingen, um die sich neue saure Wiesen bilden konnten als künftiger Lebensraum für vielerlei, das vordem hier kroch, hüpfte, flog und blühte. Doch je mehr Mitstreiter wir fanden, desto rascher handelten die Hintertreiber: Auf eine Wiedergutmachung sahen wir ein Dutzend neue Untaten herankriechen; es schien, als potenzierten sich die Anstrengungen der Gegenwelt, um die mühseligen Versuche der Minderheiten zunichte zu machen. Es hatte etwas Unaufhaltsames an sich, wie in den schlimmsten Kindheitsmärchen. Was keine Lobby hat, muß zugrunde gehn. Wird die Natur über genügend Anhänger verfügen, die ihrer Zerstörung die Stirn bieten? Was bleibt für die Kinder und Enkel übrig, wenn es uns nicht mehr gibt?

Daß Grieshaber den *Wacholderengel* dem «Living Theatre» in den USA widmete, gehört zu den Dingen, die ich nie begriff. Das erste Bild ist ein Photo von Judith Malina hinter den Gittern des Gefängnisses; sie wurde mit anderen Mitgliedern des Ensembles 1971 in Brasilien verhaftet.

25. Traumtänzer

Mitten hinein in Grieshabers Arbeit platzte der *Traumtänzer*, ein geplanter Fernsehfilm. Voitech Jasny, tschechischer Regisseur und Böll-Protegé, von ihm auf Andreas aufmerksam gemacht, kam auf die Achalm, war hingerissen und entfaltete sein Temperament, Grieshaber zu überreden, daß er die Rolle des Malers übernehme, der die gemütskranke Frau eines Geologen auf Ätna-Expedition im Malersaal der psychiatrischen Klinik fast geheilt hätte, bevor der Pantomime sie vollends in den Abgrund lockt. Die Frau sollte Edith Heerdegen spielen. Andreas wäre nicht er gewesen, wenn das Projekt ihn nicht gereizt hätte. Der Gaukler in ihm war gefordert, Karaghiozis dieses Mal nicht als Schattenfigur, sondern aus Fleisch und Blut; der Gegensatz der Scheinwerfer-Kunstwelt zu unseren Albunternehmungen hätte nicht größer, nicht anregender sein können. Grieshaber knüpfte die Übernahme der Rolle, ein Bruchteil des Films, dessen Drehbuch ihm indiskutabel erschien, an eine Bedingung: er wolle seinen Part frei gestalten, kein einziges vorgegebenes Wort übernehmen, sondern darstellen, wie er als Maler in einer solchen Situation vorginge, um Seelisches transparent zu machen, Konflikte aufzulösen. Jasny willigte nach seinem Besuch und den Gesprächen auf der Achalm ein. Auch die Heerdegen mußte gewonnen werden, sie sträubte sich, einem Experiment ausgeliefert zu sein. Andreas war seiner Sache sicher, experimentell für ihn war daran nur, wie stark die Protagonistin sich gegen ihn sperren, verschließen würde. Bei seinen Gesprächen mit ihr kam ans Licht, was Hilfe und Hemmnis bedeuten konnte: Die Heerdegen hatte als Kind Malerin werden wollen, malte noch, meistens en miniature.

Wir fuhren nach Stuttgart ins Fernsehstudio. Grieshaber sah das geplante Bühnenbild, den Malersaal in der psychiatrischen Klinik, und bat behutsam um Änderungen. Er ließ einige Teile der Papierrollen, aufbewahrt von der Kunstvereinsaktion mit seinem Schüler Stöhrer, im Studio an der Wand anbringen. Sie führten bereits Grieshabers Therapie ein, die er nicht nur an der weiblichen Rolle im Spiel, sondern an Edith Heerdegen anwenden wollte, damit sie sich mit ihrem ehemaligen Wunschberuf auseinandersetze. Auch von der Josephsgeschichte hatte Grieshaber etliche Tafeln im schwarzweißen Linolschnittabzug aus der Folge von vierzig Blättern ausgewählt, ohne Rücksicht darauf, daß sie zerstört würden, und im Studio aufstellen lassen. Auf der Achalm durchsuchten wir seinen Kleiderschrank und machten Kostümprobe. Nichts durfte neu sein, die Hose voller Farbflekken, ein weites Hemd, seine Fellwesten im Wechsel darüber, den alten, farbbespritzten weißen Persianer und für die Schlußszene die «Kolinskys», die Weste aus russischem Feuermarder.

Nach drei Drehtagen war alles vorbei. Dann hatte ich auch diese Erfahrung hinter mir: Strapazen, die Andreas trotz bisher eingehaltener Entziehung zur Zigarette greifen ließen, damit die Hände zu zittern aufhörten. Ich saß in den Kulissen herum, und die Angst um sein Herz überwog jede Lust am Zuschauen. Während des Filmens wurde ein zweiter Film gedreht, ein Film im Film: Grieshaber bei den Dreharbeiten zum *Traumtänzer;* also doppelte Kameras, doppelte Mikrophone, die jede Pause, jedes Atemholen, jede Verwünschung registrierten, bei ihm, der sich nichts anmerken lassen wollte. Keine Tasse Kaffee, kein Teller Suppe, wobei die Kamera nicht zusah, wie er trank, wie er löffelte, die Behinderung durch die künstliche Schulter, seine Schmerzen überspielend, während er Fragen beantworten, Erklärungen abgeben sollte über sich, seine Rolle, Gedanken, Absichten, warum er so oder so reagiert habe. Zugleich durfte er die Heerdegen nicht übertrumpfen, mußte ihr jederzeit vollkommen zugetan sein, um sie bei Laune zu halten, was der Quadratur des Kreises gleichkam. Jasny ergriff Grieshabers Hand, beugte sich über die Innenfläche, berief sich auf seine Zigeunergroßmutter und las des Malers Schicksal aus den Linien. Ich vergaß es.

Auf dem Fußboden standen Farbtöpfe und dicke Pinsel.
Joseph in Ägypten auf der Staffelei. Der Maler machte der
Kranken vor, wie man das fremde, sie bedrängende, über-
mächtige Bild angeht. Anspringt. Mitten hinein mit der Farbe. Es übermalen, das Alte töten, dabei gleichzeitig Neues
herausholen, andere Formen, einen anderen Inhalt, der alte
liegt als Humus darunter. Gebannt sah die Heerdegen eine
Weile zu. Bückte sich, packte den Pinsel, tauchte ihn ein,
sprang gegen den Linolschnitt. Malte, mit großen, weiten
Bewegungen. Befreite sich von den Zwängen en miniature.
Dämonen entstanden, Vogelköpfiges, Grieshaber vergitterte
sie, beide malten an ein und demselben Bild. Ab und zu sagte
Andreas ein Wort, kämpfte gegen die Zaghaftigkeit der Kranken, die Schauspielerin trat zurück, prüfte, staunte, tauchte
den Pinsel ein, malte, ließ ihr Gesicht leuchten, und es war
nicht mehr zu unterscheiden, spielte sie, oder war der Mensch
Edith Heerdegen glücklich, der endlich durfte, was in ihm
steckte, auch wenn es sie zwischendurch schüttelte vor
Schreck über das, was entstand. Andreas sprach sie mit Gnä-
digste an, Verehrteste, ich weiß nicht mehr, ob auch im Film,
oder nur zwischendurch, sie jedenfalls beschränkte ihre Antworten auf ein Minimum, denn sie waren ja keinem Drehbuch
zu entnehmen; eine Abwehr, meist Gutturales, ein Kichern,
Seufzen, ein Jubelruf, kleine Schreckensschreie. Grieshaber
war fasziniert, wie es lief. Wenn ein Ausschnitt wiederholt
werden mußte, geriet er jedesmal anders, weil Andreas sich
nicht bewegen ließ, dieselben Worte noch einmal zu sagen,
dieselben Gesten noch einmal zu machen. Es war ein unablässiger Kampf mit der Schauspielerin, die alles aufbieten mußte
standzuhalten. Mehrere Therapiestunden waren angedeutet.
Einmal setzte Grieshaber sich zu ihr auf den Boden, der
großflächig mit weißem Papier bespannt war, und sagte: Heute malen wir nichts als Augen. Er fing an, mit schwarzer Farbe
ins Weiße zu malen und dabei zu murmeln: das Auge des
Kindes, des Staunens, der Angst, das mythische Auge, das
magische Auge, das Auge als Geschlechtsteil der Frau, uraltes

Sexualsymbol, das Auge als Dreieck, Gottes Auge, das Auge der Dreifaltigkeit, das Auge des Riesen Polyphem, von Odysseus mit dem Balken durchbohrt, und während die Kranke und er den Fußboden mit Augen füllten, erzählte Andreas für beide Filme die Geschichte von Augen aus den Jahrtausenden bis zur Surrealistenszene in Paris, wo Victor Brauner, der rumänische Maler, von früh an Figuren mit einem ausgelaufenen oder eben auslaufenden Auge gemalt hatte; beim Fest, als sie alle dabei waren, die Dichter, die Maler, verlor Victor Brauner, vom Splitter eines zerbrochenen Weinglases getroffen, Dali soll es an die Wand geworfen haben, ein Auge.

Für die letzte Malstunde will Andreas, vielleicht inspiriert durch den Titel des Films, noch etwas Neues: Musik. Er fragt mich. Was sonst als Theodorakis, sage ich, ohne zu ahnen, was ich damit anrichte. Jasny bringt die gewünschte Platte mit. Läßt sie einspielen. Auf dem Fußboden sitzt die Heerdegen geistesabwesend und malt. Grieshaber fängt plötzlich zu tanzen an, Sirtaki, den er wie ein Grieche beherrscht, und dreht sich um die Kranke, obwohl er doch keineswegs der Traumtänzer sein soll. Hingerissen schauen alle zu; die Schauspielerin, wie unter Hypnose handelnd, wohl auch überlegend, was ihr noch bleibt, um sich von dem Außenseiter nicht länger an den Rand spielen zu lassen, taucht die Hände in die Farbtöpfe und beginnt, sie zum Rhythmus der Musik aufs Papier zu klatschen, wilder, je wilder Grieshaber tanzt, bis sie am Ende, in Farben sich wälzend, dekorativ darin liegenbleibt. Grieshaber sinkt auf den Stuhl, erschöpft. Ich glaube mich zu erinnern, wie er im Film jetzt eine Zigarette raucht. Sein schweißüberströmtes Gesicht, das klatschnasse Hemd, ich sehe ihn nach Atem ringen. Nürnberg ist auferstanden. Die zerstörte Wand Antigones. Joseph Beuys, das Ende, Chaos und Anarchie. Andreas ist entsetzt über das, was er angerichtet hat. Will jetzt auf Tanz und Musik verzichten, sie hätten zum Gegenteil seiner Absicht geführt, die Kranke durch Malen zu befreien. Doch da kommt er schlecht an. Die Zwangsläufigkeit dieses spontanen Ablaufs im Studio war so überzeugend, daß Jasny Grieshabers Part für beendet erklärt. Er habe die Kranke reif gemacht für den Pantomimen, der jetzt, zu Theodorakis' leiser werdender Musik, als Todesengel auf sie zuschreitet.

Sie wollten Andreas Cognac einschenken. Das wenigstens konnte ich abwehren: in der Rolle des Hausdrachens, der Spießerin, die dem Ausgepumpten kein Labsal gönnte. Als er mit mir auf die Achalm fuhr, war er traurig. Er habe verloren. Die ersten Bilder der Heerdegen seien kühn. Wenn sie dabei geblieben wäre – wer weiß. Warum mußtest du tanzen? sagte ich. War ich nicht gut? fragte er. Im *Traumtänzer* dauert Grieshabers Rolle kaum sieben Minuten. Im Film über den Film fast eine Stunde. An den Außentaschen der Felljacke fehlten die Schnäuzchen und Öhrchen der russischen Feuermarder. Souvenirjäger im Studio hatten sie heimlich abgeschnitten.

26. Schreiner

Andreas, dessen Drucker kein Drucker war, hatte auch als Schreiner nicht das, was man allgemein darunter verstand; der ihm zwei Jahrzehnte lang das Holz zubereitete und Schränke und Truhen gemacht hatte, gehörte zu einer Zeit vor meiner Zeit, einem Lebenskapitel vor dem meinen, das er gern abgeschlossen hätte; Max Fürst, der ehemalige jüdische Wandervogelführer, politisch verfolgt, geflohen, zurückgekehrt, war alt und herzkrank geworden; seine Frau, die einstige Sekretärin von Hans Litten, im KZ Dachau umgekommen, war lang schon Grieshabers Mitarbeiterin. Das Paar hatte internationale Kontakte und einen Kreis Menschen um sich versammelt, darunter Künstler, Wissenschaftler, Journalisten, der sich in der Stuttgarter Wohnung traf und dem neben Offenheit und Nonchalance etwas Geheimnisvolles anhaftete. Einmal im Jahr mußte Grieshaber sich dem Kreis der

Fürsts auf «dem Fest» präsentieren, wozu er sich vorher auf dem Bahnhof betrank. Andreas nannte den alten Schreiner Rabbi. Seit er den Hobel weggelegt hatte, schrieb er in blaue Schulhefte einen jener abenteuerlichen jüdischen Lebensläufe zwischen Königsberg, Berlin und Israel, wie sie nur die erste Hälfte dieses Jahrhunderts hervorbringen konnte. Ein Buch war daraus geworden, das unter dem Titel *Gefilte Fisch* seinen Weg machte.

Eines Tages klopfte ein Mann mittleren Alters an die Achalmtür, sagte, der Photoband von Grieshaber lasse ihn nicht mehr los, brachte Honig von seinen Bienen, legte Eier von seinen Hühnern auf den Tisch, einen Laib Bauernbrot, von der Schwester gebacken, und entlud einen Autoanhänger voll duftender Bretter, Stammlängs- und Querschnitte, noch mit der Rinde; er wolle nicht nur den Mann ansehen, der so mit dem Holz verwachsen sei, sondern ihm seine Dienste anbieten, als Schreiner, Tischler, Zimmermann; Linus heiße er, stamme von den Fildern und sei immer bereit, wenn Grieshaber ihn brauche. Brauchen, sagte Andreas, könne er längst so einen. Linus sah mit einem Blick den Zustand des Häuschens, seiner Anbauten, Schuppen und Hütten, an denen Frost, Hitze, Wolkenbrücke und Schneeschmelze ihr zerstörerisches Werk ausübten, und hätte am liebsten sofort neu gebaut. Andreas bat ihn, ein paar morsche Balken auszuwechseln, die Türen wieder zum Schließen zu bringen, hier fehle ein Regal, dort eine Ablage, ein Fenster sei undicht, ein Stück vom Dach – alles habe Zeit, nur nicht, wenn dieses oder jenes Brett für den Holzschnitt vorzubereiten sei, so etwas passiere von einem Augenblick auf den anderen. Linus machte von da an alles. Er nahm kein Geld. Ab und zu gelang es Andreas, ihm einen Holzschnitt zu schenken. Der neue Schreiner war einer der stolzesten, unabhängigsten Menschen, die wir kannten; gleichzeitig polternd, grob und von Zartheit und Diskretion; er kam wie der Wind und verschwand wie der Wind; sein indirekter Humor verwandelte Andreas' berühmtes Lachen in ein natürliches. Linus' Hand

KATO I DIKTATORIA

und Arm waren verkrüppelt; er hatte als Schuljunge im Krieg einen Blindgänger gefunden und daran herumgebastelt. Mit seinem Beruf bot er der Behinderung tausendmal jeden Tag die Stirn, das hatte ihn wohl geprägt. Wenn größere Arbeiten auszuführen waren, brachte er Leute mit, einen jungen Lehrer, der sein Neffe war und den er in der Tischlerei angelernt hatte, auch Nachbarn, die das eine und andere konnten. Grieshaber sagte am Telephon nur: Ich brauche die «schnelle Truppe», und stets machte sie der Bezeichnung Ehre.

Am Steilhang, wo die Volièren gestanden hatten, erhob sich bald ein winterfestes Häuschen in Barackenbauweise auf Zementpfählen. Andreas grämte sich wegen Landschaftsschutz, freute sich über das neue Atelier, nahm es in Besitz, ließ sich eine Nachtspeicherheizung einreden, der er nichts zutraute, doch bald war das neue Häuschen der wärmste, sauberste Aufenthaltsort.

Andreas setzte vor den hierzuland unüblichen Namen Linus manchmal ein Sankt. Der einzige Dank, den der Schreiner sich abstatten ließ, war ein Besuch Grieshabers in seinem Dorf; man war herzhaft katholisch dort, das ehemalige Kloster in der Nachbarschaft; Linus, unbeweibt, von der Schwester im elterlichen Bauernhaus versorgt, ließ auftischen, was ein Hof an selbsthergestellten Köstlichkeiten zu bieten hatte. Die Verwandten kamen, dem ungewöhnlichen Besuch die Ehre zu erweisen. Grieshabers Scheu vor persönlicher Nähe ließ sich bei Linus überwinden; ich selbst fühlte mich wohl in seinem Anwesen, Kindheit stieg hoch, die Gärtnerei der Großeltern, Handwerkerstolz und Bescheidung, dieses aussterbende Maß, diese Selbstverständlichkeit des Gebens, und auch Grieshaber hatte Augenblicke, in denen er sich zurückversetzt fühlte in etwas, das er ausgerottet glaubte. Der Verehrung, die ihm entgegengebracht wurde, begegnete er sekundenlang mit Brüderlichkeit, das war viel für ihn.

27. Kato i Diktatoria

Seit einem Jahr gibt es ein europäisch-atlantisches Aktionskomitee Griechenland, sagte Grieshaber. Und weil gerade der NATO-Rat in Bonn tagt, will das Komitee es zum Anlaß nehmen, eine Pressekonferenz über die Situation in Griechenland einzuberufen. Mit dem delikaten Hintergrund eines Appells, die NATO solle im Hinblick auf ihre Präambel ihr Verhältnis zur Militärdiktatur überprüfen. Als dauere das nicht schon fünf Jahre. Als wäre der NATO-Manöverplan Prometheus nicht Basis gewesen für den Sturz der Demokratie. Als hätten die USA nicht soeben 36 Jagdbomber vom Typ Phantom an Griechenland geliefert. Auf Kreta hast du gesehen und gehört, was NATO-Stützpunkte bedeuten und wie das Volk darüber denkt. Trotzdem müssen wir hin. Lies den Brief von Böll:

Köln, 10. Mai 1972

Lieber Grieshaber,

Sir Hugh, der frühere Generaldirektor der BBC, mit dem ich gestern hier in Köln zusammenkam, bat mich, Sie zu einer Pressekonferenz einzuladen, die am 30. Mai in Bonn stattfinden soll. Sir Hugh veranstaltet in allen NATO-Ländern Pressekonferenzen im Auftrag des Komitees, dessen Zusammensetzung und Ziele Sie aus den beigefügten Anlagen ersehen können. Von deutscher Seite werden Günter Grass und einige Bundestagsabgeordnete teilnehmen. Ich werde außerdem auf Bitte von Sir Hugh Werner Heisenberg und General a. D. von Baudissin einladen. Bedauerlicherweise werde ich selbst nicht anwesend sein können.

Sie würden der Sache einen sehr großen Dienst erweisen, wenn Sie an dieser Konferenz teilnehmen und einige Worte sprechen könnten.

Mit sehr herzlichen Grüßen

Ihr Heinrich Böll

Andreas sagte, ich fahre nur, wenn ich unsre Plakate aufhängen kann. Und du wirst ein Gedicht vorlesen. Also suchte ich die Plakate aus fünf Jahren zusammen, packte die Rolle ins

Auto, und wieder fuhren wir neckar- und rheinabwärts durch blühende Weinberge, Städtchen und Burgen abseits der Autobahn; auf den Strömen tuckerten Kähne, und weiße Schiffe glitten leicht dahin, die Menschen winkten zurück, wenn wir ihnen, sie überholend, winkten.

Vor der Drehtür des Hotels Am Tulpenfeld in Bonn standen sich Grieshaber und Grass zum erstenmal gegenüber: Sie sind das; sagte Grass. Ich begriff sofort, daß es dem Blechtrommler nicht sympathisch war, den Kopf anheben zu müssen, um dem langen Malerkollegen ins Gesicht zu sehen. Auch alle späteren Begegnungen und gemeinsamen Aktionen litten unter dieser Diskrepanz, auch wenn Grieshaber Grass mochte und ihm auch als Maler den Respekt nicht versagte. Im Sitzungssaal des Hotels begann ich sofort, obwohl Grieshabers Bitte vom Kellner bis zum Hotelier abgelehnt wurde – es sei unmöglich, die Wände mit Tesafilm oder Reißzwecken zu beschädigen –, etliche Widerstandsplakate mit Stecknadeln an die gegen die Sonne zugezogenen Vorhänge zu heften; und in Erinnerung an die Studentenbesetzung der Universität Brüssel, wo der bronzene Zeus plötzlich Rose und Schlagstock in der Hand hielt, ohne daß wir bemerkt hatten, wie es geschehen war, schob ich einfach im Trubel der sich begrüßenden Teilnehmer einen Tisch an die Wand, hob den Stuhl auf den Tisch, stieg hinauf und pickte mit Eisbärnadeln ELEFTHERIA I THANATOS und KATO I DIKTATORIA, so hoch es ging, an die Stirnwand. Dann suchte ich mir einen Platz unter den Presseleuten, stellte mein Tonbandgerät auf den Tisch, schlang das Kabel des vom Funk ausgeliehenen Spezialmikrophons ums Handgelenk, um unnötige Knackgeräusche zu vermeiden; für den heimatlichen Sender wollte ich einen Ausschnitt mitbringen, aber auch den ganzen Vorgang protokollieren und abtippen für die Griechenlandnummer der *Horen*, deren Erscheinungstermin bevorstand.

Sir Hugh Greene eröffnete die Konferenz, ein paar Presseleute stellten sich ein, kein Heisenberg, kein Baudissin, kein Bundestagsabgeordneter; die Sensation war Mangakis, Professor für Strafrecht und Rechtsphilosophie an der Universität Athen, zu achtzehn Jahren Zuchthaus verurteilt, eben aus Griechenland geflohen in einer Maschine der Bundeswehr, was viel politischen Wirbel verursachte und die Ausweisung des Botschafters der Bundesrepublik nach sich zog. Mangakis, auf einen Lehrstuhl nach Heidelberg berufen, gab seine erste Pressekonferenz auf deutschem Boden; er begann damit, daß die NATO zum Fortbestand des totalitären Regimes in Griechenland entscheidend beitrage und ihren Sinn als ein Bündnis freier Völker zum Schutze ihrer Freiheit ernsthaft in Frage stelle. Im griechischen Volk sei eine tiefe Veränderung seiner Einstellung gegenüber der NATO vor sich gegangen, zu der es sich einst bekannt habe. Die Fortsetzung dieser Politik untergrabe mit mathematischer Sicherheit das eigentliche Fundament einer jeden Allianz und damit die innere Verteidigungsbereitschaft des alliierten Volkes wie auch der seiner Armee.

Grieshaber flüsterte mir zu, am liebsten würde er schweigen. Dann stand er auf:

«Heinrich Böll hat mich gebeten, hier etwas zu sagen, aber was ich mache sind Holzstöcke, die man aufeinander legen kann. Alles muß mir unter Händen gekommen sein. Es liegt an meiner Natur – an ihrer Unvollkommenheit vielleicht, daß ich nicht leben kann mit Informationen aus zweiter Hand. Ich muß es anfassen können, sonst wird nichts daraus. Politisch nützt es erst dort, wo der Mitbürger genauso empfindet und einen Zugang hat zu dem, was ich mache. Weil es immer nur ein kleiner Teil ist, der von der Form her in das Verschlüsselte eindringen kann, ist die Wirkung anders als beim Schriftsteller. Für eine direkte Aktion kann ich ganz banal meinen Marktwert sozial zur Verfügung stellen: von meiner Kunst zu sprechen wäre eine Zumutung. Man gewinnt keine Wahl mit bildender Kunst. Erlauben Sie mir also, von meinem Anlaß zu sprechen. Als Zeuge aufzutreten. Eine gemeinsame Aktion fördert den Künstler, denn der hier spricht ist ein Bürger der Bundesrepublik und muß heute wie jeder Intellektuelle politisch sehr tätig sein, damit wir nicht alle in die Fänge eines Machtkartells geraten und so unsere Demokratie verraten.

Vor fünf Jahren, als die Junta in Griechenland die Macht übernahm, trat diese Macht unverhüllt durch meine Tür. Seither bin ich solidarisch mit allen Kräften, die sich um eine Wiederherstellung der Demokratie in Griechenland bemühen und bekämpfe damit in meinem Land jene Unverbesserlichen, die immer bereit sind, uns wieder an den Rand des Abgrunds zu stoßen. Sie hoffen dadurch wieder Macht zu bekommen. Es fällt mir schwer noch zu hoffen, daß sie sich ändern, wenn ich zum Beispiel an die vielen Schüler des Hölderlingymnasiums in Stuttgart denke, die nach dem Zusammenbruch einen Lehrer für Griechisch und Deutsch hatten, der jetzt der Meinung ist, die Befreiung in Europa komme von der Diktatur in Griechenland, und der öffentlich sagen und schreiben kann, was in Griechenland ist, sei ein Modell für unsere Zukunft. Wenn solche Lehrer sich wieder aufmändeln, dann, denke ich, ist es für die vielen Frauen, die solche Lehrer hatten, schon zu spät. Der Wahlvorgang in Baden-Württemberg macht das ja auch deutlich. Wir haben versäumt, der Schlange den Kopf zu zertreten, sind nur immer behutsam herumgeführt worden um den Trümmerberg unserer jüngeren Geschichte. Jetzt hat sich die Schlange gut versteckt. Sie kann wieder ‹drankommen›, wenn wir uns nicht wehren. Hätten wir uns nicht gewehrt, so wären wir auch nicht auf ihre Schliche gekommen. Es genügte, *Kato I Diktatoria* – nieder mit der Diktatur – auf einen Holzschnitt zu schreiben, und schon kamen sie aus ihren Löchern. Die Lyrikerin Margarete Hannsmann war im April 1967 in Griechenland und kam von dort aus direkt auf die Achalm. Ihr frischer Eindruck löste bei mir einen Erdrutsch aus. 1933 mußte ich Griechenland verlassen, weil ich in Athen eine Zeitschrift herausgab, die den Machthabern des 3. Reiches, die wirtschaftlich Griechenland beherrschten, nicht genehm war. Aufgewühlt durch den Bericht von Margarete Hannsmann fanden wir sofort in die gemeinsame Aktion, die seither nicht abriß. Wir haben zusammen Flugblätter, Plakate, Veranstaltungen und Bücher gemacht und sind in über dreißig Städten für die griechische Sache öffentlich geworden.»[10]

Grass schloß sich an, er hatte soeben im Griechenland der Obristen einen kritischen Vortrag halten und studienhalber vier Tage das Land bereisen dürfen; was für Erkenntnisse ihm dort aufgingen, der nie vorher in Griechenland gewesen war, und wie er sie zum Besten gab, verquickt mit Seitenhieben gegen die DDR, ließ Grieshaber fast völlig verstummen. Drehten sich die Fragen der Journalisten anfangs noch um Verhal-

tensweisen gegen Griechenland, mögliche Sanktionen, oder
wie weit das Vorstellbare und das Wünschenswerte auseinan-
derklaffe, konzentrierten sie sich doch immer mehr auf den
«Fall Mangakis» und seine Hintergründe, bis schließlich alles
ausuferte und im Sand verlief. Gegenüber dem Staatsrechtler
Mangakis wollte Grieshaber sich nicht zur NATO äußern,
getreu seinem Spruch: ich spreche nicht Latein beim Arzt; so
kam es, daß vier Feuerköpfe zusammen kaum einen Funken
von sich gaben, der zündete; es war ein merkwürdig stumpfes
Fazit, Sir Hugh konnte sagen, daß in seinem Komitee England, Amerika, Norwegen, Dänemark, Frankreich, quer
durch alle Parteien, unvergleichbar besser vertreten seien als
die Deutschen.

Im Weggehen knurrte Andreas, die Plakate an der Wand
seien seine einzige Rechtfertigung, nach Bonn gefahren zu
sein. Wieder einmal hatte ich erlebt, wie der politische
Mensch Grieshaber sich verweigerte, wo der Künstler ver-
leugnet werden mußte. Das Wort Relevanz war häufig gefallen. Ich hatte erwartet, das Ergebnis in Bonn sei selbstverständlich relevanter für die griechische Sache als kleine Aktionen. Andreas sagte, dieser sterile Vormittag hat dich hoffentlich überzeugt, daß es wichtiger ist und wirkungsvoller, mit
unserer Kunst unter die Menschen zu gehen und Verbündete
zu werben, als deine Zeit mit Tonbandprotokollen zu vertun.
Dann verließen wir die seltsame Veranstaltung, betrachteten
noch die Absperrungsmaßnahmen im Regierungsviertel, Po-
lizei- und Militäraufgebot der NATO-Tagung wegen, und
fuhren zu Böll in die Eifel.

Ich sehe uns im Garten um den Mühlsteintisch sitzen, Tee
trinken, Kuchen essen, im Hof und in den Nebengebäuden
rumorten erwachsene Kinder mit Freunden, es war ein Kommen und Gehen, immer bleibt meine Erinnerung diffus,
wenn etwas Unangenehmes damit verbunden ist: Ich war der
Fremdkörper in der Beziehung zwischen Grieshaber und
Böll; der Hausherr war herzlich, Frau Annemarie aber mochte mich nicht als Störenfried, als Eindringling in das Achalm-

Idyll, das sie kannte. Grieshaber wiederum konnte wenig anfangen mit dem malenden, bildhauernden Böll-Sohn; Unverbindlichkeiten zu äußern, war nie seine Sache gewesen, und fördern konnte er ihn nicht wie erhofft. Im Hinblick auf spätere Besuche jedoch waren die ersten ein Fest.

Drei Tage nach der sterilen Bonner Veranstaltung steht Theodorakis in Böblingen auf der Bühne mit seinem Orchester und seinen Sängern. Wenn er singt und dirigiert und man unten sitzt und sich dem ausliefert, wie er bis nach Mitternacht tausend Menschen verwandelt, die mitsingen, auch wenn die wenigsten Griechisch können, begreift man, was Andreas meinte: mit der Kunst auf die Straße gehen. Sein Antrag, Theodorakis in die Akademie der Künste aufzunehmen, wurde abgelehnt. Man nannte Theodorakis' Musik Agitprop, Demagogie, Narkotikum, Politik eines Musikers, Musik eines Politikers, doch sie bewirkte in der Welt für die Befreiung Griechenlands mehr als alle engagierten Vereinigungen, Gruppen, Komitees, Konferenzen, Resolutionen.

Manager und junge Widerstandskämpfer sorgten dafür, daß Theodorakis erfuhr, wann Grieshaber unten saß, und sie gaben nicht nach, bis sie ihn in die vorderste Reihe geleiten konnten. Manchmal legte Andreas mir seine Hand auf den Arm, um mich zurückzuholen. Zu sich. Oder zu mir selbst. Er liebte keine Trance. In Pausen gab es eine flüchtige Umarmung zwischen den beiden Männern, mehr war nicht nötig. Am Schluß, wenn Blumen auf die Bühne flogen, warf Theodorakis Grieshaber eine Rose zu. Wir wußten von unseren eigenen Veranstaltungen, daß im Geschwirr der sich auf einen Stürzenden kein Gespräch möglich war.

Im Rundfunk sollte ich Theodorakis' Buch *Mein Leben für die Freiheit* besprechen. Gern hätte ich die Rezension mit einem Theodorakis-Interview eingeleitet oder beendet. Also bat ich griechische Widerstandsfreunde, mir für den Abend, an dem in der Kongreßhalle der benachbarten Kreisstadt das Konzert stattfinden sollte, ein Gespräch mit Theodorakis zu vermitteln und dabei zu dolmetschen. Sie versprachen das Blaue vom Himmel herunter, doch ich wußte, was davon zu halten war und wie unberechenbar im Trubel eines Tournee-Abends die Dinge liefen, formulierte meine Fragen schriftlich, und der Leiter der Literaturabteilung übersetzte sie ins Französische. Dann begann die Unsicherheit, pünktlich über ein Aufnahmegerät, ein Spezialmikrophon verfügen zu können, da sie ständig unterwegs waren, die Formularprozeduren, bis ich endlich, eines der ältesten Uhergeräte auf dem Beifahrersitz, am Spätnachmittag losfahren konnte.

Das Benzin ging aus. Ein griechischer Tankwart erschien mir als gutes Omen: Ich fahre zu Theodorakis, sagte ich. Als Antwort erhielt ich eine typisch griechische Geste, ich kannte sie: Verfluchung oder Abwehr von etwas Bösem: Nix gut – Kommunist! sagte der Mann. Ich machte ebenfalls eine griechische Geste, die das Gegenteil ausdrückte und sagte: Musik kaló! In Böblingen aß ich im Griechenlokal, wo griechische Arbeiter herumhockten, und sagte beim Aufbruch: Theodorakis – geht ihr mit? Ähnliche Abwehr wie beim Tankwart: Nix Politik – gut Arbeit, gut Boß, nix gut Politik. Andere schwiegen, schauten böse oder traurig, ich machte mich aus dem Staub. Noch mehr verwirrten mich die auf dem Platz lang vor Beginn stehenden Zettelverteiler, ich sammelte ein und las im dichter werdenden Gedränge Flugblätter der verschiedensten politischen Gruppen, fragte, ließ mich in Diskussionen verwickeln, sofern es nicht direkte Aktionen der Junta-Funktionäre waren. Ein Häuflein deutscher Studenten forderte mit seinen Zetteln zum Boykott des Konzerts auf; nein, sie hätten nichts gegen die Musik, sagten sie, aber Theodorakis wolle den König wieder einsetzen, er sei ein Abtrünniger und aus der Partei ausgetreten. Ich sagte: aber da drüben stehen welche, die werfen ihm vor, er sei Kommunist. Natürlich, sagten die Studenten, aber bei den falschen. Erst da wurde mir bewußt, wie groß das Durcheinander war und wie weit die Wirkung der untereinander verfeindeten, rivalisierenden Linken Griechenlands reichte.

Die Kongreßhalle ist längst ausverkauft; überall hocken sie in den Gängen und auf dem Fußboden zwischen den Reihen, auch die Feuerpolizei wird nicht fertig mit ihnen, noch während des Gerangels beginnt Theodorakis, und nach den ersten Liedern Marias und Antonis' ist aller Widerstand überstrahlt, Pfiffe gehen unter im Klatschen und Stampfen, pro und contra artikulieren sich gleichermaßen. In der Pause hinter der Bühne zwischen Toilette und Garderobe an der Staubsaugersteckdose bekomme ich mein Interview; keiner der versprochenen Dolmetscher ist da; ich drücke Theodorakis die französischen Fragen in die Hand, das Tonband läuft, ich frage deutsch, mittenhinein in das lärmende Chaos, und er antwortet auf französisch: lebhaft, konzentriert, während der Schweiß ihm übers Gesicht rinnt. Grotesk, kein Wort verstehen zu können, keine Verständigungsmöglichkeit zu haben mit jemandem, den man liebt. So konnte ich erst nach der Übersetzung durch den Literaturchef erkennen, was Theodorakis mir geschenkt hatte.

Das Pfeifkonzert vor dem Vorhang beendet meine Fragen schon nach der Hälfte, Theodorakis muß wieder hinaus. Als das Programm zu Ende ist, stürmen Hunderte nach vorn, stehen Kopf an Kopf, die Arbeiter aus dem Griechenlokal winken mir zu, der Tankwart hat mich entdeckt, bei der Hand gepackt und auf die Bühne gezogen, von dort aus sehe ich die Flugblattstudenten, die draußen ihr Sprüchlein vom bösen Theodorakis aufgesagt hatten, klatschen und mitsingen, ich tauche unter in der großen Brüderlichkeit, die weder vom Wort noch vom Bild herzustellen war, und begreife die Musiker, nachdem sie Gegner und Zweifler und Skeptische in ihren Bann gezogen haben, Stunde um Stunde sich zu steigern, bis nach dem Furioso am Ende die Kommunion beginnt: Leib an Leib mitmachen zu können, wobei jeder Ton, jedes Wort Griechenland gilt und seiner kommenden Freiheit.

28. Die Sintflut

Auf der Terrasse stehen zwölf mannshohe Holzplatten aus afrikanischen Bäumen. Das Zoologische Institut der Universität Heidelberg hatte für seinen Betonneubau Anspruch auf ein Prozent Kunst im Verhältnis zur Bausumme. Man war an Grieshaber herangetreten. Je mehr die neuen Werkstoffe in allem, was uns umgab, dominierten, desto entschiedener wehrte der Holzschneider die Versuchung ab, weiterhin mit ihnen zu experimentieren wie in den fünfziger Jahren und anfangs der sechziger. Knurrte, die Menschen täten ihm leid, sie nähmen es schon nicht mehr wahr, wie sie von der leblosen Materie eingekreist würden. An der Dicke der Holzplatten und daran, daß es zwölf waren, sah ich, Grieshaber hat einen Plan. Nicht fragen, was machst du; nicht gleichgültig scheinen. Einfach herumstehn und schauen. In die Ferne und wieder aufs Holz. Wie er: aufs Holz, in die Ferne. Bis er sagt: Die Sintflut wird es sein. Ich bleibe bei den großen Menschheitsthemen. Aber die Tiere sollen auf den Bergen stehen, während das Wasser um sie kreist. Was nicht zusammengehört, wird beieinandersein: das Lamm beim Löwen, wie im Paradies. Ich hatte begriffen. Er meinte die Sintflut, die uns bevorsteht. Die Zerstörung der Erde durch Technik, Physik, Chemie, Ausbeutung. Das Ende der Artenvielfalt.

Eine kleine Zeichnung auf Pergament war das erste. Ich habe sie noch. Dann folgten größere Blätter. Nicht auf einmal. Es konnten Tage dazwischen liegen. Die Übertragung aufs Holz 1 × 1, manchmal nur in Andeutungen. Der Augenblick, wenn ich ihm helfen soll, die erste Platte auf die Böcke zu heben. Bald war die Luft von verbranntem Holzstaub erfüllt. Grieshaber fängt an, Berge zu erschaffen. Er nimmt die elektrische Steinschneidemaschine, die ich nicht hochheben kann, so schwer ist sie. Längs, quer, verkantet tanzt die rotierende Stahlscheibe mit dem Zahnkranz über das Holz. Grieshabers Körper tanzt mit. Halbnackt, ungeschützt, er trägt keine Brille. Jede Sekunde kann die rasende Scheibe aus ihrer Verankerung springen. Zehn, zwanzig Minuten lang. Dann ist die Platte fertig.

> Ich vergewaltige das Holz
> ich schlage es
> ich quäle es
> so lang
> bis ein Rauch aufsteigt
> wie vom Urmensch
> als er sein Feuer machte
>
> Man kann
> eine Säge
> mit RP 6 500/min
> übers Holz
> tanzen lassen[11]

So schrieb er. Groß stehen die Tiere auf den Gipfeln, hocken in Nischen, krallen sich an Felsen fest. Unter ihnen strömt und fließt es; die in den Fluten schwimmenden, treibenden, untergehenden Menschen sehen auf der einen, der anderen Tafel aus wie in einer Badeszene am Meer. Vergeblich die Leiter, vergeblich der Baum. Angst nur in den Körpern der Tiere, manche schreien, und schrecklich auffliegende Vögel. Alles muß im Freien gemacht werden, die Formate sind zu groß fürs Atelier, der Holzstaub gefährlich für die beschädigte Lunge, wenn er sich in einem kleinen Raum konzentriert. Gewittergüsse kommen plötzlich, dann decken wir die Hölzer ab, schleppen Maschinen unters Dach. Ebensowenig vorhersehbar ist der Augenblick, wenn Andreas sich auf eine neue Platte stürzt. Ob es morgens kühl ist oder nachmittags die Sonne brennt, in wenigen Minuten ist er aschgrau im Gesicht, nicht vom Holzstaub, von der Anstrengung; Stirn, Hals, Kopf sind mit Schweiß bedeckt, es rinnt über die Augen, und zwölf Sintfluttafeln lang dauert meine Angst. Auch beim Schneiden des Wassers legt er keinen Wert auf die sich anbietende Holzmaserung; das ist ihm zu bequem, kunstgewerblich, geschmäcklerisch. Er zerstört im Gegenteil das Vorhandene durch tausend Linien, weil er den Duktus des Hinge-schriebenen, Gemalten, des alla prima erreichen will. Wo den Stöcken die Bildfunktion zufallen soll, statt wie üblich dem Druck, muß er die Farbe anders einsetzen. Nicht wie sonst seitenverkehrt denken. Trotzdem will er beidem gerecht wer-den und druckt von jeder Platte drei Abzüge auf verschiedene Papiersorten. Wenigstens ist eine Wand in der neuen Hütte, die er noch immer nicht als Atelier benützt, groß genug, die Sintflutdrucke anzupinnen. Wie sollte ich mich äußern; da ich, wie Andreas stets sagt, nicht vom Metier bin, bleiben mir höchstens Freudenrufe, wenn die weiße Fläche schwarz mit der Welt gefüllt ist, wie er sie sieht. Daß ich reagiere, erwartet er. Den Tieren gibt er dieses Mal keine Namen. Das taten die anderen hinterher. Elefanten, Affen, Pferde, Katzen, Elche, Eichhörnchen, Pfauen, Kamele, wie auf alten Sintflutdarstel-lungen, reißt er aus dem Holz, aber es ist, als raffe er im Tempo des Rettenwollens Tierheit zusammen, wie sie ihm unterkommt. Erst gegen Schluß macht er die Arche, noch auf dem Hügel stehend, wo sie gebaut worden war, Herr und Frau Noah schauen durchs Fenster.

Aus Afrika kamen Elefantenphotos von der Adoptivtoch-ter, die im Busch mit Landrover und Flugzeug unterwegs war, die Dickhäuter zu zählen; manchen waren große Zahlen mit leuchtender Farbe auf die Leiber gesprüht worden, ande-re trugen bezifferte Clips in den Ohren. Warum hat Griesha-ber so große Frösche gemacht? War es die Meldung, sie fingen gerade in unserem Land auszusterben an? Von Autos über-fahren, zu Abertausenden, beraubt ihrer Feuchtgebiete, in Parzellen eingezwängt, jedoch unaufhaltsam bei ihren uralten Laichzügen und deshalb dem Tod preisgegeben? Zwei Tafeln waren noch leer geblieben.

Grieshaber sagt, ich komme nicht weiter. Irgend etwas müßte passieren, ein Bezug zur Gegenwart. Am 15. August wurde der Himmel schwarz. Schwärzer als sonst. Ich hatte gerade nach Stuttgart fahren wollen. Andreas ließ mich nicht fort. In den Abendnachrichten war von mehreren Toten die

Rede. Wassermassen seien von den Bergen geschossen und hätten im Kessel nicht abfließen können. Menschen, in einem Kellerschacht arbeitend, unter Hagelschlossen erstickt. Jahrzehntgewitter. Auch auf der Achalm gab es die halbe Nacht zu tun. Küche und Vorraum standen unter Wasser, im Keller reichte es bis zu den Knien. Die Pumpen funktionierten nicht mehr, waren mit lehmiger Erde verstopft. In der Früh raste ich nach Stuttgart, fand in der Zeitung ein Photo: nur noch mit dem Heck ragten Autos in der Unterführung aus dem Wasser. Ich schickte es per Eilboten auf die Achalm und schrieb, auch ich hätte sicherlich an dieser Stelle Schutz gesucht, wenn ich in der Stadt gewesen wäre. Grieshaber sprach am Telephon von verkümmerten Instinkten; früher wäre es niemand eingefallen, sich vor herabstürzenden Wassermassen unter das Erdniveau zu flüchten. Daheim, wo ich nicht mehr daheim war, half ich den Mitbewohnern, den verwüsteten Garten notdürftig wieder aufzuräumen, und fuhr zurück auf die Achalm. Die beiden letzten Holzstöcke waren fertig; an der Wand hingen die Abzüge: versinkende Autos wie auf dem Zeitungsphoto.

In der zweiten Augusthälfte erholte Andreas sich; alle waren fort, ich schlang die Kette ums Gartentor, wir lebten mit Pflanzen und Tieren und versorgten sie. Im Gemüsegarten jenseits des Wegs gedieh alles über die Maßen, was ich sonst auf den Märkten kaufte. Auch hier sprach Andreas von Zauberei, woher sonst die wuchernde Üppigkeit auf dem kargen Boden? Niemand erntete; schuld daran hatte wohl ich, doch warum säten sie? Warum sagte keiner, ich solle ernten? Eines Tages hielt ich dieses sinnlose Wachstum der Fäulnis entgegen nicht mehr aus und begann, Erbsen und Bohnen zu pflücken, Gurken, Tomaten, Salate, vielerlei Beeren, um sie in der Küche zu verarbeiten. Andreas freute sich über die frischen leichten Mahlzeiten, sie bekamen und schmeckten ihm, das Essen hörte auf, eine Strafe zu sein, die in Pfannen und Kesseln tiefgefrorenen Speisen und Fleischstücke fütterten wir den Tieren.

Noch immer gab es nirgendwo eine Wand für mich, in die ein Nagel eingeschlagen war, an dem ich ein Kleidungsstück hätte aufhängen können. Sobald mir das weh tat, summte ich Pollys Lied vor mich hin: «. . . Und er hängte seinen Hut an den Nagel in meiner Kammer», dann wurde mir leichter.

Kirke hatte das letzte Mädchen von der Achalm abgezogen, eine junge Frau mit einem Kind von einem schwarzen Soldaten, die deshalb von zu Hause verstoßen worden war. Der «schwarze Prinz» fing gerade an herumzulaufen, Andreas entdeckte ein Großvatergefühl; dann stand der Wohnwagen, der für Mutter und Kind angeschafft worden war, leer. Andreas fragte, ob ich nicht einziehen wolle, niemand kümmere sich mehr darum. Also reinigte ich das Häuschen auf Rädern und richtete es für mich zum Schlafen ein; es gab Wasser und Strom und eine laut aufheulende Sirene neben dem Bett, denn der Wagen stand abseits am Rand der Umzäunung, und in den Nächten war nicht nur Schabernack los. Ausbrecher und Einbrecher kamen vorbei, Wahnsinnige und Betrunkene randalierten, ab und zu war es nicht ungefährlich, doch Grieshaber wurde mit allen Situationen fertig. Ich gewöhnte mir ab, mich außer vor Blitzschlag und Feuer vor etwas zu fürchten, und ließ mich nachts vom Blöken der Schafherde trösten, die nahebei auf der Koppel stand. Hundert neue Geräusche galt es zu unterscheiden, zu allen Tages- und Nachtstunden, Witterungen und Jahreszeiten. Vögel, die in den Bäumen schrien oder sich auf dem Wohnwagendach niederließen, tappende Igel, Katzen auf Jagd, die Schreie des Pfaus, wenn er sommernachts in der Tanne über mir schlief, das Trommeln des Regens auf dem Blechdach, Rascheln und Schaben der Trauerweidenblätter im Wind, das Knarren der froststarren Äste, ihr Brechen, Herabstürzen, das Rütteln des Sturms, alle Nuancen seines Heulens, sanftes Poltern von Schnee, fernes Hundegebell, Laute von wilden Tieren, das Rupfen der Schafmäuler, ihre vielhundert Hufe auf dem beinharten Heideboden oder schmatzend im Morast, wenn sie aufgeschreckt davonrasten. Menschen, aus Autos, im Schnee steckengeblieben, im Eis umgestürzt, um Hilfe rufend, auch sommers betrunken vom Weg abgekommen, das Gelände, die Dunkelheit unterschätzend, auf Böschungen, in den Gräben liegend. Oft weckten mich die Esel des Schafhalters, morgens, bevor Andreas am Wohnwagen rüttelte oder die Ziegenglocke vom Parnaß ertönen ließ, damit ich, schlaftrunken, mit ihm ins Wasser tauche; sie drängten sich schreiend an den Zaun und forderten altes Brot und Äpfel, die ich für sie aufhob und ihnen abends und morgens brachte. Wenn sie nicht da waren, schrie ich Esele, Esele, immer kam dann Andreas dazu und freute sich, wie sie von weither galoppierten.

Anfangs besuchte er mich im Wohnwagen, doch ertrug er das kleinbürgerliche Ambiente nicht, Bänkchen, Tischlein, Vorhänge, das Umhegtsein, alles störte ihn; ich schwieg. Die neue Behausung war endlich ein Ort für Zahnbürste, Mäntel, Jacken, Schuhe, und ich mußte nicht mehr aus dem Kofferraum leben. Manchmal entwarf Andreas phantasierend ein riesiges Bett für uns, kreisrund, ringsum alles zur Hand, doch wo hätten wir es aufstellen sollen, und wenn wir dann in den Städten, später, irgendwo, das Ding im Schaufenster fanden, lachte er. Manchmal wollte ich wieder im Atelier unter seinem Arbeitstisch schlafen, um zuzuhören, wie er bis lang nach Mitternacht seine Denkgebäude errichtete und einstürzen ließ.

Kirke hatte sich zurückgezogen auf einen Dachboden gegenüber den Fialen der gotischen Marienkirche in Reutlingen und malte fortan auf Schränke, Truhen, Tische, Stühle, Betten, Regale und Paravents, was ihr Reich gewesen war: Pflanzen und Tiere der Welt. Die Achalm stand nicht mehr in ihrem Bann, das um uns gesponnene Garn wurde locker, gab nach, riß ab.

29. Documenta

Die Sommeridylle ging zu Ende mit Grieshabers Ernennung zum Ehrensenator der Universität Tübingen und zum Kommissar der Internationalen Ostseebiennale in Rostock. Jenes schien einfach zu sein; im zweiten Amt erkannte Grieshaber die Möglichkeit, ein Territorium zu beackern, das für westliche Kunst, die nicht dem Realismus verpflichtet war, Brachland bedeutete. Es schreckte ihn ab und lockte ihn; er hätte lieber seine Aufgaben selbst gewählt, als dafür erwählt zu werden, doch fügte er sich, nahm beides gleichmäßig ernst und entwickelte im Lauf der Jahre komplizierte, widerborstige künstlerische Aktivitäten im Rahmen dieser Ämter, daß mir oft Hören und Sehen verging, wenn ich im Gespann laufen mußte.

Im Terminkalender steht: Kassel. V. Documenta. Wie kann ich als Laie zu beschreiben versuchen, wie das war, mit einem Grieshaber zwei Tage lang durch solche Ausstellungshallen zu gehen. Es ist unwichtig, was es für mich bedeutete, doch Freunde und Kunstkenner in Ost und West hätten sich glücklich gepriesen, an seiner Seite sicher durch ein Labyrinth geführt zu werden und gleichzeitig Aufschlüsse zu erhalten, wie die Anlage zustande kam: «Befragung der Realität – Bildwelten heute». Ich empfand schon damals die Unwiederbringlichkeit jedes Augenblicks, jedes Worts, seines Lachens, Knurrens, Zischens, des Weiterstürmens oder Schrittverhaltens, jeder Geste des Kopfs, jeder Handbewegung, die Reverenz erwies oder den Stab brach. Schon damals plagte mich Unbehagen, daß keiner dabei ist, der es deutlicher als ich begreift, behält, aufbewahrt, verwendet. Der Direktor der Dresdener Gemäldesammlungen hat mir immer wieder gesagt, was meine Aufgabe sei: von Grieshaber zu überliefern, was in meinen Kräften stehe. Doch schon der Versuch, seine Documenta-Bemerkungen zu notieren, hätte Andreas gehindert, sie zu machen. In kein Mikrophon hätte er sie gesprochen, der sich nie scheute, wenn es um Öffentlichkeit ging. In welcher Sprache sollte er auch sprechen von Babylon angesichts der Sprachverwirrung? Er durchwanderte souverän alle Künste, Popvarianten, Minimal-art, Objekt-art, Assemblagen, Mixed medias, Combine painting und schied für mich Originalität und Einfälle von Nachäfferei und Stümperhaftem. Es gab Augenblicke, in denen ich gern brüllend davongelaufen wäre aus der zum Wahnsinn reizenden Vielfalt, wie manchesmal auf der Frankfurter Buchmesse, doch Andreas ging Stunde um Stunde vorbei an Kojen, durch Hallen, Etagen, Flure, Treppenhäuser, Räume; Raum war das Reizwort, multipliziert, variiert zwischen einer Handvoll Laub oder Federn, aufgehügelt und in die Luft geblasen, Christos Vorhang quer durch ein Wüstental, Räume, nur als Idee existent, Lichtsignale, ins All geschossen: jeder Künstler hatte seinen Raum im Raum im Raum hergestellt.

Ich trottete nebenher, unfähig, die Müdigkeiten niederzukämpfen, der Rücken, die Beine, die Füße taten weh. Ab und zu aufgeweckt, erschreckt, hingerissen von Andreas' Bemerkungen angesichts von Gemaltem, Gezeichnetem, Photographiertem, Gerastertem, Modelliertem, Gegossenem, Zertrümmertem, Zerbröckeltem, Zerbröseltem, Geschlitztem, Gezupftem, Getupftem, Durchlöchertem, Geschnittenem, Zerfetztem, Gestecktem, Gelegtem, Zerblasenem, Arrangiertem, Montiertem, Geklebtem, Gelötetem, Geschraubtem, Gegipstem, Genageltem, Zementiertem, Genähtem, Verschnürtem, Verpacktem, vielerlei Licht und Töne von sich Gebendem, langsam und schnell sich Bewegendem, Riechendem, Anzufassendem, Anzuhauchendem, Nichtzuberührendem, Draufzutretendem, das sich schlichte und hochtrabende Namen gab, längst die Pop-Idole der Suppendosen, Hamburgers, Pistolenmündungen, Lippenstifte, Pin-up-Girls ignorierend.

Wie Luftballons ließ Andreas seine Zynismen steigen, und seinem Lachen war nicht zu trauen. Die weichen Scheren Claes Oldenburgs, Dali abgeguckt, gefielen ihm besser als

Segals «dem Leben nachgestellten» Gipsbindenfiguren, die Putzfrau, die Alten, die Liebespaare der Epigonen. Warum mochte er Niki de St.-Phalles bemalte Polyesterharzplastiken, die Holzstatuen der Marisol? Überhaupt Frauen, die aus Pelz, Haar, Wolle, Fetzen, Glas, Glöckchen, Fransen, Schnüren, was ihnen in die Finger kam, Gebilde machten, dämonische, komische, und damit Schränke und Kästen füllten? Lachte er über das Schubladenmuseum eines Schweizers? Christos angestrengter Besessenheit, Kienholz' Environments zollte er Tribut, ihn störe zwar die Aufforderung zum Voyeurismus im Bordell, in der Gefängniszelle mit dem Spion in der Tür, doch sei zu beachten, wie hier die Realität verfremdet werde: in der Puppenbrust hause die Ratte, eine Blume wachse aus dem Hals. Kinetik hielt Grieshaber nicht lange auf, Calders Mobile, Tinguelys Maschinen waren längst zu Tode geritten von den Nachahmern, ihren Tricks, Verblüffungseffekten, physikalischen Spielereien, dem momentanen Jux; kaum etwas, das sich nicht auf die zwanziger Jahre zurückführen lasse, Andreas spricht abgerissen von jener Keimzelle, Anarchie gegen Spießerglück, Weltkriegsschock, Destruktionstrieb und Provokation, Marcel Duchamps erstes Readymade genüge ihm ein für allemal, die Topographie des Zufalls sei ihm schnuppe, jetzt wimmle es schon von Spoerri-Epigonen, Abfall- und Schrottsammlern; der erste, der eine Sache mache, sei ein Genie, der hundertste ein Kretin. Wenn aber Kunst nur durch den gesellschaftspolitischen Hintergrund zu definieren sein solle, dann vergleiche Op- und Pop-art mit den russischen Konstruktivisten.

Er rannte durch das Jahrmarktsgefunkel elektronischer Exponate, Bastlerergebnisse, Skurrilitäten, als führen wir Geisterbahn auf einem Kunstvolksfest. Ebenso durchquerte er die Videogeschäftigkeit, Selbstdarstellungen in Performances, Filmen, und floh, nachdem er mir vorgelesen hatte: «Vollautomatisch operierende Multiprojektionssysteme werden überall dort eingesetzt, wo es um eine didaktische Aufbereitung von Informationen geht, die beliebig oft zeit- und bedienungsunabhängig vermittelt werden sollen. Während der hundert Tage Documenta 5 präsentiert das System ganztägig das Audiovisuelle Vorwort, das eine allgemeinverständliche Einführung in die Thematik der Documenta 5 ermöglicht . . .»

Manchmal schnürte mir seine Trauer die Kehle zu. Hätte es da nicht hier und dort etwas gegeben wie ein Materialbild von Tapiés, dessen Schlitz Andreas zu streicheln schien, eine Leinwand von Saura, die Balken Soulages, einen Japaner, der noch in der letztmöglichen Reduktion das Komplizierteste durchschimmern ließ, eine von ich weiß nicht wem hinreißend gemalte Mauer, ihre Körnigkeit, Dinglichkeit durch nichts als Farbe erreicht, die Andreas zu liebkosenden Handbewegungen veranlaßte, wer weiß, ob er so lange ausgehalten hätte angesichts der Lehrlingsstücke aus Sand, Zement, Backsteinen, die mit dem Anspruch auftraten, mehr zu sein als die gemalte Mauer. Wie da ex cathedra verkündet wurde, was wert sei, unter Kunst rubriziert zu werden, machte Andreas immer wieder stumm. Das Austauschbare, Beliebige, Dilettantismus, summiert unter übergeordneten Begriffen. Was Kunst sei, wisse er nicht; seit Jahrzehnten antwortete Grieshaber so auf Fragen, doch mit einem undefinierbaren Gesicht, das auch als Geheimnis und Glück zu deuten war. Von jetzt an sagte er es unwirsch, schneidend, als glaube er selbst daran. Der homme de lettres wehrte sich plötzlich gegen das Wort in der Bildenden Kunst, betäubt vom auf ihn niederprasselnden soziologischen, philosophischen Pseudogeschwätz, das noch in zahllosen unlesbaren Druckerzeugnissen herumlag, -hing, -flimmerte: Wohin ich mich wende, nichts als Schneider, dem Kaiser neue Kleider anzumessen, sagte er.

Objets trouvés auf Schritt und Tritt; auch ich hab es ausprobiert auf der Achalm, sagte Andreas. Da erinnerte ich mich an Assemblagen, die er Späße nannte, Plastiken aus Eisenstücken, rostigem Schrott und Blech, aus einer Laune heraus zusammengefügt und ebenso plötzlich wieder beseitigt. Damals hatte ich mich gehütet, ihn danach zu fragen, jetzt, angesichts der Feier des Abfalls, hielt ich es nicht mehr

307

aus: Wenn du also mit einer Axt den Holzstock, an dem du Wochen geschnitten hast, in Stücke zerhackt und die Trümmer arrangiert hättest, wärst du dabei wie auf der Documenta zwei und drei. Grieshaber sagte: Ich gehöre nicht mehr dazu. Soll ich mich selbst in Stücke haun um eines Gags willen? Jedermann meint, genau wie du, das könne er auch, einen Kohlensack, eine Schaufel, ein Brikett arrangieren. Es ist ein Irrtum. Auch im Gag steckt etwas, und eben dem will ich mich nicht überlassen. Aber es gibt eine Abteilung «Zeichen». «Reine und sinnvolle Zeichen». Meine «Affen & Alphabete», mein Pan, mein Hängebauchschwein sind Zeichen, doch die Macher der Documenta haben mir ein anderes Etikett auf die Stirn gepappt. In Berlin erklärten junge Maler: kann ja sein, daß Picasso, Henry Moore die Größten sind, aber wir wollen sie einfach nicht mehr sehen. Einst sagte einer der Impressionisten, man solle den Louvre in Brand stecken. Jetzt hängt er selber drin. Es ist das Recht der Jugend. Auch wenn sie nicht weiß, jede Ausstellung ist ein Schlachtfeld, jedes Museum eine Abdeckerei, das Bild eines Großen kann hundert Epigonen töten. Doch kann in Gesellschaft von schlechten Bildern auch das gute erschlagen werden. Erinnere dich an den Caspar David Friedrich im Kölner Wallraf-Richartz-Museum, wie er unterging in der Umgebung von Popwölkchen an miserabel gemalten Himmeln. Die Überbleibsel von Happenings, die Objets aus verderblichen Materialien brauchen Hostessen, die sie warten und pflegen, sobald sie ins Museum integriert sind. Schon nach wenigen Wochen Documenta sieht man den Verfall des Abfalls. Vielleicht soll gar nichts übrigbleiben; das Prinzip der Wegwerfkunst entspricht unserer Wegwerfgesellschaft. Weltruhm dauert künftig fünf Minuten, sagte ein Japaner, so lang, wie ein Bild braucht, über Satelliten um die Erde zu wandern; dann ist der nächste dran. Die Gründe für das Ausbleiben der UdSSR, Chinas und anderer Ostblockländer lägen nicht bei den fehlenden Kulturverträgen, sondern in der Unvereinbarkeit der Realismusdefinition. Solange in meiner Heimat das Volk sich noch dagegen wehrt, vor dem Landtag eine Henry-Moore-Plastik zu ertragen und sie für entartet hält, muß ich meine knapp werdenden Jahre nützen, mich selbst zu verbessern und der wachsenden Verwirrung entgegenzuwirken.

Begegnungen mit bekannten Besuchern, Kollegen, entsetzten, ratlosen, entzückten; Zurufe, Situationskomik, man trennte sich rasch wieder und lief in die entgegengesetzte Richtung. Jeder wollte den eigenen Augen vertrauen und nicht durch die Brille des anderen sehn. Beuys lud uns zum Kaffee, sein Documenta-Beitrag war ein Büro im Stil einer Mini-Akademie, in der er permanent zur Verfügung für Rede und Antwort stand, hundert Tage lang; Andreas sah, wie der Erfinder der Plastik ohne Material, des Denkens als Plastik, des Handelns als Plastik, des bloßen Existierens als Kunstwerk in die Rolle des Guru hineinwuchs, Rosen verschenkend, und steckte die seine ins Knopfloch, sich verabschiedend, zurückwinkend. Jeder soll die Freiheit haben, sich für einen Messias zu halten, sagte er, als ich mich darüber mokierte; er ist nicht gefährlicher als die anderen Clowns.

Der Nachmittag neigte sich, wir standen im Freien, ein Wind blies, der Himmel färbte sich rot. Draußen, auf Rasenflächen und Steinplätzen, setzte sich fort, was der Witterung standhielt oder zu schwer, zu sperrig war für Hallen und Säle. Plötzlich stand Bazon Brock vor uns, zwölf Jahre zuvor in Stuttgart irrlichternd, meine ersten gedruckten Gedichte neben seinem Manifest, jetzt Professor für Neuere Ästhetik und als Miterfinder der Besucherschule anläßlich Hundertwassers Aktion, fünf Tage lang eine endlose Linie durch die Räume der Hamburger Akademie zu ziehen, ein Gegenpol zu Grieshaber: Meister, wie fühlt man sich danach? Mit herrscherlicher Geste die Documenta-Gebäude umreißend. Andreas: Der vieux könnte jetzt sagen, auch untergegangene Kapitäne sind Kapitäne, doch ich befinde mich durchaus noch an Bord. Auch wenn es niemand bemerkt. Bazon Brock blieb ihm nichts schuldig, legte die Hand aufs Herz, machte einen Kratzfuß, schlug ein Rad nach dem anderen; wie könnte ich einen Dialog zwischen zwei solchen Kontrahenten nachstellen, ein Ping-Pong-Spiel, in dem es funkelte und blitzte von anerkennenden Bosheiten, Bonmots und Jahrtausendzitaten. Die Achalm war weit weg von Kassel. Aussteigen, den Fuß auf den Erdboden setzen.

Abends beim Fernsehen stöhnte Grieshaber auf, als Joseph Beuys in Köln bei Bölls mit einem langen Reisbesen die Treppe kehrte; es sei die demutsvolle Demonstration einer Freundeshandlung, erfuhr man aus dem Begleittext während der Nobelpreisentgegennahme in Stockholm, und die Fernsehnation sah zu, wie Beuys am Gartentor den Briefkasten Bölls leerte, Wind spielte mit und zerstreute die Post.

Das ist das Ende, sagte Andreas. Wie soll ich künftig an Böll Briefe schreiben, wenn Beuys seinen Kasten leert, und sei es symbolisch.

30. Zeitläufte

Noch machte ich Kulturberichte und Buchbesprechungen für den Rundfunk; der Faden, an dem meine Unabhängigkeit hing, wurde zwar dünner und dünner, doch sollte er nicht abreißen, Andreas bestand darauf. Er sorgte längst für mein tägliches Brot, bezahlte Miete und Telephon in der Hauptstadt und wachte darüber, daß ich die Wohnung hielt, mein Anrecht auf inzwischen zwei Zimmer und Küche nicht schmälern ließ, und scheuchte mich stets nach ein paar Achalmtagen auf, in Stuttgart nach dem Rechten zu sehen. Im oberen Stockwerk, wo inzwischen zwei junge Männer wohnten, stifteten wechselnde Frauen Unruhe; Johannes kämpfte gegen ihre Wohngemeinschaftsgelüste. Es ließ sich für mich nicht vermeiden, beim einen, anderen Gartenfest, beim winterlichen Kerzenhocken teilzunehmen, die den letzten Winkel durchdröhnten und Kollegen der örtlichen Funk- und Literaturszene, Schauspieler, Maler, Musiker, zusammenführten. Wenn Johannes Geburtstag hatte, tauchte Andreas auf und machte eine Stunde mit, stets überraschend und reich beladen. Dann ließ er sich von mir zurückfahren. Er wollte verhindern, daß ich ein Außenseiter würde, und tat zugleich alles, mich der alten Umgebung zu entziehen, kaum, daß er mich ihr wieder eingefügt hatte.

Das Jahr zwischen *Wacholderengel* und *Traumtänzer*, *Sintflut*, Documenta und drei DDR-Reisen war auch ein Jahr des Terrors und des Aufbrechens verkrusteter Institutionen im Ost-West-Gefälle. In München, das den Olympischen Spielen neue Superlative bieten wollte, richteten arabische Terroristen ein Blutbad an unter den israelischen Teilnehmern. Trotzdem weiterzuspielen, paßte längst in das Bild der Olympiaden seit 1936. Besser als die Namen unserer Politiker kannten die Menschen die Mitglieder der Bader-Meinhof-Gruppe, die in der Bundesrepublik den Begriff der Stadtguerilla einführten, den bewaffneten Banküberfall als notwendigen Teil ihrer Strategie ausgaben, Kaufhäuser anzündeten, Bombenanschläge auf US-Militäreinrichtungen, Industrie- und Pressehäuser verübten und jedesmal erklärten, «die Verantwortung zu übernehmen», eine Formulierung, die Grieshaber schockierte, und sie machte dann auch sehr rasch Schule für Gewalttätigkeit anderer Gruppen jeder Art, vom Schaufenstereinwerfen bis zur Flugzeugentführung. Die Stadtguerilleros hatten sich nicht zusammengetan, um Kriminelle zu werden, sondern weil sie, ethisch motiviert, eine Gesellschaftsordnung mit Gewalt ändern wollten, die nur im Schlepptau der USA existiere, den Vietnamkrieg billige und indirekt an ihm teilnehme. Andreas sprach mit mir darüber, weil unter ihnen besonders begabte, fähige Kinder aus Pfarrers- und Lehrershäusern waren, viel Unflätiges wurde über sie geschrieben, während die Angst anfing umzugehen bei den Eltern: Wer war noch sicher, wohin es die Kinder trieb, wenn sie erst in die Jahre kamen? Andreas wußte von verzweifelten Vätern, Müttern, die nichts tun konnten als hilflos abwarten. Was für ein Wort war da aufgekommen: Sympathisant, das

zum Politikum wurde, reihum die Intellektuellen der Bundesrepublik verdächtigte, durch die Medien zerrte und Unheil
über die Familien brachte.

Die CDU hatte zum erstenmal die Position der stärksten Frak-
tion im Deutschen Bundestag verloren. Willy Brandt wurde
zum Kanzler gewählt, er nahm den Friedensnobelpreis entgegen, Heinrich Böll den Nobelpreis für Literatur. Dieses Jahr
der lebhaftesten Bewegungen in der Öffentlichkeit begleitete
Andreas mit Kommentaren, wenn er sich frühmorgens mit
mir im Schwimmbecken tummelte, wo wir doppelt vorhan-
den waren: als Triton und Nereide, von ihm auf Boden und
Seitenwand gemalt, meistens in Dampfwolken eingehüllt,
weil sich das Wasser die Nacht über nur zu stark oder zu
schwach aufheizen ließ, falls man nicht den Wecker stellen
wollte; meine Bedenken wischte er weg, auch die Japaner
säßen im vierzig Grad heißen Wasser; er ging auf und ab, seine
Gedanken sprühten, das Wasser sprühte unter peitschenden
Schlägen seiner kommentierenden Handbewegungen oder
wenn er den Strahl der Gegenschwimmanlage sich auf den
Rücken trommeln ließ: Palästinenser, RAF, Radikalenerlaß,
Brandt, Heinemann, Bahr und Böll und Documenta, was mit
dem Osten im Gange war und Erleichterungen brachte,
SALT-Abkommen, Ratifizierung der Gewaltverzichtsverträ-
ge im Bundestag, Grundvertrag zwischen BRD und DDR mit
gegenseitigen ständigen Vertretungen, Verkehrsvertrag und
Amnestie, diplomatische Beziehungen mit Polen – ob man bei
künftigen Reisen etwas davon bemerken würde? Manchmal
dachte ich, wer da am Drahtzaun vorbeiginge, stehenbliebe
hinter den Büschen, zuhörte, was da im Becken dröhnte und
durch Löcher, verquollene Hölzer, Plexiglasscheiben drang,
würde auf seine Kosten kommen. Eine Zeitung könnte man
füllen mit dem, was in die Luft gesprochen wurde.

Die Ostseebiennale für Malerei, Plastik, Grafik in Rostock
wurde von den Anrainerstaaten Polen, UdSSR, Dänemark,
Schweden, Norwegen, Finnland, Island beschickt. Sie hatte

schon viermal stattgefunden mit bundesdeutscher Beteiligung, doch die skandinavischen Länder ließen verlauten, der westdeutsche Beitrag repräsentiere keineswegs die BRD, sondern ausschließlich den Sozialistischen Realismus der DKP-Kunstauffassung. Wer wäre geeigneter gewesen als Grieshaber, zu jenem Zeitpunkt in das Vakuum zu stoßen, auch wenn die Einladenden nicht ahnten, was auf sie zukam. Grieshaber wußte zwar, mit welchen Schwierigkeiten er zu kämpfen haben würde, berief sich bei seinem Entschluß mitzumachen auf das KSZE, in dessen Zeichen die nächste Biennale-Ausstellung stattfinden sollte, doch rechnete er nicht mit den Fuchseisen, die ihm die eigenen Landsleute legten. So fuhren wir noch einmal diesen Herbst von Deutschland nach Deutschland ins novemberliche Dresden, zur vorbereitenden Sitzung des Biennalekomitees. Präsident war Niemeyer-Holstein von Lüttenort auf Usedom, ein nobler alter Malerprofessor aus dem Königsberger Umkreis, nach dem Krieg in der Heimat geblieben, Entwurzelung fürchtend; Grandseigneur, Käppn genannt als Eigner einer Yacht, im Knopfloch stets eine jahrtausendalte kostbar gefaßte silberne Drachme. Er kannte Grieshaber und setzte ihn durch, weil er wußte, auch er würde sich seinen Gegnern gegenüber durchsetzen. Wir erlebten ein freundliches Zusammensein älterer Damen und Herren, die bis auf die Sowjets sich deutsch verständigten, Kunsthistoriker, Museumsleute, Maler, Bildhauer, bereichert vom taubstummen jungen Isländer, der gurgelnde Rachenlaute ausstieß, soff, Dieter Rot auszustellen wünschte, der in Island unterrichtet hatte, und Grieshaber begeistert annahm, weil er, auf Tischtücher und Servietten zeichnend, sofort Kontakt mit ihm herstellte.

Mit dem bisher einzigen BRD-Kommissar der Biennale vermied Andreas jeden Zusammenstoß, obwohl er provoziert wurde. Grieshaber sagte, und sagte es täglich bei diesem Anlaß, neun Jahre lang: Wir haben keine Kulturverträge. Ich bin weder berechtigt, für die BRD zu sprechen noch Kunst auszuwählen. Der andere begriff nichts. Weder Grieshabers

Einstellung, noch seine Worte, hielt ihn für querköpfig, bös-
willig bis verrückt. Grieshaber sagte: Was ich kann, ist mich
selbst einbringen und ehemalige Schüler fragen, ob sie mitmachen wollen. Zum Beispiel, meine Sintflut könnte an die
Ostsee passen im Zeichen der KSZE. Der andere war auf dem
Umweg über Moskau angereist. Auch er malte und gab eine
kostspielige Kunstzeitschrift heraus, die sich niemals selbst
finanzieren konnte. Der andere brachte zu jeder Biennale
mehr Kollegen mit, als ihm zugeteilt waren, seine Freunde
füllten die Kojen mit einer Malerei, die inzwischen DDR-
Maler hinter sich gelassen hatten. Der andere störte das Klima
der Arbeitssitzungen, an denen ich als schweigender Gast
teilnehmen durfte; man sprach sich über Grundsätzliches aus,
brachte Pflicht- und Kür-Statements, erwog die Möglichkeiten einer stärkeren Berücksichtigung modernistischer Strö-
mungen, die ja keineswegs spurlos vorübergegangen waren an
den Ostseeländern. Der andere störte die anschließenden gemeinsamen Mahlzeiten und Ausflüge, das «Gesellige Beisam-
mensein». Er spann seine Intrigen gegen das Eindringen, die
drohende Unterwanderung durch westliche, bürgerliche, kapitalistische Kunst. Grieshaber sagte, mehr als drei bring ich
nicht mit, und überließ dem anderen zwölf von fünfzehn
Teilnehmerkarten. Im nächsten Sommer in Rostock würde zu
sehen sein, was er sich dabei vorstellte. Eine Konzeption, die
sofort in seinem Kopf Gestalt angenommen hatte.

In der Bundesrepublik brachte das sich neigende Jahr noch
Veranstaltungen mit einem Plakat, das Andreas für mich
gemacht hatte: Über der jetzt quergelegten weinroten Figur
eines mittelalterlichen Minnesängers aus dem längst vergriffe-
nen Plakat «Chanson Folklore International» erhob sich ein
orangefarbenes tanzendes Paar; der Text kündigte meinen
dritten Gedichtband *Das andere Ufer vor Augen* mit Holzschnitten von Grieshaber an. Jedem, der ihn darum bat, signierte er
Buch und Plakat; wo immer es hing, strahlte es Zuversicht für
mich aus, mein Weg sei der richtige, Andreas und ich das
tanzende Paar, den Wurzeln entstiegen.

Weihnachten würde ich von jetzt an im Altenheim bei der Mutter verbringen, wo sie inzwischen lebte, am Rande der Ostalb, und darauf warten, bis Andreas' Telephonstimme sagte: Komm schnell, die Achalm ist leer.

Ich fürchtete mich vor dem Januar. Den gefährlichen Wochen für Andreas' Bronchien, jahraus, jahrein warf es ihn aufs Lager, sehr hohes Fieber, Erstickungsängste, Hustenanfälle, stets mit dem Allerweltswort Grippe bezeichnet, behandelt vom Hausarzt mit der Ruppigkeit des ehemaligen Schiffsarztes, was Andreas gleichzeitig gefiel und ihn kränkte. Das Schreckgespenst einer Lungenentzündung wurde nicht erwähnt. Ich aber spürte die Kälte, die aus allen Winkeln kroch, die Zugluft, von ihm mißachtet, hörte seine Klagen über die Stockflecken in den kostbaren Papieren seiner frühesten Holzschnitte, schleppte klamme Kleider, modrige Stoffe vor Öfen, die immer wieder ausgingen, wenn wir zu müde waren, abends noch Kohlen aus dem Eis zu hacken, die Öfen zu füllen, den Bedarf für den nächsten Frühmorgen bereitzustellen; immer wieder einmal ging Andreas bettwarm, barfuß durch den Schnee zum Kohlenverschlag. Wie oft wurde ein Impuls, etwas anderes zu tun, bestraft durch Erlöschen der Öfen, rapide Abkühlungen, zehn Grad minus im Freien drangen durch die Ritzen der Bretterwände, die dünnen, schadhaften Dachpappeauflagen, durch augenblicklang geöffnete Türen, doch ich kämpfte vergebens gegen den überkommenen Aberglauben, die Achalm sei nur mit Kohlen zu heizen; der Pfau, die Hühner, Katzen, Blumen hatten es warm im elektrisch beheizten Glashaus, das man nur kontrollieren mußte. Im Atelier gab es zwar eine elektrische Zusatzheizung, doch stellte Andreas sie nachts ab; er brauche die kalte Luft durchs geöffnete Fenster, sonst könne er nicht atmen. Nur wenn ich zu ihm schlüpfte, heizte er, daß die Wände krachten. Dann lagen wir still, horchten auf die Geräusche der Tiere, das Knacken der Äste, sahen den Sternenhimmel oder den Mond über der weiten Schneelandschaft funkeln, und fanden den Winter wunderbar. Meinen Wohnwagen hielt ich mit

Hilfe eines kleinen Radiators mollig warm; ich hatte bald herausgefunden, daß es an kalten Tagen sinnlos war, ihn stundenweise abzuschalten, weil man ihn sonst auf die doppelte Leistung einstellen mußte und an der Wand überm Bett eine Eisschicht sich bildete. Andreas hielt es für Abhärtung, nach dem dampfenden Bad sich im Schnee zu wälzen, doch immer wieder reagierte sein Körper anders darauf, als er es erwartet hatte. Nie behandelte er ihn systematisch, war absolut untrainiert, hab ich ihn je eine sportliche Bewegung machen sehn? Vom Osterritt vor meiner Zeit sei er mit einer Lungenentzündung zurückgekommen, sagte er. Wie er sich ins Wasser, in den Schnee fallen ließ, stürzte er sich in alle Arbeiten; spontan, maßlos, nur wenn es die Kunst betraf, gekoppelt mit unüberbietbarer Exaktheit. Am Heiligen Abend sagte er mir am Telephon, daß wir Anfang Januar zur Einweihung des Europäischen Gerichtshofs nach Luxemburg reisen würden, also war ich glücklich, dem gefürchteten Monat für eine Weile zu entrinnen.

31. Londongrippe in Paris

Wir fuhren mit dem Zug. Das Hotel hieß «La Cravatte» und umgab uns mit Geborgenheit. Der Neubau des Europäischen Gerichtshofs erstrahlte, die Holzstockwand stand gut im Sitzungssaal mit der Justitia in der Mitte. Den kalifornischen Professor, langjährigen Betreuer des Männerwalds in Florida, bevor er zum Areopag umbenannt wurde, von Andreas nach Luxemburg eingeladen, hatte man mit einem Messer im Rücken tot auf dem Universitätscampus gefunden. Die Einweihung ging mit den aus solchen Anlässen üblichen Feierlichkeiten über die Bühne: das Großherzogspaar gab sich die Ehre, die juristischen Repräsentanten Westeuropas zu empfangen, dazu etliche Bauleute und Künstler. Die Tischordnung beim Festessen plazierte Grieshaber neben den neuen Präsidenten

Lordoberrichter aus England, der in diesem Jahr turnusgemäß den Deutschen abgelöst hatte. Er kam zu spät, mit dem eigenen Wagen, die Überfahrt sei sehr stürmisch gewesen, plauderte angenehm, beim Mokka von der Hongkonggrippe, die derart in England grassiere, daß man sie jetzt Londongrippe nenne. Für Andreas war sein gepflegtes Englisch ein Genuß. Dann gab es noch die Eröffnung einer Grieshaber-Ausstellung im Museum von Luxemburg mit den üblichen Vor- und Nachwehen und eine Teestunde mit meiner Freundin Anise Koltz, der Poetin in zwei Sprachen, bevor wir uns in den Zug nach Deutschland setzten. Auf dem Bahnsteig in Metz sagte Andreas: Gegenüber steht der Zug nach Paris. Möchtest du umsteigen? Wartete, bis ich ja gesagt hatte. Dann saßen wir im entgegengesetzten Schnellzug. Ich war aus dem Häuschen vor Freude. Andreas heiter erregt und bewegt: ihm selbst sei es nie gut gegangen in Paris, diesesmal solle ich ihm Glück bringen; bevor wir nicht alles gesehen hätten, was ihm diese Stadt und Frankreich bedeute, seit er sich selbst zum Denken erzogen habe mit Hilfe der großen Franzosen, würden wir nicht zurückfahren. Daheim standen sie in seinen Bücherregalen, die Dichter und Maler und Philosophen, zerlesene, ramponierte Ausgaben, französisch, in alten Ledereinbänden, daneben, wie unberührt, Kant, Nietzsche, Heidegger. An der Gare de l'Est fing es zu dämmern an. Kinoplakate überall: ein Film über Deutschland, Gorillafigur, Peitsche, Stiefel, das Hakenkreuz, weiße Blitze auf schwarzen Spiegeln, ein schlechter Willkomm, sagte Andreas. Wechselte Geld ein. War plötzlich erloschen, wollte nicht lange suchen und nahm entgegen seiner Gewohnheit Quartier in einem kleinen Hotel Garni, das nicht gerade einladend gegenüberstand, die Luxemburger Strapazen auszuschlafen.

Früh am nächsten Morgen machten wir uns auf den Weg. Andreas gab sich frisch wie der Tag; leergefegt von Wolken der Himmel, doch die Sonne konnte nichts ausrichten gegen den kalten Januarwind. Ich seh uns die Seine auf- oder abwärts gehn, quaientlang, wo Andreas die Kästen der Bouquinisten sucht, aber da sind nur Blumenfrauen, ihre Hände in schwarzgestrickten halbfingerlangen Handschuhen strecken uns Hyazinthen entgegen. Wir werfen sie vom Pont Neuf ins dunkle Wasser für Paul Celan. Für Heinrich Heine. Andreas zeigt mir die Straße, auf der sie Charlotte Corday im Karren zur Place de la Concorde zogen, die das Herz fast am Schlagen hindernde Sainte-Chapelle. In der Schattenschlucht einer Gasse macht Andreas einen Schritt über die Bordsteinkante und schreit auf, beschwichtigt mich dann, zieht mich an der Hand mit sich, dorthin, wo Ludwig der Heilige, Philipp der Schöne das Herz von Paris zu Frankreichs Herzen machten. Inständig versuche ich, die Jahrhunderte durchsichtig werden zu lassen, wie sie Andreas erscheinen, aber ich komme immer nur zu Gefangenen; statt der Tafelfreuden in gotischen Sälen sehe ich verfaulendes Stroh, Eiter, Aussatz, Geschwüre, Fäkalien, sehe Blut und Schaum durch Steinrinnen fließen, die sich dem Fluß entgegenneigen, höre Verfluchungen, Schreie, Gewimmer, letzte Gebete überall in der Conciergerie durch die Zeiten, nichts als Verliese, Steinquadern, Düsternis, das Gemetzel am Volk, bis es sich erhob und sein eigenes Gesetz zum Gemetzel machte; die Guillotine arbeitete zuverlässig wie eine Nähmaschine, sagt Andreas. Liberté, Egalité, Fraternité steht an den Kirchenfassaden. Wir lesen das Schild «Salle des Pas-Perdus», den man nicht mehr betreten darf. Viel Polizei fährt aus der Cour du Mai, hinter Absperrungsketten sehen wir schwarzgekleidete Herren zu ihren Chauffeuren treten, hören leises Zuschlagen von Limousinentüren. Geblendet stehen wir vor Notre Dame in der Sonne, Malraux hat das historische Paris soeben sandstrahlweiß blasen lassen, Andreas muß sich auf mich stützen, schleppt sich zur Statue der liliengeschmückten Notre Dame de Paris, sagt, sieh wie eisig sie ist, wie kalt sie blickt, ihren unglaublichen Hals, nachts steigt sie herunter, legt das Kind schlafen und strippt auf den Boulevards, ihre Gleichgültigkeit kommt von den aufzischenden Dezennien. Er beugt nicht das Knie wie vor allen Madonnen zwischen Blaubeuren, Byzanz, also traue ich mich nicht, ihr eine Kerze anzuzünden, dann sinkt Andreas auf eine Bank, legt das Bein hoch, birgt den Kopf in meinem Arm. Der Fußknöchel ist dick aufgeschwollen. Sein Atem hat etwas von Keuchen. Für meinen eignen gefährdeten Fuß habe ich stets eine Bandage dabei, so kann ich sein Bein auf der Kirchenbank wickeln. Vergiß die Fensterrosette nicht, sagt er. Führt mich zum zweiten Pfeiler am Choreingang und zeigt auf die Tafel in mehreren Sprachen: «Hier hatte an einem Weihnachtstag Paul Claudel ganz plötzlich das zerreißende Gefühl der Unschuld und ewigen Kindheit Gottes.» Dann steigen wir hinab zur Spitze der Ile de la Cité, wo die Seine zusammenfließt, zum Memorial de la Déportation. Wir sind allein an diesem Ort. Nichts für Touristen. Es ist still. Im Zentrum von sieben Millionen. Andreas treibt an: zum Louvre. Warum nicht morgen? Morgen ist ein anderer Tag, sagt Andreas, und das hieß meistens: Morgen können wir schon weit fort sein. Morgen kann die Welt untergehn. Ich denke an seinen Fuß, sein Atmen, wie er zu husten anfängt, wie er kaum angezündete Zigaretten wegwirft; wie lange schon war er rückfällig geworden nach Dresden? Sein Gesicht ist sehr blaß, die Wangenknochen haben rötliche Flecken. Doch schon die Art, wie ich ihn betrachte, verbittet er sich. Kein Grund zur Besorgnis. Es ist Nachmittag, als Andreas mich und sich selbst noch immer scheinbar beflügelt durch das größte Museum der Welt schleppt.

Das kann man nicht machen an einem Nachmittag, nicht einmal, wenn man Andreas ist. Beide wissen wir, daß wir leicht ein paar Wochen im Louvre verbringen könnten, doch wir beide spüren, daß wir mit jedem Atemzug, jedem Schritt eine Essenz herausfiltern müssen, Paris in nuce. Die Griechen sind es, die uns noch gelingen im Louvre, einander umschlingend vor dem Panathenäenfries gedenken wir so vieler Tage auf der Akropolis, jeder für sich, nichts als den blauen Himmel an Stelle des Giebelfelds; jetzt sind wir Gast bei Phidias und Polyklet. Defilée an Statuen und Stelen, Praxiteles, Nike und Venus müssen sich mit einem Zunicken begnügen, auf der Escalier Daru stolpert Andres zum zweitenmal, vorbei, vorbei Hellenistisches, Römisches. Dreitausend Jahre dahinter zurück ist ein Schock, den wir empfinden, als säßen wir in H. G. Wells Zeitmaschine; Empfang beim ägyptischen Schlangenkönig, sagt Andreas, spricht abgerissen vor der Prinzessin, dem Hockenden Schreiber, der Opferträgerin, als sei er mit ihnen vertraut, warum hat er mir von Ägypten bisher nur über Fellachendörfer erzählt und vom Opium, als er zwanzig Jahre alt war? Auf der Escalier Champollion stütze ich ihn, der Apis-Stier öffnet den Weg zu Sethos und Hathor, Andreas kniet bei hundsköpfigen Affen, als helfe er ihnen die Sonne anbeten, tut, als nestle er an seinem Schuh, bis der nächste Menschenschub vorüber ist, kämpft mit einem Hustenanfall, taumelt über die Escalier Asiatique, stößt mich von sich, ruft: Es fängt alles erst an, wenn wir Euphrat und Tigris erreicht haben, Ur, Assur, Babylon; von Geiern, geflügelten Stieren, Löwen flankiert, die mit Krallen, Schnäbeln und Flügeln nach uns hacken, sehen wir zwischen Susa und Tell-Ahmar, wie sich die Katzen die Pfoten lecken. Dann steht Andreas hoch aufgereckt auf einer Treppe, die Königsmäntel mit den weißen stilisierten Pfeilen als Liliensymbol ihres Blaus wegen preisend.

Andreas war nie der Mann aufzugeben. Wir stiegen in die erste Etage. Nahmen kaum noch etwas wahr von Vasen, Bronzen, Terrakotten, Kykladenidolen. Er möchte jetzt gleich mit mir zu den Frauen Picassos gehen, sagte Andreas, die aber weit weg in einem anderen Museum untergebracht seien.

Ein Taxi brachte uns ins Hotel Garni an der Gare de l'Est. Andreas ließ sich beim Ausziehen helfen. Dann kam der erste Schüttelfrost. Irgendwann sagte er, die Justitia hat es getan in Luxemburg. Der Lordoberrichter brachte mir die Grippe aus London mit. Ich wußte, was eine Grippe war. Daß sie nichts mit den hundert Erkältungskrankheiten zu tun hat, die so genannt werden. Eine Grippe kann gefährlicher sein als eine Operation. Aspirin war alles, was ich dabei hatte. Sollte ich Wadenwickel machen? Mit dem einzigen Handtuch? Das

Zimmer war kühl. Ich blieb angezogen, schob Andreas mein Kissen unter den Kopf. Deckte ihn mit meiner Decke zu, legte mich unter unsere Mäntel. Irgendwann begann das mit dem Floß. Er sprach immer vom Floß. Daß es vom Ufer abgetrieben sei. Weit draußen auf den Wogen schwimme. Daß er sich nirgends festhalten könne. Hin- und herrolle. Warum ich nicht bei ihm sei auf dem Floß. Ich rutschte ganz nah an ihn heran. Nahm seine Hand. Sie war so heiß wie die Stirn, der Körper. Dann schlugen ihm wieder die Zähne aufeinander. Ich konnte nichts tun als seinen Schweiß trocknen. Sobald ich einnickte, weckten mich seine Wörter, Sätze, längst jenseits von zu erratenden Zusammenhängen, unterbrochen von Hustenanfällen, als müsse er seine Lungen herauswürgen. Das Floß kehrte immer wieder. Er nahm mich längst nicht mehr wahr. In der Früh, als ich die ersten Schritte hörte, rannte ich die Treppen hinab zur Rezeption. Niemand sprach Deutsch. Monsieur est malade. S'il vous plaît pharmacie? Verstand kein einziges Wort. Fand die Apotheke, verlangte ein Fieberthermometer, rannte zurück. Vierzigsieben. Rannte zur Rezeption. Zeigte das Thermometer. Monsieur très malade. S'il vous plaît un docteur. Ich gestikulierte. Die Tränen liefen mir übers Gesicht. Café? Ich nickte. Sie drückten mir ein Tablett in die Hand mit einer Kanne, Tassen, zwei Croissants. S'il vous plaît eau de minérale pour monsieur. Andreas schwamm weit weg auf purpurnen Wogen. Irgendwann gelang es mir, ihm Flüssigkeit einzuflößen. Dann kam der Doktor. Sah grimmig aus, wie ein alter Soldatenarzt, dachte ich. Ich zeigte ihm das Thermometer. Er untersuchte Andreas. Gab ihm eine Spritze. Intravenös. Schrieb ein Rezept heraus. Begriff, daß ich ihn nicht verstand. Machte eine Zeichnung, wie die Medikamente einzugeben seien. Schrieb auf, daß er gegen 18 Uhr wiederkomme. Als ich fragte: Monsieur bon? schüttelte er den Kopf. Demain hôpital. Andreas kam zu sich. Sagte französisch: Nicht in die Charité. Nicht in die Charité. Der Arzt zuckte mit den Achseln. Ich rannte wieder in die Pharmacie. Kaufte Medikamente. Vichywasser. Eine Stange Brot für mich. Rannte zurück. Die Rezeption war schon verlassen bis zum späteren Nachmittag. Dann blieb mir nichts weiter als zuzusehen, wie Grieshaber kämpfte. Mit der Grippe. Mit der Atemluft durch die kaputten Bronchien. Mit dem Husten. Dem Fieber. Dem Tod. Keine Hilfsmittel. Kein Eis, keinerlei Komfort. Ein Waschbecken neben dem Fenster, das Andreas geöffnet haben wollte, sobald er bei sich war, ein trüber Spiegel, ein mattes Licht durch die fliegenbeschmutzte Lampe. Erst am Abend konnte ich nach Tee fragen. Meine Hände formten eine große Kanne. Sagte: pour la nuit. Und Mineralwasser. Der Arzt kam und spritzte wieder intravenös. Andreas sprach Französisch mit ihm. Doch ich wußte ja, was von dem zu halten war, das er deutsch von sich gab. Auch der Arzt wußte Bescheid. Wieder das flehentliche: Nicht in die Charité.

Mit einem Ruck schließt der Arzt das Fenster. Deutet auf Andreas' Brust: Da fehlt Luft, die kommt nicht von draußen, Andreas ist bei sich, redet Französisch, bekommt seine Spritze, ich frage: Hôpital? Der Arzt zuckt die Achseln, schüttelte den Kopf, sagt zu Andreas: Übersetzen Sie es Madame. Als er gegangen ist, sagt Andreas: Ganz Paris ist von der Grippe befallen. Die Kliniken haben keine Betten mehr frei. Er wird auch mit der Rezeption sprechen, daß sie keine Schwierigkeiten machen. Wieder renne ich zur Pharmacie. Kaufe Andreas einen Pyjama. Handtücher. Eau de Cologne. Apfelkompott, das einzige, was er sich einlöffeln läßt. Für mich eine Stange Brot. Ein Stück Käse. Der Hotelconcierge muß ich Zuversicht vormachen. Damit sie uns behält. Abends Tee kocht. Die Büchsen mit Apfelkompott öffnet. Schon habe ich ein pantomimisches Repertoire. Da hilft kein Antibiotikum, nichts Intravenöses von Digitalis und Strophantin: Londongrippe, Hongkongvirus, Floß der Medusa, Narrenschiff, styxwärts auf Abwasserkanälen unter den Straßen von Paris, mit allen Bildern der Maler beladen. Tangverflochten liegen wir tags unter der Oberfläche, bei Nacht schlingern wir in den Fieberstrudeln.

Den handtaschengroßen Kassettenrecorder, für Luxemburg mitgenommen, um festzuhalten, was Andreas dort sagen würde, steckte ich jetzt in den endlosen Abend- und Nachtstunden, während die Angst mich schüttelte, unter die Mäntel, das nie zu beschreibende Geflirr der Fiebereinfälle aufzunehmen, das Wortfeuerwerk eines homme de lettres, der explodieren ließ, was er in Jahrzehnten gesammelt hatte, köstlich und grauenvoll, mein Ohr nahm das Kaskadengeriesel auf, mein Gehirn behielt nichts als die Hoffnung, der Kassettenrecorder tue es für mich. Inzwischen liegen weit über hundert Kassetten in wüstem Durcheinander unbeschriftet in einem Koffer; es bedürfte vieler Monate, sie abzuhören, und vielleicht hat es die Zeit gelöscht, wenn ich je dereinst den Versuch machen werde.

Andreas wollte nichts essen. Bat um eine Consommé, es war nicht möglich, sie in dem Hotel zu bekommen, auch nicht für ein hohes Trinkgeld. Also fing ich an, Babykost zu kaufen, er ließ es sich gefallen, daß ich sie ihm einlöffelte, kalt aus dem Gläschen. Der Husten nahm immer noch zu. Morgens, als der Arzt wieder den Kopf schüttelte, nachdem ich ihn gefragt hatte, ob es Monsieur besser gehe, sagte ich vor der Tür zu ihm: Er ist kein Nazi gewesen, kein Boche. Er war ein Antifaschist. Keinerlei Reaktion. Am Abend sagte der Arzt zu mir in gutem Deutsch: Sie können mit mir in die Nachtapotheke fahren. Die andere nebenan hat schon geschlossen. Ich sah ihm in die Augen. Also doch. In seinem Auto sagte er: Ich war in deutscher Kriegsgefangenenschaft. Floh. Ging dann zum Maquis. Was meint Ihr Mann mit der Charité? Die gibt es nicht. Ich sagte, er habe aus der französischen Literatur irgendeine schlimme Geschichte in Erinnerung, die in der Charité spiele. Nachdem wir schon eine Weile am Bordstein parkten, sagte der Arzt: Wir sind machtlos gegen diese Virusgrippe. Hunderttausend sind davon befallen. Ich hoffe, wir bringen ihn über den Berg. Seine Bronchien sind nicht gut. Ich begleite Sie noch in die Pharmacie, dann geht es schneller. Der Arzt fuhr mich wieder vors Hotel. Andreas bekam keine Spritzen mehr.

In der Nacht sagt er, du pflegst mich, danach pfleg ich dich, bis sie uns in die Mülleimer stecken, die so viel Lärm machen, ohne daß wir den Arc de Triomphe, Père Lachaise, St. Germain-des-Prés sehen, was tust du, wenn ich alles ausspucke, was auf der Zeichnung steht.

Am nächsten Morgen rannte ich zur Post hinter der Gare de l'Est. Ließ mich mit Stuttgart verbinden, wo eine Anlaufstelle für Grieshaber-Notfälle war. Sagte: Er ist sterbenskrank. Ich kann nicht länger untätig zusehen. In eine Klinik kann er nicht. Wissen Sie irgendeine Adresse? Auch brauchen wir Geld. Nannte das Hotel. Am Nachmittag kam ein junger Arzt, der vierzig Kilometer entfernt praktizierte. Er sprach Deutsch. Untersuchte Andreas. Schrieb neue Medikamente auf. Er komme jetzt jeden Nachmittag zum Spritzen. Das Fieber sank endlich. Aber sein Herz tat weh. Am Morgen danach hatte ich Fieber. Schlimmes Kopfweh. Ich verrichtete alle Handreichungen, Gänge zur Rezeption, Wäsche-, Nahrungs-, Getränkenachschub, in der Zwischenzeit und in den Nächten lag ich, nicht selten wimmernd, zusammengerollt unter den Mänteln. Andreas stand auf und rasierte sich. Gab mir die Bettdecke zurück. Nahm selbst den Mantel. Ging wie ein gefangenes Tier im winzigen Zimmer auf und ab. Stand Stunde um Stunde am Fenster, sah hinab. Erzählte, was er sah. Den Métroschacht. Das schöne Jugendstilgitter. Gesichter, die Kleidung der Menschen, die herauf- und hinabtauchten. Clochards, die sich allabendlich auf den warmen Gitterrosetten der Luftschächte einfanden. Mit Zeitungspapier zugedeckt. Würfelten, Karten spielten, tranken. Die Mülleimer durchsuchten. Sich abwechselnd auf die Bänke unter den kahlen jungen Platanen legten und wieder wärmten über den Schächten. Nach Mitternacht wurde der Métrozugang geschlossen. Mein Kopfweh nahm mörderische Ausmaße an, die spezifischen Hormontabletten waren zu Ende gegangen, mit den üblichen Schmerzmitteln war mir nicht zu helfen. Der alte Arzt verabschiedete sich. Wir hätten Glück gehabt, er brauche nun nicht mehr zu kommen. Andreas sei aber nicht vor drei Tagen reisefähig. Geld traf ein.

Abends ging ich in ein großes Speiserestaurant an der Gare de l'Est, sagte: Monsieur très malade, Hotel garni, s'il vous plaît Fisch. Wir sind Elsässer, sagte der Mann hinter der Theke, Sie können Deutsch reden. Nein, er habe keine Forelle, auch keinen Heilbutt, nichts als Rochen. In silberner Kasserolle schwimmend trug ich nach langer Wartezeit einen Rochen die Straße hinab, schneeweiß gekocht. Andreas sagte, bei seinem Anblick vergeht mir der Hunger. Er schwamm all die Nächte neben mir her auf dem Fieberfloß. Seinen Kopf findest du in den flandrischen Stilleben im Louvre.

In der Nacht sagte ich, der Arzt hat gesagt, es gibt keine Charité. Natürlich gibt's eine Charité, sagte Andreas. Daß ich mich wehrte, daran ist nur Don Gustavo schuld. Nein, das ist keine Figur von Balzac. Gustav Regler, *Das Ohr des Malchus*, Kommissar der internationalen Brigade in Spanien, ist auf der Achalm niedergekniet, hat sein Hemd heruntergerissen, damit wir durch das Loch in seiner Brust sehen könnten. Daraufhin knieten wir ebenfalls nieder. Dann erzählte er von der Charité: In einem Labyrinth von unterirdischen Gängen habe man ihn, auf dem Schragen liegend, vergessen. Nur seiner Frau Peggy verdanke er, daß er noch lebe, mit ihrer amerikanischen Resolutheit sei sie dort eingedrungen, habe das ganze Areal durchsucht, bis sie ihn gefunden habe.

Am nächsten Nachmittag stand Friedrich Hagen im Türrahmen. Der jüdische Emigrant aus Nürnberg, Untergrundkämpfer, Schriftstellerfreund von Johannes und mir, Andreas-Verehrer, war von Stuttgart aus benachrichtigt worden. Er setzte sich auf den einzigen Stuhl unters offene Fenster. Plauderte eine Stunde, erfuhr, daß wir seit sieben Tagen nichts Warmes gegessen hatten. Andreas, ermüdet von dem Gespräch, das er hochgeschraubt hatte nach langer Entbehrung, bat ihn, mir noch einiges von Paris zu zeigen und ihm dann ein gebratenes Hähnchen mitzubringen, damit wolle er den Rochen vertreiben. Also schleppte ich mich an der Seite des alten Charmeurs durch die Quartiere und ließ den geistvollen Cicerone nicht merken, wie elend ich war, daß ich fast nichts aufnehmen und weniger noch behalten konnte von dem, was er mir als sein Paris bot, das nur Eingeweihte vorzustellen imstande waren. Als wir auf dem Rückweg, nicht weit von den beiden schwarzen Toren entfernt, wo die meisten Barrikaden standen einst, an den Hähnchenbratereien vorbeikamen, wollte Hagen nicht irgendein fertiges, kaufte eine frische Poularde, fragte, wie lang es dauere, wartete, bis sie am Spieß steckte und zeigte mir zwischendurch noch dies und das, ohne zu merken, daß ich am Umkippen war. Die Poularde wollte nicht gar werden. In Staniol gepackt, brachten wir sie endlich ins Hotel, Hagen verabschiedete sich. Die Poularde, von Andreas zum erstenmal mit Appetit aufgerissen, war im Inneren blutigroh. Voll Abscheu schob er sie von sich. Ich trug sie hinab zu den großen Mülleimern. Kaufte im Feinkostgeschäft, was ich an Köstlichkeiten fand. Vergebens, Andreas wollte nichts essen. Und ich war zu erschöpft dazu. In der Nacht wachte ich auf, sah Andreas am offenen Fenster stehen und an einem Zwirnsfaden aus dem Nähzeug des Interhotels in Magdeburg die Butter, den Lachs, den Räucherschinken, den Käse, die Gänseleberpastete zu den Clochards hinabseilen.

Wieder bin ich auf dem Weg zur Pharmacie. Immer noch Watte unter den Füßen, häuserabtastende Mattigkeit. Plötzlich von irgendwoher ein Vibrieren, helles rhythmisches Näherkommendes, Stimmen, Pfiffe, Geschrei, eine Trommel, und die Leute auf den Trottoirs bleiben stehen, gehen rascher, reißen mich mit, fangen zu traben an, schon muß ich laufen, schon füllt der Zug die ganze Breite der Straße aus. Jetzt erlebe ich, wie das ist, wenn Autos vor einem fliehen. Wir sind ein wilder reißender Strom unter roten und schwarzen Fahnen. Ich habe Angst, nicht Schritt zu halten, lasse mich an den Rand schieben. Eine Frau reißt mich zurück in den Strom, allons à la manifestation. Da ertönen Sirenen aus einer Seitenstraße, breitspurig greifen graue Wagen an, Transporterkästen, vergittert mit Kopf-an-Kopf-Polizisten, schwärmen aus, klein und schwarz und geduckt in Helmen hinter den Plexiglasschilden. Da mache ich mich taub und renne zurück ins Hotel.

Am neunten Tag bestellte Andreas ein Taxi und ließ uns von ihm noch einmal an allem vorüberfahren. Und der große Boul' Mich war nach dem Grippefloß nur eine Gasse voll blauem Himmel. Wir wollten jetzt keinen Père-Lachaise sehen, sondern in St. Germain-des-Prés Tee trinken, uns der Wolkenjagd über Sacre-Cœur überlassen.

Am nächsten Morgen saßen wir sehr früh im Zug nach Deutschland. Keiner sprach es aus, aber wir wußten, wir würden Paris nicht wiedersehen. Im Hotel gab es kein Frühstück, niemand, der uns die Koffer zur Gare de l'Est gebracht hätte. Wir halfen uns gegenseitig, waren matt, taumelten. Keine Zeit mehr für einen Kaffee, ein Croissant. Doch als wir den Speisewagen suchten, war er nicht da. Er werde später angehängt. Nach einer Stunde lief ich den Zug ab, nach vorn, nach hinten, fragte Schaffner, zuletzt Passagiere nach einer Flasche, nach einem Schluck Wasser, damit ein Kranker seine Medikamente einnehmen könne. Vergebens. Andreas saß im kalten Erster-Klasse-Abteil und hustete. In Nancy, sagten sie, komme der Speisewagen. Er kam nicht. Es gab auf keinem Bahnhof einen Kiosk. In Straßburg sprang ich auf den Perron und fragte, ob jetzt der Speisewagen komme. Er sei defekt, war die Auskunft. Die Kioske geschlossen. Da schrie ich. Schrie, bis die Leute in den Fenstern lagen, alle Schaffner zusammenliefen, schrie: Wasser, ich brauche Wasser, etwas zu trinken, mein Mann ist krank, er muß seine Medikamente einnehmen. Schon wollte der Zug wieder abfahren, doch ich blieb stehen und schrie und schrie, bis ein Uniformierter kam, sagte, ich solle warten, den Zug aufhielt, treppabwärts rannte, mit einer Cola zurückkam. Ich zahlte und ging damit zu Andreas. Sie mußte bis Stuttgart reichen. Vom Schreien war ich drei Tage lang heiser.

32. Griechenland-Spektrum

Andreas wußte, daß die Pariser Londongrippe ihn hart an den Rand des Todes geführt hatte. Wieder begannen die Nichtraucherkämpfe, je mehr die Schwäche von ihm wich und die Ausdauer wuchs, ein drängendes Arbeitspensum zu erfüllen. Kaugummi, Lakritze, Gummibärchen verabscheute er, ich brachte ihm eine Tüte voll Wacholderbeeren von der Alb, die Wunder wirken sollen, wenn man auf ihnen herumbeißt, er verzog das Gesicht, einzig mit Ingwer konnte ich das Fehlen der Zigaretten manchmal überbrücken. Selten gelang es mir, Besucher vorher beiseite zu nehmen und sie zu bitten, nicht zu rauchen; er schnupperte den Duft ihrer Zigaretten, sog ihn ein und ermunterte sie: Es tue ihm gut. Er genieße es.

Die Schweizer Zeitschrift *Spektrum* wollte eine neue Grieshaber-Nummer machen, die sie aus den roten Zahlen brächte, wie vor zwei Jahren das Dürer-Heft. Andreas hatte seine Bereitschaft erklärt, falls das Thema Griechenland sei; und daß er auch die Texte besorgen möchte. Schon im Herbst hatte ich die Briefe verschickt. Gedichte von zwanzig Lyrikern aus mehreren Ländern waren eingetroffen, dazu sieben Griechen: Ritsos, Vrettakos, Sinopulos, Vassilikos, Lentakis, Sarantis, Mastoraki; die meisten lebten im Exil. Isidora Rosenthal-Kamarinea, die Bochumer Freundin und Professorin, hatte sie ausgewählt und übersetzt.

Auf der Achalm liegen Bretter im *Spektrum*-Format bereit. Wie immer die vor Stille knisternden Stunden, in denen ich Andreas nur scheu wahrnehme, während er das erwartet, von dem man zu sagen pflegt: Er hat es sich ausgedacht. Oder: Es hat sich eingestellt. Dann hält er plötzlich das Messer in der Faust. Die stählerne Klinge vibriert, gibt einen Ton von sich, die Späne fliegen. Hinterher riecht es nach Druckerfarbe, eins ums andere wird an die Wand gepinnt: das weiße Blatt fast ausfüllende, schwarzflächige Figuren, lapidar, statuarisch, den Anspruch stellend, vervielfältigt zu werden: Zeichen,

Mahnbilder für Freiheit und Menschenrechte. Sechs Helme als Titelblatt, vom Ritterhelm bis zu denen der NATO-Streitkräfte. Griechische Soldaten, ihren Gefangenen an Toten vorbei zur Erschießung abführend, das Symbol des Scharfrichters mit dem Richtschwert am Ende des Zugs, die Jahrhunderte verbindend. Griechisches Volk, zusammengerottet, protestierend, riesige Fäuste an langen Stangen über den Köpfen emporhaltend. Eine Sphinx mit Hammer und Sichel. Einen Griechen als Elefant, oder der Elefant als Grieche, Rüssel und Arm mit der geballten Faust ein und dasselbe; Symbol des Widerstands, die Figur reduziert auf das wenige, dessen ein Zeichen bedarf. Es könnte in die Felswand einer Oase, in die Wand einer eiszeitlichen Höhle eingeritzt sein. Das künftige Griechenland-*Spektrum* würde einfach und rein aus Umriß und Fläche die Elemente des Holzschnitts herzeigen; anstelle der sonst üblichen, vielseitigen Graphik-Differenzierungen wirkten die Blätter, wie es einem Manifest zukommt.

Die USA zogen sich aus Vietnam zurück. Unsere Geburtstage gingen vorüber. Ein Schulkamerad von Andreas starb, er war im Krieg auf Kreta eingesetzt gewesen, Nichtausgesprochenes, Wiedergutzumachendes hatte ihn zu Grieshaber getrieben; eine Wegkapelle wolle er bauen im Lautertal; Andreas ließ Schulkinder Hinterglasbilder dafür malen, ein Steinmetz, durch ihn zum Bildhauer geworden, brachte die Madonna. Im Kellergewölbe seines stattlichen Wohnhauses hatte der Geläuterte ein kleines Theater eingerichtet und in den Fluren eine Galerie, dort spielten sie, dort hing an den Wänden, was zwölf Jahre lang verboten gewesen war. Grieshaber hatte geholfen, den Funken zu zünden, und sich dann zurückgezogen. Es war nicht die erste Beerdigung, bei der ich neben ihm stand; Grieshaber räumte dem Tod noch die alte Majestät ein. Sobald einer gestorben war, schien es mir, als schlüge er eine Trommel. Geld für wohltätige Zwecke statt Blumen tat Andreas mit knurrenden Worten ab, im Auto hatte ich jedesmal seinen großen Strauß von der Alb, den er ins Grab warf. Während der Zeremonie schien er unerreichbar, bedachte, was ihn mit dem Toten verbunden und was er ihm vorenthalten hatte.

Grieshaber schickte mich mit den Holzstöcken in die Schweiz, wo *Spektrum* gedruckt wurde, und weil Fastnacht spät lag, zeichnete er mir den Weg über die katholischen Dörfer der Alb und durch die Städte Oberschwabens in die Karte ein, damit ich beim Durchfahren bis an den Bodensee etwas vom Treiben der schwäbisch-alemannischen Fasnet zu sehen bekäme. Ich hatte keine Vorstellung, wie anders das war, als was ich bisher von der rheinischen Karnevalstradition durch Johannes gehört hatte. Immer wieder mußte ich das Auto anhalten oder Schritt fahren, stieg aus, kaufte eine große Tüte Bonbons, um sie dort unter die Kinder zu werfen, wo sie in seltsamen Masken und Gewändern, verkleinerte Wiederholungen der Erwachsenen, aber von Ort zu Ort verschieden, mit rhythmischem Gejohle und Rufen, den Weg versperrten, ihre Schreie wechselten mit den Ortsschildern, auch was sie in den Händen hielten, womit sie herumfuchtelten, klingelten, lärmten und zuschlugen.

Woher kam der Schauder? Aus der Vergangenheit? Heidnisches, Überbleibsel der Winteraustreibung. Warum wirkten die Vermummten auf mich so ernst? Ihre reinen leuchtenden Farben, nicht zu vergleichen mit der synthetischen popfarbenen Gaudi anderswo. War es die Vielzahl der aus Gassen und Häusern auftauchenden, immer gleichen Maskengesichter? Trübe Schneereste gehörten dazu, Nebelschwaden, Windstöße, Kälte, die Fahrt hatte etwas von Flucht und Verlorengehenkönnen.

Vierzehn Tage später, schon Frühlingsanfang, mußte ich noch einmal über den Bodensee; dieses Mal ging es nicht ohne Grieshaber: mein *Spektrum*-Vorwort war zum Streitpunkt geworden, die Schweiz, das neutrale Land, wollte sich nichts vergeben, der Druckereibesitzer weigerte sich, den sehr kurzen Text zu drucken, die Herausgeber luden uns, gemeinsam mit ihm, zum Essen auf eine Insel im Zürichsee. Andreas hatte vor der Abfahrt noch ein Blatt für eine Vorzugsausgabe geschnitten: Tanzende Griechen, weiß, blau, schwarz, auf der befreiten Erde.

Sie konnten keinen Kompromiß aushandeln. Grieshaber bestand auf dem Text, andernfalls gebe es keine Holzschnitte (für die er ja noch nie Geld genommen hatte), und man schied gegen Mitternacht freundschaftlich und voll des Weins mit der Abmachung, alles geschehe nach Andreas' Wünschen, wir könnten beruhigt am nächsten Morgen die Rückreise antreten. Wir hatten kaum gefrühstückt, kaum einen Blick auf den See vom Balkon der Nobelherberge geworfen, als Grieshaber sagte: Wir fahren nach Wädenswil in die Druckerei. Ich traue niemandem.

In der Druckerei waren die Männer am Arbeiten. Grieshaber stellte sich vor, sah zu, nahm den einen, den anderen Holzschnitt, auf der Rückseite mit Texten bedruckt, und suchte vergebens das Blatt mit dem Vorwort. Es gab keines. Das war sein Augenblick; er hob die Hand im Maschinensaal und sagte: entweder – oder. Der Besitzer wurde gerufen. Grieshaber nahm einen Stift, schrieb seinen Namen unter den meinen, wartete, bis das Vorwort gesetzt war und durch die Maschinen lief. Bis zum Mittagläuten blieb er dabei stehen. Der letzte Blick fiel auf den zornigen Druckereibesitzer im Hoftor, flankiert von zwei riesigen Hunden.

Das *Spektrum* erschien gerade noch rechtzeitig zum 21. April, dem 6. Jahrestag der Militärdiktatur. Viele große Buchhandlungen in der Bundesrepublik stellten es im Schaufenster aus. Am griechischen Osterfest 1973 kamen die ersten Drohbriefe. Grieshaber lehrte mich, derlei als Auszeichnung, als einen Orden zu betrachten. Im Laufe des Jahres wurde das Griechenlandheft Mittelpunkt unserer Veranstaltungen. Studenten trugen *Spektrum*-Blätter auf Tafeln geheftet durch Athen, dann sahen wir das Blatt mit den Fäusten als Titel von L'Autre Grèce, Paris. Nach den griechischen Studentenerhebungen wurde es Flugblatt, danach Plakat. Das alles geschah ohne unser Zutun; manchmal wurde Grieshaber nachträglich um Erlaubnis gefragt. «Wir fanden nichts, das unseren Widerstand besser symbolisiert als dieses Blatt», schrieben die Pariser Studenten an Isidora. Diese Wirkung des Griechenlandheftes hatte niemand erwartet. Die Holzschnitte machten sich selbständig und protestieren heute vervielfältigt gegen Militärdiktaturen in Chile, Afrika und anderswo.

33. Der Mammutjäger

Es ist deine Heimatstadt, sagte Andreas. Du hast sie lange genug geliebt und gehaßt. Mach Gedichte daraus. Nur dann kriegt der Photograph, der einen Bildband machen möchte wie über Schwäbisch Gmünd, Holzschnitte von mir. Und deine Mutter freut sich. Was ich von den Hochglanzphotobänden halte, weißt du. Stadt und Industrie garantieren die Auflage und wollen sich dafür selbst dargestellt sehen. Du mußt keine Rücksicht nehmen, sag ihnen, was du auf dem Herzen hast, gegen den Strich kommt Leben ins Buch. Vielleicht auch Ärger, wenn nicht alles so glatt gebürstet ist, wie sie erwarten.

Über Ostern fuhr ich mit der Mutter spazieren. Zum Quelltopf der Brenz, ins Wental, zu den steinernen Jungfrauen ins Eselsburger Tal; überallhin, wo sie noch ein paar Schritte machen konnte. Dann lief ich allein durch die vertraute Landschaft, stieg aufs Schloß, betrachtete den neuen Stolz der Stadt, ihre Bausünden, die beginnende Zerstörung durch Straßenschneisen, Trockenlegung der feuchten Flußwiesen für Industrieanlagen, Zersiedelung der Täler und Hügel wie überall landauf, landab; setzte mich ins Moos beim Hexenfelsen über der Brunnenmühle und ließ die Jahrhunderttausende an mir vorüberziehen, machte Notizen zur «Ballade von der Kindheit», die im Diluvium beginnt. In den Wäldern zwischen Kocher- und Brenz-Ursprung treibt und blüht noch, was anderswo längst nicht mehr wächst; ich wanderte die Mäander entlang, bat die Osterspaziergänger, Trollblumen und Vergißmeinnicht stehenzulassen, Lerchensporn und Traubenhyazinthen, kam auf den Rücken, der die Wasser scheidet, damit sie ins Schwarze Meer, in die Nordsee fließen, fuhr in das Becken, von dem man vermutet, daß ein Komet es einst ausgehöhlt hat, sah die Schneckensandbänke am Rande des ehemals warmen Sees. Was in ihm lebte, klopfen sie jetzt aus dem Stein, hier ästen Mastodonten und Nashörner neben dem kleinen Muntjakhirsch, seine Knöchelchen lagen bankentlang aneinandergereiht in der Ausgräberbaracke, 50 bis 55 cm hoch soll er gewesen sein, es sind fünfzehn Millionen Jahre vergangen. Auf dem Klosterberg besuchte ich den letzten übriggebliebenen nicht für Bausteine abgebrochenen Sprudelkalkfelsen und fand eine eiserne Tafel mit Jugendstilornamenten, frischgestrichenen gelben Frakturbuchstaben:

Arbeit härtet
Entsagung macht frei
Genußsucht und Trägheit
bringt Sklaverei.

Da floh ich. Es war das Gesetz, unter dem ich aufwuchs. Auf der Achalm erzählte ich, und Andreas machte drei kleine Holzschnitte von der Entwicklung der Erde, deren Schichten in meiner Heimat überall bloßliegen; Spuren, Anfänge der Menschengeschichte: Jäger, Sammler, Viehzüchter, Hirt, Ackerbauer, das Paar unterm Baum. Dann legte ich die Gedichte dazu.

Grieshaber, den die Kunstlosigkeit meiner Stadt, ihre Sprödigkeit 1948 gereizt hatte, eine Ausstellung dort zu machen, und der von zwanzig Besuchern erzählt, wiederholte zwanzig Jahre danach den Versuch in der Alten Feuerwache; zweitausend seien gekommen.

Unter der Stadt, in der Armaturen, Turbinen, eine Kattunfabrik den Männern Arbeit gab, wartete das größte Römerbad nördlich der Alpen auf seine Entdeckung. Die Stadt, die nichts hinterließ, als wären Romanik, Gotik, Barock, Renaissance spurlos an ihr vorübergegangen, die ihre Häuser baute aus den Steinen der Burg, hat in ihrem Museum fünf kleine Figürchen aus Mammutelfenbein: Wildpferd, Höhlenlöwe, Rentier, Wollnashorn, Mammut, vierzigtausend Jahre alt. Die Vollplastiken aus dem Aurignacien gehören zu den ältesten Kunstwerken der Welt. Ich erzählte Andreas vom Vogelherd, einer Wohnhöhle der Altsteinzeit im Lonetal, die ein Freund des Vaters entdeckt hatte. Und daß ich als kleines Mädchen zusehen durfte, wenn Vater mit seinem kaputten Körper in Höhlen und Schlupfwinkel kroch, um Steine, Knochen, Scherben ans Licht zu fördern. Aber nur eine Erinnerung war geblieben: Vogelherd, Zauberwort, und daß ein Ereignis, Geheimnis bevorstünde, zu dem man mich mitnehmen würde. Es war herbstlich, Heide, Bergkuppen, graues Licht, dann stand ich an einem Erdaushub, Vater, Männer, jemand legte mir etwas in die Hand. Es sah aus wie ein Knochenstückchen, aber sie sagten, es sei ein Mammut, und Menschen hätten es geschnitzt vor vielen tausend Jahren. Ich weiß nicht, hab ich die Faust zugemacht oder sonst etwas angestellt, es gab Tränen, ich sehe mich trotzig in eine untergehende Sonne blinzeln.

Grieshaber schnitt als Titelblatt einen Mammutjäger und setzte die Zeile aus meinem Gedichtzyklus in der Schrift seines «Totentanzes» darüber: *Ins Gedächtnis der Erde geprägt.*

Später, im Heidenheimer Museum, sagte er, die Figürchen seien Nachbildungen. Die Originale galten damals noch als verschollen.

Noch später hätte nicht viel gefehlt, und sie wären auf dunklen Wegen nach den USA verkauft worden. Jetzt gehören sie der Eberhard-Karls-Universität in Tübingen. Meine Philippika «An die Gemeinderäte» aber löste sich bald von der Heimatstadt und wurde überall in der Bundesrepublik verbreitet, wo die Menschen Symptome entdeckten oder die schon irreparablen Schäden des Landschaftsverbrauchs beklagten.

34. Aufenthalt auf Erden

Es war Mai, und wir fuhren nach Leipzig. *Aufenthalt auf Erden* von Pablo Neruda war zur Leipziger Frühjahrsmesse fertig geworden; jetzt sollten aus Anlaß seines bevorstehenden siebzigsten Geburtstags in etlichen Städten Ehrungen des Poeta de Chile und Nobelpreisträgers stattfinden. Zur ersten vollständigen Übertragung der drei «Aufenthalte» ins Deutsche, die fünfzehn Gedichtzyklen und einen Zeitraum von zwanzig Jahren umfassen, hatte Grieshaber Farbholzschnitte gemacht. Die Bürgerkriegsdichtung *Spanien im Herzen* fehlte bisher in den westlichen Neruda-Ausgaben des *Aufenthalts.* Immer wieder, wenn ich versucht hatte, das Manuskript zu lesen, schlugen die Wogen der Sprache über mir zusammen. Wasser, Luft, Erde, Feuer, was die Kontinente an Pflanzen, Tieren, Menschen hervorgebracht hatten, machten die Zeitalter durchsichtig; ich atmete, schwebte, schwamm in den Lebensgesängen.

Grieshaber war von den Wortbildern weggeblieben. Hatte daneben Augenbilder von größter Einfachheit gesetzt. Formeln für Wäßriges, Luftiges, Festes, in Blau, Schwarz, Ocker und Grau. Zweimal ein Lila. Hand, Fuß, der Kopf des Menschen genügt. Fächelndes Steppengras, Schilf, ein Triasbaum. Kreatur in ihrem Element. Tiersymbole, Saurier, Nashorn, ein sterbender Elefant, Taube und Schlange, die Schildkröte. Dieses Mal ließ er dem Holz seine Funktion, wenn auch in der primitivsten Struktur, ohne Feinheiten der Maserung; nur wenige Linien erlaubte er seinem Messer für den Abgrund über uns, unter uns. Das hatte ich schon vor Jahresfrist auf der Achalm entstehen sehen, wo die Andrucke lang überm Bett hingen. Der Verlag nannte die Holzschnitte «freie Variationen über die Grundthemen des Dichters: das Ringen des Menschen mit den Naturgewalten, die lange Geschichte seiner gesellschaftlichen Leiden und Kämpfe, die apokalyptische Vision vom Untergang der bürgerlichen Le-

benswelt und schließlich die Morgendämmerung einer welt-
weiten Revolution».

Und jetzt fuhren wir dem Buch entgegen, dessen Bilder
zwanzigtausendmal vom Stock gedruckt worden waren. Es ist
wohl das letzte seiner Art, sagte Grieshaber, der schon einmal, vor Jahren, kostbar und exklusiv, Holzschnitte zu Nerudas *Macchu Picchu* in der Übersetzung von Rudolf Hagelstange
gemacht hatte. Doch sein Glück über das neue Volksbuch in
großer Auflage war wieder einmal ein Paradoxon und mußte
sich allein genügen; die Anzahl war nirgendwo angegeben; sie
hätte dem Begriff «bibliophil» Abbruch getan. Der Verleger
würde dafür sorgen, daß sie sich in alle Welt zerstreuten, und
das erschien dem Holzschneider genug.

Eben noch hatten wir in der Züricher Druckerei Nerudas
Aufruf für ein demokratisches Griechenland verteidigt, jetzt
feierten wir den Dichter in Dresden, Weimar und Leipzig,
wenige Monate später blieb von den Hoffnungen nichts als ein
Schlachtfeld übrig.

Erich Arendt, der große Alte unter den DDR-Poeten, war
der eine Neruda-Nachdichter, Stephan Hermlin der andere.
Aus den schön gedruckten Einladungen erfuhr man, die
Übersetzer würden abwechselnd lesen, HAP Grieshaber spre-
che über seine Begegnung mit dem Werk des chilenischen
Dichters. Nachdichter und Holzschneider seien bereit, die
Ausgabe zu signieren. Andreas machte uns bekannt. Arendt,
zerknittert, raunzend, nörgelnd über das, was er sichtlich
genoß, lag Andreas weniger als Hermlin, Moritz Lederer aus
Chemnitz, der Grandseigneur mit dem silberschimmernden
Haarhelm; nach dem ersten, zweiten Schlagabtausch wußten
die Männer, was sie voneinander zu halten hatten. Zwischen
Hermlin und Grieshaber herrschte respektvolle Vorsicht.
Daß sie Antifaschisten waren, verband sie. Hatte Andreas mir
nicht eingeimpft, nie anders als von den beiden deutschen
Staaten zu sprechen? Trennte nicht auch er die Literatur, bis
Hermlin, maliziös mich vernichtend, sagte: «Aber was reden
Sie denn da? Eine geteilte Literatur gibt es doch gar nicht.»

Andreas lachte das Grieshaberlachen. Ich hatte eine Bauchlandung gemacht und blieb auch bei künftigen Begegnungen Anlaß zum Spott. Mit dem Verleger, den Dichtern, ihrem Anhang trafen wir uns im Hotel, bei Empfängen, offiziell und privat, beim Frühstück, an der Bar, mit und ohne Damen, ich vergaß es, denn Gemahlinnen und Gespielinnen wechselten im Laufe der Zeit. Unser Volvo machte Eindruck. Die rangobersten DDR-Staats-Funktionäre hatten den Volvo inzwischen ebenfalls zum Dienstwagen erkoren statt der bisherigen Sowjetmarke. Unser Ansehen wuchs, jeder wollte einmal mitgenommen werden, der Verlagsfahrer in Leipzig bekam den Schlüssel und hegte und pflegte das Statussymbol.

Abends bei der Veranstaltung wurde alles Private weggeschwemmt. Ich saß unter den vielen, die gekommen waren, und hörte zu. Was mir beim stillen Lesen verborgen geblieben war, Nerudas Canto-Ton, leuchtete auf unter Hermlins Stimme, hatte mich gepackt und ließ mich nicht mehr los. An den Wänden hingen Grieshabers Holzschnitte zum Buch als lose Blätter gerahmt, und auch er beschränkte sich nicht auf den Part: Bilde Künstler, rede nicht, sondern sprach. In Leipzig sagte Grieshaber:

«Von Pablo Neruda wußte ich zuerst nur eines: Begeisterung und Beharrlichkeit ist sein Wesen. Mit neunzehn Jahren erfährt man die wesentlichen Dinge, die einmal den Charakter mitbestimmt haben, wie einen Zuruf, der aus weiter Ferne kommt. Dabei lebte ich nicht weit von dem berühmten Dichter, in tropischer Landschaft und in der Einsamkeit der Wüste. Eine Naturgewalt, die dem von Hölderlin geprägten Gemüt in idealer Weise entgegenkommt und die große Strenge der Wüste, welche den suchenden Geist in Zucht nimmt und den Schwankenden zwingt, zu sich selbst zu stehen. So kam ich zuletzt in ein Bauerndorf in Ägypten, wo sich Nil und Wüste vermischen, wo landlose arme Pächter den Boden bearbeiteten wie seit tausend Jahren, wo es um nichts anderes als um das Überleben ging. Ich unterrichtete dort und lebte mit den Fellachen. Und mit der Zeit erfuhr ich einiges, was dem oberflächlichen Blick verborgen bleibt. Ich erlebte, daß das kleine, nur aus Lehm erbaute Dorf sogar einen Dichter hatte. Sah ihn jemand auf seinem Esel in den Zuckerrohr-

schneisen reiten, oder an einem der hohen Kanäle des Nils manchmal
unter einer der hohen Palmen sitzen, so ging kein Fellache vorüber,
ohne ihm nicht 1 Falin oder gar einen halben Piaster zuzustecken.
Wobei man bedenken muß, daß 1 Piaster oft die Tageseinnahme des
Fellachen gewesen ist. Gastfreundschaft gab es in jedem Haus und
schlafen konnte der Dichter in der Moschee. Manche Metapher, die
es dem Leser von Neruda nicht gerade leicht macht, ihn zu verstehen, seine poetische Technik zu verstehen, öffnete sich mir wie ein
Pfad in eine reiche und menschenfreundliche Welt, wenn ich neben
dem Dichter saß und laut die Gedichte für ihn gelesen habe, für ihn,
der kein Wort meiner Sprache verstanden hat und doch auf geheimnisvolle Weise die Vehemenz der Verse begriff. Seit jenen Wander-
jahren bin ich des Lebens nicht mehr recht froh geworden. Das
Mittelstück vom Fisch, das haben eben die anderen gefressen. Nur
kurz einmal und vergeblich lag vor der ganzen Welt, sichtbar für alle,
das Fleisch unter der herabgezogenen Haut offen vor uns. Die po-
chenden, blutenden Adern ließen keinen Zweifel mehr zu, was
unsere Zukunft war. Es blieb der Schmerz und der Zorn! Wir haben
als Zeugen Picassos Guernica und Nerudas Hymne zum Ruhme des
Volkes im Krieg. 1938 am Züricher See gaben mir Verwundete der
Internationalen Brigade die an der Front gedruckten Gedichte mit
auf den Weg zurück. Sozusagen als eiserne Ration, die zu multiplizieren war. Es waren für lange Zeit die einzigen Gedichte von Pablo
Neruda in Deutschland. Die Alturas de Macchu Picchu blieben in
den Wolken, aus denen sie kamen, hängen. Ein Regenvorhang aus
Tränen lag zwischen hier und dort. Ich brauchte lange, bis ich hätte
sagen können wie Neruda: ‹Poesie ist für mich wie Brot.› Spät erst
las ich das grandiose Gedicht, den Hymnus auf die Urgewalt der
Natur, den großen Gesang von der Solidarität. Vor acht Jahren etwa
wurden dann die beim Lesen entstandenen Holzschnitte auf einer
Presse in Bologna gedruckt. Macchu Picchu signierten wir beide.
Neruda mit grünem Stift, und ich daneben in rot.

Ich dachte mir, tue so, als wärest du einer von den 50 000, die in das
Stadion von Santiago geströmt sind, um den Dichter zu ehren, teile
die Zuneigung der proletarischen Massen, wir haben alle Grund,
solchen Überschwang des Gefühls mitzumachen und dankbar dafür
zu sein. Wie ich auch heute danken möchte dem flammenden Protest: *Aufenthalt auf Erden* von Neruda mit Holzschnitten begleiten zu
dürfen.
   [...]

Pablo Neruda, dessen Herz immer dort schlägt, wo es von Natur her liegt, ist heimgekehrt, zurück auf seine «Isla Negra», ein Haus hart am Pazifischen Ozean. Freunde schreiben mir, er sei sehr krank. Ich möchte nicht schließen, ohne vor diesem Auditorium die besten Wünsche ihm zuzurufen.»[12]

Weimar wurde zum Höhepunkt: die Stadt holte zusammen, was in der DDR an Grieshaber-Bildern war, und zeigte sie im Spiegelsaal des Schlosses. Und der Weiße Saal des Schlosses war geschmückt zur Sonntagsmatinee für Pablo Neruda zum Abschluß der Buchwochen. Grieshaber wandelte seine Rede ab:

«Wenn ich zum Schluß auch noch am Dichterort der Dichterehrung mich anschließe, so ist es nicht mehr wie einst, als Thomas Mann davon sprechen konnte, wir seien lächelnd zuhaus im gemeinsamen Elternhaus. Ich hoffe, Stephan Hermlin richtig verstanden zu haben, wenn ich sage, daß uns der Ort des Entsetzens immer noch nahe ist, und was dort zu riechen war, hier in Weimar jeder gerochen haben muß, daß das Erbe in den kämpferischen Nachkommen tradiert, und darum, wie Neruda weiß, Poesie für den Dichter wie Brot ist. In dem, was bei Goethe noch in 30 Bänden verborgen und kaum zu finden ist, fand ich gewiß einmal Munition zum Widerstand, Munition für die Freiheit. Immer gehörte, was die Dichter schrieben, zur Entwicklung derer, die handelten. In meiner presse clandestine hing über der Wand, an der ich schrieb, ein Satz aus einem Vorwort (irgendeiner wissenschaftlichen Arbeit Goethes): Ich dagegen bin mir bewußt, daß ich niemals unmittelbar gegen Mißwollende gewirkt, sondern daß ich mich in ununterbrochener Tätigkeit erhalten und sie wiewohl angefochten bis an mein Ende durchgeführt habe.

So etwa hatte sich auch Karl Barth 1933 mir gegenuber ausgedrückt: ‹Arbeiten Sie, arbeiten Sie, als wäre nichts geschehen!› Das alles kann man heute, wo es geschehen ist, nicht mehr denken. Man kann nicht mehr sich erlauben, versteckt unter die Leute zu bringen, was die Welt von uns erwartet. Es kann nur große Dichtung sein. Damit ist mein Standort präzisiert.

Zwischen Weimar und Buchenwald ist die Ehrung für Pablo Neruda angesiedelt, nicht im Juste Milieu. So bleibt mir nur nach dem, wie ihn der Dichter Stephan Hermlin hier wohl empfangen hat, etwas ‹draußen vor der Tür› in magere Worte zu kleiden, wie Neruda mich meinen eigenen Weg finden half.»[13]

Als das Auto uns westwärts trug, sagte Grieshaber, eine Steigerung gebe es nicht. Wenn wir wiederkämen im Herbst, dann nur wegen Buchenwald und mir. Vielleicht bewege die Kehrseite der Stadt mich endlich, etwas zu schreiben.

35. Rostocker Ostseewoche

Die Biennale in der Kunsthalle am Schwanenteich sollte zu Beginn der Rostocker Ostseewoche eröffnet werden. Die Rostocker Ostseewoche diente der Vorbereitung: KSZE. Grieshaber hatte das aufgenommen, lang bevor in unserer Heimat jemand von diesen vier Buchstaben sprach, und auch mir mußte er ihren Sinn mühsam beibringen. Seit der Zusammenkunft des Biennalekomitees in Dresden war er nicht untätig gewesen. Grieshaber hatte drei seiner ehemaligen Schüler eingeladen, sich mit Bildern und Plastiken in Rostock zu beteiligen, von denen er annehmen durfte, daß sie einen scharfen Kontrast zu den Kunstwerken abgäben, die bei den vorhergegangen Biennalen der BRD repräsentierten. Sie stammten ausschließlich von der Tendenzengruppe, bemüht um künstlerischen Ausdruck sozialistischer Gesinnung und hinter dem zurückgeblieben, was die anderen Ostseestaaten zeigten, und was sich inzwischen auch in der DDR entwickelt hatte.

Grieshaber erhielt Zusagen von Horst Antes, Josua Reichert, Rolf Szymanski; er selbst entschied sich für die Abzüge seiner zwölfteiligen Sintflutwand und schrieb einen Text dazu: «Nachdem wir alle Ängste aus der Natur besiegt haben, taucht die alte Urangst wieder auf mit der Zerstörung unserer Umwelt durch die industrielle Produktion. Das ist die Sintflut, die uns heute bedroht...»[14].

Der Drucker durfte mit dem Mercedes in seine mecklenburgische Heimat fahren und die Bilder nach Rostock bringen. Auf einer zweiten Fahrt holte er Szymanskis zentner-
schwere Bronzeplastiken aus Berlin. Grieshaber hatte darauf
bestanden, die Transportkosten aus der eigenen Tasche zu
zahlen, um den Schein einer Abhängigkeit zu vermeiden und
jederzeit frei agieren und reagieren zu können. Der zweite
BRD-Kommissar war ebenfalls nicht untätig und hatte mit den
ihm von Grieshaber überlassenen Plätzen eine Phalanx von
sechzehn statt zwölf realistischen Malern gegen Grieshabers
Trojanisches Pferd aufgeboten.

So standen die Dinge, als ich mich am 1. Juli ans Steuer von
Rosinante setzte, wie der Volvo inzwischen hieß. Und wieder
der mit Büchern, Mappen, Holzschnitten, Katalogen gefüllte
Kofferraum und die bepackten Rücksitze. Unsere Erwartung,
dieses Mal den Nordosten zu erleben.

Erste Begegnung mit Backsteingotik, Mauern, Türmen,
Blüte der Hanse; wo entschied Andreas sich, Zeit zu haben
für Kirchen und Dome, Kreuzgänge, Gräber? Nicht die Kü-
ster öffneten uns, sondern der Vikar, der Pfarrer, der Dekan
kam mit der Sammelbüchse, und die Gespräche waren entsprechend. Gräßlich die Wunden des Bombenkriegs nach drei
Jahrzehnten, die Verstümmelungen: Türme geborsten, Wände eingestürzt, kein Geld für Ziegel, die Dächer zu decken,
um die Innenräume zu schützen. Trauer, Entsetzen überwo-
gen, Ankommen und Flucht gingen ineinander über, Ohnmacht des Nichthelfenkönnens mit dem schalen Wissen um
die Milliarden, die in der Bundesrepublik verbaut wurden.
Hand in Hand durch bucklige Gassen, in der hochsommerli-
chen Stille der Mittage, vertraut, unvertraut geworden Enge
und Mangel, die strenge Verschlossenheit, Herbheit dieses
Protestantismus, tief im Kleinbürgertum versunken, woraus
einst Handel und Wandel es aufstörte; wie anders wären die
Städte sonst zu ihrer jetzt nur noch kunsthistorischen Bedeutung gekommen? Die schwierigen Wege zur Volkspolizei,
Dienststunden, Wartezeiten: Das mühsam gefundene Nacht-

quartier in Hotels, die kaum belegt waren, mußte von ihr erst genehmigt werden; die Erfüllung der Formalitäten artete in Verhöre aus, nicht vorgesehn, von niemand gemeldet, wie wir, die Beamten verwirrend, einfach vor ihnen standen, mit Papieren für Rostock ausgestattet. In Wismar begrüßten wir das Meer, gingen über den Marktplatz, kauften in kleinen Bäckereien frische Kuchen, mit klebrigen Fingern sie auf der Straße verschlingend. Wie vieles vergessen, untergegangen im Streß des Fahrens, Suchens, Findens, Aufbrechens, der Sorge um meine Fracht im Kofferraum und den auf alles hochempfindlich reagierenden, leidenden, sich freuenden, Deutschlandeinkehr haltenden Mann. Weil ich nichts aufschrieb, suchte er stets nach der letzten Postkarte, die es gab, bat um einen letzten verbliebenen Prospekt für mich, wofür er silberne Westmünzen liegen ließ; später, später würde ich sicher darüber schreiben wollen. Mit dem Finger zeigte er auf die Inschrift am Hafenamt Wismar; ein winziger Zettel, von ihm geschrieben, liegt vor mir: JEDEN ERREICHEN / ALLE GEWINNEN / KEINEN ZURÜCKLASSEN. Es hätte von ihm stammen können.

Dann fuhren wir in Rostock ein. Die Stadt glich einem Bienenstock. Fahnen, Blumen, Transparente, Menschen aus der ganzen DDR und Gäste von überallher rund um die Ostsee. An Tribünen wurde gehämmert. Straßenentlang Buden aufgestellt. In der Kunsthalle am Schwanenteich empfing man uns herzlich. Grieshabers erster Gang führte immer zum Ort, wo die Bilder gezeigt werden sollten. Das Hängen war in vollem Gang, die Ausstellungsmacher arbeiteten auch Nächte hindurch. Unser Hotel war kein Hotel, sondern das Haus der Hochseefischer, ein Seemannsheim, spartanisch, kein Fahrstuhl für die höheren Stockwerke. Irgendwo eine Dusche für alle. Männer mußten Wache stehen, wenn eine Frau sich waschen wollte. Doch das Wasser hörte ohnehin bald zu fließen auf. Es hatte lang nicht geregnet. Die Hitze brütete über der Stadt, eine strahlende Sonne am wolkenlosen Himmel. Das Wasserversorgungssystem brach zusammen. Anfangs konnte man sich noch mit Mineralwasser die Zähne putzen. Dann fiel auch dieser Nachschub aus. Man war froh, Flüssigkeit zum Trinken zu ergattern. Meistens war es eine süße Limonade. Andreas, der lieber Westmark bezahlt hätte für ein gutes Hotel, fand sich ins Unvermeidliche des Gastseins, als er sah, wie klaglos die noch älteren Damen und Herren des Biennalekomitees aus den Anrainerstaaten die Umstände ertrugen. Frisch gepflanzte Blumenrabatten überall in der Stadt verwelkten, Rosinante, unter Lindenbäumen geparkt, war bald mit einer dicken, klebrigen Schicht von Blattlausausscheidungen bedeckt. Hin und Her, Geschäftigkeit, Sitzungen, Empfänge, Kaffeepausen, Gespräche. In der einen BRD-Koje stand Grieshabers Sintflut sehr schwarz und drohend, sein Text beigefügt, Antes' Kopfbilder, Reicherts Buchstabenbilder; nur Szymanskis Plastiken hatten die Mitarbeiter noch nicht verdaut: sie seien zu schwer für einen Transport ins obere Stockwerk. Doch als Grieshaber darauf beharrte und selbst Hand anlegen wollte, ging es auf einmal, und so konnten die zerklüfteten Bronzen, das «Fräulein in Algier» und «Ghana S.», von der Sintflut behütet, still provozieren.

Der Ausstellungskatalog würde nicht rechtzeitig fertig werden; angeblich seien Schwierigkeiten entstanden durch verspätet eingereichte Arbeiten des anderen BRD-Kontingents. Gerüchte hin oder her, der Katalog erschien im September, als die Biennale vorüber war. Den anderen BRD-Kommissar, der sechzehn Künstler unterbringen mußte, ließ Grieshabers Koje nicht ruhen. Weil er nichts davon abzwacken konnte, so sehr er sich auch bemühte, machte er seinem Groll Luft. Das Vokabular, mit dem die bundesdeutschen Gladiatoren des sozialistischen Realismus Grieshabers Quadriga bekämpften, läßt sich zusammenfassen mit den Schlagworten: Klassenfeind; kapitalistische Kunst. Grieshaber, nicht ungeübt in derlei Turnieren, hätte sich in München, Hamburg oder sonstwo bereit gefunden, sie auszutragen; daß es auf DDR-Territorium erzwungen wurde, bedauerte er. Bis zuletzt steckte er Schwinger unter die Gürtellinie ein, das Leitmotiv der Rostocker Woche «Die Ostsee muß ein Meer des Friedens sein» umwandelnd in «Die Ostsee sollte ein Meer des Friedens sein», und verteilte unbeirrt den Inhalt des Kofferraums unter die Mitarbeiter der Kunsthalle und des Komitees. Er ging mit mir durch die Kojen und betrachtete, wie Finnland, Island, Polen, Schweden ohne Verkrampfung Maler ausstellten, die mit den Elementen der Moderne vertraut waren. Die Vertreter dieser Länder nahmen teil an der veränderten Präsentation der Bundesrepublik. Auch die sowjetische Delegation, voran der Kunsthistoriker, stand oft in der Sintflutkoje und suchte Berührungspunkte.

In einer kurzen Rede bei der Sitzung des Internationalen Biennalekomitees wurde Grieshaber deutlich: «Was die Geister trennt, darf nicht verschmiert werden, was nicht sofort ins Konzept paßt, können wir nicht einfach unter den Teppich kehren. Darum setze ich meine ganze Hoffnung auf die Verträge zwischen der Bundesrepublik und der DDR. Das heißt auf die Hoffnung, daß es den Künstlern gelingt, die Verträge zu durchbluten, zu verfestigen, sie dem Frieden dienstbar zu machen. Dem Frieden kann es aber nicht dienen, wenn wir so tun, als seien wir alle miteinander ein Kuchen. Es hat keinen Wert, Potemkinsche Dörfer ins Schaufenster zu stellen.»

Einem Journalisten aus der Bundesrepublik, von einer der Zeitungen, die DDR noch heute in Gänsefüßchen setzen, sagte er ins Mikrophon: «In meiner Funktion als Biennale-Kommissar möchte ich nicht als Vertreter der Bundesrepublik Deutschland bezeichnet werden, denn ich kann mich nur selbst vertreten, das heißt, was ich künstlerisch vertrete... Ich sage als Bürger der Bundesrepublik frei meine künstlerische Meinung, von der ich nicht abrücke.»

Dann war es so weit: die Abnahme der Ausstellung kurz vor der Eröffnung durch den Minister für Kultur und seinen Stab. Ich begriff die Nervosität des Biennalesekretärs damals

344

noch nicht. Der schwedische Kommissar und Vizepräsident der Biennale nahm seine Stecknadel mit rotem Knopf aus dem Revers und steckte sie Grieshaber an; in Schweden bekanntes Zeichen «Für Olaf Palme» und seine Sozialdemokratie. Er hatte beobachtet, was hinter den Kulissen vor sich gegangen war. «Es wird Sie beschützen», sagte er. Dann standen alle Delegationen in ihren Kojen bereit. Schon preschte der andere bundesdeutsche Kommissar vor, trat vor den Minister, und ich hörte, versteckt hinter einer Bilderwand, wie er ihm zuraunte, die BRD sei dieses Mal durch zwei entgegengesetzte Ideologien vertreten, reaktionäre Kunst sei im Spiel. Ach, wir Deutschen. Der Direktor der Kunsthalle, blaß geworden, zog Grieshaber an der Hand zu der Gruppe: Der ranghöchste Funktionär, mit Exekutivfunktion ausgestattet, sagte: Ach, Sie sind das? Endlich lerne ich Sie kennen. Ihren *Totentanz* habe ich oft verschenkt in Moskau und Leningrad, und er umarmte ihn. Grieshaber erklärte daraufhin den Herren seinen Biennalebeitrag zu aller Zufriedenheit. Jetzt strömte das Volk in die Kunsthalle, und Andreas stand Stunde um Stunde Rede und Antwort; Maler, Dichter, Musiker, Theaterleute wunderten sich über das Unerwartete, Ungewohnte, was es zu sehen gab aus der BRD. Doch mußte Grieshaber auch manchem Ansturm standhalten zwischen Florett und schwerem Säbel: Gruppen von Seekadetten, NVA-Offizieren, Schulklassen, Lehrern, Arbeitern gingen ihn an. Und weil der andere bundesdeutsche Kommissar wie Rumpelstilzchen verschwunden war, mußte Grieshaber anschließend durch dessen Koje der Sechzehn führen. Er tat es mit nobler Neutralität. In den kommenden Tagen überließ er die Bilder bald ihrer Aufgabe: für sich selbst zu sprechen. Auch hatten inzwischen Mitarbeiter und Helfer sich seiner Erklärungsformeln bemächtigt und interpretierten munter drauflos. Westdeutsche Maler vom Kontingent der Sechzehn waren eingetroffen, standen verdattert in Grieshabers Koje, vor Antes' und Szymanskis Werken, und einer sagte zu seinen DDR-Freunden: Das ischt die allerschlimmschte Figur. Das ischt noch schlimmer als keine Figur. Die zerstört unsre Republik.

Nach drei wasserlosen Tagen durften wir in ein kleines Hotel umziehen, in dem es auch kein Wasser gab. Noch stand uns das Warnow nicht zu. Das zusammengebombte, zusammengeschossene Rostock war fast wieder aufgebaut, aus der Asche hatten sie Steine geholt, um sie neu zu fügen für Häuser und Hallen, sie fingen von vorn an mit Korn und Fischen, Fahrensleuten und Lotsen, die größte Werft der DDR entstand, das Abgewrackte war Material, aus Rost wurde Eisen, aus den Booten Stückgutfrachter, Kai an Kai wurde umgeschlagen, gelöscht, gerüstet, die Kabelkräne doppelt so hoch wie der Leuchtturm. In den neuen Wohngebieten standen aus Platten gefertigte Hochhäuser, Kliniken, Schulen, die Universität, schon fingen sie an, einen Kreuzgang zu heilen, Schwibbogenreste, sie druckten Bücher, malten Bilder, machten Musik, spielten Theater. Mancherlei gab es zu kaufen in den VEB-Geschäften und kleinen Läden, was anderswo Mangelware war. Frische und geräucherte Fische, Konserven, und wenn man früh genug auf den Beinen war, sah man Körbe voll Kirschen und Erdbeeren, vor denen sich freilich Schlangen bildeten; Wurst- und Hähnchenbratereien qualmten und rochen bis in die Nachtstunden. Von einem Podium wehten schüchterne Anklänge von Popmusik, Rock und Beat herüber, abends tanzten die Jungen dazu. Einer vom Theologieseminar zog uns in einen Keller, statt Kirchenmusik wurde uns Jazz vorgespielt.

Wie immer versuchte Grieshaber sich aus der Programmumklammerung wenigstens halbe Tage zu befreien, um mich ans Meer, auf die Dörfer zu lotsen. Und sofort gerieten wir in die für uns typische Situation: Weg vom Gewimmel, ausscheren aus den Autoschlangen, abbiegen, wo wir das Meer vermuteten. Eine Weile noch führt das Sträßchen durch Schrebergartenanlagen, eine Laubenkolonie, dann mündet es in einen Weg, die letzten Radspuren verlieren sich zwischen Gras und Unkräutern, sanft hügelan, baumlos, buschlos bald, begrünte Dünen. Ich werde ängstlicher, will umkehren, als es noch möglich ist, Andreas meint, irgendwohin müsse der verwachsene Weg schließlich führen, gleich könnten wir baden. Doch er zieht sich endlos entlang über Erhebungen, hinter denen neue auftauchen statt der erhofften Ostsee. Plötzlich kleine Markierungstäfelchen, kriegerisch anzusehende Symbole, Ziffern, russische Buchstaben, kindlich gemalte Totenköpfe in der grasüberwucherten Pfadlosigkeit. Links und rechts Minen vermutend, wage ich weder zu halten noch Gas zu geben, und die Sicherheit, in der Spur zu bleiben, wenn ich die bisherige Strecke rückwärts fahre, traue ich mir nicht zu, die Gräser sind schon wieder aufgerichtet, bewegt vom Wind, und ich sehe nichts als gleißendes Licht auf dem Gewoge. Und wie das Herz klopft! Andreas steigt aus, schiebt sich schmal am Auto vorbei, geht voran, bückt sich oft, um nach den kärglichsten Andeutungen zu suchen, wo es weitergehen könnte in dem grünen Alptraum, und Rosinante schleicht ganz langsam hinter ihm her. Jetzt kommt in der Ferne ein Schießstand näher. Absperrungen. Militärfahrzeuge. Andreas, wieder neben mir sitzend, sagt, sie müssen die orangefarbene Rosinante ja weithin leuchten sehen. Also brauchen sie nicht auf uns zu schießen. Trotzdem bin ich von Sekunde zu Sekunde gewärtig, von Kugeln durchsiebt, von einer Mine in die Luft gesprengt zu werden. Etwas, das uns entgegenkommen und uns verhaften würde, wird zum lebensrettenden Wunsch. Seitab öffnet sich plötzlich eine Mulde voller schwarzweißer Kühe. Auf dem Hügel, weiter weg, Ställe. Baracken. Andreas sagt, rechts ab geht der Weg. Als wir uns nähern, ist alles umzäunt. Elektrisch. Und wo der Draht uns endgültig Halt gebietet und dahinter ein Weg aufsteigt, ist die tiefste Stelle der Mulde mit einer seltsamen Brühe gefüllt. Desinfektion, sagt Andreas; auf einem Zettel mit seiner Handschrift fand ich jetzt: Weideflächen für Unbefugte wegen Seuchengefahr polizeilich verboten. Er steigt aus. Umwickelt seine Hand mit dem Taschentuch. Packt den Stacheldrahtverschluß mit den Kunststoffröllchen für den Strom und hakt ein Stück ums andere aus. In diesem Augenblick tritt der erste Stier auf den Weg. Ein zweiter, dritter. Ich schreie. Andreas kümmert sich nicht darum und dirigiert mich durch die Desinfektionsbrühe, hakt den Zaun wieder zu, steigt ein. Dann bitten wir die Stiere durchs Autofenster in allen Tonarten, uns durchzulassen. Sie weichen dem Kinderschrittempo fahrenden Volvo. Oben bei den Baracken steht ein Mann. Sieht uns entgeistert entgegen. Und nach. Es ist ein Uhr Mittag. Wir schweigen, bis Andreas, jenseits, noch einmal ein Gatter öffnen muß. Der Weg mündet bald in ein Sträßchen. Wir sind ein für allemal kuriert, an der Ostsee die Ostsee suchen zu wollen.

Wir fanden die Ostsee dann trotzdem noch. Auf der Autokarte der DDR fuhr Grieshaber mit dickem braunem Stift die Straßen nach, wo Rosinante gefahren war, und es sieht aus wie ein Spinnennetz um Rostock, die äußersten Fäden festgemacht auf Usedom und in Timmendorf. Kühlungsborn, Heiligendamm, Doberan, Fischland, Stralsund, Greifswald ist nur noch ein Flirren, in dem ab und zu eine Silhouette Gestalt annimmt, und Andreas meinte doch, es präge sich mir ein, damit ich dereinst darüber schreiben könne. Gleich hätte es sein müssen, aber ein «gleich» gab es nie für mich, weil es von seinem «gleich» gefressen wurde. Im Regal stehen alte Bücher von diesen Orten und neue Geschichten von denen, die heute dort leben und schreiben und baden gehen. Ich mußte zu vieles gleichzeitig tun, zugleich empfinden; das Licht der Stunde, die Wellen des Augenblicks, die Jahrhunderte, seit sich das gliederte, ansiedelte, Geschichte wurde; Kulte, Religionen, Kriege, Niedergerungene, Eroberer, Deutschland, Deutschland eben noch über alles, jetzt zerrissen, und jeden, der ausspricht «für immer» ansehen, ob er auch denkt «für immer». Millionen allmählich aussterbender Westdeutscher verbinden mit dem, was ich jetzt sah, Erinnerungen an Ferientage, endlose Strände und winterliche Flüchtlingstrecks landeinwärts.

Die Klosterruine Eldena bei Greifswald betrachtet Grieshaber mit Caspar David Friedrichs Augen, auch wenn Nebel und Düsternis fehlen. Er findet in Kinderhandhöhe ein in den Stein geritztes Gesicht, ähnlich einem Picasso-Faun. Skizziert es.

Hier und dort sind wir am Meer gewesen, am Strand, auf den Dünen, sahen die gläsernen Wogen gefüllt mit Tang, Algen, Plankton, in der Ferne zogen Schiffe vorbei, als gingen sie spazieren auf dem glatten Wasser, diese fortwährende Veränderung, ich kniete nieder bei Gräsern und Blumen und hätte so gern ihre Namen gewußt. Andreas stapfte barfuß am Strand zwischen den Hunderttausend herum, die hier sich tummelten aus Sachsen, dem Vogtland, Thüringen, Brandenburg, Berlin, Werktätige nannte er sie und führte seine Augen auf die Weide der Leiber, fühlte sich ein in ihre Lust, sagte, man müsse die Menschen lieben, ließ sich ansprechen, ich rannte weg; für seinen Körper suchte er keine Wohltat, zog kaum einmal die Badehose an, und wie ich Wasser und Wellen genoß, teilte er nicht. Es war ihm unbehaglich, wenn ich hinausschwamm. Er las Muscheln und Steine auf, um sie wieder wegzuwerfen, vielerlei Holz betrachtete er, wie es von Wind und Wetter und Wasser und Tieren zugerichtet worden war, Bohlen, Duckdalben, Treibholz. Über Abfälle, Unrat, Fäkalien der Hunderttausend wollte er nichts hören. Das sei so. Jedem das gleiche Recht auf seinen halben Quadratmeter Strand. Auch die Reservate der Künstler und Politfunktionäre interessierten ihn nicht. Kein Getuschel, Gezischel, kein Klatsch, wer es ihm anbot, den ließ er stehen.

Da hast du deine Ferien, sagt Andreas. Das wolltest du doch? Ich darf nicht lachen. Zwanzig Stunden am Tag alle Sinne in Höchstform, und immer das Auto, Erschöpfungszustände, Müdigkeiten sind lebensgefährlich. Verdrießen ihn.

An einem Nachmittag fuhren wir nach Güstrow. Ich erinnere mich an die Stiege zu Barlachs Wohnung im ersten Stock, in der er starb. Fühmann schreibt von der Falltür aus Eichenbohlen und Eisenklammern, ein Bollwerk gegen braune und schwarze Eindringlinge, die den entarteten Künstler, den «Undeutschen, Russenknecht, Bolschewik» bedrohten.

Da ist der Backsteindom in der Sonne. Inwendig Gotik, Renaissance, Altar, Schnitzwerke, Gemälde, Marmorplastiken, Andreas beugt das Knie, zieht mich mit sich, verharrt, wo es das Herausragende gebietet, und als er mein andachtsbereites Gesicht sieht, wie ich die aufgehängte Bronze von Barlachs Mahnmal «Der Schwebende» aufnehme, sagt er: «Käthe Kollwitz als Zeppelin muß ich nicht sehn» und sagt auch, wer diese Lästerung ausstieß. Ich kann ihn nicht mehr danach fragen. Später, in der Gertrudenkapelle, die Ernst-Barlach-Gedenkstätte ist, benennt Grieshaber mit knappen Worten die Leistung des Bildhauers, reißt den Hintergrund auf, das spezifisch Deutsche und daß er selbst trotz des Holzes nichts gemeinsam mit ihm habe.

Zur offiziellen Eröffnung der Ostseewoche standen dem Biennalekomitee vier Ehrentribünenkarten zu. Grieshaber verschenkte die seine. Die sowjetische Delegation verschenkte die ihren ebenfalls; sie wollten mit mir im Volvo fahren: Niemeyer-Holstein, der Präsident, hatte für denselben Tag nach Lüttenort auf Usedom eingeladen, wo er wohnte. Es gab Künstlersitze, von denen man sprach, was für Andreas meistens ein Grund war, sie zu meiden. In diesem Fall konnte er sich nicht entziehen. Alles soll einst mit einem alten Eisenbahnwaggon begonnen haben, und daß der Maler während der Flucht- und Auflösungserscheinungen bei Kriegsende sich nicht trennen wollte von diesem Ort des unvergleichbaren Lichts, aus dem seine Bilder lebten. Der Staat honorierte sein Ausharren, räumte ihm Freiheiten ein, der Impressionist der Seniorengeneration, mit Preisen ausgezeichnet, wurde zum Nestor der Region, seine Bilder hingen in den Museen: Meerlandschaften, Gespinste aus Licht, Winterstücke, Frauenakte, ein Strom von Besuchern pilgerte jahraus, jahrein nach Lüttenort, rühmte die Gastfreundschaft, und jetzt waren wir unterwegs. Ich sah nicht viel von dieser östlichsten Strecke; die beiden Sowjets im Fond, mit denen Grieshaber sich rückwärts gewandt unterhielt, stachelten mich an, Rosinantes Können vorzuführen, und ich mußte mich konzentrieren. Grieshaber sagte, das ist die Peene, als ich bei Wolgast über ein Wasser fuhr. Peenemünde, sagten die Sowjets.

Kurz vor der schmalsten Stelle von Usedom hatte ich die vorausfahrenden Kollegen eingeholt; auch ohne sie war es nicht schwer, den mauerumgebenen Landsitz zu finden: Zwei Häuser, durch den Eisenbahnwaggon miteinander verbunden, standen in einem weitläufigen Garten, in dem die Plastiken der besten DDR-Bildhauer und meerische Fundstücke aus Holz und Stein kundig verteilt waren zwischen Bäumen in einer fast südlichen Pflanzenwelt; manches erinnerte an die Achalm, als sei das dort Zusammengedrängte erlöst in eine weiträumige Landschaft. Der Besitzer empfing uns am Tor, was für ein Handkuß, im Haus seine Frau sorgte für Bewirtung, halbblind, stählern von Duldung, Verzicht, Arbeit durch Jahrzehnte, wer anders als sie hatte das großbürgerlich wirkende Anwesen zusammengehalten mit seinen vielerlei ineinandergeschachtelten, weiten und winzigen Gemächern? Käppn Nino, schlank, hochgewachsen, mit der silbernen Drachme im Knopfloch führte uns ans Achterwasser, wo sein Boot lag, ein seetüchtiges Schiff, das ihm durch den Greifswalder Bodden die Ostseewelt und ihre Inseln öffnete; während der Greis mich umfaßte, um mich an Bord zu führen, so drastisch, daß ich rot wurde und Andreas mir zuzwinkerte, erzählte er von bestandenen Stürmen in skandinavischen Gewässern und mit Frauen, vom Festland auf seine Planken wechselnd. Er wolle mich malen, sobald ich wiederkäme und Grieshaber mich aus den Augen ließe. Zwei junge Helfer machten das Boot flott und drehten mit der Gesellschaft an Bord in der Bucht eine Runde. Der Käppn, mit Grandezza sich um ein Jahrzehnt verjüngt bewegend, ohne die Anstrengung verbergen zu können, sagte, daß er nur noch ein letztes Mal allein aufbrechen würde, irgendwann, um hinterher Orion zu verbrennen. So hieß das Schiff. Es irritierte mich, daß ich du sagen sollte, und Käppn, wie einst zu dem Kapitän vom Berg, dessen einziges Seemannspatent die griechische Mythologie gewesen war. Später, während wir uns im Haus und im Garten vergnügten oder Spaziergänge machten am offenen Meer, das gleich hinter der Straße begann, zog der Käppn Grieshaber mit sich fort in sein Atelier, wo er mit ihm allein sein wollte; seit Jahren habe er diesen Augenblick vorbereitet. Der Konventionelle wollte sich dem Modernen stellen, der alles durchgestanden hatte, wovor Niemeyer-Holstein sich schützte. Da er ein Meister auf seinem Gebiet ist, brauchte ich seine freundschaftliche Zuwendung nicht zu enttäuschen, sagte Grieshaber, als wir allein ein paar Minuten am Meer entlanggingen. Nino habe einst Kirke verführen wollen; da seien uralte Verletzungen im Spiel. Junge Maler und Bildhauer kamen dazu, um Grieshaber kennenzulernen, von deren Eltern, Großeltern Andreas Geschichten wußte, die er von Kirke hatte, aus einer Zeit vor der Zeit, die immer noch nicht die meine war. Auf der Strecke nach Rostock zurück durfte ich mir meine Erschöpfung nicht anmerken lassen. Ich weiß nur noch, es war lang hell hier oben, Schimmer am Himmel bis gegen Mitternacht.

Einschlafen ist schwer nach solchen Tagen. Wir reden oft noch, wenn die kurze Dunkelheit schon wieder weicht. Erinnere dich an das Wohnatelier von Hermann Glöckner in Dresden, sagt Grieshaber. Daß er fast ein Jahrzehnt älter als Nino sei und doch zur neuen Epoche gehöre. Im Albertinum hänge er neben Schlemmer und Feininger. Nein, Handküsse kamen nicht vor in der geometrischen Strenge, in der Kargheit der Lebensführung; keine grandseigneurale Entfaltung. Bevor mir die Augen zufallen, schickt Andreas mich noch einmal auf die Gedankenreise: Vergiß nicht Börnchen. Das Dorf am Fuß des Erzgebirges. Das Bauernhaus in dem Dorf. Die Dachbodenkammer als Atelier: Curt Querner. Das dritte Extrem. Verglichen mit ihm ist Glöckner der Freiherr. In Querners Bildern bin ich am meisten zu Hause. Er weiß Bescheid. Mehr als die anderen. Sicher würde ich es dort nicht aushalten. Arbeiten könnte ich wohl in dem Dresdener Haus an der Pillnitzer Landstraße, wenn die Achalm nicht wär. Bald wird keiner mehr von ihnen leben. Du hast ein

Stück Kunstgeschichte besucht. Aber wir fangen erst an. Wir betrachten auch noch die nächsten Generationen, wenn wir wiederkommen. – Warum besuchen wir zu Hause keine Maler? frage ich mit schwerer Zunge. Bei der Antwort schlafe ich schon.

Auf einem großen bunten Sonnenschirm stehen die Buchstaben BRD. Darunter sitzt Grieshaber hinter einem Tisch voller Bücher, mitten auf einem Boulevard, neben sich, links, rechts, vis-à-vis, ebensolche Sonnenschirme, Büchertische, auf dem orangefarbenen Transparent, quer über die Kröpeliner Straße gespannt, vor dem blauen weißwolkigen Himmel steht: X. BUCHBASAR AM 10. UND 11. JULI 1973. Um die Sonnenschirme drängen sich Tausende von Menschen, zwei Nachmittage lang, ein schon fast exotisches Erlebnis. In welche westdeutsche Stadt soll ich das Ganze in Gedanken versetzen? Schriftsteller wie Martin Walser, Ilse Aichinger, Enzensberger säßen zwei Sommernachmittage lang, es ist drükkend heiß, hinter ihren Bücherstapeln, Volksfest allenthalben, wer käme vorbei? Wer kam in Kiel vor einem Jahr zu den Bücherständen der Kieler Woche, wo gleichzeitig der PEN-Club tagte, in den ich gerade aufgenommen worden war? PEN-Autoren unter Sonnenmarkisen lasen aus ihren Büchern, kaum hundert Passanten blieben stehen, kauften sie? In Rostock waren es dreißigtausend, so las man es im «Demokrat», Tageszeitung der Christlich-Demokratischen Union für die Bezirke Rostock, Schwerin und Neubrandenburg. (In den westdeutschen Zeitungen daheim fand ich später: «Bücher gehen weg wie Bananen»... «Als ob es heiße Würstchen gäbe» – aber eben Bananen und Pfirsiche und heiße Würstchen gab es ja auch nebenan.) Nie zuvor sah ich so viele Menschen so viele Bücher kaufen. So viele Autoren Namen und Widmungen unermüdlich in diese Bücher schreiben. Natürlich drängten sich Kinder mit Müttern und Großmüttern um die Jugendbuchautoren, natürlich waren Heiterkeit und Unterhaltung am meisten begehrt, und die Sonnenschirme der Lieblingskarikaturisten schwankten, aber auch bei den schwierigen Schriftstellern mußte man Schlange stehen. Ich reihte mich ein und kaufte bei Volker Braun Gedichte. Starrte Franz Fühmann an, den ich nur als gewaltigen Koloß von einem Photo kannte, und der mir jetzt schlank und mit einem Gesicht, das mich nicht mehr losließ, schweigend das signierte Bändchen *Barlach in Güstrow* überreichte.

Der Rostocker Volksbuchhandel hatte das Fest der Bücher ausgerichtet. Eine junge Buchhändlerin der Universitätsbuchhandlung betreute den ersten BRD-Sonnenschirm in zehn Jahren, Grieshaber und seine drei Bücherstöße: *Herzauge*, 1937 heimlich für Kinder gemacht, verboten in dunkler Zeit, jetzt zum Leben erweckt, den *Totentanz*, die kleine schwarzweiße Volksausgabe des großen farbigen Holzschnittbandes, und Nerudas *Aufenthalt auf Erden*. Ich wurde gebraucht, um Bleistifte zu spitzen, denn nach wenigen Namenszügen ist das Graphit stumpf, und wer hat schon in solcher Situation einen Bleistiftspitzer parat? Der BRD-Schirm wurde umlagert, gleichzeitig scheu und zutraulich waren die Menschen, fragten, was ihnen so durch den Kopf zuckte oder worüber sie eine Weile nachgedacht hatten: zweimal vier Stunden sind lang für Gespräche, die öffentlich auf einem Boulevard geführt werden, der hinter dem Eisernen Vorhang liegt; uniformierte Soldaten, Matrosen schickten ihre Frauen vor, Mädchen gingen herum mit Kaffeekannen, Cognacflaschen, Gläsern, Tassen; Eis in Tüten wurde mir überreicht, unzählige Male photographierte man uns, Stunden später brachten sie schon die Bilder. Westdeutsche Journalisten, die den BRD-Schirm entdeckten, hielten Grieshaber das Mikrophon vor den Mund, er antwortete auf mancherlei Fangfragen und Anzüglichkeiten, warum er denn so großen Wert darauf lege, in der «DDR» zu erscheinen, während er weiter signierte und jedermann zuhören konnte: «Ich kann in meiner künstlerischen Selbstverwirklichung nicht ohne das in der Geographie Deutschlands liegende geistige Erbe leben, gleichgültig, wie verschieden es heute von den beiden deutschen Staaten tradiert wird. Ich freue mich, als Gast in der DDR arbeiten und ausstellen zu können. Denn dadurch bleibe ich in Kontakt mit unserer gemeinsamen Kultur . . .»

Und dann passierte, was ich bisher bloß bei Agitproplektüre für möglich hielt: Der alte Arbeiter, gegen Abend des zweiten Tages, *Herzauge* und *Totentanz* waren ausverkauft, will vorübergehen, bleibt stehen, blättert in Nerudas Buch, öffnet seinen Geldbeutel, zählt, zählt noch einmal, geht, kommt später wieder, bringt den fehlenden Zwanzigmarkschein, kauft den Gedichtband mit den fremden Bildern, bevor Grieshaber seinen Geldbeutel ziehen kann, um die Differenz in die Kasse der gastgebenden Buchhandlung zu legen. Das erbte dann ein junges Paar; der Mann hatte leise die Wohnungseinrichtungsrate erwähnt, und daß sie doch schon viele Bücher hätten, als die Frau ihr Verlangen äußerte, das Neruda-Buch besitzen zu wollen. Grieshaber schiebt es ihr unter den Arm, sie errötet, fragt - ich muß es erklären: Nichts soll das heißen, freun Sie sich einfach, so was kommt schon mal vor, wissen Sie, plötzlich, wie eine Sternschnuppe . . . Das Erstaunen in der Stimme, als sie sagt: Aber ausgerechnet bei mir?, und ich denke, sie hat nicht oft Glück gehabt. Kurz bevor der Buchbasar zu Ende ist, bringt das junge Paar Grieshaber einen Blumenstrauß.

Am Abend spielten sie *Hölderlin* von Peter Weiss im Volkstheater. War es die Uraufführung der Rostocker Neufassung? Die vorausgegangenen Aufführungen in Stuttgart, Tübingen hatten wir nicht gesehen. Grieshabers Wunsch nach Karten hatte die Runde gemacht. Wir saßen in der ersten Reihe, das Haus gefüllt bis auf den letzten Platz, hinter uns, um uns die regionale und überregionale Prominenz, schwarz, grau, hell, Uniformen, Ordensbänder, Gesichter, denen man hier und dort begegnet war in diesen Tagen, hochsommerlich festliche Damenkleider, und neben mir, links, zart, blaß, leuchtend, Volker Braun. Wir tuschelten miteinander, bis der Vorhang aufging, vertraut, als kennten wir uns schon lange, und hatten doch nie vorher ein Wort gewechselt. Dann vergaß ich fast sofort alles um mich her und ließ mich hineinziehen in den Sog aus Licht und Handlung, der die Zeit aufhob zwischen Tübingen vor hundertachtzig Jahren im Juli und jetzt. Auch stand ich wie unter Strom zwischen dem alten Jakobiner und dem jungen Nachfahren zu meinen beiden Seiten, spürte, es geschieht ein Höhepunkt des Lebens; ich nahm gleichzeitig teil an den Schwingungen der beiden, wie sie reagierten auf Peter Weiss' Herausforderung im Gefolge der neuen Hölderlininterpretation. Es war ein fast unablässiges Knistern, Funkensprühen zwischen uns dreien in jeder Kombination und dem Geschehen auf der Bühne.

Müßte ich an dieser Stelle nicht sagen, was Jahre später geschah: Wie ich Volker Braun, Rainer Kirsch, Franz Fühmann zum Hölderlinturm am Neckar führte? Wo ich einst mit Celan, Huchel, Bobrowski stand, neben Johannes? Und Volker Braun sich auf den orangefarbenen, funktional stilisierten Abfallkorb aus Plastik neben dem Eingang stürzte, rüttelte, schrie, das wäre nicht möglich bei uns? Versöhnt, wie die Bäume im Wasser sich spiegelten und an der Mauer Studenten sich in der Januarsonne wärmten. Warum fragte ich Fühmannn nie, ob auch er damals im *Hölderlin* saß? Die sehr verschiedenen Freundschaften, die Grieshaber mit ihnen pflegte bis zum Tod.

Der Leipziger Verleger war nach Rostock gekommen. Er lud uns ins Nobelhotel Neptun in Warnemünde zum Mittagessen. Einer saß schon am Tisch und erwartete uns: Franz Fühmann. Wieder sah ich in dieses Gesicht, wie auf dem Buchbasar, als es unterm Sonnenschirm aufschien, und plötzlich fiel mir ein, was mich da hineinzog: *Der Jongleur im Kino oder die Insel der Träume.* Diese Erzählung von ihm hatte ich schon vor langer Zeit gelesen und mich von ihr umtreiben lassen. Ich wußte keinerlei Einzelheiten mehr, doch der Titel war das Gesicht vor mir. Wir aßen Fisch. Franz Fühmann hatte ein Glas Saft vor sich stehen. Er aß nichts. Natürlich habe er nicht von selber abgenommen. Dreißig Kilo. Hunger tagaus, tagein. Wütender Hunger. Viel Radfahren. Weite

Wege durchs märkische Land. Und keinen Tropfen Alkohol. Er habe ihn wie Wasser getrunken. Keine Woche mehr zu leben, hätten die Ärzte gesagt. Jetzt sei das alles vorbei. Doch nur so, daß ein winziger Schluck, ja, schon eine Likörpraline sofortigen Rückfall und Tod bedeuteten. Er sage das immer gleich jedermann, damit man ihn in Ruhe lasse. Danach konnte das Gespräch mit Grieshaber beginnen, das anderswohin führte.

Am Nachmittag fuhren wir auf die Datscha des Verlegers am Meer, Erich Arendt und seine Freundin kamen dazu, am Abend würde in der Kunsthalle die Pablo-Neruda-Ehrung stattfinden, bei der Arendt Gedichte lesen und Grieshaber sprechen sollte wie in Leipzig, Dresden und Weimar. Beim Strandspaziergang lief Grieshaber abseits, als Arendt nur Bitternis von sich gab; zum Nörgeln sei er nicht an die Ostsee gekommen.

In Chile mehrten sich die Zeichen, daß Allendes Versuch mit Gewalt zum Scheitern gebracht werden sollte. Sein Adjutant Araya war ermordet worden. Grieshaber, schon in der Bundesrepublik hellhörig, verlas den Aufruf Pablo Nerudas, den er von der chilenischen Botschaft in Bonn bekommen hatte, und schloß: «Wir Europäer begrüßen den chilenischen Weg. Wir fühlen mit, wenn die chilenische friedliche Revolution bedroht ist, denn wie überall, wo Landreform und Nationalisierung gewagt werden, ist das Sozialprodukt in Gefahr. Salvador Allende weiß, welche Opfer seine friedliche Revolution dem eigenen Volk abfordert. Chile kämpft nicht gegen die Vereinigten Staaten. Es hat lediglich einige seiner Freiheiten beim Abbau von Kupfer sich wieder erobert. Chile trug lange die Not der Unterdrückten, und immer war es Neruda, der das richtige Wort fand...»

Wir fuhren durch Dörfer und Städtchen südwärts, quer durch die Mecklenburgische Seenplatte, Strohdächer, Storchenpaare auf den Nestern, Richtung Berlin. Andreas erholte sich rasch von den Anstrengungen der zehntägigen Präsenzpflicht, jetzt nur noch Autotage vor sich, aussteigen, wo ihn

die Lust anging. Immer wieder angezogen von den westdeutsche Jahrzehnte auslöschenden Häuserfassaden, den blinden
oder blankgeputzten Fenstern mit Myrtenstöckchen hinter
alten handgeklöppelten Vorhängen, verblichenen Auslagen
in den Schaufenstern kleiner Gewerbebetriebe, Kurzwaren,
Eisenwaren, Schneiderei, Photogeschäft, doch im VEB-Laden
glänzten die Fleischdosen mit Gulasch, Rind-, Schwein- und
Sauerbraten, Spezialeisbein, saure Fleck, Halberstädter
Klopse, Hackbraten, Rinderbrust, Pottsuse, Thüringer Rot-
und Jagdwurst und Gutsfleisch, «Von Leibgericht zu Leibgericht» schrieb Andreas auf den Zettel neben «Wallenstein in
Güstrow», und zwischen den Fleischdosen stand auf Karton
in Schönschrift, was ich jetzt selbst aufschreiben sollte, damit
ich mich später nicht nur an Kirchen und Schlösser erinnerte:
Unser Kampf um das Thälmannbanner / Ergebnisse der FDJ-
Grundorganisation «Geschwister Scholl» des VEB-Fleisch-
kombinat nach Abschluß der 2. Etappe / Die Jugendbrigade
der Schweineschlachthalle arbeitet nach kollektivschöpferi-
schen Plänen / sie kämpfen um das Banner der Arbeit / Alle
FDJler unserer Grundorganisation nehmen am Zirkel junger
Sozialisten teil und legen das Abzeichen für gutes Gewissen
ab.

6 × Gold, 34 × Silber, 10 × Bronze, doch die Blumentöpfe
daneben sind verdorrt, vis à vis der Rat des Kreises, Kirche,
Kulturhaus, rote Fahnen, allgegenwärtig die Kehrmaschinen,
mit rotierenden Borstenkränzen das Kopfsteinpflaster fegend
wie damals im Winter in den Gassen Freibergs das Eis. Auch
die deutschen Schäferhunde sind Kommunisten geworden,
sagt Andreas, als eine Hundeabrichtungsanstalt am Weg
liegt. Und die überall schimmernden, oft untereinander ver-
bundenen Seen, die kleinen umbuschten Badeanstalten aus
grauen Brettern wie anno Kindheit, längst verschollene Un-
kräuter blühten, ich bremste, stieg aus, steckte meine Nase
hinein, doch als ich baden wollte, waren die Plätze abgesperrt,
eingezäunt: Ferienobjekt der Meliorationsgenossenschaft Te-
terow Bungalow 55–67, Ferienobjekt VEB-Kombinat Dampf-

erzeuger, im Gras und Kraut der Sommersonne tummelten sich die bleichen Körper, Wälder, Wasser, Ackerland nahmen kein Ende, und Vögel und Schmetterlinge.

Zum erstenmal miteinander in Ostberlin: Fahnen, Transparente, X. Weltfestspiele der Jugend; Kontrollen, Papiere, Polizei und Soldaten; ich bin erschöpft. Worauf Andreas mich aufmerksam macht, was ich wahrnehmen soll, das Gesicht Berlins, zerfließt. Stünde da nicht am Rand eines Zeitungsausschnitts: Hotel Adlon, 13. Juli 73, ich würde es für Erinnerungsfetzen halten aus einem sehr alten Film. Wann, wie hat Grieshaber es fertiggebracht, sich einen Wunsch erfüllen zu lassen in Gestalt dieses Nachtquartiers? Lag es nicht schon hinter den markierten Streifen: Betreten verboten? Adlon, Berlin, die sich auskennen, wissen, was damit verbunden ist. Aus welchen Jahrzehnten es einen anweht. Jetzt war die Hälfte des Hotels eingestürzt oder dem Einsturz nah. In der anderen, notdürftig geflickt, gestützt, provisorisch betrieben, Einschüsse in allen Fassaden, größere Löcher von Bombensplittern, wohnten wir. Meine Kritzelei auf dem Zeitungsrand: Jede Woche kann die letzte sein. Sie wollen es sprengen. Weiße Jugendstil-Blüten. Ornamente, Stuck. Fleischfarbene Kacheln im Bad, Risse querdurch, vergoldete Armaturen glänzen noch. Das Bett mit Erotenpärchen. Überall schäbige Eleganz, die blindesten Spiegel, in denen Frauen köstlich aussehen, sagt Andreas. Untergangsvisionen: wenn das alles in einer Staubwolke zusammensinkt. In wenigen Metern Abstand die Mauer. Der Film flimmert, ich sehe Hunde, Soldaten, verwüstete Gärten, abgeholztes Gebüsch, Stacheldraht, Wachtturme, waffenbestückt. Käuzchenrufe; fast streifte mich eine Fledermaus. Kaninchen hoppeln durch den Grasstreifen. Die Geräusche, wenn der Verputz rieselt, wenn es knackt, als fiele die Wand gleich ein. Neben uns auf dem nächsten Balkon steht einer in Offiziersuniform und singt unaufhörlich ein russisches Lied.

Altes Briefpapier in der Schublade: Gibt es noch jemand auf der Welt, der eine Gänsehaut bekäme, wenn wir ihm schrieben: Hotel Adlon: Absender soeben abgestiegen, sagt Andreas. Katzen in der Morgenfrühe. Eine schwarze, hinkende, der jemand vom Küchenpersonal ein Schüsselchen Milch hinschiebt.

Die Einladung zum Empfang in der Chilenischen Botschaft lag nicht an der Rezeption, wie verabredet. Ihretwegen waren wir hier. Sie konnte nicht dort liegen. Ein Querschläger hatte sie erwischt. Grieshaber hätte in Rostock vielleicht nicht den Aufruf Nerudas aus dem Jackett ziehen sollen, dessen Briefkopf, für jedermann sichtbar, lautete: Chilenische Botschaft Bonn. Es hatte Ärger gegeben. Erich Arendt und Stephan Hermlin vertraten das gemeinsame Buch ohne den Holzschneider. Grieshaber telephonierte. Kam zurück: Sarah Kirsch freut sich auf uns. Also suchen wir ihren Wohnturm auf der Fischerinsel. Fühlen uns zu Hause. Trinken Wein. Essen einen Teller Suppe. Sehen Bücher und Bilder an. Finden an der Wand, was Grieshaber 1947 gesetzt, gedruckt, geschnitten hatte. «Das Märchen von Vivekananda»: «der geliebte hat an die tür seiner liebsten gepocht. Sie fragt: wer ist da? er antwortet: ich. die tür öffnet sich nicht. er kommt ein zweitesmal und ruft: ich bin es ich bin es ich bin da. die tür bleibt zu. beim dritten male fragt die stimme innen: wer ist da? ICH BIN DU.» Moritz, der Sohn, kommt vom Kindergarten. Unterhält sich mit Grieshaber. Möwen stürzen am Fenster vorbei. Die Wasser unten sind schwarz. Vieles ist noch schwarz in Berlin. Drei Nächte im Adlon. Als wir wiederkamen übers Jahr, war es eingeebnet. Kein Zugang mehr zum Mauersperrgebiet.

Auf der Heimfahrt besuchten wir noch Uta und Regilindis im Naumburger Dom. Mußten auf eine Führung warten; Andreas durfte sich keinen Schritt von dem schnatternden Haufen entfernen. Keine Handbewegung über einen Stein. Kein Verharren vor einem Kruzifix. Dreimal pfiff ihn der weibliche Führungsfeldwebel zurück. Dann flohen wir über die Grenze. Das Brückenrasthaus erfrischte uns nicht. Nürnberg war kein Labsal; verdreckt, touristenüberschwemmt. Im *Spiegel* schrieb

Böll: «Es ist Zeit, energisch zu werden.» Weshalb? In der *Zeit* fanden wir: «Vom Abriß bedroht – das Haus des Christian Wagner in Warmbronn.» Grieshaber riß den Artikel heraus. Nahm ihn mit. In Feuchtwangen wollten wir Kaffee trinken. Das Elfuhrläuten vom tausendjährigen Kirchturm sollte die Rückkehr feiern. Doch das Café war in den Kreuzgang gebaut. Busse spuckten Touristen aus. Stahleingefaßte Fensterscheiben berührten die romanischen Säulen. Im Geviert das Gerüst der Freilichtbühne. Papier, Colabüchsen, Plastiktüten, Eintrittskarten liegen verstreut, wo die Mönche Rosen zogen. Andreas sagt: Schlimmeres sah ich noch nie. Dann lieber gleich alles verfallen lassen. Soll ich jetzt das Kreuz schlagen oder unter den Tisch pissen? Bald danach waren wir auf der Achalm.

36. Das Haus des Christian Wagner

An einem Augustmorgen sagte Andreas: Wir fahren nach Warmbronn. Der Zeitungsausriß vom Brückenrasthaus lag seit der Rückkehr auf seinem Stehpult: «Vom Abriß bedroht.» Daneben mein Büchlein aus Großmutters Regal, das Vater nicht wert erachtet hatte, in seinen Bücherschrank aufgenommen zu werden: *Gesammelte Dichtungen von Christian Wagner.* Erste, für den Schwäbischen Schillerverein bestimmte Ausgabe, 1918. Er starb am Tag, als ich neun Jahre alt wurde, sagte Grieshaber. Auch er habe den Namen zuerst von seinem Großvater gehört. Und jetzt sei es Zeit, nachzusehen, wo der Dichter, der ein Bauer war, aber kein Bauerndichter, gelebt habe. Wie das mit dem Abreißen sei, ob man uns brauche.

Nach den Wäldern hinter der Solitude erreichten wir das Dorf. An den Rändern schon zersiedelt mit neuen Wohngebieten für Großstadtflüchter. Im alten Kern steht das Christian-Wagner-Haus. Verfall fängt an sich auszubreiten, die Dachziegel sind mürb, auf den Wänden Flecken, Abblätterndes, Löcher, zerschlagene Scheiben, morsches Gebälk, Brennesselbüsche. Einer, der an dieser Stelle ein Kaufhaus bauen wolle, habe das Haus schon erworben, sagt die Frau, die uns aufschloß. In der Stube ist alles wie einst. Auf dem Tisch steht ein Blumenstrauß. Gestern war sein Geburtstag, sagt die Frau. Ich schrieb auf, was ich sah. Grieshaber betrachtete die alten Photographien in ihren Rahmen. Zeigte auf den Ofen, die Uhr. Fand Handschriften, Hefte, noch im Original, in verquollenen Schubladen, Erstdrucke von Büchern. In der kargen Kammer das Sterbebett. Auf dem Friedhof inmitten kleiner Gräber der hohe Stein, bleich unterm dunklen Grün das Medaillon mit dem Reliefgesicht. Ich schrieb die zwei Gedichtzeilen ab: Vor tausend Jahren aßen wir zu Morgen / auf tausend Jahre sind wir noch geborgen. Es war noch vor der Zeit, ehe Handke, Härtling, Walter Helmut Fritz und andere ihn neu ins Gedächtnis riefen. Grieshaber kannte das wenige, was Hermann Hesse und andere über Christian Wagner geschrieben hatten. Seine *Sonntagsgänge* kamen in unserem Alltag vor und machten es leicht, uns einzufühlen, was der zarte Mann mit dem schweren Handwerk von der Natur nahm, verwandelt zurückgab; wir kannten seine Tiere, Pflanzen, wußten Bescheid über die «Schonung des Lebendigen», seinen «Besitzstand», vom «Lied der Bitterkeit» bis zum «Späten Erwachen». Jetzt ließen wir auf der Rückfahrt das Auto am Waldrand stehen und gingen zur «Lichtung», legten uns zwischen die Purpurdisteln, unterm «Geflechte dunkler Brombeerranken», sahen «sonnig halb und nächtig» Falter uns «geisterbleich umschweben».

Auf der Achalm machte Grieshaber Rindenschnitte. Christian Wagner mit dem umgebundenen Sätuch. Christian Wagner mit der Sichel mähend. Eine Kuh. Schaf und Schwein. Die Tochter. Christian Wagner: auf den Armen, mit den Händen hält er seine Kreatur. Ich schrieb ein Gedicht über das Haus des Christian Wagner.

Mit Ricca trafen wir uns in Warmbronn. Grieshaber sagte der Tochter, was sie photographieren solle und wie. Im Deutschen Literatur-Archiv in Marbach ließ man uns mit den

Handschriftenkästen des Dichters allein. Manches wich von den später gedruckten Zeilen ab. Änderungen von fremder Hand? Um es der Obrigkeit genehm zu machen? Wir einigten uns auf wenige Texte, frühe Fassungen, Grieshaber wollte sie in Faksimile drucken, mit den Korrekturen von Wagners Hand. Er bestand auf den Sätzen über das «*Eigentum / Es ist nicht alles ganz dein, was du dein nennst; es ist eigentlich gar nichts ganz dein, als die Werthsachen in deiner Brust, in dem feuerfesten u. diebessicheren Kassenschrank deiner Seele . . .*»

Der Druckerfreund Walter Cantz bekam die Maquette, verstand, was Grieshaber mit dem Wort «armselig» meinte, realisierte es, druckte tausend Rohbogen, band zweihundert auf und übernahm die Kosten als Stiftungsbeitrag. Bald schien es, als wäre damit wieder einmal der glücklichste Abschnitt einer Aktion beendet. Zwischen Vertretern der vor Jahresfrist gegründeten Christian-Wagner-Gesellschaft und der Achalm gingen Post und Telephonate hin und her, Andreas erfuhr von Intrigen, Querelen, daß man sich gegenseitig Steine in den Weg warf; Sonntagsreden, Rezitationen, Musikdarbietungen zu Ehren des Dichters standen höher im Kurs als Bemühungen um die Erhaltung des Hauses, auch von alteingesessenen Dörflern gering geschätzt oder am Wirtshaustisch und bei Befragungen abgelehnt. Man muß sie trotzdem gewinnen, sagte Grieshaber. Wie aber, wenn es ihm selbst nicht gelang, Verständnis für sein Büchlein zu finden? Was so einfach daherkam, setzte Kennerschaft voraus, um Geld einzubringen. Am bequemsten wäre es, die kleine Auflage einem Kunsthändler zu übergeben, als wüßt ich das nicht, sagte er, und nach Warmbronn einen Scheck zu schicken. Doch ohne Öffentlichkeit wird das Haus nicht gerettet. Meine Hommage für Christian Wagner erlaubt jedem Käufer, sich als Mäzen zu fühlen, und trägt doch bald danach hundertfach Zinsen.

Für den 3. November hatte die Christian-Wagner-Gesellschaft zur Ehrung des Warmbronner Poeten in die Turnhalle eingeladen. Fachleute, Prominente, Bürger und Bauern. Spät erst sagt mir Grieshaber den Anlaß: man feiere eine Buchpremiere kommerzieller Art; Christian Wagner mit nervösen Illustrationen eines Belcanto-Zeichners. Unser Büchlein sei da in die Quere gekommen. Man hätte wohl gern auf die Stiftung verzichtet, von der die Rede nicht sei. Deshalb müsse ich reden. Hinfahren, hinstehen, aufs Podium steigen, unsere Sache vertreten, denn er bleibe zu Hause. Es gehe jetzt nicht um Eitelkeiten, alle Ehrung bleibe verbal, wenn an diesem Abend nicht vom drohenden Abriß gesprochen werde. Vom Dach, durch das es hereinregne. Der Winter stehe vor der Tür. Ich tat, was getan werden mußte, wie Andreas es wollte, ohne zu begreifen, warum die kleine Sache in der Heimat den Schwierigkeiten mit westdeutschen Malerkollegen in Rostock nicht nachstand.

Hunderte waren gekommen. Die Feier dauerte lang. Vom Haus wurde nicht geredet. Erst als die Menschen schon aufbrachen, gelang es mir, auf die Bühne zu klettern und in die Unruhe hineinzurufen, während Ricca die zweihundert Büchlein brachte: Kehren Sie in die Wirklichkeit zurück! Sie heißt Geld. Grieshaber hält es nicht für unfein, davon zu sprechen. Ein Exemplar des Büchleins mit sechs signierten Original-Holzschnitten entspricht einem Verkaufswert von hundert Mark. Bei zweihundert Exemplaren sind das DM zwanzigtausend für die ersten dringenden Arbeiten am Haus. Eine Bank ist da, die diese Bücher beleiht, bis sie ihre Abnehmer gefunden haben. Der Herr Bürgermeister kann diesen Betrag seinen Verhandlungen um die Erhaltung des Hauses zugrunde legen . . .

Alle Exemplare waren in wenigen Wochen vergriffen. Bald kostete ein Büchlein schon fünfmal so viel. Der Bauunternehmer, dem das zum Abriß bestimmte Haus gehörte, machte es zum Geschenk. Jahre der Uneinigkeit vergingen, bis es renoviert und als Museum und Bibliothek ausgebaut wurde. Grieshaber ließ alle Einladungen in den Papierkorb flattern. Er war nie wieder dort. Doch sein Wunsch im Impressum des Büchleins hatte sich erfüllt: «Landsleute des Dichters bitten darum, die beiden Stuben in Warmbronn zu lassen wie sie sind: ärmlich. Wir finden nicht, er sei anderer Herkunft . . . wie Christian Wagner zu seinem Töchterchen sagte: ‹Setz

dich doch rüber, es sieht ja aus, als ob du eine Magd wärst,
und du bist doch eine Ebenbürtige!›»[15]

Die Christian-Wagner-Gesellschaft hat das ihr gewidmete
Archivexemplar «verloren». Und so endete der erste Teil. Ich
dachte nicht mehr an die 800 Rohbogen. Grieshaber vergaß
sie nicht. Wartete, bis die Zeit reif war, seinen armseligen
Christian Wagner in den Städten der Bundesrepublik und der
DDR vorzustellen:

> «Laß hinter dir die Heimath, die dich quält
> Und nicht den Geist begreift der dich beseelt! . . .»

37. Gewalt ist mächtig auf der Straße

Grieshaber drängte, ich solle mich an der Ausschreibung des
Schubart-Preises der Stadt Aalen beteiligen. Womit denn?
Also lenkte er mich vom Grab des sanften Warmbronner
Dichters zum Grab des Rebellen in Stuttgart. Wir fanden auf
dem von Hochhäusern umstandenen, nicht mehr belegbaren
Hoppenlaufriedhof die kleine dunkel verwitterte Steinplatte:

> Christian Friedr
> Daniel Schubart
> Musiker Dichter
> und Publizist

mit einer Lyra darunter. Saßen eine Weile im Gras zwischen
vergessenen Gräbern in der Morgensonne. Mittags stiegen
wir durch Rebenterrassen und verfallende Vorwerke auf den
Hohenasperg, der Septemberwind schob weiße Wolken zusammen, gaukelte Freiheit vor; als wir über die Wälle gingen,
sahen wir unten die Heimatlandschaft im Würgegriff der
Zersiedelung, Industrialisierung verkommen. Andreas sagte,
wir sind die letzten zwischen den Urbarmachern der Erde und
ihren Unbewohnbarmachern. Der Berg, einst Freistätte für

ein Jahr, wurde zur Lehrstatt der Unterwerfung. In Schubarts Kerker befand sich nichts als ein Strohlager, ein Ofen, ein in die Wand eingemauerter Ring. Hier hat ihn der junge Schiller auf seiner Flucht nach Mannheim besucht. Grieshaber, in seinem Element, nannte Namen von Schubarts Vorgängern, Nachfolgern, die aus Riedlingen, Mergentheim, Burschenschafter und Achtundvierziger. Anno 1700 habe es noch keine Gefängnisse oder Zuchthäuser im Lande gegeben; soweit mit den Gesetzesübertretern nicht kurzer Prozeß gemacht worden sei, habe man sie als ‹Schellenwerker› verwendet, als Zwangsarbeiter. Gallioten nannte sie Schubart. Daraus wurden ‹Singende Pferde› im KZ. Jetzt heißen Kerker ‹Anstalten für den Strafvollzug›. Der Hohenasperg ‹Vollzugskrankenhaus›. Warum ist das übriggeblieben vom Jahrtausendsprung: Menschen, die elend hergebracht werden, elend hinuntergehen, aufgewachsen in irgendeinem Vaterhaus, Mutterland, zwischen unablässig sich ändernden Grenzen, Herrschaften, Kanzeln, Kathedern, Schlafstätten, Fabriken und Freizeitspielen, Mao, Marx und Heiligem Geist, Schulden und Händeln, zurückgepfiffen von den Vätern, Zwang erzeugt Zwang, Leiden schafft Laster, der Gefolterte weiß, wie man foltert.

Warum ist niemand da, der den Asperg freispricht, die Festung zum Denkmal, zum Mahnmal ernennt? Was sind wir für eine Gesellschaft, die diesen Ort als Krankenhaus braucht? In solchen Mauern kann nichts gesund werden trotz der Gemüse- und Asternbeete. Ich kann mich doch nicht um alles kümmern. Auf dem Rückweg fuhren wir über Ludwigsburg, Stammheim.

Es reichte für Schubart. Ich schrieb mein fünftes *Friedhofsgespräch*. Im Briefkasten steckte eine Zeitung.)AUSGEKLAMMERT(, Gefangenenzeitung in und aus der Vollzugsanstalt Ludwigsburg. Thaddäus Troll hatte es veranlaßt, im Schriftstellerverband uns darum gebeten, Verbindungen aufzunehmen. Andere Zeitungen hießen «Der Lichtblick», «Wir», «Unbestimmt». Wie das zusammentraf mit Grieshabers

Schubart-Unternehmung. Ich hoffte heimlich, er mache den Hohenasperg jetzt auch zu seiner Aufgabe.

An einem der nächsten Septembermorgen, als ich aus dem Wohnwagen kam, um mit Andreas ins heiße Wasser zu steigen, sah ich ihn schon sitzen, über den Tisch gebeugt. Ein sehr kleiner Weidenbaum stand noch nicht lang vor seinem Fenster, alle Äste zu Boden gewölbt, keine Trauerweide, vor Ostern war er noch dicht mit Palmkätzchen besetzt. Dieser Baum wölbte sich jetzt auf dem Papier, doch der Stamm war eine Männerfigur und der Kreidestift gab ihr ein Gesicht. Salvador Allende ist ermordet, sagte Grieshaber. Chile am Ende. Die Militärjunta macht alles nieder. Wieder erlebte ich, wie Andreas auf einen gewaltsamen Tod reagierte: Martin Luther King, die Graugans Gangie, sofort ins Holz, ins Gedächtnis graben. «Epitaph für Allende» nannte er das Blatt; schnitt eine Schrift dazu wie eine heimlich, rasch, irgendwo nachts an die Wand gemalte Parole, Botschaft: DENN DU WIRST GRAB DER FREIEN SEIN ODER ASYL VOR KNECHT- SCHAFT, ein Stück aus der chilenischen Nationalhymne. Zwölf Tage später war Pablo Neruda tot. Erst nach und nach sickerten Einzelheiten in die Öffentlichkeit, Grieshaber trug die Informationen aus vielerlei Quellen zusammen.

Ein neuer *Engel der Geschichte* wartete auf seine Flügel: Holzschnitte, Texte. «Stop whaling» hieß er während der Arbeit. Grieshaber, umgetrieben von der drohenden Ausrottung der größten Meeressäugetiere, hatte schon lang Material gesammelt; das unerschöpflich scheinende Wal-Reservoir rund um den Südpol verödete, von der in Stockholm tagenden Umweltkonferenz war eine weltweite Protestaktion ins Leben gerufen worden, die UNO empfahl ein völliges Fangverbot, doch Wirtschaftsinteressen standen im Weg: Japan und die UdSSR würden sich nicht an die festgelegten Abschußquoten halten. Wieder war ich aufgefordert, Dichter um Beiträge zu bitten. So erhielt Grieshaber Wal-Gedichte und -Briefe, Rainer Kirsch schickte aus Halle das Märchen vom roten und grünen Wal und der Rettung des Saragossameers. Ich las noch einmal *Moby Dick*, fand ein Walgedicht von Günter Eich und Pablo Nerudas «Leviathan», dachte an Ambraausscheidungen, warmes Blut und Lungenatmung, an ein stark entwickeltes Gehirn, an Drüsen, an Andreas im Achalmschwimmbekken, nachtstromspeichergeheizt, während rings Eiszapfen glitzern, der große Bär Licht von der Arktis sendet, und schrieb selbst ein Gedicht. Grieshaber hatte Baumwurzelquerschnitte aus dem Federseemoor vor sich liegen und machte Wale daraus. Dann schrieb er sein Vorwort für den *Engel*:

... Zwei Dinge bestimmen dieses Heft. Einmal fand Rainer Kirsch, ich müßte schöne Wale machen und sein grüner und roter Wal paßten gut zu der etwas sprunghaften Art zu denken, die man von mir kennt. Zum anderen wollte ich dem stop whaling, das jetzt beginnt... zu Hilfe kommen. Den Kindern zu Hilfe kommen, die dafür engagiert wurden. Beim Projekt Jonas sollen in einer Art Kinderkreuzzug Schulkinder für die bedrohten Wale malen und schreiben. Ihre Briefe und Bilder werden dieses Frühjahr dem Premier der UdSSR Kossygin und dem Premier Japans Tanaka als Bitte der Kinder ‹der ganzen Welt› vorgelegt... Vielleicht weil die toten Wale mich an die Hügelzüge der Schwäbischen Alb erinnern, mische ich mich unter die Kinder und sage stop dem Walfang!

hapg

PS: ich hörte, die sowjetischen Jungpioniere hätten angeregt, daß der Walfang seitens der UdSSR gestoppt würde. Ob es dabei geblieben ist?[16]

Schon unterwegs nach Dresden, erfuhren wir aus dem Autoradio: Feuer eröffnet auf die Studenten im Hof des Polytechnikums von Athen, Demonstrationen und schwere Straßenschlachten, über Griechenland wurde der Ausnahmezustand verhängt. Im Kofferraum hatten wir den «Epitaph für Allende». Der Erlös aus der Auflage war für Chile bestimmt. Eine «Literarische Solidaritätsmatinee für das kämpfende chilenische Volk» mit Stephan Hermlin in Leipzig wurde gleichzeitig zur Totenehrung für Neruda; Grieshaber überdachte den bisherigen Weg des gemeinsamen Buches und sagte, unter den aufgehängten Bildern stehend:

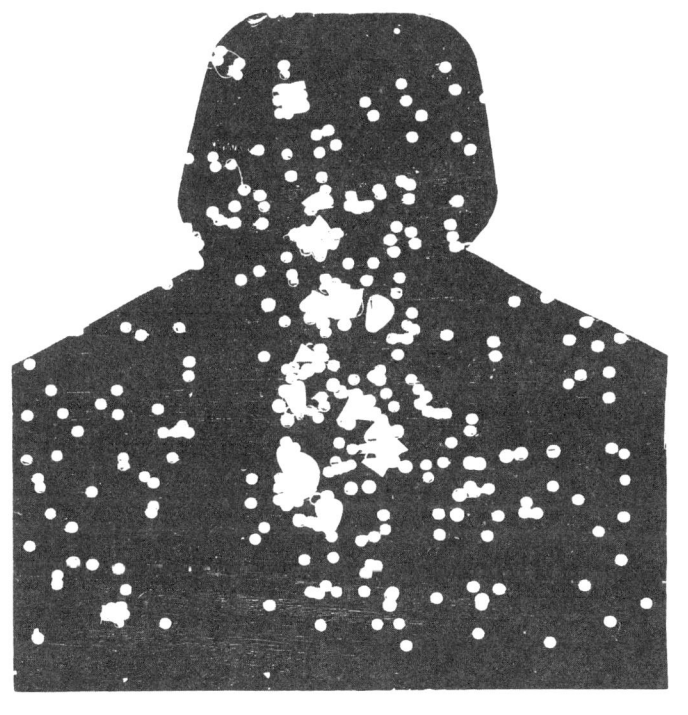

Pablo Nerudas *Aufenthalt auf Erden*, seine ungeheure apokalyptische Vision, ist zur bedrohenden Wirklichkeit geworden. Mit Schrecken sehe ich, was wir für ein Buch gemacht haben. Nachträglich sieht es so aus, als habe man alles vorhergesehen, sei viel gescheiter als die Politiker gewesen, die im Mai noch geglaubt oder jedenfalls so getan haben, als arbeite die Zeit für Allende. Aber der Künstler ist nicht der Klügere, der Seher oder was sonst für ein Wunderding. Sollte seine Sicht zufällig mit den Ereignissen zusammenfallen, so hat er da kein Haus hineinzubauen; er muß ehrlich sagen, woher seine Emotionen gekommen sind: aus ganz anderen Räumen nämlich, die ihre eigene Qualität haben. Wenn es also so aussieht, als habe ich meine Holzschnitte zu Neruda mit dem Wissen von heute gemacht, so stimmt das einfach nicht. Ein Künstler ist stets auf ganz andere Art betroffen. Mein sterbender Elephant, als ich ihn ins Holz schnitt, bezog sein Leiden aus dem, was von vornherein im Künstler angelegt ist, aus der Trauer, aus dem Schatten einer Tragödie. Die Tragödie der Dritten Welt. Dieser Schatten war der Anlaß, einen sterbenden Elephanten, Ertrinkende, eine Sintflut, Gesichter wie vom Mythos verwüstet, Ungeheuer zu schneiden. Der gewaltige Schatten von dem Neruda gesprochen hat: «... als Schriftsteller tragen wir ein Leben lang diesen Schatten mit uns herum, diesen Leichnam auf unseren Schultern: sechzig oder siebzig Millionen Analphabeten in Lateinamerika. Sie sind unsere Leser, unsere zukünftigen Leser. Wir schreiben für einfache Leute, die häufig nicht lesen können. Aber die Poesie war auf der Welt, bevor es die Schrift und den Buchdruck gab. Daher wissen wir, daß an alle ausgeteilt werden muß, an die Gebildeten und an den Bauern, an unsere ganze weite unglaubliche außerordentliche Familie von Dörfern. Einfach zu schreiben war mein schwierigstes Unterfangen, weil ich die Last jenes ungeheuren Schattens, jenes ungeheuren Leichnams zu tragen habe.»

Das ist das Pathos eines Künstlers, der nicht die Domäne der Kunst verlassen muß, um zur Wahrheit zu finden. Ich nenne es den guten Ernst, der einen mit aller Kreatur verbindet. Als Schriftsteller würde ich es anders sagen: es ist die Macht des Wortes über die nur der große Dichter verfügt. Seine Verse leben, auch wenn sie verboten sind. Sein Gedicht ist unzerstörbar, weil es ein Kunstwerk ist, weil es nach dem Vollkommenen strebt. Neruda werden sie nicht ausrotten können aus Chile. Studenten sprachen die Ode ‹Vaterland› an seinem Grab. ‹Neruda presente› rief das Volk, als der Sarg sich dem Friedhof näherte. Aus Sicherheitsgründen, aus Angst um ihr Leben hatten die Menschen dort auf ihn gewartet. Der Friedhof war umstellt von den Soldaten.

Die Gedanken derer, die vielleicht ihr Leben wagten auf dem Friedhof, passen nicht in eine Landschaft, die uns nichts abfordert, nicht ins Museum. Sie passen nicht zu den harmlosen Geschichten und persönlichen Erlebnissen um Neruda, von denen ich Ihnen im Mai erzählt habe. Was in Chile geschehen ist und noch geschieht, darf nicht zerredet werden! Auch ist dies nicht der Augenblick, zu diskutieren. Mit wem denn schon? Es gibt keine Diskussion mit Verbrechern und auch keine Diskussion angesichts von Verbrechen. Dies ist die Stunde des Dichters. Allein der Dichter kann überzeugend sagen: ‹Kommt, seht das Blut in den Straßen.› Nur der Dichter hat das Recht auf das Pathos, darf vom Schrei der Gefolterten sprechen. Allein der Dichter entblößt angesichts der Toten das Haupt der Menschheit. Wer wagt es sonst bei den Tränen der Mütter, dem Schweigen der Geschlagenen, von Menschheit zu sprechen? Es ist schon viel, wenn wir uns etwas mehr Mitgefühl leisten, ein Opfer bringen von jener Qualität, die sich selbst aus dem Fleisch die Hilfe schneidet. Nur ganz von ferne sehen wir die Feuer, in denen die Bücher brennen. Und überall, wo man Bücher brennen sieht, werden nachher die Menschen verbrannt. Einem Neunzehnjährigen mag das wie eine Metapher klingen. Er irrt. Es ist unsere eigentliche Wirklichkeit. Die Realität, die über unser Leben bestimmt. Die ältere Generation weiß, was damit gemeint ist. In den vierzig Jahren nach der Bücherverbrennung haben wir es nie vergessen. Damit fing es an. Wir wissen, was Flucht von Land zu Land, von Kontinent zu Kontinent, was Isolation des Schriftstellers in einer fremdsprachigen Umwelt bedeutet. Wie schwer es ist, das richtige Wort um den Terror herumzutransportieren. Welche Kleinarbeit dazu nötig ist. Wieviel Geduld! Wissen, was Gleichgültigkeit bewirkt: nur zu oft den Tod. Kann sich die junge Generation überhaupt vorstellen, wie gefährlich es geworden ist, heute ein Buch von Neruda, zum Beispiel dieses, das Reclam gemacht hat, nach Chile zu bringen? Welche Irrfahrten eine Emigrantenliteratur zu bestehen hat? Man muß sich schon der eigenen Geschichte bewußt sein, um voll zu erfassen, was es heißt, einen Namen, den Namen Neruda in Chile offen zu nennen. Ungestraft zu nennen, wenn alle Welt weiß: verbrannt, verboten.

‹Wenn es Goebbels gelingt›, schrieb René Schickele am 11. 12. 33 in sein Tagebuch, ‹unsere Namen von den deutschen Tafeln zu löschen, sind wir tot. Gespenster in der Diaspora, in der wasserarmen Provinz. Schon die nächste Generation wird nichts mehr von uns wissen.› Vielleicht ist es so gekommen, wissen nur einige Überlebende davon, welches Elend, Verzweiflung, Untergang eine Diktatur in der Kultur eines Landes anrichtet. Hat schon jemand daran gedacht, an welchem Ort die spanische Sprache noch ohne Zensur, frei gesprochen werden darf? Wo noch spanisch gedruckt wird? Wer spanische Bücher vertreibt und kauft? Das Exil ist nicht über Nacht zur Sozialgeschichte geworden, es ist seit zwei Generationen unsere eigene Geschichte. Eintausendfünfhundert deutsche Dichter und Publizisten mußten 1933 emigrieren. Jetzt steht es bei uns zu fragen, wieviele Chilenen suchen ein Asyl? Doch wer gibt dem chilenischen Autor die Wechselbeziehung mit denen, für die er schreibt. Im Ausland, in der Fremde?

Neruda ehren, das kann auch heißen, daß für manchen deutschen Emigranten ‹das Exil begann, als es zu Ende ging›. Wenige Manuskripte und verschollene Bücher aus dem Exil wurden später nachgedruckt. Kein deutscher Staat hat genug getan! Manches paßte auch vor 25 Jahren nicht in die politische Szene, hier nicht und dort nicht. Jetzt ist es vergessen. Das Gedächtnis aber brauchen wir heute. Das Gedächtnis der Antifaschisten. Wir brauchen das Zeugnis, das uns erinnert. Uns erinnert daran zum Beispiel, daß die Zeitschrift ‹Deutsche Blätter› in Santiago de Chile erschienen ist. Thomas Mann, Lion Feuchtwanger, Heinrich Mann dort zum erstenmal gedruckt wurden. Unter den Anderthalbtausend, die aus Deutschland gekommen sind, gibt es einige, die uns jetzt gerade was zu sagen hätten. Keiner von ihnen ist draußen umgefallen, keiner hat seine Meinung über die Diktatur geändert. Jeder hat an sich erfahren, was da ‹Welt› genannt wird, ist wenig wert, sieht doch nur zu. 1933 bei der Bücherverbrennung in Berlin, 1972 in Ankara, wo 50 000 Bände aus Buchhandlungen und Verlagen herausgeholt und verbrannt worden sind, 1973 in Chile.

Noch knistert die Asche, lodert der Scheiterhaufen aus Büchern wieder auf. Wenige Schritte vom Sarg Nerudas, in der Ecke seines Gartens, verglühte seine Bibliothek.

Contra la junta fascista, contra la dictadura. Camarada Pablo Neruda presente![17]

Wo in der Bundesrepublik hätte Grieshaber zu dieser Zeit so sprechen können? Erst nach und nach entwickelte sich auch hier ein Bewußtsein der chilenischen Tragödie. In der DDR hingegen war überall eine Welle des Zorns, der Trauer zu spüren, Andreas sagte, es sei stärker als anderes, was er bisher hier an Emotionen erlebt habe. Als ob da etwas nicht Ausgelebtes seit der Zerstörung des Prager Frühlings hochkäme. Durch das Eingreifen der USA in Chile sei ein weiteres Sozialismusmodell zu Fall gebracht worden.

Hinterher nahmen wir noch ein paar Tage Quartier im Elephanten zu Weimar. Jahre waren vergangen seit Andreas' erstem Versuch, mir Buchenwald zeigen zu wollen. Inzwischen hatte die Stadt an Maitagen und unterm Sommerlaub für uns geglänzt mit ihren Schätzen. Warum war nichts von dem zustande gekommen, was Grieshaber sich wünschte: daß ich Gedichte schriebe, einen Essay vielleicht, daß wir ein Buch über Weimar machten? Was blockierte mich, da ich anderen Orten gegenüber so willig war? Die Klassikerheimstatt? Es ist Zeit für Buchenwald, sagte Grieshaber. Nicht daß er mir das habe ersparen wollen. Aber er habe gewartet bis zuletzt.

Am Morgen fuhr Andreas mit mir auf den Ettersberg. Sagte, das ist die Straße, über die Weimarer Bürger 1945 getrieben wurden, endlich zu sehn, was sie nicht hatten sehen wollen. Das KZ. Diese erzwungene Wallfahrt habe mancherlei Spuren hinterlassen. Weshalb man noch heute in der Stadt über Buchenwald lieber schweige. Beim Mahnmal sagte Andreas: Zuerst das Lager. Der Parkplatz war noch fast leer. Ich wußte, er würde mich bald allein lassen. Ein fremdes Auto nahm ihn mit in die Stadt zurück. Ich ging umher und schrieb mit klammen Fingern ins Schulheft.

Auf der Blutstraße, Ende November, allein, fange ich an, wo andere enden. Das Wort CARACHO, so lang verschollen, wirft mich mitten in meine Jugend zurück. Jetzt also muß ich den eisernen Buchstaben fest entgegensehen, JEDEM DAS SEINE; ich konzentriere mich auf das Konzentrationslager, um dreißig Jahre nachzuholen. Appellplatz, Holzschuhe an den Füßen, die gestreifte Hose, die farbigen Winkel; zwei Winkel ergeben den Davidstern. Die Stiefel aus Stuttgart sind pelzgefüttert. Ein Grad plus. Vergeblich versuche ich, sieben Jahre Kälte, Wind, Schnee, Regen, Hunger und Durst auszuhalten. Den Prügelbock.

Nummer 5 steht auf dem Plan: Rekonstruktion Genick-schußanlage. Vor der Tür im Hof ein Kranz, Leichenbehälter, mit Zink ausgeschlagen.

Krematorium. Kein Zurück. Wer herauskommen will, muß eintreten. Ich muß hier und jetzt Hand anlegen. Ich fasse den Griff des Wagens im Krematorium. Er ist keine Rekonstruktion, läßt sich bewegen, und der Schieber gleitet wie eine Zunge dem feurigen Ofen entgegen.

Am nächsten Tag stellen sie Schneezäune auf. Es ist grau und still. Wie viele leben noch, die mit dem Wort Baracke nichts meinen als diesen Ort. Wen welches Los traf: Planierungskommando, Holzfäller-, Heizhaus-, Rohrlegerkommando, Schachtkommando, Entwässerung, Fuhrkolonne, Bau, Straßenbau und das Todeskommando im Steinbruch.

In der Dämmerung überquere ich noch einmal den Appellplatz. Im Stehbunker, zwei Meter lang, einen breit, unverglast, Tage mit minus zwanzig Grad, barfuß in Hemd und Unterhose, wenige kamen lebend heraus; am Fenstergitter ein Buchsbaumkreuz von der Jungen Gemeinde Weimar und ein Strauß weißer Chrysanthemen für den ermordeten Pfarrer.

Am dritten Tag brach die Sonne durch. Ich habe nur noch den Steinbruch vor mir, der außerhalb liegt. Andreas sagte: Heut bin ich dabei. Dein Pensum allein hast du geleistet. Wir gingen über Heideboden, muldig, beglänzt, wacholderbestanden. Die liebliche Landschaft. Der Blick weithin. Hier lustwandelten sie, sagte Andreas; was für Kostüme; spielten Arkadisches, Osterspaziergänge, Schlittenfahrten. Als man für das KZ Buchenwald die Bäume zu roden begann, ließ man allein eine Eiche stehen: die Eiche Goethes und der Frau von Stein. Das Schlachtfeld Steinbruch ist zugeschüttet, hier und da nicht ganz vernarbt, noch nicht überwachsene Abbrüche: Dieses Kommando hatte täglich die meisten Toten, sagte Grieshaber. Im Durchschnitt acht Hinrichtungen pro Tag. Was uns fehlt seit dreißig Jahren, sind die hier ermordeten Männer. Von ihnen gibt es immer nur wenige in jeder Generation. Andreas bückte sich: mürbe Brecheisenstücke, ein

Löffel, rostzerfressen, zwischen den Golddisteln; er hielt es mir auf der flachen Hand hin. Ließ es in die Jackentasche gleiten. Mit Knüppeln wurden sie erschlagen. In die Postenketten gejagt. Für jeden «auf der Flucht Erschossenen» gab es drei Tage Urlaub, sagte er. Wir bückten uns gleichzeitig: frische, blanke Patronenhülsen. NVA-Übungsgelände, sagte Andreas. Seine Stimme war rauh. Als gäbe es keinen anderen Platz. Warf weg, was er in der Hand hielt. Ich schob es heimlich ein. Jetzt zeigte er auf den Wacholderbusch: daneben steckte eine Figur in der Erde, aus starkem Blech, ganz durchsiebt von Einschüssen. Grieshaber umriß den durchlöcherten Kopf, die Schultern mit einer Handbewegung. Sagte: Das sind wir. Der Pappkamerad von gegenüber. Das vorgestellte Ziel. Weg mit uns. Hier ist kein Ort für Fremde. Hier dürfen wir nicht gewesen sein. Er beschleunigte seinen Schritt. Weil die Sonne den Rücken wärmt, konnte ich die Jacke ausziehn. Tun, als wäre mir heiß. Stehenbleiben. Mich hinter den Wacholderbusch ducken. Die Jacke um den Blechkameraden schlagen. Ihn aus der Erde zerren. So locker als möglich über den Arm nehmen. Hinter Andreas her zum Auto gehen. Mich am Kofferraum zu schaffen machen. Als wir wegfuhren, sagte Grieshaber: Bist du eigentlich wahnsinnig geworden?

Auf der Heimfahrt gerieten wir in den ersten autofreien Sonntag auf den Straßen der Bundesrepublik. Ölkrise. Benzin manchmal nur fünf Liter. Böse Blicke. Zurufe, Beschimpfungen; in Nürnberg drohten sie mit den Fäusten. Ich aber fürchtete mich vor den kommenden Wochen: schreiben müssen, was ich gesehen hatte: das andere Weimar.

Leih mir den Pappkameraden, sagte Grieshaber vor der Achalmtür, als ich seine Koffer auslud und nach Stuttgart fahren wollte, um meine Post zu holen. Ich sah ihn entgeistert an. Schälte die durchschossene Blechfigur aus ihrer Umhüllung unter dem Gummi des Kofferbodens. Andreas lachte: Meinst du, ich hätte nicht genug Angst deshalb ausgestanden?

Als ich drei Tage später wiederkam, hing ein Holzschnitt

über seinem Bett: der Pappkamerad, nahezu unverändert, mit seinen Einschüssen. Darüber Buchstaben: CHILE? Die jungen Sozialdemokraten aus Reutlingen hatten ihn um Hilfe gebeten für ihren Solidaritätsabend. Sie seien in Schwierigkeiten gekommen. Die alten Sozialdemokraten hätten gesagt: Was geht uns Chile an? Dieser Satz mit einem Fragezeichen solle das Motto ihrer Veranstaltung werden. Grieshaber versuchte ihnen auszureden, was er von vornherein eine Negation nannte. Auf seinem Holzschnitt übernahm er nur das Fragezeichen. Links herum, wie in Lateinamerika. So brachte der Blechkamerad aus Buchenwald bald die ersten habhaften Erlöse für Chile-Hilfsaktionen in der Bundesrepublik.

38. Menage

Andreas wollte nicht, daß die Achalm auch mich verschlukke, sagte: Keine Menage, trieb mich immer wieder nach Stuttgart; doch die Wirklichkeit des Banalen wuchs und verzehrte ihren Teil meiner Kräfte. Keine Menage? Ich verstand die Bedeutung des Wortes nicht genau; sah im Duden nach: veraltet für Haushalt. Es gab ja keine Wahl als den Haushalt einigermaßen zusammenzuhalten. Ich bereitete die Mahlzeiten, deckte den Tisch, wusch das Geschirr ab, bewirtete Gäste, fegte und wischte die Fußböden, heizte, putzte die Schuhe, besorgte die Wäsche, bügelte, besserte Säume, Nähte, Knopflöcher aus, räumte auf, brachte Schränke und Schubladen in Ordnung; mit der verrosteten Geschirrspülmaschine konnte ich nicht umgehen, mir reichten die Tücken der Waschmaschine und des Backofens in der winzigen Küche. Ich kaufte ein: lernte die Banken und Apotheken der Stadt kennen, Ärzte, Zahnärzte, Schuh- und Bekleidungsgeschäfte, die Wäscherei für Bettwäsche und Oberhemden, die Reinigung, Postaußenstellen; wo man Koffer und Taschen reparierte, Drogerie-, Haushaltwaren, Getränke bekam, fand im Dorf meinen Bäcker, den Gärtner, das Schreibwarenlädchen, wurde angesprochen, gegrüßt, grüßte wieder, redete mit den Leuten, hörte weg, wo man tuschelte, ließ mich akzeptieren als die Neue, die oben auf dem Berg beim Professor die Wirtschaft führt. Manchmal machte Andreas mit mir die Runde, was einer Absegnung entsprach und alles erleichterte. Natürlich mußte ich aufpassen, meine Worte überlegen, wenn ich den kleinen Finger gab, packten sie gern die Hand, äußerten Wünsche auf ein Bild vom Holzschneider, aus harmloser Rede und Gegenrede entstand Klatsch, eine unüberlegte Bemerkung, ein hämischer Zungenschlag ließ mich den Laden meiden. Was übers Wochenende im Haushalt von anderen Händen ergänzt und aufgefüllt worden war, mußte ich von meinen Einkaufslisten streichen. Immer wieder fehlte mir etwas, an das ich ein Leben lang gewöhnt war, immer wieder gab es Nachschub, mit dem ich nichts anfangen konnte oder wollte. Um Tierfutter brauchte ich mich nicht zu kümmern.

So oft wir konnten, gingen wir unseren Achalmweg. Er vertrieb die Müdigkeiten, das Auf-dem-Fleck-Treten, das Sich-um-sich-selbst-Drehen, das Sich-von-Hütte-zu-Hütte-Durchplagen zu dem, was getan werden mußte: Suchen, Finden. Das schreckliche Aufräumen hinterher; Berge von Papier wechselten viel zu oft ihren Ort, wo man sie zu finden hoffte. Überhaupt der Umgang mit Papier: daß es schwer war, daß man sich daran schneiden konnte wie an einem Messer, daß es überaus empfindlich war, Knicke und Falten bekam, auf Hitze, Kälte, Feuchtigkeit reagierte. Abertausende von Seiten bedrucktes, bemaltes Papier mußten hin- und hergebeugt, geschleppt, ausgelegt, aufgeschichtet werden und wieder verstaut; Regale, Schubladen, Mappen voller Kostbarkeiten. Manchmal erklärte Andreas mir auch das reine weiße Papier, was für Sorten es gab, wie verschieden sie die Farben annahmen, abstießen, auf die einzelnen Techniken reagierten. Grieshaber konnte über den Kult, den Kollegen, Verleger, Kunsthändler mit dem Papier trieben, spotten; ihm sei alles willkommen gewesen, was ihm in die Hände geriet in mageren Zeiten; trotzdem erlebte ich Augenblicke, die einem erotischen Verhältnis zum Papier gleichkamen, sein Gesichtsausdruck, wenn seine Hand mit Stift oder Pinsel die weiße Fläche in Angriff nahm oder wenn er den gewählten Bogen auf den mit Farbe eingewalzten Holzstock legte und die Presse sich langsam herabsenken ließ. Über das alles hat er besser geschrieben, als ich es kann. Ich fing gar nicht erst an, mich auskennen zu wollen, mir genügte, was auf den Papieren zu sehen war; daß ich sah und wie ich sah, verzögerte ohnehin jeden Handgriff, so schnell es auch gehen sollte. Allmählich lernte ich, das Papier richtig anzufassen, die Gleichzeitigkeit von entschiedenem Zupacken und aufmerksamster Zartheit, Behutsamkeit; ich reagierte auf ein Wort, einen Wink, meistens verloren wir Stunden beim Suchen, verloren uns selbst dabei. Hinterher wurde einfach alles aufeinandergelegt, Tische, Fußböden waren bedeckt, bis dann wieder die Mäuse drin hausten und der kurze Wahn, Ordnung zu halten, von vorn begann.

Es gab Wintertage, an denen Grieshaber bitter wurde, wenn er aus der Werkstatt trat: alles verkommt. Ich habe Stockflecken entdeckt. Und im Dach ist eine undichte Stelle. Er versuchte, die ersten frühen Bücher und Drucke, seine «Inkunabeln», von Zeit zu Zeit durch Umräumen zu retten. Gab es bald wieder auf. Auch meine Versuche, eine Übersicht, ein System zu schaffen, blieben hilflos, unablässig wurden sie zunichte gemacht von Grieshabers Furor des Suchens, des jetzt, sofort Findenmüssens: bestimmte Blätter, mit denen er eine Ausstellung ergänzen wollte, die er als Vorlage brauchte für ein Buch, einen Katalog, oder um ein Plakat zu entwerfen, wenn ein Film gedreht wurde und er beharrte auf einem Motiv, das ins Bild kommen sollte, oder wenn Besucher da waren und er beim Gespräch auf eine Sache stieß, die er ihnen zeigen wollte, wobei der Partner kaum begriff, welche Lawine er auslöste und weshalb so viel davon abhängen sollte und oft einen ratlosen Blick auf das Gefundene warf. Auch im

Gespräch mit mir passierte es. Grieshaber gab selten nach, wenn er sich einmal festgebissen hatte.

Wenigstens der Plakate nahm ich mich an, ordnete sie immer neu in Mappen, fand, was er verlangte, und behielt einen groben Überblick. Doch das Chaos wuchs: die unüberschaubaren Farben, Werkzeuge, Körbe voll Zubehör fingen an, sich zu vermischen mit Dias, Photonegativen, Tonbändern, Filmspulen, Kassetten. Jedes Betreten der Werkstatt war ein Schock. Es gab Tage, an denen Andreas mich, ich ihn einfach am Arm packte und herauszog, verkrampft, verkrümmt, schweißüberströmt oder mit vor Kälte starren Fingern. Ich gedachte der kunstprofessoralen Ateliers, Werkstätten und Lagerräume landauf, landab, geräumig, beheizt, der Hilfskräfte, und was in der kleinen Achalmschatzkammer zugrunde ging. Ein großer Teil der Holzschnitte war sachgemäß beim Drucker im Tal gelagert. Diese Beruhigung nahm ein jähes Ende.

39. Pforzheimer Rathaus und Wallfahrt nach Kevlaar

Das lang aufgeschobene neue Rathaus in Pforzheim war im Bau; die Architektin ließ bei Grieshaber anfragen, ob er nicht etwas machen könne für den großen Sitzungssaal der Gold- und Silberstadt. Am liebsten hätte sie Holzstöcke, damit wieder Leben zum Beton komme. Grieshaber, durch den Rohbau kletternd, fragte, was denn in Pforzheim so gewesen sei. Man erzählte ihm vom römischen Grenzstein, von Reuchlin und Mélac, dem Mordbrenner der Pfalz. Und daß die Frauen das Rathaus gestürmt hätten. Den roten Himmel in den Nächten des Zweiten Weltkriegs hatte Grieshaber selbst gesehen. Gesagt hat er nichts. Bloß einmal: Und wie war das denn mit dem Ratgeb? Achselzucken.

Auf der Heimfahrt sagte Andreas: Die werden sich wundern. Mit Silber und Gold hab ich nichts im Sinn. «Gott grüß das ehrbare Handwerk» – da müssen sie schon anderswo nachfragen. Jörg Ratgeb heißt der Widerhaken. In Pforzheim haben sie ihn gefangengenommen und gevierteilt. Wir bewegen uns auf etwas zu, das schon lang in mir aufbewahrt ist. Und daß die Stadt ein Schicksal habe; über ihr zweimal verbranntes Gesicht sei eine barbarische Kosmetik hinweggegangen. Es brauche allen Mut, gegen das Betongeklotze anzugehen.

Den Mut holte er sich in der Staatsgalerie, wo der Herrenberger Altar Jörg Ratgebs aufgestellt ist. Wir haben ihn nicht zum erstenmal besucht; Jahrzehnte jeder für sich allein; irgendwann Hand in Hand. Was von Ratgebs Werk übriggeblieben war, kannten wir. Wie seine Bedingungslosigkeit von Kunst und Leben ins Martyrium mündete, davon mußten wir uns jetzt zwischen Aufwachen und Einschlafen heimsuchen lassen: von vier Pferden auseinandergerissen. Wieder und wieder der Augenblick: Wie das vor sich ging. Dieser Hinrichtung beizuwohnen mit der Vorstellungskraft, die zwei Jahrtausende lang Menschen die Kreuzigung Christi erleben ließ. Das Holz für die Rathausstöcke. Sonne brannte darauf. Der Pfau verlor auf ihm seine Federn. Katzen balgten sich. Schnecken krochen darüber. Schnee fiel. Dann hing der erste Druck über Grieshabers Bett: Die Vierteilung des Jerg Ratgeb.

Für Pforzheim schnitt Grieshaber noch den Römischen Meilenstein mit Inschrift, Johann Reuchlin, den großen Sohn der Stadt, die das Rathaus stürmenden Frauen und als Symbol für die Brände der Stadt zwei behelmte Köpfe vor den Flammen. Bei der Montage zeigte es sich, daß noch eine Holztafel nötig war. Unter seltsamem Rankenwerk eine vieldeutige Figur, Andreas zuckt mit den Achseln: ein Bauer halt, zu einer frühen Zeit; vielleicht als der römische Meilenstein umgestürzt war. Nein, nichts Bestimmtes. Ich erwähne das, weil die Figur später einen Namen bekommen sollte, der nichts mehr mit Pforzheim zu tun hatte.

Noch fühlten wir uns gefangen von der schwarz die Wände
füllenden Pforzheimer Stadtgeschichte, da kamen Verleger
aus Kevelaer mit Kornbranntwein und Honigkuchen und
meinten, Grieshaber könne ihnen zu ihrer Wallfahrt Bilder
machen. Er wehrte ab, ließ sich erzählen, wehrte ab, bis von
Heinrich Heine die Rede war, von seiner Ballade:

> Am Fenster stand die Mutter,
> Im Bette lag der Sohn.
> «Willst du nicht aufstehn, Wilhelm,
> Zu schaun die Prozession?»

Daß diesem als Kitsch verlästerten Gedicht eine traurige Begegnung Heines mit einem Schulfreund zugrunde liegen solle. Nein, ich will nicht nach Kevelaer fahren, sagte Andreas.
Schickt mir ein Photo. Ich verspreche nichts.

Ein Münchener Kunsthändler plante zum bevorstehenden
Heiligen Jahr eine Mappe mit Beiträgen der bedeutenden
Maler Europas; er wolle sie dem Vatikan übergeben. Auch
diese Einladung ließ Andreas liegen. Bis Schmidt-Rottluff,
neunzigjährig, anfragen ließ, ob Grieshaber ihm einen alten
Wunsch erfüllen und einen Holzschnitt drucken würde von
einem Stock aus den zwanziger Jahren: Christus erscheint
den Frauen. Er sei für die Mappe zum Heiligen Jahr bestimmt. Andreas hielt bald danach den schon historisch gewordenen Holzstock in Händen, es rumorte in ihm, am Kopf-
kissen lag Heinrich Heine, der Briefträger brachte ein Photo
aus Kevelaer. Daß die Madonna des Gnadenbilds so klein, so
unscheinbar war, bewegte ihn; mehr noch, wie sie behängt
und umkränzt war von einer Fülle gestifteter Ketten, Amulet-
te, Votivgaben. Andreas machte einen seiner Purzelbäume:
schnitt fünf Marien mit vielerlei Platten, bald hingen sie zart
und kräftig, rot und gelb leuchtend mit blauen und grünen
Einsprengseln neben dem schwarzen Schmidt-Rottluff, der
signiert zurückgekommen war. Grieshaber war während des
Druckens nicht von der Seite seines getreuen Knechts gewichen. Eine Maria wie aus einem gotischen Evangeliar, eine an

Byzanz erinnernd, eine nannte er Heike Doutinee und Vivi Bach, weil sie so blond und schön geschmückt ihre Äpfelchen im Dekolleté verführerisch vor ihm ausgebreitet hätten, als er mit ihnen zusammentraf; eine Madonna auf kostbarem Hintergrund uns das Nichts entgegenhaltend, Kästchen, Rechtecke, ineinandergeschachtelt, eine Maria der Schubladen-Documenta. Dann ließ er das Heine-Gedicht drucken, suchte die beste Klarsichtfolie, ließ die fünf Marien zusammen mit dem Gedicht darin einschweißen, damit niemand den Text herausnehmen konnte, und schickte die Sammlung an den Kunsthändler nach München, der um ein einzelnes Blatt gebeten hatte. Kevelaer muß warten, sagte Andreas; ich habe nicht wegen Schmidt-Rottluff angebissen, sondern weil es mich geflügelt, Heine, der so lang auf dem Index stand, auf diesem Umweg für anno santo in den Vatikan einzuschmuggeln. Die fünf Marien müssen den Text beschützen. Die Freude dauerte nicht lang. In München, der Kunsthändler war angeblich verreist, schnitten seine Mädchen die kompliziert verschweißten Marien heraus, warfen den Heine in den Papierkorb und füllten die Mappen für den Vatikan. Andreas hörte nie mehr davon. Die anderen europäischen Größen hatten nicht mitgemacht. Bald wurde die zu teure Mappe gefleddert, Schmidt-Rottluffs Christus und Grieshabers Marien einzeln verkauft. Die sich geprellt fühlenden Leute aus Kevelaer schickten trotzdem noch immer regelmäßig ihre Wallfahrtskuchen und den Korn. Sie bekamen das Reproduktionsrecht der fünf Marien zu Heines Ballade. Fridolin Stier schrieb einen Essay dazu. Das so inständig erhoffte Original kam viel später, als Andreas in einem fränkischen Städtchen ein altes herzförmiges Lebkuchenmodel fand. Er schnitt eine Maria mit dem Kind auf dem Arm. Druckte sie mit dem Model zusammen. Sagte nur: Oberammergau. Ich wußte, was das bedeutete: der Herrgottsschnitzer, mit dem Messer in der Faust, saß übers Gesicht des Gekreuzigten gebeugt; murmelte dabei «mehr Schmerz – mehr Schmerz – Herrgottsakrament, jetzt lacht er». Grieshaber nahm die Maschine und fräste das ganze schöne Kunstgewerbe aus dem Lebkuchenmodel. In die jetzt kahle Form des Herzens paßte seine Consolatrix nostra für Kevelaer.

> «Die Mutter nahm ein Wachslicht,
> Und bildete draus ein Herz.
> ‹Bring das der Mutter Gottes,
> Dann heilt sie deinen Schmerz.›»

Übers Jahr fuhren wir selbst zum Wallfahrtsbild.

40. Nach sieben Jahren

Die Februargeburtstage standen bevor; fastnacht- und aschermittwochgestreift, Kälte, Dunkelheit, hexendurchwoben, im Kampf mit dem zunehmenden Licht; Andreas wich aus: der Fünfundsechzigste hätte wiederum bedeutet, durch eine Flut von Glückwünschen, Briefen, Telegrammen, Zeitungsartikeln, Blumen, Obstkörben, Alkoholika, Ausstellungen landauf, landab zu schwimmen, getragen von Liebe, Verehrung, von Opportunismus und Häme gestreift, sich durch Signaturen zu revanchieren, wobei die Freude des Schenkens immer wieder von Groll und Zynismen, die ich bisher nicht an ihm kannte, durchbrochen wurde; daß Ruhm vom Rummel nicht mehr zu trennen war, setzte ihm zu. Und keine Wiederholung der Waldschänke bei Dresden, des Schlößchens bei Leipzig. Trotzdem wählte er die DDR: Anstrengungen, Unbequemlichkeiten, nicht geringer, als wenn er sich in der Heimat hätte feiern lassen. Die Herausforderung, als Chauffeur, Geliebte, «Dolmetscherin» mein Pensum durchzuhalten, fraß alle Erinnerungen.

Magdeburg steht im Kalender: Solidaritätsveranstaltung für das kämpfende Chile im Klub «Otto von Guericke», Verlag, Freundeskreis, Erich-Weinert-Buchhandlung, der Neruda-Biograph Carlos Rincon führt ein, Grieshaber spricht.

War es derselbe Abend oder lag das schon Jahre zurück: die jungen Arbeiter, die Studenten hatten uns in die Enge getrieben: «Sie begreifen, was das Erbe, was die Tradition betrifft – wenn wir uns also verstehen und meinen, daß es Dinge gibt, die nicht verkommen dürfen, wenn ein Staat gesund bleiben soll, warum freuen Sie sich dann nicht, wenn Ihr Staat kaputtgeht, weil er vernachlässigt, was Geschichte bedeutet? Je mehr Fehler der Kapitalismus macht, je rascher er sein Tempo steigert, desto schneller geht alles vorüber . . .» Die Jungen von Magdeburg verstanden nicht, als Grieshaber sagte: Ich bin ein Patriot. Sie kannten seine Heimat nicht wie er die ihre.

Fünf Tage Ostberlin: Die Pirckheimer-Gesellschaft hatte gebeten, bekam eine Jahresgabe: *Epitaph für Allende*, eine grün-rote Fassung statt der schwarzsilbernen. Ich habe nur ein Photo: Auf dem Podium sitze ich neben Grieshaber mit offenem Mund, ein Buch vor mir, lese also wohl Gedichte. Lothar Lang, der DDR-Kunstkritiker, schaut himmelwärts. Grieshaber hält den Festvortrag. Ist das der Geburtstagsvorabend? War am Tag danach diese Einladung nach Niederschönhausen? Warum tat er uns das an?

Man transportierte uns in den innersten Zirkel. Wo Wissenschaftler, Künstler, Politfunktionäre wohnten. Privat. Woran liegt es, daß mein Gedächtnis nichts hergibt als Augenblicke wie aus einem Traum? Keinen einzigen Namen. Was übertrug Andreas durch sein Benehmen, seine Vorbereitungen, Überlegungen auf mich? Ängste? Schrecken? Welche Geheimnisse gehörten zu den Veteranen der Macht? Scheute er die Aura derer, die in Stalins Namen einen anderen deutschen Staat aufgebaut hatten? Durch welche Schulen sie gegangen waren? Bewacht, umhegt lagen die Villen versteckt hinter hohen Zäunen im Grünen. Wenige Gäste außer uns. Begrüßungsform: Handkuß. Sie waren alt, an der Grenze zur Gebrechlichkeit, hatten mit Heinrich und Thomas Mann, mit Becher, mit Brecht zusammengesessen. Mit wem noch? Auch die Damen hatten Macht ausgeübt. Übten noch. Man ging vorsichtig, doch nicht ohne Wärme mit uns um. Gastgeschenke in Form von Gedrucktem wurden ausgetauscht. Die Räume, die Einrichtung, so kannte ich's aus Museen, aus Schlössern. Porzellan. Glas. Silber. Spitzen. Die Bibliothek. Erstausgaben der großen Klassiker wurden mir in die Hände gelegt. An der Konversation beteiligte ich mich kaum. Grieshaber plauderte, als schritte er über dünnes Eis. Eine Lähmung lag über uns, nachdem wir ins Hotel zurückgebracht worden waren. Was verband den Antifaschisten mit diesen letzten nicht umgebrachten Antifaschisten, Juden des Deutschland vor Dreiunddreißig? Remigranten? Aus welchen Hälften der Halbkugel? Hätte ich mich konzentrieren können, wäre ich nicht wie meistens am Rand von Angst und Erschöpfung wie betäubt gewesen, was für eine Geschichte hätte ich erzählen können!

Zurückgekehrt, gab es doppelte Arbeit: der westdeutsche Geburtstagsmüll mußte beseitigt werden. Hinter den leeren Ställen frönte ich meiner Lust, Feuer abzubrennen. «Mütter, Mythen, Totentänze», «Zwischen Engagement und Distanziertheit», «Kunst als Dienst und Spiel», «Der Einsiedler», «Der Weise von der Achalm», «Unerschöpfliche Fabulierkunst», und immer wieder «Der Partisan mit der Pansflöte», waren die Zeitungsüberschriften. Die Geschichte des Geburtstagsplakats war charakteristisch für Grieshabers Einfälle. Die Inflation der Künstlerplakate, der überhitzte Graphikmarkt verdrossen ihn, er schnitt nur ein Plakat für die beiden Ausstellungen in Schaffhausen und Reutlingen: eine große schwarze Figur auf zwei getrennten Platten. Kopf, Schultern, Brust, riesige Hände bildeten die eine Hälfte, der untere Teil des Körpers mit den ineinander verschränkten Füßen glich einem herabstoßenden Vogel. Als ich ihn fragte, was das sei, sagte er: Ich bin's. Vogelfrei. Immer gewesen. Druckte beide Teile separat, gab das eine den Reutlingern, das andere dem Allerheiligenmuseum. Dazu ein einfaches Faltblatt statt eines Katalogs. Er sagte: Wer die ganze Figur haben will, muß sich in beiden Städten umtun. Jahre später nahm Grieshaber sein

ΕΛΕΥΘΕΡΙΑ

Vogelfrei-Selbstporträt, fügte die Teile zusammen, suchte das farbige Zeitungsphoto vom Grab Nerudas, aus Dresden geschickt, entzifferte die heimlich auf Steine gemalten Inschriften der Chilenen, umgab seine Geburtstagsfigur damit, ließ das Ganze reproduzieren, und so entstand der «Epitaph für Neruda» als Plakat für die große Berliner Ausstellung.

Sieben Jahre sind eine lange Zeit. Kaum ein Monat davon war vergangen, in dem wir uns nicht an Aktionen gegen die griechische Militärdiktatur beteiligt hätten. «Elefteri Hellada», «Grecia Libera», die Wochenzeitung im Rom, «Nea Epoche», eine zypriotische Widerstandzeitschrift, brachten Holzschnitte und die von Isidora übersetzten Gedichte; bei l'Autre Grèce, Paris, druckten sie an den Rand ihres Grieshaberplakats «Soutenons les combattants de la liberté». Bei den Novemberunruhen der Athener Studenten waren auch Grieshabers Bilder dabei; dem hart erstrittenen Schweizer *Spektrum*-Heft entsprangen immer neue Plakate. Jugendliche hängten in Clubheimen, Kneipen, Diskotheken auf, was ihnen von Grieshaber in die Hände fiel. Die Anzeichen mehrten sich, daß im griechischen Volk die Anstrengungen nicht erlahmten, auch wenn ein bundesdeutscher Brigadegeneral in einer angesehenen Zeitung das griechische Militär rühmte, das mit allen Aufständen fertig wurde. ‹Griechenland 74› hieß die Beilage, in der das Wort Demokratie nicht vorkam. Doch das Jahr 74 hatte eben erst begonnen. Andreas schickte mich immer häufiger allein zu den Veranstaltungen; so eröffnete ich Ausstellungen und Griechenlandwochen KATO I DIKTATORIA mit einer Hommage für die griechischen Dichter: «Ihre Stimmen sind es, die an den Grundmauern der Gewaltherrschaft rütteln. In ihren Versen wird der Freiheitsgedanke lebendig erhalten. Sie achten es gering, daß sie sich in Gefahr bringen.» Für Amnesty-International-Gruppen entwarf ich CHILE-Abende und Sonntagmorgen-Kundgebungen mit den Plakaten im Kofferraum. Wie oft war ich müde, verzagt und wäre lieber zu Hause geblieben. Es gab niemand, dem ich das hätte sagen können. Doch wenn ich dann vor den Menschen stand, machte ich meine Arbeit so, daß Andreas mit mir zufrieden sein konnte.

Mein von Grieshaber begeisterter Sohn wollte die herumwandernden Plakate zu einer Ausstellung im Deutschen Plakat-Museum in Essen zusammenstellen. Grieshaber ließ ihn machen. «Politik mit Bildern am Beispiel Hap Grieshaber.» Andreas überließ es mir, was fehlte, in den Achalmfächern und Mappen zusammenzusuchen. Ich fertigte Listen an. Verbrachte Tage und Nächte damit. Erst gegen Ende griff Grieshaber ein und gab der Ausstellung sein Placet. Fünf Holztafeln beklebte er mit Flugblättern, Photos, Statements, Zeitungsausschnitten als begleitende Dokumentation dessen, was ihn am Weltgeschehen durch die Jahrzehnte bewegt hatte. Vergiß nicht, sagte er manchmal, das Plakat entsprang bei mir immer dem Überfluß. War Begleiterscheinung meiner künstlerischen Arbeit. Die Herausforderung war nicht das politische Anliegen, der Appell, sondern es gut zu machen. Für Essen schnitt er kein Plakat. Suchte keinen alten Holzstock heraus. Kein Motiv für einen Offsetdruck. Ich konnte es nicht begreifen. Auch wenn er sagte, er zeige damit, daß es zu Ende sei mit dem Holzschnittplakat. Er könne den Zug der Zeit nicht aufhalten. Die graphischen Techniken machten das Originalplakat entbehrlich. Siebdruck sei kein Original, so sehr sie auch das Gegenteil ausposaunten. Die Konturen verschluderten. Es komme ihnen nicht mehr darauf an. Auch heiße es ja inzwischen Poster und sei ein Modeartikel geworden.

So entstand das Paradoxon, daß der fruchtbarste Plakatemacher des Jahrhunderts außer Picasso die bisher umfangreichste seiner Plakatausstellungen durch ein Plakat ankündigen ließ, das die Veranstalter nach dem am häufigsten reproduzierten Holzschnitt aus dem Griechenland-*Spektrum* drucken ließen. Wie üblich heftete Grieshaber es mit Reißzwecken an seine Tür. Ich glaube, daß er litt. Es war der Anfang des Abschiednehmens. Er setzte ein Zeichen mit seiner Verweigerung, statt sich selbst zu feiern. Ich hatte genug von Grieshabers Kunst begriffen, um ebenfalls zu leiden. Die Unschärfen. Die Verwaschenheit. Die Schrift nicht von ihm ausgewählt. Ein Holzschnittplagiat. Er gab der Ausstellung ein Statement mit auf den Weg. Erst zur Eröffnung fuhren wir nach Essen. Keiner bemerkte, daß das Plakat eine Klage war. Ich mußte mich damit abfinden; die reiche Präsentation trug dazu bei. Am Ort, wo die Kollektionen von Werbeplakaten für Industrieprodukte gezeigt wurden, sich überbietende Design-Raffinessen und Wahlplakate, standen die Menschen ratlos, hingerissen, ablehnend, staunend vor dem Nebenbei-Oeuvre eines Künstlers, in niemandes Auftrag entstanden, stets von ihm selbst bezahlt, urwüchsig in Form, Farbe, Inhalt auf die wunden Punkte der Zeit hinweisend, die man so gern übersah, verdrängte.

Zur gleichen Zeit wurde Griechenland frei. Die Militärdiktatur war zu Ende. Im Achalmwind wehte die griechische Fahne. An die Ateliertür heftete Grieshaber seine tanzenden Griechen, lang vorher zur Beschwörung dieses Tages geschnitten, gedruckt, in die Welt geschickt. Das Telephon stand nicht still. Griechen brachten Retsina, Rotwein, Ouzo, Käse, Oliven, Süßigkeiten und feierten mit uns.

Eine Holzplatte, so groß wie ein Scheunentor, sucht Andreas und schneidet seine HOMMAGE FÜR CASPAR DAVID FRIEDRICH hinein. Vor 200 Jahren ist er geboren. In Hamburg und Dresden soll er jetzt mit großen Ausstellungen geehrt werden. Der Braunschweiger Galerist Rolf Schmükking hat seine Künstler gebeten. Er weiß, daß er mit kleinen feinen Blättern in den verschiedensten graphischen Techniken für eine Mappe rechnen darf. Alles wäre von Grieshaber zu erwarten gewesen, eine Skala von Reminiszenzen stand ihm zu Gebot, Erfahrung aus Jahrzehnten zartester Farben und Linien; statt dessen erhält der verdutzte Kunsthändler einen kaum transportablen Architektur-Holzschnitt des Widerborstigen, der die Mappenformate wieder einmal leid ist:

die Klosterruine Eldena bei Greifswald; ein gotischer Türbogen im Gemäuer, ins Nichts führend, wasserblau, gen Osten, unten der wie von Kinderhand ins mürbe Gestein geritzte Faun, den Andreas im vergangenen Sommer entdeckt hatte, und darüber die Inschrift vom Dresdener Zwinger-Portal MNE HET; Keine Minen, vom Soldaten Chanutin beim Einmarsch mit dem Bajonett ins Geschwärzte gegraben. Lang hing die Abreibung über Grieshabers Bett. An wen sollte der Galerist das kaum zu rahmende Blatt verkaufen? Hängt eine Behörde, eine Bank sich das hin? Und keiner weiß die Geschichte.

Auch die Büchergilde Gutenberg bat um ein Blatt zur Buchmesse gegen die Zensur; Grieshaber murmelte etwas von der verkohlenden Bibliothek in Nerudas Garten, schnitt und druckte in flammenden Farben und rahmensprengendem Format WO BÜCHER BRENNEN WERDEN AUCH MENSCHEN VERBRANNT – contra la censura; an den Rändern sieht man Köpfe und Füße der bei den Pogromen Ermordeten. Wiederum kein Schmuckstück fürs Heim, und es gibt lange Gesichter. In die beiden Liebespaare, die in diesem Jahr entstanden, floß die gesammelte Zärtlichkeit. Denn wir liebten uns. Nicht wie am ersten Tag. Klarer, einfacher; die Wildheit war einem Vertrauen gewichen, das weniger vom Verstand herkam, im Körperlichen wurzelte, gleichmäßig trug es uns durch alle Arbeits- und Erschöpfungszustände, und weil wir alt und klug genug waren, das als ein Wunder wahrzunehmen, durch nichts umzustoßen, gab es keine Augenblicke der Entfremdung. Wir klagten wortreich, statt zu streiten, beschrieben einander unsere Unbilden, lachten viel wie seit Anbeginn, ich nahm die geringsten Gesten wahr, jede Spur von Verschattung, hing an seiner inneren und äußeren Gestalt, so daß ich immer die richtigen, unablässig wechselnden Abstände einhalten konnte, die zwischen zwei Menschen nötig sind, wenn sie so dicht aufeinanderleben durch Tag und Nacht. Erholung, Befreiung bot immer die Alb. Nie ließ das nach: ihre Hügelzüge labten uns, rissen uns hin wie keine Landschaft.

In zehn Minuten trug uns das Auto überallhin, wo es menschenleer war. Auf der Achalm liefen wir an smaragdfarbenen Morgen barfuß durch den Tau, die Häher schrien, Sonne und Wind und Wolkentreiben über dem weithin gebreiteten Land, oder nebelverhangene Herbsttage zogen uns mittags, abends bergan. Quer durch einen seiner Malbriefe hatte Andreas einst geschrieben: «Und er kam singend über die Berge»: so war es für mich geblieben seit sieben Jahren, sobald wir die Arbeit hinter uns ließen. Mit seinen langen Beinen schritt Andreas rascher voran als ich, deshalb hielt er mich oft an der Hand wie früher; ob wir über Skabiosen stiegen zwischen Wacholderbüschen oder Dörfer und Städte durchquerten, die uns mit einem Wuff beschenkten: Wuff nannte Andreas besondere, von Menschen hervorgebrachte, noch unverdorbene Erscheinungen: Kirche, Dom, Brunnen, ein Platz, ein Straßenzug, Giebel, Fassaden, Tor oder Turm oder eine alte Brücke über einen breit dahinströmenden Fluß, an denen Jahrhunderte mitgewirkt hatten.

41. Der Prozeß oder
Als ich unter der Schreibmaschine
der Kriminalpolizei schlief

An einem Sommermorgen fuhren wir wieder einmal nach Münsingen, wo der Förster ein Stück Naturschutzgebiet zu erhalten bemüht war als schmalen Ausgleich für die großräumigen Zerstörungen durch den Truppenübungsplatz. Im Rathaus sitzend, signierte Grieshaber das Büchlein, für das er die Mitarbeit anfangs abgelehnt hatte mit der Bemerkung, in einen Hasenstall passe kein Pferd; dann sägte er von einem größeren Holzstock etliche Schafe mitsamt einem flötenblasenden Hirten und gab sie dem Förster. Vergnügt ließ er sich von einer Journalistin als Pferd titulieren, das doch in den Hasenstall gegangen sei, und freute sich auf den Tag, der uns später über die Alb zu Martin Walser an den Bodensee bringen würde: ein gutes Männergespräch, ein guter Wein, ich würde schwimmen können.

Da trat aus der Schlange der Wartenden eine Frau vor den Tisch und wollte, wie so mancher, außer dem gekauften Büchlein auch noch das eine, das andere mitgebrachte Blatt signiert haben. Grieshaber stutzte, die Hand erhoben: an der Stelle, wo er hatte signieren wollen, war unter dem Holzschnitt ein Stempel mit seinem Namenszug. Wo haben Sie das her? fragte er. Die Frau antwortete: Von meinem Sohn. Und weil es doch nicht vom Künstler unterschrieben sei, bitte sie halt darum. Unruhe, Gemurmel bei den Umstehenden, Andreas bat den Filialleiter der Bank und mich, mit der Frau abseits zu reden. Sie war verschreckt,, verschüchtert, ihr Mann kam ihr zu Hilfe: da gebe es noch andere Blätter mit Stempeln. Bei seinem Sohn. Der sei Polizist. Kriminalpolizei. Und dessen Kollegen hätten ebenfalls solche Bilder. Ob da was Unrechtes dran sei? Ich erklärte den beiden, warum das nicht mit rechten Dingen zugehen könne, der Holzschnitt stamme zwar eindeutig vom Künstler, jedoch habe Grieshaber ihn niemals gestempelt. Gutes Zureden half wenig, die Frau wollte verschwinden, erst auf Drängen des Bankdirektors nannte sie Namen und Adresse. Wir fuhren an den Bodensee. Auf der Albhöhe ließ Andreas mich anhalten. Stieg aus, war grau im Gesicht, atmete schwer. Es läßt sich nicht verdrängen, sagte er. Es sehe so aus, als müsse er einer Ungeheuerlichkeit ins Auge sehen. Aber jetzt führen wir zum Walser. Heut sei heut. Morgen komme früh genug, was kommen müsse.

Der Abend am See war für lange Zeit der letzte, den Grieshaber heiter verbrachte. Er stimmte überein mit dem Bild, das wir uns vom Ort und den Menschen gemacht hatten: die Männer ergingen sich unter Bäumen in Walsers Garten, ich schwamm weit hinaus, dann brachte die Frau, deren Lebenstüchtigkeit Grieshaber huldigte, das Essen, bis tief in die Nacht wurden die Gespräche vom Wein gesteigert. Als wir unterm abnehmenden Mond ins Hotel gingen, sagte Andreas: Warum ist der Weg so weit zu einem, der ein Freund sein könnte. Der dem Kopf gibt, wonach er sich sehnt.

Am anderen Tag lud ich Andreas auf der Achalm aus und fuhr in das Dorf, wo die Mutter des Polizisten wohnte. Es war ein stattliches Haus gleich am Anfang, die Jahreszahl über der Tür, ein Gespräch brachte ans Licht, was mich heftig bewegte: das Haus hatte der Urgroßvater meiner Mutter gebaut, als in dem Dorf noch die Blumenzwiebel- und Samenhändler lebten; später waren die Nachkommen nach Sachsen ausgewandert. Doch jetzt hatte ich mich nicht um meine Vorfahren zu kümmern, sondern um gestempelte Holzschnitte. Der Sohn wohne in Reutlingen, sagte der Mann. Telephonierte. Nach Dienstschluß kam der Polizist. Ich konzentrierte mich darauf, ihm genau zu erklären, was ein Originalholzschnitt sei, wie er zustande kam, welchen Sinn die Signatur des Künstlers habe. Alles hing davon ab, sein Vertrauen zu gewinnen, damit ich den Nachweis der möglichen Schandtat in die Hände bekam, auch wenn er sofort begriff, in welcher Situation er als Kriminalpolizist war und daß er die Herkunft der gestempelten Holzschnitte, inzwischen waren es vier, erklären müsse: von Grieshabers Drucker habe er sie gekauft. Der Tip stamme von einem Kollegen. Doch kenne er auch noch andere Bürger, ehrenwerte, die im Besitz solcher Holzschnitte seien. Das verteile sich in der Gegend. Was er bezahlt habe? Einen Preis, für ein Polizistengehalt angemessen. Ich sagte ihm, daß der wahre Preis natürlich ein Mehrfaches höher sei. Und ob der Drucker nicht erklärt habe, warum das Blatt gestempelt sei. Aber natürlich, sagte der Polizist, zumal ich ihn fragte, als er vor meinen Augen den Stempel aufdrückte. Der Drucker habe geantwortet, der Künstler wolle in Ruhe gelassen werden. Deshalb habe er ihm den Stempel übergeben, damit keiner zu ihm auf den Berg komme und um eine Unterschrift bitte. Dafür gebe es eben den Preisnachlaß. Ich sagte, kein Wort sei wahr, der Drucker dürfe weder stempeln noch einen Holzschnitt verkaufen. Grieshaber bitte

durch mich um die Überlassung der gestempelten Holzschnitte; als Gegenleistung bekomme die Familie, soweit vor-
handen, dasselbe Bild mit einer ordentlichen Signatur zurück.
Jetzt erst wurden die vier Blätter zusammengerollt. Ich fuhr
hinter dem Polizisten her in seine Reutlinger Wohnung. Dort
hingen schön gerahmt an den Wänden weitere Bilder mit
Stempeln in verschiedenen Größen. Noch einmal mußte ich
zäh verhandeln; die Polizistenfrau wollte sich nicht von den
Bildern trennen, bat, ob man den Vorgang nicht auf sich
beruhen lassen könne, zumal ich ja versichert hätte, daß es
sich um die Originale des Meisters handle, die der Drucker
nur aufbewahrt habe. Erst als ich die möglichen Folgen an-
deutete, öffnete sie noch die Schlafzimmertür und ließ im
Licht ihre Lieblinge aufleuchten. Am Ende bat ich, die Holzschnitte auszurahmen und sie möglichst bald auf die Achalm
zu bringen, wo sie ausgetauscht würden gegen ordnungsge-
mäß signierte. Spät in der Nacht kam ich zu Andreas. Mußte
erzählen. Sah die Wirkung. Legte mich wie einst im Atelier
auf den Fußboden unter die Tischplatte. Die Nacht über Tee
und Medikamente. Am nächsten Morgen brachte der Polizist
seine Bilder. Bekam signierte dafür. Grieshaber sagte zu ihm,
er setze eine Frist von achtundvierzig Stunden. So lang tau-
sche ich um. Sagen Sie das Ihren Bekannten. Danach ist
Schluß. Dann bestellte Grieshaber ein Taxi: zum Drucker.
Du kannst mich nicht fahren. Ich muß das allein machen,
sagte er.

Als er zurückkam, schwieg er lang. Lief auf und ab. Rang
nach Luft. Ich war ausgeschlossen von dem, was in seinem
Kopf vorging und sich in seinem Gesicht abspielte. Seit der
Tübinger Klinikzeit war er nicht mehr so angeschlagen gewesen. Grieshaber hätte nicht arbeiten können, ohne seinem
Drucker blind zu vertrauen. Dann zeigte er mir zwei Faksimi-
lestempel, die er mitgebracht hatte. Vor acht Jahren habe man
in Dresden und Magdeburg «Helft dem Roten Halbmond»
gedruckt und gestempelt. Der «Rote Halbmond» sei das arabische «Rote Kreuz». Der Holzschnitt mit dem Kamel sollte

zugunsten einer Hilfsaktion verkauft werden. Er habe damals nicht reisen können, um zu signieren. Der Drucker sei allein gefahren, im Gepäck ein rotes Stempelkissen und einen Signaturstempel. Später, mit der zertrümmerten Schulter, als er im Gips gesteckt habe, sei noch ein Weihnachtsgruß gestempelt worden. Seither liege der Signaturstempel unbenützt in seinem Schreibpult. Die anderen Stempel habe der Drucker heimlich anfertigen lassen für seine illegalen Verkäufe. Nein, der Drucker sei nicht zu Hause gewesen. Aber im Gesicht der Frau habe er die Komplizenschaft gelesen, als er ihr die verschieden gestempelten Holzschnitte vor die Augen hielt. Dann gab Andreas mir ein schwarzes Schulheft. Die Frau habe es aus dem Wäscheschrank genommen. Vielleicht aus Panik. Vielleicht in der Annahme, es könne die Schuld geringer machen, wenn sie gestehe. Im schwarzen Heft war aufgeschrieben, an wen der Drucker und seine Frau seit sieben Jahren verkauften. A conto, Guthaben, Außenstände. Nur die großen Kunden. Bei denen es sich lohnte. Wo die Tausender zusammenkamen. Das Haus, die Grundstücke, das Reitpferd. Wovon Grieshaber meinte, es sei rechtens bei ihm verdient worden. Die Entlohnung des Druckers war mehr als großzügig gewesen; von jedem Holzschnitt bekam er zusätzlich signierte Exemplare, auch für die Verwandtschaft.

Viele Eintragungen im schwarzen Heft stammten von einer gebildeten Handschrift. Er sei Universitätsprofessor, habe die Frau gesagt. Medizinische Fakultät. Anfangs lief alles normal, sagte die Frau. Sie hat tatsächlich normal gesagt, sagt Grieshaber. Der Kunde, sie hat Kunde gesagt, habe nichts als die Druckerei ansehen wollen. So sei er mit ihrem Mann ins Gespräch gekommen. So sei es dann halt passiert. Der Doktor, der damals noch nicht Professor gewesen sei, habe ihrem Mann eingeredet, er solle nie auf der Achalm von ihm erzählen. Überhaupt seinen Namen nicht in den Mund nehmen. Er sei dann immer öfters gekommen. Vor allem auf die Kreuzwege habe er es abgesehen gehabt. Bis er dann von Jahr zu Jahr immer weniger bezahlt habe, obwohl doch die Preise gestiegen seien. Bis er gedroht habe, selbst auf die Achalm zu gehen und dort alles aufzudecken. Er ist zum Erpresser geworden, sagt Grieshaber. Doch der betrogene Betrüger hat Blut geleckt, und so rankt sich um das schwarze Heft ein Kreis von Honoratioren. Auf der Innenseite des Umschlags klebte das Etikett der Universitätsbuchhandlung. Nein, nicht Tübingen. Eine Stadt in einem anderen Bundesland. Andreas sagt, als erstes müsse er Kirke anrufen. Der Drucker sei ihr zu Diensten gewesen, als Gärtner, Chauffeur. Geh eihr täglich zur Hand. Es sei ein großes Unglück für sie. Von seinem Unglück spricht er nicht.

Dann rief Grieshaber den Schreiner Linus an: Ich brauche die schnelle Truppe. Morgen darf es die Achalm-Presse im Tal nicht mehr geben. Die schnelle Truppe kam auf den Berg, hörte zu, brauste hinab und räumte beim Drucker aus. Linus sagte hinterher, es sei scheußlich gewesen. Und er sagt immer nur wenig. Dann stapelten sie Drucke und Holzstöcke auf der Achalm, die ohnehin schon aus den Nähten platzte, überdachten Zwischenräume und bauten eine neue Werkstatt für die große Presse, wo der Hühnerstall gestanden hatte.

Andreas ging es nicht gut. Ich behielt mein Nachtquartier unterm Arbeitstisch. Ohne das schwarze Heft hätte Grieshaber alles mit der privaten Strafaktion auf sich bewenden lassen. Sprach vom getreuen Knecht, der untreu geworden war, bemühte Legenden, Märchen, Mythen, die Bibel und die Geschichtsschreibung, um damit fertigzuwerden. «Wenn der Bauer aufs Roß kommt, schindet er es zu Tode.» Doch es half nichts, das schwarze Heft nötigte ihn, Anzeige zu erstatten: «Ich will den Herrn fangen und nicht den Knecht.» Es gelte nicht mehr, den Anfängen zu wehren, sondern einen Sumpf auszutrocknen. Und daß diese Kreatur von Drucker wohl doch in der Wolle gefärbt sei. Er werde den Fall der neugegründeten *Bild-Kunst* übergeben, statt einem Privatanwalt, damit die Aktion einen Sinn bekomme. Ein Prozeß für einen berühmten Vertreter der Zunft könne zum Musterprozeß für andere Geschädigte werden. In der *Bild-Kunst* saßen Juristen. Er telephonierte mit dem Justitiar.

Dann steht die Kriminalpolizei vor der Achalmtür. Beamte aus Hessen. Sie bringen eine Schreibmaschine mit. Stellen sie auf Grieshabers Arbeitstisch. Richten sich ein. Andreas ist ruhig. Erklärt geduldig, präzise, mit Worten, die er für einfach hält, den Sachverhalt. Ich sitze daneben und brenne vor Ungeduld nach Gerechtigkeit. Doch das Protokollieren geht langsam. Satz für Satz muß in die Beamtensprache umgeformt werden. Und weil der Vorgang für die Männer ohne Beispiel ist, werden aus «ein paar Stunden» zehn Tage. Zehn gestohlene Sommertage, die noch wochenlang Grieshabers Gesundheit schädigen. Sie begreifen nichts. Sie kennen sich nicht aus. Sie fangen tagaus, tagein von vorn an. Stellen jeden Satz auf den Kopf. Verknäueln jede Aussage. Drehen alles Geschehene um. Wollen es zum wievielten Mal in immer neuen Hypothesen durchspielen. Fragen, als wäre der Holzschneider der Betrüger. Wollen sie nicht begreifen? Wollen sie sich nicht auskennen? Was, in der DDR haben Sie gedruckt? Wie, in der DDR wurde gestempelt? Halbe Tage ermitteln sie beim Drucker. Bei Leuten, die Holzschnitte zurückgegeben hatten. Kaum zwei Dutzend sind zusammengekommen. Als die Kripo sich endlich zu einer Beschlagnahmung entschließt, ist der laut Aussage eines Augenzeugen brusthoch gefüllte Graphikschrank in der Wohnung des Druckers leer, bis auf etliche Reste.

In der entfernten Universitätsstadt war die Polizei in einer üppig mit Kunstschätzen ausgestatteten Privatvilla gewesen; jetzt trifft ein Beamter ein, etliche gerollte Holzschnitte unverpackt in der Faust: das sei alles, was der Herr Medizinalprofessor den Beamten übergeben habe. Natürlich werde er sofort mit einer Verleumdungsklage parieren. Grieshaber solle die Bilder identifizieren als die von ihm angefertigten und eine Erklärung zu der Stempelsignatur abgeben. Was auf dem Tisch liegt, ist ein winziger Bruchteil dessen, was laut schwarzem Heft an die feine Adresse zu immer niedrigeren Preisen verkauft und gegengezeichnet worden war.

Ein Freund schickt Photos: im Treppenhaus der Universität hängende große Holzschnitte, dilettantisch mit dem zu kleinen Stempel versehen; sie stammen aus dem Fundus, der bis vor kurzem beim Drucker lagerte. Warum Grieshaber nie Buch darüber geführt habe, will die Kripo wissen. Bekommt zum wievielten Mal ein Privatissimum, was im Kopf eines Künstlers Vorrang hat: Ich denke an das, was ich machen werde, nicht daran, was ich gemacht habe. Den Rest brauche er für die Zusammenhänge der Welt. Für Buchführung seien andere zuständig. Und ob Vertrauen keine Tugend mehr sei? Kein Zweifel, die Kripo ist überfordert. Dachte sie: Geschieht ihm recht, daß er betrogen wurde? Jedenfalls benahm sie sich so. Die Presse hatte längst Wind bekommen. Verhielt sich auf Grieshabers Bitten während der ersten Ermittlungen ruhig. Dann treffen die Reporter ein. Telephonieren von überallher. Grieshaber muß Rede und Antwort stehen. Erstaunt hört die Kripo zu. Die Zeitungsberichte über den Kunstskandal sind voller Widersprüche. Die hessische Kripo weicht noch immer nicht; wann kam ihr schon so eine Arbeit unter: der exotische Ort in der Sommersonne, ein Verrückter, der stundenlang über Kunst mit ihnen spricht. Dann wird Andreas sterbensmatt, ich fange zu schreien an, als ich sein Elend nicht mehr ertrage, wie die Adern an seinem Hals sich bewegen, wie er nach dem Puls greift, es kommt, wie es kommen muß, ich packe die Kripomänner am Arm, will sie vor die Tür zerren, fast hätte ich sie gebissen. Endlich bleiben sie weg. Das schwarze Heft haben sie gegen Quittung mitgenommen. Danach geht der Arzt aus und ein.

Grieshaber wartete. Monat um Monat. Doch es kam zu keinem Prozeß. Geschweige zu einem Musterprozeß für die Sache der *Bild-Kunst*. Irgendwann schickte der Justitiar alle Unterlagen zurück. Zwei Wochen, bevor es verjährt war. Die *Bild-Kunst* wolle sich damit nicht belasten. Derlei müsse global gelöst werden. Man beschäftige sich inzwischen mit Usancen in Frankreich, Belgien, Spanien, Italien. Nur über Dritte erfuhr Grieshaber, daß man sich doch mit dem Fall befaßt hatte. Ein Staatsanwalt sei vorzeitig in den Ruhestand getreten. Sein Name stand im schwarzen Heft. Er hatte zwei Kreuzwege beim Drucker erworben. Preiswert. Gestempelt. Die Vermittlung war durch den Mediziner erfolgt.

Neben Andreas' Bett stand ein Buch: *Das Urheberrecht in der Bildenden Kunst.* Sein Verfasser war Rechtsanwalt. Ich rief ihn an. Aber gern wolle er den Fall übernehmen, auch wenn kostbare Zeit verstrichen sei durch die falschen Leute. Als er sich «eingearbeitet» hatte, war er auf so Verwunderliches gestoßen, daß er sich zuerst Klarheit verschaffen mußte über seinen neuen Klienten. Andreas sträubte sich: noch einmal von vorn anfangen wie bei der Kripo? Lieber wolle er nicht mehr leben. Weitere «kostbare Zeit» verging, bis ich dem Anwalt beigebracht hatte, daß die Achalm alles sei. Kein Stadthaus anderswo. Keine Liegenschaften in der Toskana. Nicht in Spanien und nicht im Tessin. Kein Konto in der Schweiz, kein Gold vergraben. Und das Geld? Der Erlös aus all der Kunst, den andere hier zu scheffeln schienen? – Verschenkt. Verstreut. In die Luft geworfen. Geholfen, immer wieder geholfen. Gutes damit getan. Der Anwalt sah sich überall um. Wie man nur so primitiv wohnen möge. Und die Kunstschätze nicht im Tresor, ohne Schloß oder Riegel, über die Zäune könne man steigen, durch die Hecken kriechen. Als er nicht aufhörte, zeigte Grieshaber ihm Scheinwerfer und Alarmanlagen, die er sich hatte aufschwatzen lassen. Was halfen sie in der Einöde! Ein Abschreckungseffekt von kurzer Dauer, dreißig Minuten brauche die Polizei bis zu ihrem Eintreffen hier, auch wenn der Notruf an seinem Bett direkt die Zentrale alarmiere. Übrigens habe nach wenigen Wochen alles zu funktionieren aufgehört, nachdem die Tiere etliche Male ein nächtliches Höllenspektakel entfesselt hätten durch ihre Sprünge auf die Tretmatten, und auch tagsüber durch Klettern und Nagen Fehlalarme ausgelöst wurden, so daß man nur habe lachen können über den aufwendigen Spaß. Zusätzlich störten Regen und Trockenheit, Stürme und Erdbewegungen die Kontakte, Fenster und Türen klafften, verbogen sich unter wechselnden Witterungen, genau wie er es den Fachleuten prophezeit habe. Einzig meine Sirene im Wohnwagen war noch intakt, wen sollte sie rufen? Einen Herzkranken? Der Anwalt fragte nach Tränengas, Schußwaffen. Grieshaber lachte sein Lachen: Ich bin Pazifist – wollen wir nicht endlich von den gestempelten Holzschnitten reden? Warum hatten wir uns nicht vorher darüber informiert, wes Geistes Kind der Advokat war? Grieshabers Weltsicht mußte ihm ein Greuel sein.

Als wir es merkten, war alles zu spät. Endlose Gespräche. Endlose Schriftsätze. Urheberrecht? Ein Brett, eine Fußbank, einen Schuh aus Holz könne das Gericht realisieren. Wenn so etwas entwendet werde, sei alles klar. Hingegen sei es sehr kompliziert, den Richtern begreiflich zu machen, was ein Holzschnitt sei. Denn da liege ja nur ein bedrucktes Blatt Papier. Von dem es auch noch mehrere Exemplare gebe. Einmal gestempelt, einmal signiert, das Gericht sei überfordert. Schließlich habe der Urheber ja zweimal eine Ausnahme gestattet. Eigentum, Besitz, Aufbewahrungspflicht müsse erörtert werden. Sicher sei, der Kunde des Druckers habe im besten Glauben gekauft, er handle rechtens. Der Professor, ein angesehener Mann, sei Leiter der Pathologie und lese über das Urheberrecht in der Medizin. Er habe übrigens durch seinen Anwalt mitteilen lassen, in seinem Haus befinde sich kein einziger Holzschnitt mehr. Er habe sich beim Anblick der Blätter geekelt. Was doch wohl zu verstehen sei. Schon vor Jahresfrist habe er alles verkauft. Nein, dem könne man nicht ohne weiteres einen Prozeß anhängen. Und was das törichte Zeitungsgerede solle? «Ich will den Herrn fangen und nicht den Knecht»; «Erpressung»; es gebe keine Hintergrundfigur. Das müsse sofort ein Ende haben, schon liege die Gegenklage vor wegen übler Nachrede. Allein der Knecht sei der Betrüger. An ihn müsse man sich halten. Mit ihm habe man es vor Gericht zu tun. Ach, das schwarze Heft. Damit könne der Anwalt nicht operieren. Er kenne es nicht. Es sei nicht da. Es liege nicht vor. Es gebe kein schwarzes Heft. Als Grieshaber ihm die Quittung zeigte, zuckte er mit den Achseln: Dann ist es wohl abhanden gekommen bei der Polizei. Zwei Gerichtstermine nahm Grieshaber wahr. Dann sagte er: Mir ist mein Leben wichtiger. Die Richter fragen wie damals die Kripo. Der Rechtsanwalt hat wie die Kripo gefragt. Gewiß, er bemüht sich. Es hat keinen Zweck. Man wird nie zum Kern der Angelegenheit vordringen, so einfach sie auch ist. Die gestempelten Holzschnitte drehen und wenden sie ratlos mit plumpen Händen wie ein Stück Fleisch für die Pfanne. Es wurde ein Vergleich ausgehandelt zwischen Grieshaber und dem Hehler, dem Erpresser, den er weder Hehler noch Erpresser nennen durfte, weil es ja kein schwarzes Heft gab. Die Vergleichssumme, die der Leichenzerschneider am Ende zahlen mußte, reichte nicht einmal für die Anwaltskosten. Der ungetreue Knecht wurde verurteilt. Seines hohen Alters wegen kam eine Haft nicht in Frage. Er bezahlte monatlich so viel Strafe, wie er für einen kleinen gestempelten Holzschnitt einst verlangt hatte. Wie viele mochte er noch versteckt haben?

Jahre danach, auf dem Heimweg von der nächsten Kasseler Documenta, holten wir auf der Polizeibehörde der Universitätsstadt ein Dutzend verstaubte, zerrissene Holzschnitte ab, die dort auf einem Aktenschrank lagen; das einzige, was Grieshaber «zurückerstattet» bekam. Es waren dieselben Blätter, die ihm einst auf der Achalm vorgelegt worden waren.

Ehe der Prozeß noch beendet war, zog es, was Andreas Gesindel nannte, an den Tatort. Schaulustige und solche mit schmutzigen Händen. Wenn ich nicht mit ihnen fertig wurde, warf Andreas sie selbst hinaus. Ein Kunsthändler stellte sich wie eine Aasfliege immer von neuem ein. Bot an, Hintergründe aufzudecken. Mittelsmänner zu identifizieren. Hehler preiszugeben. Und trieb selbst den schwunghaftesten Handel mit Bildern aus trüben Quellen. Wie sollte ich ihm begreiflich machen, daß Grieshaber, um einer möglichen Wahrheit willen, sich keiner Kreatur bedienen wollte, der gegenüber er sich erkenntlich zeigen müßte. «Käufliches» kam auf seinem

Terrain nicht vor. Und geschenkt haben wollte er von Lumpen erst recht nichts. Erst gegenüber dem Kunsthändler ging mir auf, wie grotesk es gewesen war, mit der Kripo zu kooperieren. Das schwarze Heft blieb verschwunden, statt dessen stand jetzt ein Mensch da, der aussagen wollte, wie er an «unrecht Gut» gekommen sei. Und Andreas hatte ihn fortgeschickt.

Ein Referendar, schon als Student leidenschaftlicher Sammler, der Grieshaber von Stadt zu Stadt verfolgte, um Signaturen zu ergattern, klopfte ans Fenster, unterm Arm ein zusammengerolltes, sehr großes, seltenes Blatt, das er um sechstausend erworben habe, bei einem Kunsthändler, dessen Namen er nicht preisgeben wollte. Andreas sagte ihm auf den Kopf zu, es sei derselbe, der ihn seit Wochen verfolge, um angehört zu werden. Das Blatt sei nicht signiert, sondern gestempelt, sagte der junge Mann. Deshalb sei es so billig gewesen. Auch habe er versprechen müssen, damit nicht auf die Achalm zu gehen. Trotzdem seien sechstausend Mark viel Geld für ihn, deshalb bitte er um eine Expertise. Ob das Blatt vom Meister stamme. Grieshaber sagte, der Drucker könne niemals einen so differenzierten Farbholzschnitt ohne ihn drucken. Was immer von Blättern solcher Qualität im Umlauf sei, habe er überwacht. Jedoch bitte er jetzt den jungen Mann, das Blatt eine Weile bei ihm zu lassen, er wolle es dem Gericht vorlegen, da es sich fast sicher um einen der im Universitäts-treppenhaus inzwischen verschwundenen gestempelten Holzschnitte handle, der über Kanäle in eben die Kunsthandlung gelangt sei, die als zum Hehlerkreis gehörig sein Anwalt nachzuweisen habe. Er werde sich seinerzeit revanchieren. Ich sagte dem jungen Mann, er könne beruhigt gehen, Grieshaber habe noch jeden bisher großzügig entschädigt. Nichts wurde aufgeklärt. Andreas verbot mir, noch länger Polizei zu spielen, es sei Sache des Anwalts, für uns müsse alles ein Ende haben. Ruhe einkehren. Die Substanz bröckle ab.

Etliche Zeit danach rief der Anwalt an: sein Mandant, eben jener Referendar, der auf der Achalm gewesen war, eine

Expertise zu erbitten, habe Angst um sein Eigentum. Er verlange den Farbholzschnitt sofort zurück. Nichts war für Grieshaber schlimmer, als wenn man seine Zuverlässigkeit und seine Großmut in Frage stellte. Unzählige Holzschnitte hatte er dem Studenten jahraus, jahrein signiert. Er rief eine Stempelfirma an und gab den Text für einen Stempel durch, in zwei Stunden müsse er fertig sein. Ich holte ihn ab, dazu ein grünes Stempelkissen. Grieshaber rollte den Holzschnitt auf, hieß mich festhalten, drückte den Stempel in das saftige Grün, bis er sich gesättigt hatte, und stempelte seine *Persephone:* «Aus meiner Druckwerkstatt entwendet und unter Mißbrauch meines Namens mit falscher Signatur (Stempel) in den Handel gebracht.» Als wär's heute gewesen, erinnere ich mich an den Augenblick, wie ein tiefes Aufatmen uns beiden wohltat nach Jahren des Unrechts und Betrugs, die nicht nur ungesühnt bleiben sollten, sondern sich munter weiterermehrten. Ich fuhr *Persephone* zum Anwalt. Es habe doch nicht so geeilt, sagte der. Grieshaber sagt immer, er habe ein rasches Hemd, sagte ich. Wenn die Anlässe entsprechend sind. Kaum war ich zurück, rief er an: der junge Mann, sein Mandant, habe sich verfärbt. Sei fast zusammengebrochen. Grieshaber habe sein rechtens erworbenes Eigentum zerstört. Er verlange es unbeschädigt zurück. Andernfalls strenge er eine Klage an. Der Anwalt sagte, der Stempel sei eine Michael-Kohlhaas-Reaktion. Grieshaber werde vor Gericht verlieren. Ob er den Holzschnitt nicht durch eine Signatur und Widmung wieder ehrlich machen wolle? Andreas schrieb einen Scheck über DM 6ooo,–. Noch einmal an diesem Tag fuhr ich zum Anwalt und übergab ihm die Rückkaufsumme für die gestohlene *Persephone*. Jahrelang zuckten wir zusammen, wenn der Name des Anwalts fiel oder der des jungen Mannes.

Manchmal deutet Andreas auf seine Brust: Es hat sich nicht gelohnt. Was da drin kaputt ist. Der Prozeß läßt mich früher sterben. Im Oeuvre-Verzeichnis ist das Jahr 1974 mager. Grieshaber will keinen neuen Drucker mehr. Das Vertrauen ist weg. Ärzte, Richter, Polizei, Anwälte sind auch nur Menschen. Recht und Gerechtigkeit sind zwei Paar Stiefel. Grübeleien, Verdüsterungen nehmen zu, auch wenn er danach wieder lachend ruft: Unser Boot ist noch nicht leck, wir rudern weiter, Maat.

42. Aufbruch in den Bauernkrieg

Wie anders hätte Grieshaber Abstand gewinnen können von den lähmenden Ereignissen der letzten Monate, wenn nicht auf einer Reise in die DDR. Im Kofferraum hatte ich die Holzstöcke für den Verleger Hans Marquardt in Leipzig. Schon im Februar auf der Geburtstagsreise hatte Andreas gesagt, übers Jahr sei ein großes Jubiläum: 450 Jahre Deutscher Bauernkrieg. Ein halbes Leben lang habe er darauf gewartet, noch einmal etwas zu machen zum Gedächtnis seiner Vorfahren, die Bauern gewesen waren. In Leipzig stellte sich heraus, daß sie dort besser Bescheid wußten über den Baltringer Haufen aus Oberschwaben und alle Stationen des Aufbruchs und des Gemetzels; sie wollten eine Mappe machen mit Holzschnitten, Lithographien und Gedichten: DRAN DRAN WEIL IR TAG HABT. Jetzt brachte Grieshaber ihnen den Tauber- und Schwarzen Haufen, dazu den Hellen Haufen und den Hellen Christlichen Haufen; zwischen die Holzstöcke hatte er mein Gedicht über Jörg Ratgeb gelegt.

Dann fuhren wir zum Biennalekomitee, das sich in Erfurt versammelte, um die nächste Rostocker Ausstellung vorzubereiten. In Dresden war die Eröffnung der großen Caspar-David-Friedrich-Ausstellung, neben Grieshaber saß die Enkelin des Künstlers, und er führte sie hinterher zu Tisch, was wiederum Museumsherren der Bundesrepublik irritierte, denn sie hätten nicht daran gedacht, zu ihrer Ausstellung die alte Dame, geschweige den Holzschneider einzuladen, von dem sie nicht wußten, daß er ein Maler war. Ick bin allhier, sagte Andreas den verdutzten Westgästen ins Gesicht wie der

Igel dem Hasen. Die Dresdener Ausstellung unterschied sich von der bundesdeutschen, weil sie einen Zeitzusammenhang herstellte und die Maler aus Caspar David Friedrichs Umfeld mit einbezog. Nach Eskapaden war uns dieses Mal nicht zumute; wir lecken die Wunden des Jahres und verhalten uns still, sagte Andreas.

Auf der Rückfahrt sprach er viel über den Bauernkrieg; ein halbes Tausend Historiker habe die DDR auf das Jubiläum angesetzt: Thüringen, Sachsen. Und in Schwaben rühre sich nichts, obwohl dort die Orte lägen, von denen sie drüben berichteten. Er habe die Absicht, zu einem Feldzug zu rüsten, wie seine Vorfahren; das sei er der einzigen Revolution der deutschen Untertanengeschichte schuldig. Die man in den Schulbüchern kaum am Rande erwähne. Von 1918 sagte er nichts. Doch daß Adels- und Fürstengeschlechter, die vom Bauernaufstand betroffen worden seien, bis heute ihren Einfluß ausübten, das Geschehene kleinzuhalten. Ich würde schon noch dahinterkommen.

Jetzt bin ich eine Erklärung schuldig: es gibt ein Buch *Chauffeur bei Don Quijote;* sein Untertitel: *Wie hap Grieshaber in den Bauernkrieg zog.* Der Autor heißt Sancho Pansa. Das bin ich. Besser: ich war es. Als ich es schrieb, versuchte ich, einen roten Faden durch die verwirrenden Ereignisse zweier Jahre zu ziehen, in denen ein Zeitalter zu Ende ging: das der Buchdruckerkunst und damit Gutenbergs. Was die Welt verändern sollte, entwickelte sich fast unbemerkt; die Vorboten einer Computergesellschaft mischten sich in Grieshabers Anstrengungen, das Gedächtnis der Menschen für den Bauernkrieg aufzufrischen und die Erinnerung an Jörg Ratgeb zu wecken. Des Holzschneiders homerischen Klagen gegenüber, seinen ebensolchen Einmann-Kämpfen, der Buchdruckerkunst neue Impulse zu geben, im Augenblick, als sie zum Verschwinden verurteilt war, was Grieshaber frühzeitig erkannt hatte, fühlte ich mich als Chronistin gefordert. Die Verkleidung, in die ich uns steckte, entsprach, je länger es dauerte, desto passender den Umständen. Grieshaber, anfangs befremdet von der ihm zugedachten Rolle, sagte, er habe sich nie als Don Quijote begriffen. Ich ihn auch nicht. Nächtelang trieb es mich um: dem Partisan mit der Pansflöte, dem Streiter gegen Unrecht und Gewalt, dem Helfer in vielerlei Not und Unterdrückung wollte ich eine solche Verwandlung zumuten? Doch war ich nicht Zeuge, wie die Tragik in Grieshabers Leben einbrach? Geriet er durch die galoppierende Entwicklung der Elektronik nicht immer öfters in die Situation des Ritters, der gegen Windmühlenflügel für die untergehenden Qualitäten seines Weltbildes kämpfte und seiner Zeit eben das zu erhalten versuchte, was auszusterben schien: Großmut, Tapferkeit, Ideale? Das Heraufkommende ließ alle Werte, die Grieshabers Leben bestimmt hatten, fallen, wie es der Wegwerfgesellschaft entsprach. Schon vermied er das Wort Zukunft; Orwell, Huxley waren kein Gesprächsstoff, auch wenn die unaufhaltsame Verkabelung, die Verdrahtung des Menschen ihm bewußt war. Es sieht so aus, als würde ich der Letzte, ein Relikt, ein Übriggebliebener, sagte er und akzeptierte den Don Quijote. Zeugnis ablegen, indem ich es aufschrieb, schaffte ich nur, wenn ich es verfremdete. Die Ereignisse waren zu nah, Grieshaber zu mächtig in mir; Sancho Pansa ermöglichte die Distanz, wurde zwar zum Spiegel unserer Wirklichkeit, doch eben die war derart beschaffen, daß sie kaum nachzuvollziehen ist. Eine abenteuerliche Collage, schön gedruckt, mit vielen Holzschnittwiedergaben, präsentierte die Verwirrungen zweier Jahre, Lust, Hoffnung, Verzweiflung, die erhellen wollten, was vor 450 Jahren nur von kurzer Dauer war, während gleichzeitig verfiel, was ein halbes Jahrtausend lang Ewigkeitscharakter angenommen hatte: die Buchdruckerkunst. Ich kann die Wendejahre in Grieshabers langem Druckerleben nicht einfach weglassen, sie aber auch nicht anders erfinden: deshalb habe ich die beiden Jahre in gestraffter Form nacherzählt.

Das *Deutsche Allgemeine Sonntagsblatt* wollte wieder einmal einen Holzschnitt zum Jahreswechsel. Sie kriegten und druckten ihn sogar: eine Maria wie Mutter Courage, Landstörzerin vom Hellen Christlichen Haufen, und der ihr beigegebene Joseph gleichzeitig Bauernführer, Engel, Märtyrer, wie das gelegentlich auf alten Bildern vorkam, wenn die Maler nicht nur zu Gefallen ihrer Auftraggeber arbeiteten. Lumpen und Fransen und Feuerflackern, Waffen, Friedenspalme und Flügel, Mann und Frau, eins wie's andere. Vom Bauernkrieg erwähnte Grieshaber nichts, also stand auch nichts davon unterm Bild. Wie sollten denn da die Leute wissen, woher solche Figuren kamen? Ich dachte an meine alte Mutter und an die vielen, die Grieshaber erreichen wollte, und daß es oft nicht gelang. Sie schrieben Leserbriefe ans Sonntagsblatt: Ob das erlaubt sei, der Muttergottes so abscheuliche Füße zu machen, daß man das Ehrwürdige verunstalte. Wochen später, Ende Januar, plötzlich, sagte Andreas: Mein Gott, was die um diese Zeit laufen mußten vor vierhundertfünfzig Jahren. Ich sah die Füße der Ratgeb-Figuren noch einmal an, auch fiel mein Blick auf die eigenen Füße. Andreas lachte.

Der reiche alte Textilfabrikant, der Grieshabers Figuren von Zeit zu Zeit auf den Stoff übertrug, bat um ein Reisealtärchen fürs Handgepäck; kostbar sollte es sein. Andreas sagte: Er kriegt's, weil er fromm ist. Aber er wird sich wundern. An Ostern waren die meisten schon tot, die an Weihnachten aufbrachen. Er machte eine bettelnde Maria, das Kind unterm Arm könnte ein Laib Brot oder der Brotlaib ihr Kind sein. Zwei strenge Engel auf Seitenflügeln paßten auf, daß alles gut ging. Grieshaber druckte es auf Packpapier.

In Oberschwaben hatte man sich besonnen, das «Literarische Forum» lud zur Feier der *Zwölf Artikel*, jener vor 450 Jahren in Memmingen verfaßten Bittschrift der Allgäuer Bauern. Grieshaber holte den Holzstock, druckte das Reisealtärchen des alten Mannes, der so gern Gold gehabt hätte, kostbar auf Goldgrund und ließ sich ins Allgäu fahren. Sieben Störche flogen am Himmel, hoch über Ulm, es war erster März, ich hab sie gesehen, ich hab sie gezählt, und dabei sind sie doch fast ausgestorben bei uns. Der Pforzheimer Ratgeb hing in Memmingen an der Stirnwand des Saals, das Feldaltärchen stand auf dem Tisch, durchs Haus zogen sie Grieshabers Bauernhaufen, brennende Dörfer und Hinrichtungsstätten; Martin Walser grinste, als Grieshaber seine Rede begann: Ich bin ein Reisender in Bauernkrieg.

Von keinem Museum der Bundesrepublik war zu vernehmen, daß es eine Bauernkriegs-Ausstellung vorbereite, geschweige ein Ratgeb-Gedenken. Dann müssen wir eben tun, was wir können, sagte Grieshaber. Er hörte einfach nicht auf zu hoffen, es gelinge, den Ministerpräsidenten zu einer öffentlichen Reaktion zu bewegen. Wo er doch aus dem Bundschuhland Baden stammt; warum schweigt er so hartnäckig? Von seinem baltischen Kultusminister kann ich ja nicht gut etwas erwarten. O gewiß nicht, sagte ich, und schon gar nicht, wenn Andreas jede Gelegenheit wahrnehme, landauf, landab öffentlich zu verkünden, daß es gelte, einer Revolution zu gedenken, die leider die einzige sei, die unser Volk bis heute zustande gebracht habe. Bei unseren Veranstaltungen in den kleinen Städten erschreckte er die Bürger, wenn er sagte, zwei deutsche Staaten, unmißverständlich für wer weiß wie lange getrennt, hätten da ein Jubiläum gemeinsam, und wir verschliefen die Gelegenheit und überließen alles der Erbe-Rezeption des anderen Staates. Nicht einmal eine Briefmarke sei uns der Bauernkrieg oder Jörg Ratgeb wert, wie etwa die Landshuter Fürstenhochzeit. Die Feuilletons der kleinen Zeitungen zahlten es Grieshaber heim, und auch ich bekam mein Teil ab. Ein makabrer Trost war es, daß diese und jene Zeitung den direkten Nachkommen des Truchseß von Waldburg und ähnlichen Herren von anno damals gehörte, die unverändert die Macht ausübten, was Grund und Boden und anderes betraf, bloß verdeckter, versteckter. Das kommt von der Fürstenabfindung, sagte Andreas. Nach dem Ersten Weltkrieg. Vom Zweiten reden wir schon gar nicht mehr. Bis zum letzten Itzenplitz haben wir sie ausbezahlt mit unsrer Hände Arbeit.

Während wir wie einst die Bauern herumzogen zwischen Siegen und Niederlagen, wurde in Dresden die große internationale Ausstellung vorbereitet mit Leihgaben aus vieler Herren Ländern. «Der Bauer und seine Befreiung.» Der Viergeteilte gehört dazu, hatte ich beschlossen, und weil sie dort ja nicht wissen konnten, was Grieshaber gemacht hatte, trachtete ich danach, heimlich zu handeln. Nach etlichen Telephongesprächen war es soweit: ich fuhr, die Einreiseerleichterungen zur Leipziger Messe wahrnehmend, zum erstenmal allein in die DDR, Rosinante war beladen mit dem schwarzfigurigen Ratgeb, vier Pferden, Mélac und Weltkrieg-II-Soldat, aus deren Helmen die Flammen schlagen. Andreas sagte, er sei stolz auf mich, obwohl das Wort nicht zu seinem Sprachschatz gehörte. Mit der Angst mußte ich allein fertigwerden. Als Legitimation hatte ich nur ein Telegramm. In Dresden bürgte der Museumsdirektor für mich und ein Obdach im Gewandhaus-Hotel. Grieshabers Ratgeb-Triptychon hing in der großen Bauernkriegsausstellung und blieb danach endgültig im Albertinum. Hinterher, auf der Leipziger Frühjahrsmesse, sah ich mein Ratgeb-Gedicht zwischen dem «Hellen christlichen Haufen» und dem «Tauber- und Schwarzen Haufen» angepinnt: «Landsmann Märtyrer, bitt für mich». Auch wenn es keiner sehen wollte von den flinken Reportern der Bundesrepublik.

Als Dresden und Leipzig hinter mir liegen, kostet es mich etliche Überwindung, nicht gleich über die Mittelgebirge heimzufahren, denn die Rückreise ist mit neuen Aufgaben bestückt; sie führt mich durch unbekannte Landschaften und widersprüchlichste Eindrücke nordwestwärts; nie habe ich von Lemgo gehört, einer alten Hansestadt am Rande des Weserberglands, dort bin ich eingeladen, Gedichte zu lesen; in Detmold soll ich eine Grieshaber-Ausstellung eröffnen, als Gast des leutseligen Prinzen zur Lippe im Residenzschloß fühle ich die Grippe in mir hochsteigen, unterdrücke den Schüttelfrost, als er mich über Mauern und Wälle führt und das System der Wassergräben erklärt, auch der Tee aus altem

Familienporzellan kann nichts mehr aufhalten, keine Erinnerung an Münster, nur daß mich durchs Ruhrgebiet Hans Mayers Goethebetrachtungen im Autoradio am Leben erhalten und ich den Rhein überquert haben muß; wenn der Kopf aufs Lenkrad fällt, steuere ich einen Waldweg an, verkrieche mich unter der Pelerine und schlafe eine Weile, so erreiche ich irgendwann Brüssel, wo ich mit Lyrikern aus Frankreich und Deutschland lesen soll; im Hotelzimmer, einer schmutzigen Absteige, gefriert der Hauch an der Bettdecke, und als ich im Château Malou gegen Mitternacht an die Reihe komme, kann ich nur noch krächzen, was meinem Parisgedicht eine humoristische Note verleiht; als das Publikum lacht, entdecke ich, daß dieser Effekt meinem Text innewohnt, und bin nicht unglücklich darüber, denn ich habe mir das nie zugetraut. Am nächsten Morgen nehme ich die frierenden deutschen Kollegen im Auto mit bis zum Kölner Hauptbahnhof: Dort steht auf dem Vorplatz, den offenen Mantel im Winde wehend, Andreas und schließt mich in die Arme. Weiter als bis Bad Godesberg müssen meine Kräfte nicht reichen, in einem Luxushotel unter Platanen schlafe ich achtzehn Stunden lang, dann meint Andreas, ich sei jetzt gesund und die Zeit für den Dom zu Worms sei gekommen, auf dessen Treppe die Nibelungenköniginnen sich um den Vortritt stritten, wie ich als fünfzehnjährige Krimhild bei der Schulabschlußfeier auf der Konzerthausbühne mit meiner Rivalin. Zwei keifende Fischweiber, hatte der OB damals zu meinem Vater gesagt. Hab ich mich jemals so Stufen hinaufgeschleppt? Jeder Schuh wiegt hundert Pfund. Andreas gibt nicht nach und führt mich noch auf den alten Judenfriedhof. In Mannheim blühen die Forsythien, hinter Heilbronn fängt es zu schneien an, es gelingt mir in einer panischen Angst, Rosinante als letztes Fahrzeug von der Autobahn ausscheren zu lassen, als das Schneechaos jener Nacht anbricht, mitten im März. In Stuttgart habe ich vierzig Grad Fieber.

In der Achalmwerkstatt trocknen neue Holzschnitte: Bauern, Äxte, Spieße, Morgensterne, das Menschenschlachtfest, wieder auf Goldgrund, wie Altarbilder, über den Zerstückelten schlägt aus einer kreisenden Sense eine Krone aus. Das war mein Empfang, als ich die Grippe hinter mir hatte. Grieshaber sagt: Meinst du, ich laß unser Land allein? Die Leipziger Mappe kriegt ein Geschwister. Was du siehst, ist der nächste *Engel*. Setz dich hin und schreib Gedichte.

Im Schwimmbad bei den Morgennachrichten aus dem japanischen Transistorradio peitscht Andreas das Wasser und ruft: ho ho ho tschi minh, ho ho ho tschi minh, das wird eine Maifeier sein in Vietnam, sie haben die Hauptstadt nach ihm genannt, doch unsre Studenten können nicht mehr wie einst durch die Straßen laufen und ho ho ho schreien, die Terroristen haben sie darum gebracht. Die von damals dürfen heute nichts mehr, sich nicht freuen, sich nicht äußern, sind ja inzwischen auch alt geworden, haben Ämter und Frauen und Kinder, da ist's dumpf, da gibt's nichts mehr zum Schreien, haben ja auch mehr als genug in diesem Jahrhundert geschrien, die Deutschen, jetzt beklagen sie sich, daß der Maikäfer ausstirbt, gestern auf dem Titelblatt, während die Welt nach Vietnam blickt. Auch wir hatten mal eine Presse. Ob sie in Frankreich den Vietcong feiern? In Italien? Und wo noch? Aber das zeigt man uns wieder nicht im Fernsehen.

Wer hier so früh am Ersten Mai vorbeikommt und stehenbleibt und sich das anhört, hat einen Grund mehr, sich aufzuregen über den Verrückten vom Berg, denke ich.

Zur Himmelfahrt – noch hatten sie die Hoffnung nicht aufgegeben vor 450 Jahren – lud das Evangelische Bauernwerk des Tauber- und Maingebiets nach Weikersheim ein, um vor Partei- und Regierungsvertretern *Zwölf neue Artikel von Bauern in Schwaben* zu diskutieren. Vor Tau und Tag brachen wir auf, Rosinante hatte wie üblich zu schleppen, und als sich die Männer und Frauen versammelten, nach dem Kirchgang, an die Tausend, in der Festhalle, wehten dort schon kreuz und quer wie frische Wäsche Bilder aus vierzig Lebensjahren an Holzklammern auf Nylonleinen: Äcker, Bäume, Tiere, Menschen, Pflügende, Säende, Eggende, Hungernde, Frierende, Schwitzende, Satte, Tanzende, während und zwischen den Kriegen dieses Jahrhunderts von Grieshaber ins Holz geschnitten und gedruckt. Auf dem Podium, beim Tisch, an dem die Herren sitzen sollten, sah's gewalttätig aus: seinen letzten schwarzen Ratgeb hatte Grieshaber einfach um die Tischbeine geschlungen und mit Reißnägeln festgemacht. Bilder und Diskussionen gingen eine abenteuerliche Vermischung ein: EWG und Club of Rome, Umweltzerstörung, Ballungsgebiete, Dörfer, in denen niemand mehr da ist, der eine Wiese mähen kann.

Am Abend halfen viele Hände, die Bilder von den Leinen zu nehmen und wieder in Rosinantes Bauch zu packen. Auf der Heimfahrt sagte Grieshaber: Daß der Bauer aus Wolfenbüttel, Vorsitzender des Landvolkdienstes der Männerarbeit der EKD, darum bat, die Kirche möge ihr Verhältnis zu Thomas Müntzer überprüfen, war für mich das Ereignis des Tages. Am nächsten Morgen fehlte Jörg Ratgeb. Ich hatte ihn vergessen. Am Telephon war nur der Pfarrer zu erreichen, der sofort zur Festhalle rannte. Dann rief er zurück: «Die große Rolle mit dem Bild stand schon an der Straße für die Müllabfuhr.»

Im Zeichen des Bundschuhs feierten die Studenten und Dozenten der Landwirtschaftlichen Universität Hohenheim eine Woche lang das Gedenken des Bauernkriegs. Der Pfarrer von Weikersheim brachte den Ratgeb direkt ins Schloß: Marmor, vergoldeter Stuck, Seide, Samt, einst wie jetzt; was gestern noch auf Leinen flatterte ohne Aufhebens, war heute hoch versichert und bewacht. Wie die Flammen von den Seitenflügeln des Triptychons gegen die herrschaftlichen Kronleuchter von Herzog Karl Eugens Residenz schlugen, gefiel mir. Hier wenigstens war Grieshabers Vorarbeit auf fruchtbaren Boden gefallen. Es sah so aus, als würde was wachsen. Wir bauen eine Thomas-Müntzer-Scheuer als Kommunikationszentrum, sagten die Studenten zu Grieshaber, kommen Sie bitte mit Ihren Bildern zur Einweihung im nächsten Jahr! Grieshaber ahnte nicht, was sein «wir werden sehen» auslöste; Hauptsache, es gab eine Zukunft, jede Nacht ist ein Tag verloren.

Peggy stirbt, sagte Andreas am Telephon. Ab und zu falle sie von ihrer Stange herunter. Ich solle in Stuttgart bleiben, bis es vorüber sei. Und daß man sie nicht töten könne. Sie lasse niemanden an sich heran. Sogar ihren Spielgefährten Midas Ödipus habe sie übel zugerichtet. Er lahme auf einem Bein. Auch habe sie ihm einen Arm ausgerenkt oder gebrochen. Da man ihre Krankheit nicht kenne, sei ein Biß von ihr möglicherweise lebensgefährlich. Die Tierärztin meine zwar, es sei Krebs. Schmerzen habe Peggy kaum, sonst hätte sie gewimmert. Wie früher manchmal. Sie sitze einfach da und habe die Hände gefaltet. Wie mein Großvater, bevor er starb, sagte Andreas. Ich muß das allein hinter mich bringen. Ich dachte an die vielen Affenholzschnitte, Zeichnungen, Lithos, das Porträtphoto von Swiridoff. Auch mir hatte sich der Rhesusaffe eingeprägt durch die Jahre. Daß es jemals zu Ende sein würde mit dem Gestank, war mir nie in den Sinn gekommen. Zu Ende mit dem Anblick des Affengesichts, das mir unablässig suggerierte, es sei unerlöst, war mir nie in den Sinn gekommen. Die traurigen Augen. Die Stufe zum Menschsein. Angezogensein. Abgestoßenwerden. War die Kreatur nicht eine dritte Person, sobald wir uns im mittleren Raum aufhielten? Wenn sie Nahrung von mir entgegennahm. Wenn sie uns zusah.

Du kannst kommen, sagte Andreas. Kirke hat Peggy verbrannt. Wegen der Krankheit gibt es kein Grab. Ich fuhr auf die Achalm. Auch Midas Ödipus lebte nicht mehr. Linus' schnelle Truppe war da. Riß den Käfig ab. Innen und außen. Setzte eine Thermoscheibe ein. Nachtspeicheröfen davor. Legte einen Plattenfußboden. Riß die alte Küche heraus. Doch bevor ich für einen Arbeitsplatz in der Sonne alles umstellen konnte, griff Kirke ein. Das System durfte nicht geändert werden. Was im Dunkel war, sollte dort bleiben.

Aber ein leichter, verrückbarer, heller Holztisch erlöste uns vom Mahagonitisch an der Mauer. Es war ein Vergnügen, an der Glaswand zu frühstücken. Das Mittagessen aufzutragen. Abends in die Weite zu sehen ohne Käfigstäbe.

Längst hätte der *Bauernkriegs-Engel-der-Geschichte* (Nr. 22) in der Druckerei sein müssen mit Grieshabers Rede von Weikersheim als Vorwort. Eine fast lebensgroße keltische Kriegerstatue, die man unlängst in dem Dorf seiner Vorfahren gefunden hatte, sollte den Engel eröffnen. Bloß ich wollte keine Gedichte machen. Ein Redakteur vom Südwestfunk hatte mir da was ins Ohr geblasen: Wyhl! Die Bauern vom Kaiserstuhl im Kampf gegen die Kernkraftwerke! Das wäre ein Bogen, das würde die Brücke: 1525/1975 dran dran dran! Grieshaber erhob Einspruch: Bürgerinitiativen sind kein Bauernaufstand. Der Bauernkrieg war keine Bürgerinitiative. Man solle sich der vorhandenen Mittel einer parlamentarischen Demokratie bedienen. Man solle sie erst bis zum Grund ausloten, bevor man neue Mittel suche. Man solle mit den Abgeordneten sprechen. Ich stritt mit ihm, schließlich war er es gewesen, der übersetzte, was mit Kernkraftwerken zu tun hatte. Er hatte mich aufmerksam darauf gemacht, wie verschieden die Länder berichteten, daß die Zweifel im Ausland wuchsen und bloß bei uns wieder einmal ausschließlich der Zweck die Mittel zu heiligen im Begriff war. Mach ein Gedicht oder zwei oder drei über die sterbenden Flüsse, das kannst du, und laß die Finger von Megawatt, Biosphäre, Ökologie, damit du sie nicht verbrennst, sagte Grieshaber. Ich weiß nicht, welcher Teufel mich ritt, längst hatte ich viele hundert Zeitungszitate abgetippt und zerschnitten, da lagen sie, überall auf den Tischen, Stühlen, Betten, zuletzt auf dem Fußboden, Streifen an Streifen, bedeckten alles, und kein Windstoß durfte ins Zimmer. Woche um Woche wählte ich, prüfte und verwarf sie: Zeugen von damals, Zeugen von heute, armselige, tapfere, törichte Streifen, angst- und mutmachende, überlegene, warnende, verführende Streifen, unterdrückte, habgierige, leidende, Streifen voll Aberwitz, Bru-

talität und Besessenheit; EWG, Landleben im Allgäu, im Kaiserstuhl, zwischen Elbe und Main und Bodensee, sterbende
Heimaten landauf, landab, stoppt KKWs und was ihnen folgt,
die sieben Siegel, die sieben Plagen, das dreifache Wehe,
chemische und Schwerindustrie, Dürre und Hungersnot und
Seuchen, daß sich die Truppenübungsplätze immer tiefer ins
Land hineinfressen und Manöverschäden ein Dreck sind,
Streifen mit Antworten von Militärs, Lobbyisten-, Behörden-
kommentare und was ein Volksvertreter verspricht am Ende
von Legislaturperioden.

Die Austauschbarkeit der Zitate machte mich fast verrückt,
Tag für Tag kamen neue, bessere, schlimmere dazu. Andreas
verspottete mich: Willst du Jongleur werden? Über Nacht?
Alles auf einmal, alles gleichzeitig, als wären's Reifen, Messer,
Bälle, so wirfst du Rindfleisch-, Butterberge, Zuckerengpässe
in die Luft, Apfelschwemmen, Lastwagen voll Blumenkohl mit
Benzin übergossen, gleichzeitig spuckst und verschluckst du
Feuer und stehst dabei noch auf Stelzen. Oh, wie ich mich selbst
verfluchte, bloß noch auf ein Wunder hoffend, das mich befreie
von dieser Zettelwirtschaft. Von einem Sieg war keine Rede
mehr, aber wenigstens sollten die traurigen Zettel die trium-
phierenden in Frage stellen. In der FAZ fand ich «Das Prinzip
Collage in der Kunst», hurra, die Legitimation, aber was half's,
ich wußte ja längst, was Andreas davon hielt. Ruf den Walser an,
sagte er. Vielleicht hat der was Besseres anzubieten als ein paar
Hundert geklebte Zettel aus anderer Leute Mund. Im Allgäu
damals bat ich ihn, beim neuen Engel mitzumachen. Walser
jedoch, aus England zurück, hatte den Kopf voller Midlifecrisis
und war *Jenseits der Liebe.* Wenn ich dich recht versteh, sagte er,
willst du provozieren. Das genau schafft deine Collage. Laß sie
so dick. Sie stimmt ja in allen ihren Teilen. Den Vorwurf der
Geschichtsklitterung wirst du überstehen. Grieshaber gab
nach. Er wäre nicht er gewesen, wenn er nicht ein neues Vorwort geschrieben hätte. Den *Engel* muß ich allein verantworten. Das laß ich mir von niemandem abnehmen. Dann machte
Grieshaber, weil ich nicht wollte, selbst drei Gedichte:

Die Bauern
Leberecht
Brüderle
Hühnlein und
Gotthelf
haben
den Güllewagen
und Mistbreiter
gemeinsam
aber
das Vieh
wollen sie nicht
zusammentun
kommunistisch
wäre
das

Auch
nach 450 Jahren
sucht
der Bauer
eine
Außenwelt
für seine
Innenwelt
wie soll
einen
Gemeinschafts-
Hof
bewirtschaften
der in die
Zwergschule
ging

Es ist
nichts
aus
dem
Gemeinschafts-
Hof
geworden

weil
der
Großbauer
sich
geweigert
hat
zu
solidarisieren[18]

43. Was man sich einbrockt, muß man auslöffeln

Stephan Hermlin und Ernst Jünger: das paßte nicht zusammen. Was für Vergangenheiten. Welche Gegenwart vertraten sie. Die beiden zierlichen, zähen stolzen Dichter in ihren Deutschländern. Ich weiß nicht, ob Grieshaber so weit ging: «Les extrêmes se touchent» zu denken. Wenn er überhaupt etwas dachte, sprach er nicht darüber. Er machte es einfach.

Fast zur selben Zeit hatten die beiden Schriftsteller den Holzschneider durch ihre Verleger wissen lassen, daß sie nicht ungern sich überraschen lassen würden durch Bilder von seiner Hand für ihre Jubiläumsbücher: Hermlin zum 60., Jünger zum 80. Geburtstag. Die *Städteballaden* würden bei Reclam Leipzig herauskommen. Grieshaber hielt Selbstgespräche. Murmelte von alten abgegriffenen Silbermünzen; Drachmen. Ließ sich kleine Holzscheiben bringen. Schnitt seine Symbole hinein, Löwe und Stier, Pelikan, Pegasus, Janus, Medusa, einen Männerkopf, genannt «Doppelzüngig», von dem ich dachte, daß er Hermlin nicht gefallen würde. Grieshaber hatte schwarzsilberne Andrucke gemacht; der Rest war Sache der Leipziger. Ein wenig später hatte er für Ernst Jüngers *Philemon und Baucis / Der Tod in der mythischen und in der technischen Welt / In Memoriam dem Freundespaar, abgestürzt mit dem Flugzeug bei Gent am 2. Oktober 1971,*

415

das bei Klett in Stuttgart erscheinen sollte, grüne Papiere herausgesucht und mit Gouachefarben siebenmal dunkelblühende Pflanze-Tier-Mensch-Metamorphosen gemalt. Im Zeichen der «ars multiplicata» wollte er sich noch einmal der Serigraphie bedienen. Was ihn nicht davor bewahrte, zwei Holzschnitte als Vorzugsausgaben nachliefern zu müssen. Jetzt sollten die fertig gedruckten Bücher öffentlich vorgestellt werden. Der 80. Geburtstag fiel auf den Ostersamstag. Ernst Jünger und Grieshaber würden vormittags in der Stuttgarter Galerie nebeneinandersitzen und das gemeinsame Buch signieren. Wie oft hatte Andreas sich dem schon unterzogen. Was war diesesmal anders? Auf der Fahrt im Auto neben mir war er von verzehrender Nervosität, ein von Kopf bis Fuß sich Sträubender; ich will nicht in diesen Pferch, sagte er. Sprach vom blutigen Ostersamstag im Bauernkrieg. Die Stadt glich einem Bienenkorb. Vor der Ladentür im Königsbau drängten sich Hunderte. Im Handumdrehn hatte ich ihn aus den Augen verloren. Fand ihn im Privatkabinett des Galeristen, einen Cognac nach dem anderen kippend. Dann saß er zwei Stunden lang neben Jünger, im Blitzlichtfeuer der Kameras. Ich beschwor die Damen der Kunsthandlung vergebens, nicht immer wieder Sekt nachzuschenken, Andreas hielt ihnen sein Glas entgegen. Als alles vorüber war, auf dem Weg zum Auto, riß er sich los, kaufte achtzig Osterhasen einer Schaufensterdekoration und wollte sie an Passanten verschenken, doch die Kinder johlten, denn die Hasen waren aus Holz, das Zuckerzeug längst ausverkauft. Irgendwie brachte ich ihn dann die Gartentreppe zu meiner Stuttgarter Wohnung hinauf, nicht bevor er auf jede Stufe einen hölzernen Hasen gesetzt hatte. Er fiel aufs Bett wie ein Stein. Redete wirr. Er sei nicht Ernst Niekisch, der tote Nationalbolschewist und Freund des Jubilars. Er habe ja nur sein Islandpferd an Jüngers Gartenzaun angebunden. Warum das solche Folgen haben müsse. Was plagte ihn? Schließlich hatte er sich zweimal von mir zu einem Besuch in das Albdorf fahren lassen, wo Jünger uns die Bibliothek und die Schubladen voller Käfer zeigte und Andreas der Tee servierenden Dame des Hauses freundschaftlich zugetan war. Ich flößte ihm Suppe ein und war nur noch ein Angstbündel. Warum bestand er darauf, ein paar Stunden danach sich auch noch bei der großen Geburtstagsfeier in der Landeshauptstadt zu präsentieren als der, der nicht dazugehört? Ich weiß nicht mehr, wohin ich ihn fuhr, wer das Fest der Konservativen ausrichtete; in meiner Erinnerung gerieten wir in eine erlesene Versammlung von Gespenstern, darunter solche, mit denen Andreas zu keiner Zeit seines bisherigen Lebens etwas zu tun hatte haben wollen. Als er keine Luft mehr bekam, fuhr ich ihn auf die Achalm. Ein Auferstehungsvollmond hing ungeheuer am Himmel, verwandelte sich in einen Marmorklippenmond, Stahlgewittermond, der «subtile Jagd» machte auf glitzernde Sterne, sie mit seinem Glanz auslöschend. Beim Großen Zapfenstreich vor Jüngers Wohnsitz wenigstens fehlte Grieshaber.

Anfang Juni in Ost-Berlin sollten Hermlins *Städteballaden* aus der Taufe gehoben werden. Anschließend Leipzig. Noch hatte Andreas das fertige Buch nicht gesehen. Wir fuhren dieses Mal über Braunschweig, beladen wie immer. Im Hotel Stadt Berlin war kein Zimmer reserviert, keine Nachricht, kein Ostgeld von seinem Konto wie sonst üblich. Andreas wechselte Westgeld. Bekam ein Zimmer. Wartete. Umsonst. Niemand meldete sich. Volker Braun kam zum Abendessen. Wir frühstückten mit Sarah Kirsch. Doch die Nervosität, daß etwas nicht stimmte, konnten sie Grieshaber nicht nehmen. Im Gegenteil: als Sarah Hermlin anrief, habe der nur gelacht und gesagt, Grieshaber komme schon allein zurecht, darum müsse sie sich nicht sorgen. Wenn etwas sichtbar wird, sagte Sarah, ist alles schon längst gelaufen. Es ging ja nicht ums Zurechtkommen. Grieshaber sah seine Arbeit in Gefahr und drängte zur Abfahrt. Lothar Lang, der DDR-Kunstkritiker, war nicht erreichbar. Andreas wollte plötzlich nach Karl-Marx-Stadt gebracht werden. Unterwegs schaukelten wir einander hoch mit den abenteuerlichsten Vermutungen, bis die Autofahrt zu einer einzigen Flucht, einem Horrortrip, wurde. In Karl-Marx-Stadt irrten wir lang herum, ehe wir die große Buchhandlung fanden, deren Leiter und Antiquar Andreas kannte. Im Hinterstübchen bei einem Kaffee bat er ihn um etliche Auskünfte. Die Antworten, zögernd, gipfelten schließlich im Rundschreiben eines höheren Funktionärs: darin wurde aufs schärfste verurteilt, daß ein in der DDR so geachteter BRD-Künstler wie Grieshaber seine Kunst in den Dienst eines faschistoiden Schriftstellers namens Ernst Jünger gestellt und fast zur gleichen Zeit Holzschnitte für Hermlins Geburtstagsbuch gemacht habe. Solche Verwerflichkeit wolle der Urheber des Briefes unterbinden. Der Verteilerschlüssel des Briefes war kaum zu erraten, doch der Buchhändler beruhigte Andreas: Was da gekocht wurde, sei inzwischen schon abgekühlt. Wir machten uns auf den Weg nach Leipzig: im Hotel «Deutschland» beim Empfang wurde mir eine Orchidee überreicht, das Billettchen für Andreas lautete: Herzlich willkommen in Leipzig, Ihr Reclam-Verlag. Bald saßen wir friedlich beim Abendessen mit dem Verlegerfreund Hans Marquardt: Nein, es war nichts. Berlin? Dort wurden wir nie erwartet. Mißverständnisse. Ein schlechter Traum. Grieshaber signierte die Hermlin-Ausgabe am nächsten Tag. Auf der Heimfahrt sagte er: Es sind zwei schöne Bücher. Jünger. Hermlin. Sie werden zu den letzten ihrer Art gehören. Bloß: es wird keiner mehr merken.

Eine Nacht im Nürnberger «Grandhotel», auf der Rückreise, schob Andreas ein, damit wir unsere Geister sortierten, regenerierten; auch wenn wir nur von Deutschland nach Deutschland kamen, behandelte er die Übergänge, als träfen wir mit dem Flugzeug aus einem anderen Erdteil ein, was er wiederum nur in der Phantasie geschehen lassen konnte: immer wieder einmal erklärte er, daß er das Fliegen ablehne, um seiner Seele die dabei verlorengegangenen Zwischenräume nicht zuzumuten. Ich hingegen hatte kaum zwei Tage Zeit, um den bedenkenswerten DDR-Aufenthalt zu verdauen und meine Koffer für Finnland zu packen: eine Delegation des Schriftstellerverbands war eingeladen, Johannes gehörte dazu, ihm graute es bei dem Gedanken, nach Norden zu fliegen, wenn er doch jetzt sein Zelt wieder in Griechenland aufstellen konnte und jeden freien Tag dafür sparte; also wurde ich statt seiner mitgenommen, und Andreas ließ mich zum erstenmal seit Jugoslawien aus den Augen, nicht zuletzt, weil er meinte, in Helsinki würde ich mit den vier Buchstaben KSZE und ihren verschiedenen Körbchen vertrauter. Er irrte sich. Die Konferenz über Sicherheit und Zusammenarbeit in Europa mochte vielleicht die Einladung an die Schriftsteller gefördert haben, zumal im Juni und Juli der Bereich «Humanitäre Erleichterungen» zur Debatte stand, doch ich hatte nichts anderes im Sinn, als abzuschalten und einmal nicht sorgen zu müssen, was der Tag bringt. War es der erste Flug meines Lebens? Nicht einmal das weiß ich mehr. Martin Gregor-Dellin jedenfalls hatte in Frankfurt seine liebe Not mit mir, wie ich mich anstellte. In Helsinki trafen alle zusammen: es war die Zeit der Mitternachtssonne. Die Rundreise durch Finnland begann mit einem ministeriellen Diner samt ungewohnten Alkoholmengen- und -mischungen. Auch Bernt Engelmann, Uwe Friesel und Josef Reding gaben sich ihren Eindrücken hin und wollten sich Gutes antun statt zu arbeiten. Neunmal sahen wir die Sonne gleichzeitig unter- und aufgehen vor stets wechselnden Kulissen, der nachtlose Schlaf dauerte nur kurz, ein Kleinstbus trug uns in mattem Zustand viel zu früh durch das Land, von dem ich kaum etwas in Erinnerung habe als Grün und Blau, Urwälder, Urseen, Ursaga-Orte, Kalewala, Sibelius, Holzkirchen, Schriftstellerbegegnungen, radebrechend, pantomimisch, weil ich als einzige nicht englisch konnte; Literaturaustausch, Gastmahle; Dörfer und Städtchen tagsüber ohne Alkohol, was meine Gefährten nervös machte, Märkte mit anderen Blumen und Früchten und Gemüsen als zu Hause, viel Spaß mit Elchen, die allenthalben auf den Verkehrsschildern die Straßen zu überkreuzen versprachen, von denen wir jedoch keinen zu Gesicht bekamen, dafür ein heiteres Sommervolk, das im Winter in Schwermut versinke, an Seen, Waldrändern, auf

Booten die Tagnächte durchfeiernd. Alle Namen entschwunden bis auf Tampere, Lahti: dort hielt Enzensberger Hof im Internationalen Literatursymposion, das er gegründet hatte, und bei dem wir zum Abschluß Gäste waren.

Ich wußte, daß am Tag der Heimkehr abends eine Bauernkriegsveranstaltung zu leisten war und Andreas nicht fragen würde, ob meine Seele schon gelandet sei; auch lägen keine fünf Achalmtage dazwischen, bis ich die vollbepackte Rosinante über Geldern und Kevelaer erneut der spät untergehenden Sonne entgegensteuern müßte, zur VI. Rostocker Ostseebiennale, unserer zweiten. Wie gern hätte ich mich auf eine Wiese gelegt, doch Andreas gab kein Pardon: Das Eisen ist heiß, man muß es schmieden, das Korn ist reif, man muß es mähen, es kommt die Nacht, da niemand wirken kann. Denk an die Spießgasse von Weinsberg, an die Schlacht von Böblingen, zwölf Millionen Bewohner gab es damals in Deutschland, drei Viertel davon sind Bauern gewesen; die meisten Berichte stammen ja von den Siegern, die Sieger sagen ja nit immer die reine Wahrheit. Denk an den Truchseß, an die Beerdigung der viertausend bei Ulm: Mir seind lang genug unter dem Bank gelegen, mir wellend auch einmal uff dem Bank! Wir haben uns lang genug für Korea, Vietnam, Griechenland, Chile engagiert, jetzt ist unsere eigene Geschichte dran!

Christa Wolf erwartete uns in ihrem strohgedeckten mecklenburgischen Bauernhaus, hatte Freunde und Nachbarn zur Kaffeetafel vor dem Haus geladen, die alle neugierig waren auf den Holzschneider. Das Haus ist schon Geschichte. Es brannte vor ein paar Jahren im Sommer ab bis auf den Grund. Der Ofensetzer habe mit einem Fidibus probiert, ob der Kamin genügend Zugluft habe, und dabei sei's passiert. Alle Köstlichkeiten, die Manuskripte, Möbel, Bilder, dahin.

Ich mußte vor Mitternacht in Rostock ankommen, sonst wären wir auf der Straße gestanden. Gab Gas durch das noch immer dämmerhelle Land. Fiel einer Polizeistreife in die Hände, die uns die Stunde, die ich durch überhöhte Geschwindig-

420

keit herausgeholt hatte, wieder abnahm mit Protokoll, Strafe, Ermahnungen. Grieshaber wäre nicht Grieshaber gewesen, wenn er im Bauernkriegsjahr statt der erwarteten Holzschnitte zum Thema nicht seine *Hommage für Caspar David Friedrich* nach Rostock gebracht hätte. So eigensinnig wie stur, hatte er dieses Mal sieben Maler gebeten, ihm ein Blatt ihrer Caspar-David-Friedrich-Huldigung für die Ostseebiennale mitzugeben. Keiner von ihnen gehörte zu denen, die leicht über diese Grenze gehen. In der Kunsthalle am Schwanenteich gaben sie sich nicht zufrieden mit der *Hommage für C. D. F.* Einen Bauernkrieg wollten sie, groß, schwarz, wie die Dresdener. Grieshaber schüttelte den Kopf. Grieshaber zuckte mit den Achseln. Sagte: Ich muß Rosinante fragen. Ging hinaus und brachte, o Wunder, zwei Drucke der Pforzheimer Rathausstöcke. Keinen Ratgeb. Als er gefragt wurde, was die Figuren darstellten, antwortete ich flink, mit dem Finger auf Reuchlin deutend, während ich die Gestalt überflog, ihr Gewand, die Geste, den erhobenen Zeigefinger: Das ist Thomas Müntzer. Grieshaber, mich mit seinen Augen in die Schranken weisend, sagte, indem er auf die andere Figur deutete, die er nie zuvor benannt hatte: Das ist Tilman Riemenschneider. Wahrscheinlich wissen die Pforzheimer bis heute noch nichts von der wunderbaren Verwandlung ihrer Rathausfiguren in der DDR.

Als das Biennalekomitee die Ausstellung abnahm, ereignete sich der vorhersehbare Zwischenfall, und er konnte nur aus Island importiert sein, denn die Kommissare der Anrainerstaaten, jeweils zu zweit, hatten sich an die Grenze dessen, was für die DDR zumutbar war, gehalten. Das taubstumme isländische Allroundgenie wollte die lebensgroße Photocollage eines nackten Mannes in den Mittelpunkt seiner Koje stellen und beharrte als Einzelgänger starrsinnig darauf. Verwies auf Bücher und Kataloge, um zu beweisen, was in der Kunstwelt up to date sei. Die Diskussion, anfangs behutsam, wurde allmählich hitzig; das schockierende männliche Genital von zwar keineswegs besonderer Qualität, aber eben nicht zu übersehen, war den Biennalebesuchern, darunter vielen Schulklassen, nicht zuzumuten. Außerdem hätten die anderen nördlichen Staaten mit durchaus schritthaltenden Kunstwerken aufwarten können, in denen Nacktheit triumphiert. Das Wort Zensur, von jedem umgangen, stand dann doch plötzlich im Mittelpunkt. Grieshaber bat ums Wort. Erzählte, wie er in der Klosterkirche vom nahe gelegenen Doberan Altäre aus dem 14. Jahrhundert betrachtet habe. Adam und Eva ohne Feigenblatt. Wie die Mönche sich zu helfen gewußt hätten, ohne die Kunst anzutasten: ein schmiedeeisernes Gitter in wunderbaren Arabesken und Blattwerk verdecke die untere Hälfte des ersten Menschenpaares. Er schlage etwas Ähnliches vor für den isländischen Adam, etwa einen Papierparavent oder zwei halbhohe Seitenflügel, die ihm nicht nur die Würde einer Altarassoziation verleihen, sondern ihn auch vor moralischen Attentaten schützen könnten.

Es war allerhand los in der größten Hafenstadt der DDR. Auch ein Empfang. Adler in Gold: DER LEITER DER STÄNDIGEN VERTRETUNG DER BUNDESREPUBLIK DEUTSCHLAND gibt sich die Ehre, zum Empfang im Strandhotel Warnemünde am Montag, dem 7. Juli 1975, 17 Uhr einzuladen. Berlin-Niederschönhausen, Kuckhoffstraße.

Wer eingeladen war? Nun ja, Grieshaber. Und der andere BRD-Kommissar nebst allen seinen Malern und solchen, die er gerade zufällig in Rostock hatte vorbeikommen lassen. Grieshabers Maler? Bewahre, die sagten, was sie zu sagen hatten, durch ihre Bilder; waren gar nicht erst gekommen. Die Journalisten der BRD berichteten nicht über Grieshabers Maler auf der Biennale, weil nicht sein kann, was nicht sein darf; wie hätten sie sich sonst ungestört über die westdeutschen Maler des Sozialistischen Realismus mokieren können! Bevor Grieshaber dazu kam, sich zu wundern, sah er bereits, wie der ständige Vertreter schwamm. Grieshaber freute sich nicht darüber. Er hatte sich auf ein Gespräch eingestellt mit dem ersten Repräsentanten seines Staates in der DDR. Ein informiertes, informierendes Gespräch über das, was sich da seit

Jahren an der Ostsee abspielte. Zumal wir ganz kurz vor dem Empfang vom «Deutschen Demokratischen Kulturbund der DDR» geladen und eingeweiht worden waren, was man von uns erwarte im Zeichen der KSZE, die Rückgabe der Kunstschätze aus preußischem Kulturbesitz betreffend. Doch Exzellenz waren ahnungslos. Irritiert durch Grieshabers Anrede, der ihn in den Rang eines Botschafters versetzte, weil Andreas die andere Bezeichnung nicht goutierte, geriet der gerade ein Jahr amtierende «Ständige Vertreter» vollends aus der Fassung: Die westdeutschen Maler gingen in einer Phalanx auf ihn zu. Her mit der Nofretete von Westberlin für unsere Freunde in der DDR! Was man gestohlen hat, muß man zurückgeben! Auch Grieshaber konnte den schwitzenden Herren jetzt nicht mehr helfen. Die Kameraleute von *Kennzeichen D* wußten schon nicht mehr, wohin sie ausweichen sollten, zumal die anderen Gäste, BRD-Segler, noch immer nicht eingetroffen waren; kein Kurzschluß, keine Lampe platzte, kein gnädiges Dunkel senkte sich herab, die bekannten Gesichter des Fernsehteams beredeten diskret die peinliche Situation, und man kam sich überein, alles unter den Teppich zu kehren. Grieshaber kehrte nicht, sondern machte unbeirrt Konversation mit seinem Gastgeber, wie es sich gehört, über seine Maler, deren Namen in der Welt einen guten Klang hätten, weshalb er sie in Rostock vorstelle. Man antwortete ihm, daß man vom Dachverband der BRD über die Teilnehmer der Biennale informiert worden sei. Seine Leute seien nicht darunter, infolgedessen unbekannt. Es gibt keinen Dachverband, sagte Grieshaber, da wurden Exzellenz falsch informiert. Seit dem Ende der Reichskulturkammer gibt es niemand in der Bundesrepublik, der bestimmt, was Kunst ist. Zum Glück. Denn sonst stünde ich nicht hier. Denn sonst könnte ich keinen der Maler zeigen, die vorzustellen ich heute und vor zwei Jahren die Ehre hatte, weil mich die DDR einlud. Ich erwarte ja nicht, daß Exzellenz Namen wie Friedlaender oder Musić kennen, oder gar einen Jungen wie Meckseper, bloß Exzellenz müßten Bescheid wissen, welche Arbeit für die

Kunst hier seit Jahren geleistet wird. Wie sollten sich sonst die beiden Staaten einem Kulturabkommen nähern? Sehen Sie, daß ich malen darf, meine Freiheit, Exzellenz, verdanke ich nur einer Kontrollratsverfügung der Alliierten. Zwölf Jahre lang hatte ich Malverbot. Wie meine Freunde, die Exzellenz in der Kunsthalle am Schwanenteich in Augenschein nehmen können. Nonobjektive sind darunter. Erwarten Exzellenz, daß wir nach solchen Erfahrungen einem Berufsverband beitreten? Don Quijotes sind wir alle. Aber es gibt keine Fachschaft für Don Quijotes in der Bundesrepublik. – Interessant, sehr interessant, sagt der Leiter der Ständigen Vertretung; die Fernsehleute leuchteten Grieshabers dekorativen Kopf aus, die Kamera hielt dichter und dichter auf ihn zu – nein, es wurde kein Meter gesendet. Exzellenz erkundigten sich, was Grieshaber noch für Geschäfte in Rostock abzuschließen gedenke. Antwort: Morgen und übermorgen werde ich jeweils etliche Stunden an meinem Stand auf der Straße sitzen und meine Bücher signieren. Unter einem Sonnenschirm. Darauf stehen zwar die Buchstaben BRD, es ist aber nicht der Schirm meines Staates.

Er wird es auch nie sein! Die Stimme, heiter, ohne Ironie, zugleich schneidend, ließ mich zusammenfahren. Sie gehörte zu einem relativ jungen, streng aussehenden Herrn der Gesprächsrunde. Eisgrün waren die Augen über dem kurzgeschorenen Kopf.

Wenig später revanchierten sich Exzellenz: Wußten Sie, wer das war? Als Grieshaber den Kopf schüttelte: In Berlin nennen wir ihn bloß den Markstein der deutschen Teilung. Falls Sie den Namen vorhin nicht ganz aufgenommen haben sollten. Grieshaber: Ich sehe schon, ich wohne sehr weit entfernt, Exzellenz. Tatsächlich, dort kommen ja endlich Ihre Segler. Der Leiter der «Ständigen Vertretung» sagte: Ich würde mich freuen, in unserem Hause demnächst Ihre Bilder zeigen zu können. Auch eine Ausstellung der Hommage, die Sie da nach Rostock brachten – Caspar David Friedrich, nicht wahr? Auf gutes Wiedersehen also, in Berlin.

Aus dem Bauch Rosinantes, es ist nicht zu fassen, kommen noch immer, immer noch Plakate «Der Bauernkrieg in Schwaben», Holzschnitte, *Engel der Geschichte, Stop dem Walfang*, ich verschenkte sie, am Ostseestrand, auf dem Diplomatenparkplatz vor den Augen der Polizei, an die Herren der Ständigen Vertretung, *Dran dran weil ir Tag habt*. Von der «Ständigen Vertretung» hat Grieshaber nichts mehr gehört. Exzellenz hatten inzwischen andere Sorgen, als sich darum zu kümmern, wer im dritten Körbchen von Helsinki sitzt.

Ich bekam einen eigenen Sonnenschirm. Nicht mehr zum Bleistiftspitzen. Neben Grieshaber auf der Kröpeliner Straße in Rostock. Auf Grieshabers Tisch lag der Kehraus aller seiner in der DDR erschienenen Bücher: *Totentanz / Herzauge / Aufenthalt auf Erden / Städteballaden*. Einiges, schon vergriffen, wurde von den Menschen mitgebracht. «Hat das Herz noch ein Auge?» steht im Bilderbuch: «1937 fand sich niemand mehr, der mir noch Papier zum Drucken gegeben hätte. Die letzte Spende kam vom Chefarzt des Krankenhauses. Er hatte Filtrierpapier in großen Bogen im Labor. Auf diese Bogen druckte ich 1936 die Holzschnitte von der Rauhen Alb. Niemand wollte sie haben, auch nicht geschenkt. So fragte ich mich, ob ich nicht den Kindern eine Freude machen kann, ob das Herz wenigstens noch ein Auge hat. – Damals im ‹Dritten Reich› wagte selbst der letzte Sammler nicht zu sagen, was er fühlt. Sein Kind, meinte er, möchte sachhungriger sein. Darum haben wir unser Original von 1937 nur bei einem Enkel von Karl Wolfskehl noch gefunden. Schade um die 20 Drucke auf Glanzpapier, die nun verloren sind! – Kinder haben mir die Glanzpapierbogen in ihrem Schreibwarenladen gekauft. Wer hätte es sonst für mich getan? In der Fabrik, wo ich arbeitete, lagen die bedruckten bunten Blätter aus. Die Farben wollten und wollten nicht trocknen. In den Vesperpausen zeichnete ich mit dem Pinselstiel in die nasse Druckfarbe hinein, das veränderte zwar den Holzschnitt, aber es bereichert ihn. Märchen in dunkler Zeit.»

Gegenüber die Schriftsteller aus Sachsen, Thüringen, der

Volksrepublik Polen, neben mir ein Stand der Chilenen. Stunde um Stunde schrieb ich meinen Namen unter mein Gedicht *Venceremos für Pablo Neruda* in dem Sammelband. Bald waren die Bücher ausverkauft. Das Absurde wurde Ereignis: Von Grieshabers Christian-Wagner-Büchlein, so unwillkommen einst in Warmbronn, hatte die Druckerei in Bad Cannstatt etliche hundert überzählige Rohbogen gefunden. Die Holzschnitte hatten wir nach Dresden gefahren, eine Mappe entstand daraus: *Schartige Sense* für den DDR-Kunsthandel. «Christian Wagner als später sanfter Nachfahr gehört für uns zum großen Bauernkriegsjubiläum»; so lautete das Visum. Immer noch hätte man aufbinden können, wollte man nicht die Auflage klein halten; die restlichen Rohbogen ohne Holzschnitte gelangten nach Rostock, wo ich sie unterm Sonnenschirm verteilen sollte. Wieder, wie vor zwei Jahren, zogen Tausende vorüber, bildeten sich dichte Trauben unter den einzelnen Schirmen: Christian Wagner? Wer soll das sein? Was sind Rohbogen? Warum ist das kein Buch? Warum sitzen Sie hier? Hätte ich das bloß selbst gewußt! Ich hatte keine Wahl als sitzen zu bleiben, und weil man nicht in die Erde versinkt angesichts altertümlicher Photos und den Faksimilehandschriften eines Dichters, unerreichbarer für diese Menschen als die Mandschurei, kann man bloß noch den Mund auftun, reden, erzählen, Stunde um Stunde, immer wieder, immer von vorn: vom armen Bäuerlein, vom zarten Bäuerlein, das ein so großer Dichter war, von seinem verfallenen Haus im Dorf, aus dem sie ein Kaufhaus machen wollten, hinter den Wäldern der Solitude. Daß Grieshaber, der nebenan sitze, es mit einem kleinen Büchlein retten half, mit dem Erlös aus sechs Holzschnitten, die nicht mehr da sind und die ich deshalb nicht verschenken kann, zwanzigtausend Mark brachte das ein, das da, ja, man konnte das Dach damit decken, D-Mark, natürlich, Gott im Himmel, die vier Stunden gehen nie vorüber, vierzig Grad im Schatten sind heiß, wie ist es möglich, daß ich hier sitze wie eine Märchenerzählerin, zwei Nachmittage lang hörten sie zu, brachten Eis, Limo-

nade, Blumen, photographierten, gingen mit Christian Wagner und meinem Gedicht nach Hause.

Als das offizielle Rostocker Programm erfüllt ist, bleiben ein
paar Sommertage für uns allein. In Stralsund finden wir sogar
ohne Protektion ein Quartier für zwei Nächte; die Stadt ist
immer noch mächtig ihrer Vergangenheiten. Daß jetzt nichts
mehr verlorengeht, holen sie ihre Straßenzüge nach und nach
zurück, Fassaden, Inwendiges, wie Europa es von Polen lernte. Auf ihren Plätzen braten sie Mengen von Hähnchen,
Fischen, Mütter halten Erdbeereis vor Kindermäuler unter
Backsteindomen. Nie sah ich einen solchen Gustav Adolf im
Gewölbe stehen, und Wasser schlappt um Fährschiffe nach
Rügen, Hiddensee. Mein Schulatlas fällt mir ein. Das Lesebuch. Gerhart Hauptmann. Ernst Moritz Arndt. Doch erst
Andreas öffnet das Siegel, sonst hätte ich nie gewagt, Rosinante über den Damm aus Jahrzehnten und Morgensonne zu
lenken. Das grüne Eiland. Verschollene Wegrandblumen.
Dörfer voller Rosen. Wie ein Mann sein Dach mit Stroh
deckt. LPG-Korn gegen Hungersnöte. Pfahl um Pfahl balan-
ciere ich bis zum Ende der Buhne. Spring. Wo ich nicht
vorgesehen bin.
    Dann steigen wir empor zur Steilküste. Kaum einem Wan-
derer begegnen wir auf dem Pfad zum Königstuhl. Andreas
sagt: Auf dem Plakat Leipzig AG 119/74 Caspar-David-Fried-
rich-Ehrungen der DDR ist dein rotes Kleid rostfarben.
    Die weißen Zacken fielen noch immer steil hinab wie vor
zweihundert Jahren. Buchen, blank vom Wind, im gekräuselten Meer zwei Segel, doch auf dem Königstuhl Zäune, Stacheldraht, NVA-Objekt, Photographieren verboten.
    Andreas will mehr. Ich muß Rosinante zum nördlichsten
Vorsprung treiben. Am Kap Arkona verschmelzen Angst,
Lust, das blaue Flimmern, die deutsche Geschichte, NVA-
Befestigungsanlagen neben den Resten wendischer Burgen,
Spuren von urzeitlichem Gemetzel und dem heraufkommen-
den Christentum zu einer bodenlosen Trauer. Wir stehen da

und sehen aufs Wasser und jeder für sich weiß, wie bald wir sterben müssen. Warum hat Grieshaber den Entschluß gefaßt, der Rückweg müsse über Ravensbrück führen? Weil man in Ravensbrück mit Frauen experimentierte, als wären sie Versuchstiere? Ich sah plötzlich den See. Mit Schwänen. Und das Land um den See, auf dem Schwäne schwimmen, die so weiß sind, ist viel zu grün für den Ort, der am Ufer liegt. Ich sah die Kranzschleifen in den Sprachen Europas bedruckt. Sie machen Bücher, sie machen Filme, in denen die Kinder, die Enkel der Frauen von Ravensbrück Rede und Antwort stehen, wenn ein Reporter aus Westdeutschland ihnen das Mikrophon vor den Mund hält.

Erntezeit, Mähdrescher auf den Feldern, Dürre, Notreife, Ausfall, Zeichen, wie wir trotz aller Industrie immer noch abhängig sind vom Acker. Erschrecken, wie immer weniger Menschen die Zeichen zu lesen verstehen. In der ersten westdeutschen Zeitung, im Brückenrasthaus, im Frankenwald, beim Kännchen Kaffee, beim Omelett, mokiert man sich, fettgedruckt, über die Wichtigkeit des Wortes Ernte an erster Stelle aller Zeitungen der DDR. Nein, sagt Andreas, die Bundesrepublik braucht sich nicht um die Ernte zu scheren, sie kann Korn kaufen, das in den EG-Ländern wächst, und die Silos in den USA sind, vorerst noch, gefüllt für unseren täglichen Kuchen. Des Zeitungslesens entwöhnt, überfressen wir uns wieder am SPIEGEL, an der ZEIT, gewöhnen uns über Nacht an die Realität aller Nachrichten. Und weil ich immer wieder einschlafe, kaum daß ich ein Blatt Papier in der Hand halte, gibt Andreas mir Nachholstunde, während ich anderntags das Lenkrad drehe: Schirachs Memoiren sind da, Speer schreibt sein zweites Buch, sie sind Millionäre geworden, seit sie raus sind, fehlt nur der Heß, in Spandau haben sie wenigstens noch einen Grund, einen einzigen lebenden Grund für die Wachablösungen, dafür schlachten sie Winifred Wagner, Leni Riefenstahl aus, Hitler läßt sich vermarkten wie nichts, ungestört leben in Südamerika seine untergetauchten Schergen, Henker, um kein Jota haben die Deutschen sich gewandelt seit 1940, sagte im Fernsehen der französische General, bleiben Sie wachsam. Vielleicht schaff ich es, daß der Walser durch die Nostalgie der anderen merkt, was mich nicht schlafen läßt, weil er immer wieder sagt, hören Sie auf mit den alten Geschichten. Nicht einmal die Hände durften sich die USA- und Sowjet-Astronauten schütteln bei der Koppelung im Weltraum, ohne daß die Moderatoren höhnten, doch dann haben die Amis zwei Hebel falsch oder gar nicht gedrückt und liegen jetzt treibgasvergiftet im Krankenhaus; wer weiß, was sie da herumbastelten, damit am Ende der Händedruck nicht über Torgau an der Elbe stattfinden konnte wie vor dreißig Jahren, die Russen geben zuviel auf Symbole. Warum forderten wir in Helsinki keinen Friedensvertrag, ich hab in Rostock die Arbeit allein gemacht, fünf Jahre lang hielten sie KSZE für einen Kunststoff, ein Schädlingsbekämpfungsmittel, da muß erst die CDU/CSU eine Wahleinheitsfront daraus machen, bevor die SPD im letzten Augenblick noch ein Schwanzhaar des Pferdes zu fassen kriegt, sich vorhangelt, aufschwingt, merkt: Da ist was los, so etwas gab es ja nicht seit Potsdam. Über Nacht KSZE aus allen Kanälen, KSZE in allen Gazetten, Schmidt und Tito, Schmidt und Gierek, Schmidt und Ford, this is the Rhine, und Kaffeetrinken mit Kissinger, Ostsee, Ostsee sagen alle, tragen alle, die Photos im Stern dokumentieren unsere Route. Es ist so grün, daß es mich ärgert, sagte Rabin in Bergen-Belsen. Und der amerikanische Präsident ist jetzt in Auschwitz.

44. Der Wind bläst ins falsche Hörnlein

Sonntag für Sonntag hörte ich die Bauern, an Pfähle gebunden, nach Wasser schreien, in einer Sonne, glühend wie jetzt, während man langsam einen Krug Wein vor ihren Füßen in den Sand laufen ließ, bevor der Herzog sie abstach im Freilichttheater. Der Arme Konrad war an allem schuld. Ihre

Namen vergaß ich. Res, die Trommlerin, Res weiß ich noch. Res trommelte alles in mich hinein, bevor sie wahnsinnig wurde. Res, meine Kinderheilige. Ich war erst sieben Jahre alt, lang bevor Bertolt Brecht Mutter Courages stummer Tochter Kattrin die Trommel in die Hand gab. Mit dreizehn stand ich vor sechzehnjährigen Männern in HJ-Uniform und hielt eine Rede über den Bauernkrieg.

Andreas sagte: Das hat mir gerade noch gefehlt, daß die Nazis den Bauernkrieg benützten. Du mußt das alles aufschreiben. Nach dem Gespräch über den Armen Konrad war Grieshaber bereit, für Schwäbisch Gmünd eine Ausstellung zu machen, worum er seit Jahren gebeten wurde. Sie freuten sich nicht über die Konzeption. Christliches und Bukolisches wäre ihnen lieber gewesen. Ein Kunsthändler sagte: Er macht ja nur noch Krumme, Verrenkte, Krüppel und solches Zeug. Der schwarze Ratgeb war schon unterwegs nach Frankfurt. So lieh Grieshaber sich den roten Druck aus, den er verschenkt hatte. Daß Jörg Ratgeb in Schwäbisch Gmünd geboren sein soll, daran wollte sich keiner erinnern, so viel wir auch fragten. Im «Prediger» wurden der Bauernkriegsausstellung die Zähne gezogen: Designer nahmen sie in die Hand, schließlich war es ein städtisches Museum, und Schwäbisch Gmünd interpretierte seine Geschichte anders als Grieshaber. Bei der Eröffnung fand gleichzeitig das Trefffen eines Verbandes von Heimatvertriebenen statt, ihm zu Ehren blies in der Halle eine Trachtenkapelle, so laut sie konnte, um Grieshabers Rede zu übertönen: Jörg Ratgeb, Chagall und der Geiger von Gmünd. Nicht weit weg hatten sie einst Gewichtssteine in die Rems geworfen: Hat der Herzog recht, dann schwimmen sie oben, gehn sie unter, haben die Bauern recht ... Der Gast, den Grieshaber mitgebracht hatte, erregte etliche Gemüter: es war der Generaldirektor der Dresdener Gemäldesammlungen.

Die Ausstellung am Frankfurter Börsenplatz während der Buchmesse nutzte Grieshaber als Anstoß zum Versuch einer Diskussion über die Karmeliterfresken. Anstoß, sich an Ratgeb zu erinnern. Groß und schwarz hing der Viergeteilte neben dem Eingang. Doch in der Zeitung stand, auf dem Bild sei ein pflügender Elefant und eine pflügende Kuh zu sehen, dazwischen Bauern, die kopfüber ins Nichts hinabstürzen.

Von der Buchmessendirektion um ein Bild gebeten für die Sonderschau zum «Jahr der Frau», sagte Grieshaber: Bisher sah ich bloß Karikaturen. Perfides. Jahr des Veilchens, Jahr des Meerschweinchens höhnen sie, was ihnen einfällt zum Jahr der Frau ist: diese selbst immer neu gegeneinander zu hetzen. Stellen im Fernsehen mit allen Attributen der Künstlichkeit ausgestattete Frauen nicht minder stilisierten Naturprodukten gegenüber, blenden je und je eine Prise Alice Schwarzer in die Wohnstuben, als Schock, damit das dort wieder funktioniert: das Recht der Deutschen, ihre Frauen verprügeln zu dürfen und auf den Playboymärkten zu verhökern. Die Diskriminierung der Frauenhäuser. Als gäb's keine Dritte Welt, in der die Frauen noch nicht einmal zu träumen wagen von Gleichberechtigung. Wozu an die roten, gelben, braunen, schwarzen Frauen erinnern, die eine Lobby in der Unesco brauchen, eine winzige Stimme im Männergebrüll ... Grieshaber malte schon, nasses Blau, auf das Zusammengerollte, Schwarzgedruckte: einst Pforzheims Frauen, jetzt demonstrieren sie, fast lebensgroß, für alle Hautfarben. Am letzten Buchmessentag wurde das Blatt gestohlen.

Doch in den Kojen verteilt, von Halle zu Halle, zeigten die Verlage wie immer Grieshabers Ernte des Jahres; darunter war mein Paris-Gedicht, deutsch und französisch, schön gedruckt, bei der Eremitenpresse; es hieß jetzt *Blei im Gefieder*. Unter Verwendung von indischen Stoffdruckmodeln aus einem Kaufhauskrabbelkorb hatte Andreas Holzschnittcollagen gemacht. Ein Hahn, ein Widder, ein Greif, ein Ibis begleiteten die Fieberphantasien der Hongkonggrippe.

Die Starkritiker übergingen mich, meine Bücher waren zu schön ausgestattet, verkauften sich deshalb rasch ohne mein Verdienst, die Gedichte tanzten aus der Reihe, paßten in keine Kategorie, ich gewöhnte mich daran, hatte beim

Vorlesen volle Säle, überall nahmen die Jungen mich an; Briefe von Robert Minder, Erich Fried, Franz Fühmann und die Zeitungen landauf, landab ersetzten die höheren Weihen.

Den Bauernkriegsengel mußt du selber nach Wyhl fahren, sagte Grieshaber. Ohne Vorankündigung. Wyhl ist dein Engagement, jetzt steh dazu. Also betrat ich den Ort der Geschichte: den besetzten Platz, auf dem das Kernkraftwerk gebaut werden sollte, die Natorampe am Rhein, das Freundschaftshaus, jenen offenen Rundbau im Sumpfwald, wo man ums Feuer sitzt, inzwischen auch Volkshochschule mit dem elften Vierwochenprogramm. Bauern, Fischer, Weingärtner, der Pfarrer, der Apotheker, Arbeiter, Bürger aus allen Berufen lernen hier, was ihrer Heimat droht, wie das Geplante am Ende aussehen und funktionieren soll. Was es für Folgen haben wird. Und was das ist: Solidarisierung. Professoren und Laien von überallher scheuen den Anreiseweg nicht. Es gibt weder Honorare noch Fahrtkosten. Jeder bringt, was er kann, für eine Zukunft, unter der er sich das Gegenteil einer Zukunft für die KKW-Industrie vorstellt. Auch den Auwald wollte ich sehen. Einen der letzten in Deutschland mit seinen anderswo bereits ausgestorbenen Pflanzen und Tieren. Sehen wollte ich, wo der Wein wächst, der beim Zustandekommen der Bürgerinitiative eine solche Rolle gespielt hat. Was ich sah: Nebel, eine Handvoll Wächter saß auf roh gezimmerten Bänken, Männer, junge Frauen, Kinder dazwischen, es war naß und kalt, von den Dörfern herüber Mittagläuten, hinterm Küchenherd mitten im Wald stand eine alte Frau und schöpfte. Zwischen die Teller, gefüllt mit dampfendem Sauerkraut und Kartoffeln, legte ich den *Engel* mitten hinein auf den Tisch. Sagte: Was ihr tut, steht da drin. Später bring ich euch mehr.

Sieben Jahre lang gab es nichts, was ich dringender wollte, als: aufschreiben, festhalten, treu und genau, wie irgend möglich, was der unschlagbarste unter den Männern, den ich kannte, dieser geschlagenste, von sich gibt. Morgens und mittags und abends und nachts. Längst bevor die anderen sagten: Das müssen Sie, das ist Ihre Aufgabe, das sind Sie der Nachwelt schuldig. Aber um Gottes willen nicht mehr Alma Mahler. Behrens-Corinth. Statt der Gilot oder Eckermann gibt es jetzt zuverlässige Apparate. Heutzutage ist man authentisch oder man ist überhaupt nicht. Video video video. Als könnte man das Leben aufzeichnen, sagte Grieshaber. Wie ich male und schneide. Und denke. Als er sich lang genug darüber mokiert hatte, gab er mir Geld: Wenn es dich weiterbringt, fördert, wenn es deine eigene Arbeit betrifft, dann kauf das Beste. Aber laß es mich nicht merken. So brach nach der Zeit der Zettel und Schulhefte die Zeit der Kassettenrecorder an. Ihre Entwicklungsstadien waren die meinen. Ich versteckte sie an den möglichen und an unmöglichen Plätzen; manchmal wurde Andreas' Rede plötzlich steif, gestelzt, wie wenn Fernsehen da war. Oder ein ungeschickter Interviewer. Manchmal hatten wir Spaß, wenn ich nicht merken sollte, daß er Bescheid wußte und wir einander zu übertölpeln glaubten. Einmal im Weimarer «Elephanten» sagte er: Mach deine keuchende Tante aus, du lernst es nie. Wenn dann der Augenblick kam, wo er besonders gut war, wenn er sagte, was mich umschmiß, wenn das Wort der Stunde, des Tags, des Monats fiel, war das Band voll, verfitzt, gerissen, die Kassette zum Drehen, die Batterie verbraucht; gib's endlich auf, sagte Grieshaber. Katarakte sind ins Nichts gestürzt. Was kommt es darauf noch an. Ich probierte es mit dem Telephonadapter. Zeichnete unsere Gespräche auf, und jetzt? Was Andreas schon immer gesagt hatte: der Schnee von gestern. Wer was wählt aus dem zufällig Übriggebliebenen, das ist genauso willkürlich wie die Gedächtnisprotokolle unseres Lebens, wie alle wörtlich angeführten Reden aller gedruckten Bücher seit Gutenberg. Andreas griff nach Höllerers *Elephantenuhr* und las die Stelle vor mit den Tonbändern. Das war das Ende. Andreas lachte sein Gelächter. Eines Menschen Leben reicht nicht aus, das eines anderen abzuhören, geschweige in die Maschine zu tippen.

Noch nicht. Er hat es gewußt von Anfang an. Seither verrotten die Geräte. Und hundert Kassetten voller Plunder und Köstlichkeiten. Sprache im technischen Zeitalter? Ich kehre zurück zu den Zetteln. Atavismus aus Bruchstücken, Fetzen, Fetzen von Fetzen, Zeitungsränder, Eintritts- und Garderobenscheine, Buchumschläge, Rechnungen, Etiketten, Packpapier, vollkgekritzelte Einkaufstüten, Abreißkalender, Hotelcouverts, Korrekturfahnen, Photos, Paketkarten, Aufklebeadresssen, Prospekte, Kataloge, Arznei- und Nahrungsmittelpackungen, einmal sogar Kfz-Papiere. Keine der schön gebundenen oder zweckmäßig eingerichteten Schreibmöglichkeiten: Perforiertes, selbsttätig Leuchtendes, Durchzuschreibendes und zu Löschendes für alle Taschen, Kleidungsstücke, Fahrzeuge, Aufenthaltsorte – nichts war unserem Streß gewachsen.

Ab und zu tippe ich Zettel ab, da steht dann: . . . über Strindberg/Bergman: Ich mag die Schwarzanbeter sowieso nicht, die Gott und den lieben Heiland dort suchen, wo er bestimmt nie war . . . Die Einsamkeit heute ist nicht die Wüste, sondern der rasende Verkehr auf einem Platz . . .

Auf das Blatt in der Schreibmaschine, mitten hinein hat Andreas von Hand geschrieben: Der Städter ekelt sich vor vielem, was er auf dem Lande sieht, aber der Bauer ekelt sich gründlicher vor dem, was er in der Stadt sieht.

Nein, das Abtippen der Zettel bringt nichts, jeder Malbrief, jeder Holzschnitt macht sie überflüssig, deshalb atme ich auf, wenn Andreas mich wegholt von dieser Ohnmacht des Schreibenden, an dem die Jahrzehnte vorüberrasen, der meint, durch Meditieren die Computer ignorieren zu können. Alles trägt sich gleichzeitig zu, steht da, irgendwo von Andreas gesagt: Die Fähigkeiten des Menschen verkümmern, seit er frei Haus geliefert bekommt, was er jahrtausendelang in der Lage war selbst herzustellen . . .

Zum 400. Todestag von Hans Sachs lud die Nürnberger Dürer-Gesellschaft Maler und Schriftsteller ein, sich an einer

Hommage zu beteiligen. Grieshaber, der Gerechte, obwohl die Nürnberger ihm übel mitgespielt hatten, weil er ihnen übel mitspielte, indem er sie ehren wollte, als sie ihn ehrten, malte Hans Sachs und schnitt ihn ins Holz. Die rechte Hand schwingt elegant das Schusterhämmerchen; die linke, plump, preßt beschriebene Blätter gegen die Brust über dem hochfahrenden Meisterhaupt. Und weil ich mich weigerte, etwas dazu zu schreiben, suchte Andreas nach den alten Totentanzbuchstaben und probierte lang, bis er den richtigen Platz auf dem Blatt fand für seinen Text. Auch mir hat es nicht behagt, was Hans Sachs in seinem Ständebuch über den Holzschneider schreibt, sagt Grieshaber, doch entsprach es der Wahrheit. Von Albrecht Dürer und den anderen großen Herren weiß man, sie lieferten die Zeichnung, und das weitere machten die Handwerker. Grieshaber korrigierte Hans Sachs mit seiner Hommage:

> Nicht vorreißen tut
> Der Formenschneider
> auf das Furmbrett ...

Dann fuhren wir in die kleine Stadt, deren Name in die Welt kam durch Jörg Ratgebs Herrenberger Altar. Sie haben ihn nach Stuttgart verschachert. Jetzt droht die leere Kirche am Felshang einzustürzen. Ich habe mir das so gedacht, sagte der Tübinger Funkintendant zu Grieshaber, also machte der einen Holzschnitt, und über Nacht, als wär's ein Brot, ein Fisch, mit denen man fünftausend sättigt, brachte die «Vertreibung aus dem Paradies» den Herrenbergern fünfzehntausend Mark. Millionen fehlen für die Rettung der Kirche. Bei der Übergabe im Rathaus sprach Grieshaber über den Maler, der Herrenberg zum Ruhm verhalf. Ich las mein Ratgeb-Gedicht vor, und der Oberbürgermeister sagte, das alles habe man in dieser Stadt doch ziemlich verdrängt; er selbst nehme sich keineswegs aus und wolle versuchen, die gefährdete Kirche und Ratgeb wieder zusammenzubringen. Dann wurde die rote Vierteilung nach Herrenberg in die Kirche gestellt, eine

Opferbüchse daneben: «Bittet für sein ‹zerstückeltes Werk› und die Stiftskirche».

In Stuttgart hingegen hat man sich zum Jubiläumsjahr etwas Besonderes einfallen lassen: Der Altar ist für die Öffentlichkeit nicht zugänglich. Eine neue Aufstellungskonzeption war dazwischengekommen. Das in Italien bestellte Gestell sollte schuld an der Verzögerung sein. Als wäre das Gestell jetzt wichtig, sagte Grieshaber, der mit seinen europäischen Gästen draußen vor der Tür bleiben mußte, als er sie in den Ratgeb-Raum der Staatsgalerie führen wollte.

Auf der Achalm gab es keine Katzen mehr. Den Vögeln und Mäusen zur Freude. Rama und Sita waren gestorben, an Altersschwäche, ihr siamesischer Edelnachwuchs in guten Händen. Menschen, die in Ferien fahren, werfen ihre Tiere manchmal Grieshaber übern Zaun: der mag sie, der wird sie schon nicht verkommen lassen. Aber er hatte genug von den Tieren, es waren zu viele gewesen; nur noch der Anblick des Pfaus, sein Schrei, frischte unsre Erinnerung auf. Er hockte im Treibhaus beim letzten altersschwachsinnigen Huhn und würde uns alle überleben. Eines Morgens im Januar wärmte sich ein roter Kater auf dem Dach des Schwimmbeckens. Der Frost wurde strenger, die Katze magerer, sie ließ sich nicht anfassen, aber sie blieb. Ich legte Futter hin. Im Februar hatte der Rote, kräftig geworden, eine Gefährtin. Einäugig, schwarz, struppig, bejahrt; er ließ sie mitfressen, auch wenn ich sie wegjagte. Katzen sollen Mäuse fressen, war Andreas ständige Redensart; doch die Einäugige tat mir leid, ich stellte mir vor, wie sie beim Sprung immer danebentraf. Die Katzenschüssel war stets gefüllt. Im Mai waren die beiden zu fünft. Eine tückische Mehrheit, niedlich anzuschauen, wild und kühn und bandenartig taten sie alles miteinander, was man bei Menschen pervers nennt. Der rote Vater etwa ließ an sich saugen, bis das Fell am Bauch naß zusammenklumpte wie Zitzen. Nirgends war man vor ihnen sicher, nirgendwo konnte man ein Blatt Papier, ein Stück Nahrung liegenlassen.

436

Sie sprangen vom Dach auf uns herunter, wenn wir im Freien schliefen, doch anfassen ließ sich keine von ihnen. Im Juli sagte Andreas, er werde den Feldschütz bitten. Der kam nicht, weil er nicht schießen dürfe. Im September rief Andreas die Tierärztin an, sie kam, doch die Katzen ließen sich nicht fangen. Im Oktober sagte Andreas, er halte es nicht mehr aus. Danach hörte ich seinen Schrei im Garten, rannte und sah ihn einen Asternbusch auseinanderbiegen. Junge Katzen lagen darin. Neue. Sie werden uns wahnsinnig machen, sagte Andreas und beschloß, sie zu töten. Schickte mich einkaufen. Als ich zurückkam, war er sehr blaß. Später sprach er vom Wasserfaß. Von einer Plastiktüte. Daß sie schon die Augen offen gehabt hätten. Er wisse, daß unsere Großväter sie einfach auf einem Stein zerschmetterten. In derselben Nacht erschlug im Fernsehen ein Schafhirt Wolfwelpen in Usbekistan. Einen bettelte sein Sohn frei, was entsprechende Folgen hatte. Es war ein russischer Film. Andreas liefen Tränen übers Gesicht. Er schlief diese Nacht nicht. Ich überlegte, wie ich ihn von den Quälgeistern erlösen könnte; sie waren schon ins Haus gewöhnt, und der Winter stand vor der Tür. Bevor es hell wurde, lauerte ich ihnen auf, bis ich eine nach der anderen erwischte. Kofferraumdeckel auf, Katze rein, Kofferraumdeckel zu und ab, wo Kühe schreien, Misthaufen rauchen; wie Raketen schossen sie später aus ihrem Gefängnis mitten ins Dorf. Daß ich Kratzer, Bisse, Blut ignorierte, war nicht mehr als recht und billig. An die Einäugige wagte ich mich nicht heran. Doch es gelang mir, den Roten zu fangen, und ich fuhr ihn kilometerweit in den Wald, wo es schön ist, wo er eine Chance hat. Als die Aktion beendet war, ging ich zum Arzt in die Hauptstadt. Er schüttelte den Kopf. Mußte nähen. Dann erst, gereinigt, verbunden, mit allen nötigen Spritzen versehen, meldete ich mich bei Andreas zurück. Es dauerte, bis die Schwellungen abklangen, und ich brauchte noch Penicillin.

Nach der Buchmesse setzte ein Kopfweh ein, durch kein Medikament zu beseitigen. Der Internist wußte nicht weiter.

Der Orthopäde wußte nicht weiter. Nach den Spritzen, Massagen, Reckungen, Streckungen, Behandlungen mit elektrischen Geräten nahm das Kopfweh noch immer zu; ich würgte, erbrach mich, der Kardiologe, der Neurologe, der Psychiater, der Augenarzt schickten mich heim, sie fanden keinen Gehirntumor, zogen die letzten Weisheitszähne, entfernten Plomben, ich trug eine Manschette um den Hals, vergebens. Also blieb ich im Dämmerlicht liegen, mal hier, mal dort, steif ausgestreckt, nasse Tücher auf der Stirn, und war nicht zu gebrauchen. Die mitleidigen Ärzte steckten mir Kapseln, Tabletten, Zäpfchen zu, betäubende, aufmunternde Substanzen, Opiate, die das Zentralnervensystem lähmen, mit dem Gift hätte man eine Hippiekommune versorgen können, es half nichts. Ich bestand nur noch aus dem Schmerz, der hinter der Stirn von links nach rechts, von hinten nach vorn und umgekehrt wanderte. Dann fand ich die Knoten. Hinter den Ohren, haselnußgroß, und am Hals, unterm Kinn. Ich trat den Ärztemarsch noch einmal an, denn da war ja nun etwas Handgreifliches, doch von den Knoten fühlte sich keiner betroffen. Auch nicht vom Fieber. Als es nachließ, machte ich mich an die liegengebliebene Arbeit. Alle paar Tage steigerte sich der Schmerz, klang ab, und ich gewöhnte mich daran, trotzdem aus mir herauszuholen, was möglich war. Drei Monate später war es die Kinderärztin, Johannes' Gefährtin, die alle Befunde koordinierte, den Kopf schüttelte, nach den Katzen fragte, Blut aus dem Handrücken zog, weil alle Venen untauglich geworden waren, es in ein Gläschen füllte und mich damit in ein Stuttgarter Labor schickte, wo Bauern vor den Türen saßen und über Schweine und Schafherden sprachen. Eines Morgens rief die Kinderärztin durchs Fenster im Nachbargarten: Deine Krankheit heißt Toxoplasmose. Komm rauf und hol dir ein Rezept. Sie sagte, ich hätte Parasiten im Blut. So ähnlich wie bei der Malaria. Es trete in Schüben auf. Werde vorwiegend durch junge Katzen übertragen. Die Knoten hinter den Ohren seien charakteristisch dafür. Sulfonamide hätte man mir geben müssen. Seit drei

Monaten. Sie würden meinem Magen zusetzen. Im Lauf der Jahre verschwinde es wieder. Es gebe Menschen, die Meningitis durch Toxoplasmose bekämen. Es sei eine seltene Krankheit, und sie habe die Behandlung mit den Fachleuten abgesprochen.

Noch war das Jahr nicht vorbei. Bauernkrieg, Chile, hier und dort wollten sie Bilder und Texte haben, reden sollten wir, lesen, diskutieren. Ein Museumsmann aus Ostberlin brachte 250 Bauernkriegsplakate von den Ausstellungen der DDR mit verschiedenen Motiven, eine Lizenz dazu, in Mannheim, in Tübingen und anderswo verteilten wir die Blätter, an den *Engel der Geschichte* gebunden. Wenn mich die Menschen fragten: Warum macht Grieshaber das, statt sich um seine Internationalität zu kümmern, was hätte ich antworten sollen? Von der Basis reden? Von seiner Liebe? Von tausendfältigen Gründen?

Oben, über dem aus allen Nähten platzenden Tübingen, auf der Ackerlandhochfläche, abseits, hatten sie ein Universitätsviertel gebaut, Modell Frustration; das blitzte kilometerweit in der Sonne, von dort kamen sie auf die Achalm gefahren: ob Grieshaber wisse, wie sie vegetierten? Funktionierten, um Funktionen am Funktionieren zu halten? Wie im bisher kaum zu belebenden Studentendorf ein Versuch nach dem anderen scheiterte, im Amorphen, im Pluralismus, in dem schwankenden, schwappenden Brei, in diesem Sieb aus Fluktuationen einen Zellkern zu bilden. Ein Kristallisationspünktchen. Kultur gegen die Vereinzelung in den Waben: eine Ausstellung etwa zum Thema Bauernkrieg. Die versprochenen Bilder seien nicht gekommen. Ob Grieshaber einspringen könne? Er gab, was er fand, schickte mich hinterher. Ratgeb? sagten die Studenten, diesen Namen haben wir nie gehört. Wir bauten alles auf, ich sah, sie würden mich auch für den Abend brauchen. Im Studentendorf, nachdem sie Lieder aus Karsunkes Bauernoper gesungen hatten, sprach ich zum erstenmal frei wie mit dreizehn, alle Furcht fiel von mir ab, jetzt konnte ich aus der Fülle schöpfen.

Martin Walser hatte ein neues Stück geschrieben, das in Nürnberg spielt und auf der Bühne versammelt, die zu Hans Sachsens Zeiten dort gelebt hatten. Der verlorene Bauernkrieg gehörte nur noch wie Wetterleuchten nach dem Gewitter dazu. Albrecht Dürers Denkmalsentwurf, die Bauernsäule, allenthalben abgebildet, um damit zu beweisen, Dürer habe sich auf die Seite der Bauern gestellt, kam Walser nicht recht geheuer vor. Requiem? Mit den Requisiten? Grieshaber lachte, als Walser ihn fragte. Die Bauernsäule – auf dem Sockel steht ein Butterfaß / auf dem Butterfaß steht ein Krug / auf dem Krug steht ein Garbenbündel / auf dem Garbenbündel steht ein Worfelsieb / auf dem Worfelsieb hockt ein Bauer / im Rücken des Bauern steckt ein Schwert – sei bestenfalls Ironie für die Sieger. Zu einer Hommage für die Bauern hätte sich Dürer wahrhaftig anderer Mittel bedienen können.

An einem heißen Sommertag war *Das Sauspiel* mit der Post gekommen. «Für HAP Grieshaber» stand vornedrin, gedruckt. Fahr in die Stadt, sagte Andreas, kauf's, ich will sehn, ob es dort auch drinsteht. Er legte sich sofort in die Sonne damit. Als er lange genug gelesen hatte, fragte ich: Schleckst du immer noch an deinem Eis? – Am Eisen, antwortete er, ohne aufzusehn, und bei großer Kälte.

45. Attempto

Die Volkshochschule Wyhler Wald hatte mich eingeladen, meine Gedichte vorzulesen; sie waren als Heimatgedichte angekündigt. Grieshaber, in Schwierigkeiten mit der Palme Attempto verstrickt, schickte mich allein auf die Reise.

Unterm Rauhreif brachen die Bäume fast, während ich fuhr und fuhr, wie immer den Schwarzwald unterschätzend, weil ich ihn so oft zu Fuß und mit dem Fahrrad durchquert hatte, als ich jung war. Endlich der Kaiserstuhl, Sasbach; die VHS Wyhler Wald wechselt winters in Lokale der Dörfer.

Abends, im Wirtshaussaal, eine Treppe hoch, ist es eiskalt, erst gegen acht machen sie in einem großen Blechofen Feuer; unten, wo's warm war und laut und Spielautomaten, drängelte man sich um die Theke. Schließlich kamen dann doch fast hundert, so gegen neun, und mit dem Bus gerade zurück von Offenburg, wo sie mit der Landesregierung verhandelt hatten wegen dem Stillhalteabkommen. Daß sie da waren, die kalten Hände sich reibend in Mänteln an langen Tischen saßen, riß mich mit, Junge von weiter her, Männer und Frauen, was zum Dorf gehört, mitsamt dem Arzt, Lehrer, Apotheker, da war der Bauernkrieg wieder ganz nah, mir wurde heiß, also tat ich den Mund auf. Am nächsten Morgen wollte ich früh nach Hause fahren, es war Sonntag, doch es kam anders: meine Rede an die Wyhler sollte ich am Nachmittag noch einmal halten, drüben in Weisweil, man erwarte über tausend, in der Festhalle, und aus dem Elsaß, Frankreich, der Schweiz, wo man ähnliche Sorgen habe.

Beim Mittagsfischessen in Weisweil lernte ich einen nach dem anderen kennen, Meinrad Schwörer, Balthasar Ehret, Annemarie, die Winzerin, Imker und Rheinfischer, neben mir saß Hartmut Gründler, seit Monaten gegen die Kernkraftwerke im Hungerstreik, ab und zu trank er einen Schluck Wasser, während ich heißhungrig meinen Fisch verschlang, leicht irritiert durch die Frage des Wirts bei der Bestellung: Wie darf's denn sein, mit Shell-, BP-, Esso- oder Aral-Geschmack? Rings um mich gewaltlose Widerständler, Graswurzelrevolutionäre, Aufwiegler, Abwiegler, Umtriebige, Neugierige und Betroffene, Rechenschaft Fordernde, die hören wollten, was da in Offenburg hinter verschlossenen Türen beschlossen worden war, wo die gewählten Vertreter ihrer Bürgerinitiativen der Landesregierung standhalten sollten. Aus dem Kofferraum verteilte ich *Engel*, bekam dafür Wein, Brot und Fisch hineingepackt. Ich hielt meine Rede noch einmal.

Die Zukunft hieß Brokdorf. Du brauchst nicht an die Elbe zu fahren, sagte Andreas, das Modell heißt Wyhl, du hast deine Arbeit getan. Doch das Freundschaftshaus im Wyhler Wald, diesen kurzen Traum, brannten sie ab, als das Stillhalteabkommen mit der Landesregierung zu Ende war. Hartmut Gründler verbrannte sich selbst, angekettet vor einer Kirche in Hamburg. Sein Grab auf dem Tübinger Waldfriedhof. Ereignisse, barbarisch wie aus vergessenen Jahrhunderten, sinken täglich in die Vergangenheit.

Jetzt wird es Zeit für die Palme *Attempto*. Ihre vielfältig verknüpfte Geschichte. *Attempto*: «Ich wage es!» wurde zum Wahlspruch des dreiundzwanzigjährigen Grafen Eberhard im Barte, als er, 1468, von einer Pilgerfahrt nach Jerusalem zurückgekehrt, versprach, ein guter Landesvater werden zu wollen. *Attempto* ließ er im Uracher Schloß zwischen Palmen an die Wände malen. *Attempto* nannte die von ihm gegründete *Alma Mater Tubingensis* ihre Zeitschrift. Auf dem Umschlag trägt sie zwei Szepter der Eberhard-Karls-Universität. Die Herausgeber trugen sich indessen mit dem Gedanken an ein neues Symbol. Sie baten Grieshaber, ihren Ehrensenator, der ‹in seinem Werk ein Leben lang die Würde der Geschlagenen verteidigt habe›, die Palme des Grafen Eberhard in Holz zu schneiden. Grieshaber hatte lang gesucht, um eine Form, eine Chiffre zu finden, von der er hoffte, sie möge sich einigermaßen von Theologen, Biologen, Neurologen, Archäologen, Pharmakologen, Sinologen, Röntgenologen, Philologen, Soziologen annehmen lassen, wie von Juristen, Anatomen, Sportwissenschaftlern, Historikern, anorganischen und organischen Chemikern, Physikern, Philosophen, Präsidenten, Botanikern. An Geologie hatte er dabei nicht gedacht, bis ein Brief des *Attempto*-Herausgebers eintraf; Walter Jens schrieb, er vermisse bei dem Entwurf das himmelwärts Strebende, Luzide: «Ich weiß zwar nicht, wie Knollenmergel aussieht, wenn ich jedoch . . .» Der Brief war lang. Ich konnte es nicht ertragen, wie Andreas litt, weil Jens bei seiner Palme an Knollenmergel dachte. Irgendwann schrieb ich an Jens, was es mit Grieshabers Palme auf sich habe. Die beiden Szepter schmückten weiterhin die Universitätszeitschrift. Der kleine Holzschnitt der zweifachen Palme hing lang an der Wand über Andreas' Bett. Kam in die Schublade und wieder an die Wand. Bis das Jubiläum bevorstand: 500 Jahre Eberhard-Karls-Universität. Da erst übersprang Grieshaber den Schatten des Knollenmergels: malte eine große Palme in allen Farben der Palette; doch ihr Grundriß blieb seinem Entwurf treu.

Als der Präsident auf die Achalm kam, hing an der Tür der schwarze Holzschnitt einer meterhohen Palme; schön gefiedert wölbten sich ihre Zweige empor und den Wurzeln entgegen: Inkarnation der vorhergegangenen Palmen. Sie wurde bewundert, akzeptiert, und nach kurzer Freude kam man aufs Geschäft: die Palme sollte, auf eine komplizierte und auch noch vornehme Weise, Geld hereinbringen für die Unkosten des Jubiläums der alma mater. Mühselige Versuche mit Japan- und Büttenpapieren würden bevorstehen. Reproplakate sollten sich selbständig entwickeln, für jede Fakultät eine andere Farbe.

Als *Attempto* gedruckt wurde, starb der letzte Brücke-Maler. Grieshaber hängte den von ihm gedruckten Holzschnitt Schmidt-Rottluffs noch einmal neben seine Palme. Zeigte mir die gemeinsame Herkunft der Figur in Christi Gestalt. Sagte: *In memoriam* Karl Schmidt-Rottluff.

Die Palme brachte es an den Tag. Es hätte auch jeder andere Holzschnitt sein können. Doch weil sie es war, die das festeste Gefüge, Grieshabers Identität, erschütterte, habe ich ihre Geschichte erzählt. Beim Druck der Palme offenbare sich das Ende von fünfhundert Jahren Weltgeschichte, sagte Andreas, was die Jubilare nicht ahnten. Er sprach von einem dumpfen Grollen, dann empfing er den Stoß, da gab es nichts mehr zu heilen; die Agonie würde mit seinem eigenen Ende zusammenfallen. Der Ausbruch des neuen Zeitalters kündige sich nicht nur an, sondern markiere bereits das letzte Viertel des letzten Jahrhunderts eines Jahrtausends. Das ihm Heimat gewesen sei. Er müsse seinen Weg zu Ende gehen, dem Ster-

443

benden treu, aber das sei nicht nur eine Nuance, ein Teil, der abgelöst werde, sondern das Ganze.

Auch wenn ich fast nichts begriff, was Grieshaber meinte, sah ich, wie pünktlich es eintraf: noch im Sommer des Bauernkriegsjahrs hätte die Palme überall gedruckt werden können. Schon im November wurde es schwierig. Im Januar 1976 waren die Druckereien ausgeräumt. Umgerüstet auf Lichtsatz. Die Druckpressen verschrottet oder in Dritte-Welt-Länder verkauft. In einem verzweifelten Wettlauf mit der Zeit gelang es gerade noch, eine Presse zu finden, und einen Fachmann, der sich der Palme annahm. Vorbei mit der «Schwarzen Kunst», mit den Nebentönen, Kellergeräuschen, die dazugehörten: Flugblätter, Samisdat, Verfolgung, Angst, Überwindung der Angst; das alles hatte Grieshaber gemalt und geschnitten und gedruckt in vielen Variationen: Immer steht da ein ernster, auch heiterer, jedenfalls sehr gesammelter Mann, meistens er selbst, an der Druckerpresse, die verschiedene Gestalt hat, mal sieht sie aus wie eine Wiege, mal wie ein Sterbebett; Siegestor, seine Pfosten sind Bäume, Phallen, oder Raketen, fest verankert durch Querstreben, damit es nicht ins Ziellose geht. Dann ist da ein Gegenüber, das mich ausschließt; so wenigstens sah ich es, als ich damals zum erstenmal in seine Druckwerkstatt trat: ein halb schuppiges, halb gefiedertes Tier, ein Dämon, der Teufel selbst legt da Hand mit an. Stimmt, hatte Grieshaber gesagt und gelacht. Auf einem anderen Blatt sind es Engel, die den gelungenen Druck abheben, hochhalten, Andreas macht einen Handstand auf dem Hebel, freut sich, tanzt, bis zwei Totenschädel mitreden, ihre Rippen aus Bleizeilen, knöcherne Hände greifen ein und das Blatt bleibt weiß – auch Grieshabers Plakattext brachte mich nicht näher:

«Wer drucken kann, hat gute Kameraden: Setzer, Ätzer, Papiermacher, Schreiner, Lithographen, Buchbinder und Buchdrucker. Wir sind alle den Meistern des Handwerks verpflichtet. Jeder von uns muß erst verstehen lernen, ehe er die Konvention mit neuem Elan durchbricht. Weil wir so viel

444

beachten müssen, verstehen wir uns aber besser. Immer ist unser Metier gefüllt mit berufsfremden Dingen, Gedanken, die uns weitertreiben.»

Nun kam unsere Liebe ins neunte Jahr. Nichts hat sich abgenützt, sagte Andreas. Wenn wir schwiegen zusammen, war das Schweigen erfüllt vom anderen. Wenn wir redeten, kam es vor, daß sich die Wörter synchron einstellten. Keine Stunde der verrinnenden Zeit, ohne daß er ihre Symptome bloßlegte.

Die Menschen erkennen nicht, was ihre Uhr geschlagen hat. Daß Blumen, Wälder, Landschaften sterben. Wale und Schmetterlinge verschwinden. Was in Lateinamerika, Afrika geschieht. Es geht doch weiter, sagen sie, es steht doch nichts still, aus Wiesen sind Fabriken geworden, Arbeiter werden durch Computer ersetzt, gedruckt wird mit Licht statt mit Blei, sauber, bequem, was hat das mit Kunst zu tun, wen interessiert es noch, wie Bücher gemacht sind. Mit der Qualität des Druckens schwindet die des Lesens, Schreibens, ändert sich das Denken, Fühlen. Was auf dem Weg durch die Jahrhunderte endlich zum Anspruch des Volkes geworden war, wird zerfallen. Und keiner weiß, ob es überhaupt als Privileg einer Klasse bestehen bleibt.

Die Sitte mit dem Briefträgerschnaps war unversehens wieder eingeführt worden, nachdem mir gelungen war, sie abzustellen. Doch die Flasche neben der Küchentür ist nach zwei Tagen leer, obwohl der Mann, mit dem Motorrad unterwegs, nur ein winziges Gläschen kippt. Ebenso funktioniert der Zigarettennachschub, auch wenn ich noch nie welche kaufte. Warum trank, warum rauchte ich nicht mit Andreas? Aber ich sah: er konnte seinen Schuh nicht mehr zubinden. Und daß ich handeln müsse, weil Leib und Seele darniederlagen. Weil es so aussah, als sei Andreas dabei, sich selbst aufzugeben. Heimlich schmiedete ich ein Komplott: Sehr geehrte Universität, wenn Ihre Palme nicht signiert wird, ist sie für den Abnehmer ohne Wert. Wenn aber Grieshaber signieren soll, wird es allerhöchste Zeit, ihm das Leben zu retten. Kurz danach lag er im schönsten Zimmer der Universitätsklinik. Auf der Achalm war keiner mehr, Winterwache zu halten. Also behielt ich mein Wohnwagenquartier, sorgte für die durch Kälte, Schnee, Eis gefährdeten Einrichtungen, hielt das Schwimmbad am Dampfen, den Unterschlupf des Pfaus behaglich, fuhr hin und her, mit der Post in die Klinik, dämpfte, wie einst neben Andreas' Bett sitzend, die Ungeduld, machte mich, ohne mich zu verraten, gegen die Trauer, Angst und Einsamkeit an eine gewaltige Aufgabe: allabendlich rückte ich Mäusen und Ratten und Siebenschläfern auf den Pelz, indem ich Bücher klopfte und abwusch, soweit die Einbände das ertrugen, etliche tausend über etliche tausend Jahre Kunst und Literatur, worin das Viehzeug gehaust hatte, in den Hütten und offenen Schuppen, Schätze bergend oder verbrennend, wenn sie, durchtränkt von Pisse und Kot, nicht mehr zu retten waren. Linus vermaß und entwarf und zimmerte Holzregale, wo immer er noch ein Stück Wand fand, und so entstand, Nacht für Nacht bis gegen Morgen, in drei Wochen die Bibliothek, von der Andreas stets nur geträumt hatte. Bevor er heimkam, beklebte ich noch mit farbigen Punkten die Sachgebiete.

Andreas, aus der Klinik zurück, leichtatmig, schlank, rannte sofort auf den Gipfel der Achalm, den er lang nicht mehr bestiegen hatte, übers fahle Steppengras steil bergan, die Serpentinen der Wanderer verachtend. Jetzt war ich es, die hinterherkeuchte, in Schneereste stolpernd, mit den zu kurzen Beinen, die Augen naß vor Glück. Oben, mich in den Armen bergend, sagte Andreas: Es sieht so aus, als packten wir's noch einmal. Die Zigaretten, der Briefträgerschnaps verschwanden. Die Bibliothek ließ jetzt seine Augen feucht werden, und die Lust, mit der er sich ihrer bediente, wog die nächtlichen Strapazen auf. Schon ein Jahr später sah es aus, als wäre alle Arbeit vergeblich gewesen: Grieshaber hätte eine Bibliothekarin in Trab halten können. Was er unablässig herausgriff, las, ansah, stapelte sich bald samt den Neuankömmlingen wie eh und je, wohin man trat. Derselbe Anblick quälte uns in den Hütten, wo sich die Bilder, die ich in Schubladen und Mappen sortiert hatte, wüst durcheinander auf Tischen, Stühlen, Fußböden türmten. Meine Ordnungsanfälle mochte Andreas nicht, sie entzogen mich dem, was ihm wichtiger war, lieber wühlte er sich stöhnend, klagend durch das wuchernde Chaos. Picasso hat es auch darin besser, sagte Andreas gelegentlich, er füllt einfach ein Schloß nach dem anderen und verläßt es.

Nach Ostern, irgendeines Abends, Andreas hatte den Fernseher angemacht, passierte es; ein Steinchen rollte auf ihn zu und löste aus, was zur Lawine wurde: das Wort Tendenzwende. Ort: Baden-Baden; die von der Landesregierung «großzügig angekauften Kunstwerke zeitgenössischer Maler» flimmerten auf, nahmen Festigkeit an, der Ton stellte sich ein: Das Interview mit dem Kultusminister war schon halb vorüber, als der Minister sich vernehmen ließ: «... und es zeigt sich wohl darin eine gesellschaftliche Entwicklung, die wir ja in vielen Gebieten in den letzten beiden Jahren schon sehen können, daß eine gewisse Ermüdungserscheinung gegenüber dem Überbetonen politischer, insbesondere sozialkritischer Themen sich in der Kunst abzeichnet ...»

Andreas sagte: Es wird einen Aufschrei geben. Als niemand schrie, als nirgendwo sich eine Stimme erhob, schrie Grieshaber etliche Tage später: Ich werde dem Minister eine Antwort geben. Bring die Studenten vom Bundschuh her. Wenn sie die Thomas-Müntzer-Scheuer einweihen, muß ich was tun. Das hab ich ihnen versprochen damals, als sie ins Schloß nach Hohenheim kamen. Ich werde einen Jörg-Ratgeb-Preis stiften. Fünftausend Mark. Bring die Studenten her!

Scheißbauernkrieg, sagte ich, laß uns doch lieber in die Maiwiesen fahren.

46. Jörg-Ratgeb-Preis und Ende der Buchdruckerkunst

Die Drucker streikten. Die stolzeste, wenn auch nicht stattlichste Gewerkschaft hatte sich spät dazu entschlossen. Arbeitskampf. 70 000 ausgesperrt. Das dumpfe Grollen, sagte Andreas. Endlich können es alle hören. Ob sie es deuten können? Es ist der letzte Druckerstreik der Geschichte. Meine Hommage war ein Nekrolog. Bald wird es keine Drucker mehr geben. Sie sind überflüssig geworden. Jetzt ist ihr Wyhl, noch hoffen sie, und da sie eine Parole, eine Fahne brauchen, kämpfen sie um Tariferhöhung. Was sagen denn so deine Schriftstellerkollegen? In der Hauptstadt von Druck und Papier? Warum schweigst du? sagte Andreas; ich weiß schon Bescheid, ich kann es mir denken. Daß die Honorare ausfallen. Daß man nicht eingeweiht wurde vorher. Sollten sie euch um Erlaubnis fragen? Ihr hättet doch wohl abgeraten. Was kümmert euch das Los der Drucker, was versteht ihr von ihrem Handwerk! Tagelang höhnte Andreas. Doch er sagte auch: Natürlich wollte Druck und Papier die elektronische Revolution nicht aufhalten. Natürlich hat sich die Gewerkschaft längst mit den Computern arrangiert.

Zum Ersten Mai war den Schriftstellern nichts Besseres eingefallen, als in Düsseldorf ihre PEN-Jahresversammlung abzuhalten. Andreas, der erste hinzugewählte und vorwiegend zum Schweigen ermunterte Maler, der schreibt, im Gegensatz zu einer Anzahl Schriftsteller, die malen, ärgerte sich: daß man im Hilton wohnen mußte, wo zwischen aufgestellten Planwagen der Pilgerväter, Goldgräberstadt-Atmosphäre, Saloons, Hostessen im Reifrock und Schutenhut die Gäste empfangen wurden zur Zweihundertjahrfeier *The unanimous declaration of the thirteen United States of America:* In memoriam Franklin D. Roosevelt, Harry S. Truman, Eisenhower, Kennedy, Johnson, Nixon, Ford, sieben Präsidenten, die wir erlebten. Am Ersten Mai speiste man zu Düsseldorf

das Thomas Jefferson Dinner im Hilton Hotel. Grieshaber klaute die Speisekarte. Am Tag vor Düsseldorf hatten wir Einsitzende in einem Gefängnis bei Stuttgart besucht. Verpflegungssatz in baden-württembergischen Anstalten für den Strafvollzug DM 2,80 pro Kopf. Der Verpflegungssatz für einen Polizeihund liegt wesentlich darüber.

Beim PEN war nicht die Rede vom Druckerstreik; kein halbes Dutzend Namen fanden sich unter der Solidaritätserklärung, Andreas gesellte sich zu den Grüppchen der hommes des lettres, verfolgte die Gespräche am Rand, alle Tentakel ausgefahren: Klagen, Anklagen wegen Ausfallhonoraren, «Zensur» durch Drucker, wo man da hinkomme, niemand sprach über die verschwundenen, wegrationalisierten 30 000 Arbeitsplätze. Niemand beklagte das Verschwinden eines Berufsstandes, der seit Jahrhunderten mit dem der Schriftsteller verschwistert ist. Geschweige das Verschwinden einer Kunst; was damit zu Ende geht. Einer sagte: die Zukunft ist mikroelektronisch, oder sie ist gar nicht.

Der ASTA von Hohenheim kam auf die Achalm; Himmelfahrt stand bevor: die Einweihung der vor Jahresfrist angekündigten Thomas-Müntzer-Scheuer als Kommunikationszentrum der Landwirtschaftlichen Hochschule. Grieshaber mußte sein Versprechen erfüllen. Er ließ sich von mir nicht abhalten, augenblicks ein dialektisches Handgemenge mit den Thomas-Müntzer-Mannen zu beginnen. Als es auszuarten drohte, brachte ich Bier und verdrückte mich. Gedachte, bei der Schafherde sitzend und die Esel fütternd, der zahllosen Erfahrungen mit den Studenten, zu denen Andreas ein Verhältnis hatte wie der Bär zum Honig. Mir jedoch erschienen sie als Wespen, die bei dem Bären Honig suchten: alle wollten was. Originale. Allen hatte er was gemacht. Wann wurde er nicht dafür gescholten: die Protestanten nannten ihn einen Katholiken, die ihn zu links, die Linken einen Scheißliberalen, zwischen konservativ und revolutionär dauerte das Ringelspiel nun schon Jahrzehnte; Grieshaber machte, was er wollte, und

449

die Studenten drehten's um: das vietnamesische Hängebauch-schwein, an dem ein Wurf Junge nuckelte, hatte der Landju-gend nicht gepaßt, sie wollten EWG-Techniker sein und nicht mehr an Sauen erinnert werden, die Pieta für katholische Studenten, denen der Bischof Gelder gestrichen hatte wegen Aufmüpfigkeit, war zu fromm, sein Chile den einen zu rot, den anderen nicht rot genug, für den RC war der Text nicht richtig, Amnesty, Umweltschutz, Gastarbeiter, Dritte Welt, wo er's anpackte, glaubten sie es besser zu wissen, aber ich sah auch Grieshabers Lust, wenn er denen, die Fäuste haben wollten, ein Kruzifix machte und umgekehrt.

Es war längst Abend, mit heißen Köpfen hockten sie um Grieshaber herum. Windmühlen! schrie ich und dachte an Don Quijote. Wenn ich nach Hohenheim kommen soll, sagte Andreas, um dort den Ratgeb-Preis zu verkünden, müßt ihr mich mit *meiner* Wahrheit nehmen oder gar nicht. Die Studen-ten: Und wie weit ist es denn jetzt mit dem Preis? Was können wir der Presse mitteilen? Grieshaber sagte: Für dpa reicht es nicht bis Himmelfahrt. Wir müssen eine Satzung erarbeiten. Den Zeitpunkt, den Ort, die Bedingungen, über die wir uns eben in die Haare gerieten. Eine Jury, nicht nur aus dem Ländle. Eine Anlaufstelle für die Einsendungen. Es müßte noch Geld dazukommen. Kümmert euch um die Städte, die Grund hätten, sich mit einem Ratgeb-Preis zu identifizieren. Die Geburtsstadt, die Hinrichtungsstadt, dann Herrenberg, das zwar sein Geld für die Kirche braucht, oder Frankfurt, wo die Karmeliterfresken ihrer Auslöschung entgegensiechen. Als die Studenten abzogen, gab Grieshaber ihnen ein Dut-zend Bilder mit für die noch kahlen Wände der Scheuer. Eins war darunter, eben fertig geworden: sechs Arme mit Händen, vier machten Fäuste, zwei hielten Meißel und Hammer. Wie das Blatt heiße, fragten die Studenten. Andreas sagte, er wisse es nicht. Er wußte es doch. Es war für die DDR bestimmt, eine Nachfolgemappe zum Bauernkrieg: die 60. Wiederkehr des Roten Oktober. Aber so deutlich wollte man in Leipzig die Gewalt nicht haben, also schnitt Andreas das Blatt mit dem

Mann hinterm Flügel auf dem Lastwagen, nannte es Revolutionsauto; die Legende habe er von John Reed: Da sei ein bekannter Komponist gewesen; vielleicht sagte er, Klavierspielen kann ich, als sie ihn fragten, was er beitragen wolle, während die Revolution um ihn her stattfand, also fuhren sie ihn durch die Straßen, und er spielte um sein Leben. Vielleicht haben sie ihn auch nicht gefragt, luden ihn, seinen Flügel auf einen Wagen: Spiel! Vielleicht hat er von selbst geschrien: Bringt einen Lastwagen, den Flügel weiß ich zu finden in jenem Palais. Und so luden sie ihn auf, und so setzte er sich nieder, und so fuhren sie ihn durch Moskau, drei Tage lang . . .

Als die Studenten weg waren, sagte ich: Es wird schlimm ausgehen. Dein Jörg-Ratgeb-Preis und was die Studenten darunter verstehen, das sind zwei linke Schuhe. Laß das nur meine Sache sein, sagte Andreas, ich sorge schon, daß ein Paar daraus wird. Picasso war einmal Kommunist, wie lange dauerte es, bis seine Bilder endlich in der DDR gezeigt werden durften, damit sie dort nicht nur mit mir vorlieb nehmen müssen, der ich kein Kommunist bin.

Die Sonne schien, als wir am Himmelfahrtstag in der Thomas-Müntzer-Scheuer eintrafen; wie erwartet, dunkles Fachwerk, weißgekalkte Wände, Giebeldach, geschmückt mit Blumen und Birkenbäumen, der rote Bundschuh auf weißem Tuch bauschte sich im Wind. Zwei Überraschungen gab es: Grieshabers «Fäuste» hingen über dem Podium auf rotem Samt; die Studenten hatten den Holzschnitt für «Die Vierteilung Jerg Ratgebs» gehalten und wollten es als Emblem. Natürlich erschrak ich. Grieshaber lachte: Recht haben sie. Eine bessre Vierteilung konnte ich gar nicht machen. Dann hielt er seine Stiftungsrede . . .

Ein Jerg Ratgeb-Preis soll korrigieren, was unser Minister für Kultur über politische und soziale Themen in der Kunst der heutigen Maler gesagt hat, das ist meine Hoffnung. Ein Jerg Ratgeb-Preis soll dem Gerücht widersprechen, es habe eine Tendenzwende gegeben. Ermüdungserscheinungen in der bildenden Kunst. . . .

Ein neuer *Engel der Geschichte* war im Entstehen: Grieshaber, der schon seit einiger Zeit mit Behinderten umging und sich aus Anlaß der Psychiatrie-Enquete in Bonn bei einer Veranstaltung mit Kranken und ihren Verantwortlichen äußerte, überzeugten die halbherzigen Reformen nicht; er tat sich mit Heinar Kipphardt zusammen, der ihm die Augen öffnete, wie es in Wahrheit um die Psychiatrie bestellt sei. Kipphardt schrieb an seinem Roman über den schizophrenen Dichter Alexander März. Er kam auf die Achalm. Brachte Gedichte von März mit. Wiederholte Gespräche durch Stunden, denen ich bald nicht mehr folgen konnte.

Wir fuhren nach Angelsbruck, wo der Dramatiker auf einem alten Hof wie ein Landedelmann lebte; abseits, in großer Konzentration; seine Bibliothek, die Dokumentensammlung in der ehemaligen Mühle beherbergte uns, er griff das eine, das andere Stück heraus, das mir den Atem stocken ließ: Material aus dem Eichmann-Prozeß, bei dem Kipphardt zeitweise dabei gewesen war. Im Bach schwammen Forellen, der Hausherr drückte mir eine Angel in die Hand, doch ich schwamm lieber zwischen den Fischen herum, während oben auf der Holzveranda Wölfli weiterentwickelt wurde und im Disput den Bildern, den Texten von Geisteskranken die Normalität eines Einstein, Oppenheimer, eines Eichmann gegenübergestellt wurde. Je weiter sich die Dimensionen dehnten, desto näher rückten sich Andreas und der Psychiater, der eben aufhörte, die Bezeichnung Dichter für sich suspekt zu finden.

Zum Jörg-Ratgeb-Fest an der Kunstakademie Stuttgart schickte mich Andreas allein. Es sollte zugleich eine Protestfeier sein für die Betroffenen des Berufsverbots. Ich sollte mit Grieshabers Grußwort beginnen. Doch einer der jungen Kunsthistoriker nahm mir das Mikrophon aus der Hand: «Dieser Herr Ratgeb ist ja schon viel zu lange tot», sprach über den Kulturabbau und über die Soziologie der Kunst. Nach siebzig Minuten war Ratgeb endgültig tot, und die Zuhörer hatten sich verlaufen. Es war wie in Nürnberg zu

Zeiten des Hearings. Traurig fuhr ich zu Andreas. Ich wußte es, sagte er, deshalb ließ ich mich nicht vor ihren Karren spannen. Hab keine Sorge, meine Ratgeb-Jury besteht aus sieben Personen, und diese sind nicht dabei. Ich lasse die Kunst nicht zur Dirne verkommen. Die Hochschulen sind Orte der stetig wachsenden Angst. Ich kann keine Hilfe vom Staat und seinen Institutionen annehmen. Ich weiß, warum ich in der Polis bleibe. Fahren wir also in die Städte, vielleicht finden wir Gleichgesinnte, die man seit fünfhundert Jahren nicht in den Vorzimmern trifft, sondern in Schenken. Ich meine Leute, die Bilder malen, Lieder machen, Gedichte schreiben, Leute, die diese Bilder ansehen, die den Sängern zuhören und über die Gedichte nachdenken.

Immer wieder stützte Grieshaber meinen niedergesunkenen Glauben an Veränderung. Ich fuhr ihn im Land herum, und er hielt seine Ansprache, die die Verwirrung eher vermehrte denn verminderte:

«Martin Walser sagt über Jörg Ratgeb in seinem SAUSPIEL: ‹ . . . Er war ein Revolutionär. Aber in der Kunst. Doch in der Kunst. Er hat die Gewalt gemalt. So ist noch kein Christus angespuckt worden wie sein Herrenberger Christus. Wie da der dicke Speichelbatzen auf Christi Gesicht zufliegt . . . Die Kunst dieses wilden Alemannen, die ja eine Antikunst ist . . . Auch eine Art Volksurteil ist über unsere ganze spätzeitliche Geschmackskultur. Das ist überhaupt Ratgebs wichtigste Funktion, dieses Volksurteil zum Ausdruck zu bringen . . .› . . . ‹Mit Rücksicht auf die teilweise unschönen Bilder, die vielfach ans Profane grenzen und gegen christliche Pietät verstoßen›, trennten sich die Herrenberger von ihrem Altar. Die Gläubigen sind also selber schuld, wenn der Altar, der eigentlich in die Kirche gehört, jetzt im Museum steht. Weil der Stiftsrat von Herrenberg den Altar um 5000 Mark an die Altertumssammlung nach Stuttgart verkauft hat, stifte ich einen Jörg Ratgeb-Preis mit derselben Summe als Grundstock. Die Maler sollten einen Preis haben im Range eines Büchner-Preises, eines Großen, der Revolutionär und Künstler gleichermaßen war. Büchner für den ‹Hessischen Landboten›: ‹Friede den Hüten, Krieg den Palästen›. Ratgeb als Bauernkanzler sah die christliche Gemeinschaft Gleicher ohne eine sich über das Volk erhebende Obrigkeit. Büchner, der 300 Jahre später starb, gilt heute als Wegbereiter für Realismus und Expressionismus. Ratgeb tat dasselbe in der bildenden Kunst. Wer entdeckt es endlich?»

Grieshaber machte Holzschnitte für den *Engel der Psychiatrie;* als sie um sein Bett hingen, war mir zumut wie als Kind, zum erstenmal in der Mischung aus Schauder und Angezogensein Hieronymus Boschs «Garten der Lüste» betrachtend. Kipphardts Statement traf ein, eine Philippika gegen die Anstaltsusancen; den dokumentarischen Teil nannte Grieshaber «Flugblatt», der letzte Satz nach handfestem Zahlenmaterial: «. . . Ein heute in der Bundesrepublik geborenes Kind hat eine mehrfach größere Chance, in eine Heilanstalt zu kommen als auf eine Universität.»

Ein Telegramm traf ein: Der Bildhauer Rolf Szymanski von der Akademie der Bildenden Künste in Berlin stiftet für den Jerg-Ratgeb-Preis 5000 DM. Das hatte sich so entwickelt:

Lieber HAP Grieshaber, gestern wurde in der Grundsatzkommission über so dringende Maßnahmen wie die gegen den § 88 a beraten. Heute habe ich mir, weil mich das Thema bewegt, überlegt, was die Wirksamkeit von Resolutionen bei weitem überträfe. Wer ein Zeichen setzen könnte gegen die Vertreter der sogenannten Tendenzwende. Ich habe an Sie gedacht, mit Ihrer für uns so bitter nötigen Autorität und humanen Aggressivität, uns beizustehen in dieser Frage und auch in anderen, die, um mit Giacometti zu sprechen, dem Leben das Leben geben und nicht nehmen . . . immer Ihr Szymanski (25. 2. 76)

Achalm, 28. 2. 76
Lieber Szymanski,
wir können nicht so tun, als ob es das noch gäbe: die deutschen Künstler. Überall versprengte Haufen, die dann von den Kunstinteressengruppen aufgesammelt werden. Auch die Akademie ist kein Auftrag mehr.
Sie fragen, was wäre mehr, was geht darüber hinaus? Was übertrifft jede Resolution? Mehr als jede Resolution bewirkt Kunst. Ich glaube daran, solange ich lebe!
In Ihrem Brief ist es die Stelle, wo Sie von Ihrer Arbeit sprechen, von der Plastik, an der Sie gerade sind. «Eng sind die Schiffe»

454

Deutlicher kann es keiner sagen. Es kann daherkommen wie Guernica und seine Stationen. Es kann sein wie der Holzschnitt, den ich gerade schnitt. Es kann sein: la courbe blanche sur fond noir que nous appelons pensée. (Breton). Sicher gibt es noch einige unter uns, die betroffen sind, angesichts dieser Welt und ihrer Paragraphen.

Ihr Grieshaber

«. . . Gemeinsam einer beharrlichen Wirklichkeit zu widerstehen» – war das unser Leben? Was wir als Kunst verstanden? Warum wir sie machten? Man sprach von einem Jahrhundertsommer. Nicht alle waren am Meer, in den Bergen. Anrufe, Briefe, Besuche kamen, in Gruppen und als Einzelgänger, von überallher: Was ist mit dem Ratgeb-Preis? Wer verteilt ihn, wann, wie, wo? Was sind die Bedingungen? Wer bestimmt die Statuten? Können auch Schulklassen mitmachen? Täglich fuhr ich Kästen voll Wasser, Bier, Säfte auf den Berg. Kehrte und kochte und wusch und räumte weg und herbei, was Andreas seinen Gästen auftischen wollte; die Sisyphusarbeit lag für mich nicht in den Küchenhandgriffen, sondern darin, daß Grieshaber die eben erst eingeordneten Bücher, Bilder, Briefe erneut aus den Regalen und Schubladen zog, auch den Unbedarften ohne Ansehn leidenschaftlich zeigte, erklärte, mit ihnen stritt, um Verkrustungen aufzubrechen; keiner sollte weggehen ohne Ahnung, worum es ging bei der Kunst.

Aber sie griffen ihn auch an, versuchten, ihn niederzureden, bedeckten alles mit ihren mitgebrachten Bildern, die Andreas schier körperlich weh taten, mißverstandene Dix-Imitationen, Barlach- und Kollwitz-Epigonales, ich sah die Vergeblichkeit seiner Bemühungen in den Gesichtern: Daß sozialer Realismus nicht gleich Engagement bedeute, daß man die zwanziger Jahre nicht einfach neu auflegen könne, indem man Barrikaden und Fäuste, Arbeiter und verhärmte Frauen abbilde, oder die Karikaturen ihrer Ausbeuter; nicht das Sujet, nicht die Motive, Chile, Gastarbeiterelend, Kinder im Asozialenmilieu, Feuer und Blut der Antikriegsbilder, Schwarz-Weiß-Klischees seien der Ausweis, sich beim Jörg-

Ratgeb-Preis eine Chance zu erhoffen. Der ständig wiederholte Vergleich von der gut gemalten Runkelrübe und der schlechten Kreuzigung schien vergebens.

Wenn sie weg waren, schrie ich: Du kriegst deinen Kopf nicht mehr heraus. Sie schlagen dir die Bude ein. Der Preis ist längst ihr Preis. Warum sagst du ihnen nicht die Wahrheit! Welche? sagte Andreas. Daß ich nicht der bin, für den sie mich halten? Daß sie den Ratgeb-Preis umfunktioniert haben? Obwohl ich niemals irgendwo sagte, er sei ein Preis für die Zukurzgekommenen, Beiseitegeschobenen, Sich-für-unterdrückt-Haltenden. Daß das Ganze ein Mißverständnis ist? Daß meinen Ratgeb-Preis nicht der Bedürftige, sondern der Beste kriegen soll? Ich erkläre es ihnen doch unermüdlich. Aber nicht mit diesen Worten, schrie ich, nicht direkt. Andreas sagte: Ich war nie für direkte Aktionen. Ich gebe Beispiele. Und sie sind deutlich. Aber sie verstehen sie nicht, schrie ich. Andreas sagte: Weil sie sie nicht verstehen wollen. Immer hab ich die Maler geliebt. Nie gesagt, es seien zu viele. Nur auf einem solchen Humus kann gedeihen, was wir suchen: *Einer*.

Als die Thomas-Müntzer-Mannen kamen, sagte Grieshaber: Nun tut mal was. Niemand hilft mir bei meinem Preis. Mit der Ausschreibung ist's nicht getan. Bevor die Juroren zusammenkommen, muß eine Menge geregelt sein. Wer bezahlt die Versicherungskosten? Wer bewacht, was die Maler einschicken? Wer stellt die Räume zur Verfügung? Eine Jury braucht Fahrgeld. Sie muß übernachten. Wo stecken wir die Grenzen der Ausschreibung? Was haben die Ratgeb-Städte geantwortet? Wenn jeder von ihnen wenigstens noch zweitausend Mark beiträgt, können wir wieder miteinander sprechen.

Eines Frühmorgens weckt mich Andreas: Komm schnell, ich will dir zeigen, was ich mit meinem Ratgeb-Preis meine. Auf seinem Schneidetisch liegen Photos ausgebreitet, die er in der Nacht gesucht und gefunden hatte. Ich blicke entgeistert auf Figuren scheinbarer Zeitgenossen, mehr oder weniger beschädigt, verstümmelt, ausgerenkt. Nichts deutet darauf hin, irgendwer hätte ihnen das angetan. Irgend etwas anderes als die Zeit hätte sie so zugerichtet. Am schlimmsten die Gesichter. Unwiederherstellbar zerstört das Antlitz des Menschen in Farben aus Fleisch, das auch Jörg Ratgebs Fleisch war in vier Teilen. Mit Ratgeb hat dieser Maler nichts zu tun, sagt Andreas. Engländer; introvertiert ist er und alles, was gegen die Tendenz meines Preises spricht. Trotzdem ist er mein heimlicher Preisträger. Die Thomas Müntzler würden mich erschlagen. Als Marlborough mich vor zwanzig Jahren danach fragte, sagte ich schon: Der da wird kommen. Ich bat die Berliner Akademie, diesen Maler auszustellen. Zweimal, dafür ließ ich die Photos machen. Zweimal bin ich abgeblitzt. Gegen Mehrheitsbeschluß. Heute ist Bacon ein Mann des Jahrhunderts. Er fällt mir ein, wenn ich an Ratgeb denke. Und der andere Stifter des Preises denkt wie ich. Dem Bundschuh kann ich das nicht beibringen. Du aber sollst wissen, was ich meine, wenn ich an Kunst denke.

Die Städte sagten ab, nachdem sie sich untereinander verständigt hatten. Nur Stuttgart ließ Grieshaber ohne Antwort. Ich ging zum Bürgermeister. Der Vertreter der reichsten Großstadt zwischen Wald und Reben sagte: Nun ja; als ich das mit dem Ratgeb-Preis las, dachte ich, ist doch dem Alten vom Berg wieder was eingefallen. Hab mich gefreut. Nicht weiter drüber nachgedacht. Jetzt allerdings, nach Ihrem Bericht, sieht es doch etwas anders aus. Sie möchten wohl ein Kukkucksei loswerden? Warum wohl, meinen Sie, sind die Kunstpreise einer nach dem anderen sanft entschlafen? – Weiß ich genau, antwortete ich. Weil die Künstler meinen, es sei sozialistisch, wenn jeder was kriegt. Weil man Kunst zu etwas erklärt hat, das alle können. Weil keiner dem anderen einen Preis gönnt. Weil jeder selbst der größte sein will. Weil es nur noch Feiglinge gibt, von denen keiner verantworten möchte, welcher denn nun der Beste sei. Und der ‹Kunstpreis der Jugend› starb, als sie statt zehntausend Mark für einen für alle 'ne halbe Million haben wollten. Der Bürgermeister sagte: Kann schon sein, aber ich höre Grieshaber. Haben Sie sich überlegt, was das kostet? Ausladen, auspacken, aufstellen, versichern, einpacken und der Rücktransport – das geht in die Hunderttausend. Steht in keinem Verhältnis zum Preis. Setzen wir den Fall, ich tät's, dem Alten zulieb, den ich mag, nämlich meine schützende Hand über alles halten: was meinen Sie, wie viele Einsendungen kommen, wenn es eine öffentliche Ausschreibung gibt? Multiplizieren Sie die Mitgliederzahl von einem Dutzend Vereinen, Verbänden, die das Wort Kunst vornedranstehen haben, ziehen Sie ein Drittel Passive ab, dividieren Sie mit drei oder vier den Rest – zehntausend werden übrigbleiben. Schön, der Alte unterwirft sich den Strapazen, Vorjury, Hauptjury, demokratisch, wie zu Zeiten der Brücke-Maler, eine Praxis, die man längst aufgab. Und jetzt versetzen Sie sich in meine Lage: Schmeißt mir da vor die Tür des Kunstgebäudes ein Transporter zwanzig Stangen, fünfzehn Meter hoch: Blutgerüst. Polyester oder Edelstahl, darauf kommt es nicht mehr an. Oder in einer Bananenkiste liegt ein blutgetränktes Tuch: Hinrichtung. Und was passiert, wenn das Tuch Moderflecken bekommt? Schimmelpilze? Genau dieselben, die mir ein anderer Künstler anvertraut und die ich hoch versichern muß, falls sie das Zeitliche segnen. Ich spotte nicht. Ich hab das mitgemacht. Zum Thema Ratgeb dürfte da einiges auf uns zukommen. Seitdem die armen SPD-Frauen Beuysens Badewanne scheuerten, um das Festbier drin zu kühlen, und den Prozeß haushoch verloren, werden Sie weit herumlaufen müssen, bis jemand Grieshabers Ausschreibung versichert. Ich sagte, in dieser Richtung habe er auch schon Befürchtungen geäußert – doch sein Vorschlag, Objekte auszuschließen – ging ins Auge, unterbrach mich der Bürgermeister. Da sind die Künstler nicht mit von der Partie. Ich will Ihnen einen anderen Vorschlag machen: Warten Sie bis zur Bundesgartenschau. Dafür haben die Maler ohnehin schon einen Kreuzzug angekündigt, wie Sie der Zeitung entnehmen konnten. Tausende kommen

und wollen ausstellen, dort finden Sie ein reiches Betätigungs-
feld. Warum haltet ihr euch nicht an den Berufsverband
Bildender Künstler mit eurer Ausschreibung? Ich sagte: Weil
Grieshaber nicht dorthin will, wohin ihn die anderen längst
haben wollen.

Am Heiligen Abend sagte Andreas den ASTA-Vertretern,
die ihn zu sprechen verlangten: Es ist vorbei, die Kuh gibt
keine Milch mehr, ihr habt mich lang genug im Kreis geführt.
Das Gras ist abgeweidet. Ante portas stehen die Staufer.
Keiner hat sich dafür interessiert, was ich meine, Hauptsache,
ihr habt eure eigene Meinung. Auch wenn wir nichts erreichten seit Mai, gehört mein Preis doch dem Besten oder keinem.

Nach Neujahr, auf der Rückfahrt vom Besuch der Mutter
im Altenheim, wie seit vierzig Jahren unterwegs zwischen den
Stauferbergen, liegt Rosinante mit gebrochener Kardanwelle
draußen im Schneesturm, während ich in der Wirtschaft sitze, Stauferbier trinke, zuhöre, was der Wirt beim Vertreter
für den zu erwartenden Touristenansturm in Auftrag gibt.
Jetzt haben sie auch noch das kommerzialisiert. Überall stellen sie Schilder auf: Straße der Staufer. Nirgendwo steht: Die
Bauern haben die Burg angezündet, sie haben das Kloster
niedergebrannt. Plötzlich begreife ich, warum Andreas mit
dem Kopf gegen Wände stößt: Stauferjahr! Mit den Herren
identifiziert man sich lieber, jeder Schwabe fühlt sich als Teil
des Geschlechts, vor dem die Welt einst den Atem anhielt.
Baden-Württemberg bewegt Millionen allein für Transport
und Versicherung der Stauferausstellung, wie kann Grieshaber da eine lumpige Mark erwarten für seinen Jerg-Ratgeb-
Preis.

Putz Rosinante, rief Andreas, und flicht ihr Zöpfe. Dann
laß uns fahren. In Stuttgart suchten wir den Bildhauertrakt
der Kunstakademie. Ein Mann, lang wie Grieshaber, bat uns
herein. Keine Plastiken, wie ich von Rudolf Hoflehner erwartet hatte. Bilder. Als ich sah, wie Andreas schaute, und
schwieg, und schaute, und endlich sagte: Das ist es, liefen mir
Tränen übers Gesicht. In zwanzig Minuten war alles vorüber.

Grieshaber umarmte den Maler. Wir kehrten sofort auf die Achalm zurück.

Rudolf Hoflehner zu seinen Bildern: «... Aus den verschiedensten Richtungen dringen Gewalttätigkeiten dem Menschen entgegen. Ein Szenarium von Angst und Wildheit. Ausbruch vernichtender und verwandelnder Kräfte. Aufbruch in den Raum. Montage ungestümer Hemmungslosigkeit. Traum von der Schwierigkeit zu bestehen, zu überleben. Regie ohne Textbuch: Wer setzt den Dialog in Gang. Fliegende Choreographie. Stationen der Tortur...

... kauernder und eingeschnürter Mensch zieht oder wird gezogen von einem nicht Sichtbaren...

... Aber die Landschaft begreift nicht: sie sucht ihren Mörder...»

Andreas sagte auf der Heimfahrt: Siehst du, er kommt nicht aus dem Dunkel. Ist längst als Bildhauer bekannt. Von dorther hat er die Kraft. Doch jetzt malt er. Dafür interessiert man sich nicht. Szymanski und ich sind uns einig. Es braucht weiter nichts.

Danach ging die dpa-Meldung durchs Land:

Jerg-Ratgeb-Preis für Rudolf Hoflehner. HAP Grieshaber und Rolf Szymanski, beide Mitglieder der Berliner Akademie der Künste, haben den von ihnen gestifteten Jerg-Ratgeb-Preis dem Stuttgarter Maler und Bildhauer Rudolf Hoflehner zuerkannt. Der Preis wurde von ihnen im vergangenen Jahr anläßlich des 450. Todestages von Ratgeb, der Maler und Ratsherr in Stuttgart war, gestiftet und wird jetzt zum erstenmal vergeben. Die Verleihung soll im Frühjahr erfolgen. Für den Preis stehen jetzt 10 000 Mark zur Verfügung.

Maler und Ratsherr? C'est tout. Bauernkanzler und Vierteilung waren gestrichen.

47. Wiedersehen mit Athen

Eine Spirale sei das Leben, sagte Andreas hin und wieder. Ob er meinte, wie es sich scheinbar spielerisch um die imaginäre Achse wand? Vorwärts, empor? Als Grieshaber von Griechenland eingeladen wurde, in Athen seine Bilder zu zeigen, zum Dank für sieben Jahre Widerstand gegen die Militärdiktatur, als er sagte, ich will einen Katalog stiften, eine Dokumentation, wer anders als du sollte sie schreiben können, als er sagte, wir hätten knapp zwei Monate Zeit für die Vorbereitungen, da begann es, daß ich mich selbst als Spirale empfand, gewaltig zusammengepreßt, ohne zu bedenken, daß der Druck erst von ihrem Ende her erfolgen kann, ohne zu wissen, daß dieser Druck nicht mehr nachlassen, ja, sich unaufhörlich steigern würde. Das wiederum hatte Andreas sicher nicht mit seinem Vergleich gemeint. Wenn auch wissender als ich, blickte er kaum auf ein Ende, und doch empfing ich den Druck durch ihn.

«Mahnbilder für die Freiheit und die Menschenrechte» sollte der Katalog heißen. Ich arbeitete Tag und Nacht an zwei Tischen, längst mit Schere, Klebstoff, drei Schreibmaschinen, Ablichtungsgerät vertraut: Im Wohnwagen lag meine chaotische Bauernkriegs- und Jörg-Ratgeb-Dokumentation *Chauffeur bei Don Quijote*, die im Herbst auf der Buchmesse sein sollte und noch nicht beendet war, weil die letzten Aktionen erst bevorstanden; in meinem «Atelier», von Linus für Andreas gebaut, von ihm nie als solches angenommen und mir überlassen, suchte ich zusammen, was wir für Griechenland getrieben, geschrieben, gesagt, gedruckt hatten. Wenn ich matt wurde, feuerte Andreas mich an: sprach vom Abgrund der Zeit, des Vergessens, der schon so vieles verschlungen habe; jetzt sei der Augenblick, es ihm zu entreißen.

Die verdoppelten Mühen durch Schnee und Kälte liefen nebenher, und solang ich das Schwimmbad am Dampfen hielt, ließen sich Müdigkeiten betrügen. Was Andreas als

«Menage» ablehnte und verhindern wollte (Kochen, Waschen, Bügeln, Putzen, Einkaufen), besorgte ich, als existiere
es nicht. Vorrang hatten gegenwärtig die Buchmaquetten,
Verlage und Druckereien mußten aufgesucht werden, die
Verbindung nach Bochum zu Isidora Rosenthal-Kamarinea
durfte nicht abreißen, die Professorin galt als Schirmherrin,
übertrug meine Gedichte ins Griechische, schrieb ein Nach-
wort und fertigte eine Kurzfassung des Katalogs in ihrer
Muttersprache an.

Über die Ausstellungsräume war nichts zu erfahren. Die
Bezeichnung Pinakothek blieb vage. Als Andreas wußte, sein
alter Sammler, der sich zum Mäzen entwickelt hatte, würde
den Bildertransport über seine Fabrik abwickeln, bestellte er
ein Stahlrohrgerüst: Ich will versuchen, unsern Plakaten, die
sieben Jahre lang für Griechenland gestritten haben, einen
Turm zu bauen. Mitte März flogen wir. Isidora war schon
dort für die «Public Relations».

Athen 1977: kein Traum mehr wie Zweiunddreißig für
einen Dreiundzwanzigjährigen, hungernd nach Kunst und
nach Brot; keine Offenbarung wie neunzehnhundertsechzig
für Johannes und mich; ein reifes Wiedersehen mit der Stadt,
schon an der Grenze zum Lebbaren, von Autos und Häusern
überwuchert, doch noch Atemluft, klare Himmel, Blicke aufs
Meer von den Bergen aus, noch Spuren vom Ruhm des «Veil-
chenfarbenen».

Niemand hatte damit gerechnet, daß solche Kisten aus
Deutschland einträfen. Beide kannten wir unsere Griechen
und erwarteten, es würde vieles zu improvisieren sein, doch
vier leere, ramponierte Wände in einem düsteren Raum des
Kulturzentrums, das sie «kleine Pinakothek» nannten, waren
alles, was man Grieshaber präsentierte. Also über den Schatten springen wie gewohnt, Widerstände aus dem Weg räumen, verhandeln, handeln: Andreas engagierte auf eigene
Rechnung Arbeiter, die mit Stahlrohren umgehen konnten,
und zeigte ihnen, wie und wo er den Turm in der Eingangs-
halle haben wollte; das Entsetzen der Veranstalter ging bis zur

Grenze von Handgreiflichkeiten: hin und her wurde gezerft und gezerrt, erst als die Plakate hingen, ahnten die Gastgeber, was sie sich da aufgeladen hatten. Grieshaber verlangte Stellwände, Vitrinen, kaufte Pinsel und Farbe, um die schlimmsten Flecken an den Wänden zu übertünchen. Der Nationalcharakter der Griechen, ihr unbändiger Stolz, kam uns ständig in die Quere. Wo Isidora auf den Plan trat, geriet alles zum Eiertanz, Kompetenzengerangel, ein Glück, daß niemand griechischer war als sie. Was ahnten wir von der Macht der Athener Society; aus Anlaß einer Dichterlesung stellte Isidora uns am Vorabend der Ausstellung einem gewählten Publikum vor in der Hoffnung, es würde Grieshabers Publikum.

Kein Plakat, kein Flugblatt warb für die Ausstellung. Einladungskarten bekamen wir nicht zu sehen, sie waren zu spät in Auftrag gegeben worden. Bis zum letzten Augenblick hatten wir geschuftet, schon kamen Presse und Fernsehen und fanden sich im Foyer konfrontiert mit dem Turm der Plakate gegen die Unterdrückung. Sie reagierten spontan. Die ersten Gäste umstanden den Turm, verwundert, im Bann des Engagements aus Form und Farbe. Dann ließen sie sich in den Saal bitten zu dem Augenblick, für den Grieshabers griechisches Credo aus fünfundvierzig Jahren an den Ort seines Ursprungs zurückgekehrt war: Faune, Satyrn, Nymphen, Nereiden, Harpien, Sphinxe, Kentauren, Poseidon, Tritonen, Lemuria, Gäa, Prometheus, Io, Aphrodite, Daphne, Odysseus und seine Gefährten, Persephone, Antigone, Argonauten, Epheben, Krüge und Scherben, Adler, Stier, das Lamm, die Schlange, Janusköpfe, Gorgonenhaupt, Herkules mit dem Löwen, Karaghiozis, tanzende Griechen, gefangene Griechen, Eros, Eros und über allem Pan. Die Dynamik, die Formenvielfalt der großen Formate auf Stoff und Papier, der Bücher und Mappen in den Vitrinen forderten eine unübliche Art des Sehens heraus: eine Moderne, der Urzeit verschwistert, spaltete das Publikum.

Noch vor den Begrüßungsreden, dem ersten Gläserklirren,

passierte etwas; um es erzählen zu können, muß ich einen Brief Grieshabers zitieren:

Athen 1932:

Das Zimmer des Dichters Caimi würde selbst E. T. A. Hoffmann noch aus dem Grabe aufscheuchen, denn was dort alles zusammen hauste, übertraf meine kühnsten Vorstellungen. Alle Fenster geschlossen, nach einstündigem Läuten schaut ein schwarzer Haarschopf gespenstisch aus dem Fensterladen, der sich langsam wieder schließt. Caimi in einem Zimmer, wo in allen Ecken und Winkeln alte Manuskripte herumflattern, ein dreibeiniger Tisch, dessen viertes Bein durch einen untergeschobenen Stuhl ersetzt ist, über den Tisch ausgegossene Tinte, eine Schicht Staub. Wie ich mich auf einen Stuhl setzen will, bricht er durch. Ein anderer Stuhl hat keinen Boden mehr. Dann will Caimi Kaffee machen, und wir suchen im ganzen Haus nach dem Spirituskocher. Endlich findet er sich im Ofenrohr, ganz verrostet. Nach schwierigen Versuchen, in den Kocher Spiritus einzugießen, steigt aus der Öffnung sehr beharrlich und freundlich, mit den Fühlern tastend, eine vier cm lange Schabe, der eine Schar kleinerer Schaben schnell nachfolgt. Später, nachdem der Kocher endgültig in Flammen aufgegangen ist, bietet Caimi Makkaroni an. Als wir aber die Tüte untersuchen, schwärmt gleich ein Dutzend schwarzhaariger Schabenkäfer aus dem Papier und verteilt sich strategisch in den verschiedenen dunklen Winkeln der Küche. Die Makkaroni aber waren zu Staub verwandelt und mit Mauskegeln vermengt. In Caimis Schlafzimmer liegen unter Staublawinen verstaubte Bücher, alte Hemden, Socken aus dem 4. Jahrhundert vor Christus und Schuhe, in denen alle möglichen Kleintiere nisten. Die Fenster sind mit Papier verklebt, es riecht nach Abtrittgerüchen, wo man sich hinsetzen will, erhält man sogleich einen Flecken von irgendeiner seltsamen Substanz, die hier vor Jahren ausgegossen war und immer noch abfärbt. Caimi selbst schreibt unentwegt die Geschichte uralter Tradition und lebt

auf
zum
hohen
Olymp

Zur
Reise
nach
Berlin
Haus

28
IX
77

wie eine Eule in verfallendem Gemäuer. Durch das Erdbeben
seien ein paar Dachziegel vom Haus gefallen, hat er mir
freundlich erklärt, und er habe nur bedauert, daß nicht das
ganze Haus eingestürzt sei. Langsam bröckelt der Mörtel ab,
die Tapeten verbleichen, die Bilder, die da und dort, schief
aufgehängt, die Spinnen und Schaben erfreuen, bedecken
sich sanft mit unendlich feinen Staubteilchen, und das bürgerliche Buffet nebenan sieht wie eine Burgruine aus. Caimi
liest seine Gedichte vor. Mir wird ganz neunerlei zumute. Ich
fange an, dieses Land zu begreifen. Europa ist weit...

Wie oft hatte Grieshaber in unseren zehn Jahren versonnen
den Namen Julio Caimi ausgesprochen. Und hinzugefügt:
Keiner mehr von damals wird leben.

Athen 1977:

Geschmückte Damen, würdige Herren standen herum, da
trat ein Mensch im Bildersaal auf Andreas zu: In der Zeitung
hab ich den Namen gelesen. Sind Sie der Grieshaber von
damals? Klein war er, erbarmungswürdig mager, faltenreich,
seine Haut rissig, grau, braun, gegerbt von was für Tagen,
Nächten, Armut, Elend, Verfolgung, schwarz immer noch
das Haar. Die Augen Kohlen, aufglimmend, erlöschend; was
für ein Gesicht, gleichzeitig Ahasverus und ein Kind, ein
Vogel; was für Hände; was für ein Mantel; was für Schuhe!
Wenn ein Clochard etwas Wunderbares sein kann: dieser hier
war es. Andreas umarmte ihn vorsichtig, um ihn nicht zu
erdrücken. Ich hingegen, naß von Tränen, Grieshabers Situation und den Augenblick begreifend, in dem alle Jahrzehnte
zusammenstürzten, umschlang diesen Kopf, wiegte ihn eine
Weile, mein Gesicht an das von Julio Caimi geschmiegt. Ich
roch den Geruch von tausend Jahren Athen. Caimi zog die
Reste dessen, was einmal eine Geldbörse gewesen war, aus
der Manteltasche, er fingerte mit zitternden Händen, die
trotzdem sehr flink waren, etwas heraus: Schau her, das war
ich! Eine Photographie, Rimbaud sah so aus. Dann enthüllte
er, was er in Zeitungspapier verpackt unter die Achsel ge-

klemmt hatte, seine «Beglaubigung»: ein Bildchen, 18 × 22 cm. Dachte ich an Klee? Vor 45 Jahren hatte Grieshaber Caimi das Bild geschenkt: die Alb im Winter, mit roten Konturen; eine Kirche im Dorf, die Arme frierend um sich geschlagen wie einen Schal, darüber ein tanzender Grieche.

Grieshaber bat den Bürgermeister von Athen, so zu tun, als kaufe er das Aquarell; er bringe ihm morgen einen Scheck. Jetzt hängt es über dem Arbeitsplatz auf der Achalm. Caimi war verschwunden, Andreas konnte es nicht verhindern, damit die Ausstellung endlich eröffnet werden könne, Nervosität hatte sich ausgebreitet; nach Isidoras Laudatio: «HAP Grieshaber im Bannkreis Griechenlands» mußte er Rede und Antwort stehen; Bedauern kam auf, diesen Bildern keinen Platz in der Nationalgalerie eingeräumt zu haben, man wolle das nachholen. Andreas wußte, den Aufwand würde er nicht noch einmal leisten können, und ergab sich dem Unwiederbringlichen dieses einen Abends, seinem so oft beschworenen «Jetzt». Ich hingegen hatte anderes im Kopf: die Kataloge. Zweitausend blieben in Kisten vernagelt. Warum wurden sie nicht aufgelegt? Was steckte dahinter? Seltsame Ausflüchte: sie seien zu kostbar, um verschleudert zu werden. Der eine, der andere Gast bekam ihn überreicht, nach einem nicht erkennbaren Schlüssel.

Man zeigte ihn herum, blätterte darin, tuschelte, fragte, ob man nicht ebenfalls einen haben könne. Gewiß, er sah herausfordernd aus mit den vier schwarzen Helmen auf Vorder- und Rückseite. Gewiß, *Kato i Diktatoria/Nieder mit der Diktatur*, wovor Isidora eindringlich gewarnt hatte, stand einige Male zu oft über Texten und Abbildungen der Plakate. Als hätte Grieshaber das nicht beabsichtigt! Wußte er nicht, daß man in der Athener Gesellschaft gar nicht so sehr erinnert sein wollte, wie überall, wo Diktaturen abgelöst wurden? Warum schadete er der Verbreitung des Katalogs durch Provokation? Durch die Wahrheit? Ich saß niedergeschlagen auf den Kisten im Nebenzimmer: die Kataloge allein würden von uns bleiben, wenn wir wieder weg waren, würden Zeugnis ablegen,

was man tun kann «für die Freiheit und für die Menschenrechte». Sollten die Kisten nach Deutschland zurück?

Eine junge Frau trat zu mir: Geben Sie mir einen Katalog?
Oder zwei? Für die Studenten. Sie stehen draußen. Ich fragte:
Warum kommen sie nicht herein? Die Studentin sagte: Wissen Sie das nicht? Sehen Sie sich doch um! Da ist kaum einer
unter vierzig. Sorgfältig ausgewählt und geladen. Wir sind
nicht erwünscht. Aber die Jugend ist auf Ihrer Seite. Wir
haben den Turm gegen die Junta gesehen. Es spricht sich
herum. Schauen Sie zum Fenster hinaus. Ich beugte mich
über die Brüstung und sah in die Gesichter jener, die fehlten.
Hände streckten sich mir entgegen, ich ließ Kataloge hinein-
fallen, bis die geöffnete Kiste leer war. Wenigstens das. Mich
interessierte nur noch das Nebenzimmer. Das Fenster. Hätte
ich mich um Andreas kümmern sollen? Was sie ihm seit
Stunden zu trinken gaben? Wir hatten den ganzen Tag nichts
gegessen.

Auf der Freitreppe der kleinen Pinakothek stand er um
Mitternacht, Springbrunnen sprühten farbige Lichtfunken,
eingerahmt von eleganten Frauen, hielt er in jeder Hand ein
Glas, lachte, redete, lachte, als sie drängten, endlich zum
Galadiner aufzubrechen, damit die griechische Gastfreundschaft ihre Triumphe feiern könne – ich erkannte, daß es dazu
nicht mehr kommen würde. Beschwor zwei Männer, Grieshaber festzuhalten, damit er nicht stürze beim vergeblichen
Versuch, die Treppen hinabzugehen. Im Auto brach er zusammen. Die Gesellschaft begab sich ohne ihn zum Diner. Im
«King George» gelang es mir, Andreas ins Bett zu bringen.
Habe ich ihn je so betrunken erlebt? Dann begann ein ohren-
betäubendes Konzert aus Autohupen, sie fuhren zu Hunder-
ten im Viereck um den Syntagmaplatz, gegenüber das Parla-
ment war noch hell beleuchtet; die Evzonen davor wie wächserne Puppen. Andreas stand auf dem Balkon, nackt, streckte
die Arme aus: Von hier aus haben britische Maschinengeweh-
re die Bevölkerung niedergemäht – warum bin ich da einquartiert? Was bedeutet der Lärm? Ist Revolution? Sie haben Julio

Caimi gefangen. Gib mir das Bild. Gib mir das Bildchen, das ich ihm 1932 malte. Ich hatte nur noch Angst. Pure würgende Angst. Ob wir den Morgen noch erlebten? Ob sein Herz durchhielt?

Die Griechen hatten ein Fußballspiel gewonnen, das war alles.

Athen 1977: der Bürgermeister gab einen Empfang im Rathaus. Es sei eine ungewöhnliche Ehrung. Grieshaber fühlte sich wohl bei der «integren Widerstandsfigur», wie sie das Stadtoberhaupt leicht naserümpfend bezeichnet hatten, wenn man sich wohlfühlen kann mit einem soeben von der zugeschlagenen Autotür fast zerquetschten Daumen, der Nagel gespalten. Etliche Cognacs vor dem Champagner halfen, den Schmerz zu ignorieren, die Skala des Grieshaberschen Lachens durchdrang die Flure; einen Orden hätte der Bürgermeister ihm gern überreicht, sagte er, doch habe man ihn nicht informiert über seinen Gast, dessen Verdienste er gestern abend erst erkannt habe. Und in seiner Schublade liege keiner. Sobald Grieshaber wiederkomme zur großen Ausstellung in der Nationalgalerie. Ach ja. Ricca, die eingeflogene Tochter, photographierte. Später, in der Nationalgalerie, vom Hausherrn geführt, zeigte Andreas mir einen kleinen verstaubten Dürer-Holzschnitt, der unsere Heimat vertrat. Die Französische Schule bildete den Hauptbestand, übergangslos der Kopfsprung in die Popart; Objets. Hier werde der Deutsche nicht verstanden. Athener Malerinnen brachten ihr Ausstellungsbuch: *Abas Les Paschas*, schrieb Andreas hinein. Bei Karaghiozis stellten sie gerade die Stühle auf, zum ersten Spiel nach dem Winter, wie vor fünfzig Jahren, als Grieshaber neue Figuren schnitt und Texte entwarf. Wir stiegen auf die Akropolis, wo Andreas in der Opferblutrinne übernachtet hatte, fuhren mit der Straßenbahn, bei der er den ersten Streik Griechenlands mitinszeniert hatte, nach Piräus, wo er Töpfer gewesen war. Am Abend die Gesellschaft beim Leiter des Goetheinstituts. Am nächsten Tag ein mißglücktes Ministeressen mit Isidora, wir hatten kein Taxi bekommen und trafen zwei Stunden zu spät ein: Ungnade. Nicht mit dem angebotenen Tragflügelboot wollte Andreas die Inseln besuchen, sondern mit einem Jedermanns-Schiff. Alles Offizielle fiel ab, er atmete auf, am Aphaiatempel auf Aigina, im Wind, der über die Frühlingsblumen strich, im Harzgeruch der Kiefern hatte er plötzlich wieder ein Gesicht wie vor zehn Jahren. Die Tochter photographierte.

Ich konzentrierte mich auf das Ziel: rent a car. Weg von Athen. Überall hin, wo ich mich auskannte und wo Andreas nie gewesen war zu einer Zeit, als man noch Maultiere brauchte. Es mußte mir gelingen, sein Griechenland, mein Griechenland in eins zu verschmelzen, unserer Liebe den Spiegel vorzuhalten, und wenn ich Berge versetzen müßte. Nur ein VW mit zertrümmertem Ausstellfenster und abgefahrenen Reifen war aufzutreiben. Mit ihm begann der Morgen im März durch den blühenden Mohn nach Theben. Levadia: da fließt Lethe, dort Mnemosyne, das ist die Herkyna-Schlucht, Höhlenschlaf, Heilschlaf, Andreas wollte sie durchwandern. Jetzt kommt der Löwe von Chaironeia, der überm Schlachtfeld thront, dann geht es zurück, ins Gebirge hinauf, hinter uns Helikon, vor uns Parnaß, urtümliche Herden von Schafen und Ziegen, an diesem Kreuzweg erschlug Ödipus seinen Vater, in Arachowa liegen Schneereste, ein kalter Wind bläst in Delphi. Die Sonne geht unter, wir frieren im Hotel, aber schon geht sie wieder auf über der Giona, unten das Meer, der heilige Ölbaumwald, durch den sie heraufzogen. Wir trinken am Kastalischen Quell, Andreas steigt rasch durch die Schatzhäuser, Tempel, empor zum Theater, dann sah ich ihn auf den Stufen sitzen und sah, was ich nie gesehen hatte: zehn Jahre vergangen; eine fast zartgliedrige Gestalt, die Locken fallen auf die Schulter herab, sie sind ja weiß geworden. Da ging etwas zu Ende, ich wußte nicht was, ich wollte nicht sehn, was ich sah, das Herz krampfte sich mir zusammen: wir würden nie wiederkommen. Alle Blumen sind aufgeblüht, bienenumsummt setzen wir uns in die Sonne, zwischen Japaner, auf den Steinen der Tholos.

Am nächsten Tag die Abschiedsfahrt mit Ricca nach Kap Sunion; das Mittagsmahl bei einem Fischer ist köstlicher als alle überstandenen Diners. Zurück landeinwärts über Brauron, die Betten von Artemis-Iphigenies kleinen Tempeldienerinnen. Dann flog die Tochter heim. Keine Photos mehr, sagte der Vater. Der Rest gehört uns allein.

Immer wieder schaffte ich es, die richtige Ausfahrt zu finden. Bei Salamis war Andreas einst mit den Fischern hinausgefahren. Jetzt rollte das Auto an einem Friedhof von Schiffen vorbei, sie warteten dem Tod entgegen, denn die besseren Zeiten kamen nicht. Trauer übertraf die Einsicht in die Notwendigkeit: Eleusis im Würgegriff der größten Industriekonzentration des Landes; die scheußliche Uhr auf dem Hügel über dem Ursprung der Mysterien verkündete, auch wenn sie stillstand seit vielen Jahren, das Ende eines Zeitalters. Staubbedeckt Blumen und Gras zwischen den Resten. Dafür empfing uns Altkorinth mit einem Teppich aus Mohn, wie er im Norden nie leuchtet; blühende Kräuter umrankten die Vergangenheit, lang stiegen wir dazwischen herum, bevor ich das Auto in die Argolis lenkte. Nemea war noch nicht eingezäunt, wir saßen allein unter den schlanken Säulen. Andreas' Husten wuchs seit Tagen, er kämpfte mit dem steigenden Fieber, eine Nacht voller Angst in Nauplia. Früh in Epidauros warteten wir auf das Öffnen der Tore vergebens, zwar thronte ein Wärter im Kassenhäuschen, ein zweiter stand hinterm Gitter wie zum Hohn: Nationalfeiertag, klagende Touristen trafen ein, bettelten, beschworen die absurden Aufseher, die lediglich Postkarten verkauften, ich kämpfte ohnmächtig mit meinem Zorn, Andreas nicht den Ort meines Gedichts zeigen zu können, bezog es am Ende auf das Schicksal: dem Kranken war keine Heilung beschieden. Rucksackwanderer drängten sich in unser Auto. Auch in Tiryns verschlossene Pforten. In Argos konnte ich nur noch halbvoll tanken, weil die Drachmen zur Neige gingen. Gegen besseres Wissen lenkte ich nach Mykene hinauf, Andreas sah junge Menschen über die hohen Maschendrahtzäune klettern,

Wächter ließen sich nicht blicken, ermunternde Zurufe in allerlei Sprachen, das Fieber machte ihn euphorisch, Andreas griff ins Geflecht, schwang sich hinüber, half mir zu folgen. Wir blieben lang am Ort der Tragödien, sahen «die Feuer brennen von Berg zu Berg / Klytemnästra die Heimkehr verkündend», vor dem Kuppelgrab Agamemnons starb ein Esel, noch unterjocht vom hölzernen Sattel, die Augen schon eine Beute der Fliegen. Wieder konnte ich den Gedanken nicht abschütteln, dieses Omen sei uns zugedacht. Wir mußten über den Zaun zurück. Andreas taumelte; kein Hotel nahm einen Scheck entgegen, niemand wechselte DM um, niemand gab uns etwas zu trinken, die Rückfahrt war ein Fiebertraum in der brennenden Sonne und geriet zur Flucht. Andreas war hintenüber gesunken, ans Steuer geklammert, aus den Augenwinkeln erschien mir sein Gesicht wie Atreus' Goldmaske. In Eleusis war das Benzin zu Ende. Ein Tankstellenwart füllte ohne Geld auf und lud uns zu einem Kaffee. Im «King George» bekamen wir Drachmen, aßen, tranken, ich besorgte mit einem Taxi Medikamente, das Fieber stieg auf vierzig Grad, am übernächsten Tag brachte uns das Flugzeug auf die Achalm. Warum bleibe ich Griechenland treu?

48. Malgré tout

Die Athener Zeitungen berichteten in Wort und Bild in «seltener Einmütigkeit» über die Ausstellung und den Holzschneider; auch der Katalog war nicht umsonst gewesen. «Der antifaschistische Kampf zweier Philhellenen in der Kunst» etwa hieß einer der Artikel; sie stellten mich Andreas zur Seite und druckten Gedichte ab. Kaum waren die Bilder zurückgekehrt, zusammen mit tausend Katalogen, wurden sie nach Mannheim verladen und im Nationaltheater aufgehängt: Theaterleute und die Deutsch-Griechische Gesellschaft Heidelberg hatten sich zusammengetan; ein Stück unseres Dichterfreunds Volker Braun aus der DDR wurde aufgeführt, Andreas entwarf das Plakat zu *Tinka*, sie nahmen es zum Anlaß, Grieshabers bisherigen «Arbeiten zum Theater» den griechischen an die Seite zu stellen. Kaum der Lungenentzündung entronnen (auch in Athen steht man nicht ungestraft in einer Märznacht nackt auf dem Balkon überm Syntagmaplatz), mußte ich mich erneut in etwas stürzen, wovon er zu lange gesagt hatte, es solle mich nicht kümmern: das Oeuvre. Während ich um und um wälzte, wo er mich suchen hieß, machte er einen seltsamen Holzschnitt: der Boden des Serviertabletts aus einem Ramschladen in Piräus, eine vom Gebrauch zerfressene Pallas Athene zwischen Volkskunstornamenten, wurde Teil des Druckstocks, dazu schnitt er ein eulenartiges Frauengesicht, das er Isidora nannte, die verbindenden Elemente suchte er auf dem Schrotthaufen eines Reutlinger Industriebetriebs: einzelne Kettenglieder von Panzern und Raupenschleppern. *Abschied von Athen* nannte er das Bild.

Dann rückte er mit seinem Plan heraus: Wenn schon Nationaltheater Mannheim, wäre der Uraufführungsort von Schillers *Räubern* der richtige für den Ratgeb-Preis. Groß genug ist das Theater, warum soll nicht auch noch der Bauernkrieg seinen Platz finden und die neuen Arbeiten meines Preisträgers. Spann einen Briefbogen ein: Herrn Rudolf Hoflehner.

Oft blieben mir nur vier Stunden zum Schlafen, und ich schlief gern. Mein Manuskript *Chauffeur bei Don Quijote* wartete auf Ereignisse, die das letzte Kapitel krönen sollten; während ich die viergliedrige Mannheimer Ausstellung vorbereitete, stand eine Rostocker Biennale ins Haus, gingen die Chile-Veranstaltungen weiter, jetzt verstärkt in kirchlichen Gruppen, Aktionen mit Gefangenen, Behinderten, *Buchenwald* wurde gedruckt, und die Staufer-Reliquien aus aller Welt trafen hochbewacht in Stuttgart ein. Einfuhr und Ausfuhr per Jumbo-Jet: Osterurlauber gegen Särge, 10 000 gegen 580 (Tote) auf Teneriffa, da ist der Verlust wieder drin, sagte Andreas. Während das Volk zu den Staufern strömt, fliegt der Landesvater nach China, diesen Besuch muß er unterbrechen, um in Karlsruhe den ermordeten Generalbundesanwalt zu begraben; kaum erst hatte ich die hohen Herren beim Jubiläum des Bundesverfassungsgerichts gesehen: Grieshaber war geladen, die Chauffeure blieben schon bei der Anfahrt außerhalb mehrerer Sicherheitskordons hängen; Polizei hoch zu Roß, Bewaffnete patrouillierten, an allen Zugängen standen sie Spalier, doch als Andreas drei Stunden später noch nicht wieder beim Auto war, hatte ich mich auf den Weg gemacht, ihn zu suchen: Sie ließen mich passieren ohne Ausweis mit wildem Haar in einer Pelerine, unter der ich leicht zwei Bomben hätte verstecken können; treppauf, treppab durchwanderte ich viele Räume, bis ich auf einer Galerie Andreas im Gespräch mit dem Bundespräsidenten erblickte – hätte ich nicht ebensogut eine Terroristin sein können? Ich treibe nicht mit Entsetzen Scherz, sondern mit der Inkonsequenz der sogenannten Sicherheitsorgane. ‹Zu Ehren Ihrer Majestäten des Königs und der Königin von Spanien» wurde Grieshaber ins Ludwigsburger Schloß geladen; «Konzert, Ballett, ein Empfang schließt sich an», die Karte habe ich noch, der Geladene blieb auf der Achalm, las mir aus der FAZ die Ahnenreihe des erlauchten Paares vor und schrie auf, als er den Fernseher anmachte: statt des Königspaars sah er Don Gustavo – den Freund Gustav Regler, als Kommissar der Internationalen Brigade in Spanien grüßend auf offenem Auto stehn. Darf ich Majestät das Bauernkriegsbuch von Gustav Regler überreichen, sagte Andreas und führte eine Pantomime auf, als befinde er sich beim Empfang.

Jens-Momos in der Fernsehrückschau der ZEIT... In einem Gespräch zwischen dem Chef des Hauses Hohenzollern, Prinz Louis Ferdinand, und Hans Karl Filbinger – einem illustren, durch die Vokabeln «Kaiserliche Hoheit» und «Herr Landesvater» akzentuierten Disput über die Frage, warum bei der Staufer-Ausstellung das Volk nicht ins Blickfeld geraten sei, Barbarossas Knechte und Bauern. Filbinger: «Weil das Volk, damals so gut wie heute, sich nur im Spiegel seiner Herrscher erkennt.» . . .

Hie gut Württemberg allewege, noch wußte die Welt nichts von dem Todesurteil des Herrn Ministerpräsidenten als Marinerichter im Zweiten Weltkrieg nach der Kapitulation, und daß ein Schriftsteller seinen Sturz auslösen würde.

Grieshaber, nicht nachlassend, vom Ende des Holzschnitts zu reden, ohne zu klagen; das eine Mal getreu seinem berühmten Malgré tout trotzdem zum Messer greifend, er müsse sein Werk zu Ende leben, das andere Mal neue Techniken beschwörend, weil sein Temperament immer vom Anfangen geprägt war, weise, einsichtig, geduldig, dem Gestern verbunden, auffahrend, ungebärdig das Morgen herbeireißend, suchte Holztrümmer, zerschlug, zersägte, zerbrach sie, riß Linien hinein, färbte die Stücke schwarz, drückte sie auf große weiße Bogen als Fond und besprang sie mit dem Pinsel voll schwarzer Tusche: zehn *Paraphrasen zu Jörg Ratgeb* entstanden; meinem Preisträger zu Ehren, sagte er; Unikate. Mögen sie beieinander bleiben. Für ein paar Tage waren sie an die niederen Achalmwände gepinnt, ich empfand mich umstellt von Gewalt und Trauer, Randfiguren zu Christi Martyrium, schwarze Schatten von Ratgebs Visionen, gleichzeitig drückten sie Auflehnung aus gegen den sterbenden Holzschnitt. Und wieder würde es keiner begreifen, würden sie die Nase rümpfen über Grieshabers Entwicklung, der sie nicht folgen konnten.

Im Nationaltheater Mannheim übergab Grieshaber im Juni den Ratgeb-Preis an Rudolf Hoflehner.

49. Triumph im Vergeblichen

Keine Kalendereintragungen mehr wie seit zwanzig Jahren. Keine Erinnerung an Rostock, Grieshabers dritte Teilnahme als Biennale-Kommissar. Die Jahre liegen nicht mehr ausgebreitet vor meinem Gedächtnis, Säen, Wachsen, Ernten schieben sich übereinander, ineinander; bisher Wichtiges wurde unwichtig, Unwichtiges nahm Gewicht an unter dem Druck des kaum mehr abreißenden Gefordertseins.

Volker Braun, auf der Achalm, träumte, er habe Grieshabers große *Persephone* entführt, sei mit ihr die Koppel hinaufgerannt; er soll sie haben, sagte Andreas, nahm sie von der Wand und rollte sie dem Freund unter den Arm. Wann standen Günter Kunert und Frau Marianne zwischen den Schafen? Wann war Fühmanns erster Besuch, als er den Pflaumenbaum schüttelte? Unser letzter bei Sarah Kirsch in Ostberlin? Bei Wulf Kirsten in Weimar? Wann war Wolf Biermann Anlaß oder Auslöser für den Schriftsteller-Exodus? Walsers Wandlung? Das Frühstück mit Günter Grass auf Schloß Kißlegg? Die Abendessen mit Heinar Kipphardt, der Widerspruch seiner beleibten Bonhomie zu seinen verletzenden Sarkasmen; Pias fragile Zähigkeit, beider Rückschlüsse auf Kirkes Garten, Dichter- und Psychiater-Gespräche zwischen dem Zaubergewächs; das Rumoren in Stammheim, was geschah nach der Entführung Schleyers; wann fuhren wir zum letztenmal zu Ernst Bloch; warum hat die Nacht in der Hülchrather Straße mit Bölls Kindern die Freundschaft gestört? Wer denunzierte wen? Was für Film- und Fernsehpläne, die Regisseure aus Ostberlin lockten Andreas aus seiner Reserve, doch Volker Brauns *Guevara oder der Sonnenstaat* mußte in Mannheim uraufgeführt werden, nur die Holzschnitte wurden in Leipzig gedruckt; Grieshaber freute sich, noch einmal Partisan mit Partisanenbildern zu sein, dem Wort eine Gasse vorzubereiten, wie er umgekehrt für Reiner Kunzes westdeutsches Buch *Die Bringer Beethovens* vergeblich versucht hatte, Versöhnungsbilder zu machen. Walter Jens, der Bilder wollte zu *Jesus von Nazareth*, bekam als Buchtitel statt der Krippe zwischen Ochs und Esel den Kinderwagen, mit dem die Terroristen bei der Entführung Schleyers in Köln die Straße versperrt hatten; vor dem Symbol der Machtlosigkeit hielten, die entführt werden sollten, spontan ihr Auto an und mußten dafür mit dem Leben bezahlen.

Alle Versuche, einen Oeuvre-Katalog zu erstellen, waren

seit Jahren gescheitert an Grieshabers Widerborstigkeit: seine Lebenszeit sei ihm zu kostbar, sich mit Vergangenem zu beschäftigen; erst der Umweg DDR, die Beschwernisse, führten eine Zustimmung herbei. Drei große Museumsausstellungen waren geplant fürs bevorstehende Jahr und den folgenden runden Geburtstag, über den Grieshaber nicht sprechen wollte; Fachleute aus Rostock und Ostberlin, die nicht einfach ins Flugzeug steigen konnten wie anderswo, kamen wiederholt auf die Achalm, um über Wochen zu arbeiten. Die Umstände, zwischen zwei deutschen Staaten ein solches Unternehmen zu beginnen, nicht auf der Strecke zu bleiben, es zum Ende zu führen, machten Akrobaten aus uns. Andreas hatte es angepackt, gegen sein Naturell, mir blieb keine Wahl, als den Herren zur Hand zu gehen. Grieshaber mußte zwar die Voraussetzungen schaffen, Schubladen öffnen, Regale freigeben, Rede und Antwort stehen über Reihenfolgen der Druckvorgänge, Farbangaben, Jahreszahlen, doch er wurde es immer rasch leid, und wo die Titel der Bilder fehlten, ließ er den Gästen freie Hand, ihre Phantasie spielen zu lassen, denn sie wollten sich nicht begnügen mit Motiv II, III, IV oder d, e, f, g, etc. Wann immer es ging, zog er sich zurück, ich pendelte zwischen Küche, Atelier, Werkstätten; Kochen war nie meine Lust gewesen, doch schwieriger war, deutsch-deutsch zu dolmetschen, Grieshaberismen, doppelte Böden, Vieldeutigkeiten verständlich zu machen, Bilder in Wörter zu übersetzen, Löcher, Lücken, Spalten zu überbrücken, ohne Schaden anzurichten. An der Kunst? Ostaugen? Westaugen? Es war nicht so einfach möglich, «Menschenaugen» zu sagen, wie Andreas es gern gehabt hätte. Ein Glück schon, daß es wenigstens hungrige, neugierige Augen waren. Man sagte mir Vermittlungstalent nach, doch die Übermittlungsfehler standen nachts um mein Bett. Und was für Ohren? Von mir hing es ab, die Balance zu halten, heikle Situationen zu meistern, Andreas im richtigen Augenblick zu rufen, im rechten in Ruhe zu lassen; wie sollte ich den Herren begreiflich machen, daß die Figur Grieshaber, der Menschenfreund, der Mann des

Volkes, ein Mythos war? In Wirklichkeit ertrug er die Menschen stets nur kurz, wurde krank, wann man ihn seiner Freiheit des Alleinseins beraubte, wenn man ihn nötigte, Gesellschaft länger als für die Dauer eines spontanen Besuchs zu teilen. Bei der Frage: «Störe ich?» antwortete er: «Man stört immer. Kommen Sie herein.» Die «heiter-entspannenden Abende» mußte ich möglichst ohne ihn mit den Dauergästen veranstalten, erschwerend das Abseits der Achalm, zum Glück interessierten sie sich für die Klöster und Kirchen Schwabens, Romanisches, Gotisches, Barock, so konnte ich sie manchmal ins Auto packen. Grieshabers Bibliothek verkürzte ihre Zeit im Hotel.

Ach, wo war unser August geblieben? Wiesen, Wälder, Wacholderheiden? Immer wenn Andreas mich bei der Hand nahm, mußte er mich vom Aufräumen wegziehen. Und ich kam schon längst nicht mehr nach. Schlafmittel halfen nichts gegen Chaosträume, doch überhaupt nicht schlafen war schlimmer. Wachmittel lagen neben dem Bett, Kopfwehtabletten, Spezifika gegen die Rückenschmerzen.

Am vierten August starb Ernst Bloch. Andreas wählte die Blumen und Disteln und Zweige für einen Achalmstrauß, den er seinen Toten ans Grab legte. Dann fuhren wir zur Beerdigung. Schon in der Friedhofskapelle gab es eine seltsame Choreographie, bis jedermann, der nicht jedermann war, dort saß, wo er sitzen sollte und oft nicht wollte, weil das Bloch-Gedenken des einen nicht dem des anderen entsprach. Reden, Musik, Meditationen erzeugten eine Aura, die mir abenteuerlich vorkam. Die schwarzgekleideten Ehrbarkeiten hatten zwar Vortritt auf dem langen Weg zum Grab, der farbige, ungezähmte Haufen Jugend aber drängte über die alten Gräber und umkreiste das neue. Im Schloß zu Bebenhausen irrten später Freund und Feind durcheinander, die traurigsten, die berühmtesten betranken sich und hockten still und allein an den kalten Mauern.

August vor zehn Jahren, der Pfauenschrei: Jetzt standen sie, aus Westberlin, im Achalmgarten: Staatliche Kunsthalle.

477

Umgebaut. Wir wollen sie mit dir eröffnen, Grieshaber. Zweitausend Quadratmeter. Sag nicht nein. Vergiß unsre Fehden. Den alten Zwist. Zweitausend Quadratmeter. Laß uns nicht mehr über Berufsverbände streiten. Oder die BILD-KUNST. Ich bin jetzt Direktor. Und ich will keinen andern als dich. Zweitausend Quadratmeter Hängefläche. Wir wollen auch deine Holzstöcke zeigen. Und einen großen Katalog machen. Wir haben Geld. Viel Geld für die Ausstellung. Szymanski rief aus der Akademie der Künste an: Sagen Sie ja, Grieshaber. Es gibt kein vergleichbares Angebot. Zweitausend Quadratmeter. Sie hätten endlich Platz für eine Konzeption nach Ihrem Sinn. Andreas murmelte etwas von la tentation de saint Antoine. Sagte nein. Nein. Nein. Sagte ja. Sagte: Aber ihr müßt es selber machen. Lang genug hab ich's vorgemacht. Zum Beispiel im Januar in Athen: Mahnbilder für die Freiheit und die Menschenrechte. Im Mai hingen sie in Mannheim. Vermehrt um den Bauernkrieg. Jörg Ratgeb zu Ehren. Nehmt das als Grundstock. Drüben in der Werkstatt hängt die große Vierteilung. Im Museum in Rotterdam mein Bauernkriegs-Diptychon von neunzehnhundertdreiundsechzig. Holt es ab. Wenn ihr die Holzstöcke wollt: bei Philip Rosenthal in Selb dienten sie als Bibliothekstür. Vielleicht gibt es sie noch. Auch der in Heidelberg einbetonierten Sintflut würde eine Kur gut bekommen. Außerdem könnt ihr in Bochum, in Freiburg, in Hamburg, in Bonn, in Braunschweig und Tübingen fündig werden. Oder in Stuttgart. Von mir kriegt ihr den Totentanz. Kreuzwege. Engel. Nonnen. Madonnen. Den Turm der Plakate aus Athen kann man ergänzen mit Chile-Plakaten. Korea. Vietnam. Schwarzafrika. Israelische und arabische Kamele. Sie schrieben schon auf. Ich suchte Adressen. Grieshaber sagte: Ich komme erst zur Eröffnung. Ich will nichts sehen. Nichts angeben. In der Berliner Akademie steht mir zwar ein Atelier zur Verfügung, aber ich kann und mag mit den Herren nicht, und sie können und mögen nicht mit mir. Macht eure Ausstellung als Herausforderung, macht sie ohne meine Leute, zeigt, wer ihr seid und wer der

Holzschneider ist. Seid jung, seid frisch, seid neu, die alten
Gleise sind ausgefahren. Ich vertraue euch, ich überlaß mich
euch, und wo ihr nicht weiterkommt, ruft mich an, ich geb
euch Bescheid. Den Katalog? Ich habe genug entworfen
durch die Jahrzehnte, seht sie euch an, auch meine Typogra-
phie, den Druck. Ich will mich einmal beschenken lassen. Die
Margarete da, die könnt ihr haben. Sie weiß Bescheid. Das hat
sie in sechs Wochen gemacht. Grieshaber schob jedem einen
Athener Katalog untern Arm. Ruckhaberle sagte, die Margarete müsse bald nach Berlin fliegen: Wir brauchen sie. Im
November sei die Eröffnung. Trotzdem sehe er eine Ausstellung und einen Katalog vor sich, für den Museumsleute zwei
Jahre veranschlagen. Und daß viele Abbildungen farbig sein
würden. Man müsse nicht sparen. Man wolle viel Text. Ich
solle sofort anfangen.

Aber natürlich lenkte Andreas am langen Seil, was er in
Berlin zeigen wollte. Aber natürlich füllte Andreas mir Mappe um Mappe mit Dokumenten für den Katalog, bevor er mir
den Reisesegen gab. Rosinante platzte fast aus den Nähten, als
ich mich im September auf den Weg machte.

So kam es, daß ich unter Frauen geriet, von denen ich bisher
nur hörte und las. Nicht ohne Schauder. Nicht ohne Bewunderung. Sie waren jung. Sie waren klug. Sie waren schön. Der
Direktor hatte sie auf den Katalog angesetzt. Der Direktor ließ
sich nicht einmal anmerken, daß er Primus inter pares vorgab
zu sein. Alle sagten du zueinander. Ich lernte sofort. Sah, daß
sie wußten, wovon ich nicht zu träumen wagte. Sah, sie
wußten nichts von dem, was ich ein Leben lang trieb und
träumte. Vor allem wußten sie nichts von Grieshaber.

Womit sollte ich anfangen? Wie mich einführen? Die Bilder
standen an den Wänden gestapelt. Ich bat um einen Eimer.
Wusch die gerahmten Gläser ab, Dreck aus Mannheim, Staub
von Athen, bis die Frauen zu fragen anfingen: Wer ist das?
Wer ist der? Wer ist die mit den vielen Brüsten? Was sind das
für Tiere? Warum hat er das so gemacht und nicht so? Ich
wußte, alles hing davon ab, daß es mir gelänge: erzählen. Mit

dem Wort Archetypus kam ich nicht weit. Sie sagten mir, C. G. Jung habe ihn auf urtümliche, der Menschheit als solcher eigene, unbewußte und angeborene Ideen zurückzuführen gesucht. Die Hypothese habe sich bisher nicht durchgesetzt. Also gut, sagte ich, die mit den Brüsten ist nicht die Diana von Ephesos, die Brüste sind auch keine Stierhoden, ich bin's. Als er mich kennenlernte. Das Hängebauchschwein, Glückssymbol, dessen Abbildung man sich in Vietnam zu Neujahr schenkt, hab ich ganz real grunzen gehört, gesehen, wie es sich im Dreck gewälzt hat, wir aßen sein Fleisch, als die Würste verbraucht waren, hab ich fünf Kilo mehr gewogen.

Das war der Weg; den mußte ich gehn; mich durch den Dschungel der Fragen hindurchhaun: Wie ist Grieshaber? Raucht er? Trinkt er? Wie viele Frauen hatte er? Warum lebt er auf der Achalm? Gibt es dort Schnee im Sommer? Bergseen? Kochst du für ihn? Schaust du zu, wenn er arbeitet? Wie kam er auf Griechenland? Zum Bauernkrieg? Chile? Warum fährt er in die DDR? Und wer bist du? Warum tust du das alles? Hast du auch ein eigenes Leben oder läßt du dich von ihm auffressen?

Meine Lehrer, verglichen mit euren, waren Mammutjäger, Kriege lehrten sie statt Griechenland, stets hatte ich es mit Männern zu tun, die mich erbeuteten, eine Form, die euch allmählich abhanden kommt, Evolutionen dauern ihre Zeit, ich gehöre schon zum Humus, der euch trägt; wenn man den Stand des Wissens ansetzt mit der Zahl vierzig zu Goethes Lebzeiten, haben wir jetzt die Zahl zweitausend überschritten. Das seid ihr, meine Holden, und bitte bedenkt, ich stand vermutlich kaum bei hundert und mußte immer wieder neu das Uralte erfinden nach den jeweiligen Bestialitäten; lernen, wie man Kartoffeln dem Hunger abtrotzt, um sie in die Erde zu legen, damit sie sich vermehren. Und wie man Rosen pflanzt. Es mußte schon was zusammenkommen, um einer Generation wie Grieshaber beizustehen oder beizuwohnen, die beim Schein der Petroleumlampe auf diese Welt kam, ein

14
XI
75

Zum
Schluß
kommt
das
große
Lösch-
blatt
es
löscht
und
löscht
. . .

Licht erlebte, das die Sonne verdunkelte über Hiroshima, die zusah, wie der Mensch auf dem Mond landete, und ein Deutschland austrug, das mit zwei Weltkriegen wuchs und kaputtging. Das reichte noch nicht: Grieshaber lebte gegen den Strich, ich teile das Leben eines Atypischen, seit zehn Jahren erfindet er meine Jahreszeiten durch Kunst inmitten einer entgegengesetzten Natur, während er gleichzeitig auf dem Posten steht für sein Jahrhundert. Die Spree, sagt er stets, hat nichts mit Athen gemein. Und in Berlin habe ich nie eine Tüte Salz verbrauchen können. Aber das mit der Inselstadt solle ich selber nachprüfen. Sehen, wo ich bliebe. Und er.

Tage, Nächte des Erzählens, immer in Angst, die Teile würden sich niemals zu einem Ganzen zusammenfinden, bis sich herauskristallisierte, wer von den Frauen sich welcher Sache annahm und wie die Mappen aus dem Kofferraum zu verteilen waren. Ich telephonierte mit Andreas, er schickte Malbriefe, ich fuhr zurück, er hieß mich wieder ins Flugzeug steigen: es sei recht, es sei gut, wie wir es machten: anders, anders als bisher, jung. Irrtümer? Fehler? Das gehöre dazu. Zum Lebendigen. Ich sagte ihm, es seien neun Frauen. Doch sie ließen sich kaum mit Musen vergleichen, Apollon sei ihnen so fern wie Pan oder Dionysos. Keine sei auf ein Talent festzulegen. Dennoch: was für eine Insel!

Elke, Margrit, Stefanie, Selver, Freya, Christiane, Monika, Semra, Gisela; «am Bedarf vorbei», nämlich dem des Marktes, ausgebildet, «Überfluß der Überflußgesellschaft, Schülerberg, Studentenberg, Lehrlingsberg, Akademikerschwemme» steht in der Zeitung.

Ihr habt eure Konzeption herausgefiltert, stürztet euch in die chilenischen Kupferbergwerke, zählet die täglich geförderten Kipploren vor und nach der Revolution, wie viele Liter Milch für wieviel Kinder, und im Stadion von Santiago, in der Bouboulinas Athens die Gefangenen, Gefolterten, die erschlagenen Bauern bei Böblingen, Blut und Tränen flossen durch euch; während ihr die Mechanismen der Macht bloß-

481

legtet, ihre Statistiken, irrte ich durch die Waben der Kunst-
halle, roch die Farben, den Firnis, die Teppichböden, das
neue Mobiliar, die Maschinen, sah gebreitet auf Tischen und
Fußböden Bücher, Hefte, Papier, hörte euch rufen nach
Scheren, Klebstoff, euer Tag hatte sechzehn Stunden, sieben
Tage die Woche, und Grieshabers Kunst ließ sich integrieren
in euer Exposé und umgekehrt. Zweitausend Quadratmeter
Hängefläche gähnten mir entgegen; ich hatte Angst.

Euer Primus lächelt. Er weiß, was er herausgepickt hat.
Eingestellt als Hilfspersonal, weil er euch sonst nicht hätte
einstellen können. Für ihn habt ihr nicht umsonst studiert. Er
macht seine Lagebesprechungen. Tausend Tassen Kaffee
tranken wir. Anfangs konnte ich euch nicht auseinanderhalten, ich wußte nicht, wer welche war, alle zusammen betäub-
tet ihr mich.

Grieshaber, tausend Kilometer entfernt, läßt sich von mir
jede Nacht erzählen, ob ich Boden für ihn gewann oder verlor.

Ihr habt mich nicht an die Mauer geführt, keine Schauder
verkauft, Strangulierungsmale, Macht- und Ohnmachtsde-
monstrationen, keine Touristenentrüstung verhökert; manchmal schimmerte eine Fassade, ein gebündeltes Licht von dorther, was ihr DRÜBEN nennt. Das da ist Grieshaber Panzer-
pan, hinter dessen Rüstung verdeckt er hinüber- und herüber-
ging, eine Flöte blasend.

Was wirklich geschehen ist im deutschen Herbst des Jahres
1977, in sieben Wochen voller Gewalt, Haß, Hysterie,
Furcht, Ratlosigkeit und Trauer, zwischen den vier Morden
von Köln und den drei Selbstmorden von Stammheim, läßt
sich längst noch nicht sagen, stand in der Zeitung.

Ruckhaberle nahm mich in die Druckerei mit: Symbiose
von Lärm und Geruch, ich sah die Umstellungsphasen, Über-
gangsphasen des Betriebs vom Blei- zum Lichtsatz, während
die alten Maschinen dröhnten, wurden die neuen montiert,
man schrie sich grimmige Witze zu, ich stand hilflos in dem
sarkastischen Aufgestörtsein der Männer.

Grieshabers Worte waren längst beiseite geschoben:

482

«...der elektronische Schock mit seinem in die Zukunft strahlenden kalten Licht aus Kathodenröhren hat die Kameraden bereits tödlich getroffen. Mit dem Setzer verlieren wir nicht nur den Fuß für den aufrechten Gang, wir verlieren das breite Bett, das seit Gutenberg für uns gemacht ist. Wir dürfen nicht auf Begabungen verzichten, an denen Generationen gearbeitet haben! Wir dürfen 500 Jahre Kultur nicht an Ingenieure weggeben! ... Wir sind gewiß keine Maschinenstürmer, wollen auch keine Heizer auf der E-Lok werden...»

Die Ablichtungsgeräte in der Kunsthalle standen nie still, was für ein Fortschritt, ohne sie wären wir nie zurechtgekommen; Stefanies Koffer voller Photos aus Griechenlands dunklen Zeiten, die Dokumente aus Chile, was Christiane in Bibliotheken über das 16. Jahrhundert zutage förderte.

Euer Lachen, eure Fröhlichkeit morgens und mittags und nachts, auch wenn euch keine Sonne mehr beschien, auch wenn ihr blaß und durchsichtig wurdet; manchmal gingen wir essen zusammen, hielten uns an den Händen, ihr sagtet: Dort der Kurfürstendamm ist zu weit weg, wir müssen weiterarbeiten. Manchmal küßten wir uns, manchmal, wenn schon der Morgen sich nahte, rollte sich eine in einen Schlafsack auf dem Teppichfußboden.

Berlin war nur noch ein fahles Gespinst aus Herbstlaub, Häusern, Nebel, Dunst, fünfhundert Meter hinauf und hinab die Budapester Straße; im Zoo hörte ich die Tiere schreien oder ein Gestank wehte herüber, wie aus den verpißten Ecken, Ladenpassagen, Parkhäusern, Hausfluren, was ich nicht kannte aus meinen kleinen Städten.

Den «Schweizerhof», wo Grieshaber mich einquartiert hatte, verließ ich morgens, das Frühstücksbüffett, aufgedonnert, in einem vorgegaukelten Ambiente, der miserable Kaffee machten lustlos, im Atriumhof des «Europacenters» drehten sich schon die Schlittschuhläufer, nachts sah ich der Maschine zu, die das Eis wieder in Ordnung bringt, glättet, schrubbt, kam mir wie Kaspar Hauser vor, in den erleuchteten Schaufensterauslagen kleidete ich mich mit den Augen in türkische, indische, peruanische Gewänder, sah in den Büros der Fluggesellschaften, wie die Welt Westberlin berührt als Ersatz für das fehlende Hinterland; kaufte bei Aeroflot ein halbes dutzendmal die Puppen in der Puppe, in der skandinavischen Boutique, was mich wärmte; der «hohle Zahn», seit drei Jahrzehnten Symbol der Stadthälfte, bot nichts zum Festhalten, nirgendwo war ich verlassener als zwischen ihm und seinem neuen Glockenturm. Gegenüber schwebt warmleuchtend euer Kristall, nur wenige Meter über dem Bürgersteig, auf dem die Bürger ihren Geschäften nachgehn, nie ihre Gesichter zu der honigfarbenen Zuflucht hebend, die einen kalten Herbst ausschließt, euch umhüllend, eine kleine Ewigkeit lang, bis unsere Aufgabe beendet ist.

Dann hängten wir zusammen die Ausstellung; jetzt wurden Männerarme gebraucht. Dann klebten überall in der Stadt eure Plakate, (das Titelblatt des Katalogs): *Epitaph für Pablo Neruda*, zusammengesetzt aus Grieshabers altem *Vogelfrei*, auf Stoff gedruckt; etliche Jahre hatte es im Achalmwetter gestanden als Schutz gegen Sonne und Wind, dann schnitt er das Leinwandstück aus dem Rahmen, schrieb mit Tusche auf den ausgebleichten Grund zwischen ganz blasse Blütenreste die Schriftzeichen von anonymen Händen auf Nerudas Grab, wie er sie auf dem Photo aus Dresden entziffern konnte, und schenkte es der Kunsthalle. Dann kam er zur Eröffnung geflogen. Viele Umarmungen und eine Liebe zu allen, die gearbeitet hatten. Sprachlos stand er vor dem Katalog. Erschrak nicht, bereute nicht, freie Bahn gegeben zu haben, sagte, er durchwachse den dokumentarischen Teil, und seine Bilder stünden gut neben dem Schrecken, neben der Hoffnung, neben den Gedichten von Ritsos, Seferis, Elytis, Neruda. Die sich darüber freuen werden, sagte er, überwiegen die, die sich ärgern, und bei den Puristen habe er ohnehin nichts zu verlieren noch zu gewinnen. Dann war die Eröffnung mit Presse, Funk, Fernsehen, den Honoratioren der Stadt, Freunden und Feinden und DDR-Besuch. Dann feierten wir. Dann führte Andreas mich in den Zoo, wir besuchten die Tiere seiner

Sintflut, die nebenan hing, und das Aquarienhaus, an dem ich täglich vorübergegangen war; das Botho-Strauß-Stück in der Schaubühne am Halleschen Ufer, weil der *Hölderlin* im Olympiastadion noch nicht so weit war. Dann besuchte uns Franz Fühmann im «Schweizerhof» und küßte mich auf den Mund, nachdem er Grieshaber gefragt hatte: Darf ich? Dann flogen wir wieder nach Hause.

War ich zu lang in Berlin gewesen? Hatte ich zu lang von den Frauen geschwärmt, den jungen, schönen, gescheiten? Auf der Achalm wurde mir ein schwarzer Willkomm bereitet: Liebespaare an allen Wänden. Halblebensgroß. Reliefs in dünnes Sperrholz geschnitten: Meine Antwort auf das Ende der Druckerkunst, die Platte ist das Bild, jedes ein Unikat, Abzüge interessieren mich nicht mehr, die Zeit der Auflagen ist vorbei, sagte Grieshaber. Einen von jeder Platte habe er gemacht, schließlich mußte sie ja schwarz eingefärbt werden, damit die Figuren sichtbar würden. Wenigstens fünfund-zwanzig Millimeter dick seien seine Holzstöcke gewesen, wie die Letter aus Blei; jetzt genügten ihm zwei Millimeter. Er lege die Tafeln ins Regal wie Papier. Altersversorgung. Ir-gendwann mögen sie teuer bezahlen. Ich starrte die sich Um-schlingenden an. Zum erstenmal sah ich: das ist nicht mehr mein Hals, das sind nicht meine Arme, Beine, Brüste, Hüf-ten, dieser Körper ist meiner nicht. Ja, sagte Andreas, du hast recht; er hatte meinen Blick gelesen. Ich hab mich verliebt. Es ist nicht wichtig. Eines der Briefchen herausgegriffen, die täglich herbeiflattern. Du kennst sie ja. Geantwortet. Neue Briefchen bekommen. Auch mal Besuch, mit Kind an der Hand. Und ohne Kinder. Er sagte: Für mich bedeutete es nicht mehr, nicht weniger, als daß der Akku wieder ange-schlossen war. Vergiß es. Ob sie nun Anne, Ingrid, Claudia oder Jutta heißen, ich werde weitere Briefe beantworten. Sie bringen mir Leben, regen mich an. *Die Liebe ist ein Hemd aus Feuer*, so heißt ein Gedicht von Nazim Hikmet. Was hältst du davon, wenn ich die schwarze Serie so nenne? Ich nickte. Litt ein paar Wochen lang, sah die Sterne von fremder Frauenhand am Weihnachtsbaum auf der Plattform hängen zwischen den Meisenringen, trat auf den handgewobenen Teppich vor seinem Bett, dachte an Kirke, wie ihr vor zehn Jahren zumute gewesen sein mochte, erlebte, wie die einzigen Abzüge, die er vom *Hemd aus Feuer* gemacht hatte, in Stücke gerissen mit der Post zurückkamen, weil es den Damen nicht behagte, daß es mich weiterhin gab, wartete, bis es Frühling geworden, bis die schlanke Frau auf den schwarzen Reliefs wieder mit meinen Formen verschmolz und die Zeit reif war für eine Hochzeitsreise, die der vor zehn Jahren nicht nachstand. Wir hatten uns in Nürnberg getroffen, verlegen, als wär's eine Heimlichkeit, und liebten uns noch einmal die DDR-Städte hindurch bis hoch in den Norden, westwärts zurück durchs Ruhrgebiet, den Rhein entlang, nichts deutete darauf hin, daß dieser Mann eine kaputte Lunge, ein kaputtes Herz in der Brust habe, die auf kommende Zumutungen immer bedrohlicher reagieren würden.

Am ersten Mai trugen sie in Westberlin ein rotes Plakat durch die Straßen, das er für «Druck und Papier» in Stuttgart gemacht hatte: «Recht auf Arbeit – Recht auf Kultur»; hundertemal an Stöcke genagelt. Als wäre noch einmal achtundsechzig, sagte Andreas zu den Photos, die sie ihm geschickt hatten.

Berlins andere Hälfte bereitete die erste der drei großen Grieshaber-Ausstellungen der DDR vor; Rostock und Dresden würden folgen; der Oeuvre-Katalog, wenn auch ohne Abbildungen und deshalb sehr mühsam zu handhaben, war fertig. Noch einmal die Hauptstadt in allen Nuancen: drei Tage durchwanderten wir sie in der Junisonne, ein spätes Flitterwochenpaar an diesem Ort, der uns so oft in seinen Bann gezogen, belohnt und bestraft hatte. Jetzt stürzen mir alle Bilder in eins, verbinden sich mit den unzähligen während der Aufbauphasen, was die Bomben und Bagger zerstört hatten, wie es neu und anders erstand; Alex-Platzangst unter der Weltzeituhr, die von ihm ausgehenden, in ihn einmündenden Magistralen, Aufmarschmaße, Raum für Panzer, kaum gemildert durch Wasserspiele, Fernsehturm, das Rote Rathaus, die stehengebliebene Marienkirche, die neue St. Hedwigskathedrale, anderen Bestimmungen zugeführte Häuser, Paläste; wie die Linden gewachsen waren; das immer anders weh tuende Brandenburger Tor; die immer andere Faszination durch das unausrottbar Preußische bei der Wachablösung vor dem Mahnmal, der Stechschritt, dem sie treu blieben, um «die Opfer des Faschismus und Militarismus zu ehren», nebenan Humboldt vor seiner Universität, und immer wieder der Mauerschock, labyrinthische S-Bahn-Fahrten, Schienen über, unter der Erde als Nabelschnüre zum Westen, vom Westen; was da in den Zügen saß, auf den Bahnhöfen stand, unveränderbare Alte neben wie kaum je zuvor sich rasch verändernden Jugendlichen in ihren Bekleidungen, Haartrachten; Infiltrationen; von der Jannowitzbrücke glaubte man das Fenster zu sehen, aus dem Sarah Kirsch geblickt hatte, hoch über der Fischerinsel. Wohnten wir schon im neuen Hotel, mit Kupfer verkleidet, von den Schweden gebaut, fröstelnd durch die Klimaanlagen? Und immer die schwarzen Wasser, die Brücken, Weidendamm, Museumsinsel, die Schätze der Welt und was Andreas empfand, daß seine Bilder nicht weit weg in Schinkels Altem Museum zu Gast waren. Räume, lichtdurchflutet, es gab Musik, Gespräche mit jungen Frauen und Männern, einen Empfang, ein Essen im Palast der Republik, der für das Volk offenstand. Saßen wir nicht in der Deutschen Staatsoper bei einem Paul-Dessau-Gedächtniskonzert? War er nicht eben gestorben? Und im Theater am Schiffbauerdamm, beim Berliner Ensemble? Die Teestunde bei der Direktorin der Staatsbibliothek und wie sie uns ihre Schätze zeigte? Die Kaffeestunde am Strausberger Platz in Franz Fühmanns Wohnung, jener Besuch, der Zuneigung in Freundschaft, in Schicksal verwandelte; schon ahnend, daß Tragik ins Spiel kommen würde, in ihrer klassischen Definition. Zurückgekehrt, nahm im Schein unseres Glücklichseins Johannes neue Konturen an: Andreas wollte etwas mit ihm machen, sein Gedicht *Otto kauft sich ein Auto*, provozierend untypisch, reizte Grieshaber zum Experimentieren: er montierte Lego-Bausteine, eiserne Schraubenschlüssel auf eine Platte, verband sie mit Holzschnittelementen, druckte das Ganze, so entstand eine elitäre Edition, die nur eine Kunsthandlung herausgeben konnte.

Das Fernsehen kam, sie wollten für den bevorstehenden runden Geburtstag einen Film drehen, der eine Legende ins Bild bringen sollte: den Holzschneider im Elektronikzeitalter. Einen, der aufgebrochen war, als erster neue Maßstäbe zu setzen und nun der letzte geworden war. Sie ersparten Grieshaber so wenig wie er ihnen: bis zum Zusammenbrechen scharrte er die Wurzeln seines Mythos frei; noch einmal die fünfhundert Jahre alte Arbeit mit dem Messer, auf der Plattform des Berges über der weiten Landschaft, die er sein Atelier nannte; die Pflanzen, die Tiere, sein Lachen, die schon so oft mitgespielt hatten, dieses Mal einmündend in den Grimm seiner Worte, in die Abgründe einer sinnlos gewordenen Kunst: jeder Handgriff, jede Bewegung eine letzte Demonstration. Wußte er es?

Er rauchte, trank. Lag in der Sonne. Hielt sein Lever, den weltpolitischen Überblick, im Schwimmbad. Klaubte die Schwanzfedern des Pfaus aus den Büschen. Im Herbst saßen wir als Sancho Pansa und Don Quijote auf der Buchmesse und gaben Autogramme. Johannes' Mappe wurde in Hannover aus der Taufe gehoben. Heinar Kipphardt bekam mit Tusche übermalte Holzschnittrudimente zum Reproduzieren für sein neues Buch. Der Gutenbergpreis der Stadt Leipzig wurde an Grieshaber verliehen. Sollte er sich nicht freuen? Den Strauß aus hundert roten Rosen schwenkte er im Rathaus vor der Fernsehkamera. Seine Gegengabe war das Druckeraltärchen mit Originalholzschnitten: Flammen züngeln aus der Presse, Flammen umlohen den Drucker. Den Mainzer Gutenbergpreis bekam einer, der die neuen Techniken entwickeln half. Sollte Grieshaber nicht traurig sein?

Die Ausstellung im Albertinum in Dresden wurde im Dezember eröffnet. Für keins der drei Museen hatte Grieshaber ein Originalplakat gemacht. Sie können es ja schon nicht mehr drucken, so wenig wie bei uns, sagte er. Sie können es ja schon nicht mehr unterscheiden von den immer raffinierter werdenden Reproduktionen. Warum kann ich mich an die Wintertage in Dresden nicht mehr erinnern? Warum beginnt der Faden beim Höhepunkt zu reißen? Weil die Ausstellung schon den Geburtstag markierte? Weil an ihrem Ende die Sieben stand? Die Sieben, von der Andreas auf der Hinfahrt gesagt hatte: Wir können es nicht mehr ignorieren? Von der er auf der Rückfahrt sagte: Das ist ein Abschied. Du weißt genau, was vor elf Jahren ausgemacht wurde: mit siebzig ist Schluß. Des Menschen Leben währet siebzig Jahre. Den letzten Gang geh ich allein. Natürlich müssen wir weitermachen bis dahin, aber es ist ohne Bedeutung.

Nicht ohne Bedeutung war für Grieshaber, daß die gesamte Westpresse schwieg zu seinen drei DDR-Ausstellungen. Zum Gutenberg-Preis. In Berlin nahm nicht einmal die «Ständige Vertretung» davon Kenntnis. Die westberliner Konzeption hatten sie noch geschluckt. Zu mehr waren sie nicht bereit. Demnächst würden sie ohnehin ein großes Jubilarsspektakel anstimmen, und dieser Künstler sollte der ihre sein. Grieshaber empfand es als Niederlage, daß sein fünfzehnjähriges Engagement, beide Deutschländer zu verbinden, im einen verachtet wurde.

50. Abschied

Der Geburtstag kam; es graute Andreas, sich feiern zu lassen. Ich machte einen letzten Versuch, flehte ihn an: Laß uns weit fortfahren. Er sagte: Bin ich je geflohen? Es ist ihr Geburtstag, die Heimat ist dran, dort unten war ich ein Paria; jetzt hätten sie ein Recht, ihr Symbol zu feiern, denjenigen, den er ihnen geliefert habe. Ihr Fest würde es sein, nicht seins. Grieshaber tat, was er mußte; nach Dresden, Braunschweig gehörte er,

Eningen, Reutlingen, Tübingen, Oberschwaben, Stuttgart. Zurufe, Huldigungen, Geschenke überschwemmten die Achalm, Zeitungsberichte, Kataloge, Bücher, Fernsehfilme, Radiosendungen; Blasmusik, Lieder, Fackelzug, Konzert. Er zeigte sich an der Seite der Tochter; ich versuchte, die Tage zu koordinieren, sie schlängelten sich durch Wochen, Monate. Andreas wehrte sich gegen jede weitere Hilfe; meine Augen sahen, wie er sich aufrecht hielt, mein Verstand sagte: es geht nicht gut aus.

Im Frühling, im Frühsommer, zwischen den Lungenentzündungen, fuhren wir auf die Alb. Andreas wollte sich bei den Wacholdern erholen. Unter den Hainbuchen. Wie lange schon liebten wir die wilden Blumen; jetzt dehnte sich das aus in einen fast mythischen Bereich: wir knieten bei ihnen, beugten die Gesichter hinab zu Küchenschellen und Enzian, Arnika, Glockenblumen, Akelei, entdeckten die letzten Orte des Steinröschens, Fingerhut, wo die Orchideen standen. An Rainen, Waldrändern, tief drinnen im Dämmer, wo Strahlen kleine Wiesen durchsonnten, liebten wir Blumen, wie man Menschen liebt oder ein Tier. Ich erkannte keine Anzeichen, dies sei ein Abschied.

Sieben Stunden saß ich am Sterbebett der Mutter im Altersheim; sie hatte meine Augen geöffnet für die Wunder der Blumen, jetzt sollte ich ihre Augen zudrücken.

Noch einmal fuhr Grieshaber mit mir zur Rostocker Ostseebiennale, den gewohnten Kanon seiner Aufgaben zu erfüllen; nach wenigen Tagen streikte sein Herz, ich mußte ihn wieder nach Hause bringen.

Der Pfau lag zerrissen am Weg. Kirkes Pfau. Andreas' Pfau. Mein Pfau. War es ein Fuchs? Ein Hund? Kein Grab. Ich ließ die Federn in den Hecken hängen. Lang noch schimmerten sie im Schmutz, wenn es regnete. Im Staub, wenn die Sonne schien. Ich wehrte mich gegen meine Gedanken, die um das Wort VORZEICHEN kreisten. Aber ich wurde nie wieder froh.

In Heidelberg war die letzte der Geburtstagsausstellungen,

übernommen von der Tübinger Universitätsbibliothek: «HAP Grieshaber und das Buch», angezeigt durch die schwarze Palme *Attempto;* eine umfassende Dokumentation. Die Heidelberger Universitätsbibliothek hatte neben Grieshabers Büchern die Schedelsche Weltchronik aufgeschlagen, Bilder aus Liederhandschriften und andere Inkunabeln lagen neben seinen Holzschnitten in der Vitrine und störten einander nicht. Das ist es, sagte Andreas, als er davorstand – wer außer mir sah seine Augen schimmern – die Krönung, der Sinn. Daß sich der Kreis schließt. Mein größtes Geschenk.

Einen *Canto Athen* hatte ich für Andreas geschrieben; der Münchener Verlag druckte ihn erst als Büchlein, nachdem er die übliche «Dreistufenrakete» in Gestalt von Holzschnitten für Vorzugsausgaben bekam. Daß Grieshaber Holz wählte, mit dem man Beton verschalt, das sich sträubt gegen die Technik des Schneidens, sie veränderte, wollte man nicht als Symbol gelten lassen.

Man wollte kein Symbol darin sehen, daß Grieshaber sich der Vollzugsanstalt Tübingen zuwandte, mit den Gefangenen schnitt und druckte, ihnen am Ende seine Druckerpresse schenkte.

Man wollte kein Symbol darin sehen, daß Grieshaber mit den Behinderten arbeitete.

Man wollte kein Symbol darin sehen, daß Grieshaber mit seinen *Engel der Geschichte 24* plötzlich anstatt als Kunstmappe als Buch erscheinen ließ: meine Städte- und Landschaftsgedichte vereinigte er zu dem Band *Landkarten;* künftig sollten BRD- und DDR-Autoren einander ablösen.

Franz Fühmann brachte das Trakl-Manuskript, von dem er meinte, es sei Samisdat und könne der nächste *Engel der Geschichte* werden. Das Deutsche Literatur-Archiv in Marbach lud ihn ein, aus seinen Büchern zu lesen, und Grieshaber sagte: Ich mache das Plakat. Wie früher. Er schnitt Fühmanns Kosmos, keimend in einem runden schwarzen Wurzelstock, ringsherum wie ein Baum ausschlagend sich entfaltende Menschenkörper.

Sah ich Andreas je neben einem Mann liegen? Auf der Achalmterrasse lagen die beiden Arm an Arm, der Hüne aus Böhmen, scheinbar strotzend vor Gesundheit, und der jetzt zarte, gebeugte Hüne; im Gespräch, im Lachen, im Schweigen einander ebenbürtig.

Auf die Alb fuhren wir mit Franz Fühmann, klopften Ammoniten aus dem Schiefer, suchten Belemniten im Jura, Grieshaber stieg mit ihm in die Hohlräume der Erde, zeigte ihm den Himmel im Berg, Tropfsteingewölbe der Nebelhöhle, in denen sich anders atmen ließ als in der Kohle, im Erz; Fühmanns Hoffnung, mit dem «Bergwerk» einst seinen literarischen Weg zu vollenden, erhielt neue Dimensionen; mit einer Handbewegung umriß Grieshaber Stücke der Albhochfläche, wo zwischen Wacholderstatuen und Hainbuchen unterirdisch voll klimatisiert die Atomsprengköpfe lagerten, Megatonnen von Munition, Deutschland vor Deutschland zu schützen, bis das, was wir Heimat genannt hatten, schließlich ausgelöscht sein würde.

Kein *Engel der Geschichte* war aus Fühmanns Manuskript geworden, das er nach unseren vielen Gesprächen über die Bedeutung des Engels, auch bei Trakl, *Der Sturz des Engels* nannte.

Für jeden DDR-Autor, der nach Marbach geladen wird, mach ich noch einmal ein Original-Plakat, sagte Grieshaber; Fühmann hat die Motivation mitgebracht. Stephan Hermlin, Volker Braun waren die nächsten; Christa Wolf kam zu spät; für ihre Lesung hatte er erst einen Aquarellentwurf gemacht: das Maiglöckchenblatt; seine Innigkeit kam aus der Bedeutung. Die Wanderapostel tragen auf alten Altarbildern Maiglöckchen in den Händen, erzähl es ihr, sagte Andreas.

Wie oft war er in der Klinik? Sobald er herauskam, malte er. Große Aquarelle in heftigen Farben. Der Braunschweiger Galerist Rolf Schmücking sah sie auf der Achalm und brachte ein halbes Hundert Blätter aus Bütten. Grieshaber lachte ihn aus: ihm Papier zu bringen, sei von jeher der beste Hinderungsgrund am Malen gewesen.

Dann malte er alle Blätter voll. Liebespaare, Frauen, die er umarmt und nicht umarmt hatte, nannte die Folge *Ortus sanitatis*. Einst hatte ihn der *Totentanz* zum Leben geführt, doch jetzt hoffte ich vergebens.

Am Karfreitag schellte in Stuttgart das Telephon: Schreib auf, sagte Andreas. Tipp's in deine Maschine: *Ermächtigung. Ricca seit gestern abgefunden. Margarete soll meine Tagebücher publizieren. Sie gibt mir Fleisch und Blut und wird es recht machen.* Komm damit her.

Ich fuhr zu Grieshaber nach Tübingen in die Universitätsklinik.

Als er im Sommer aus der Intensivstation kam, hing bald danach ein Holzschnitt an der Tür: vergitterte, ausbrechende Qual, Beschwörung, zu der er am Ende selbst noch die Buchstaben dem Holz entriß: *Rückkehr in die Freiheit / Ängste und Hoffnungen.* Der Kongreß zur Rehabilitierung der Gefangenen hatte ihn darum gebeten, jetzt mochten sie das Blatt nicht mit diesem Text, der ihr Arbeitstitel gewesen war. Andreas sagte: Es ist ein gutes Blatt; kein Nachlassen meiner Hand, ich selbst bin die Figur, alles stimmt.

Vier letzte kleine Holzschnitte machte er für mein nächstes Gedichtbuch: unsere gemeinsame Erdenzeit dokumentierende, krönende schwarze Liebesbilder, wie zum Beginn: Grob, fein & göttlich.

Andreas bat mich, den Wohnwagen freizugeben für einen jungen Franzosen, der ihn versorgen solle. Einer der Ärzte sagte zu mir: Es ist wie ein aufgescheuertes Seil; der Akrobat kann noch jahrelang sich damit über die Bühne schwingen, aber es kann jeden Augenblick reißen.

Engel der Behinderten würde die nächste Aktion mit Franz Fühmann heißen.

A daily fight to survive schrieb Grieshaber über das Blatt für die Buchmesse gegen den Hunger in Afrika, hängte es übers Bett, nahm es wieder ab, sagte: Da fällt alles auseinander, die Mutter, das Kind, das Gewand, die Gliedmaßen, du sollst das wissen. Er räumte das Messer weg.

Schrieb im Oktober an Robinson, den er nie gesehen hatte, doch der ihm Briefe von seiner Insel schickte: «Sie sagen es gut. Das ist ein Gespräch und kein Monolog. Ich bin glücklich über solche Post. Denn ansonsten ist alles fast eingestürzt.» Darüber hatte er das ausgerissene Photo geklebt: die Ruine einer gotischen Kathedrale am Fuß der Felswand, davor die zerschossene Brücke, ins Wasser gestürzt.

Mörikes «Schöne Lau» im Blautopf wollte er Franz Fühmann noch zeigen. Als er merkte, wie ihm die Schritte zum Auto schwerfielen, kehrte er um. Hieß uns allein Fahren. Er wird sich erholen, sagte Franz. Warf eine Silbermünze ins Wasser. Kaufte einen kleinen blauen Krug, bückte sich nach einer Schwanenfeder und stellte sie später auf Grieshabers Arbeitstisch.

Fühmann fing an, Geschichten zu schreiben, Grieshabers Mythen in Schiefer, Stein, Kunststoff, Keramik, Glas, Holz in Schulen und Kirchen, einem Schwimmbad, einer Fabrik verflocht er mit seinen eigenen. Irgendwann würde ein Buch daraus werden. Irgendwann hatte Fühmanns Lust, wieder und wieder zu kommen, Wurzeln geschlagen. Wuchs seine Angst, dazubleiben. Grieshaber schickte uns in Landschaften, die bisher nur in Fühmanns Träumen von Deutschland existiert hatten. Im tiefverschneiten Schwarzwald gingen wir quer über den zugefrorenen Mummelsee, Franz ließ Eduard Mörikes *Geister am Mummelsee* sagen, was wir beide nie aussprechen wollten: «Das, was du da siehest, ist Totengeleit, / Und was du da hörest, sind Klagen. / Dem König, dem Zauberer, gilt es zu Leid, / Sie bringen ihn wieder getragen...»

Als Fühmann im Februar 1981 kam, wollte Grieshaber sich einen Wunsch erfüllen, den er sich ein Leben lang versagt hatte: die alemannisch-schwäbische Fasnet an ihren Ursprungsorten aufzusuchen. Fühmann sei der Begleiter, auf den er vermutlich gewartet habe. In Rottweil sei ein Rathausfenster für uns reserviert. Als Franz ihn umarmte, taumelte er. Wieder mußten wir ohne ihn fahren, zogen eine halbe

Woche lang durch Schnee und Eis der Dörfer und Städtchen, vorbei an den wechselnden Bräuchen des Winteraustreibens, den alten Masken, Kostümen aus Fell, Federn, Filz und Fetzen, manche mit Schneckenhäusern benäht, Scheiterhaufen, Hexenverbrennungen. Als wir am Rosenmontag in Rottweil sahen, was da geschah, wie in der Morgendämmerung durchs Schwarze Tor der Narrensprung begann, sich die Straße herab ergoß wie ein Naturereignis, zugleich von großer Künstlichkeit, verschlug es uns den Atem: Da tanzt Grieshabers Tod heraus, sagte Franz Fühmann. Als er am Abend auf der Achalm Andreas beim Abschied im Arm hielt, lief ich weg.

Dann kam ein Anruf, ich lag zusammengekrümmt in Stuttgart: Man kann mich besuchen, ich bin allein! Als ich den Achalmweg entlangjagte, stand er schon da, machte die Beifahrertür auf, stieg ein: Fahr nach Reutlingen. Er dirigierte mich zum Fuß des Georgenbergs. Hieß mich anhalten. Begann ohne ein Wort den kleineren Bruder der Achalm unten im Tal zu besteigen. Ich wußte, ich durfte nicht reden. Nicht schreien. Nicht seine Knie umklammernd ihn anflehen. Schweigend ging ich neben ihm her. Als die Pfade steiler wurden, felsiger, ging er voran. Schritt für Schritt. Aufrecht. Ohne zu keuchen. Sechstausend Sekunden lang schüttelte mich die Angst.

Er hatte doch jahrelang gesagt: Wenn die Zeit kommt, wenn es soweit ist, werd ich dem Tod entgegentreten. In meinen besten Kleidern. Allein, Aug in Auge, aufrecht und mich nicht ergeben. Dabei wird es keine Zeugen geben. Warum bestieg er diesen Berg mit mir? Würde er am Leben bleiben? Was er sich antat, betraf mich nicht. Welche Lehre wollte er mir erteilen? Malgré tout?

Wieder ein Anruf: Meine Bewacher sind weg, man kann geschwind kommen, im Kino läuft *Lili Marleen* von Fassbinder. Ich möchte sehn, wie ein Junger begriffen hat, was damals geschah. Als der Film zu Ende war, sagte Andreas: Nichts hat gestimmt. Es war alles ganz anders. Pasolini mit

Sodom ist näher dran. Als wir ins Auto steigen wollten, waren alle Reifen durchgeschnitten.

In einer Maiennacht gegen Mitternacht weckte mich das Telephon. Grieshabers Stimme: Maat, ich verabschiede mich. Vor der Tür steht der Notarztwagen. Zwei Ärzte. Sauerstoffflaschen. Aber ich geh da nicht mehr rein. Es zögert alles nur hinaus.

Dann kam kein Frühling mehr.

ANHANG

HAP Grieshabers Lebensdaten

15. 2. 1909	Helmut Andreas Paul Grieshaber in Rot an der Rot (Oberschwaben) geboren
1915 – 1926	Schulzeit in Nagold und Reutlingen
1926 – 1927	Schriftsetzerlehre in Reutlingen
1926 – 1928	Schüler im Meisteratelier von Professor Ernst Schneidler, Stuttgart (Typographie)
1928 – 1931	Studien in London und Paris
1931	Ausstellung in London
1931 – 1933	Reisen in Ägypten, Arabien und Griechenland
1932	Ausstellung in Alexandria
1933	Ausstellung in Athen. Zur Rückreise nach Deutschland gezwungen. Malverbot und Verbot, auf der Achalm zu wohnen
1933 – 1940	Hilfsarbeiter und Zeitungsausträger in Reutlingen
1938	Ausstellung in der Galerie Valentien, Stuttgart, als griechisch-arabische Volkskunst getarnt
1940 – 1945	Soldat
1945 – 1946	Belgische Kriegsgefangenschaft; Arbeit im Bergwerk
1947	Rückkehr nach Reutlingen; lebt und arbeitet fortan auf der Achalm
1949	Ausstellung im «Studenten-Studio für moderne Kunst», Tübingen
1950	Mitwirkung bei Neugründung des Deutschen Künstlerbundes
1951	Kunstpreis «Junger Westen», Recklinghausen (1. Preis)
1951 – 1953	Lehrer an der Bernsteinschule bei Sulz am Neckar
1954	Gesamtausstellungen im Württembergischen Kunstverein, Stuttgart, und bei der Kestner-Gesellschaft, Hannover; Beteiligung an der Ausstellung «Deutsche Kunst nach 45», Amsterdam – Recklinghausen
1955	Berufung als Nachfolger Erich Heckels an die Kunstakademie Karlsruhe; Gesamtausstellung im Haus am Waldsee, Berlin
1956	Berufung in die Akademie der Künste, Berlin, und in den deutschen Kunstrat

1957	Oberschwäbischer Kunstpreis; Gesamtausstellung im Stedelijk Museum Amsterdam; Einzelausstellungen im Graphischen Kabinett Heidelberg und im Kunstverein München
1959	Teilnahme an der Documenta II in Kassel und an der Ausstellung «Vitalia nell'Arte» Venedig – Recklinghausen – Amsterdam; Gesamtausstellungen in der Kunsthalle Recklinghausen und im Reutlinger Spendhaus; Einzelausstellung in der Galerie Schmücking in Verbindung mit dem Städtischen Museum, Braunschweig
1960	Rücktritt vom Lehramt an der Kunstakademie Karlsruhe aus Protest gegen die Prüfungsordnung; Gesamtausstellungen in der Kunsthalle Hamburg, im Palazzo Grassi, Venedig, im Kunstverein Pforzheim und im Städtischen Museum Duisburg; Sonderausstellung innerhalb der Ausstellung des Deutschen Künstlerbundes in Baden-Baden
1961	Kunstpreis der Stadt Darmstadt; Gesamtausstellungen im Städtischen Museum Gelsenkirchen, im Kunst- und Museumsverein Wuppertal, im Kunstverein Heidelberg und in Wolfsburg
1962	Cornelius-Preis der Stadt Düsseldorf; Teilnahme mit einer Einzelausstellung an der 31. Biennale di Venezia; Gesamtausstellungen im Museum zu Allerheiligen in Schaffhausen und in der Mala Galerija in Ljubljana; Einzelausstellung in der Galerie Schmücking, Braunschweig
1963	Gesamtausstellungen in der Kunsthalle Darmstadt, im Landesmuseum Münster und in den Kunstvereinen Düsseldorf und Ulm
1963	Teilnahme an der 1. Internationale der Zeichnung in Darmstadt und an der Documenta III, Kassel; Gesamtausstellungen im Badischen Kunstverein, Karlsruhe, in der Overbeck-Gesellschaft, Lübeck, und der Kestner-Gesellschaft, Hannover; in der Fähre, Saulgau, in der Galerie Valentien, Stuttgart, in der Galerie Der Spiegel, Köln, in der Neuen Galerie, München
1965	Gesamtausstellungen in den Städtischen Kunstsammlungen, Bonn, im Kunstmuseum Luzern, im Museum

	für Kunst und Gewerbe, Hamburg, und in der Galerie Zwirner, Köln
1966	Gesamtausstellungen in der Auckland City Art Gallery und in anderen Städten Neuseelands, im Städtischen Museum, Trier, und in den Kunstvereinen Oldenburg und Bremerhaven
1967	Ausstellungen des *Totentanz* in der Bundesrepublik, der DDR und in der ČSSR
1968	Ehrendiplom der ČSSR zur «1 exposition international de la gravure du bois»; Kulturpreis des Deutschen Gewerkschaftsbundes
1969	Typomundus 20/2 Certificate of Merit 1969 Int. Centre for the Typographic Art; zahlreiche Ausstellungen zum 60. Geburtstag in der Bundesrepublik und in der DDR
1970	Medalla II Bienal internacional del Grabado de Buenos Aires; Kunstpreis ex aequo Biennale Internationale de la Gravure sur Bois in Banskà Bystria/ČSSR; Balsthaler Kunstpreis
1971	Dürer-Preis der Stadt Nürnberg; Einzelausstellungen in Nürnberg und Karlsruhe
1972	Ausstellungen im Künstlerhaus Wien und in Bregenz; Berufung in das Komitee der Biennale der Ostseestaaten in Rostock
1973	Teilnahme an der V. Biennale der Ostseestaaten in Rostock
1974	Ausstellungen in Heidenheim, Stuttgart, München, Essen und in der DDR
1975	Teilnahme an der Internationalen Buchkunstausstellung in Moskau, dort Verleihung der Goldmedaille für Pablo Neruda, *Aufenthalt auf Erden*
1976	Einweihung der Thomas-Müntzer-Scheuer in Stuttgart-Hohenheim und Stiftung des Jerg-Ratgeb-Preises
1977	Ausstellung in Athen: «Mahnbilder für Freiheit und Menschenrechte»; Verleihung des Jerg-Ratgeb-Preises (von Rolf Szymanski verdoppelt) im Nationaltheater Mannheim an Rudolf Hoflehner; Ausstellung in der Staatlichen Kunsthalle Berlin
1978	Gutenberg-Preis in der Stadt Leipzig; Wahl zum korrespondierenden Mitglied der Akademie der Künste der DDR

1979   Zum 70. Geburtstag große Retrospektiven in vielen Museen der Bundesrepublik und der DDR; 1. Preis für *Der betroffene Zeitgenosse* auf der Internationale des Buches in Israel; Ausstellung von Aquarellen auf der Art 10, Basel, und auf der FIAC, Paris

1980   Konstanzer Kunstpreis

12. 5. 1981   Tod auf der Achalm

Zu den Abbildungen

S. 2 Brief vom 21. III. 72: «Liebling in der Politik ändert sich jeden Tag alles, aber ein Vers, eine Geste bleibt auch durch den Nebel ganzer Epochen   Gewirktes besteht! Dank für die Gedichte Dein ⌐ »

Zwischen S. 16/17: Malbrief undatiert (1968). Zeichnung, Filzstift. 26 : 20,5 cm

Zwischen S. 48/49: Malbrief undatiert (1968). Aquarell. 29,7 : 21 cm

Zwischen S. 96/97: Malbrief vom 13. 8. 69: «Wenn niemand zuruft wird es Winter Dein ⌐ ». Filzstift und Deckfarben auf Reprogrund. 26,5 :20,4 cm

Zwischen S. 144/145: Malbrief undatiert (1968). Zeichnung, Kugelschreiber und Filzstift. 26 : 20,5 cm

Zwischen S. 160/161: Malbrief vom 15. XII 74: «Dearest, da Du Deinen Brief brauchst, bekommst Du auch Post   Advents-Post   Ich wünsche kein Kopfweh, keine Ängste und überhaupt wünsche ich weil man sich etwas wünschen darf auf Weihnachten, dass es Dir besser geht   love Dein ⌐ ». Gouache. 29,7 : 21 cm.

Zwischen Seite 208/209: Malbrief vom 10. II. 72: «Von Herzen alles Gute zum Geburtstag   hundert Jahre wünsche ich Dir». Zeichnung, Filzstift. 29,7 :21 cm

Zwischen Seite 224/225: Malbrief vom 7. I. 69: «Liebling heute ist das Fest der Körper   ich bin glücklich Dein ⌐ ». Wasserfarben auf Holzschnittgrund. 28,4 : 21,1 cm

Zwischen Seite 256/257: Malbrief vom 30. VII. 69: «ach – alb – ach – alm – ach   Dein ⌐ ». Aquarell mit Ölkreide. 28,1 :19,8 cm

Zwischen S. 288/289: KATO I DIKTATORIA (Nieder mit der Diktatur). Aus: hap Grieshaber / Margarete Hannsmann, *Mahnbilder für die Freiheit und die Menschenrechte.* Verlag Galerie Valentien, Stuttgart 1977. Holzschnitt. Reprogröße: 25,4 : 18,9 cm

Zwischen S. 320/321: Malbrief undatiert (1968): «Achalm». Zeichnung, Kugelschreiber und Filzstift. 26 : 20,5 cm

Zwischen S. 368/369: Chile. Holzschnitt (Plakat). 77 : 56 cm

Zwischen S. 384/385: Eleytheria (Freiheit). Aus: hap Grieshaber / Margarete Hannsmann: *Mahnbilder für die Freiheit und für die Menschenrechte.* Verlag Galerie Valentien, Stuttgart 1977. Holzschnitt. Reprogröße: 25,4 :18,9 cm

Zwischen S. 400/401: Johannes Poethen EIN STEIN AUS BARMHERZIGKEIT *Flugblatt für Wahlhelfer* ENGEL *Nr. 22.* Holzschnitt. 42,6 : 30,2 cm

Zwischen S. 448/449: Malbrief undatiert (1968). Zeichnung, Filzstift. 26 : 20,5 cm

Zwischen S. 464/465: Malbrief vom 28. IX. 77: «auf zum hohen Asperg zur Reise nach Berlin   Dein ⌐ ». Wasserfarben und Deckfarben. 29,7 : 21 cm

Zwischen S. 480/481: Malbrief vom 19. XI. 75: «Zum Schluß kommt das grosse Löschblatt, es löscht und löscht...». Aquarell. 29,7 :20,6 cm

Quellenverzeichnis

1 Walter Benjamin, *Schriften.* Suhrkamp Verlag, Frankfurt a. M.
2 *Spektrum.* Vierteljahreszeitschrift für Originalgrafik und Dichtung, Nr. 25/7, Zürich 1964
3 *Rotkäppchen und der Maler.* Neske Verlag, Pfullingen 1964
4 Paul Swiridoff, *Zwischen Alb und Neckar.* Verlag der Buchhandlung G. Zimmermann, Nürtingen o. J.
5 *Der Engel der Geschichte 9/1968.* manus presse, Stuttgart 1968
6 *Der Engel der Geschichte 10/1968.* manus presse, Stuttgart 1968
7 *Der Engel der Geschichte 11/1968.* manus presse, Stuttgart 1968
8 *Der Engel der Geschichte 16/17/18.* Claassen Verlag, Düsseldorf 1971

Editorische Notiz

Orthographie und Interpunktion der Grieshaber-Zitate entsprechen den Originalen. Auslassungen im *Jugoslavischen Tagebuch* sind mit [. . .] gekennzeichnet.
Auf eine einheitliche Schreibweise im Falle von Jörg / Jerg Ratgeb wurde verzichtet, weil in der damaligen Diskussion um den nach ihm benannten Preis beide Namensformen nebeneinander auftraten. Die veraltete Schreibweise Kevlaar für Kevelaer wurde dann beibehalten, wenn sie sich auf Heines Gedicht *Die Wallfahrt nach Kevlaar* bezieht.

Danksagung

Der Verlag dankt Frau Ricca Grieshaber, Reutlingen, für die freundliche Genehmigung zum Abdruck der Texte Grieshabers und zur Wiedergabe der vier Holzschnitte.

Die Verfasserin dankt Dietlind Kaiser für ihre Mitarbeit am Text und die Zusammenstellung des Anhangs.

Namenregister

Adenauer, Konrad 206
Adorno, Theodor W. 82, 131 f.
Aischylos 39, 51, 55, 68, 91
Allende, Salvador 357, 367–369, 383
Anna Amalia, Herzogin von Weimar 243 f.
Antes, Horst 340, 343, 345
Arendt, Erich 264, 336, 357, 360
Arndt, Ernst Moritz 427

Bacon, Francis 204, 457
Baldung Grien, Hans 258
Barlach, Ernst 268, 349 f., 455
Barrault, Jean-Louis 111
Barth, Karl 339
Baudelaire, Charles 73
Baudissin, Wolf Graf von 290 f.
Baumeister, Willi 137
Beckett, Samuel 170
Beckmann, Max 14, 120, 203
Beißner, Friedrich 20
Benjamin, Walter 15
Benn, Gottfried 217
Bense, Max 132
Bergfeld, Auguste von 78
Bergman, Ingmar 434
Bernhard, Thomas 39, 216
Beuys, Joseph 115–117, 119–126, 131, 133, 136, 143 f., 155–157, 192, 211, 286, 309 f., 458
Biermann, Wolf 475
Bloch, Ernst 209, 214, 475, 477
Bobrowski, Johannes 356
Bock, H. E. 142
Böll, Annemarie 294 f.
Böll, Heinrich 29, 131 f., 209, 251, 283, 290, 292, 294 f., 310, 312, 361, 475
Bormann, Martin 79
Bosch, Hieronymus 155, 454
Boucher, François 147

Brandt, Willy 238, 312
Braun, Volker 355 f., 417, 472, 475, 492
Brauner, Victor 131, 135, 286
Brecht, Bertolt 250, 383, 430
Breton, André 455
Brock, Bazon 309 f.
Brustgi, Franz Georg 136
Buber, Martin 135, 219
Büchner, Georg 453 f.
Bürckel, Joseph 26

Caimi, Julio 464–468
Calder, Alexander 306
Cantz, Walter 363
Celan, Paul 39, 318, 356
Cézanne, Paul 146 f.
Chagall, Marc 150, 152, 430
Chaplin, Charlie 95
Christo 305 f.
Chruschtschow, Nikita 242
Corinth, Lovis 204
Cranach, Lukas 229

Dahak, Brahim 211–213
Dali, Salvador 135, 286, 305
Dante Alighieri 140
Danzer, Karl 134
Dix, Otto 14, 203
Drexel, Joseph E. 232
Duchamps, Marcel 306
Dürer, Albrecht 144, 203, 207, 210 f., 228–237, 435, 440, 468
Dürrson, Werner 12
Dutschke, Rudi 95

Ebert, Albert 242
Eckermann, Johann Peter 433
Eich, Günter 91, 368
Eiermann, Egon 205–207, 233
Engelmann, Bernt 419
Engels, Friedrich 246, 274

Margarete Hannsmann

DER HELLE TAG BRICHT AN

Ein Kind wird Nazi
256 Seiten. Gebunden

«In einer ganz eigenwilligen Sprache wird hier von einer
Kindheit und Jugend erzählt, in der der Nationalsozialismus
nur eine Komponente war. Elternhaus, erste Liebe, Schule,
Theater, all das gehört mit zum Alltag. Doch auch sie wird
mitgerissen vom Strom der Begeisterung, wird BDM-Refe-
rentin, gehört zum Kreis der Auserwählten. Am Ende jedoch
siegt ihre Individualität, kehrt sie auf den Boden zurück, den
sie – genau betrachtet – nie verlassen hatte. Die eingebauten
Tagebuchaufzeichnungen und Briefe machen dieses Buch
nicht nur zu einem Dokument über den Nationalsozialismus,
sondern auch über Erziehung, wie sie leider auch heute noch
verbreitet ist und an der immer noch Kinder zerbrechen.»
Michael Hepp in «Titel» 2/83

Albrecht Knaus Verlag